BUILD THE WORDS THAT WILL MAKE YOU A CHAMP!

- Learn the acceptable, but uncommon, two-letter words you can make with **Z (ZA)**, **Y (OY)**, **Q (QI)**, **X (XI** and **XU)**, **J (JO)**, and **K (KA** and **KI)**—and the three-letter words that can be "built" from many of these.

- Memorize the more than 100 two-letter words—all strategically placed in Section I—that can give you an unbeatable advantage.

- With time, also master the three-letter word list, strategically placed in Section II and Section III. These include sizzlers such as **ZZZ**, **SHH**, and **MYC**.

- Learn the 16 **Q** words which do not require a **U** (such as **QABALA** and **QOPH**). *More good news: you can add an* **S** *at the end of all of them.*

- For defensive play, also learn the many words which cannot be expanded at front or back.

THE SCRABBLE WORD-BUILDING BOOK

(Revised, 2020)

Compiled by Saleem Ahmed
with assistance from Carol "Yasmin" (wife)
and Aisha and Seema (daughters)

A FAMILY PROJECT

GALLERY BOOKS
New York London Toronto Sydney New Delhi

Gallery Books
An Imprint of Simon & Schuster, Inc.
1230 Avenue of the Americas
New York, NY 10020

This Gallery Books trade paperback edition November 2020

Manufactured in the United States of America

10 9 8 7 6 5 4 3 2

ISBN 978-1-9821-4472-2
ISBN 978-1-4165-7196-4 (ebook)

Dedicated to the memory of both Grannies
(one in Pakistan, the other in Hawaii)
for their love and support as this project progressed;

and to

The small but powerful
University Laboratory School, Honolulu
(graduating class under 50),
for the fine training
it provided
our girls.

CONTENTS

PREFACE TO THE THIRD EDITION

During the past fourteen years, from the time the second edition of *The Scrabble Word-Building Book* was published (2007) to the time this third edition is getting readied (late 2019), some 2,000 words have been added to Merriam Webster's *The Official Scrabble Players Dictionary* (sixth edition). Of these, probably fewer than 100 are genuinely "new," such as *webinar* and *wysiwyg*. In other cases, they are the result of the assimilation into English of various types of foreign words, such as: (i) foods (for example, the Hindi/Urdu *bhaji*, meaning cooked vegetables, and the Vietnamese *pho,** meaning soup); (ii) religious/cultural words, such as *ashram* (Hindi, meaning place of Hindu religious retreat) and *shariah* (Arabic, meaning Muslim laws)†; and (iii) monetary units (for example, *ngultrum* in Bhutan and *nakfa* in Eritrea). We believe such universal and seamless "adoption" of foreign words into English and many other languages augers well for the gradual broadening of our thoughts and actions and the breaking down of barriers.

While preparing this manuscript, my wife, Yasmin, daughters Aisha and Seema, and I could not help but think back to three decades ago, when we considered, half-jokingly, the idea of compiling this book.‡ This has been a family project from the start, and one that other families have told us inspired them to work on projects of their own. In 2018, we were even recognized as Family of the Year for the Western USA by the Universal Peace Federation—an

---

* In Vietnamese, *pho*'s pronunciation is closer to English *fa* than *fo*, with diacritical marks helping to clarify this.

† In return, the almost universal use now of many English words, such as TV, radio, and phone, has had the opposite enriching effect.

‡ See Preface to the First Edition, 1991

honor that means a great deal to us. Underscoring life as a continuous learning process, Gandhi often suggested, "Each one teach one." We hope to "teach" others daily to emulate what we do.

A brief note: Though we have tried our best to ensure the accuracy of each word in this book, if you spot any errors, please do kindly email them to AlohaSaleem@gmail.com.

While time waits for none, let us savor good memories—and be thankful.

Happy Scrabbling!
November 2019

PREFACE TO THE SECOND EDITION

The release of *OSPD-4* (*Official Scrabble Players Dictionary, Fourth Edition*) in 2005 added approximately 3,300 new words to the growing list of "acceptable" words in the Scrabble® game. This prompted us to update the *SWBB* (*Scrabble Word-Building Book*) accordingly. The new words include currencies (such as Equatorial Guinea's "ekpwele"), slang words such as "za" (short for pizza), and technical words such as the Chinese "qi" (nature's vital force) and Arabic "shariah" (Muslim law). The arsenal of words available to the Scrabble player has thus increased significantly—and the sting of the previously feared Z and Q has been largely replaced by a hope of acquiring these assets. While the number of two-letter words has increased by 8 to 102, the number of three-letter words has doubled to approximately 1,500. As in *SWBB-1*, these valuable word-connectors are also listed separately as the first part of this book. We hope you'll find *SWBB-2* a valuable resource in helping you with this game.

A major milestone in our home from the time *SWBB-1* was first released (1991) is that two of our co-authors, daughters Aisha and Seema, are now happily married and have "left the nest." Thus this edition was compiled by Saleem with the help of wife Carol "Yasmin"—although both daughters were with us in spirit as this project progressed. A note about the family appears on pages 617–18.

We are thankful for the numerous letters received from many countries, some pointing out typographical errors, others advising us to add new words, and still others seeking clarifications. We were particularly delighted to receive letters from prisons across the nation—and from even as far away as Thailand! It was educational to learn that some prisons try to provide proactive and educational leisure-time activities to their inmates. And we are indeed delighted that our family project has prompted some other families to also consider projects in which all family members can be involved meaningfully. For us, this has been a very satisfying experience.

While this manuscript has been prepared carefully, we will appreciate very much your pointing out any error and/or oversights on our part. We can be reached c/o P.O. Box 25155, Honolulu, HI 96825. Our email address is ahmedinhawaii@aol.com. Happy Scrabble playing!

Honolulu, Hawaii
Summer 2006

PREFACE TO THE FIRST EDITION

The book you are holding has been a family project and a labor of love for more than seven years. But the conceptual seed was sown more than 30 years ago when I was stationed as an agronomist in Sukkur, then a small and remotely located town 350 miles north of Karachi, Pakistan. With leisure time activities scarce (usually limited to visiting friends), my Hawaiian-born *sansei* (third-generation Japanese) wife, "Yasmin," and I often played Scrabble.

Gradually we began to play seriously and competition became fierce (I usually lost). How many times I wished some little angel would come to my rescue—especially late in the game when openings were few, "choice" spots already taken, and the desperation level at an all-time high! The brain would race in all directions, the mind would turn to mush, and I would feverishly try to recall nursery rhymes and musical notes to find that two- or three-letter word that could help me win the game. Did the black sheep go **ba-ba** or **baa-baa**; and is the third musical note **me** or **mi**? Other questions that came up (as my game improved): Does any letter come before **KA** (the spiritual self in old Egyptian religion)? Answer: **OKA**, a Turkish unit of weight. Or after **OX**? Answer: **OXY**, containing oxygen. We allowed consulting the dictionary in our games, as this made the game a learning process also; but flipping through all alphabets to find a suitable connecting letter can be *very* time-consuming! Thus, secretly, I began to compile my own list of important two- and three-letter words having high point values, such as **JO** and **XIS** (a Scottish sweetheart and the plural of the fourteenth letter of the Greek alphabet, respectively). I still usually lost.

As our lives became more hectic, we stopped playing Scrabble until our daughters, Aisha and Seema, were old enough to play with us. As competitiveness came back, the thought of expanding our word lists into a book came to mind. When we acquired a computer, I presented the book idea over a family dinner. Yasmin and our daughters, Aisha and Seema (then 17 and 12), accepted. The project was born.

Had we any notion then of the magnitude of the task we were embarking upon, we probably would have nipped the project in the bud. At first, I envisioned our book to list only two- and three-letter words. So, Aisha and Seema pored over dictionaries and made a list of all such words. Then we sorted out 94 two-letter words and about 900 three-letter words commonly accepted in English. Of the latter, about 600 are "built up" by adding a letter to either the front or back of the two-letter words listed. We entered all in the computer, and Yasmin helped with proofreading. Thus, our separate lists of two-letter and three-letter words came into being. These are indicated in Sections I and II of this book.

However, this made a very skimpy book. So, we decided to include four-, five-, six-, and seven-letter words also. And, with each new listing, our entries expanded in geometric proportions. After two years, when we were celebrating the completion of our task, it dawned on us that it would be highly irritating to the book's users to have to look at each list separately. Reluctantly, we agreed to consolidate these separate listings into one alphabetical list. We used the seven-letter list as our base (it was the longest), and entered words from each of the other lists–word by word–in their proper alphabetical sequence! This took another year.

When we got down to celebrating again, another realization struck us. Our book listed only those words from which other words can be made; but what about words standing by themselves; from which no other word could be made? For example, can any letter be added either to the front or the back of the common word **QUIZ**? Our book did not include this word at that time as nothing can be added. Well, the reader would not know whether this was our oversight or if nothing indeed could be added either to its front or back. Then the stark realization gripped us: The only way to prevent the reader from having to use another dictionary to ensure that nothing could be added to **QUIZ**, or that a word such as **ZYMURGY** (the branch of chemistry dealing with fermentation) existed in English, would be to include in our book all words in the English language up to seven letters long, even those standing by themselves!

So, back to the drawing board we went. This time, we added *all* other words up to seven letters long which we had previously omitted! Another year's task! Altogether, more than 70,000 words are listed. We are thankful to the Almighty for giving us the joy, patience, and perseverance in taking the project to completion. The memory of the family having worked together over many years will certainly be treasured by all of us. We hope using this book helps draw your family and friends closer together also.

We thank the National Scrabble Association for examining sample sections of this book and offering useful suggestions. To join the NSA, send $20.00 (foreign fee is $27.00 in U.S. funds) to:

National SCRABBLE® Association
Box 700
Greenport, NY 11944
USA

You'll receive a year's subscription to the *Scrabble News* (eight issues), a roster of official Scrabble clubs throughout the U.S. and Canada, a membership card, and information about local and regional Scrabble tournaments.

Aloha!
Saleem Ahmed
Honolulu, January 1990

HOW TO USE *THE SCRABBLE WORD-BUILDING BOOK*

This book is designed primarily as an educational tool to improve your skills in playing Scrabble® and other word games. It also serves as a reference book listing all words in English containing up to seven letters (the number of tiles each player has on the rack in Scrabble, and the corresponding new words formed by adding a letter to the front or back of these words.

The book is divided into four sections. Given the importance in Scrabble of using small words in making the most effective use of bonus squares, three special sections–one containing all of the more than 100 two-letter words, one containing the independent three-letter words which cannot be built from two-letter words, and one containing the approximately 1,200 three-letter words that can be built from two two-letter words–have been created and appear as Sections I, II, and III, respectively. These invaluable words should be memorized over time. Section IV contains all of the approximately 80,000 English words up to seven letters long.

The Scrabble Word-Building Book is the only reference book for Scrabble and other word games that exclusively shows how to build words from both front and back of existing words by simply adding a letter. This works as follows:

	Word	*New words*
1	**QUA**	aqua; quad, quag, quai, quay
2	**QUART**	-; quarte, quarto, quarts, quartz
3	**QUARE**	square; -
4	**QUIZ**	-; -

Example 1 shows that **a** can be added to **QUA** in front; and **d**, **g**, **i**, and **y** at the back. The semicolon (**;**) separates "front" and "back" words. Example 2 shows that no letter can be added in front of **QUART**; but **e**, **o**, **s**, and **z** can be added at the back. Example 3 shows that **s** can be added in front of **QUARE**; but nothing can be added at the back. And Example 4 shows that nothing can be added either in front or back of **QUIZ**.

More than 80,000 words are listed in this book. To economize on space, when a "nonexpandable" word is formed by adding a letter to another word, it is generally not listed again. For example, **AMPULS** is listed against **AMPUL** (a small glass vial), but not again by itself. However, some high-scoring words, such as **QUARTZ** (a mineral), have also been listed separately (in addition to being listed against **QUART**) although no other word can be formed from them. Finally, the dynamic English language is growing by "adopting" words from other languages, and by the creation of new words. The addition of more than 2,000 new words in *OSPD-6* is an example of how fast the English language is growing. We will probably see other words added in the future.

Sources for Our Words

The words listed in the third edition of *The Scrabble Word-Building Book* are those included in the *Official Scrabble Players Dictionary* (sixth edition). Therefore, the book inherently carries forward a perceived weakness of *OSPD*, which is that it excludes many of the commonly used four-letter words and politically incorrect words even though these are perfectly good and bona fide English words. We, however, support *OSPD*'s promotion of Scrabble as a family game. To avoid unnecessary disputes in highly competitive Scrabble games, we simply advise that players decide ahead of time which dictionary will be used to settle disputes.

THE SCRABBLE WORD-BUILDING BOOK

SECTION I: TWO-LETTER WORDS

A **must** for players of Scrabble and many other word-building games is a knowledge of two-letter words. The two-letter words listed below are invaluable word-linkers and are particularly helpful in making effective use of premium squares and tight spots. With time, memorize them all. You'll be glad you did.

A: aa, ba, da, fa, ha, ka, la, ma, na, pa, ta, ya, za; aa, ab, ad, ae, ag, ah, ai, al, am, an, ar, as, at, aw, ax, ay

B: ab; ba, be, bi, bo, by

C: -; -

D: ad, ed, id, od; da, de, do

E: ae, be, de, fe, he, me, ne, oe, pe, re, we, ye; ed, ef, eh, el, em, en, er, es, et, ew, ex

F: ef, if, of; fa, fe, fi

G: ag; gi, go

H: ah, eh, oh, sh, uh; ha, he, hi, hm, ho

I: ai, bi, fi, hi, ki, li, mi, oi, pi, qi, si, ti, xi; id, if, in, is, it

J: -; jo

K: -; ka, ki

L: al, el; la, li, lo

M: am, em, hm, mm, om, um; ma, me, mi, mm, mo, mu, my

N: an, en, in, on, un; na, ne, no, nu

O: bo, do, go, ho, jo, lo, mo, no, so, to, wo, yo; od, oe, of, oh, oi, om, on, op, or, os, ow, ox, oy

P: op, up; pa, pe, pi, po

Q: -; qi

R: ar, er, or; re

S: as, es, is, os, us; sh, si, so

T: at, et, it, ut; ta, ti, to

U: mu, nu, xu; uh, um, un, up, us, ut

V: -; -

W: aw, ow; we, wo

X: ax, ex, ox; xi, xu

Y: ay, by, my, oy; ya, ye, yo

Z: -; za

SECTION II: INDEPENDENT THREE-LETTER WORDS

After you have memorized the two-letter words, do the same for these independent three-letter words, which cannot be built from two-letter words, and your score will jump up progressively.

A: aby, ace, act, aff, aft, ape, apo, app, apt, ave, avo, azo

B: bra, bro, brr, bub, bud, bug, bum, bun, bur, bus, but, buy

C: cab, cad, caf, cam, can, cap, car, cat, caw, cay, cee, cel, cep, chi, cig, cis, cob, cod, cog, col, con, coo, cop, cor, cos, cot, cow, cox, coy, coz, cru, cry, cub, cud, cue, cum, cup, cur, cut, cuz, cwm

D: dib, did, die, dif, dig, dim, din, dip, dis, dit, dry, dub, dud, due, dug, duh, dui, dun, duo, dup, dye

E: ear, eat, eau, ebb, eco, ecu, eek, eel, egg, ego, eke, eon, eve, ewe, eye

F: fib, fid, fie, fig, fil, fin, fir, fit, fix, fiz, flu, fly, fob, foe, fog, foh, fon, fop, for, fou, fox, foy, fro, fry, fub, fud, fug, fun, fur

G: gab, gad, gae, gag, gal, gam, gan, gap, gar, gas, gat, gay, ged, gee, gel, gem, gen, get, gey, ghi, gib, gid, gie, gig, gin, gip, git, gnu, grr, gul, gum, gun, gut, guv, guy, gym, gyp

H: hub, hue, hug, huh, hum, hun, hup, hut, hyp

I: ice, ich, ick, icy, igg, ilk, ill, imp, ion, ire, irk, ivy

J: jab, jag, jam, jar, jaw, jay, jee, jet, jeu, jib, jig, jin, jug, jun, jus, jut

K: kea, kef, keg, ken, kep, kex, key, khi, koa, kob, koi, kop, kor, kos, kue, kye

L: lea, led, lee, leg, lei, lek, let, leu, lev, lex, ley, lug, lum, luv, lux, lye
M: mho
N: nib, nil, nim, nip, nit, nix, nth
O: oaf, oak, oar, oat, oba, obe, obi, oca, oka, oke, old, ole, ooh, oot, oud, our, ova
P: phi, pht, ply, pod, poh, poi, pol, poo, pop, pot, pow, pox, pro, pry, psi, pst, pub, pud, pug, pul, pun, pup, pur, pus, put, pya, pye, pyx
Q: qat, qua
R: rad, rag, rah, rai, raj, ram, ran, rap, ras, rat, raw, rax, ray, rho, ria, rib, rid, rif, rig, rim, rin, rip, rob, roc, rod, roe, rom, roo, rot, row, rub, rue, rug, rum, run, rut, rya, rye, ryu
S: sab, sac, sad, sae, sag, sal, sap, sat, sau, saw, sax, say, sea, sec, see, seg, sei, sel, sen, ser, set, sew, sex, ska, ski, sky, sly, spa, spy, sri, sty, sub, sue, suk, sum, sun, sup, suq, syn
T: tea, ted, tee, teg, tel, ten, tet, tew, the, tho, thy, tiz, try, tsk, tub, tug, tui, tun, tup, tut, tux, twa, two, tye
U: udo, ugh, uke, ulu, urb, urd, urn
V: vac, van, var, vas, vat, vau, vav, vaw, vee, veg, vet, vex, via, vid, vie, vig, vim, vis, voe, vow, vox, vug, vum
W: wab, wad, wae, wag, wan, wap, war, was, wat, waw, wax, way, wha, who, why, wig, win, wis, wit, wiz, wry, wud, wye, wyn
Y: yin, yip, yob, yod, yok, yom, yon, you, yow, yuk, yum, yup
Z: zap, zax, zed, zee, zek, zep, zig, zin, zip, zit, zoa, zoo, zuz, zzz

SECTION III: THREE-LETTER WORDS BUILT FROM TWO-LETTER WORDS

Here are the three-letter words that are built by adding a letter onto a two-letter word. There are some 1,200 of these, so memorizing them is no easy feat, but doing so will vastly expand your word power and your score.

A

AA: baa; aah, aal, aas
AB: cab, dab, fab, gab, jab, kab, lab, rab, sab, tab, wab; aba, abs
AD: bad, cad, dad, fad, gad, had, lad, mad, pad, rad, sad, tad, wad; add, ado, ads, adz
AE: gae, hae, kae, mae, nae, sae, tae, wae
AG: bag, dag, fag, gag, hag, jag, lag, mag, nag, rag, sag, tag, wag, zag; aga, age, ago
AH: aah, bah, dah, hah, nah, pah, rah, yah; aha, ahi
AI: -; aid, ail, aim, ain, air, ais, ait
AL: aal, bal, dal, gal, pal, sal; ala, alb, ale, all, alp, als, alt
AM: bam, cam, dam, gam, ham, jam, lam, nam, pam, ram, tam, yam; ama, ami, amp, amu
AN: ban, can, dan, fan, gan, man, nan, pan, ran, san, tan, van, wan; ana, and, ane, ani, ant, any
AR: bar, car, ear, far, gar, jar, lar, mar, oar, par, tar, var, war, yar; arb, arc, are, arf, ark, arm, ars, art
AS: bas, fas, gas, has, kas, las, mas, pas, ras, tas, vas, was; ash, ask, asp, ass
AT: bat, cat, eat, fat, gat, hat, kat, lat, mat, oat, pat, qat, rat, sat, tat, vat, wat; ate, att
AW: caw, daw, haw, jaw, law, maw, naw, paw, raw, saw, taw, vaw, waw, yaw; awa, awe, awl, awn

AX: fax, lax, pax, rax, sax, tax, wax, zax; axe
AY: bay, cay, day, fay, gay, hay, jay, kay, lay, may, nay, pay, ray, say, way, yay; aye, ays

B

BA: aba; baa, bad, bag, bah, bal, bam, ban, bap, bar, bas, bat, bay
BE: obe; bed, bee, beg, bel, ben, bes, bet, bey
BI: obi; bib, bid, big, bin, bio, bis, bit, biz
BO: abo; boa, bob, bod, bog, boo, bop, bos, bot, bow, box, boy
BY: aby; bye, bys

D

DA: -; dab, dad, dag, dah, dak, dal, dam, dan, dap, daw, day
DE: -; deb, dee, def, dei, del, den, dev, dew, dex, dey
DO: ado, udo; doc, doe, dog, dol, dom, don, dor, dos, dot, dow

E

ED: edh
EF: def, kef, ref; eff, efs, eft
EH: feh, heh, peh, yeh
EL: bel, del, eel, gel, mel, sel, tel; eld, elf, elk, ell, elm, els
EM: fem, gem, hem, mem, rem; eme, ems, emu
EN: ben, den, fen, gen, hen, ken, men, pen, sen, ten, wen, yen, zen; end, eng, ens
ER: fer, her, per, ser; era, ere, erg, ern, err, ers
ES: bes, hes, pes, res, yes; ess, est
ET: bet, fet, get, het, jet, let, met, net, pet, ret, set, tet, vet, wet, yet; eta, eth
EX: dex, hex, kex, lex, rex, sex, vex

F

FA: -; fab, fad, fag, fan, far, fas, fat, fax, fay
FE: -; fed, fee, feh, fem, fen, fer, fet, feu, few, fey, fez

G

GO: ago, ego; goa, gob, god, goo, gor, got, gox, goy

H

HA: aha, sha, wha; had, hae, hag, hah, haj,

ham, hao, hap, has, hat, haw, hay

HE: she, the; heh, hem, hen, hep, her, hes, het, hew, hex, hey

HI: ahi, chi, ghi, khi, phi; hic, hid, hie, him, hin, hip, his, hit

HM: ohm; hmm

HO: mho, oho, pho, rho, sho, tho, who; hob, hod, hoe, hog, hom, hon, hoo, hop, hot, how, hoy

I

ID: aid, bid, did, fid, gid, hid, kid, lid, mid, rid, yid; ids

IF: gif, kif, rif; iff, ifs

IN: ain, bin, din, fin, gin, hin, jin, kin, lin, pin, rin, sin, tin, vin, win, yin; ink, inn, ins

IS: ais, bis, cis, dis, his, lis, mis, pis, sis, tis, vis, wis, xis; ism

IT: ait, bit, dit, fit, git, hit, kit, lit, nit, pit, sit, tit, uit, wit, zit; its

J

JO: -; job, joe, jog, jot, jow, joy

K

KA: oka, ska; kab, kae, kaf, kas, kat, kay

KI: -; kid, kif, kin, kip, kir, kis, kit

L

LA: ala, ola; lab, lac, lad, lag, lah, lam, lap, lar, las, lat, lav, law, lax, lay

LI: -; lib, lid, lie, lin, lip, lis, lit

LO: –; lob, log, loo, lop, lor, lot, low, lox

M

MA: ama; mac, mad, mae, mag, mam, man, map, mar, mas, mat, maw, max, may

ME: eme; med, meg, meh, mel, mem, men, mes, met, mew

MI: ami; mib, mic, mid, mig, mil, mim, mir, mis, mix

MM: hmm, umm; -

MO: -; moa, mob, moc, mod, mog, mol, mom, mon, moo, mop, mor, mos, mot, mow

MU: amu, emu; mud, mug, mum, mun, mut, mux

MY: -; myc

N

NA: –; nab, nae, nag, nah, nam, nan, nap, nav, naw, nay
NE: ane, one; neb, nee, neg, net, new; neb, nee, neg, net, new
NO: -; nob, nod, nog, noh, nom, noo, nor, nos, not, now
NU: gnu; nub, nug, nun, nus, nut

O

OC: doc, moc, roc, soc; oca, och
OD: bod, cod, god, hod, mod, nod, pod, rod, sod, tod, yod; oda, odd, ode, ods
OE: doe, foe, hoe, joe, roe, toe, voe, woe; oes
OF: -; off, oft
OH: foh, noh, ooh, poh; ohm, oho, ohs
OI: moi, poi; oik, oil
OM: dom, mom, nom, pom, rom, tom, yom; oms
ON: con, don, eon, fon, hon, ion, mon, son, ton, von, won, yon; one, ono, ons
OP: bop, cop, fop, hop, kop, lop, mop, pop, sop, top, wop; ope, ops, opt
OR: cor, dor, for, gor, kor, lor, mor, nor, tor; ora, orb, orc, ore, org, ors, ort
OS: bos, cos, dos, kos, mos, nos; ose
OW: bow, cow, dow, how, jow, low, mow, now, pow, row, sow, tow, vow, wow, yow; owe, owl, own, owt
OX: box, cox, fox, gox, lox, pox, sox, vox; oxo, oxy
OY: boy, coy, foy, goy, hoy, joy, soy, toy; -

P

PA: spa; pac, pad, pah, pal, pam, pan, pap, par, pas, pat, paw, pax, pay
PE: ape, ope; pea, pec, ped, pee, peg, peh, pen, pep, per, pes, pet, pew
PI: -; pia, pic, pie, pig, pin, pip, pis, pit, piu, pix

R

RE: are, ere, ire, ore; reb, rec, red; ree, ref, reg, rei, rem, rep, res, ret, rev, rex, rez

S

SH: ash; sha, she, shh, shy
SI: psi; sib, sic, sim, sin, sip, sir, sis, sit, six
SO: -; sob, sod, sol, som, son, sop, sot, sou, sow, sox, soy

T

TA: eta, uta; tab, tad, tae, tag, taj, tam, tan, tao, tap, tar, tas, tat, tau, tav, taw, tax
TI: -; tic, tie, til, tin, tip, tis, tit
TO: -; tod, toe, tog, tom, ton, too, top, tor, tot, tow, toy

U

UH: huh
UM: bum, cum, gum, hum, lum, mum, rum, sum, yum; umm, ump
UN: bun, dun, fun, gun, hun, jun, mun, nun, pun, run, sun, tun; uns
UP: cup, dup, hup, pup, sup, tup, yup; upo, ups
US: bus, jus, mus, nus, pus; use
UT: but, cut, gut, hut, jut, mut, nut, out, put, rut, tut; uta, ute, uts

W

WE: awe, ewe, owe; web, wed, wee, wen, wet
WO: two; woe, wog, wok, won, woo, wos, wot, wow

X

XI: -; xis
XU: -;

Y

YA: pya, rya; yag, yah, yak, yam, yap, yar, yaw, yay
YE: aye, bye, dye, eye, lye, pye, rye, tye, wye; yea, yeh, yen, yep, yes, yet, yew

Z

ZA: -; zag, zap, zax

SECTION IV: MAIN LIST

A

A	aa, ba, da, fa, ha, ka, la, ma, na, pa, ta, ya; aa, ab, ad, ae, ah, ai, am, an, ar, as, at, aw, ax, ay
AA	aah, aal, aas; baa
AAH	-; aahs
AAHED	-; -
AAHING	-; -
AAL	baal; aals
AALII	-; aaliis
AALS	baals; -
AARGH	-; -
AARRGH	-; -
AARRGHH	-; -
AAS	baas, kaas; -
AB	cab, dab, fab, gab, jab, kab, lab, nab, sab, tab, wab; aba, abs
ABA	baba; abas
ABACA	-; abacas
ABACI	-; -
ABACK	-; -
ABACUS	-; -
ABAFT	-; -
ABAKA	kabaka; abakas
ABAKAS	kabakas; -
ABALONE	-; abalones
ABAMP	-; abamps
ABANDON	-; abandons
ABAS	babas; -
ABASE	-; abased, abaser, abases
ABASER	-; abasers
ABASH	-; -
ABASHED	-; -
ABASHES	-; -
ABASIA	-; abasias
ABASING	-; -
ABATE	-; abated, abater, abates
ABATER	-; abaters
ABATING	-; -
ABATIS	-; -
ABATOR	-; abators
ABATTIS	-; -
ABAXIAL	-; -
ABAXILE	-; -
ABAYA	-; abayas
ABBA	-; abbas
ABBACY	-; -

ABBE	-; abbes, abbey
ABBES	-; abbess
ABBEY	-; abbeys
ABBOT	-; abbots
ABBOTCY	-; -
ABDOMEN	-; abdomens
ABDUCE	-; abduced, abduces
ABDUCT	-; abducts
ABEAM	-; -
ABED	sabed; -
ABELE	-; abeles
ABELIA	-; abelian, abelias
ABELIAN	-; -
ABET	-; abets
ABETTAL	-; abettals
ABETTED	-; -
ABETTER	-; abetters
ABETTOR	-; abettors
ABEYANT	-; -
ABFARAD	-; abfarads
ABHENRY	-; abhenrys
ABHOR	-; abhors
ABIDE	-; abided, abider, abides
ABIDER	-; abiders
ABIGAIL	-; abigails
ABILITY	-; -
ABIOSES	-; -
ABIOSIS	-; -
ABIOTIC	-; -
ABJECT	-; -
ABJURE	-; abjured, abjurer, abjures
ABLATE	-; ablated, ablates
ABLATOR	-; ablators

ABLAUT	-; ablauts
ABLAZE	-; -
ABLE	cable, fable, gable, sable, table; abled, abler, ables
ABLEISM	-; ableisms
ABLEIST	-; ableists
ABLER	fabler; -
ABLES	cables, fables, gables, sables, tables; ablest
ABLINGS	-; -
ABLINS	-; -
ABLOOM	-; -
ABLUENT	-; abluents
ABLUSH	-; -
ABLUTED	-; -
ABLY	-; -
ABMHO	-; abmhos
ABO	-; abos
ABOARD	-; -
ABODE	-; aboded, abodes
ABODING	-; -
ABOHM	-; abohms
ABOIL	-; -
ABOLISH	-; -
ABOLLA	-; abollae
ABOMA	-; abomas
ABOMASI	-; -
ABOON	baboon, gaboon; -
ABORAL	-; -
ABORT	-; aborts
ABORTED	-; -
ABORTER	-; aborters
ABOUGHT	-; -
ABOULIA	-; aboulias
ABOULIC	-; -

ABOUND	-; abounds
ABOUT	-; -
ABOVE	-; aboves
ABRADE	-; abraded, abrader, abrades
ABRADER	-; abraders
ABREACT	-; abreacts
ABREAST	-; -
ABRI	-; abris
ABRIDGE	-; abridged, abridger, abridges
ABROACH	-; -
ABROAD	-; -
ABROSIA	-; -
ABRUPT	-; -
ABSCESS	-; -
ABSCISE	-; abscised, abscises
ABSCOND	-; absconds
ABSEIL	-; abseils
ABSENCE	-; absences
ABSENT	-; absents
ABSINTH	-; absinthe, absinths
ABSOLVE	-; absolved, absolver, absolves
ABSORB	-; absorbs
ABSTAIN	-; abstains
ABSURD	-; absurds
ABUBBLE	-; -
ABULIA	-; abulias
ABULIC	-; -
ABUSE	-; abused, abuser, abuses
ABUSER	-; abusers
ABUSING	-; -

ABUSIVE	-; -
ABUT	-; abuts
ABUTTAL	-; abuttals
ABUTTED	-; -
ABUTTER	-; abutters
ABUZZ	-; -
ABVOLT	-; abvolts
ABWATT	-; abwatts
ABY	baby, gaby; abye, abys
ABYE	-; abyes
ABYING	babying; -
ABYSM	-; abysms
ABYSMAL	-; -
ABYSS	-; -
ABYSSAL	-; -
ABYSSES	-; -
ACACIA	-; acacias
ACADEME	-; academes
ACADEMY	-; -
ACAI	-; acais
ACAJOU	-; acajous
ACALEPH	-; acalephe, acalephs
ACANTHA	-; acanthae
ACAPNIA	-; acapnias
ACARI	-; acarid
ACARID	-; acarids
ACARINE	-; acarines
ACAROID	-; -
ACARUS	-; -
ACAUDAL	-; -
ACCEDE	-; acceded, acceder, accedes
ACCEDER	-; acceders
ACCENT	-; accents
ACCEPT	-; accepts
ACCESS	-; -
ACCIDIA	-; accidias

ACCIDIE	-; accidies
ACCLAIM	-; acclaims
ACCORD	-; accords
ACCOST	-; accosts
ACCOUNT	-; accounts
ACCRETE	-; accreted, accretes
ACCRUAL	-; accruals
ACCRUE	-; accrued, accrues
ACCURST	-; -
ACCUSAL	-; accusals
ACCUSE	-; accused, accuser, accuses
ACCUSER	-; accusers
ACE	dace, face, lace, mace, pace, race, tace; aced, aces
ACED	faced, laced, maced, paced, raced; -
ACEDIA	-; acedias
ACENTRIC	-; -
ACEQUIA	-; acequias
ACERATE	-; acerated
ACERB	-; -
ACERBER	-; -
ACERBIC	-; -
ACEROLA	-; acerolas
ACEROSE	-; -
ACEROUS	-; -
ACES	daces, faces, laces, maces, paces, races, taces; -
ACETA	-; acetal
ACETAL	-; acetals
ACETATE	-; acetated, acetates
ACETIC	-; -
ACETIFY	-; -
ACETIN	-; acetins
ACETONE	-; acetones
ACETOSE	-; -
ACETOUS	-; -
ACETUM	-; -
ACETYL	-; acetyls
ACHE	cache, mache, tache; ached, aches
ACHED	bached, cached; -
ACHENE	-; achenes
ACHES	baches, caches, laches, taches; -
ACHIER	-; -
ACHIEST	-; -
ACHIEVE	-; achieved, achiever, achieves
ACHING	baching, caching; -
ACHIOTE	-; achiotes
ACHOLIA	-; acholias
ACHOO	-; -
ACHY	-; -
ACICULA	-; aciculae, acicular, aciculas
ACID	-; acids, acidy
ACIDIC	-; -
ACIDIFY	-; -
ACIDITY	-; -
ACIDLY	-; -

ACIFORM -; -
ACINAR -; -
ACING facing, lacing, macing, pacing, racing; -
ACINI -; acinic
ACINOSE -; -
ACINOUS -; -
ACINUS -; -
ACKEE hackee; ackees
ACLINIC -; -
ACMATIC -; -
ACME -; acmes
ACMIC -; -
ACNE -; acned, acnes
ACNODE tacnode; acnodes
ACNODES tacnodes; -
ACOCK -; -
ACOLD -; -
ACOLYTE -; acolytes
ACONITE -; aconites
ACORN -; acorns
ACQUEST -; acquests
ACQUIRE -; acquired, acquirer, acquires
ACQUIT -; acquits
ACRASIA -; acrasias
ACRASIN -; acrasins
ACRE nacre; acred, acres
ACREAGE -; acreages
ACRED nacred, sacred; -
ACRES nacres; -
ACRID -; -
ACRIDER -; -
ACRIDLY -; -
ACRO -; acros
ACROBAT -; acrobats
ACROGEN -; acrogens
ACRONIC -; -
ACRONYM -; acronyms
ACROSS -; -
ACROTIC -; -
ACRYLIC -; acrylics
ACT fact, pact, tact; acta, acts
ACTABLE -; -
ACTED -; -
ACTIN -; acting, actins
ACTINAL -; -
ACTING -; actings
ACTINIA -; actiniae, actinian, actinias
ACTINIC -; -
ACTINON -; actinons
ACTION faction, paction, taction; actions
ACTIONS factions, pactions, tactions; -
ACTIVE -; actives
ACTOR factor; actors
ACTORS factors; -
ACTRESS -; -
ACTS facts, pacts, tacts; -
ACTUAL factual, tactual; -
ACTUARY -; -
ACTUATE -; actuated, actuates

ACUATE -; -
ACUITY vacuity; -
ACULEI -; -
ACULEUS -; -
ACUMEN -; acumens
ACUTE -; acuter, acutes
ACUTELY -; -
ACUTES -; acutest
ACYCLIC -; -
ACYL -; acyls
ACYLATE -; acylated, acylates
ACYLOIN -; acyloins
AD bad, cad, dad, fad, gad, had, lad, mad, pad, rad, sad, tad, wad; add, ado, ads, adz
ADAGE -; adages
ADAGIAL -; -
ADAGIO -; adagios
ADAMANT -; adamants
ADAPT -; adapts
ADAPTED -; -
ADAPTER -; adapters
ADAPTOR -; adaptors
ADAXIAL -; -
ADD -; adds
ADDABLE -; -
ADDAX -; -
ADDAXES -; -
ADDED gadded, madded, padded, radded, wadded; -
ADDEDLY -; -
ADDEND -; addends
ADDER gadder, ladder, madder, sadder, wadder; adders
ADDERS gadders, ladders, madders, wadders; -
ADDIBLE -; -
ADDICT -; addicts
ADDING gadding, madding, padding, radding, wadding; -
ADDLE daddle, paddle, raddle, saddle, waddle; addled, addles
ADDLED daddled, paddled, raddled, saddled, waddled; -
ADDLES daddles, paddles, raddles, saddles, waddles; -
ADDLING paddling, raddling, saddling, waddling; -
ADDRESS -; -
ADDREST -; -

ADDUCE -; adduced, adducer, adduces
ADDUCER -; adducers
ADDUCT -; adducts
ADEEM -; adeems
ADEEMED -; -
ADELGID -; -
ADENINE -; adenines
ADENOID -; adenoids
ADENOMA -; adenomas
ADENYL -; adenyls
ADEPT -; adepts
ADEPTER -; -
ADEPTLY -; -
ADHERE -; adhered, adherer, adheres
ADHERER -; adherers
ADHIBIT -; adhibits
ADIEU -; adieus, adieux
ADIOS radios; -
ADIPIC -; -
ADIPOSE -; adiposes
ADIPOUS -; -
ADIT -; adits
ADJOIN -; adjoins, adjoint
ADJOINT -; adjoints
ADJOURN -; adjourns
ADJUDGE -; adjudged, adjudges
ADJUNCT -; adjuncts
ADJURE -; adjured, adjurer, adjures
ADJURER -; adjurers
ADJUROR -; adjurors
ADJUST -; adjusts
ADMAN badman, madman; -
ADMASS -; -
ADMEN badmen, madmen; -
ADMIN -; admins
ADMIRAL -; admirals
ADMIRE -; admired, admirer, admires
ADMIRER -; admirers
ADMIT -; admits
ADMIX -; admixt
ADMIXED -; -
ADMIXES -; -
ADNATE -; -
ADNEXA -; adnexal
ADNOUN -; adnouns
ADO dado, fado; ados
ADOBE -; adobes
ADOBO -; adobos
ADONIS -; -
ADOPT -; adopts
ADOPTED -; -
ADOPTEE -; adoptees
ADOPTER -; adopters
ADORE -; adored, adorer, adores
ADORER -; adorers
ADORING -; -
ADORN -; adorns
ADORNED -; -
ADORNER -; adorners,
ADOS dados, fados; -
ADOWN -; -
ADOZE -; -
ADRENAL -; adrenals
ADRIFT -; -
ADROIT -; -

ADS	bads, cads, dads, fads, gads, lads, mads, pads, rads, tads, wads; -
ADSORB	-; adsorbs
ADSUKI	-; adsukis
ADULATE	-; adulated, adulates
ADULT	-; adults
ADULTLY	-; -
ADUNC	-; -
ADUST	-; -
ADVANCE	-; advanced, advancer, advances
ADVECT	-; advects
ADVENT	-; advents
ADVERB	-; adverbs
ADVERSE	-; -
ADVERT	-; adverts
ADVICE	-; advices
ADVISE	-; advised, advisee, adviser, advises
ADVISEE	-; advisees
ADVISER	-; advisers
ADVISOR	-; advisors, advisory
ADWARE	-; adwares
ADWOMAN	badwoman, madwoman; -
ADWOMEN	badwomen, madwomen; -
ADYTA	; -
ADYTUM	-; -
ADZ	-; adze
ADZE	-; adzes
ADZUKI	-; adzukis
AE	gae, hae, kae, mae, nae, sae, tae, wae; -
AECIA	-; aecial
AECIUM	-; -
AEDES	-; -
AEDILE	-; aediles
AEDINE	-; -
AEGIS	-; -
AEGISES	-; -
AENEOUS	-; -
AENEUS	-; -
AEOLIAN	-; -
AEON	paeon; aeons
AEONIAN	-; -
AEONIC	-; -
AEONS	paeons; -
AERADIO	-; -
AERATE	-; aerated, aerates
AERATOR	-; aerators
AERIAL	-; aerials
AERIE	faerie; aeried, aerier, aeries
AERIES	faeries; aeriest
AERIFY	-; -
AERILY	-; -
AERO	-; -
AEROBAT	-; -
AEROBE	-; aerobes
AEROBIC	-; aerobics
AEROGEL	-; aerogels
AEROSAT	-; aerosats
AEROSOL	-; aerosols
AERUGO	-; aerugos
AERY	faery; -
AETATIS	-; -
AETHER	-; aethers
AFAR	-; afars

AFEARD -; -
AFEARED -; -
AFF baff, daff, gaff, raff, waff, yaff; -
AFFABLE -; -
AFFABLY -; -
AFFAIR -; affaire, affairs
AFFAIRE -; affaires
AFFECT -; affects
AFFIANT -; affiants
AFFICHE -; affiches
AFFINAL -; -
AFFINE -; affined, affines
AFFIRM -; affirms
AFFIX -; -
AFFIXAL -; -
AFFIXED -; -
AFFIXER -; affixers
AFFIXES -; -
AFFLICT -; afflicts
AFFLUX -; -
AFFORD -; affords
AFFRAY -; affrays
AFFRONT -; affronts
AFGHAN -; afghani, afghans
AFIELD -; -
AFIRE -; -
AFLAME -; -
AFLOAT -; -
AFOOT -; -
AFORE -; -
AFOUL -; -
AFRAID -; -
AFREET -; afreets
AFRESH -; -
AFRIT -; afrits
AFRO -; afros
AFT baft, daft, haft, raft, waft; -
AFTER dafter, hafter, rafter, wafter; afters
AFTERS hafters, rafters, wafters; -
AFTMOST -; -
AFTOSA -; aftosas
AG bag, dag, fag, gag, hag, jag, lag, mag, nag, rag, sag, tag, wag, zag; aga, age, ago, ags
AGA gaga, raga, saga; agar, agas
AGAIN -; -
AGAINST -; -
AGAMA -; agamas
AGAMETE -; agametes
AGAMIC -; -
AGAMID -; agamids
AGAMOUS -; -
AGAPAE -; -
AGAPAI -; -
AGAPE -; -
AGAPEIC -; -
AGAR -; agars
AGARIC -; agarics
AGAS ragas, sagas; -
AGATE -; agates
AGATOID -; -
AGATIZE -; agatized, agatizes
AGAVE -; agaves
AGAZE -; -

AGE cage, gage, mage, page, rage, sage, wage; aged, agee, ager, ages
AGED caged, gaged, paged, raged, waged; -
AGEDLY -; -
AGEE ragee; -
AGEING -; ageings
AGEISM -; ageisms
AGEIST -; ageists
AGELESS -; -
AGELONG -; -
AGENCY -; -
AGENDA -; agendas
AGENDUM -; agendums
AGENE -; agenes
AGENIZE -; agenized, agenizes
AGENT -; agents
AGENTRY -; -
AGER eager, gager, jager, lager, pager, sager, wager, yager; agers
AGERS eagers, gagers, jagers, lagers, pagers, wagers, yagers; -
AGES cages, gages, mages, pages, rages, sages, wages; -
AGGADA -; aggadah, aggadas
AGGADAH -; aggadahs
AGGADIC -; -
AGGADOT -; aggadoth
AGGER dagger, gagger, jagger, lagger, nagger, sagger, tagger, wagger; aggers
AGGERS daggers, gaggers, jaggers, laggers, naggers, saggers, taggers, waggers; -
AGGIE baggie; aggies
AGGIES baggies; -
AGGRO -; aggros
AGHA -; aghas
AGHAS -; aghast
AGILE vagile; -
AGILELY -; -
AGILITY -; -
AGIN fagin; aging
AGING caging, gaging, paging, raging, waging; agings
AGINNER -; aginners
AGIO -; agios
AGISM -; agisms
AGIST -; agists
AGISTED -; -

AGITA	-; agitas
AGITATE	-; agitated, agitates
AGITATO	-; agitator
AGLARE	-; -
AGLEAM	-; -
AGLEE	-; -
AGLET	eaglet; aglets
AGLETS	eaglets; -
AGLEY	-; -
AGLOO	-; agloos
AGLOW	-; -
AGLY	-; -
AGLYCON	-; aglycone, aglycons
AGMA	magma; agmas
AGMAS	magmas; -
AGNAIL	-; agnails
AGNATE	-; agnates
AGNATIC	-; -
AGNIZE	-; agnized, agnizes
AGNOMEN	-; agnomens
AGNOSIA	-; agnosias
AGO	dago, sago; agog, agon
AGON	wagon; agone, agons, agony
AGONAL	-; -
AGONE	-; agones
AGONIC	-; -
AGONIES	-; -
AGONISE	-; agonised, agonises
AGONIST	-; agonists
AGONIZE	-; agonized, agonizes
AGONS	wagons; -
AGONY	-; -
AGORA	-; agorae, agoras
AGOROT	-; agoroth
AGOUTI	-; agoutis
AGOUTY	-; -
AGRAFE	-; agrafes
AGRAFFE	-; agraffes
AGRAPHA	-; -
AGRAVIC	-; -
AGREE	-; agreed, agrees
AGRIA	-; agrias
AGRO	-; agros
AGROUND	-; -
AGUE	vague; agues
AGUISH	-; -
AH	aah, bah, dah, hah, nah, pah, rah, yah; aha
AHA	haha; -
AHCHOO	-; -
AHEAD	-; -
AHED	-; -
AHEM	-; -
AHI	-; ahis
AHIMSA	-; ahimsas
AHING	-; -
AHOLD	-; aholds
AHORSE	-; -
AHOY	-; -
AHS	fahs; -
AHULL	-; -
AI	-; aid, ail, aim, ain, air, ais, ait
AIBLINS	-; -
AID	caid, laid, maid, paid, qaid, raid, said; aide, aids

AIDE -; aided, aider, aides
AIDED raided; -
AIDER raider; aiders
AIDERS raiders; -
AIDFUL -; -
AIDING raiding; -
AIDLESS -; -
AIDMAN -; -
AIDMEN -; -
AIDS caids, maids, qaids, raids, saids; -
AIGLET -; aiglets
AIGRET -; aigrets
AIKIDO -; aikidos
AIL bail, fail, hail, jail, kail, mail, nail, pail, rail, sail, tail, vail, wail; ails
AILED bailed, failed, hailed, jailed, mailed, nailed, railed, sailed, tailed, vailed, wailed; -
AILERON -; ailerons
AILING bailing, failing, hailing, jailing, mailing, nailing, railing, sailing, tailing, vailing, wailing; -
AILMENT -; ailments
AILS bails, fails, hails, jails, kails, mails, nails, pails, rails, sails, tails, vails, wails; -
AIM maim; aims
AIMED maimed; -
AIMER maimer; aimers
AIMERS maimers; -
AIMFUL -; -
AIMING maiming; -
AIMLESS -; -
AIMS maims; -
AIN cain, fain, gain, kain, lain, main, pain, rain, sain, tain, vain, wain; aine, ains
AINS cains, gains, kains, mains, pains, rains, sains, tains, vains, wains; -
AINSELL -; ainsells
AIOLI -; aiolis
AIR fair, hair, lair, mair, pair, vair, wair; airn, airs, airt, airy
AIRBAG -; airbags
AIRBALL hairball-; airballs
AIRBALLS hairballs, -
AIRBASE -; airbases
AIRBOAT -; airboats
AIRBURST -; airbursts
AIRBUS -; -
AIRCREW -; aircrews
AIRDATE -; airdates
AIRDROP -; airdrops

AIRED	faired, haired, laired, paired, waired; -
AIRER	fairer; -
AIREST	fairest; -
AIRFARE	-; airfares
AIRFIELD	-; airfields
AIRFLOW	-; airflows
AIRFOIL	-; airfoils
AIRGLOW	-; airglows
AIRHEAD	-; airheads
AIRHOLE	-; airholes
AIRIER	hairier; -
AIRIEST	hairiest; -
AIRILY	-; -
AIRING	fairing, lairing, pairing, wairing; airings
AIRLESS	hairless; -
AIRLIFT	-; airlifts
AIRLIKE	hairlike; -
AIRLINE	hairline; airliner, airlines
AIRMAIL	-; airmails
AIRMAN	-; -
AIRMEN	-; -
AIRN	bairn, cairn; airns
AIRNS	bairns, cairns; -
AIRPARK	-; airparks
AIRPLAY	-; airplays
AIRPORT	-; airports
AIRPOST	-; airposts
AIRS	fairs, hairs, lairs, mairs, pairs, vairs, wairs; -
AIRSHED	-; airsheds
AIRSHIP	-; airships
AIRSHOT	-; airshots
AIRSHOW	-; airshows
AIRSICK	-; -
AIRSIDE	-; airsides
AIRT	-; airth, airts
AIRTED	-; -
AIRTH	-; airths
AIRTHED	-; -
AIRTIME	-; airtimes
AIRTING	-; -
AIRTRAM	- airtrams
AIRVAC	- airvacs
AIRWARD	-; -
AIRWAVE	-; airwaves
AIRWAY	fairway; airways
AIRWISE	-; -
AIRY	dairy, fairy, hairy; -
AISLE	-; aisled, aisles
AIT	bait, gait, wait; aits
AITCH	-; -
AITCHES	-; -
AITS	baits, gaits, waits; -
AIVER	waiver; aivers
AIYEE	-; -
AJAR	-; -
AJEE	-; -
AJIVA	-; ajivas
AJOWAN	-; ajowans
AJUGA	-; ajugas
AKEE	rakee; akees
AKEES	rakees; -
AKELA	-; akelas
AKENE	-; akenes
AKIMBO	-; -
AKIN	takin; -

AKVAVIT	-; akvavits
AL	aal, ala, alb, ale, all, alp, als, alt; aal, bal, dal, gal, pal, sal
ALA	gala, tala; alae, alan, alar, alas
ALACK	-; -
ALAMEDA	-; alamedas
ALAMO	-; alamos
ALAMODE	-; alamodes
ALAN	-; aland, alane, alang, alans, alant
ALAND	-; alands
ALANE	-; -
ALANG	-; -
ALANIN	-; alanine, alanins
ALANINE	-; alanines
ALANT	-; alants
ALANYL	-; alanyls
ALAR	malar, talar; alarm, alary
ALARM	-; alarms
ALARMED	-; -
ALARUM	-; alarums
ALARY	salary; -
ALAS	balas, galas, talas; -
ALASKA	-; alaskas
ALASTOR	-; alastors
ALATE	malate, palate; alated, alates
ALATION	-; alations
ALB	-; alba, albs
ALBA	-; albas
ALBATA	-; albatas
ALBEDO	-; albedos
ALBEIT	-; -
ALBINAL	-; -
ALBINIC	-; -
ALBINO	-; albinos
ALBITE	-; albites
ALBITIC	-; -
ALBIZIA	-; albizias
ALBUM	-; albums
ALBUMEN	-; albumens
ALBUMIN	-; albumins
ALCADE	-; alcades
ALCAIC	-; alcaics
ALCAIDE	-; alcaides
ALCALDE	-; alcaldes
ALCAYDE	-; alcaydes
ALCAZAR	-; alcazars
ALCHEMY	-; -
ALCHYMY	-; -
ALCID	-; alcids
ALCOHOL	-; alcohols
ALCOOL	-; alcools
ALCOVE	-; alcoved, alcoves
ALDER	balder; alders
ALDOL	-; aldols
ALDOSE	-; aldoses
ALDRIN	-; aldrins
ALE	bale, dale, gale, hale, kale, male, pale, rale, sale, tale, vale, wale; alec, alee, alef, ales
ALEC	-; alecs
ALEF	-; alefs
ALEGAR	-; alegars

ALEMBIC -; alembics
ALENCON -; alencons
ALEPH -; alephs
ALERT -; alerts
ALERTED -; -
ALERTER -; -
ALERTLY -; -
ALES bales, dales, gales, hales, kales, males, pales, rales, sales, tales, vales, wales; -
ALEURON -; aleurone, aleurons
ALEVIN -; alevins
ALEWIFE -; -
ALEXIA -; alexias
ALEXIN -; alexine, alexins
ALEXINE -; alexines
ALFA -; alfas
ALFAKI -; alfakis
ALFALFA -; alfalfas
ALFAQUI -; alfaquin, alfaquis
ALFORJA -; alforjas
ALFREDO -; -
ALGA -; algae, algal, algas
ALGEBRA -; algebras
ALGID -; -
ALGIN -; algins
ALGOID valgoid; -
ALGOR -; algors
ALGUM -; algums
ALIAS -; -
ALIASES -; -
ALIBI -; alibis
ALIBIED -; -
ALIBIES -; -
ALIBLE -; -
ALIDAD -; alidade, alidads
ALIDADE -; alidades
ALIEN -; aliens
ALIENED -; -
ALIENEE -; alienees
ALIENER -; alieners
ALIENLY -; -
ALIENOR -; alienors
ALIF calif, kalif; alifs
ALIFORM -; -
ALIFS califs, kalifs; -
ALIGHT -; alights
ALIGN malign; aligns
ALIGNED maligned; -
ALIGNER maligner; aligners
ALIGNS maligns; -
ALIKE -; -
ALIMENT -; aliments
ALIMONY -; -
ALINE maline, saline, valine; alined, aliner, alines
ALINER -; aliners
ALINES malines, salines, valines; -
ALINING -; -
ALIPED -; alipeds
ALIQUOT -; aliquots
ALIST -; -
ALIT -; -
ALIUNDE -; -
ALIVE -; -
ALIYA -; aliyah, aliyas
ALIYAH -; aliyahs

ALKALI	-; alkalic, alkalin, alkalis
ALKALIN	-; alkaline
ALKANE	-; alkanes, alkanet
ALKANET	-; alkanets
ALKENE	-; alkenes
ALKIES	-; -
ALKINE	-; alkines
ALKOXY	-; -
ALKY	balky, talky; alkyd, alkyl
ALKYD	-; alkyds
ALKYL	-; alkyls
ALKYLIC	-; -
ALKYNE	-; alkynes
ALL	ball, call, fall, gall, hall, lall, mall, pall, sall, tall, wall; alls, ally
ALLAY	-; allays
ALLAYED	-; -
ALLAYER	-; allayers
ALLEE	callee, mallee; allees
ALLEGE	-; alleged, alleger, alleges
ALLEGER	-; allegers
ALLEGRO	-; allegros
ALLELE	-; alleles
ALLELIC	-; -
ALLERGY	-; -
ALLEY	galley, valley; alleys
ALLEYS	galleys, valleys; -
ALLHEAL	-; allheals
ALLIAK	-; alliaks
ALLICIN	-; allicins
ALLIED	dallied, gallied, rallied, sallied, tallied; -
ALLIES	dallies, gallies, rallies, sallies, tallies, wallies; -
ALLIUM	pallium; alliums
ALLIUMS	palliums; -
ALLOBAR	-; allobars
ALLOD	-; allods
ALLONGE	-; allonges
ALLONYM	-; allonyms
ALLOT	ballot, hallot; allots
ALLOTS	ballots; -
ALLOVER	-; allovers
ALLOW	callow, fallow, hallow, mallow, sallow, tallow, wallow; allows
ALLOWED	fallowed, hallowed, sallowed, tallowed; -
ALLOWS	fallows, gallows, hallows, mallows, sallows, tallows, wallows; -
ALLOXAN	-; alloxans
ALLOY	-; alloys
ALLOYED	-; -
ALLS	balls, calls,

falls, galls, halls, lalls, malls, palls, walls; -

ALLSEED -; allseeds
ALLUDE -; alluded, alludes
ALLURE -; allured, allurer, allures
ALLURER -; allurers
ALLUVA -; -
ALLUVIA -; alluvial
ALLY bally, dally, gally, pally, rally, sally, tally, wally; allyl
ALLYING gallying, rallying; -
ALLYL -; allyls
ALLYLIC -; -
ALMA -; almah, almas
ALMAH -; almahs
ALMANAC -; almanacs
ALME -; almeh, almes
ALMEH -; almehs
ALMEMAR -; almemars
ALMNER -; almners
ALMOND -; almonds
ALMONER -; almoners
ALMONRY -; -
ALMOST -; -
ALMS balms, calms, halms, malms, palms; -
ALMSMAN -; -
ALMSMEN -; -
ALMUCE -; almuces
ALMUD -; almude, almuds
ALMUDE -; almudes
ALMUG -; almugs
ALNICO -; -
ALODIA -; alodial
ALODIUM -; -
ALOE -; aloes
ALOES haloes; -
ALOETIC -; -
ALOFT -; -
ALOHA -; alohas
ALOIN -; aloins
ALONE -; -
ALONG kalong; -
ALOOF -; -
ALOOFLY -; -
ALOUD -; -
ALOW -; -
ALP palp, salp; alps
ALPACA -; alpacas
ALPHA -; alphas
ALPHORN -; alphorns
ALPHYL -; alphyls
ALPINE -; alpines
ALPS palps, salps; -
ALREADY -; -
ALRIGHT -; -
ALS dals; also
ALSIKE -; alsikes
ALSO -; -
ALT halt, malt, salt; alto, alts
ALTAR -; altars
ALTER falter, halter, palter, salter; alters
ALTERED faltered, haltered, paltered; -

ALTERER falterer; alterers
ALTERS falters, halters, palters, salters; -
ALTHAEA -; althaeas
ALTHEA -; altheas
ALTHO -; -
ALTHORN -; althorns
ALTO -; altos
ALTOIST -; altoists
ALTS halts, malts, salts; -
ALUDEL -; aludels
ALULA -; alulae, alular
ALUM -; alums
ALUMIN -; alumina, alumine
ALUMINA -; aluminas
ALUMINE -; alumines
ALUMNA -; alumnae
ALUMNI -; -
ALUMNUS -; -
ALUNITE -; alunites
ALVAR -; alvars
ALVINE -; -
ALWAY -; always
ALYSSUM -; alyssums
AM bam, cam, dam, gam, ham, jam, lam, nam, pam, ram, tam, yam; ama, ami, amp
AMA gama, lama, mama; amah, amas
AMADOU -; amadous
AMAH -; amahs
AMAIN -; -
AMALGAM -; amalgams
AMANITA -; amanitas
AMARNA -; -
AMAS camas, gamas, lamas, mamas; amass
AMASS camass; -
AMASSED -; -
AMASSER -; amassers
AMASSES -; -
AMATEUR -; amateurs
AMATIVE -; -
AMATOL -; amatols
AMATORY -; -
AMAUTI -; amautik, amautis
AMAUTIK -; amautiks
AMAZE -; amazed, amazes
AMAZING -; -
AMAZON -; amazons
AMBAGE -; ambages
AMBARI -; ambaris
AMBARY -; -
AMBEER -; ambeers
AMBER camber, lamber; ambers, ambery
AMBERS cambers, lambers; -
AMBERY -; -
AMBIENT -; ambients
AMBIT gambit; ambits
AMBITS gambits; -
AMBLE gamble, ramble, wamble; ambled,

	ambler, ambles
AMBLED	gambled, rambled, wambled; -
AMBLER	gambler, rambler; amblers
AMBLERS	gamblers, ramblers; -
AMBLES	gambles, rambles, wambles; -
AMBLING	gambling, rambling; -
AMBO	mambo, sambo; ambos
AMBOINA	-; amboinas
AMBONES	-; -
AMBOS	mambos, sambos; -
AMBOYNA	-; amboynas
AMBRIES	-; -
AMBROID	-; ambroids
AMBRY	-; -
AMBSACE	-; ambsaces
AMBUSH	-; -
AMEBA	-; amebae, ameban, amebas
AMEBEAN	-; -
AMEBIC	-; -
AMEBOID	-; -
AMEER	-; ameers
AMEN	yamen; amend, amens, ament
AMEND	-; amends
AMENDED	-; -
AMENDER	-; amenders
AMENITY	-; -
AMENS	yamens; -
AMENT	lament; aments
AMENTIA	-; amentias
AMENTS	laments; -
AMERCE	-; amerced, amercer, amerces
AMERCER	-; amercers
AMESACE	-; amesaces
AMI	kami, rami; amia, amid, amie, amin, amir, amis
AMIA	lamia, zamia; amias
AMIABLE	-; -
AMIABLY	-; -
AMIAS	lamias, zamias; -
AMICE	-; amices
AMICI	-; -
AMICUS	-; -
AMID	-; amide, amido, amids
AMIDASE	-; amidases
AMIDE	-; amides
AMIDIC	-; -
AMIDIN	-; amidine, amidins
AMIDINE	-; amidines
AMIDO	-; amidol
AMIDOL	-; amidols
AMIDONE	-; amidones
AMIDST	-; -
AMIE	mamie, ramie; amies
AMIES	mamies, ramies; -
AMIGA	-; amigas

AMIGO -; amigos
AMIN gamin; amine, amino, amins
AMINE famine, gamine; amines
AMINES famines, gamines; -
AMINIC -; -
AMINITY -; -
AMINO -; aminos
AMINS gamins; -
AMIR -; amirs
AMIRATE -; amirates
AMIS tamis; amiss
AMISS -; -
AMITIES -; -
AMITY -; -
AMMETER -; ammeters
AMMINE -; ammines
AMMINO -; -
AMMO -; ammos
AMMONAL -; ammonals
AMMONIA -; ammoniac, ammonias
AMMONIC -; -
AMMONO -; -
AMNESIA -; amnesiac, amnesias
AMNESIC -; amnesics
AMNESTY -; -
AMNIA -; -
AMNIC -; -
AMNION -; amnions
AMNIOTE -; amniotes
AMOEBA -; amoebae, amoeban, amoebas
AMOEBIC -; -
AMOK -; amoks
AMOLE -; amoles
AMONG -; -
AMONGST -; -
AMORAL -; -
AMORINI -; -
AMORINO -; -
AMORIST -; amorists
AMOROSO -; -
AMOROUS -; -
AMORT -; -
AMOSITE -; amosites
AMOTION -; amotions
AMOUNT -; amounts
AMOUR -; amours
AMP camp, damp, gamp, lamp, ramp, samp, tamp, vamp; amps
AMPERE -; amperes
AMPHORA -; amphorae, amphoras
AMPLE sample; ampler
AMPLER sampler; -
AMPLEST -; -
AMPLIFY -; -
AMPLY damply; -
AMPOULE -; ampoules
AMPS camps, damps, gamps, lamps, ramps, samps, tamps, vamps; -
AMPUL -; ampule, ampuls
AMPULE -; ampules
AMPULLA -; ampullae, ampullar

AMPUTEE -; amputees
AMREETA -; amreetas
AMRIT -; amrits
AMRITA -; amritas
AMTRAC -; amtrack, amtracs
AMTRACK -; amtracks
AMU -; amus
AMUCK -; amucks
AMULET -; amulets
AMUS wamus; -
AMUSE -; amused, amuser, amuses
AMUSED -; -
AMUSER -; amusers
AMUSES wamuses; -
AMUSIA -; -
AMUSING -; -
AMUSIVE -; -
AMYL -; amyls
AMYLASE -; amylases
AMYLENE -; amylenes
AMYLIC -; -
AMYLOID -; amyloids
AMYLOSE -; amyloses
AMYLUM -; amylums
AN ban, can, dan, fan, gan, man, pan, ran, tan, van, wan; ana, and, ane, ani, ant, any
ANA kana, mana, nana; anal, anas
ANABAS -; -
ANADEM -; anadems
ANAEMIA -; anaemias
ANAEMIC -; -
ANAGEN -; anagens
ANAGOGE -; anagoges
ANAGOGY -; -
ANAGRAM -; anagrams
ANAL banal, canal; -
ANALGIA -; analgias
ANALITY -; -
ANALLY banally; -
ANALOG -; analogs, analogy
ANALYSE -; analysed, analyser, analyses
ANALYST -; analysts
ANALYTE -; analytes
ANALYZE -; analyzed, analyzer, analyzes
ANANDA -; anandas
ANANKE -; anankes
ANAPEST -; anapests
ANAPHOR -; anaphora, anaphors
ANARCH -; anarchs, anarchy
ANAS kanas, manas, nanas; -
ANATASE -; anatases
ANATOMY -; -
ANATTO -; anattos
ANCHO -; anchor, anchos
ANCHOR -; anchors
ANCHOVY -; -
ANCHUSA -; anchusas
ANCIENT -; ancients
ANCILLA -; ancillae, ancillas
ANCON -; ancone
ANCONAL -; -

ANCONE	-; ancones
ANCRESS	-; -
AND	band, hand, land, rand, sand, wand; ands
ANDANTE	-; andantes
ANDIRON	-; andirons
ANDRO	-; andros
ANDROID	-; androids
ANDS	bands, hands, lands, rands, sands, wands; -
ANE	bane, cane, fane, gane, jane, kane, lane, mane, pane, sane, vane, wane; anes, anew
ANEAR	-; anears
ANEARED	-; -
ANELE	-; aneled, aneles
ANEMIA	-; anemias
ANEMIC	-; -
ANEMONE	-; anemones
ANENST	-; -
ANENT	-; -
ANERGIA	-; anergias
ANERGIC	-; -
ANERGY	-; -
ANEROID	-; aneroids
ANES	banes, canes, fanes, janes, kanes, lanes, manes, panes, sanes, vanes, wanes; -
ANETHOL	-; anethole, anethols
ANEURIN	-; aneurins
ANEW	-; -
ANGA	fanga, panga, sanga; angas
ANGAKOK	-; angakoks
ANGARIA	-; angarias
ANGARY	-; -
ANGAS	fangas, pangas, sangas; -
ANGEL	mangel; angels
ANGELIC	-; angelica
ANGELICA	-; angelicas
ANGELS	mangels; -
ANGELUS	-; -
ANGER	banger, danger, ganger, hanger, manger, ranger, sanger; angers
ANGERED	dangered; -
ANGERLY	-; -
ANGERS	bangers, dangers, gangers, hangers, mangers, rangers, sangers; -
ANGINA	-; anginal, anginas
ANGIOMA	-; angiomas
ANGLE	bangle, dangle,

	jangle, mangle, tangle, wangle; angled, angler, angles
ANGLED	dangled, jangled, mangled, tangled, wangled; -
ANGLER	dangler, jangler, mangler, tangler, wangler; anglers
ANGLERS	danglers, janglers, manglers, tanglers, wanglers; -
ANGLES	bangles, dangles, jangles, mangles, tangles, wangles; -
ANGLICE	-; -
ANGLING	dangling, gangling, jangling, mangling, tangling, wangling; anglings
ANGLO	-; anglos
ANGORA	-; angoras
ANGRIER	-; -
ANGRILY	-; -
ANGRY	-; -
ANGST	-; -
ANGSTY	-; -
ANGUINE	-; -
ANGUISH	-; -
ANGULAR	-; -
ANHINGA	-; anhingas
ANI	bani, rani; anil, anis
ANIL	-; anile, anils
ANILE	-; -
ANILIN	-; aniline, anilins
ANILINE	-; anilines
ANILITY	-; -
ANIMA	-; animal, animas
ANIMACY	-; -
ANIMAL	-; animals
ANIMATE	-; animated, animater, animates
ANIMATO	-; animator
ANIME	-; animes
ANIMI	-; animis
ANIMISM	-; animisms
ANIMIST	-; animists
ANIMUS	-; -
ANION	fanion, wanion; anions
ANIONIC	-; -
ANIONS	fanions, wanions; -
ANIS	ranis; anise
ANISE	-; anises
ANISEED	-; aniseeds
ANISIC	-; -
ANISOLE	-; anisoles
ANKH	-; ankhs

ANKLE	rankle; ankles, anklet
ANKLES	rankles; -
ANKLET	-; anklets
ANKUS	-; ankush
ANKUSES	-; -
ANKUSH	-; -
ANLACE	-; anlaces
ANLAGE	-; anlagen, anlages
ANLAS	-; -
ANLASES	-; -
ANNA	canna, manna; annal, annas
ANNAL	-; annals
ANNALIST	-; annalists
ANNAS	cannas, mannas; -
ANNATES	-; -
ANNATTO	-; annattos
ANNEAL	-; anneals
ANNELID	-; annelids
ANNEX	-; annexe
ANNEXE	-; annexed, annexes
ANNONA	-; annonas
ANNOY	-; annoys
ANNOYED	-; -
ANNOYER	-; annoyers
ANNUAL	-; annuals
ANNUITY	-; -
ANNUL	-; annuls
ANNULAR	-; -
ANNULET	-; annulets
ANNULI	-; -
ANNULUS	-; -
ANOA	-; anoas
ANODAL	-; -
ANODE	-; anodes
ANODIC	-; -
ANODISE	-; anodised, anodiser
ANODIZE	-; anodized, anodizes
ANODYNE	-; anodynes
ANOINT	-; anoints
ANOLE	-; anoles
ANOLYTE	-; anolytes
ANOMALY	-; -
ANOMIC	-; -
ANOMIE	-; anomies
ANOMY	-; -
ANON	canon, fanon; -
ANONYM	-; anonyms
ANOPIA	-; anopias
ANOPSIA	-; anopsias
ANORAK	-; anoraks
ANOREXY	-; -
ANOSMIA	-; anosmias
ANOSMIC	-; -
ANOTHER	-; -
ANOXIA	-; anoxias
ANOXIC	-; -
ANSA	hansa; ansae
ANSATE	-; ansated
ANSATZ	-; -
ANSWER	-; answers
ANT	cant, hant, pant, rant, want; anta, ante, anti, ants
ANTA	manta; antae, antas
ANTACID	-; antacids
ANTAS	mantas; -
ANTBEAR	-; antbears
ANTE	-; anted, antes
ANTED	canted, hanted,

	panted, ranted, wanted; -
ANTEED	-; -
ANTEFIX	-; -
ANTEING	-; -
ANTENNA	-; antennae, antennal, antennas
ANTES	mantes; -
ANTHEM	-; anthems
ANTHER	panther; anthers
ANTHERS	panthers; -
ANTHILL	-; anthills
ANTHOID	-; -
ANTHRAX	-; -
ANTHRO	-; anthros
ANTI	-; antic, antis
ANTIAIR	-; -
ANTIAR	-; antiars
ANTIBUG	-; -
ANTIC	cantic, mantic; antick, antics
ANTICAR	-; -
ANTICK	-; anticks
ANTICLY	-; -
ANTIFA	-; antifas
ANTIFAT	-; -
ANTIFLU	-; -
ANTIFOG	-; -
ANTIFUR	-; -
ANTIGAY	-; -
ANTIGEN	-; antigene, antigens
ANTIGUN	-; -
ANTIJAM	-; -
ANTILOG	-; antilogs, antilogy
ANTIMAN	-; -
ANTING	canting, hanting, panting, ranting, wanting; antings
ANTIPOT	-; -
ANTIQUE	-; antiqued, antiquer, antiques
ANTIRED	-; -
ANTIS	mantis; -
ANTISAG	-; -
ANTISEX	-; -
ANTITAX	-; -
ANTIWAR	-; -
ANTLER	-; antlers
ANTLIKE	-; -
ANTLION	-; antlions
ANTONYM	-; antonyms, antonymy
ANTRA	mantra, tantra; antral
ANTRE	-; antres
ANTRUM	-; antrums
ANTS	cants, hants, pants, rants, wants; antsy
ANTSIER	-; -
ANTSY	-; -
ANURAL	-; -
ANURAN	-; anurans
ANURIA	-; anurias
ANURIC	-; -
ANUROUS	-; -
ANUS	manus; -
ANUSES	-; -
ANVIL	-; anvils
ANVILED	-; -
ANXIETY	-; -

ANXIOUS	-; -
ANY	many, wany, zany; -
ANYBODY	-; -
ANYHOW	-; -
ANYMORE	-; -
ANYON	canyon; anyons
ANYONE	-; -
ANYTIME	-; -
ANYWAY	-; anyways
ANYWISE	-; -
AORIST	-; aorists
AORTA	-; aortae, aortal, aortas
AORTIC	-; -
AOUDAD	-; aoudads
APACE	-; -
APACHE	-; apaches
APAGOGE	-; apagoges
APANAGE	-; apanages
APAREJO	-; aparejos
APART	-; -
APATHY	-; -
APATITE	-; apatites
APE	cape, gape, jape, nape, rape, tape; aped, aper, apes, apex
APEAK	-; -
APED	caped, gaped, japed, raped, taped; -
APEEK	-; -
APELIKE	-; -
APEMAN	-; -
APEMEN	- -
APER	caper, gaper, japer, paper, raper, taper; apers, apery
APERCU	-; apercus
APERIES	naperies; -
APERS	capers, gapers, japers, papers, rapers, tapers; -
APERY	japery, napery, papery; -
APES	capes, gapes, japes, napes, rapes, tapes; -
APETALY	-; -
APEX	-; -
APEXES	-; -
APHAGIA	-; aphagias
APHASIA	-; aphasiac, aphasias
APHASIC	-; aphasics
APHESIS	-; -
APHETIC	-; -
APHID	-; aphids
APHIDES	raphides; -
APHIS	raphis; -
APHONIA	-; aphonias
APHONIC	-; aphonics
APHONY	-; -
APHOTIC	-; -
APHTHA	naphtha; aphthae
APHYLLY	-; -
APIAN	-; -
APIARY	-; -
APICAL	-; -
APICES	-; -
APIECE	-; -

APING	gaping, japing, naping, raping, taping; -
APISH	-; -
APISHLY	-; -
APLANAT	- aplanats
APLASIA	-; aplasias
APLENTY	-; -
APLITE	haplite; aplites
APLITES	haplites; -
APLITIC	-; -
APLOMB	-; aplombs
APNEA	-; apneal, apneas
APNEIC	-; -
APNOEA	-; apnoeal, apnoeas
APNOEIC	-; -
APO	capo; apos
APOCARP	-; apocarps, apocarpy
APOCOPE	-; apocopes
APOD	-; apods
APODAL	-; -
APODOUS	-; -
APOGAMY	-; -
APOGEAL	-; -
APOGEAN	-; -
APOGEE	-; apogees
APOGEIC	-; -
APOLLO	-; apollos
APOLOG	-; apologs, apology
APOLUNE	-; apolunes
APOMICT	-; apomicts
APORIA	-; aporias
APORT	-; -
APOSTIL	-; apostils
APOSTLE	-; apostles
APOTHEM	-; apothems
APP	-; apps
APPAL	-; appall, appals
APPALED	-; -
APPALL	-; appalls
APPARAT	-; apparats
APPAREL	-; apparels
APPEAL	-; appeals
APPEAR	-; appears
APPEASE	-; appeased, appeaser, appeases
APPEL	rappel; appels
APPELS	rappels; -
APPEND	-; appends
APPLAUD	-; applauds
APPLE	dapple; apples, applet
APPLES	dapples; -
APPLET	-; applets
APPLIED	-; -
APPLIER	-; appliers
APPLIES	-; -
APPLY	-; -
APPOINT	-; appoints
APPOSE	-; apposed, apposer, apposes
APPOSER	-; apposers
APPRISE	-; apprised, appriser, apprises
APPRIZE	-; apprized, apprizer, apprizes
APPROVE	-; approved, approver, approves

APPULSE -; appulses
APRAXIA -; apraxias
APRAXIC -; -
APRES -; -
APRICOT -; apricots
APRON -; aprons
APRONED -; -
APROPOS -; -
APROTIC -; -
APSE lapse; apses
APSES lapses; -
APSIDAL -; -
APSIDES -; -
APSIS -; -
APT rapt; -
APTER -; -
APTERAL -; -
APTERIA -. -
APTERYX -; -
APTEST -; -
APTLY raptly; -
APTNESS -; -
APYRASE -; apyrases
AQUA -; aquae, aquas
AQUAFIT -; aquafits
AQUARIA -; aquarial, aquarian
AQUATIC -; aquatics
AQUAVIT -; aquavits
AQUEOUS -; -
AQUIFER -; aquifers
AQUIVER -; -
AR bar, car, ear, far, gar, jar, lar, mar, oar, par, tar, var, war, yar; arb, arc, are, arf, ark, arm, ars, art
ARABESK -; arabesks
ARABIC -; arabica
ARABICA -; arabicas
ARABIS -; -
ARABIZE -; arabized, arabizes
ARABLE parable; arables
ARABLES parables; -
ARAK -; araks
ARAME -; arames
ARAMID -; aramids
ARANEID -; araneids
ARAROBA -; ararobas
ARB carb, darb, garb; arbs
ARBITER -; arbiters
ARBOR harbor; arbors
ARBORED -; -
ARBORES -; -
ARBORS harbors; -
ARBOUR harbour; arbours
ARBOURS harbours; -
ARBS carbs, darbs, garbs; -
ARBUTE -; arbutes
ARBUTUS -; -
ARC marc, narc; arch, arco, arcs
ARCADE -; arcaded, arcades
ARCADIA -; arcadian, arcadias
ARCANA -; -
ARCANE -; -
ARCANUM -; arcanums
ARCED farced; -

ARCH	larch, march, parch; -
ARCHAIC	-; -
ARCHED	marched, parched; -
ARCHER	marcher; archers, archery
ARCHERS	marchers; -
ARCHES	larches, marches, parches; -
ARCHFOE	-; archfoes
ARCHI	-; archil
ARCHIL	-; archils
ARCHINE	-; archines
ARCHING	marching, parching; archings
ARCHIVE	-; archived, archives
ARCHLY	-; -
ARCHON	-; archons
ARCHWAY	-; archways
ARCING	farcing; -
ARCKED	-; -
ARCKING	-; -
ARCO	narco; -
ARCS	marcs, narcs; -
ARCSINE	-; arcsines
ARCTIC	-; arctics
ARCUATE	-; arcuated
ARCUS	-; -
ARCUSES	-; -
ARDEB	-; ardebs
ARDENCY	-; -
ARDENT	-; -
ARDOR	-; ardors
ARDOUR	-; ardours
ARE	bare, care, dare, fare, hare, mare, pare, rare, tare, ware, yare; area, ares
AREA	-; areae, areal, areas
AREALLY	-; -
AREAWAY	-; areaways
ARECA	-; arecas
AREG	-; -
AREIC	-; -
ARENA	-; arenas
ARENE	-; arenes
ARENITE	-; arenites
ARENOSE	-; -
ARENOUS	-; -
AREOLA	-; areolae, areolar, areolas
AREOLE	-; areoles
AREPA	-; arepas
ARES	bares, cares, dares, fares, hares, lares, mares, nares, pares, rares, tares, wares; -
ARETE	-; aretes
ARF	barf, zarf; arfs
ARFS	barfs, zarfs; -
ARGAL	-; argala, argali, argals
ARGALA	-; argalas
ARGALI	-; argalis
ARGENT	margent; argents
ARGENTS	margents; -
ARGH	-; -

ARGIL	-; argils
ARGLE	gargle; argled, argles
ARGLED	gargled; -
ARGLES	gargles; -
ARGLING	gargling; -
ARGOL	-; argols
ARGON	jargon; argons
ARGONS	jargons; -
ARGOSY	-; -
ARGOT	-; argots
ARGOTIC	-; -
ARGUE	-; argued, arguer, argues
ARGUER	-; arguers
ARGUFY	-; -
ARGUING	-; -
ARGUS	-; -
ARGUSES	-; -
ARGYLE	-; argyles
ARGYLL	-; argylls
ARHAT	-; arhats
ARIA	maria, varia; arias
ARIARY	-; -
ARID	-; -
ARIDER	-; -
ARIDEST	-; -
ARIDITY	-; -
ARIDLY	-; -
ARIEL	-; ariels
ARIETTA	-; ariettas
ARIETTE	-; ariettes
ARIGHT	-; -
ARIL	-; arils
ARILED	-; -
ARIOSE	-; -
ARIOSI	-; -
ARIOSO	-; ariosos
ARISE	-; arisen, arises
ARISING	-; -
ARISTA	-; aristae, aristas
ARISTO	-; aristos
ARK	bark, cark, dark, hark, lark, mark, nark, park, sark, wark; arks
ARKOSE	-; arkoses
ARKOSIC	- -
ARKS	barks, carks, darks, harks, larks, marks, narks, parks, sarks, warks; -
ARLES	carles, farles, parles; -
ARM	barm, farm, harm, warm; arms, army
ARMADA	-; armadas
ARMBAND	-; armbands
ARMED	farmed, harmed, warmed; -
ARMER	farmer, harmer, warmer; armers
ARMERS	farmers, harmers, warmers; -
ARMET	-; armets
ARMFUL	harmful; armfuls
ARMHOLE	-; armholes
ARMIES	-; -
ARMIGER	-; armigers

ARMILLA -; armillae, armillas
ARMING farming, harming, warming; armings
ARMINGS -; farmings
ARMLESS harmless; -
ARMLET -; armlets
ARMLIKE -; -
ARMLOAD -; armloads
ARMLOCK -; armlocks
ARMOIRE -; armoires
ARMOR -; armors, armory
ARMORED -; -
ARMORER -; armorers
ARMOUR -; armours, armoury
ARMPIT -; armpits
ARMREST -; armrests
ARMS barms, farms, harms, warms; -
ARMSFUL -; -
ARMURE -; armures
ARMY barmy; -
ARNATTO -; arnattos
ARNICA -; arnicas
AROID -; aroids
AROINT -; aroints
AROMA -; aromas
AROSE -; -
AROUND -; -
AROUSAL -; arousals
AROUSE carouse; aroused, arouser, arouses
AROUSED caroused; -
AROUSER carouser; arousers
AROUSES carouses; -
AROYNT -; aroynts
ARPEN -; arpens, arpent
ARPENT -; arpents
ARRACK barrack, carrack; arracks
ARRACKS -; barracks, carracks
ARRAIGN -; arraigns
ARRANGE -; arranged, arranger, arranges
ARRANT -; -
ARRANTLY -; -
ARRAS -; -
ARRASED -; -
ARRAY -; arrays
ARRAYAL -; arrayals
ARRAYED -; -
ARRAYER -; arrayers
ARREAR -; arrears
ARREST -; arrests
ARRIBA -; -
ARRIS -; -
ARRISES -; -
ARRIVAL -; arrivals
ARRIVE -; arrived, arriver, arrives
ARROBA -; arrobas
ARROCES -; -
ARROW barrow, farrow, harrow, marrow, narrow, yarrow;

	arrows, arrowy
ARROWED	farrowed, harrowed, marrowed; -
ARROWS	barrows, farrows, harrows, marrows, narrows, yarrows; -
ARROWY	marrowy; -
ARROYO	-; arroyos
ARROZ	-; arroze
ARROZE	-; arrozes
ARS	bars, cars, ears, gars, jars, lars, mars, oars, pars, tars, vars, wars; arse
ARSE	carse, marse, parse; arses
ARSENAL	-; arsenals
ARSENIC	-; arsenics
ARSENO	-; -
ARSES	carses, marses, parses; -
ARSHIN	-; arshins
ARSINE	-; arsines
ARSINO	-; -
ARSIS	-; -
ARSON	parson; arsons
ART	cart, dart, hart, kart, mart, part, tart, wart; arts, arty
ARTAL	hartal; -
ARTEL	cartel; artels
ARTELS	cartels; -
ARTERY	-; -
ARTFUL	cartful; -
ARTICLE	-; articled, articles
ARTIER	wartier; -
ARTIEST	-; -
ARTILY	-; -
ARTISAN	bartisan, partisan; artisans
ARTIST	-; artiste, artists
ARTISTE	-; artistes
ARTLESS	-; -
ARTS	carts, darts, harts, karts, marts, parts, tarts, warts; artsy
ARTWORK	-; artworks
ARTY	party, tarty, warty; -
ARUGOLA	-; arugola
ARUGULA	-; arugula
ARUM	larum; arums
ARUMS	larums; -
ARUSPEX	-; -
ARVAL	-; -
ARVO	-; arvos
ARYL	-; aryls
AS	bas, fas, gas, has, kas, las, mas, pas, ras, tas, vas, was; ash, ask, asp, ass
ASANA	-; asanas
ASARUM	-; asarums
ASCARED	-; -

ASCARID -; ascarids
ASCARIS -; -
ASCEND -; ascends
ASCENT nascent; ascents
ASCESIS -; -
ASCETIC -; ascetics
ASCI -; -
ASCITES -; -
ASCITIC -; -
ASCON -; ascons
ASCOT mascot; ascots
ASCOTS mascots; -
ASCRIBE -; ascribed, ascribes
ASCUS -; -
ASDIC -; asdics
ASEA -; -
ASEPSES -; -
ASEPSIS -; -
ASEPTIC -; -
ASEXUAL -; -
ASH bash, cash, dash, fash, gash, hash, lash, mash, pash, rash, sash, wash; ashy
ASHAMED -; -
ASHCAKE -; ashcakes
ASHCAN -; ashcans
ASHED bashed, cashed, dashed, fashed, gashed, hashed, lashed, mashed, pashed, rashed, sashed, washed; -
ASHEN -; -
ASHES bashes, cashes, dashes, fashes, gashes, hashes, lashes, mashes, pashes, rashes, sashes, washes; -
ASHFALL -; ashfalls
ASHIER cashier, dashier, washier; -
ASHIEST -; -
ASHINE -; -
ASHING bashing, cashing, dashing, fashing, gashing, hashing, lashing, mashing, pashing, sashing, washing; -
ASHLAR -; ashlars
ASHLER -; ashlers
ASHLESS -; -
ASHMAN -; -
ASHMEN -; -
ASHORE -; -
ASHRAM -; ashrams
ASHRAMA -; ashramas

ASHTRAY -; ashtrays
ASHY dashy, mashy, washy; -
ASIDE -; asides
ASININE -; -
ASK bask, cask, mask, task; asks
ASKANCE -; -
ASKANT -; -
ASKARI -; askaris
ASKED basked, casked, masked, tasked; -
ASKER masker; askers
ASKERS maskers; -
ASKESES -; -
ASKESIS -; -
ASKEW -; -
ASKING basking, casking, gasking, masking, tasking; askings
ASKINGS gaskings, maskings; -
ASKOI -; -
ASKOS -; -
ASKS basks, casks, masks, tasks; -
ASLANT -; -
ASLEEP -; -
ASLOPE -; -
ASLOSH -; -
ASOCIAL -; -
ASP gasp, hasp, rasp, wasp; asps
ASPECT -; aspects
ASPEN -; aspens
ASPER gasper, jasper, rasper; aspers
ASPERS gaspers, jaspers, raspers; asperse
ASPERSE -; aspersed, asperser, asperses
ASPES -; -
ASPHALT -; asphalts
ASPHYXY -; -
ASPIC -; aspics
ASPIRE -; aspired, aspirer, aspires
ASPIRER -; aspirers
ASPIRIN -; aspirins
ASPIS -; aspish
ASPISH raspish; -
ASPS gasps, hasps, rasps, wasps; -
ASQUINT -; -
ASRAMA -; asramas
ASS bass, lass, mass, pass, sass, tass; -
ASSAGAI -; assagais
ASSAI -; assail, assais
ASSAIL wassail; assails
ASSAULT -; assaults
ASSAY -; assays
ASSAYED -; -
ASSAYER -; assayers
ASSEGAI -; assegais
ASSENT -; assents
ASSERT -; asserts

ASSES basses, gasses, lasses, masses, passes, sasses, tasses; assess
ASSET basset, tasset; assets
ASSETS bassets, tassets; -
ASSHOLE -; assholes
ASSIGN -; assigns
ASSIST bassist; assists
ASSISTS bassists; -
ASSIZE -; assizes
ASSLIKE -; -
ASSOIL -; assoils
ASSORT -; assorts
ASSUAGE -; assuaged, assuages
ASSUME -; assumed, assumer, assumes
ASSUMER -; assumers
ASSURE -; assured, assurer, assures
ASSURED -; assureds
ASSURER -; assurers
ASSUROR -; assurors
ASSWAGE -; asswaged, asswages
ASTANGA -; astangas
ASTASIA -; astasias
ASTATIC -; -
ASTER baster, caster, easter, faster, laster, master, paster, raster, taster, vaster, waster; astern, asters
ASTERIA -; asterias
ASTERN eastern, pastern; -
ASTERS basters, casters, easters, lasters, masters, pasters, rasters, tasters, wasters; -
ASTHENY -; -
ASTHMA -; asthmas
ASTILBE -; astilbes
ASTIR -; -
ASTONY -; -
ASTOUND -; astounds
ASTRAL gastral; astrals
ASTRAY -; astrays
ASTRICT -; astricts
ASTRIDE -; -
ASTUTE -; -
ASTYLAR -; -
ASUNDER -; -
ASWARM -; -
ASWIM -; -
ASWIRL -; -
ASWOON -; -
ASYLA -; -
ASYLUM -; asylums
AT bat, cat, eat, fat, gat, hat, kat, lat, mat, oat, pat, rat, sat, tat, vat, wat; ate
ATABAL -; atabals
ATACTIC -; -

ATAGHAN	-; ataghans	**ATMA**	-; atman, atmas
ATALAYA	-; atalayas	**ATMAN**	batman; atmans
ATAMAN	-; atamans	**ATOLL**	-; atolls
ATAP	watap; ataps	**ATOM**	-; atoms, atomy
ATARAXY	-; -	**ATOMIC**	-; atomics
ATAVIC	-; -	**ATOMIES**	-; -
ATAVISM	-; atavisms	**ATOMISE**	-; atomised, atomises
ATAVIST	-; atavists	**ATOMISM**	-; atomisms
ATAXIA	-; ataxias	**ATOMIST**	-; atomists
ATAXIC	-; ataxics	**ATOMIZE**	-; atomized, atomizer, atomizes
ATAXIES	-; -	**ATOMY**	-; -
ATAXY	-; -	**ATONAL**	-; -
ATE	bate, cate, date, fate, gate, hate, late, mate, pate, rate, sate, tate; ates	**ATONE**	-; atoned, atoner, atones
ATELIC	-; -	**ATONER**	-; atoners
ATELIER	-; ateliers	**ATONIA**	-; atonias
ATEMOYA	-; atemoyas	**ATONIC**	-; atonics
ATES	bates, cates, dates, fates, gates, hates, lates, mates, nates, pates, rates, sates tates; -	**ATONIES**	-; -
ATHEISM	-; atheisms	**ATONING**	-; -
ATHEIST	-; atheists	**ATONY**	-; -
ATHIRST	-; -	**ATOP**	-; atopy
ATHLETE	-; athletes	**ATOPIC**	-; -
ATHODYD	-; athodyds	**ATOPIES**	-; -
ATHWART	-; -	**ATRESIA**	-; atresias
ATIGI	-; atigis	**ATRIA**	latria; atrial
ATILT	-; -	**ATRIP**	-; -
ATINGLE	-; -	**ATRIUM**	natrium; atriums
ATLAS	-; -	**ATRIUMS**	natriums; -
ATLASES	-; -	**ATROPHY**	-; -
ATLATL	-; atlatls	**ATROPIN**	-; atropine, atropins
		ATT	batt, matt, watt; -

ATTABOY -; -
ATTACH -; attache
ATTACHE -; attached, attacher, attaches
ATTACK -; attacks
ATTAIN -; attains, attaint
ATTAINT -; attaints
ATTAR -; attars
ATTEMPT -; attempts
ATTEND -; attends
ATTENT -; -
ATTEST fattest, wattest; attests
ATTIC -; attics
ATTIRE -; attired, attires
ATTORN -; attorns
ATTRACT -; attracts
ATTRIT -; attrite, attrits
ATTRITE -; attrited, attrites
ATTUNE -; attuned, attunes
ATWAIN -; -
ATWEEN -; -
ATYPIC -; -
AUBADE -; aubades
AUBERGE -; auberges
AUBURN -; auburns
AUCTION -; auctions
AUCUBA -; aucubas
AUDAD caudad; audads
AUDIBLE -; audibles
AUDIBLY -; -
AUDIENT -; audients
AUDILE -; audiles
AUDING -; audings
AUDIO -; audios
AUDISM -; audisms
AUDIST -; audists
AUDIT -; audits
AUDITED -; -
AUDITEE -; auditees
AUDITOR -; auditors, auditory
AUGEND -; augends
AUGER gauger, mauger, sauger; augers
AUGERER -; augerers
AUGERS gaugers, saugers; -
AUGH -; -
AUGHT caught, naught, taught, waught; aughts
AUGHTS naughts, waughts; -
AUGITE -; augites
AUGITIC -; -
AUGMENT -; augments
AUGUR -; augurs, augury
AUGURAL -; -
AUGURY -; -
AUGUST -; -
AUK jauk, wauk; auks
AUKLET -; auklets
AUKS jauks, wauks; -
AULD cauld, fauld, yauld; -
AULDER -; -
AULDEST -; -
AULIC -; -
AUMBRY -; -

AUNT	daunt, gaunt, haunt, jaunt, taunt, vaunt; aunts, aunty
AUNTIE	vauntie; aunties
AUNTLY	-; -
AUNTS	daunts, haunts, jaunts, taunts, vaunts; -
AUNTY	jaunty, vaunty; -
AURA	laura; aurae, aural, aurar, auras
AURAE	laurae; -
AURAL	laural; -
AURALLY	-; -
AURAR	-; -
AURAS	lauras; -
AURATE	-; aurated
AUREATE	-; -
AUREI	-; -
AUREOLA	-; aureolae, aureolas
AUREOLE	-; aureoled, aureoles
AURES	-; -
AUREUS	-; -
AURIC	-; -
AURICLE	-; auricled, auricles
AURIS	kauris; aurist
AURIST	-; aurists
AUROCH	-; aurochs
AURORA	-; aurorae, auroral, auroras
AUROUS	-; -
AURUM	-; aurums
AUSFORM	-; ausforms
AUSPEX	-; -
AUSPICE	-; auspices
AUSTERE	-; austerer
AUSTRAL	-; -
AUSUBO	-; ausubos
AUTARKY	-; -
AUTEUR	-; auteurs
AUTHOR	-; authors
AUTISM	-; autisms
AUTIST	-; autists
AUTO	-; autos
AUTOBUS	-; -
AUTOED	-; -
AUTOING	-; -
AUTOMAN	-; -
AUTOMAT	-; automata, automate, automats
AUTOMEN	-; -
AUTONYM	-; autonyms
AUTOPEN	-; autopens
AUTOPSY	-; -
AUTUMN	-; autumns
AUXESES	-; -
AUXESIS	-; -
AUXETIC	-; auxetics
AUXIN	-; auxins
AUXINIC	-; -
AVA	java, kava, lava; -
AVAIL	-; avails
AVAILED	-; -
AVANT	savant; -
AVARICE	-; avarices
AVAST	-; -
AVATAR	-; avatars
AVAUNT	-; -
AVE	cave, eave, gave, have,

	lave, nave, pave, rave, save, wave; aver, aves
AVELLAN	-; avellane
AVENGE	-; avenged, avenger, avenges
AVENGER	-; avengers
AVENS	davens, havens, mavens, ravens; -
AVENUE	-; avenues
AVER	caver, haver, laver, paver, raver, saver, waver; avers, avert
AVERAGE	-; averaged, averages
AVERRED	-; -
AVERS	cavers, havers, lavers, pavers, ravers, savers, wavers; averse
AVERT	-; averts
AVERTED	-;
AVERTER	-; averters
AVES	caves, eaves, haves, laves, naves, oaves, paves, raves, saves, waves; -
AVGAS	-; -
AVGASES	-; -
AVIAN	-; avians
AVIARY	-; -
AVIATE	-; aviated, aviates
AVIATOR	-; aviators
AVID	pavid; -
AVIDIN	-; avidins
AVIDITY	-; -
AVIDLY	-; -
AVION	-; avions
AVIONIC	-; avionics
AVISO	-; avisos
AVO	-; avos, avow
AVOCADO	-; avocados
AVOCET	-; avocets
AVODIRE	-; avodires
AVOID	-; avoids
AVOIDED	-; -
AVOIDER	-; avoiders
AVOSET	-; avosets
AVOUCH	-; -
AVOW	-; avows
AVOWAL	-; avowals
AVOWED	-; -
AVOWER	-; avowers
AVULSE	-; avulsed, avulses
AW	caw, daw, haw, jaw, law, maw, naw, paw, raw, saw, taw, vaw, waw, yaw; awa, awe, awl, awn
AWA	-; -
AWAIT	-; awaits
AWAITED	-; -
AWAITER	-; awaiters
AWAKE	-; awaked, awaken, awakes
AWAKEN	-; awakens
AWAKING	-; -

AWARD	vaward; awards
AWARDED	-; -
AWARDEE	-; awardees
AWARDER	-; awarders
AWARDS	vawards; -
AWARE	-; -
AWASH	-; -
AWAY	-; -
AWE	-; awed, awee, awes
AWEARY	-; -
AWED	cawed, dawed, hawed, jawed, lawed, mawed, pawed, sawed, tawed; -
AWEE	-; -
AWEIGH	-; -
AWEING	-; -
AWELESS	-; -
AWESOME	-; -
AWFUL	lawful; -
AWFULLY	lawfully; -
AWHILE	-; -
AWHIRL	-; -
AWING	cawing, dawing, hawing, jawing, lawing, mawing, pawing, sawing, tawing; -
AWL	bawl, pawl, wawl, yawl; awls
AWLESS	lawless; -
AWLS	bawls, pawls, wawls, yawls; -
AWLWORT	-; awlworts
AWMOUS	-; -
AWN	dawn, fawn, lawn, mawn, pawn, sawn, yawn; awns, awny
AWNED	dawned, fawned, pawned, yawned; -
AWNING	dawning, fawning, pawning, yawning; awnings
AWNLESS	-; -
AWNS	dawns, fawns, lawns, pawns, yawns; -
AWNY	fawny, tawny; -
AWOKE	-; awoken
AWOL	-; awols
AWRY	-; -
AX	fax, lax, pax, rax, sax, tax, wax, zax; axe
AXAL	-; -
AXE	-; axed, axes
AXED	faxed, raxed, taxed, waxed; -
AXEL	-; axels
AXEMAN	-; -

AXEMEN	-; -
AXENIC	-; -
AXES	faxes, paxes, raxes, saxes, taxes, waxes, zaxes; -
AXIAL	-; -
AXIALLY	-; -
AXIL	-; axile, axils
AXILLA	maxilla; axillae, axillar, axillas
AXILLAE	maxillae; -
AXILLAR	-; axillars, axillary
AXILLAS	maxillas; -
AXING	faxing, raxing, taxing, waxing; -
AXIOM	-; axioms
AXION	-; axions
AXIS	maxis, taxis; -
AXISED	-; -
AXISES	-; -
AXITE	taxite; axites
AXLE	-; axled, axles
AXLIKE	waxlike; -
AXMAN	taxman; -
AXMEN	taxmen; -
AXOLOTL	-; axolotls
AXON	taxon; axone, axons
AXONAL	-; -
AXONE	-; axones
AXONIC	-; -
AXONS	taxons; -
AXSEED	-; axseeds
AY	bay, cay, day, fay, gay, hay, jay, kay, lay, may, nay, pay, ray, say, way, yay; aye, ays
AYAH	rayah; ayahs
AYAHS	rayahs; -
AYE	-; ayes
AYIN	zayin; ayins
AYINS	zayins; -
AYS	bays, cays, days, fays, gays, hays, jays, kays, lays, mays, nays, pays, rays, says, ways, yays
AZALEA	-; azaleas
AZAN	hazan; azans
AZANS	hazans; -
AZIDE	-; azides
AZIDO	-; -
AZIMUTH	-; azimuths
AZINE	-; azines
AZLON	-; azlons
AZO	-; azon
AZOIC	-; -
AZOLE	-; azoles
AZON	-; azons
AZONAL	-;
AZONIC	-;
AZOTE	-; azoted, azotes
AZOTH	-; azoths
AZOTIC	-; -
AZOTISE	-; azotised, azotises
AZOTIZE	-; azotized, azotizes

AZUKI -; azukis
AZULEJO -; azulejos
AZURE -; azures
AZURITE -; azurites
AZYGOS -; -
AZYGOUS -; -

B

B ab; ba, be, bi, bo, by
BA aba, oba; bah, bal, ban, bar, bas, bat, bay
BAA -; baas, baal
BAAED -; -
BAAING -; -
BAAL -; baals
BAALIM -; -
BAALISM -; baalisms
BAASKAP -; baaskaps
BABA -; babas
BABACU -; babacus
BABASSU -; babassus
BABBITT -; babbitts
BABBLE -; babbled, babbler, babbles
BABBLER -; babblers
BABE -; babel, babes
BABEL -; babels
BABESIA -; babesias
BABICHE -; babiches
BABIED -; -
BABIER -; -
BABIES -; babiest
BABKA -; babkas
BABOO -; babool, baboon, baboos
BABOOL -; babools
BABOON -; baboons
BABU -; babul, babus
BABUL -; babuls
BABY -; -
BABYING -; -
BABYISH -; -
BABYSAT -; -
BABYSIT -; babysits
BACALAO -; bacalaos
BACCA -; baccae
BACCALA -; baccalas
BACCARA -; baccaras, baccarat
BACCATE -; baccated
BACCHIC -; -
BACH -; -
BACHED -; -
BACHES -; -
BACHING -; -
BACK aback; backs
BACKBAR -; backbars
BACKED -; -
BACKER -; backers
BACKFIT -; backfits
BACKHOE -; backhoes
BACKING -; backings
BACKLIT -; -
BACKLOG -; backlogs
BACKLOT -; backlots
BACKOUT -; backouts
BACKSAW -; backsaws
BACKSET -; backsets

BACKUP	-; backups
BACON	-; bacons
BAD	-; bade, bads
BADASS	-; -
BADDER	-; -
BADDEST	-; -
BADDIE	-; baddies
BADDY	-; -
BADE	-; -
BADGE	-; badged, badger, badges
BADGED	-; -
BADGER	-; badgers
BADGING	-; -
BADLAND	-; badlands
BADLY	-; -
BADMAN	-; -
BADMEN	-; -
BADNESS	-; -
BAFF	-; baffs, baffy
BAFFED	-; -
BAFFIES	-; -
BAFFING	-; -
BAFFLE	-; baffled, baffler, baffles
BAFFLER	-; bafflers
BAFFY	-; -
BAG	-; bags
BAGASS	-; bagasse
BAGASSE	-; bagasses
BAGEL	-; bagels
BAGFUL	-; bagfuls
BAGGAGE	-; baggages
BAGGED	-; -
BAGGER	-; baggers
BAGGIE	-; baggier, baggies
BAGGIES	-; baggiest
BAGGILY	-; -
BAGGING	-; baggings
BAGGY	-; -
BAGLIKE	-; -
BAGMAN	-; -
BAGMEN	-; -
BAGNIO	-; bagnios
BAGPIPE	-; bagpiper, bagpipes
BAGSFUL	-; -
BAGUET	-; baguets
BAGWIG	-; bagwigs
BAGWORM	-; bagworms
BAH	-; baht
BAHADUR	-; bahadurs
BAHT	-; bahts
BAIDAR	-; baidars
BAIL	-; bails
BAILED	-; -
BAILEE	-; bailees
BAILER	-; bailers
BAILEY	-; baileys
BAILIE	-; bailies
BAILIFF	-; bailiffs
BAILING	-; -
BAILOR	-; bailors
BAILOUT	-; bailouts
BAIRN	-; bairns
BAIRNLY	-; -
BAIT	-; baith, baits
BAITED	-; -
BAITER	-; baiters
BAITING	-; -
BAITH	-; -
BAIZA	-; baizas
BAIZE	-; baizes
BAKE	-; baked, baker, bakes
BAKER	-; bakers, bakery
BAKING	-; bakings

BAKLAVA -; baklavas
BAKLAWA -; baklawas
BAL -; bald, bale, balk, ball, balm, bals
BALANCE -; balanced, balancer, balances
BALAS -; -
BALASES -; -
BALATA -; balatas
BALBOA -; balboas
BALCONY -; -
BALD -; balds, baldy
BALDED -; -
BALDER -; -
BALDEST -; -
BALDIES -;
BALDING -; -
BALDISH -; -
BALDLY -; -
BALDRIC -; baldrick, baldrics
BALDY -; -
BALE -; baled, baler, bales
BALEEN -; baleens
BALEFUL -; -
BALER -; balers
BALING -; -
BALK -; balks, balky
BALKED -; -
BALKER -; balkers
BALKIER -; -
BALKILY -; -
BALKING -; -
BALKY -; -
BALL -; balls, bally
BALLAD -; ballade, ballads
BALLADE -; ballades
BALLAST -; ballasts
BALLED -; -
BALLER -; ballers
BALLET -; ballets
BALLIES -; -
BALLING -; -
BALLON -; ballons
BALLOT -; ballots
BALLUTE -; ballutes
BALLY -; -
BALM -; balms, balmy
BALMIER -; -
BALMILY -; -
BALNEAL -;-
BALONEY -; baloneys
BALSA -; balsam, balsas
BALSAM -; balsams
BALTI -; baltis
BAM -; bams
BAMBINO -; bambinos
BAMBOO -; bamboos
BAMMED -; -
BAMMING -; -
BAN -; band, bane, bang, bani, bank, bans
BANAL -; -
BANALLY -; -
BANANA -; bananas
BANC -; bancs
BANCO -; bancos
BAND -; banda, bands, bandy
BANDA -; bandas
BANDAGE -; bandaged, bandager, bandages

BANDAID ; -
BANDANA -; bandanas
BANDBOX -; -
BANDEAU -; bandeaus, bandeaux
BANDED -; -
BANDER -; banders
BANDIED -; -
BANDIES -; -
BANDING -; -
BANDIT -; bandits
BANDITO -; banditos
BANDOG -; bandogs
BANDORA -; bandoras
BANDORE -; bandores
BANDSAW -; bandsaws
BANDURA -; banduras
BANDY -; -
BANE -; baned, banes
BANEFUL -; -
BANG -; bangs
BANGED -; -
BANGER -; bangers
BANGING -; -
BANGKOK -; bangkoks
BANGLE -; bangles
BANI -; -
BANIAN -; banians
BANING -; -
BANISH -; -
BANJAX -; -
BANJO -; banjos
BANJOES -; -
BANK -; banks
BANKED -; -
BANKER -; bankers
BANKING -; bankings
BANKIT -; bankits
BANKSIA -; banksias
BANNED -; -
BANNER -; banners
BANNET -; bannets
BANNING -; -
BANNOCK -; bannocks
BANNS -; -
BANQUET -; banquets
BANSHEE -; banshees
BANSHIE -; banshies
BANTAM -; bantams
BANTER -; banters
BANTIES -; -
BANTY -; -
BANYAN -; banyans
BANZAI -; banzais
BAOBAB -; baobabs
BAP -; baps
BAPTISE -; baptised, baptises
BAPTISM -; baptisms
BAPTIST -; baptists
BAPTIZE -; baptized, baptizer, baptizes
BAR kbar; barb, bard, bare, barf, bark, barm, barn, bars
BARB -; barbs
BARBAL -; -
BARBATE -; -
BARBE -; barbed, barbel, barbes
BARBEL -; barbell, barbels
BARBELL -; barbells
BARBER -; barbers
BARBET -; barbets
BARBIE -; barbies

BARBING -; -
BARBOT -; barbots
BARBULE -; barbules
BARBUT -; barbuts
BARCA -; barcas
BARCHAN -; barchans
BARCODE -; barcodes
BARD -; barde, bards
BARDE -; barded, bardes
BARDIC -; -
BARDING -; -
BARE -; bared, barer, bares
BAREFIT -; -
BAREGE -; bareges
BARELY -; -
BARER -; -
BARES -; barest
BARF -; barfs
BARFED -; -
BARFI -; barfis
BARFING -; -
BARFLY -; -
BARGAIN -; bargains
BARGE -; barged, bargee, barges
BARGEE -; bargees
BARGING -; -
BARHOP -; barhops
BARIC -; -
BARILLA -; barillas
BARING -; -
BARISTA -; baristas
BARITE -; barites
BARIUM -; bariums
BARK -; barks, barky
BARKED -; -
BARKEEP -; barkeeps
BARKER -; barkers
BARKIER -; -
BARKING -; -
BARKY -; -
BARLESS -; -
BARLEY -; barleys
BARLOW -; barlows
BARM -; barms, barmy
BARMAID -; barmaids
BARMAN -; -
BARMEN -; -
BARMIE -; barmier
BARMY -; -
BARN -; barns, barny
BARNIER -; -
BARON -; barong, barons, barony
BARONET -; baronets
BARONG -; barongs
BARONNE -; baronnes
BARONY -; -
BAROQUE -; baroques
BARQUE -; barques
BARRACK -; barracks
BARRAGE -; barraged, barrages
BARRE -; barred, barrel, barren, barres, barret
BARREL -; barrels
BARREN -; barrens
BARRET -; barrets
BARRIER -; barriers
BARRING -; -
BARRIO -; barrios
BARROOM -; barrooms
BARROW -; barrows
BARRY -; -

BARTEND	-; bartends
BARTER	-; barters
BARWARE	-; barwares
BARYE	-; baryes
BARYON	-; baryons
BARYTA	-; barytas
BARYTE	-; barytes
BARYTIC	-; -
BARYTON	-; barytone, barytons
BAS	abas; -
BASAL	-; basalt
BASALLY	-; -
BASALT	-; basalts
BASCULE	-; bascules
BASE	abase; based, baser, bases
BASED	abased; -
BASELY	-; -
BASEMAN	-; -
BASEMEN	-; -
BASENJI	-; basenjis
BASER	abaser; basers
BASERS	abasers; -
BASES	abases; basest
BASH	abash; -
BASHAW	-; bashaws
BASHED	abashed; -
BASHER	-; bashers
BASHES	abashes; -
BASHFUL	-; -
BASHING	abashing; -
BASHLYK	-; bashlyks
BASIC	-; basics
BASIFY	-; -
BASIL	-; basils
BASILAR	-; basilary
BASILIC	-; basilica
BASIN	-; basins
BASINAL	-; -

BASINED	-; -
BASINET	-; basinets
BASING	abasing; -
BASION	-; basions
BASIS	-; -
BASK	-; basks
BASKED	-; -
BASKET	-; baskets
BASKING	-; -
BASKS	-; -
BASMATI	-; basmatis
BASQUE	-; basques
BASS	-; bassi, basso, bassy
BASSES	-; -
BASSET	-; bassets
BASSI	-; -
BASSIST	-; bassists
BASSLY	-; -
BASSO	-; bassos
BASSOON	-; bassoons
BASSY	-; -
BAST	-; baste, basts
BASTARD	-; bastards
BASTE	-; basted, baster, bastes
BASTER	-; basters
BASTILE	-; bastiles
BASTING	-; bastings
BASTION	-; bastions
BAT	-; bate, bath, bats, batt
BATBOY	-; batboys
BATCH	-; -
BATCHED	-; -
BATCHER	-; batchers
BATCHES	-; -
BATE	abate; bated, bates
BATEAU	-; bateaux

BATEAUX	-; -
BATED	abated; -
BATES	abates; -
BATFISH	-; -
BATFOWL	-; batfowls
BATGIRL	-; batgirls
BATH	-; bathe, baths
BATHE	-; bathed, bather, bathes
BATHER	-; bathers
BATHING	-; -
BATHMAT	-; bathmats
BATHOS	-; -
BATHTUB	-; bathtubs
BATHYAL	-; -
BATIK	-; batiks
BATING	abating; -
BATISTE	-; batistes
BATLIKE	-; -
BATMAN	-; -
BATMEN	-; -
BATON	-; batons
BATS	-; -
BATSMAN	-; -
BATSMEN	-; -
BATT	-; batts, battu, batty
BATTEAU	-; batteaux
BATTED	-; -
BATTEN	-; battens
BATTER	-; batters, battery
BATTIER	-; -
BATTIK	-; battiks
BATTING	-; battings
BATTLE	-; battled, battler, battles
BATTLER	-; battlers
BATTU	-; battue
BATTUE	-; battues
BATTY	-; -
BATWING	-; -
BAUBEE	-; baubees
BAUBLE	-; baubles
BAUD	-; bauds
BAULK	-; baulks, baulky
BAULKED	-; -
BAUSOND	-; -
BAUXITE	-; bauxites
BAWBEE	-; bawbees
BAWCOCK	-; bawcocks
BAWD	-; bawds, bawdy
BAWDIER	-; -
BAWDIES	-; bawdiest
BAWDILY	-; -
BAWDRIC	-; bawdrics
BAWDRY	-; -
BAWDY	-; -
BAWK	-; bawks
BAWL	-; bawls
BAWLED	-; -
BAWLER	-; bawlers
BAWLING	-; -
BAWN	-; bawns
BAWSUNT	-; -
BAWTIE	-; bawties
BAWTY	-; -
BAY	-; bays
BAYAMO	-; bayamos
BAYARD	-; bayards
BAYED	-; -
BAYING	-; -
BAYMAN	-; -
BAYMEN	-; -
BAYONET	-; bayonets
BAYOU	-; bayous
BAYSIDE	-; baysides
BAYWOOD	-; baywoods

BAZAAR	-; bazaars
BAZAR	-; bazars
BAZOO	-; bazoos
BAZOOKA	-; bazookas
BAZZ	-; -
BE	obe; bed, bee, bel, ben, bet, bey
BEACH	-; beachy
BEACHED	-; -
BEACHES	-; -
BEACON	-; beacons
BEAD	-; beads, beady
BEADED	-; -
BEADER	-; beaders
BEADIER	-; -
BEADILY	-; -
BEADING	-; beadings
BEADLE	-; beadles
BEAGLE	-; beagles
BEAK	-; beaks, beaky
BEAKED	-; -
BEAKER	-; beakers
BEAKIER	-; -
BEAL	-; beals
BEALING	- bealings
BEAM	abeam; beams, beamy
BEAMED	-; -
BEAMIER	-; -
BEAMILY	-; -
BEAMING	-; -
BEAMISH	-; -
BEAMY	-; -
BEAN	-; beano, beans
BEANBAG	-; beanbags
BEANED	-; -
BEANERY	-; -
BEANIE	-; beanies
BEANING	-; -
BEANO	-; beanos
BEAR	-; beard, bears
BEARCAT	-; bearcats
BEARD	-; beards
BEARDED	-; -
BEARER	-; bearers
BEARHUG	-; bearhugs
BEARING	-; bearings
BEARISH	-; -
BEAST	-; beasts
BEASTIE	-; beasties
BEASTLY	-; -
BEAT	-; beats
BEATBOX	-; -
BEATEN	-; -
BEATER	-; beaters
BEATIFY	-; -
BEATING	-; beatings
BEATNIK	-; beatniks
BEAU	-; beaus, beaut, beaux
BEAUISH	-; -
BEAUT	-; beauts, beauty
BEAUX	-; -
BEAVER	-; beavers
BEBEERU	-; bebeerus
BEBLOOD	-; bebloods
BEBOP	-; bebops
BECALM	-; becalms
BECAME	-; -
BECAP	-; becaps
BECAUSE	-; -
BECHALK	-; bechalks
BECHARM	-; becharms
BECK	-; becks
BECKED	-; -

BECKET	-; beckets
BECKING	-; -
BECKON	-; beckons
BECLASP	-; beclasps
BECLOAK	-; becloaks
BECLOG	-; beclogs
BECLOUD	-; beclouds
BECLOWN	-; beclowns
BECOME	-; becomes
BECRAWL	-; becrawls
BECRIME	-; becrimed, becrimes
BECROWD	-; becrowds
BECRUST	-; becrusts
BECURSE	-; becursed, becurses
BED	abed; beds
BEDAD	-; -
BEDAMN	-; bedamns
BEDAUB	-; bedaubs
BEDBUG	-; bedbugs
BEDDED	-; -
BEDDER	-; bedders
BEDDING	-; beddings
BEDECK	-; bedecks
BEDEL	-; bedell, bedels
BEDELL	-; bedells
BEDEMAN	-; -
BEDEMEN	-; -
BEDEVIL	-; bedevils
BEDEW	-; bedews
BEDEWED	-; -
BEDFAST	-; -
BEDGOWN	-; bedgowns
BEDHEAD	-; bedheads
BEDIGHT	-; bedights
BEDIM	-; bedims
BEDIRTY	-; -
BEDIZEN	-; bedizens
BEDLAM	-; bedlamp, bedlams
BEDLAMP	-; bedlamps
BEDLESS	-; -
BEDLIKE	-; -
BEDMATE	-; bedmates
BEDOUIN	-; bedouins
BEDPAN	-; bedpans
BEDPOST	-; bedposts
BEDRAIL	-; bedrails
BEDRAPE	-; bedraped, bedrapes
BEDREST	-; bedrests
BEDRID	-; -
BEDROCK	-; bedrocks
BEDROLL	-; bedrolls
BEDROOM	-; bedrooms
BEDRUG	-; bedrugs
BEDSIDE	-; bedsides
BEDSIT	-; bedsits
BEDSOCK	-; bedsocks
BEDSORE	-; bedsores
BEDTICK	-; bedticks
BEDTIME	-; bedtimes
BEDU	-; -
BEDUIN	-; beduins
BEDUMB	-; bedumbs
BEDUNCE	-; bedunced, bedunces
BEDWARD	-; bedwards
BEDWARF	-; bedwarfs
BEE	-; beef, been, beep, beer, bees, beet
BEEBEE	-; beebees
BEECH	-; beechy
BEECHEN	-; -
BEECHES	-; -
BEECHY	-; -
BEEDI	-; -

BEEDIES -; -
BEEF -; beefs, beefy
BEEFALO -; beefalos
BEEFED -; -
BEEFIER -; -
BEEFILY -; -
BEEFING -; -
BEEFY -; -
BEEHIVE -; beehives
BEELIKE -; -
BEELINE -; beelines
BEEN -; -
BEEP -; beeps
BEEPED -; -
BEEPER -; beepers
BEEPING -; -
BEER -; beers, beery
BEERIER -; -
BEESWAX -; -
BEET -; beets
BEETLE -; beetled, beetler, beetles
BEETLER -; beetlers
BEEVES -; -
BEEYARD -; beeyards
BEEZER -; beezers
BEFALL -; befalls
BEFELL -; -
BEFIT -; befits
BEFLAG -; beflags
BEFLEA -; befleas
BEFLECK -; beflecks
BEFOG -; befogs
BEFOOL -; befools
BEFORE -; -
BEFOUL -; befouls
BEFRET -; befrets
BEG -; begs
BEGAD -; -
BEGALL -; begalls
BEGAN -; -
BEGAT -; -
BEGAZE -; begazed, begazes
BEGEM -; begems
BEGET -; begets
BEGGAR -; beggars, beggary
BEGGED -; -
BEGGING -; -
BEGIN -; begins
BEGIRD -; begirds
BEGIRT -; -
BEGLAD -; beglads
BEGLOOM -; beglooms
BEGONE -; -
BEGONIA -; begonias
BEGORAH -; -
BEGORRA -; begorrah
BEGOT -; -
BEGRIM -; begrime, begrims
BEGRIME -; begrimed, begrimes
BEGROAN -; begroans
BEGUILE -; beguiled, beguiler, beguiles
BEGUINE -; beguines
BEGULF -; begulfs
BEGUM -; begums
BEGUN -; -
BEHALF -; -
BEHAVE -; behaved, behaver, behaves
BEHAVER -; behavers
BEHEAD -; beheads
BEHELD -; -

BEHEST -; behests
BEHIND -; behinds
BEHOLD -; beholds
BEHOOF -; -
BEHOOVE -; behooved, behooves
BEHOVE -; behoved, behoves
BEHOWL -; behowls
BEIGE -; beiges
BEIGNE -; beignet, beignes
BEIGNET -; beignets
BEIGY -; -
BEING -; beings
BEJESUS -; -
BEJEWEL -; bejewels
BEKISS -; -
BEKNOT -; beknots
BEL -; bell, bels, belt
BELABOR -; belabors
BELACED -; -
BELADY -; -
BELATED -; -
BELAUD -; belauds
BELAY -; belays
BELAYER -; -
BELCH -; -
BELCHED -; -
BELCHER -; belchers
BELCHES -; -
BELDAM -; beldame, beldams
BELDAME -; beldames
BELEAP -; beleaps, beleapt
BELFRY -; -
BELGA -; belgas
BELIE -; belied, belief, belier, belies
BELIEF -; beliefs
BELIER -; beliers
BELIEVE -; believed, believer, believes
BELIKE -; -
BELIVE -; -
BELL -; belle, belly
BELLBOY -; bellboys
BELLE -; belled, belles
BELLEEK -; belleeks
BELLHOP -; bellhops
BELLIED -; -
BELLIES -; -
BELLING -; -
BELLMAN -; -
BELLMEN -; -
BELLOW -; bellows
BELLY -; -
BELON -; belong, belons
BELONG -; belongs
BELOVED -; beloveds
BELOW -; belows
BELT -; belts
BELTED -; -
BELTING -; beltings
BELTWAY -; beltways
BELUGA -; belugas
BELYING -; -
BEMA -; bemas
BEMADAM -; bemadams
BEMATA -; -
BEMEAN -; bemeans
BEMIRE -; bemired, bemires
BEMIST -; bemists

BEMIX -; bemixt
BEMIXED -; -
BEMIXES -; -
BEMIXT -; -
BEMOAN -; bemoans
BEMOCK -; bemocks
BEMUSE -; bemused, bemuses
BEN -; bend, bene, bens, bent
BENAME -; benamed, benames
BENCH -; -
BENCHED -; -
BENCHER -; benchers
BENCHES -; -
BEND -; bends, bendy
BENDAY -; bendays
BENDED -; -
BENDEE -; bendees
BENDER -; benders
BENDIER -; -
BENDING -; -
BENDY -; bendys
BENE -; benes
BENEATH -; -
BENEFIC -; -
BENEFIT -; benefits
BENEMPT -; -
BENIGN -; -
BENISON -; benisons
BENNE -; bennes, bennet
BENNET -; bennets
BENNI -; bennis
BENNIES -; -
BENNY -; -
BENOMYL -; benomyls
BENT -; bents
BENTHAL -; -
BENTHIC -; -
BENTHOS -; -
BENTO -; bentos
BENUMB -; benumbs
BENZAL -; benzals
BENZENE -; benzenes
BENZIN -; benzine, benzins
BENZINE -; benzines
BENZOIC -; benzoics
BENZOIN -; benzoins
BENZOL -; benzole, benzols
BENZOLE -; benzoles
BENZOYL -; benzoyls
BENZYL -; benzyls
BEPAINT -; bepaints
BEQUEST -; bequests
BERAKE -; beraked, berakes
BERATE -; berated, berates
BERBER -; berbers
BEREAVE -; bereaved, bereaver, bereaves
BEREFT -; -
BERET -; berets
BERETTA -; berettas
BERG -; bergs
BERGERE -; bergeres
BERHYME -; berhymed, berhymes
BERIME -; berimed, berimes
BERK -; berks
BERLIN -; berline, berlins
BERLINE -; berlines

BERM -; berme, berms
BERME -; bermes
BEROBED -; -
BERRIED -; -
BERRIES -; -
BERRY -; -
BERSEEM -; berseems
BERSERK -; berserks
BERTH -; bertha, berths
BERTHA -; berthas
BERTHED -; -
BERYL -; beryls
BES -; -
BESCOUR -; bescours
BESEECH -; -
BESEEM -; beseems
BESES -; -
BESET -; besets
BESHAME -; beshamed, beshames
BESHOUT -; beshouts
BESHREW -; beshrews
BESIDE -; besides
BESIEGE -; besieged, besieger, besieges
BESLIME -; beslimed, beslimes
BESMEAR -; besmears
BESMILE -; besmiled, besmiles
BESMOKE -; besmoked, besmokes
BESMUT -; besmuts
BESNOW -; besnows
BESOM -; besoms
BESOT -; besots
BESPAKE -; -
BESPEAK -; bespeaks
BESPOKE -; bespoken
BEST -; bests
BESTEAD -; besteads
BESTED -; -
BESTIAL -; -
BESTIE -; besties
BESTING -; -
BESTIR -; bestirs
BESTOW -; bestows
BESTREW -; bestrewn, bestrews
BESTROW -; bestrown, bestrows
BESTUD -; bestuds
BESWARM -; beswarms
BET abet; beta, beth, bets
BETA -; betas
BETAINE -; betaines
BETAKE -; betaken, betakes
BETAXED -; -
BETEL -; betels
BETH -; beths
BETHANK -; bethanks
BETHEL -; bethels
BETHINK -; bethinks
BETHORN -; bethorns
BETHUMP -; bethumps
BETIDE -; betided, betides
BETIME -; betimes
BETISE -; betises
BETOKEN -; betokens
BETON -; betons, betony
BETOOK -; -
BETRAY -; betrays
BETROTH -; betroths

BETS abets; -
BETTA -; bettas
BETTED abetted; -
BETTER abetter; betters
BETTERS abetters; -
BETTING abetting; -
BETTOR abettor; bettors
BETTORS abettors; -
BETWEEN -; -
BETWIXT -; -
BEVEL -; bevels
BEVELED -; -
BEVELER -; bevelers
BEVIES -; -
BEVOMIT -; bevomits
BEVOR -; bevors
BEVVY -; -
BEVY -; -
BEWAIL -; bewails
BEWARE -; bewared, bewares
BEWEARY -; -
BEWEEP -; beweeps
BEWEPT -; -
BEWIG -; bewigs
BEWITCH -; -
BEWORM -; beworms
BEWORRY -; -
BEWRAP -; bewraps, bewrapt
BEWRAY -; bewrays
BEY obey; beys
BEYLIC -; beylics
BEYLIK -; beyliks
BEYOND -; beyonds
BEYS obeys; -
BEZANT -; bezants
BEZAZZ -; -
BEZEL -; bezels
BEZIL -; bezils
BEZIQUE -; beziques
BEZOAR -; bezoars
BEZZANT -; bezzants
BHAJI -; bhajis
BHAKTA -; bhaktas
BHAKTI -; bhaktis
BHANG -; bhangs
BHANGRA -; bhangras
BHARAL -; bharals
BHEESTY -; -
BHISTIE -; bhisties
BHOOT -; bhoots
BHUT -; bhuts
BI obi; bib, bid, big, bin, bio, bis, bit, biz
BIALI -; bialis
BIALY -; bialys
BIAS obias; -
BIASED -; -
BIASES -; -
BIASING -; -
BIAXAL -; -
BIAXIAL -; -
BIB -; bibb, bibs
BIBASIC -; -
BIBB -; bibbs
BIBBED -; -
BIBBER -; bibbers, bibbery
BIBBING -; -
BIBCOCK -; bibcocks
BIBE -; bibes
BIBELOT -; bibelots
BIBLE -; bibles
BIBLES -; bibless
BIBLIKE -; -
BIBLIST -; biblists
BICARB -; bicarbs

BICE	-; bices
BICEPS	-; -
BICES	ibices; -
BICKER	-; bickers
BICOLOR	-; bicolors
BICORN	-; bicorne
BICORNE	-; bicornes
BICRON	-; bicrons
BICYCLE	-; bicycled, bicycler, bicycles
BID	-; bide, bids
BIDARKA	-; bidarkas
BIDDEN	-; -
BIDDER	-; bidders
BIDDIES	-; -
BIDDING	-; -
BIDDY	-; -
BIDE	abide; bider, bides, bidet
BIDED	abided; -
BIDER	abider; biders
BIDERS	abiders; -
BIDES	abides; -
BIDET	-; bidets
BIDI	-; bidis
BIDING	abiding; -
BIELD	-; bields
BIELDED	-; -
BIER	-; biers
BIFACE	-; bifaces
BIFF	-; biffs, biffy
BIFFED	-; -
BIFFIES	-; -
BIFFIN	-; biffing, biffins
BIFFY	-; -
BIFID	-; -
BIFIDLY	-; -
BIFILAR	-; -
BIFLEX	-; -
BIFOCAL	-; bifocals
BIFOLD	-; -
BIFORM	-; -
BIG	-; -
BIGAMY	-; -
BIGEYE	-; bigeyes
BIGFOOT	-; bigfoots
BIGGER	-; -
BIGGEST	-; -
BIGGETY	-; -
BIGGIE	-; biggies
BIGGIN	-; bigging, biggins
BIGGISH	-; -
BIGGITY	-; -
BIGGY	-; -
BIGHEAD	-; bigheads
BIGHORN	-; bighorns
BIGHT	-; bights
BIGHTED	-; -
BIGLY	-; -
BIGNESS	-; -
BIGOS	-; -
BIGOT	-; bigots
BIGOTED	-; -
BIGOTRY	-; -
BIGTIME	-; -
BIGWIG	-; bigwigs
BIJOU	-; bijous, bijoux
BIKE	-; biked, biker, bikes
BIKER	-; bikers
BIKEWAY	-; bikeways
BIKIE	-; bikies
BIKING	-; -
BIKINI	-; bikinis
BILBO	-; bilboa, bilbos
BILBOA	-; bilboas

BILBOES	-; -
BILBY	-; -
BILE	-; biles
BILGE	-; bilged, bilges
BILGIER	-; -
BILGING	-; -
BILGY	-; -
BILIARY	-; -
BILIOUS	-; -
BILK	-; bilks
BILKED	-; -
BILKER	-; bilkers
BILKING	-; -
BILL	-; bills, billy
BILLBUG	-; billbugs
BILLED	-; -
BILLER	-; billers
BILLET	-; billets
BILLIE	-; billies
BILLING	-; billings
BILLION	-; billions
BILLON	-; billons
BILLOW	-; billows, billowy
BILOBED	-; -
BILSTED	-; bilsteds
BILTONG	-; biltongs
BIMA	-; bimah, bimas
BIMAH	-; bimahs
BIMBO	-; bimbos
BIMBOES	-; -
BIMETAL	-; bimetals
BIMINI	-; biminis
BIMODAL	-; -
BIMORPH	-; bimorphs
BIN	-; bind, bine, bins, bint
BINAL	-; -
BINARY	-; -
BINATE	-; -
BIND	-; bindi, binds
BINDER	-; binders, bindery
BINDI	-; bindis
BINDING	-; bindings
BINDLE	-; bindles
BINE	-; biner, bines
BINER	-; biners
BING	-; -
BINGE	-; binged, binger, binges
BINGER	-; bingers
BINGING	-; -
BINGO	-; bingos
BINIT	-; binits
BINMAN	-; -
BINMEN	-; -
BINNED	-; -
BINNING	-; -
BINOCLE	-; binocles
BINOCS	-; -
BINT	-; bints
BIO	-; bios
BIOCHIP	-; biochips
BIOCIDE	-; biocides
BIOFILM	-; biofilms
BIOFUEL	-; biofuels
BIOG	-; biogs
BIOGAS	-; -
BIOGEN	-; biogens, biogeny
BIOGENY	-; -
BIOHERM	-; bioherms
BIOLOGY	-; -
BIOMASS	-; -
BIOME	-; biomes
BIONIC	-; bionics
BIONOMY	-; -

BIONT -; bionts
BIONTIC -; -
BIOPIC -; biopics
BIOPSIC -; -
BIOPSY -; -
BIOPTIC -; -
BIOTA -; biotas
BIOTECH -; biotechs
BIOTIC abiotic; biotics
BIOTIN -; biotins
BIOTITE -; biotites
BIOTOPE -; biotopes
BIOTRON -; biotrons
BIOTYPE -; biotypes
BIPACK -; bipacks
BIPARTY -; -
BIPED -; bipeds
BIPEDAL -; -
BIPLANE -; biplanes
BIPOD -; bipods
BIPOLAR -; -
BIRCH -; -
BIRCHED -; -
BIRCHEN -; -
BIRCHES -; -
BIRD -; birds
BIRDDOG -; birddogs
BIRDED -; -
BIRDER -; birders
BIRDIE -; birdied, birdies
BIRDING -; -
BIRDMAN -; -
BIRDMEN -; -
BIREME -; biremes
BIRETTA -; birettas
BIRIANI -; birianis
BIRK -; birks
BIRKIE -; birkies
BIRL -; birls
BIRLE -; birled, birler, birles
BIRLER -; birlers
BIRLING -; birlings
BIRR -; birrs
BIRRED -; -
BIRRING -; -
BIRSE -; birses
BIRTH -; births
BIRTHED -; -
BIRYANI -; biryanis
BIS ibis, obis; bise, bisk
BISCUIT -; biscuits
BISE -; bises
BISECT -; bisects
BISH -; -
BISHES -; -
BISHOP -; bishops
BISK -; bisks
BISMUTH -; bismuths
BISNAGA -; bisnagas
BISON -; bisons
BISQUE -; bisques
BISTATE -; -
BISTER -; bisters
BISTORT -; bistorts
BISTRE -; bistred, bistres
BISTRO -; bistros
BIT obit; bite, bits, bitt
BITABLE -; -
BITCH -; bitchy
BITCHED -; -
BITCHEN -; -
BITCHES -; -
BITCHY -; -
BITE -; biter, bites
BITER -; biters

BITING	-; -
BITMAP	-; bitmaps
BITS	obits; bitsy
BITSY	-; -
BITT	-; bitte, bitts, bitty
BITTED	-; -
BITTEN	-; -
BITTER	-; bittern, bitters
BITTERN	-; bitterns
BITTIER	-; -
BITTING	-; bittings
BITTOCK	-; bittocks
BITTY	-; -
BITUMEN	-; bitumens
BITWISE	-; -
BIVALVE	-; bivalved, bivalves
BIVINYL	-; bivinyls
BIVOUAC	-; bivouacs
BIZ	-; bize
BIZE	-; bizes
BIZJET	-; bizjets
BIZNAGA	-; biznagas
BIZONAL	-; -
BIZONE	-; bizones
BLAB	-; blabs
BLABBED	-; -
BLABBER	-; blabbers
BLABBY	-; -
BLACK	-; blacks
BLACKED	-; -
BLACKEN	-; blackens
BLACKER	-; -
BLACKLY	-; -
BLADDER	-; bladders, bladdery
BLADE	-; bladed, blader, blades
BLADER	-; bladers
BLADING	-; bladings
BLAE	-; -
BLAFF	-; blaffs
BLAG	-; blags
BLAGUE	-; blagues
BLAH	-; blahs
BLAIN	-; blains
BLAM	-; blame, blams
BLAME	-; blamed, blamer, blames
BLAMER	-; blamers
BLAMING	-; -
BLANCH	-; -
BLAND	-; -
BLANDER	-; -
BLANDLY	-; -
BLANK	-; blanks
BLANKED	-; -
BLANKER	-; -
BLANKET	-; blankets
BLANKLY	-; -
BLARE	-; blared, blares
BLARNEY	-; blarneys
BLASE	-; -
BLAST	oblast; blasts, blasty
BLASTED	-; -
BLASTER	-; blasters
BLASTIE	-; blastier, blasties
BLASTS	oblasts;-
BLASTY	-; -
BLAT	-; blate, blats
BLATANT	-; -
BLATE	ablate, oblate; -
BLATHER	-; blathers

BLATTED -; -
BLATTER -; blatters
BLAUBOK -; blauboks
BLAW -; blawn, blaws
BLAWED -; -
BLAWING -; -
BLAWN -; -
BLAZE ablaze; blazed, blazer, blazes
BLAZER -; blazers
BLAZING -; -
BLAZON -; blazons
BLEACH -; -
BLEAK -; bleaks
BLEAKER -; -
BLEAKLY -; -
BLEAR -; blears, bleary
BLEARED -; -
BLEAT -; bleats
BLEATED -; -
BLEATER -; bleaters
BLEB -; blebs
BLEBBY -; -
BLED -; -
BLEED -; bleeds
BLEEDER -; bleeders
BLEEP -; bleeps
BLEEPED -; -
BLEEPER -; bleepers
BLELLUM -; blellums
BLEMISH -; -
BLENCH -; -
BLEND -; blende, blends, blent
BLENDE -; blended, blender, blendes
BLENDER -; blenders
BLENNY -; -
BLENT -; -
BLESBOK -; blesboks
BLESS -; -
BLESSED -; -
BLESSER -; blessers
BLEST -; -
BLET -; blets
BLETHER -; blethers
BLEW -; -
BLEWIT -; blewits
BLIGHT -; blights, blighty
BLIMEY -; -
BLIMP -; blimps
BLIMY -; -
BLIN -; blind, blini
BLIND -; blinds
BLINDED -; -
BLINDER -; blinders
BLINDLY -; -
BLING -; blings
BLINI -; blinis
BLINK -; blinks
BLINKED -; -
BLINKER -; blinkers
BLINTZ -; blintze
BLINTZE -; blintzes
BLINY -; -
BLIP -; blips
BLIPPED -; -
BLISS -; -
BLISSES -; -
BLISTER -; blisters, blistery
BLITE -; blites
BLITHE -; blither
BLITHER -; blithers
BLITZ -; -

BLITZED -; -
BLITZER -; -
BLITZES -; -
BLOAT -; bloats
BLOATED -; -
BLOATER -; bloaters
BLOB -; blobs
BLOBBED -; -
BLOBBY -; -
BLOC -; block, blocs
BLOCK -; blocks, blocky
BLOCKED -; -
BLOCKER -; blockers
BLOG -; blogs
BLOGGER -; bloggers
BLOKE -; blokes
BLOND -; blonde, blonds
BLONDE -; blonder, blondes
BLOOD -; bloods, bloody
BLOODED -; -
BLOOEY -; -
BLOOIE -; -
BLOOM abloom; blooms, bloomy
BLOOMED -; -
BLOOMER -; bloomers, bloomery
BLOOMY -; -
BLOOP -; bloops
BLOOPED -; -
BLOOPER -; bloopers
BLOOPY -; -
BLOSSOM -; blossoms, blossomy
BLOT -; blots
BLOTCH -; blotchy
BLOTTED -; -
BLOTTER -; blotters
BLOTTO -; -
BLOTTY -; -
BLOUSE -; bloused, blouses
BLOUSON -; blousons
BLOUSY -; -
BLOW -; blown, blows, blowy
BLOWBY -; blowbys
BLOWER -; blowers
BLOWFLY -; -
BLOWGUN -; blowguns
BLOWIER -; -
BLOWING -; -
BLOWJOB -; blowjobs
BLOWN -; -
BLOWOFF -; blowoffs
BLOWOUT -; blowouts
BLOWS -; blowsy
BLOWSED -; -
BLOWUP -; blowups
BLOWY -; -
BLOWZED -; -
BLOWZY -; -
BLUB -; blubs
BLUBBED -; -
BLUBBER -; blubbers, blubbery
BLUCHER -; bluchers
BLUDGE -; bludged, bludger, bludges
BLUDGER -; bludgers
BLUE -; blued, bluer, blues, bluet, bluey
BLUECAP -; bluecaps

BLUEFIN -; bluefins
BLUEGUM -; bluegums
BLUEING -; blueings
BLUEISH -; -
BLUEJAY -; bluejays
BLUELY -; -
BLUES -; bluest, bluesy
BLUET -; bluets
BLUEY -; blueys
BLUFF -; bluffs
BLUFFED -; -
BLUFFER -; bluffers
BLUFFLY -; -
BLUING -; bluings
BLUISH -; -
BLUME -; blumed, blumes
BLUMING -; -
BLUNDER -; blunders
BLUNGE -; blunged, blunger, blunges
BLUNGER -; blungers
BLUNT -; blunts
BLUNTED -; -
BLUNTER -; -
BLUNTLY -; -
BLUR -; blurb, blurs, blurt
BLURB -; blurbs
BLURRED -; -
BLURRY -; -
BLURT -; blurts
BLURTED -; -
BLURTER -; blurters
BLUSH ablush; -
BLUSHED -; -
BLUSHER -; blushers
BLUSHES -; -
BLUSTER -; blusters, blustery
BLYPE -; blypes
BO abo; boa, bob, bod, bog, boo, bop, bos, bot, bow, box, boy
BOA -; boar, boas, boat
BOAR -; board, boars, boart
BOARD aboard; boards
BOARDED -; -
BOARDER -; boarders
BOARISH -; -
BOART -; boarts
BOAST -; boasts
BOASTED -; -
BOASTER -; boasters
BOAT -; boats
BOATED -; -
BOATEL -; boatels
BOATER -; boaters
BOATING -; boatings
BOATMAN -; -
BOATMEN -; -
BOB -; bobs
BOBBED -; -
BOBBER -; bobbers, bobbery
BOBBIES -; -
BOBBIN -; bobbing,
BOBBLE -; bobbled, bobbles
BOBBLY -; -
BOBBY -; -
BOBCAT -; bobcats
BOBECHE -; bobeches

BOBO	-; bobos
BOBSLED	-; bobsleds
BOBSTAY	-; bobstays
BOBTAIL	-; bobtails
BOCCE	-; bocces
BOCCI	-; boccia, boccis
BOCCIA	-; boccias
BOCCIE	-; boccies
BOCK	-; bocks
BOD	-; bode, bods, body
BODE	abode; boded, bodes
BODED	aboded; -
BODEGA	-; bodegas
BODES	abodes; -
BODICE	-; bodices
BODIED	-; -
BODIES	-; -
BODILY	-; -
BODING	aboding; bodings
BODKIN	-; bodkins
BOFF	-; boffo, boffs
BOFFIN	-; boffins
BOFFO	-; boffos
BOFFOLA	-; boffolas
BOG	-; bogs
BOGAN	-; bogans
BOGART	-; bogarts
BOGBEAN	-; bogbeans
BOGEY	-; bogeys
BOGEYED	-; -
BOGGED	-; -
BOGGIER	-; -
BOGGING	-; -
BOGGISH	-; -
BOGGLE	-; boggled, boggles
BOGGLER	-; bogglers
BOGGY	-; -
BOGIE	-; bogies
BOGLE	-; bogles
BOGUS	-; -
BOGUSLY	-; -
BOGWOOD	-; bogwoods
BOGY	-; -
BOGYISM	-; bogyisms
BOGYMAN	-; -
BOGYMEN	-; -
BOHEA	-; boheas
BOHEMIA	-; bohemian, bohemias
BOHO	-; bohos
BOHRIUM	-; bohriums
BOIL	aboil; boils
BOILED	-; -
BOILER	-; boilers
BOILING	-; -
BOILOFF	-; boiloffs
BOING	-; -
BOITE	-; boites
BOKEH	-; bokehs
BOLA	-; bolar, bolas
BOLASES	-; -
BOLD	-; -
BOLDER	-; -
BOLDEST	-; -
BOLDLY	-; -
BOLE	obole; boles
BOLERO	-; boleros
BOLES	oboles; -
BOLETE	-; boletes
BOLETI	-; -
BOLETUS	-; -
BOLIDE	-; bolides
BOLIVAR	-; bolivars
BOLIVIA	-; bolivias
BOLL	-; bolls

BOLLARD -; bollards
BOLLED -; -
BOLLING -; -
BOLLIX -; -
BOLLOX -; -
BOLO -; bolos
BOLOGNA -; bolognas
BOLONEY -; boloneys
BOLSHIE -; bolshies
BOLSHY -; bloshys
BOLSON -; bolsons
BOLSTER -; bolsters
BOLT -; bolts
BOLTED -; -
BOLTER -; bolters
BOLTING -; -
BOLUS obulus; -
BOLUSES -; -
BOMB -; bombe, bombs
BOMBARD -; bombards
BOMBAST -; bombasts
BOMBAX -; -
BOMBE -; bombed, bomber, bombes
BOMBER -; bombers
BOMBING -; bombings
BOMBLET -; bomblets
BOMBYX -; -
BONACI -; bonacis
BONANZA -; bonanzas
BONBON -; bonbons
BONCE -; bonces
BOND -; bonds
BONDAGE -; bondages
BONDED -; -
BONDER -; bonders
BONDING -; -
BONDMAN -; -
BONDMEN -; -
BONDUC -; bonducs
BONE -; boned, boner, bones, boney
BONER -; boners
BONESET -; bonesets
BONFIRE -; bonfires
BONG -; bongo, bongs
BONGED -; -
BONGING -; -
BONGO -; bongos
BONGOES -; -
BONIATO -; boniatos
BONIER -; -
BONIEST -; -
BONING -; -
BONITA -; bonitas
BONITO -; bonitos
BONK -; bonks
BONKED -; -
BONKERS -; -
BONKING -; -
BONNE -; bonnes, bonnet
BONNET -; bonnets
BONNIE -; bonnier
BONNILY -; -
BONNOCK -; bonnocks
BONNY -; -
BONOBO -; bonobos
BONSAI -; bonsais
BONUS -; -
BONUSES -; -
BONY ebony; -
BONZE -; bonzer, bonzes
BOO -; boob, book, boom, boon,

boor, boos, boot
BOOB -; boobs, booby
BOOBED -; -
BOOBIES -; -
BOOBING -; -
BOOBIRD -; boobirds
BOOBISH -; -
BOOBOO -; booboos
BOOBY -; -
BOOCOO -; boocoos
BOODLE -; boodled, boodler, boodles
BOODLER -; boodlers
BOOED -; -
BOOGER -; boogers
BOOGEY -; boogeys
BOOGIE -; boogies
BOOGY -; -
BOOHOO -; boohoos
BOOING -; -
BOOJUM -; boojums
BOOK -; books
BOOKBAG -; bookbags
BOOKED -; -
BOOKEND -; -
BOOKER -; bookers
BOOKFUL -; bookfuls
BOOKIE -; bookies
BOOKING -; bookings
BOOKISH -; -
BOOKLET -; booklets
BOOKMAN -; -
BOOKMEN -; -
BOOKOO -; bookoos
BOOM -; booms, boomy
BOOMBOM -; -
BOOMBOX -; -
BOOMED -; -
BOOMER -; boomers
BOOMIER -; -
BOOMING -; -
BOOMKIN -; boomkins
BOOMLET -; boomlets
BOOMY -; -
BOON aboon; boons
BOONIES -; -
BOONS aboons; -
BOOR -; boors
BOORISH -; -
BOOST -; boosts
BOOSTED -; -
BOOSTER -; boosters
BOOT -; booth, boots, booty
BOOTED -; -
BOOTEE -; bootees
BOOTERY -; -
BOOTH -; booths
BOOTIE -; booties
BOOTING -; -
BOOTLEG -; bootlegs
BOOTY -; -
BOOZE -; boozed, boozer, boozes
BOOZER -; boozers
BOOZIER -; -
BOOZILY -; -
BOOZING -; -
BOOZY -; -
BOP -; bops
BOPEEP -; bopeeps
BOPPED -; -
BOPPER -; boppers
BOPPING -; -

BOPPISH	-; -
BOPPY	-; -
BORA	-; boral, boras
BORACES	-; -
BORACIC	-; -
BORAGE	-; borages
BORAL	aboral; borals
BORANE	-; boranes
BORATE	-; borated, borates
BORAX	-; -
BORAXES	-; -
BORDEL	-; bordels
BORDER	-; borders
BORDURE	-; bordures
BORE	-; bored, borer, bores
BOREAL	-; -
BOREAS	-; -
BOREDOM	-; boredoms
BOREEN	-; boreens
BORER	-; borers
BORIC	-; -
BORIDE	-; borides
BORING	aboring; borings
BORK	-; borks
BORKED	-; -
BORKING	-; -
BORN	-; borne
BORNEOL	-; borneols
BORNITE	-; bornites
BORON	-; borons
BORONIA	-; boronias
BORONIC	-; -
BOROUGH	-; boroughs
BORROW	-; borrows
BORSCH	-; borscht
BORSHT	-; borshts
BORSTAL	-; borstals
BORT	abort; borts, borty, bortz
BORTS	aborts; -
BORTZ	-; -
BORTZES	-; -
BORZOI	-; borzois
BOS	abos; bosh, boss
BOSCAGE	-; boscages
BOSH	-; -
BOSHBOK	-; boshboks
BOSHES	-; -
BOSK	-; bosks, bosky
BOSKAGE	-; boskages
BOSKER	-; -
BOSKET	-; boskets
BOSKIER	-; -
BOSOM	-; bosoms, bosomy
BOSOMED	-; -
BOSON	-; bosons
BOSONIC	-; -
BOSQUE	-; bosques, bosquet
BOSQUET	-; bosquets
BOSS	-; bossy
BOSSDOM	-; bossdoms
BOSSED	-; -
BOSSES	-; -
BOSSIER	-; -
BOSSIES	-; bossiest
BOSSILY	-; -
BOSSING	-; -
BOSSISM	-; bossisms
BOSTON	-; bostons
BOSUN	-; bosuns
BOT	-; bota, both, bots, bott
BOTA	-; botas
BOTANIC	-; botanica

BOTANY	-; -
BOTCH	-; botchy
BOTCHED	-; -
BOTCHER	-; botchers, botchery
BOTCHES	-; -
BOTCHY	-; -
BOTEL	-; botels
BOTFLY	-; -
BOTH	-; bothy
BOTHER	-; bothers
BOTHIE	-; bothies
BOTHIES	-; -
BOTHRIA	-; -
BOTHY	-; -
BOTNET	-; botnets
BOTONEE	-; -
BOTT	-; botts
BOTTLE	-; bottled, bottler, bottles
BOTTOM	-; bottoms
BOTULIN	-; botulins
BOUBOU	-; boubous
BOUCHEE	-; bouchees
BOUCLE	-; boucles
BOUDIN	-; boudins
BOUDOIR	-; boudoirs
BOUFFANT	-; bouffants
BOUFFE	-; bouffes
BOUGH	-; boughs, bought
BOUGHED	-; -
BOUGHT	abought; -
BOUGIE	-; bougies
BOULDER	-; boulders, bouldery
BOULE	-; boules
BOULLE	-; boulles
BOULT	-; boults
BOUNCE	-; bounced, bouncer, bounces
BOUNCER	-; bouncers
BOUNCY	-; -
BOUND	abound; bounds
BOUNDED	-; -
BOUNDEN	-; -
BOUNDER	-; bounders
BOUNDS	abounds; -
BOUNTY	-; -
BOUQUET	-; bouquets
BOURBON	-; bourbons
BOURDON	-; bourdons
BOURG	-; bourgs
BOURN	-; bourne, bourns
BOURNE	-; bournee, bournes
BOURNEE	-; bournees
BOURSE	-; bourses
BOUSE	-; boused, bouses
BOUSING	-; -
BOUSY	-; -
BOUT	about; bouts
BOUTON	-; boutons
BOUVIER	-; bouviers
BOVID	-; bovids
BOVINE	-; bovines
BOVVER	-; bovvers
BOW	-; bowl, bows
BOWED	-; -
BOWEL	-; bowels
BOWELED	-; -
BOWER	-; bowers, bowery
BOWERED	-; -
BOWFIN	-; bowfins
BOWHEAD	-; bowheads

BOWHUNT	-; bowhunts
BOWING	-; bowings
BOWKNOT	-; bowknots
BOWL	-; bowls
BOWLDER	-; bowlders
BOWLED	-; -
BOWLEG	-; bowlegs
BOWLER	-; bowlers
BOWLESS	-; -
BOWLFUL	-; bowlfuls
BOWLIKE	-; -
BOWLINE	-; bowlines
BOWLING	-; bowlings
BOWMAN	-; -
BOWMEN	-; -
BOWPOT	-; bowpots
BOWSAW	-; bowsaws
BOWSE	-; bowsed, bowses
BOWSHOT	-; bowshots
BOWSING	-; -
BOWSMAN	-; -
BOWSMEN	-; -
BOWWOW	-; bowwows
BOWYER	-; bowyers
BOX	-; boxy
BOXBALL	-; boxballs
BOXCAR	-; boxcars
BOXED	-; -
BOXER	-; boxers
BOXES	-; -
BOXFISH	-; -
BOXFUL	-; boxfuls
BOXHAUL	-; boxhauls
BOXIER	-; -
BOXIEST	-; -
BOXING	-; boxings
BOXLA	-; boxlas
BOXLIKE	-; -
BOXWOOD	-; boxwoods
BOXY	-; -
BOY	-; boyo, boys
BOYAR	-; boyard, boyars
BOYARD	-; boyards
BOYCHIK	-; boychiks
BOYCOTT	-; boycotts
BOYHOOD	-; boyhoods
BOYISH	-; -
BOYLA	-; boylas
BOYO	-; boyos
BOZO	-; bozos
BRA	-; brad, brae, brag, bran, bras, brat, braw, bray
BRABBLE	-; brabbled, brabbler, brabbles
BRACE	-; braced, bracer, braces
BRACER	-; bracers
BRACERO	-; bracero
BRACH	-; -
BRACHES	-; -
BRACHET	-; brachets
BRACING	-; bracings
BRACKEN	-; brackens
BRACKET	-; brackets
BRACT	-; bracts
BRACTED	-; -
BRAD	-; brads
BRADAWL	-; bradawls
BRADDED	-; -
BRADOON	-; bradoons
BRAE	-; braes
BRAG	-; brags
BRAGGED	-; -
BRAGGER	-; braggers
BRAGGY	-; -

BRAHMA -; brahmas
BRAHMAN -; brahmans
BRAID -; braids
BRAIDED -; -
BRAIDER -; braiders
BRAIL -; brails
BRAILED -; -
BRAILLE -; brailled, brailles
BRAIN -; brains, brainy
BRAINED -; -
BRAISE -; braised, braises
BRAIZE -; braizes
BRAKE -; braked, brakes
BRAKING -; -
BRAKY -; -
BRALESS -; -
BRAMBLE -; brambled, brambles
BRAMBLY -; -
BRAN -; brand, brank, brans
BRANCH -; branchy
BRAND -; brands, brandy
BRANDED -; -
BRANDER -; branders
BRANK -; branks
BRANNED -; -
BRANNER -; branners
BRANNY -; -
BRANT -; brants
BRASH -; brashy
BRASHER -; -
BRASHES -; brashest
BRASHLY -; -
BRASIER -; brasiers
BRASIL -; brasils
BRASS -; brassy
BRASSED -; -
BRASSES -; -
BRASSIE -; brassier, brassies
BRAT -; brats
BRATTLE -; brattled, brattles
BRATTY -; -
BRAVA -; bravas
BRAVADO -; bravados
BRAVE -; braved, braver, braves
BRAVELY -; -
BRAVER -; bravers, bravery
BRAVES -; bravest
BRAVI -; -
BRAVING -; -
BRAVO -; bravos
BRAVOED -; -
BRAVOES -; -
BRAVURA -; bravuras
BRAVURE -; -
BRAW -; brawl, brawn, braws
BRAWER -; -
BRAWEST -; -
BRAWL -; brawls, brawly
BRAWLED -; -
BRAWLER -; brawlers
BRAWLIE -; -
BRAWN -; brawns, brawny
BRAXIES -; -
BRAXY -; -
BRAY -; brays
BRAYED -; -

BRAYER -; brayers
BRAYING -; -
BRAZA -; brazas
BRAZE -; brazed, brazen, brazer, brazes
BRAZEN -; brazens
BRAZER -; brazers
BRAZIER -; braziers
BRAZIL -; brazils
BRAZING -; -
BREACH -; -
BREAD -; breads, bready
BREADED -; -
BREADTH -; breadths
BREAK -; breaks
BREAKER -; breakers
BREAKUP -; breakups
BREAM -; breams
BREAMED -; -
BREAST abreast; breasts
BREATH -; breathe, breaths, breathy
BREATHE -; breathed, breather, breathes
BRECCIA -; breccial, breccias
BRECHAM -; brechams
BRECHAN -; brechans
BRED -; brede
BREDE -; bredes
BREE -; breed, brees
BREECH -; -
BREED -; breeds
BREEDER -; breeders
BREEKS -; -
BREEZE -; breezed, breezes
BREEZY -; -
BREGMA -; -
BREKKIE -; brekkies
BREN -; brens, brent
BRENT -; brents
BREVE -; breves, brevet
BREVET -; brevets
BREVIER -; breviers
BREVITY -; -
BREW -; brews
BREWAGE -; brewages
BREWED -; -
BREWER -; brewers, brewery
BREWING -; brewings
BREWIS -; -
BREWSKI -; brewskis
BRIAR -; briard, briars, briary
BRIARD -; briards
BRIBE -; bribed, bribee, briber, bribes
BRIBEE -; bribees
BRIBER -; bribers, bribery
BRIBING -; -
BRICK -; bricks, bricky
BRICKED -; -
BRICKLE -; brickles
BRICOLE -; bricoles
BRIDAL -; bridals
BRIDE -; brides
BRIDGE abridge; bridged, bridges
BRIDGED abridged; -

BRIDGES abridges; -
BRIDIE -; bridies
BRIDLE -; bridled, bridler, bridles
BRIDLER -; bridlers
BRIDOON -; bridoons
BRIE -; brief, brier, bries
BRIEF -; briefs
BRIEFED -; -
BRIEFER -; briefers
BRIEFLY -; -
BRIER -; briers, briery
BRIG -; brigs
BRIGADE -; brigaded, brigades
BRIGAND -; brigands
BRIGHT -; brights
BRILL -; brills
BRIM -; brims
BRIMFUL -; brimfull
BRIMMED -; -
BRIMMER -; brimmers
BRIN -; brine, bring, brink, brins, briny
BRINDED -; -
BRINDLE -; brindled, brindles
BRINE -; brined, briner, brines
BRINER -; briners
BRING -; brings
BRINGER -; bringers
BRINIER -; -
BRINIES -; briniest
BRINING -; -
BRINISH -; -
BRINK -; brinks
BRINY -; -
BRIO -; brios
BRIOCHE -; brioches
BRIONY -; -
BRIQUET -; briquets
BRIS -; -
BRISANT -; -
BRISK -; brisks
BRISKED -; -
BRISKER -; -
BRISKET -; briskets
BRISKLY -; -
BRISS -; -
BRISSES -; -
BRISTLE -; bristled, bristles
BRISTLY -; -
BRISTOL -; bristols
BRIT -; brith, brits, britt
BRITH -; briths
BRITSKA -; britskas
BRITT -; britts
BRITTLE -; brittled, brittler, brittles
BRITTLY -; -
BRITZKA -; britzkas
BRO -; bros
BROACH abroach; -
BROAD abroad; broads
BROADAX -; broadaxe
BROADEN -; broadens
BROADER -; -
BROADLY -; -
BROCADE -; brocaded, brocades
BROCH -; brochs
BROCHE -; -
BROCK -; brocks
BROCKET -; brockets

BROCOLI -; brocolis
BROGAN -; brogans
BROGUE -; brogues
BROIDER -; broiders, broidery
BROIL -; broils
BROILED -; -
BROILER -; broilers
BROKAGE -; brokages
BROKE -; broken, broker
BROKER -; brokers
BROKING -; brokings
BROLLY -; -
BROMAL -; bromals
BROMATE -; bromated, bromates
BROME -; bromes
BROMIC -; -
BROMID -; bromide, bromids
BROMIDE -; bromides
BROMIN -; bromine, bromins
BROMINE -; bromines
BROMISM -; bromisms
BROMIZE -; bromized, bromizes
BROMO -; bromos
BRONC -; broncs
BRONCHI -; bronchia
BRONCHO -; bronchos
BRONCO -; broncos
BRONZE -; bronzed, bronzer, bronzes
BRONZER -; bronzers
BRONZY -; -
BROO -; brood, brook, broom, broos
BROOCH -; -
BROOD -; broods, broody
BROODED -; -
BROODER -; brooders
BROOK -; brooks
BROOKED -; -
BROOKIE -; brookies
BROOM -; brooms, broomy
BROOMED -; -
BROS -; brose
BROSE -; broses
BROSY -; -
BROTH -; broths, brothy
BROTHEL -; brothels
BROTHER -; brothers
BROUGHT -; -
BROW -; brown, brows
BROWED -; -
BROWN -; browns, browny
BROWNED -; -
BROWNER -; -
BROWNIE -; brownier, brownies
BROWSE -; browsed, browser, browses
BROWSER -; browsers
BRRR -;
BRUCIN -; brucine, brucins
BRUCINE -; brucines
BRUCITE -; brucites

BRUGH -; brughs
BRUIN -; bruins
BRUISE -; bruised, bruiser, bruises
BRUISER -; bruisers
BRUIT -; bruits
BRUITED -; -
BRUITER -; bruiters
BRULOT -; brulots
BRULYIE -; brulyies
BRULZIE -; brulzies
BRUMAL -; -
BRUMBY -; -
BRUME -; brumes
BRUMOUS -; -
BRUNCH -; -
BRUNCHED -; -
BRUNET -; brunets
BRUNG -; -
BRUNT -; brunts
BRUSH -; brushy
BRUSHED -; -
BRUSHER -; brushers
BRUSHES -; -
BRUSHUP -; brushups
BRUSK -; -
BRUSKER -; -
BRUSQUE -; brusquer
BRUT -; brute
BRUTAL -; -
BRUTE -; bruted, brutes
BRUTELY -; -
BRUTIFY -; -
BRUTING -; -
BRUTISH -; -
BRUTISM -; brutisms
BRUX -; -
BRUXED -; -
BRUXES -, -
BRUXING -; -
BRUXISM -; bruxisms
BRYONY -; -
BUB -; bubo, bubs
BUBAL -; bubale, bubals
BUBALE -; bubales
BUBALIS -; -
BUBBE -; bubbes
BUBBIES -; -
BUBBLE abubble; bubbled, bubbler, bubbles
BUBBLER -; bubblers
BUBBLY -; -
BUBINGA -; bubingas
BUBKES -; -
BUBO -; -
BUBOED -; -
BUBOES -; -
BUBONIC -; -
BUBU -; -
BUCCAL -; -
BUCK -; bucks, bucko
BUCKED -; -
BUCKEEN -; buckeens
BUCKER -; buckers
BUCKET -; buckets
BUCKEYE -; buckeyes
BUCKISH -; -
BUCKLE -; buckled, buckler, buckles
BUCKLER -; bucklers
BUCKO -; -
BUCKOES -; -

BUCKRA -; buckram, buckras
BUCKRAM -; buckrams
BUCKSAW -; bucksaws
BUCOLIC -; bucolics
BUD -; buds
BUDDED -; -
BUDDER -; budders
BUDDIES -; -
BUDDING -; -
BUDDLE -; buddles
BUDDY -; -
BUDGE -; budged, budger, budges, budget
BUDGER -; budgers
BUDGET -; budgets
BUDGIE -; budgies
BUDGING -; -
BUDLESS -; -
BUDLIKE -; -
BUDWORM -; budworms
BUFF -; buffi, buffo, buffs, buffy
BUFFALO -; buffalos
BUFFED -; -
BUFFER -; buffers
BUFFET -; buffets
BUFFI -; -
BUFFIER -; -
BUFFING -; -
BUFFO -; buffos
BUFFOON -; buffoons
BUG -; bugs
BUGABOO -; bugaboos
BUGBANE -; bugbanes
BUGBEAR -; bugbears
BUGEYE -; bugeyes
BUGGED -; -
BUGGER -; buggers, buggery
BUGGIER -; -
BUGGIES -; buggiest
BUGGING -; -
BUGGY -; -
BUGLE -; bugled, bugler, bugles
BUGLER -; buglers
BUGLING -; -
BUGLOSS -; -
BUGOUT -; bugouts
BUGSEED -; bugseeds
BUGSHA -; bugshas
BUHL -; buhls
BUHR -; buhrs
BUILD -; builds
BUILDED -; -
BUILDER -; builders
BUILDUP -; buildups
BUILT -; -
BUIRDLY -; -
BULB -; bulbs
BULBAR -; -
BULBED -; -
BULBEL -; bulbels
BULBIL -; bulbils
BULBLET -; bulblets
BULBOUS -; -
BULBUL -; bulbuls
BULGE -; bulged, bulger, bulges
BULGER -; bulgers
BULGIER -; -
BULGING -; -
BULGUR -; bulgurs
BULGY -; -
BULIMIA -; bulimiac, bulimias
BULIMIC -; -

BULK	-; bulks, bulky
BULKAGE	-; bulkages
BULKED	-; -
BULKIER	-; -
BULKILY	-; -
BULKING	-; -
BULKY	-; -
BULL	-; bulla, bulls, bully
BULLA	-; bullae
BULLACE	-; bullaces
BULLATE	-; -
BULLBAT	-; bullbats
BULLDOG	-; bulldogs
BULLED	-; -
BULLET	-; bullets
BULLIED	-; -
BULLIER	-; -
BULLIES	-; bulliest
BULLING	-; -
BULLION	-; bullions
BULLISH	-; -
BULLOCK	-; bullocks, bullocky
BULLOUS	-; -
BULLPEN	-; bullpens
BULLY	-; -
BULRUSH	-; -
BULWARK	-; bulwarks
BUM	-; bumf, bump, bums
BUMBAG	-; bumbags
BUMBLE	-; bumbled, bumbler, bumbles
BUMBLER	-; bumblers
BUMBOAT	-; bumboats
BUMELIA	-; bumelias
BUMF	-; bumfs
BUMKIN	-; bumkins
BUMMALO	-; bummalos
BUMMED	-; -
BUMMER	-; bummers
BUMMEST	-; -
BUMMING	-; -
BUMP	-; bumph, bumps, bumpy
BUMPED	-; -
BUMPER	-; bumpers
BUMPH	-; bumphs
BUMPIER	-; -
BUMPILY	-; -
BUMPING	-; -
BUMPKIN	-; bumpkins
BUMPY	-; -
BUN	-; buna, bund, bung, bunk, bunn, buns, bunt
BUNA	-; bunas
BUNCH	-; bunchy
BUNCHED	-; -
BUNCHES	-; -
BUNCO	-; buncos
BUNCOED	-; -
BUND	-; bunds, bundt
BUNDIST	-; bundists
BUNDLE	-; bundled, bundler, bundles
BUNDLER	-; bundlers
BUNDT	-; bundts
BUNG	-; bungs
BUNGED	-; -
BUNGEE	-; bungees
BUNGING	-; -
BUNGLE	-; bungled, bungler, bungles
BUNGLER	-; bunglers

BUNION -; bunions
BUNK -; bunko, bunks
BUNKED -; -
BUNKER -; bunkers
BUNKING -; -
BUNKO -; bunkos
BUNKOED -; -
BUNKUM -; bunkums
BUNN -; bunns, bunny
BUNNIES -; -
BUNRAKU -; bunrakus
BUNT -; bunts
BUNTED -; -
BUNTER -; bunters
BUNTING -; buntings
BUNYA -; bunyas
BUNYIP - bunyips
BUOY -; buoys
BUOYAGE -; buoyages
BUOYANT -; -
BUOYED -; -
BUOYING -; -
BUPKES -; -
BUPKIS -; -
BUPKUS -; -
BUPPIE -; buppies
BUPPY -; -
BUQSHA -; buqshas
BUR -; bura, burd, burg, burl, burn, burp, burr, burs, bury
BURA -; buran, buras
BURAN -; burans
BURB -; burbs
BURBLE -; burbled, burbler, burbles
BURBLER -; burblers
BURBLY -; -
BURBOT -; burbots
BURBS -; -
BURD -; burds
BURDEN -; burdens
BURDIE -; burdies
BURDOCK -; burdocks
BUREAU -; bureaus, bureaux
BURET -; burets
BURETTE -; burettes
BURFI -; burfis
BURG -; burgh, burgs
BURGAGE -; burgages
BURGEE -; burgees
BURGEON -; burgeons
BURGER -; burgers
BURGESS -; -
BURGH -; burghs
BURGHAL -; -
BURGHER -; burghers
BURGLAR -; burglars, burglary
BURGLE -; burgled, burgles
BURGOO -; burgoos
BURGOUT -; burgouts
BURIAL -; burials
BURIED -; -
BURIER -; buriers
BURIES -; -
BURIN -; burins
BURK -; burks
BURKA -; burkas
BURKE -; burked, burker, burkes
BURKER -; burkers
BURKITE -; burkites
BURL -; burls, burly
BURLAP -; burlaps

BURLED -; -
BURLER -; burlers
BURLESK -; burlesks
BURLEY -; burleys
BURLILY -; -
BURLING -; -
BURLY -; -
BURN -; burns, burnt
BURNED -; -
BURNER -; burners
BURNET -; burnets
BURNIE -; burnies
BURNING -; burnings
BURNISH -; -
BURNOUS -; -
BURNOUT -; burnouts
BURP -; burps
BURPED -; -
BURPING -; -
BURQA -; burqas
BURR -; burro, burrs, burry
BURRED -; -
BURRER -; -
BURRIER -; -
BURRIES -; burriest
BURRING -; -
BURRITO -; burritos
BURRO -; burros, burrow
BURROW -; burrows
BURRY -; -
BURS -; bursa, burse, burst
BURSA -; bursae, bursal, bursar, bursas
BURSAR -; bursars, bursary
BURSATE -; -
BURSE -; burses
BURSEED -; burseeds
BURSERA -; -
BURST -; bursts
BURSTED -; -
BURSTER -; bursters
BURSTY -; -
BURTHEN -; burthens
BURTON -; burtons
BURWEED -; burweeds
BURY -; -
BUS bush, busk, buss, bust busy
BUSBAR -; busbars
BUSBIES -; -
BUSBOY -; busboys
BUSBY -; -
BUSED abused; -
BUSES abuses; -
BUSGIRL -; busgirls
BUSH -; bushy
BUSHED -; -
BUSHEL -; bushels
BUSHER -; bushers
BUSHES -; bushes
BUSHIDO -; bushidos
BUSHIER -; -
BUSHILY -; -
BUSHING -; bushings
BUSHLOT -; bushlot
BUSHMAN -; -
BUSHMEN -; -
BUSHPIG -; bushpigs
BUSHTIT -; bushtits
BUSHWA -; bushwah, bushwas
BUSHWAH -; bushwahs
BUSHY -; -
BUSIED -; -
BUSIER -; -

BUSIES	-; busiest
BUSILY	-; -
BUSING	abusing; busings
BUSK	-; busks
BUSKED	-; -
BUSKER	-; buskers
BUSKIN	-; busking, buskins
BUSLOAD	-; busloads
BUSMAN	-; -
BUSMEN	-; -
BUSS	-; -
BUSSED	-; -
BUSSES	-; -
BUSSING	-; bussings
BUST	-; busts, busty
BUSTARD	-; bustards
BUSTED	-; -
BUSTER	-; busters
BUSTIC	-; bustics
BUSTIER	-; -
BUSTING	-; -
BUSTLE	-; bustled, bustler, bustles
BUSTLER	-; bustlers
BUSTY	-; -
BUSY	-; -
BUT	abut; buts, butt
BUTANE	-; butanes
BUTANOL	-; butanols
BUTCH	-; -
BUTCHER	-; butchers, butchery
BUTCHES	-; -
BUTE	-; butes
BUTENE	-; butenes
BUTEO	-; buteos
BUTLE	-; butled, butler, butles
BUTLER	-; butlers, butlery
BUTLING	-; -
BUTS	abuts; -
BUTT	-; butte, butts, butty
BUTTALS	abuttals; -
BUTTE	-; butter, buttes
BUTTED	abutted; -
BUTTER	abutter; butters, buttery
BUTTERS	abutters; -
BUTTIES	-; -
BUTTING	abutting; -
BUTTOCK	-; buttocks
BUTTON	-; buttons, buttony
BUTUT	-; bututs
BUTYL	-; butyls
BUTYRAL	-; butyrals
BUTYRIC	-; -
BUTYRIN	-; butyrins
BUTYRYL	-; butyryls
BUXOM	-; -
BUXOMER	-; -
BUXOMLY	-; -
BUY	-; buys
BUYABLE	-; -
BUYBACK	-; buybacks
BUYER	-; buyers
BUYING	-; -
BUYOFF	-; buyoffs
BUYOUT	-; buyouts
BUZUKI	-; buzukia, buzukis
BUZZ	abuzz; -
BUZZARD	-; buzzards
BUZZCUT	-; buzzcuts
BUZZED	-; -
BUZZER	-; buzzers

BUZZING	-; -
BUZZWIG	-; buzzwigs
BUZZY	-; -
BWANA	-; bwanas
BY	aby; bye, bys
BYCATCH	-; -
BYE	abye; byes
BYELAW	-; byelaws
BYES	abyes; -
BYGONE	-; bygones
BYLAW	-; bylaws
BYLINE	-; bylined, byliner, bylines
BYLINER	-; byliners
BYNAME	-; bynames
BYPASS	-; -
BYPAST	-; -
BYPATH	-; bypaths
BYPLAY	-; byplays
BYRE	-; byres
BYRL	-; byrls
BYRLED	-; -
BYRLING	-; -
BYRNIE	-; byrnies
BYROAD	-; byroads
BYS	abys; -
BYSSUS	-; -
BYTALK	-; bytalks
BYTE	-; bytes
BYWAY	-; byways
BYWORD	-; bywords
BYWORK	-; byworks
BYZANT	-; byzants

C

C	-; -
CAB	scab; cabs
CABAL	-; cabala, cabals
CABALA	-; cabalas
CABANA	-; cabanas
CABARET	-; cabarets
CABBAGE	-; cabbaged, cabbages
CABBAGY	-; -
CABBALA	-; cabbalah, cabbalas
CABBED	-; -
CABBIE	-; cabbies
CABBING	-; -
CABBY	scabby; -
CABER	-; cabers
CABEZON	-; cabezone, cabezons
CABILDO	-; cabildos
CABIN	-; cabins
CABINED	-; -
CABINET	-; cabinets
CABLE	-; cabled, cabler, cables, cablet
CABLER	-; cablers
CABLET	-; cablets
CABLING	-; -
CABMAN	-; -
CABMEN	-; -
CABOB	-; cabobs
CABOMBA	-; cabombas
CABOOSE	-; cabooses
CABS	scabs; -
CACA	-; cacao, cacas
CACAO	-; cacaos

CACHE	-; cached, caches, cachet
CACHET	-; cachets
CACHEXY	-; -
CACHING	-; -
CACHOU	-; cachous
CACIQUE	-; caciques
CACKLE	-; cackled, cackler, cackles
CACKLER	-; cacklers
CACODYL	-; cacodyls
CACONYM	-; caconyms
CACTI	-; -
CACTOID	-; -
CACTUS	-; -
CAD	scad; cade, cadi, cads
CADAVER	-; cadavers
CADDICE	-; caddices
CADDIE	-; caddied, caddies
CADDIED	-; -
CADDIES	-; -
CADDIS	-; caddish
CADDY	-; -
CADE	-; cades, cadet
CADELLE	-; cadelles
CADENCE	-; cadenced, cadences
CADENCY	-; -
CADENT	-; -
CADENZA	-; cadenzas
CADET	-; cadets
CADGE	-; cadged, cadger, cadget
CADGER	-; cadgers
CADGING	-; -
CADGY	-; -
CADI	-; cadis
CADMIC	-; -
CADMIUM	-; cadmiums
CADRE	-; cadres
CADS	scads; -
CADUCEI	-; -
CADUCITY	-; -
CAECA	-; caecal
CAECUM	-; -
CAEOMA	-; caeomas
CAESAR	-; caesars
CAESIUM	-; caesiums
CAESTUS	-; -
CAESURA	-; caesurae, caesural, caesuras
CAF	-; cafs
CAFE	-; cafes
CAFFEIN	-; caffeine, caffeins
CAFTAN	-; caftans
CAGE	-; caged, cager, cages, cagey
CAGEFUL	-; cagefuls
CAGER	-; cagers
CAGIER	-; -
CAGIEST	-; -
CAGILY	-; -
CAGING	-; -
CAGY	-; -
CAHIER	-; cahiers
CAHOOT	-; cahoots
CAHOUN	-; cahouns
CAHOW	-; cahows
CAID	-; caids
CAIMAN	-; caimans
CAIN	-; cains
CAIQUE	-; caiques
CAIRD	-; cairds

CAIRN	-; cairns, cairny
CAIRNED	-; -
CAISSON	-; caissons
CAITIFF	-; caitiffs
CAJAPUT	-; cajaputs
CAJEPUT	-; cajeputs
CAJOLE	-; cajoled, cajoler, cojoles
CAJOLER	-; cajolers, cajolery
CAJON	-; -
CAJONES	-; -
CAJUPUT	-; cajuputs
CAKE	-; caked, cakes, cakey
CAKEBOX	-; -
CAKIER	-; -
CAKING	-; -
CAKY	-; -
CALAMAR	-; calamari, calamars, calamary
CALAMI	-; -
CALAMUS	-; -
CALANDO	-; -
CALASH	-; -
CALCAR	-; calcars
CALCES	-; -
CALCIC	-; -
CALCIFY	-; -
CALCINE	-; calcined, calcines
CALCITE	-; calcites
CALCIUM	-; calciums
CALDERA	-; calderas
CALDRON	-; caldrons
CALECHE	-; caleches
CALENDS	-; -
CALESA	-; calesas
CALF	-; calfs
CALIBER	-; calibers
CALIBRE	-; calibred, calibres
CALICES	-; -
CALICHE	-; caliches
CALICLE	-; calicles
CALICO	-; calicos
CALIF	-; califs
CALIPEE	-; calipees
CALIPER	-; calipers
CALIPH	-; caliphs
CALIX	-; -
CALK	-; calks
CALKED	-; -
CALKER	-; calkers
CALKIN	-; calking, calkins
CALL	scall; calla, calls
CALLA	-; callas
CALLAN	-; callans, callant
CALLANT	-; callants
CALLBOY	-; callboys
CALLED	-; -
CALLEE	-; callees
CALLER	-; callers
CALLET	-; callets
CALLING	-; callings
CALLOSE	-; calloses
CALLOUS	-; -
CALLOUT	-; callouts
CALLOW	-; -
CALLS	scalls; -
CALLUNA	-; callunas
CALLUS	-; -
CALM	-; calms
CALMED	-; -

CALMER -; -
CALMEST -; -
CALMING -; -
CALMLY -; -
CALOMEL -; calomels
CALORIC -; calorics
CALORIE -; calories
CALORY -; -
CALOTTE -; calottes
CALOYER -; caloyers
CALPAC -; calpack, calpacs
CALPACK -; calpacks
CALPAIN -; calpains
CALQUE -; calqued, calques
CALTRAP -; caltraps
CALTROP -; caltrops
CALUMET -; calumets
CALUMNY -; -
CALVARY -; -
CALVE -; calved, calves
CALVING -; -
CALX -; -
CALXES -; -
CALYCES -; -
CALYCLE -; calycles
CALYPSO -; calypsos
CALYX -; -
CALYXES -; -
CALZONE -; calzones
CAM scam; came, camp, cams
CAMAIL -; camails
CAMAS -; camass
CAMASES -; -
CAMBER -; cambers
CAMBIA -; cambial
CAMBISM -; cambisms
CAMBIST -; cambists
CAMBIUM -; cambiums
CAMBRIC -; cambrics
CAME -; camel, cameo, cames
CAMEL -; camels
CAMELIA -; camelias
CAMELID -; camelids
CAMEO -; cameos
CAMEOED -; -
CAMERA -; camerae, cameral, cameras
CAMION -; camions
CAMISA -; camisas
CAMISE -; camises
CAMISIA -; camisias
CAMLET -; camlets
CAMMIE -; cammies
CAMO -; camos
CAMORRA -; camorras
CAMP scamp; campi, campo, camps, campy
CAMPED scamped; -
CAMPER scamper; campers
CAMPERS scampers; -
CAMPHOL -; camphols
CAMPHOR -; camphors
CAMPI scampi; -
CAMPIER -; -
CAMPILY -; -
CAMPING -; campings
CAMPION -; campions
CAMPO -; campos
CAMPONG -; campongs
CAMPOUT -; campouts
CAMPS scamps; -
CAMPUS -; -

CAMPY -; -
CAMS scams; -
CAN scan; cane, cans, cant
CANAKIN -; canakins
CANAL -; canals
CANALED -; -
CANAPE -; canapes
CANARD -; canards
CANARY -; -
CANASTA -; canastas
CANCAN -; cancans
CANCEL -; cancels
CANCER -; cancers
CANCHA -; canchas
CANDELA -; candelas
CANDENT -; -
CANDID -; candida, candids
CANDIDA -; candidas
CANDIED -; -
CANDIES -; -
CANDLE -; candled, candler, candles
CANDLER -; candlers
CANDOR -; candors
CANDOUR -; candours
CANDY -; -
CANE -; caned, caner, canes
CANELLA -; canellas
CANER -; caners
CANFUL -; canfuls
CANGUE -; cangues
CANID -; canids
CANIKIN -; canikins
CANINE -; canines
CANING -; -
CANKER -; cankers
CANNA -; cannas
CANNED scanned; -
CANNEL -; cannels
CANNER scanner; canners, cannery
CANNERS scanners; -
CANNIE -; cannier
CANNILY -; -
CANNING scanning; cannings
CANNOLI -; -
CANNON -; cannons
CANNOT -; -
CANNULA -; cannulae, cannular, cannulas
CANNY -; -
CANOE -; canoed, canoer, canoes
CANOER -; canoers
CANOLA -; canolas
CANON -; canons
CANONIC -; -
CANOPIC -; -
CANOPY -; -
CANS scans; canso, canst
CANSFUL -; -
CANSO -; cansos
CANST -; -
CANT scant; canto, cants, canty
CANTS scants; -
CANTAL -; cantala, cantals
CANTALA -; cantalas
CANTATA -; cantatas
CANTDOG -; cantdogs

CANTED	scanted; -
CANTEEN	-; canteens
CANTER	scanter; canters
CANTHAL	-; -
CANTHI	-; -
CANTHUS	acanthus; -
CANTIC	-; -
CANTINA	-; cantinas
CANTING	scanting; -
CANTLE	-; cantles
CANTO	-; canton, cantor, cantos
CANTON	-; cantons
CANTOR	-; cantors
CANTRAP	-; cantraps
CANTRIP	-; cantrips
CANTS	scants; -
CANTUS	-; -
CANTY	scanty; -
CANULA	-; canulae, canulas
CANVAS	-; canvass
CANYON	-; canyona, canyons
CANZONA	-; canzonas
CANZONE	-; canzones, canzonet
CANZONI	-; -
CAP	-; cape, caph, capo, caps
CAPABLE	-; capabler
CAPABLY	-; -
CAPE	scape; caped, caper, capes
CAPED	scaped; -
CAPEESH	-; -
CAPELAN	-; capelans
CAPELET	-; capelets
CAPELIN	-; capelins
CAPER	-; capers
CAPERED	-; -
CAPERER	-; caperers
CAPES	scapes; -
CAPFUL	-; capfuls
CAPH	-; caphs
CAPIAS	-; -
CAPICHE	-; -
CAPING	scaping; -
CAPITA	-; capital
CAPITAL	-; capitals
CAPITOL	-; capitols
CAPIZ	-; -
CAPIZES	-; -
CAPLESS	-; -
CAPLET	-; caplets
CAPLIN	-; caplins
CAPO	-; capon, capos
CAPON	-; capons
CAPORAL	-; caporals
CAPOT	-; capote, capots
CAPOTE	-; capotes
CAPOUCH	-; -
CAPPED	-; -
CAPPER	-; cappers
CAPPING	-; cappings
CAPRIC	-; caprice
CAPRICE	-; caprices
CAPRINE	-; -
CAPRIS	-; -
CAPROCK	-; caprocks
CAPSID	-; capsids
CAPSIZE	-; capsized, capsizes
CAPSTAN	-; capstans
CAPSTONE	-; capstones

CAPSULE	-; capsuled, capsules
CAPTAIN	-; captains
CAPTAN	-; captans
CAPTCHA	-; captchas
CAPTION	-; captions
CAPTIVE	-; captives
CAPTOR	-; captors
CAPTURE	-; captured, capturer, captures
CAPUCHE	-; capuched, capuches
CAPUT	-; -
CAR	scar; carb, card, care, cark, carl, carn, carp, cart
CARABAO	-; carabaos
CARABID	-; carabids
CARABIN	-; carabine, carabins
CARACAL	-; caracals
CARACK	-; caracks
CARACOL	-; caracole, caraclos
CARACUL	-; caraculs
CARAFE	-; carafes
CARAMBA	-; -
CARAMEL	-; caramels
CARAPAX	-; -
CARAT	-; carate, carats
CARATE	-; carates
CARAVAN	-; caravans
CARAVEL	-; caravels
CARAWAY	-; caraways
CARB	-; carbs
CARBARN	-; carbarns
CARBIDE	-; carbides
CARBINE	-; carbines
CARBO	-; carbon, carbos
CARBON	-; carbons
CARBORA	-; carboras
CARBOY	-; carboys
CARCASE	-; carcases
CARCASS	-; -
CARCEL	-; carcels
CARD	-; cards
CARDED	-; -
CARDER	-; carders
CARDIA	-; cardiac, cardiae, cardias
CARDIAC	-; cardiacs
CARDING	-; cardings
CARDIO	-; -
CARDON	-; cardons
CARDOON	-; cardoons
CARE	scare; cared, carer, cares, carex
CARED	scared; -
CAREEN	-; careens
CAREER	-; careers
CAREFUL	-; -
CARER	scarer; carers
CARERS	scarers; -
CARES	scares; caress
CARET	-; carets
CAREX	-; -
CARFARE	-; carfares
CARFUL	-; carfuls
CARGO	-; cargos
CARGOES	-; -
CARHOP	-; carhops

CARIBE -; caribes
CARIBOO -; cariboos
CARIBOU -; caribous
CARICES -; -
CARIED -; -
CARIES -; -
CARINA ocarina; carinae, carinal, carinas
CARINAE -; -
CARINAS ocarinas; -
CARING scaring; -
CARIOCA -; cariocas
CARIOLE -; carioles
CARIOUS -; -
CARITAS -; -
CARK -; carks
CARKED -; -
CARKING -; -
CARL -; carle, carls
CARLE -; carles
CARLES -; carless
CARLESS scarless; -
CARLIN -; carline, carling, carlins
CARLINE -; carlines
CARLING -; carlings
CARLISH -; -
CARLOAD -; carloads
CARMAN -; -
CARMEN -; -
CARMINE -; carmines
CARN -; carns, carny
CARNAGE -; carnages
CARNAL -; -
CARNET -; carnets
CARNEY -; carneys
CARNIE -; carnies
CARNY -; -
CAROACH -; -
CAROB -; carobs
CAROCH -; caroche
CAROCHE -; caroches
CAROL -; caroli, carols
CAROLED -; -
CAROLER -; carolers
CAROLI -; -
CAROLUS -; -
CAROM -; caroms
CAROMED -; -
CAROTID -; carotids
CAROTIN -; carotins
CAROUSE -; caroused, carousel, carouser, carouses
CARP scarp; carpi, carps
CARPAL -; carpale, carpals
CARPED scarped; -
CARPEL -; carpels
CARPER scarper; carpers
CARPERS scarpers; -
CARPET -; carpets
CARPI -; -
CARPING scarping; carpings
CARPOOL -; carpools
CARPORT -; carports
CARPS scarps; -
CARPUS -; -
CARR -; carrs
CARRACK -; carracks
CARREL -; carrell, carrels
CARRELL -; carrells
CARRIED -; -

CARRIER	-; carriers
CARRIES	-; -
CARRION	-; carrions
CARROCH	-; -
CARROM	-; carroms
CARROT	-; carrots, carroty
CARRY	scarry; -
CARRYON	-; carryons
CARS	scars; carse
CARSE	-; carses
CARSICK	-; -
CART	scart; carte, carts
CARTAGE	-; caratges
CARTE	ecarte; cartel, carter, cartes
CARTED	scarted; -
CARTEL	-; cartels
CARTER	-; carters
CARTES	ecartes; -
CARTFUL	-; cartfuls
CARTING	scarting; -
CARTON	-; cartons
CARTOON	-; cartoons
CARTOP	-; -
CARTS	scarts; -
CARVE	-; carved, carvel, carven, carver, carves
CARVED	-; -
CARVEL	-; carvels
CARVER	-; carvers
CARVERY	-; -
CARVES	scarves; -
CARVING	-; carvings
CARWASH	-; -
CASA	-; casas
CASABA	-; casabas
CASAVA	-; casavas
CASBAH	-; casbahs
CASCADE	-; cascaded, cascades
CASCARA	-; cascaras
CASE	-; cased, cases
CASEASE	-; caseases
CASEATE	-; caseated, caseates
CASEFY	-; -
CASEIN	-; caseins
CASEOSE	-; caseoses
CASEOUS	-; -
CASERN	-; caserne, caserns
CASERNE	-; casernes
CASETTE	-; casettes
CASH	-; -
CASHAW	-; cashaws
CASHBOX	-; -
CASHED	-; -
CASHES	-; -
CASHEW	-; cashews
CASHIER	-; cashiers
CASHING	-; -
CASHOO	-; cashoos
CASING	-; casings
CASINO	-; casinos
CASITA	-; casitas
CASK	-; casks, casky
CASKED	-; -
CASKET	-; caskets
CASKING	-; -
CASQUE	-; casqued, casques
CASSABA	-; cassabas
CASSATA	-; cassatas
CASSAVA	-; cassavas
CASSENA	-; cassenas
CASSENE	-; cassenes
CASSIA	-; cassias

CASSINE -; cassines
CASSINO -; cassinos
CASSIS -; -
CASSOCK -; cassocks
CAST -; caste, casts
CASTE -; caster, castes
CASTER -; casters
CASTING -; castings
CASTLE -; castled, castles
CASTOFF -; castoffs
CASTOR -; castors
CASUAL -; casuals
CASUIST -; casuists
CASUS -; -
CAT scat; cate, cats
CATALO -; catalog, catalos
CATALOG -; catalogs
CATALPA -; catalpas
CATARRH -; catarrhs
CATAWBA -; catawbas
CATBIRD -; catbirds
CATBOAT -; catboats
CATCALL -; catcalls
CATCH -; catchy
CATCHER -; catchers
CATCHES -; -
CATCHUP -; catchups
CATCLAW -; catclaws
CATE -; cater, cates
CATECHU -; catechus
CATENA -; catenae, catenas
CATER -; caters
CATERAN -; caterans
CATERER -; caterers
CATFACE -; catfaces
CATFALL -; catfalls
CATFISH -; -
CATGUT -; catguts
CATHEAD -; catheads
CATHEOT -; catheots
CATHODE -; cathodes
CATION -; cations
CATKIN -; catkins
CATLIKE -; -
CATLIN -; catling, catlins
CATLING -; catlings
CATMINT -; catmints
CATNAP -; catnaps
CATNIP -; catnips
CATS scats; -
CATSPAW -; catspaws
CATSUP -; catsups
CATTAIL -; cattails
CATTALO -; cattalos
CATTED scatted; -
CATTERY -; -
CATTIE -; cattier, catties
CATTIES -; cattiest
CATTILY -; -
CATTING scatting; -
CATTISH -; -
CATTLE -; -
CATTY scatty; -
CATWALK -; catwalks
CAUCUS -; -
CAUDAD -; -
CAUDAL acaudal; -
CAUDATE acaudate, ecaudate; -
CAUDEX -; -
CAUDLE -; caudles
CAUGHT -; -
CAUL -; cauld, caulk, cauls
CAULD -; caulds

CAULES -; -
CAULINE -; -
CAULIS -; -
CAULK -; caulks
CAULKED -; -
CAULKER -; caulkers
CAURI -; cauris
CAUSAL -; causals
CAUSE -; caused, causer, causes, causey
CAUSER -; causers
CAUSEY -; causeys
CAUSING -; -
CAUSTIC -; caustics
CAUTERY -; -
CAUTION -; cautions
CAVA -; cavas
CAVALLA -; cavallas
CAVALLY -; -
CAVALRY -; -
CAVE -; caved, caver, caves
CAVEAT -; caveats
CAVEMAN -; -
CAVEMEN -; -
CAVEOLA -; caveolae
CAVER -; cavern, cavers
CAVERN -; caverns
CAVETTI -; -
CAVETTO -; cavettos
CAVIAR -; caviare, caviars
CAVIARE -; caviares
CAVIE -; cavies
CAVIL -; cavils
CAVILED -; -
CAVILER -; cavilers
CAVING -; -
CAVITY -; -
CAVORT -; cavorts
CAVY -; -
CAW -; caws
CAWED -; -
CAWING -; -
CAY -; cays
CAYENNE -; cayenned, cayennes
CAYMAN -; caymans
CAYUSE -; cayuses
CAZIQUE -; caziques
CEASE -; ceased, ceases
CEASING -; -
CEBID -; cebids
CEBOID -; ceboids
CECA -; cecal
CECALLY -; -
CECITY -; -
CECUM -; -
CEDAR -; cedarn, cedars
CEDE -; ceded, ceder, cedes
CEDER -; ceders
CEDI -; cedis
CEDILLA -; cedillas
CEDING -; -
CEDULA -; cedulas
CEE -; cees
CEIBA -; ceibas
CEIL -; ceili, ceils
CEILED -; -
CEILER -; ceilers
CEILI -; ceilis
CEILIDH -; ceilidhs
CEILING -; ceilings
CEL -; cell, cels
CELADON -; celadons

CELEB -; celebs
CELERY -; -
CELESTA -; celestas
CELESTE -; celestes
CELIAC -; -
CELL -; cella, celli, cello, cells
CELLA -; cellae, cellar, cellas
CELLAR ocellar; cellars
CELLED -; -
CELLING -; -
CELLIST -; cellists
CELLO -; cellos
CELLULE -; cellules
CELOM -; celoms
CELOSIA -; celosias
CELT -; celts
CEMBALO -; cembalos
CEMBALI -; -
CEMENT -; cements
CENACLE -; cenacles
CENOTE -; cenotes
CENSE -; censed, censer, censes
CENSER -; censers
CENSING -; -
CENSOR -; censors
CENSUAL -; -
CENSURE -; censured, censurer, censures
CENSUS -; -
CENT scent; cento, cents, centu
CENTAI -; -
CENTAL -; centals
CENTARE -; centares
CENTAS -; -
CENTAUR -; centaurs, centaury
CENTAVO -; centavos
CENTER -; centers
CENTILE -; centiles
CENTIME -; centimes
CENTIMO -; centimos
CENTNER -; centners
CENTO -; centos
CENTRA -; central
CENTRAL -; centrals
CENTRE -; centred, centres
CENTRIC acentric; -
CENTRUM -; centrums
CENTS scents; -
CENTU -; centum
CENTUM -; centums
CENTURY -; -
CEORL -; ceorls
CEP -; cepe, ceps
CEPE -; cepes
CEPHEID -; cepheids
CERAMAL -; ceramals
CERAMIC -; ceramics
CERATE acerate; cerated, cerates
CERATED acerated; -
CERATIN -; ceratins
CERCI -; cercis
CERCUS -; -
CERE -; cered, ceres
CEREAL -; cereals
CEREBRA -; -
CEREUS -; -
CERIA -; cerias
CERIC -; -
CERING -; -

CERIPH	-; ceriphs
CERISE	-; cerises
CERITE	-; cerites
CERIUM	-; ceriums
CERMET	-; cermets
CERO	-; ceros
CEROTIC	-; -
CEROUS	acerous; -
CERT	-; certs
CERTAIN	-; -
CERTES	-; -
CERTIFY	-; -
CERUMEN	-; cerumens
CERUSE	-; ceruses
CERVID	-; -
CERVINE	-; -
CERVIX	-; -
CESIUM	-; cesiums
CESS	-; -
CESSED	-; -
CESSES	-; -
CESSING	-; -
CESSION	-; cessions
CESSPIT	-; cesspits
CESTA	-; cestas
CESTI	-; -
CESTODE	-; cestodes
CESTOI	-; cestoid
CESTOID	-; cestoids
CESTOS	-; -
CESTUS	-; -
CESURA	-; cesurae, cesuras
CETANE	-; cetanes
CETE	-; cetes
CEVICHE	-; ceviches
CHABLIS	-; -
CHABOUK	-; chabouks
CHABUK	-; chabuks
CHACHKA	-; chachkas
CHACMA	-; chacmas
CHAD	-; chads
CHADAR	-; chadari, chadars
CHADARI	-; chadarim
CHADOR	-; chadori, chadors
CHAEBOL	-; chaebols
CHAETA	-; chaetae, chaetal
CHAFE	-; chafed, chafer, chafes
CHAFER	-; chafers
CHAFF	-; chaffs, chaffy
CHAFFED	-; -
CHAFFER	-; chaffers
CHAFING	-; -
CHAGRIN	-; chagrins
CHAI	-; chain, chais
CHAIN	-; chaine, chains
CHAINE	-; chained, chaines
CHAINER	-; chainers
CHAIR	-; chairs
CHAIRED	-; -
CHAISE	-; chaises
CHAKRA	-; chakras
CHALAH	-; chalahs
CHALAZA	-; chalazae, chalazal, chalazas
CHALCID	-; chalcids
CHALEH	-; chalehs
CHALET	-; chalets
CHALICE	-; chaliced, chalices

CHALK -; chalks, chalky
CHALKED -; -
CHALLA -; challah, challas
CHALLAH -; challahs
CHALLIE -; challies
CHALLIS -; -
CHALLOT -; challoth
CHALLY -; -
CHALONE -; chalones
CHALOT -; chaloth
CHALUPA -; chalupas
CHALUTZ -; -
CHAM -; champ, chams
CHAMADE -; chamades
CHAMBER -; chambers
CHAMBRAY -; chambrays
CHAMBRE -; -
CHAMFER -; chamfers
CHAMISA -; chamisas
CHAMISE -; chamises
CHAMISO -; chamisos
CHAMMY -; -
CHAMOIS -; -
CHAMOIX -; -
CHAMP -; champs, champy
CHAMPAC -; champacs
CHAMPAK -; champaks
CHAMPED -; -
CHAMPER -; champers
CHAMPY -; -
CHANA -; chanas
CHANCE -; chanced, chancel, chances
CHANCEL -; chancels
CHANCER -; chancers, chancery
CHANCRE -; chancres
CHANCY -; -
CHANG -; change, changs
CHANGE -; changed, changer, changes
CHANGER -; changers
CHANNEL -; channels
CHANOYU -; chanoyus
CHANSON -; chansons
CHANT -; chants, chanty
CHANTED -; -
CHANTER -; chanters
CHANTEY -; chanteys
CHANTOR -; chantors
CHANTRY -; -
CHANTY -; -
CHAO -; chaos
CHAOS -; -
CHAOSES -; -
CHAOTIC -; -
CHAP -; chape, chaps, chapt
CHAPATI -; chapatis
CHAPE -; chapel, chapes
CHAPEAU -; chapeaus, chapeaux
CHAPEAUX -; -
CHAPEL -; chapels
CHAPLET -; chaplets
CHAPMAN -; -
CHAPMEN -; -
CHAPPAL -; chappals
CHAPPED -; -
CHAPPIE -; chappies
CHAPPING -; -
CHAPT -; -

CHAPTER -; chapters
CHAR -; chard, chare, chark, charm, charr, chars, chart, chary
CHARADE -; charades
CHARAS -; -
CHARD echard; chards
CHARDS echards; -
CHARE -; chared, chares
CHARGE -; charged, charger, charges
CHARGER -; chargers
CHARIER -; -
CHARILY -; -
CHARING -; -
CHARIOT -; chariots
CHARISM -; charisma, charisms
CHARITY -; -
CHARK -; charka, charks
CHARKA -; charkas
CHARKED -; -
CHARKHA -; charkhas
CHARLEY -; charleys
CHARLIE -; charlies
CHARM -; charms
CHARMED -; -
CHARMER -; charmers
CHARNEL -; charnels
CHARPAI -; charpais
CHARPOY -; charpoys
CHARQUI -; charquid, charquis
CHARR -; charro, charrs, charry
CHARRED -; -
CHARRO -; charros
CHARRY -; -
CHART -; charts
CHARTED -; -
CHARTER -; charters
CHASE -; chased, chaser, chases
CHASER -; chasers
CHASING -; chasings
CHASM -; chasms, chasmy
CHASMAL -; -
CHASMED -; -
CHASMIC -; -
CHASMY -; -
CHASSE -; chassed, chasses
CHASSIS -; -
CHASTE -; chasten, chaster
CHASTEN -; chastens
CHAT -; chats
CHATEAU -; chateaus, chateaux
CHATTED -; -
CHATTEL -; chattels
CHATTER -; chatters, chattery
CHATTY -; -
CHAUFER -; chaufers
CHAUNT -; chaunts
CHAW -; chaws
CHAWED -; -
CHAWER -; chawers
CHAWING -; -
CHAY -;chays
CHAYOTE -; chayotes
CHAZAN -; chazans
CHAZZAN -; chazzans
CHAZZEN -; chazzens

CHEAP -; cheapo, cheaps
CHEAPEN -; cheapens
CHEAPER -; -
CHEAPIE -; cheapies
CHEAPLY -; -
CHEAPO -; cheapos
CHEAT -; cheats
CHEATED -; -
CHEATER -; cheaters
CHEBEC -; chebecs
CHECK -; checks
CHECKED -; -
CHECKER -; checkers
CHECKUP -; checkups
CHEDDAR -; cheddars
CHEDER -; cheders
CHEDITE -; chedites
CHEEK -; cheeks, cheeky
CHEEKED -; -
CHEEP -; cheeps
CHEEPED -; -
CHEEPER -; cheepers
CHEER -; cheero, cheers, cheery
CHEERED -; -
CHEERER -; cheerers
CHEERIO -; cheerios
CHEERLY -; -
CHEERO -; cheeros
CHEESE -; cheesed, cheeses
CHEESY -; -
CHEETAH -; cheetahs
CHEF -; chefs
CHEFDOM -; chefdoms
CHEGOE -; chegoes
CHELA -; chelae, chelas
CHELATE -; chelated, chelates
CHELOID -; cheloids
CHEM -; chems
CHEMIC -; chemics
CHEMISE -; chemises
CHEMISM -; chemisms
CHEMIST -; chemists
CHEMO -; chemos
CHEQUE -; chequer, cheques
CHEQUER -; chequers
CHERISH -; -
CHEROOT -; cheroots
CHERRY -; -
CHERT -; cherts, cherty
CHERUB -; cherubs
CHERVIL -; chervils
CHESS -; -
CHESSES -; -
CHEST -; chests, chesty
CHESTED -; -
CHETAH -; chetahs
CHETH -; cheths
CHEVET -; chevets
CHEVIED -; -
CHEVIES -; -
CHEVIOT -; cheviots
CHEVRE -; chevres, chevret
CHEVRET -; chevrets
CHEVRON -; chevrons
CHEVY -; -
CHEW -; chews, chewy
CHEWED -; -
CHEWER -; chewers
CHEWING -; -

CHEWINK -; chewinks
CHEWY -; -
CHEZ -; -
CHI -; chia, chis
CHIA -; chiao, chias
CHIANTI -; chiantis
CHIAO -; -
CHIASM -; chiasma, chiasms
CHIASMA -; chiasmal, chiasmas
CHIAUS -; -
CHIBOUK -; chibouks
CHIC -; chica, chick, chico, chics
CHICA -; chicas
CHICANE -; chicaned, chicaner, chicanes
CHICANO -; chicanos
CHICHI -; chichis
CHICK -; chicks
CHICKEE -; chickees
CHICKEN -; chickens
CHICLE -; chicles
CHICLY -; -
CHICO -; chicos
CHICORY -; -
CHICOT -; chicots
CHID -; chide
CHIDDEN -; -
CHIDE -; chided, chider, chides
CHIDER -; chiders
CHIDING -; -
CHIEF -; chiefs
CHIEFER -; -
CHIEFLY -; -
CHIEL -; chield, chiels
CHIELD -; chields
CHIFFON -; chiffons
CHIGGER -; chiggers
CHIGNON -; chignons
CHIGOE -; chigoes
CHILD -; childe
CHILDE -; childes
CHILDLY -; -
CHILE -; chiles
CHILI -; -
CHILIAD -; chiliads
CHILIES -; -
CHILL -; chilli, chills, chilly
CHILLED -; -
CHILLER -; chillers
CHILLI -; chillis
CHILLUM -; chillums
CHIMAR -; chimars
CHIMB -; chimbs
CHIMBLY -; -
CHIME -; chimed, chimer, chimes
CHIMER -; chimera, chimere, chimers
CHIMERA -; chimeras
CHIMERE -; chimeres
CHIMING -; -
CHIMLA -; chimlas
CHIMLEY -; chimleys
CHIMNEY -; chimneys
CHIMP -; chimps
CHIN -; china, chine, chink, chino, chins
CHINA -; chinas
CHINCH -; chinchy
CHINE -; chined, chines
CHING -; chings

CHINK -; chinks, chinky
CHINKED -; -
CHINNED -; -
CHINO -; chinos
CHINONE -; chinones
CHINOOK -; chinooks
CHINSE -; chinses
CHINSED -; -
CHINTS -; -
CHINTZ -; chintzy
CHINWAG -; chinwags
CHIP -; chips
CHIPPED -; -
CHIPPER -; chippers
CHIPPIE -; chippies
CHIPPY -; -
CHIRAL -; -
CHIRK -; chirks
CHIRKED -; -
CHIRKER -; -
CHIRM -; chirms
CHIRMED -; -
CHIRO -; chiros
CHIRP -; chirps, chirpy
CHIRPED -; -
CHIRPER -; chirpers
CHIRPY -; -
CHIRR -; chirre, chirrs
CHIRRE -; chirred, chirres
CHIRRUP -; chirrups, chirrupy
CHIRU -; chirus
CHISEL -; chisels
CHIT -; chits
CHITAL -; -
CHITIN -; chitins
CHITLIN -; chitling, chitlins
CHITON -; chitons
CHITTER -; chitters
CHITTY -; -
CHIVARI -; chivaris
CHIVE -; chives
CHIVIED -; -
CHIVIES -; -
CHIVVY -; -
CHIVY -; -
CHLAMYS -; -
CHLORAL -; chlorals
CHLORIC -; -
CHLORID -; chloride, chlorids
CHLORIN -; chlorine, chlorins
CHOANA -; choanae
CHOCK -; chocks, chocky
CHOCKED -; -
CHOICE -; choicer, choises
CHOIR -; choirs
CHOIRED -; -
CHOKE -; choked, choker, chokes, chokey
CHOKER -; chokers
CHOKIER -; -
CHOKING -; -
CHOKY -; -
CHOLA -; cholas
CHOLATE -; cholates
CHOLENT -; cholents
CHOLER -; cholera, cholers
CHOLERA -; choleras
CHOLI -; cholis
CHOLINE -; cholines

CHOLLA -; chollas
CHOLO -; cholos
CHOMP -; chomps
CHOMPED -; -
CHOMPER -; chompers
CHON -; -
CHOOK -; chooks
CHOOSE -; chooser, chooses, choosey
CHOOSER -; choosers
CHOOSEY -; -
CHOOSY -; -
CHOP -; chops
CHOPIN -; chopine, chopins
CHOPINE -; chopines
CHOPPED -; -
CHOPPER -; choppers
CHOPPY -; -
CHORAL -; chorale, chorals
CHORALE -; chorales
CHORD -; chords
CHORDAL -; -
CHORDED -; -
CHORE -; chorea, chored, chores
CHOREA -; choreal, choreas
CHOREIC -; -
CHORIAL -; -
CHORIC -; -
CHORINE -; chorines
CHORING -; -
CHORION -; chorions
CHORIZO -; chorizos
CHOROID -; choroids
CHORTEN -; chortens
CHORTLE -; chortled, chortler, chortles
CHORUS ichorus; -
CHOSE -; chosen, choses
CHOTT -; chotts
CHOUGH -; choughs
CHOUSE -; choused, chouser, chouses
CHOUSH -; -
CHOW -; chows
CHOWDER -; chowders
CHOWED -; -
CHOWSE -; chowsed, chowses
CHRISM -; chrisma, chrisms
CHRISOM -; chrisoms
CHRISTY -; -
CHROMA -; chromas
CHROME -; chromed, chromes
CHROMIC achromic; -
CHROMO -; chromos
CHROMY -; chromyl
CHROMYL -; chromyls
CHRONIC -; chronics
CHRONON -; chronons
CHUB -; chubs
CHUBBY -; -
CHUCK -; chucks, chucky
CHUCKED -; -
CHUCKLE -; chuckled, chuckler, chuckles
CHUDDAH -; chuddahs
CHUDDAR -; chuddars
CHUDDER -; chudders

CHUFA -; chufas
CHUFF -; chuffs, chuffy
CHUFFED -; -
CHUFFER -; -
CHUG -; chugs
CHUGGED -; -
CHUGGER -; chuggers
CHUKAR -; chukars
CHUKKA -; chukkar, chukkas
CHUKKAR -; chukkars
CHUKKER -; chukkers
CHUM -; chump, chums
CHUMMED -; -
CHUMMY -; -
CHUMP -; chumps
CHUMPED -; -
CHUNK -; chunks, chunky
CHUNKED -; -
CHUNNEL -; chunnels
CHUNTER -; chunters
CHUPPA -; chuppah, chuppas
CHUPPAH -; chuppahs
CHURCH -; churchy
CHURL -; churls
CHURN -; churns
CHURNED -; -
CHURNER -; churners
CHURR -; churro, churrs
CHURRED -; -
CHURRO -; churros
CHUSE -; chuses
CHUSED -; -
CHUSING -; -
CHUTE -; chuted, chutes
CHUTING -; -
CHUTIST -; chutists
CHUTNEE -; chutnees
CHUTNEY -; chutneys
CHUTZPA -; chutzpah, chutzpas
CHYLE -; chyles
CHYLOUS -; -
CHYME -; chymes
CHYMIC -; chymics
CHYMIST -; chymists
CHYMOUS -; -
CHYTRID -; chytrids
CIAO -; -
CIBOL -; cibols
CIBOULE -; ciboules
CICADA -; cicadae, cicadas
CICALA -; cicalas
CICALE -; -
CICELY -; -
CICERO -; ciceros
CICHLID -; cichlids
CICOREE -; cicorees
CIDER -; ciders
CIG -; cigs
CIGAR -; cigars
CIGARET -; cigarets
CIGGIES -; -
CIGGY -; -
CILIA -; -
CILIARY -; -
CILIATE -; ciliated, ciliates
CILICE -; cilices
CILIUM -; -
CIMEX -; -
CIMICES -; -
CINCH -; -
CINCHED -; -

CINCHES -; -
CINDER -; cinders, cindery
CINE -; cines
CINEAST -; cineaste, cineasts
CINEMA -; cinemas
CINEOL -; cineole, cineols
CINEOLE -; cineoles
CINERIN -; cinerins
CINQ -; cinqs
CINQUE -; cinques
CION scion; cions
CIONS scions; -
CIPHER -; ciphers
CIPHONY -; -
CIPOLIN -; cipolins
CIRCA -; -
CIRCLE -; circled, circler, circles circlet
CIRCLER -; circlers
CIRCLET -; circlets
CIRCS -; circs
CIRCUIT -; circuits, circuity
CIRCUS -; circusy
CIRE -; cires
CIRQUE -; cirques
CIRRATE -; -
CIRRI -; -
CIRROSE -; -
CIRROUS -; -
CIRRUS -; -
CIRSOID -; -
CIS -; cist
CISCO -; ciscos
CISCOES -; -
CISSIES -; -
CISSOID -; cissoids
CISSY -; -
CIST -; cists
CISTERN -; cisterna, cisterns
CISTRON -; cistrons
CISTUS -; -
CITABLE -; -
CITADEL -; citadels
CITE -; cited, citer, cites
CITER -; citers
CITHARA -; citharas
CITHER -; cithern, cithers
CITHERN -; citherns
CITHREN -; cithrens
CITIED -; -
CITIES -; -
CITIFY -; -
CITING -; -
CITIZEN -; citizens
CITOLA -; citolas
CITOLE -; citoles
CITRAL -; citrals
CITRATE -; citrated, citrates
CITRIC -; -
CITRIN -; citrine, citrins
CITRINE -; citrines
CITRON -; citrons
CITROUS -; -
CITRUS -; -
CITTERN -; citterns
CITY -; -
CIVET -; civets
CIVIC -; civics
CIVIE -; civies
CIVIL -; -
CIVILLY -; -

CIVISM -; civisms
CIVVY -; -
CLABBER -; clabbers
CLACH -; clachs
CLACHAN -; clachans
CLACK -; clacks
CLACKED -; -
CLACKER -; clackers
CLAD -; clade, clads
CLADE -; clades
CLADISM -; cladisms
CLADIST -; cladist
CLADODE -; cladodes
CLAG -; clags
CLAGGED -; -
CLAIM -; claims
CLAIMED -; -
CLAIMER -; claimers
CLAM -; clamp, clams
CLAMANT -; -
CLAMBER -; clambers
CLAMMED -; -
CLAMMER -; clammers
CLAMMY -; -
CLAMOR -; clamors
CLAMOUR -; clamours
CLAMP -; clamps
CLAMPED -; -
CLAMPER -; clampers
CLAN -; clang, clank, clans
CLANG -; clangs
CLANGED -; -
CLANGER -; clangers
CLANGOR -; clangors
CLANK -; clanks, clanky
CLANKED -; -
CLAP -; claps, clapt
CLAPPED -; -
CLAPPER -; clappers
CLAQUE -; claques
CLAQUER -; claquers
CLARET -; clarets
CLARIES -; -
CLARIFY -; -
CLARION -; clarions
CLARITY -; -
CLARKIA -; clarkias
CLARO -; claros
CLARY -; -
CLASH -; -
CLASHED -; -
CLASHER -; clashers
CLASHES -; -
CLASP -; clasps, claspt
CLASPED -; -
CLASPER -; claspers
CLASS -; classy
CLASSED -; -
CLASSER -; classers
CLASSES -; -
CLASSIC -; classics
CLASSIS -; classist
CLAST -; clasts
CLASTIC -; clastics
CLATTER -; clatters, clattery
CLAUCHT -; -
CLAUGHT -; claughts
CLAUSAL -; -
CLAUSE -; clauses
CLAVATE -; -
CLAVE -; claver
CLAVER -; clavers
CLAVI -; -
CLAVIER -; claviers
CLAVUS -; -

CLAW	-; claws
CLAWED	-; -
CLAWER	-; clawers
CLAXON	-; claxons
CLAY	-; clays
CLAYED	-; -
CLAYEY	-; -
CLAYIER	-; -
CLAYING	-; -
CLAYISH	-; -
CLAYPAN	-; claypans
CLEAN	-; cleans
CLEANED	-; -
CLEANER	-; cleaners
CLEANLY	-; -
CLEANSE	-; cleansed, cleanser, cleanses
CLEANUP	-; cleanups
CLEAR	-; clears
CLEARED	-; -
CLEARER	-; clearers
CLEARLY	-; -
CLEAT	-; cleats
CLEATED	-; -
CLEAVE	-; cleaved, cleaver, cleaves
CLEAVER	-; cleavers
CLEEK	-; cleeks
CLEEKED	-; -
CLEF	-; clefs, cleft
CLEFT	-; clefts
CLEG	-; clegs
CLEMENT	-; -
CLENCH	-; -
CLEOME	-; cleomes
CLEPE	-; cleped, clepes
CLEPED	ycleped; -
CLEPING	-; -
CLEPT	yclept; -
CLERGY	-; -
CLERIC	-; clerics
CLERID	-; clerids
CLERISY	-; -
CLERK	-; clerks
CLERKED	-; -
CLERKLY	-; -
CLEVER	-; -
CLEVIS	-; -
CLEW	-; clews
CLEWED	-; -
CLICHE	-; cliched, cliches
CLICK	-; clicks
CLICKER	-; clickers
CLIENT	-; clients
CLIFF	-; cliffs, cliffy
CLIFFY	-; -
CLIFT	-; clifts
CLIMATE	-; climates
CLIMAX	-; -
CLIMB	-; climbs
CLIMBED	-; -
CLIMBER	-; climbers
CLIME	-; climes
CLINAL	-; -
CLINCH	-; -
CLINE	-; clines
CLING	-; clings, clingy
CLINGED	-; -
CLINGER	-; clingers
CLINIC	aclinic; clinics
CLINK	-; clinks
CLINKED	-; -
CLINKER	-; clinkers
CLIP	-; clips, clipt

CLIPPED -; -
CLIPPER -; clippers
CLIQUE -; cliqued; cliques, cliquey
CLIQUY -; -
CLITIC -; -
CLITTER -; clitters
CLIVERS -; -
CLIVIA -; clivias
CLOACA -; cloacae, cloacal
CLOAK -; cloaks
CLOAKED -; -
CLOBBER -; clobbers
CLOCHE -; cloches
CLOCK -; clocks
CLOCKED -; -
CLOCKER -; clockers
CLOD -; clods
CLODDY -; -
CLOG -; clogs
CLOGGED -; -
CLOGGER -; cloggers
CLOGGY -; -
CLOMB -; -
CLOMP -; clomps
CLOMPED -; -
CLON -; clone, clonk, clons
CLONAL -; -
CLONE -; cloned, clones
CLONIC -; -
CLONISM -; clonisms
CLONK -; clonks
CLONKED -; -
CLONUS -; -
CLOOT -; cloots
CLOP -; clops
CLOPPED -; -
CLOQUE -; cloques
CLOSE -; closed, closer, closes, closet
CLOSELY -; -
CLOSER -; closers
CLOSES -; closest
CLOSET -; closets
CLOSING -; closings
CLOSURE -; closured, closures
CLOT -; cloth, clots
CLOTBUR -; clotburs
CLOTH -; clothe, cloths
CLOTHE -; clothed, clothes
CLOTTED -; -
CLOTTY -; -
CLOTURE -; clotured, clotures
CLOUD -; clouds, cloudy
CLOUDED -; -
CLOUGH -; cloughs
CLOUR -; clours
CLOURED -; -
CLOUT -; clouts
CLOUTED -; -
CLOUTER -; clouters
CLOVE -; cloven, clover, cloves
CLOVER -; clovers
CLOWDER -; clowders
CLOWN -; clowns
CLOWNED -; -
CLOY -; cloys
CLOYED -; -
CLOYING -; -
CLOZE -; -

CLUB	-; clubs
CLUBBED	-; -
CLUBBER	-; clubbers
CLUBBY	-; -
CLUBMAN	-; -
CLUBMEN	-; -
CLUCK	-; clucks
CLUCKED	-; -
CLUE	-; clued, clues
CLUEING	-; -
CLUING	-; -
CLUMBER	-; clumbers
CLUMP	-; clumps, clumpy
CLUMPED	-; -
CLUMPY	-; -
CLUMSY	-; -
CLUNG	-; -
CLUNK	-; clunks, clunky
CLUNKED	-; -
CLUNKER	-; clunkers
CLUPEID	-; clupeids
CLUSTER	-; clusters, clustery
CLUTCH	-; clutchy
CLUTTER	-; clutters
CLYPEAL	-; -
CLYPEI	-; -
CLYPEUS	-; -
CLYSTER	-; clysters
CNIDA	-; cnidae
COACH	-; -
COACHED	-; -
COACHER	-; coachers
COACHES	-; -
COACT	-; coacts
COACTED	-; -
COACTOR	-; coactors
COADMIT	-; coadmits
COAEVAL	-; coaevals
COAGENT	-; coagents
COAGULA	-; -
COAL	-; coala, coals, coaly
COALA	-; coalas
COALBIN	-; coalbins
COALBOX	-; -
COALED	-; -
COALER	-; coalers
COALIER	-; -
COALIFY	-; -
COALING	-; -
COALPIT	-; coalpits
COALY	-; -
COAMING	-; coamings
COANNEX	-; -
COAPT	-; coapts
COAPTED	-; -
COARSE	-; coarsen, coarser
COARSEN	-; coarsens
COAST	-; coasts
COASTAL	-; -
COASTED	-; -
COASTER	-; coasters
COAT	-; coati, coats
COATED	-; -
COATEE	-; coatees
COATER	-; coaters
COATI	-; coatis
COATING	-; coatings
COAX	-; -
COAXAL	-; -
COAXED	-; -
COAXER	-; coaxers
COAXES	-; -
COAXIAL	-; -
COAXING	-; -
COB	-; cobb, cobs

COBALT	-; cobalts
COBB	-; cobbs, cobby
COBBER	-; cobbers
COBBIER	-; -
COBBLE	-; cobbled, cobbler, cobbles
COBBLER	-; cobblers
COBBY	-; -
COBIA	-; cobias
COBLE	-; cobles
COBNUT	-; cobnuts
COBRA	-; cobras
COBWEB	-; cobwebs
COCA	-; cocas
COCAIN	-; cocaine, cocains
COCAINE	-; cocaines
COCCAL	-; -
COCCI	-; coccic, coccid
COCCID	-; coccids
COCCOID	-; coccoids
COCCOUS	-; -
COCCUS	-; -
COCCYX	-; -
COCHAIR	-; cochairs
COCHIN	-; cochins
COCHLEA	-; cochleae, cochlear, cochleas
COCK	acock; cocks, cocky
COCKADE	-; cockaded, cockades
COCKED	-; -
COCKER	-; cockers
COCKEYE	-; cockeyed, cockeyes
COCKIER	-; -
COCKILY	-; -
COCKING	-; -
COCKISH	-; -
COCKLE	-; cockled, cockles
COCKNEY	-; cockneys
COCKPIT	-; cockpits
COCKSHY	-; -
COCKUP	-; cockups
COCKY	-; -
COCO	-; cocoa, cocos
COCOA	-; cocoas
COCOMAT	-; cocomats
COCONUT	-; coconuts
COCOON	-; cocoons
COCOTTE	-; cocottes
COCOYAM	-; cocoyams
COD	-; coda, code, cods
CODA	-; codas
CODABLE	-; -
CODDED	-; -
CODDER	-; codders
CODDING	-; -
CODDLE	-; coddled, coddler, coddles
CODDLER	-; coddlers
CODE	-; codec, coded, coden, coder, codes, codex
CODEC	-; codecs
CODEIA	-; codeias
CODEIN	-; codeina, codeine, codeins
CODEINA	-; codeinas
CODEINE	-; codeines

CODEN	-; codens
CODER	-; coders
CODEX	-; -
CODFISH	-; -
CODGER	-; codgers
CODICES	-; -
CODICIL	-; codicils
CODIFY	-; -
CODING	-; -
CODLIN	-; codling, codlins
CODLING	-; codlings
CODON	-; codons
COED	-; coeds
COEDIT	-; coedits
COELIAC	-;
COELOM	-; coelome, coeloms
COELOME	-; coelomes
COEMPT	-; coempts
COENACT	-; coenacts
COENURE	-; coenures
COEQUAL	-; coequals
COERCE	-; coerced, coercer, coerces
COERCER	-; coercers
COERECT	-; coerects
COESITE	-; coesites
COEVAL	-; coevals
COEXERT	-; coexerts
COEXIST	-; coexists
COFF	scoff; coffs
COFFEE	-; coffees
COFFER	scoffer; coffers
COFFERS	scoffers; -
COFFIN	-; coffing, coffins
COFFLE	-; coffled, coffles
COFFRET	-; coffrets
COFFS	scoffs; -
COFOUND	-; cofounds
COFT	-; -
COG	-; cogs
COGENCY	-; -
COGENT	-; -
COGGED	-; -
COGGING	-; -
COGITO	-; cogitos
COGNAC	-; cognacs
COGNATE	-; cognates
COGNISE	-; cognised, cognises
COGNIZE	-; cognized, cognizer, cognizes
COGON	-; cogons
COGWAY	-; cogways
COHABIT	-; cohabits
COHEAD	-; coheads
COHEIR	-; coheirs
COHERE	-; cohered, coherer, coheres
COHERER	-; coherers
COHO	-; cohog, cohos
COHOG	-; cohogs
COHORT	-; cohorts
COHOSH	-; -
COHOST	-; cohosts
COHUNE	-; cohunes
COIF	-; coifs
COIFED	-; -
COIFFE	-; coiffed, coiffes
COIFING	-; -
COIGN	-; coigne, coigns

COIGNE	-; coigned, coignes
COIL	-; coils
COILED	-; -
COILER	-; coilers
COILING	-; -
COIN	-; coins
COINAGE	-; coinages
COINED	-; -
COINER	-; coiners
COINFER	-; coinfers
COINING	-; -
COINTER	-; cointers
COIR	-; coirs
COITAL	-; -
COITION	-; coitions
COITUS	-; -
COJOIN	-; cojoins
COKE	-; coked, cokes
COKING	-; -
COKY	-; -
COL	-; cola, cold, cole, cols, colt, coly
COLA	-; colas
COLBY	-; colbys
COLD	acold, scold; colds
COLDER	scolder; -
COLDEST	-; -
COLDISH	-; -
COLDLY	-; -
COLDS	scolds; -
COLE	ecole; coled, coles
COLEAD	-; coleads
COLES	ecoles; -
COLEUS	-; -
COLIC	-; colics
COLICIN	-; colicine, colicins
COLICKY	-; -
COLIES	-; -
COLIN	-; colins
COLITIC	-; colitics
COLITIS	-; -
COLLAGE	-; collaged, collagen, collages
COLLAR	-; collard, collars
COLLARD	-; collards
COLLATE	-; collated, collates
COLLECT	-; collects
COLLEEN	-; colleens
COLLEGE	-; colleger, colleges
COLLET	-; collets
COLLIDE	-; collided, collides
COLLIE	-; collied, collier, collies
COLLIER	-; colliers, colliery
COLLINS	-; -
COLLOID	-; colloids
COLLOP	scollop; collops
COLLOPS	scollops; -
COLLUDE	-; colluded, colluder, colludes
COLLY	-; -
COLOBI	-; -
COLOBUS	-; -
COLOG	-; cologs

COLOGNE -; cologned, colognes
COLON -; colone, coloni, colons, colony
COLONE -; colonel, colones
COLONEL -; colonels
COLONES -; -
COLONI -; colonic
COLONY -; -
COLOR -; colors
COLORED -;
COLORER -; colorers
COLOUR -; colours
COLT -; colts
COLTAN -; coltans
COLTER -; colters
COLTISH -; -
COLUGO -; colugos
COLUMEL -; columels
COLUMN -; columns
COLURE -; colures
COLY -; -
COLZA -; colzas
COMA -; comae, comal, comas
COMADE -; -
COMAKE -; comaker, comakes
COMAKER -; comakers
COMAL -; -
COMATE -; comates
COMATIC -; -
COMATIK -; comatiks
COMB -; combe, combo, combs
COMBAT -; combats
COMBE -; combed, comber, combes
COMBER -; combers
COMBI -; combis
COMBINE -; combined, combiner, combines
COMBING -; combings
COMBO -; combos
COMBUST -; -
COME -; comer, comes, comet
COMEDIC -; -
COMEDO -; comedos
COMEDY -; -
COMELY -; -
COMER -; comers
COMET -; cometh, comets
COMETIC -; -
COMFIER -; -
COMFIT -; comfits
COMFORT -; comforts
COMFREY -; comfreys
COMFY -; -
COMIC -; comics
COMICAL -; -
COMING -; comings
COMITIA -; comitial
COMITY -; -
COMIX -; -
COMMA -; commas
COMMAND -; commando, commands
COMMATA -; -
COMMEND -; commends
COMMENT -; comments
COMMIE -; commies
COMMIS -; -

COMMIT	-; commits
COMMIX	-; commixt
COMMODE	-; commodes
COMMON	-; commons
COMMOVE	-; commoved, commoves
COMMUNE	-; communed, communes
COMMUTE	-; commuted, commuter, commutes
COMMY	-; -
COMOSE	-; -
COMOUS	-; -
COMP	-; compo, comps, compt
COMPACT	-; compacts
COMPANY	-; -
COMPARE	-; compared, comparer, compares
COMPART	-; comparts
COMPAS	-; compass
COMPASS	-; -
COMPED	-; -
COMPEER	-; compeers
COMPEL	-; compels
COMPEND	-; compends
COMPERE	-; comperes
COMPETE	-; competed, competes
COMPILE	-; compiled, compiler, compiles
COMPING	-; -
COMPLEX	-; -
COMPLIN	-; compline, complins
COMPLOT	-; complots
COMPLY	-; -
COMPO	-; compos
COMPONE	-; -
COMPONY	-; -
COMPORT	-; comports
COMPOSE	-; composed, composer, composes
COMPOST	-; composts
COMPOTE	-; compotes
COMPT	-; compts
COMPTED	-; -
COMPUTE	-; computed, computer, computes
COMRADE	-; comrades
COMTE	-; comtes
CON	icon; cone, coni, conk, conn, cons, cony
CONATUS	-; -
CONCAVE	-; concaved, concaves
CONCEAL	-; conceals
CONCEDE	-; conceded, conceder, concedes
CONCEIT	-; conceits
CONCENT	-; concents
CONCEPT	-; concepti, concepts
CONCERN	-; concerns
CONCERT	-; concerto, concerts
CONCH	-; concha, concho, conchs, conchy

CONCHA	-; conchae, conchal
CONCHAE	-; -
CONCHES	-; -
CONCHIE	-; conchies
CONCHO	-; conchos
CONCISE	-; conciser
CONCOCT	-; concocts
CONCORD	-; concords
CONCUR	-; concurs
CONCUSS	-; -
CONDEMN	-; condemns
CONDIGN	-; -
CONDO	-; condom, condor, condos
CONDOES	-; -
CONDOLE	-; condoled, condoler, condoles
CONDOM	-; condoms
CONDONE	-; condoned, condoner, condones
CONDOR	-; condors
CONDUCE	-; conduced, conducer, conduces
CONDUCT	-; conducts
CONDUIT	-; conduits
CONDYLE	-; condyles
CONE	scone; coned, cones, coney
CONES	icones, scones; -
CONEY	-; coneys
CONFAB	-; confabs
CONFECT	-; confects
CONFER	-; confers
CONFESS	-; -
CONFIDE	-; confided, confider, confides
CONFINE	-; confined, confiner, confines
CONFIRM	-; confirms
CONFIT	-; confits
CONFLUX	-; -
CONFORM	-; conforms
CONFUSE	-; confused, confuses
CONFUTE	-; confuted, confuter, confutes
CONGA	-; congas
CONGAED	-; -
CONGE	-; congee, conger, conges
CONGEAL	-; congeals
CONGEE	-; congeed, congees
CONGER	-; congers
CONGEST	-; congests
CONGIUS	-; -
CONGO	-; congos, congou
CONGOES	-; -
CONGOU	-; congous
CONI	-; conic, conin
CONIC	iconic; conics
CONICAL	iconical; -
CONIES	-; -
CONIFER	-; conifers
CONIINE	-; coniines
CONIN	-; conine, coning, conins

CONINE -; conines
CONING -; -
CONIUM -; coniums
CONJOIN -; conjoins, conjoint
CONJURE -; conjured, conjurer, conjures
CONK -; conks, conky
CONKED -; -
CONKER -; conkers
CONKING -; -
CONLANG -; conlangs
CONN -; conns
CONNATE -; -
CONNECT -; connects
CONNED -; -
CONNER -; conners
CONNING -; -
CONNIVE -; connived, conniver, connives
CONNOTE -; connoted, connotes
CONOID -; conoids
CONQUER -; conquers
CONS econs, icons; -
CONSENT -; consents
CONSIGN -; consigns
CONSIST -; consists
CONSOL -; console, consols
CONSOLE -; consoled, consoler, consoles
CONSORT -; consorts
CONSUL -; consuls, consult
CONSULT -; consults
CONSUME -; consumed, consumer, consumes
CONTACT -; contacts
CONTAIN -; contains
CONTE -; contes
CONTEMN -; contemns
CONTEND -; contends
CONTENT -; contents
CONTEST -; contests
CONTEXT -; contexts
CONTO -; contos
CONTORT -; contorts
CONTOUR -; contours
CONTRA -; -
CONTROL -; controls
CONTUSE -; contused, contuses
CONURE -; conures
CONUS -; -
CONVECT -; convects
CONVENE -; convened, convener, convenes
CONVENT -; convents
CONVERT -; converts
CONVEX -; -
CONVEY -; conveys
CONVICT -; convicts
CONVOKE -; convoked, convoker, convokes
CONVOY -; convoys
CONY -; -
COO -; coof, cook, cool, coon, coop, coos, coot
COOCH -; -
COOCHES -; -
COOCOO -; -

COOEE	-; cooeed, cooees
COOER	-; cooers
COOEY	-; cooeys
COOEYED	-; -
COOF	-; coofs
COOING	-; -
COOK	-; cooks, cooky
COOKED	-; -
COOKER	-; cookers, cookery
COOKEY	-; cookeys
COOKIE	-; cookies
COOKING	-; cookings
COOKOFF	-; cookoffs
COOKOUT	-; cookouts
COOKTOP	-; -
COOKY	-; -
COOL	-; cools, cooly
COOLANT	-; coolants
COOLED	-; -
COOLER	-; coolers
COOLEST	-; -
COOLIE	-; coolies
COOLING	-; -
COOLISH	-; -
COOLLY	-; -
COOLTH	-; coolths
COOMB	-; coombe, coombs
COOMBE	-; coombes
COON	-; coons
COONCAN	-; cooncans
COONTIE	-; coonties
COOP	scoop; coops, coopt
COOPED	scooped; -
COOPER	scooper; coopers, coopery
COOPERS	scoopers; -
COOPING	scooping; -
COOPS	scoops; -
COOPT	-; coopts
COOPTED	-; -
COOT	scoot; coots
COOTER	scooter; cooters
COOTIE	-; cooties
COOTS	scoots; -
COP	scop; cope, cops, copy
COPAIBA	-; copaibas
COPAL	-; copalm, copals
COPALM	-; copalms
COPAY	-; copays
COPE	scope; coped, copen, coper, copes
COPECK	-; copecks
COPEN	-; copens
COPEPOD	-; copepods
COPER	-; copers
COPES	scopes; -
COPIED	-; -
COPIER	-; copiers
COPIES	-; -
COPIHUE	-; copihues
COPILOT	-; copilots
COPING	-; copings
COPIOUS	-; -
COPLOT	-; coplots
COPOUT	-; copouts
COPPED	-; -
COPPER	-; coppers, coppery
COPPICE	-; coppiced, coppices
COPPING	-; -

COPPRA -; coppras
COPRA -; coprah, copras
COPRAH -; coprahs
COPS scops; copse
COPSE -; copses
COPTER -; copters
COPULA scopula; copulae, copular, copulas
COPULAE scopulae; -
COPULAS scopulas; -
COPY -; -
COPYBOY -; copyboys
COPYCAT -; copycats
COPYIST -; copyists
COQUET -; coquets
COQUI -; coquis
COQUINA -; coquinas
COQUITO -; coquitos
COR -; cord, core, corf, cork, corm, corn, cors, cory
CORACLE -; coracles
CORAL -; corals
CORANTO -; corantos
CORBAN -; corbans
CORBEIL -; corbeils
CORBEL -; corbels
CORBIE -; corbies
CORBINA -; corbinas
CORBY -; -
CORD -; cords
CORDAGE -; cordages
CORDATE -; -
CORDED -; -
CORDER -; corders
CORDIAL -; cordials
CORDING -; -
CORDITE -; cordites
CORDOBA -; cordobas
CORDON -; cordons
CORE score; cored, corer, cores
CORED scored; -
COREIGN -; coreigns
CORER scorer; corers
CORERS scorers; -
CORES scores; -
CORF -; -
CORGI -; corgis
CORIA scoria; -
CORING scoring; -
CORIUM -; -
CORK -; corks, corky
CORKAGE -; corkages
CORKED -; -
CORKER -; corkers
CORKIER -; -
CORKING -; -
CORKY -; -
CORM -; corms
CORMEL -; cormels
CORMLET -; cormlets
CORMOID -; -
CORMOUS -; -
CORN acorn, scorn; corns, corny
CORNCOB -; corncobs
CORNEA -; corneal, corneas
CORNED scorned; -
CORNEL -; cornels
CORNER scorner; corners
CORNERS scorners; -
CORNET -; cornets
CORNFED -; -

CORNICE	-; corniced, cornices
CORNIER	-; -
CORNIFY	-; -
CORNILY	-; -
CORNING	scorning; -
CORNROW	-; cornrows
CORNS	acorns, scorns; -
CORNU	-; cornua, cornus
CORNUAL	-; -
CORNUTE	-; cornuted
CORNUTO	-; cornutos
CORNY	-; -
CORODY	-; -
COROLLA	-; corollas
CORONA	-; coronae, coronal, coronas
CORONAL	-; coronals
CORONEL	-; coronels
CORONER	-; coroners
CORONET	-; coronets
COROZO	-; corozos
CORPORA	-; corporal
CORPS	-; corpse
CORPSE	-; corpses
CORPUS	-; -
CORRADE	-; corraded, corrades
CORRAL	-; corrals
CORRECT	-; corrects
CORRIDA	-; corridas
CORRIE	-; corries
CORRODE	-; corroded, corrodes
CORRODY	-; -
CORRUPT	-; corrupts
CORSAC	-; corsacs
CORSAGE	-; corsages
CORSAIR	-; corsairs
CORSE	-; corses, corset
CORSET	-; corsets
CORSLET	-; corslets
CORTEGE	-; corteges
CORTEX	-; -
CORTIN	-; cortina, cortins
CORTINA	-; cortinas
CORULAR	-; corulars
CORVEE	-; corvees
CORVES	-; -
CORVET	-; corvets
CORVID	-; corvids
CORVINA	-; corvinas
CORVINE	-; -
CORY	-; -
CORYMB	-; corymbs
CORYZA	-; coryzal, coryzas
COS	-; cosh, coss, cost, cosy
COSEC	-; cosecs
COSES	-; -
COSET	-; cosets
COSEY	-; coseys
COSH	-; -
COSHED	-; -
COSHER	-; coshers
COSHES	-; -
COSHING	-; -
COSIE	-; cosier, cosies
COSIES	-; cosiest
COSIGN	-; cosigns
COSILY	-; -
COSINE	-; cosines
COSMIC	-; -
COSMID	-; -

COSMISM -; cosmisms
COSMIST -; cosmists
COSMOS -; -
COSS -; -
COSSACK -; cossacks
COSSET -; cossets
COST -; costa, costs
COSTA -; costae, costal, costar
COSTAR -; costard, costars
COSTARD -; costards
COSTATE -; -
COSTED -; -
COSTER -; costers
COSTING -; -
COSTIVE -; -
COSTLY -; -
COSTREL -; costrels
COSTUME -; costumed, costumer, costumes, costumey
COSY -; -
COT scot; cote, cots
COTAN -; cotans
COTE -; coted, cotes
COTEAU -; coteaux
COTERIE -; coteries
COTHURN -; cothurni, cothurns
COTIDAL -; -
COTIJA -; -
COTING -; -
COTS scots; -
COTTA -; cottae, cottar, cottas
COTTAGE -; cottager, cottages, cottagey
COTTAR -; cottars
COTTER -; cotters
COTTIER -; cottiers
COTTON -; cottons, cottony
COTYPE ecotype; cotypes
COTYPES ecotypes; -
COUCH -; -
COUCHED -; -
COUCHER -; couchers
COUCHES -; -
COUDE -; -
COUGAR -; cougars
COUGH -; coughs
COUGHED -; -
COUGHER -; coughers
COULD -; -
COULDST -; -
COULEE -; coulees
COULIS -; -
COULOIR -; couloirs
COULOMB -; coulombs
COULTER -; coulters
COUNCIL -; councils
COUNSEL -; counsels
COUNT -; counts, county
COUNTED -; -
COUNTER -; counters
COUNTRY -; -
COUNTY -; -
COUP -; coupe
COUPE -; couped, coupes
COUPING -; -
COUPLE -; coupled, coupler, couples, couplet

COUPLER	-; couplers
COUPLET	-; couplets
COUPON	-; coupons
COURAGE	-; courages
COURANT	-; courante, couranto, courants
COURIER	-; couriers
COURLAN	-; courlans
COURSE	-; coursed, courser, courses
COURSER	-; coursers
COURT	-; courts
COURTED	-; -
COURTER	-; courters
COURTLY	-; -
COUSIN	-; cousins
COUTEAU	-; couteaux
COUTER	scouter; couters
COUTERS	scouters; -
COUTH	scouth; couths
COUTHER	-; -
COUTHIE	-; couthier
COUTHS	scouths; -
COUTURE	-; coutures
COUVADE	-; couvades
COVARY	-; -
COVE	-; coved, coven, cover, coves, covet, covey
COVEN	-; covens
COVER	-; covers, covert
COVERED	-; -
COVERER	-; coverers
COVERT	-; coverts
COVET	-; covets
COVETED	-; -
COVETER	-; coveters
COVEY	-; coveys
COVIN	-; coving, covins
COVING	-; covings
COW	scow; cowl, cows, cowy
COWAGE	-; cowages
COWARD	-; cowards
COWBANE	-; cowbanes
COWBELL	-; cowbells
COWBIND	-; cowbinds
COWBIRD	-; cowbirds
COWBOY	-; cowboys
COWED	scowed; -
COWEDLY	-; -
COWER	-; cowers
COWERED	-; -
COWFISH	-; -
COWFLAP	-; cowflaps
COWFLOP	-; cowflops
COWGIRL	-; cowgirls
COWHAGE	-; cowhages
COWHAND	-; cowhands
COWHERB	-; cowherbs
COWHERD	-; cowherds
COWHIDE	-; cowhided, cowhides
COWIER	-; -
COWIEST	-; -
COWING	scowing; -
COWL	scowl; cowls
COWLED	scowled; -
COWLICK	-; -
COWLIKE	-; -
COWLING	scowling; cowlings
COWLS	scowls; -
COWMAN	-; -

COWMEN	-; -
COWPAT	-; cowpats
COWPEA	-; cowpeas
COWPIE	-; cowpies
COWPLOP	-; cowplops
COWPOKE	-; cowpokes
COWPOX	-; -
COWRIE	-; cowries
COWRITE	-; cowrites
COWROTE	-; -
COWRY	-; -
COWS	scows; -
COWSHED	-; cowsheds
COWSKIN	-; cowskins
COWSLIP	-; cowslips
COWTOWN	-; cowtowns
COWY	-; -
COX	-; coxa
COXA	-; coxae, coxal
COXALGY	-; -
COXCOMB	-; coxcombs
COXED	-; -
COXES	-; -
COXING	-; -
COXITIS	-; -
COXLESS	-; -
COY	-; coys
COYAU	-; coyaus
COYDOG	-; coydogs
COYED	-; -
COYER	-; -
COYEST	-; -
COYING	-; -
COYISH	-; -
COYLY	-; -
COYNESS	-; -
COYOTE	-; coyotes
COYPOU	-; coypous
COYPU	-; coypus
COZ	-; cozy
COZEN	-; cozens
COZENED	-; -
COZENER	-; cozeners
COZES	-; -
COZEY	-; cozeys
COZIE	-; cozied, cozier, cozies
COZIES	-; coziest
COZILY	-; -
COZY	-; -
COZZES	-; -
CRAAL	-; craals
CRAALED	-; -
CRAB	-; crabs
CRABBED	-; -
CRABBER	-; crabbers
CRABBY	-; -
CRACK	-; cracks, cracky
CRACKED	-; -
CRACKER	-; crackers
CRACKIE	-; crackies
CRACKLE	-; crackled, crackles
CRACKLY	-; -
CRACKUP	-; crackups
CRACKY	-; -
CRADLE	-; cradled, cradler, cradles
CRADLER	-; cradlers
CRAFT	-; crafts, crafty
CRAFTED	-; -
CRAG	scrag; crags
CRAGGED	scragged; -
CRAGGY	scraggy; -
CRAGS	scrags; -
CRAKE	-; crakes
CRAM	scram; cramp, crams

CRAMBE	-; crambes
CRAMBO	-; crambos
CRAMMED	scrammed; -
CRAMMER	-; crammers
CRAMP	-; cramps, crampy
CRAMPED	-; -
CRAMPIT	-; crampits
CRAMPON	-; crampons
CRAMS	scrams; -
CRANCH	-; -
CRANE	-; craned, cranes
CRANIA	-; cranial
CRANIAL	-; -
CRANING	-; -
CRANIUM	-; craniums
CRANK	-; cranks, cranky
CRANKED	-; -
CRANKER	-; -
CRANKLE	-; crankled, crankles
CRANKLY	-; -
CRANKY	-; -
CRANNOG	-; crannoge, crannogs
CRANNY	-; -
CRAP	scrap; crape, craps
CRAPE	scrape; craped, crapes
CRAPED	scraped; -
CRAPES	scrapes; -
CRAPIE	scrapie; crapies
CRAPIES	scrapies; -
CRAPING	scraping; -
CRAPOLA	-; crapolas
CRAPPED	scrapped; -
CRAPPER	scrapper; crappers
CRAPPIE	-; crappies
CRAPPY	scrappy; -
CRAPS	scraps; -
CRASES	-; -
CRASH	-; -
CRASHED	-; -
CRASHER	-; crashers
CRASHES	-; -
CRASIS	-; -
CRASS	-; -
CRASSER	-; -
CRASSLY	-; -
CRATCH	scratch; -
CRATE	-; crated, crater, crates
CRATER	-; craters
CRATING	-; -
CRATON	-; cratons
CRAUNCH	-; -
CRAVAT	-; cravats
CRAVE	-; craved, craven, craver, craves
CRAVEN	-; cravens
CRAVER	-; cravers
CRAVING	-; cravings
CRAW	-; crawl, craws
CRAWDAD	-; crawdads
CRAWL	scrawl; crawls, crawly
CRAWLED	scrawled; -
CRAWLER	scrawler; crawlers
CRAWLS	scrawls; -
CRAWLY	scrawly; -
CRAYON	-; crayons

CRAZE -; crazed, crazes
CRAZIER -; -
CRAZILY -; -
CRAZING -; -
CRAZY -; -
CREAK screak; creaks, creaky
CREAKED screaked; -
CREAKS screaks; -
CREAKY screaky; -
CREAM scream; creams, creamy
CREAMED screamed; -
CREAMER screamer; creamers, creamery
CREAMS screams; -
CREAMY -; -
CREASE -; creased, creaser, creases
CREASER -; creasers
CREASY -; -
CREATE ocreate; created, creates
CREATIN -; creatine, creating, creatins
CREATOR -; creators
CRECHE -; creches
CRED -; -
CREDAL -; -
CREDENT -; -
CREDIT -; credits
CREDO -; credos
CREED screed; creeds
CREEDAL -; -
CREEDS screeds; -
CREEK -; creeks
CREEL -; creels
CREEP -; creeps, creepy
CREEPED -; -
CREEPER -; creepers
CREEPIE -; creepies
CREESE -; creeses
CREESH -; -
CREMATE -; cremated, cremates
CREME -; cremes
CREMINI -; creminis
CRENATE -; crenated
CRENEL -; crenels
CREOLE -; creoles
CREOSOL -; creosols
CREPE -; creped, crepes, crepey
CREPIER -; -
CREPING -; -
CREPON -; crepons
CREPT -; -
CREPY -; -
CRESOL -; cresols
CRESS -; -
CRESSES -; -
CRESSET -; cressets
CRESSY -; -
CREST -; crests
CRESTAL -; -
CRESTED -; -
CRESYL -; cresyls
CRETIC -; cretics
CRETIN -; cretins
CREVICE -; creviced, crevices
CREW screw; crews
CREWCUT -; crewcuts

CREWED screwed; -
CREWEL -; crewels
CREWING screwing; -
CREWMAN -; -
CREWMEN -; -
CREWS screws; -
CRIB -; cribs
CRIBBED -; -
CRIBBER -; cribbers
CRICK -; cricks
CRICKED -; -
CRICKET -; crickets
CRICKEY -; -
CRICOID -; cricoids
CRIED -; -
CRIER -; criers
CRIES -; -
CRIKEY -; -
CRIME -; crimes
CRIMINE -; -
CRIMINI -; criminis
CRIMINY -; -
CRIMMER -; crimmers
CRIMP scrimp; crimps, crimpy
CRIMPED scrimped; -
CRIMPER -; crimpers
CRIMPLE -; crimpled, crimples
CRIMPS scrimps; -
CRIMPY scrimpy; -
CRIMSON -; crimsons
CRINGE -; cringed, cringer, cringes
CRINGER -; cringers
CRINGLE -; cringles
CRINITE -; crinites
CRINKLE -; crinkled, crinkles
CRINKLY -; -
CRINOID -; crinoids
CRINUM -; crinums
CRIOLLO -; criollos
CRIPE -; cripes
CRIPPLE -; crippled, crippler, cripples
CRIS -; crisp
CRISES -; -
CRISIC -; -
CRISIS -; -
CRISP -; crisps, crispy
CRISPED -; -
CRISPEN -; crispens
CRISPER -; crispers
CRISPLY -; -
CRISSA -; crissal
CRISSUM -; -
CRISTA -; cristae
CRIT -; crits
CRITIC -; critics
CRITTER -; critters
CRITTUR -; critturs
CROAK -; croaks, croaky
CROAKED -; -
CROAKER -; croakers
CROC -; croci, crock, crocs
CROCEIN -; croceine, croceins
CROCHET -; crochets
CROCI -; -
CROCINE -; -
CROCK -; crocks
CROCKED -; -
CROCKET -; crockets
CROCUS -; -
CROFT -; crofts

CROFTER	-; crofters	**CROWD**	-; crowds, crowdy
CROJIK	-; crojiks	**CROWDER**	-; crowders
CRONE	-; crones	**CROWDIE**	-; crowdies
CRONIES	-; -	**CROWED**	-; -
CRONISH	-; -	**CROWER**	-; crowers
CRONY	-; -	**CROWING**	-; -
CROOK	-; crooks	**CROWN**	-; crowns
CROOKED	-; -	**CROWNED**	-; -
CROON	-; croons	**CROWNER**	-; crowners
CROONED	-; -	**CROWNET**	-; crownets
CROONER	-; crooners	**CROZE**	-; crozer, crozes
CROONY	-; -	**CROZER**	-; crozers
CROP	-; crops	**CROZIER**	-; croziers
CROPPED	-; -	**CRU**	ecru; crus
CROPPER	-; croppers	**CRUCES**	-; -
CROPPIE	-; croppies	**CRUCIAL**	-; -
CROQUET	-; croquets	**CRUCIAN**	-; crucians
CROQUIS	-; -	**CRUCIFY**	-; -
CRORE	-; crores	**CRUCK**	-; crucks
CROSIER	-; crosiers	**CRUD**	-; crude, cruds
CROSS	across; crosse	**CRUDDED**	-; -
CROSSE	-; crossed, crosser, crosses	**CRUDDY**	-; -
CROSSER	-; crossers	**CRUDE**	-; cruder, crudes
CROSSES	-; crossest	**CRUDELY**	-; -
CROSSLY	-; -	**CRUDES**	-; crudest
CROTCH	-; -	**CRUDITY**	-; -
CROTON	-; crotons	**CRUEL**	-; -
CROUCH	-; -	**CRUELER**	-; -
CROUP	-; croupe, croups, croupy	**CRUELLY**	-; -
CROUPE	-; croupes	**CRUELTY**	-; -
CROUSE	-; -	**CRUET**	-; cruets
CROUTE	-; croutes	**CRUISE**	-; cruised, cruiser, cruises
CROUTON	-; croutons	**CRUISER**	-; cruisers
CROW	-; crowd, crown, crows	**CRUISEY**	-; -
CROWBAR	-; crowbars	**CRULLER**	-; crullers

CRUMB	-; crumbs
CRUMBED	-; -
CRUMBER	-; crumbers
CRUMBLE	-; crumbled, crumbles
CRUMBLY	-; -
CRUMBY	-; -
CRUMMIE	-; crummies
CRUMMY	-; -
CRUMP	-; crumps
CRUMPED	-; -
CRUMPET	-; crumpets
CRUMPLE	-; crumpled, crumples
CRUMPLY	-; -
CRUNCH	scrunch; crunchy
CRUNODE	-; crunodes
CRUOR	-; cruors
CRUPPER	-; cruppers
CRURA	-; crural
CRUS	-; cruse, crush, crust
CRUSADE	-; crusaded, crusader, crusades
CRUSADO	-; crusados
CRUSE	-; cruses, cruset
CRUSET	-; crusets
CRUSH	-; -
CRUSHED	-; -
CRUSHER	-; crushers
CRUSHES	-; -
CRUSILY	-; -
CRUST	-; crusts, crusty
CRUSTAL	-; -
CRUSTED	-; -
CRUTCH	-; -
CRUX	-; -
CRUXES	-; -
CRUZADO	-; cruzados
CRWTH	-; crwths
CRY	scry; -
CRYBABY	-; -
CRYER	-; cryers
CRYING	-; -
CRYOGEN	-; cryogens, cryogeny
CRYONIC	-; cryonics
CRYPT	-; crypto, crypts
CRYPTAL	-; -
CRYPTIC	-; -
CRYPTO	-; cryptos
CRYSTAL	-; crystals
CSARDAS	-; -
CTENOID	-; -
CUATRO	-; cuatros
CUB	-; cube, cubs
CUBAGE	-; cubages
CUBBIES	-; -
CUBBISH	-; -
CUBBY	-; -
CUBE	-; cubeb, cubed, cuber, cubes
CUBEB	-; cubebs
CUBER	-; cubers
CUBIC	-; cubics
CUBICAL	-; -
CUBICLE	-; cubicles
CUBICLY	-; -
CUBING	-; -
CUBISM	-; cubisms
CUBIST	-; cubists
CUBIT	-; cubits
CUBITAL	-; -
CUBOID	-; cuboids

CUCKOLD	-; cuckolds
CUCKOO	-; cuckoos
CUD	scud; cuds
CUDBEAR	-; cudbears
CUDDIE	-; cuddies
CUDDLE	-; cuddled, cuddler, cuddles
CUDDLER	-; cuddlers
CUDDLY	-; -
CUDDY	-; -
CUDGEL	-; cudgels
CUDS	scuds; -
CUDWEED	-; cudweeds
CUE	-; cued, cues
CUEING	-; -
CUEIST	-; cueists
CUESTA	-; cuestas
CUFF	scuff; cuffs
CUFFED	scuffed; -
CUFFING	scuffing; -
CUFFS	scuffs; -
CUIF	-; cuifs
CUING	-; -
CUIRASS	-; -
CUISH	-; -
CUISHES	-; -
CUISINE	-; cuisines
CUISSE	-; cuisses
CUITTLE	-; cuittled, cuittles
CUKE	-; cukes
CULCH	-; -
CULCHES	-; -
CULET	-; culets
CULEX	-; -
CULICES	-; -
CULICID	-; culicids
CULL	scull; culls, cully
CULLAY	-; cullays
CULLED	sculled; -
CULLER	sculler; cullers
CULLERS	scullers; -
CULLET	-; cullets
CULLIED	-; -
CULLIES	-; -
CULLING	sculling; -
CULLION	-; cullions
CULLIS	-; -
CULLS	sculls; -
CULLY	-; -
CULM	-; culms
CULMED	-; -
CULMING	-; -
CULOTTE	-; culottes
CULPA	-; culpae
CULPRIT	-; culprits
CULT	-; culti, cults
CULTCH	-; -
CULTI	-; cultic
CULTISH	-; -
CULTISM	-; cultisms
CULTIST	-; cultists
CULTURE	-; cultured, cultures
CULTUS	-; -
CULVER	-; culvers, culvert
CULVERT	-; culverts
CUM	scum; -
CUMARIN	-; cumarins
CUMBER	-; cumbers
CUMBIA	-; cumbias
CUMIN	-; cumins
CUMMER	scummer; cummers
CUMMERS	scummers; -
CUMMIN	-; cummins
CUMQUAT	-; cumquats

CUMSHAW	-; cumshaws
CUMULI	-; -
CUMULUS	-; -
CUNDUM	-; cundums
CUNEAL	-; cuneals
CUNEATE	-; cuneated
CUNIT	-; cunits
CUNNER	scunner; cunners
CUNNING	-; cunnings
CUP	scup; cups
CUPCAKE	-; cupcakes
CUPEL	-; cupels
CUPELED	-; -
CUPELER	-; cupelers
CUPFUL	-; cupfuls
CUPID	-; cupids
CUPLIKE	-; -
CUPOLA	-; cupolas
CUPPA	-; cuppas
CUPPED	-; -
CUPPER	scupper; cuppers
CUPPERS	scuppers; -
CUPPING	-; cuppings
CUPPY	-; -
CUPRIC	-; -
CUPRITE	-; cuprites
CUPROUS	-; -
CUPRUM	-; cuprums
CUPS	scups; -
CUPSFUL	-; -
CUPULA	-; cupulae, cupular
CUPULE	-; cupules
CUR	-; curb, curd, cure, curf, curl, curn, curr, curs, curt
CURABLE	-; -
CURABLY	-; -
CURACAO	-; curacaos
CURACOA	-; curacoas
CURACY	
CURAGH	-; curaghs
CURARA	-; curaras
CURARE	-; curares
CURARI	-; curaris
CURATE	-; curates
CURATOR	-; curators
CURB	-; curbs
CURBED	-; -
CURBER	-; curbers
CURBING	-; curbings
CURCH	-; -
CURCHES	-; -
CURCUMA	-; curcumas
CURD	-; curds, curdy
CURDED	-; -
CURDIER	-; -
CURDING	-; -
CURDLE	-; curdled, curdler, curdles
CURDLER	-; curdlers
CURE	-; cured, curer, cures, curet
CURER	-; curers
CURET	-; curets
CURETTE	-; curetted, curettes
CURF	scurf; curfs
CURFEW	-; curfews
CURFS	scurfs; -
CURIA	-; curiae, curial
CURIE	-; curies
CURING	-; -
CURIO	-; curios
CURIOSA	-; -
CURIOUS	-; -

CURITE -; curites
CURIUM -; curiums
CURL -; curls, curly
CURLED -; -
CURLER -; curlers
CURLEW -; curlews
CURLIER -; -
CURLILY -; -
CURLING -; curlings
CURN -; curns
CURR -; currs, curry
CURRACH -; currachs
CURRAGH -; curraghs
CURRAN -; currans, currant
CURRANT -; currants
CURRED -; -
CURRENT -; currents
CURRIE -; curried, currier, curries
CURRIED scurried; -
CURRIER -; curriers, curriery
CURRIES scurries; -
CURRING -; -
CURRISH -; -
CURRY scurry; -
CURSE -; cursed, curser, curses
CURSER -; cursers
CURSING -; -
CURSIVE -; cursives
CURSOR -; cursors, cursory
CURSORY -; -
CURST -; -
CURT -; -
CURTAIL -; curtails
CURTAIN -; curtains
CURTAL -; curtals
CURTATE -; -
CURTER -; -
CURTEST -; -
CURTESY -; -
CURTLY -; -
CURTSEY -; curtseys
CURTSY -; -
CURULE -; -
CURVE -; curved, curves, curvet, curvey
CURVET -; curvets
CURVEY -; -
CURVIER -; -
CURVING -; -
CURVY scurvy; -
CUSCUS -; -
CUSEC -; cusecs
CUSHAT -; cushats
CUSHAW -; cushaws
CUSHIER -; -
CUSHILY -; -
CUSHION -; cushions, cushiony
CUSHY -; -
CUSK -; cusks
CUSP -; cusps
CUSPATE -; -
CUSPED -; -
CUSPID -; cuspids
CUSPIS -; -
CUSS -; cusso
CUSSED -; -
CUSSER -; cussers
CUSSING -; -
CUSSO -; cussos
CUSTARD -; custards, custardy
CUSTODY -; -
CUSTOM -; customs

CUSTOS -; -
CUT scut; cute, cuts
CUTAWAY -; cutaways
CUTBACK -; cutbacks
CUTBANK -; cutbanks
CUTCH scutch; -
CUTCHES scutches; -
CUTDOWN -; cutdowns
CUTE acute, scute; cuter, cutes, cutey
CUTELY acutely; -
CUTER acuter; -
CUTES acutes, scutes; cutest, cutesy
CUTESIE -; cutsier
CUTEST acutest; -
CUTEY -; cuteys
CUTICLE -; cuticles
CUTIE -; cuties
CUTIN -; cutins
CUTIS -; -
CUTISES -; -
CUTLAS -; cutlass
CUTLER -; cutlers, cutlery
CUTLET -; cutlets
CUTLINE -; cutlines
CUTOFF -; cutoffs
CUTOUT -; cutouts
CUTOVER -; -
CUTS scuts; -
CUTTAGE -; cuttages
CUTTER scutter; cutters
CUTTERS scutters; -
CUTTIES -; -
CUTTING -; cuttings
CUTTLE scuttle; cuttled, cuttles
CUTTLED scuttled; -
CUTTLES scuttles; -
CUTTY -; -
CUTUP -; cutups
CUTWORK -; cutworks
CUTWORM -; cutworms
CUVEE -; cuvees
CUVETTE -; cuvettes
CUZ -; -
CUZES -; -
CUZZES -; -
CWM -; cwms
CYAN -; cyans
CYANATE -; cyanates
CYANIC -; -
CYANID -; cyanide, cyanids
CYANIDE -; cyanided, cyanides
CYANIN -; cyanine, cyanins
CYANINE -; cyanines
CYANITE -; cyanites
CYANO -; -
CYBER -; -
CYBORG -; cyborgs
CYCAD -; cycads
CYCAS -; -
CYCASES -; -
CYCASIN -; cycasins
CYCLASE -; cyclases
CYCLE -; cycled, cycler, cycles
CYCLER -; cyclers, cyclery
CYCLIC acyclic; -
CYCLIN -; cycling, cyclins
CYCLING -; cyclings
CYCLIST -; cyclists

CYCLIZE -; cyclized, cyclizes
CYCLO -; cyclos
CYCLOID -; cycloids
CYCLONE -; cyclones
CYCLOPS -; -
CYDER -; cyders
CYESES -; -
CYESIS -; -
CYGNET -; cygnets
CYLICES -; -
CYLIX -; -
CYMA -; cymae, cymar, cymas
CYMAR -; cymars
CYMBAL -; cymbals
CYME -; cymes
CYMENE -; cymenes
CYMLIN -; cymling, cymlins
CYMLING -; cymlings
CYMOID -; -
CYMOL -; cymols
CYMOSE -; -
CYMOUS -; -
CYNIC -; cynics
CYNICAL -; -
CYPHER -; cyphers
CYPRES -; cypress
CYPRIAN -; cyprians
CYPRUS -; -
CYPSELA -; cypselae
CYST -; cysts
CYSTEIN -; cysteine, cysteins
CYSTIC -; -
CYSTINE -; cystines
CYSTOID -; cystoids
CYTON -; cytons
CYTOSOL -; cytosols
CZAR -; czars
CZARDAS -; -
CZARDOM -; czardoms
CZARINA -; czarinas
CZARISM -; czarisms
CZARIST -; czarists

D

D ad, id, od; de, di, do
DAB -; dabs
DABBED -; -
DABBER -; dabbers
DABBING -; -
DABBLE -; dabbled, dabbler, dabbles
DABBLER -; dabblers
DABSTER -; dabsters
DACE -; daces
DACHA -; dachas
DACITE -; dacites
DACKER -; dackers
DACOIT -; dacoits, dacoity
DACTYL -; dactyls
DAD -; dada, dado, dads
DADA -; dadas
DADAISM -; dadaisms
DADAIST -; dadaists
DADDIES -; -
DADDLE -; daddled, daddles

DADDY -; -
DADGUM -; -
DADO -; dados
DADOED -; -
DADOES -; -
DADOING -; -
DAEDAL -; -
DAEMON -; daemons
DAFF -; daffs, daffy
DAFFED -; -
DAFFIER -; -
DAFFING -; -
DAFT -; -
DAFTER -; -
DAFTEST -; -
DAFTLY -; -
DAG -; dago, dags
DAGGA -; daggas
DAGGER -; daggers
DAGGLE -; daggled, daggles
DAGLOCK -; daglocks
DAGOBA -; dagobas
DAGWOOD -; dagwoods
DAH -; dahl, dahs
DAHL -; dahls
DAHLIA -; dahlias
DAHOON -; dahoons
DAIKER -; daikers
DAIKON -; daikons
DAILIES -; -
DAILY -; -
DAIMEN -; -
DAIMIO -; daimios
DAIMON -; daimons
DAIMYO -; daimyos
DAINTY -; -
DAIRIES -; -
DAIRY -; -
DAIS -; daisy
DAISES -; -
DAISIED -; -
DAISIES -; -
DAK -; daks
DAKOIT -; dakoits, dakoity
DAL -; dale, dals
DALAPON -; dalapons
DALASI -; dalasis
DALE -; dales
DALEDH -; daledhs
DALETH -; daleths
DALLES -; -
DALLIED -; -
DALLIER -; dalliers
DALLIES -; -
DALLY -; -
DALTON -; daltons
DAM -; dame, damn, damp, dams
DAMAGE -; damaged, damager, damages
DAMAGER -; damagers
DAMAN -; damans
DAMAR -; damars
DAMASK -; damasks
DAME -; dames
DAMFOOL - damfools
DAMIANA -; damianas
DAMMAR -; dammars
DAMMED -; -
DAMMER -; dammers
DAMMING -; -
DAMMIT -; -
DAMN -; damns
DAMNED -; -
DAMNER -; damners
DAMNIFY -; -
DAMNING -; -

DAMOSEL -; damosels
DAMOZEL -; damozels
DAMP -; damps
DAMPED -; -
DAMPEN -; dampens
DAMPER -; dampers
DAMPEST -; -
DAMPING -; -
DAMPISH -; -
DAMPLY -; -
DAMSEL -; damsels
DAMSON -; damsons
DAN -; dans
DANAZOL -; danazols
DANCE -; danced, dancer, dances
DANCER -; dancers
DANCEY -; -
DANCING -; -
DANDER -; danders
DANDIER -; -
DANDIES -; dandiest
DANDIFY -; -
DANDILY -; -
DANDLE -; dandled, dandler, dandles
DANDLER -; dandlers
DANDY -; -
DANG -; dangs
DANGED -; -
DANGER -; dangers
DANGLE -; dangled, dangler, dangles
DANGLER -; danglers
DANGLY -; -
DANIO -; danios
DANISH -; -
DANK -; -
DANKER -; -
DANKEST -; -
DANKLY -; -
DANSAK -; dansaks
DANSEUR -; danseurs
DAP -; daps
DAPHNE -; daphnes
DAPHNIA -; daphnias
DAPPED -; -
DAPPER -; -
DAPPING -; -
DAPPLE -; dappled, dapples
DAPSONE -; dapsones
DARB -; darbs
DARBAR -; darbars
DARBIES -; -
DARE -; dared, darer, dares
DAREFUL -; -
DARER -; darers
DARESAY -; -
DARIC -; darics
DARING -; darings
DARIOLE -; darioles
DARK -; darks, darky
DARKED -; -
DARKEN -; darkens
DARKER -; -
DARKEST -; -
DARKING -; -
DARKISH -; -
DARKLE -; darkled, darkles
DARKLY -; -
DARLING -; darlings
DARN -; darns

DARNED	-; -
DARNEL	-; darnels
DARNER	-; darners
DARNING	-; darnings
DARSHAN	-; darshans
DART	-; darts
DARTED	-; -
DARTER	-; darters
DARTING	-;
DARTLE	-; dartled, dartles
DASH	-; dashy
DASHED	-; -
DASHEEN	-; dasheens
DASHER	-; dashers
DASHES	-; -
DASHI	-; dashis
DASHIER	-; -
DASHIKI	-; dashikis
DASHING	-; -
DASHPOT	-; dashpots
DASHY	-; -
DASSIE	-; dassies
DASTARD	-; dastards
DASYURE	-; dasyures
DATA	-; -
DATABLE	-; -
DATARY	-; -
DATCHA	-; datchas
DATE	-; dated, dater, dates
DATEDLY	-; -
DATER	-; daters
DATING	-; -
DATIVAL	-; -
DATIVE	-; datives
DATO	-; datos
DATTO	-; dattos
DATUM	-; datums
DATURA	-; daturas
DATURIC	-; -
DAUB	-; daube, daubs, dauby
DAUBE	-; daubed, dauber, daubes
DAUBER	-; daubers, daubery
DAUBIER	-; -
DAUBING	-; -
DAUBRY	-; -
DAUBY	-; -
DAUNDER	-; daunders
DAUNT	-; daunts
DAUNTED	-; -
DAUNTER	-; daunters
DAUPHIN	-; dauphine, dauphins
DAUT	-; dauts
DAUTED	-; -
DAUTIE	-; dauties
DAUTING	-; -
DAVEN	-; davens
DAVENED	-; -
DAVIES	-; -
DAVIT	-; davits
DAVY	-; -
DAW	-; dawk, dawn, daws, dawt
DAWDLE	-; dawdled, dawdler, dawdles
DAWDLER	-; dawdlers
DAWED	-; -
DAWEN	-; -
DAWING	-; -
DAWK	-; dawks
DAWN	-; dawns

DAWNED	-; -
DAWNING	-; -
DAWT	-; dawts
DAWTED	-; -
DAWTIE	-; dawties
DAWTING	-; -
DAY	-; days
DAYBED	-; daybeds
DAYBOOK	-; daybooks
DAYCARE	-; daycares
DAYFLY	-; -
DAYGLOW	-; -
DAYLILY	-; -
DAYLONG	-; -
DAYMARE	-; daymares
DAYPACK	-; daypacks
DAYROOM	-; dayrooms
DAYSIDE	-; daysides
DAYSMAN	-; -
DAYSMEN	-; -
DAYSTAR	-; daystars
DAYTIME	-; daytimes
DAYWEAR	-; -
DAYWORK	-; dayworks
DAZE	-; dazed, dazes
DAZEDLY	-; -
DAZING	-; -
DAZZLE	-; dazzled, dazzler, dazzles
DAZZLER	-; dazzlers
DE	ode; deb, dee, dei, del, den, des, dev, dew, dex, dey
DEACON	-; deacons
DEAD	-; deads
DEADEN	-; deadens
DEADER	-; -
DEADEST	-; -
DEADEYE	-; deadeyes
DEADLY	-; -
DEADMAN	-; -
DEADMEN	-; -
DEADPAN	-; deadpans
DEAF	-; -
DEAFEN	-; deafens
DEAFER	-; -
DEAFEST	-; -
DEAFISH	-; -
DEAFLY	-; -
DEAIR	-; deairs
DEAIRED	-; -
DEAL	ideal; deals, dealt
DEALATE	-; dealated, dealates
DEALER	-; dealers
DEALING	-; dealings
DEALS	ideals; -
DEAN	-; deans
DEANED	-; -
DEANING	-; -
DEAR	-; dears, deary
DEARER	-; -
DEAREST	-; -
DEARIE	-; dearies
DEARLY	-; -
DEARTH	-; dearths
DEASH	-; -
DEASHED	-; -
DEASHES	-; -
DEASIL	-; -
DEATH	-; deaths, deathy
DEATHLY	-; -
DEAVE	-; deaved, deaves
DEAVING	-; -

DEB	-; debs, debt
DEBACLE	-; debacles
DEBAG	-; debags
DEBAR	-; debark, debars
DEBARK	-; debarks
DEBASE	-; debased, debaser, debases
DEBASER	-; debasers
DEBATE	-; debated, debater, debates
DEBATER	-; debaters
DEBAUCH	-; -
DEBEAK	-; debeaks
DEBEARD	-; debeards
DEBIT	-; debits
DEBONE	-; deboned, deboner, debones
DEBONER	-; deboners
DEBOUCH	-; debouche
DEBRIDE	-; debrided, debrides
DEBRIEF	-; debriefs
DEBRIS	-; -
DEBT	-; debts
DEBTOR	-; debtors
DEBUG	-; debugs
DEBUNK	-; debunks
DEBUR	-; deburr, deburs
DEBUT	-; debuts
DEBUTED	-; -
DEBYE	-; debyes
DECADAL	-; -
DECADE	-; decades
DECAF	-; decafs
DECAGON	-; decagons
DECAL	-; decals
DECALOG	-; decalogs
DECAMP	-; decamps
DECAN	-; decani, decans
DECANAL	-; -
DECANE	-; decanes
DECANT	-; decants
DECAPOD	-; decapods
DECARE	-; decares
DECAY	-; decays
DECAYED	-; -
DECAYER	-; decayers
DECEASE	-; deceased, deceases
DECEIT	-; deceits
DECEIVE	-; deceived, deceiver, deceives
DECENCY	-; -
DECENT	-; -
DECERN	-; decerns
DECIARE	-; deciares
DECIBEL	-; decibels
DECIDE	-; decided, decider, decides
DECIDER	-; deciders
DECIDUA	-; deciduae, decidual, deciduas
DECILE	-; deciles
DECIMAL	-; decimals
DECK	-; decks
DECKED	-; -
DECKEL	-; deckels
DECKER	-; deckers
DECKING	-; deckings
DECKLE	-; deckles
DECLAIM	-; declaims

DECLARE -; declared, declarer, declares
DECLASS -; declasse
DECLAW -; declaws
DECLINE -; declined, decliner, declines
DECO -; decor, decos, decoy
DECOCT -; decocts
DECODE -; decoded, decoder, decodes
DECODER -; decoders
DECOLOR -; decolors
DECOR -; decors
DECORUM -; decorums
DECOY -; decoys
DECOYED -; -
DECOYER -; decoyers
DECREE -; decreed, decreer, decrees
DECREER -; decreers
DECRIAL -; decrials
DECRIED -; -
DECRIER -; decriers
DECROWN -; decrowns
DECRY -; -
DECRYPT -; decrypts
DECUMAN -; -
DECUPLE -; decupled, decuples
DECURVE -; decurved, decurves
DECURY -; -
DEDAL -; -
DEDANS -; -
DEDUCE -; deduced, deduces
DEDUCT -; deducts
DEE -; deed, deem, deep, deer, dees
DEED -; deeds, deedy
DEEDED -; -
DEEDIER -; -
DEEDING -; -
DEEJAY -; deejays
DEEM adeem; deems
DEEMED adeemed; -
DEEMING -; -
DEEMS adeems; -
DEEP -; deeps
DEEPEN -; deepens
DEEPER -; -
DEEPEST -; -
DEEPLY -; -
DEER -; deers
DEERFLY -; -
DEET -; deets
DEEWAN -; deewans
DEF -; -
DEFACE -; defaced, defacer, defaces
DEFACER -; defacers
DEFACTO -; -
DEFAME -; defamed, defamer, defames
DEFAMER -; defamers
DEFANG -; defangs
DEFAT -; defats
DEFAULT -; defaults
DEFEAT -; defeats
DEFECT -; defects

DEFENCE -; defences
DEFEND -; defends
DEFENSE -; defensed, defenses
DEFER -; defers
DEFFER -; -
DEFFEST -; -
DEFI -; defis
DEFIANT -; -
DEFICIT -; deficits
DEFIED -; -
DEFIER -; defiers
DEFIES -; -
DEFILE -; defiled, defiler, defiles
DEFILER -; defilers
DEFINE -; defined, definer, defines
DEFINER -; definers
DEFLATE -; deflated, deflates
DEFLEA -; defleas
DEFLECT -; deflects
DEFOAM -; defoams
DEFOCUS -; -
DEFOG -; defogs
DEFORCE -; deforced, deforces
DEFORM -; deforms
DEFRAG -; defrags
DEFRAUD -; defrauds
DEFRAY -; defrays
DEFROCK -; defrocks
DEFROST -; defrosts
DEFT -; -
DEFTER -; -
DEFTEST -; -
DEFTLY -; -
DEFUEL -; defuels
DEFUNCT -; -
DEFUND -; defunds
DEFUSE -; defused, defuses
DEFUZE -; defuzed, defuzes
DEFY -; -
DEGAGE -; -
DEGAME -; degames
DEGAMI -; degamis
DEGAS -; -
DEGASES -; -
DEGAUSS -; -
DEGERM -; degerms
DEGLAZE -; deglazed, deglazes
DEGRADE -; degraded, degrader, degrades
DEGREE -; degreed, degrees
DEGUM -; degums
DEGUST -; degusts
DEHAIR -; dehairs
DEHISCE -; dehisced, dehisces
DEHORN -; dehorns
DEHORS -; -
DEHORT -; dehorts
DEICE -; deiced, deicer, deices
DEICER -; deicers
DEICIDE -; deicides
DEICING -; -
DEICTIC -; -
DEIFIC -; -
DEIFIED -; -
DEIFIER -; deifiers
DEIFIES -; -
DEIFORM -; -

DEIFY -; -
DEIGN -; deigns
DEIGNED -; -
DEIL -; deils
DEISM -; deisms
DEIST -; deists
DEISTIC -; -
DEITIES -; -
DEITY -; -
DEIXIS -; -
DEJECT -; dejecta, dejects
DEKARE -; dekares
DEKE -; deked, dekes
DEKING -; -
DEKKO -; dekkos
DEL -; dele, delf, deli, dell, dels
DELAINE -; delaines
DELATE -; delated, delates
DELATOR -; delators
DELAY -; delays
DELAYED -; -
DELAYER -; delayers
DELE -; deled, deles
DELEAD -; deleads
DELEAVE -; deleaved, deleaves
DELEING -; -
DELETE -; deleted, deletes
DELF -; delfs, delft
DELFT -; delfts
DELI -; delis
DELICT -; delicts
DELIGHT -; delights
DELIME -; delimed, delimes
DELIMIT -; delimits
DELISH -; -
DELIST -; delists
DELIVER -; delivers, delivery
DELL -; dells, delly
DELLIES -; -
DELOUSE -; deloused, delouser, delouses
DELPHIC -; -
DELT -; delta, delts
DELTA -; deltas
DELTAIC -; -
DELTIC -; -
DELTOID -; deltoids
DELUDE -; deluded, deluder, deludes
DELUDER -; deluders
DELUGE -; deluged, deluges
DELUXE -; -
DELVE -; delved, delver, delves
DELVER -; delvers
DEMAGOG -; demagogs, demagogy
DEMAND -; demands
DEMARK -; demarks
DEMAST -; demasts
DEME -; demes
DEMEAN -; demeans
DEMENT -; dements
DEMENTI -; dementis
DEMERGE -; demerged, demerger, demerges
DEMERIT -; demerits
DEMESNE -; demesnes
DEMETON -; demetons

DEMIC -; -
DEMIES -; -
DEMIGOD -; demigods
DEMIREP -; demireps
DEMISE -; demised, demises
DEMIST -; demists
DEMIT -; demits
DEMO -; demob, demos
DEMOB -; demobs
DEMODE -; demoded
DEMOI -; -
DEMON -; demons
DEMONIC -; -
DEMOSES -; -
DEMOTE -; demoted, demotes
DEMOTIC -; demotics
DEMOUNT -; demounts
DEMUR -; demure, demurs
DEMURE -; demurer
DEMY -; -
DEN -; dene, dens, dent, deny
DENAR -; denars, denary
DENARY -; -
DENDRON -; dendrons
DENE -; denes
DENGUE -; dengues
DENI -; -
DENIAL -; denials
DENIED -;
DENIER -; deniers
DENIES -; -
DENIM -; denims
DENIZEN -; denizens
DENNED -; -
DENNING -; -
DENOTE -; denoted, denotes
DENSE -; denser
DENSIFY -; -
DENSITY -; -
DENT -; dents
DENTAL -; dentals
DENTATE -; dentated
DENTIL -; dentils
DENTIN -; dentine, dentins
DENTINE -; dentines
DENTIST -; dentists
DENTOID -; -
DENTURE -; dentures
DENUDE -; denuded, denuder, denudes
DENUDER -; denuders
DENY -; -
DEODAND -; deodands
DEODAR -; deodara, deodars
DEODARA -; deodaras
DEONTIC -; -
DEORBIT -; deorbits
DEOXY -; -
DEPAINT -; depaints
DEPART -; departs
DEPEND -; depends
DEPERM -; deperms
DEPICT -; depicts
DEPLANE -; deplaned, deplanes
DEPLETE -; depleted, depletes
DEPLORE -; deplored, deplorer, deplores

DEPLOY	-; deploys
DEPLUME	-; deplumed, deplumes
DEPONE	-; deponed, depones
DEPORT	-; deports
DEPOSAL	-; deposals
DEPOSE	-; deposed, deposer, deposes
DEPOSER	-; deposers
DEPOSIT	-; deposits
DEPOT	-; depots
DEPRAVE	-; depraved, depraver, depraves
DEPRESS	-; -
DEPRIVE	-; deprived, depriver, deprives
DEPSIDE	-; depsides
DEPTH	-; depths
DEPUTE	-; deputed, deputes
DEPUTY	-; -
DERAIGN	-; deraigns
DERAIL	-; derails
DERANGE	-; deranged, deranges
DERAT	-; derats
DERATE	-; derated, derates
DERAY	-; derays
DERBIES	-; -
DERBY	-; -
DERE	-; -
DERIDE	-; derided, derider, derides
DERIDER	-; deriders
DERIVE	-; derived, deriver, derives
DERIVER	-; derivers
DERM	-; derma, derms
DERMA	-; dermal, dermas
DERMIS	-; -
DERMOID	-; -
DERNIER	-; -
DERRICK	-; derricks
DERRIES	-; -
DERRIS	-; -
DERRY	-; -
DERVISH	-; -
DES	ides, odes; desk
DESALT	-; desalts
DESAND	-; desands
DESCANT	-; descants
DESCEND	-; descends
DESCENT	-; descents
DESCRY	-; -
DESEED	-; deseeds
DESERT	-; deserts
DESERVE	-; deserved, deserver, deserves
DESEX	-; -
DESEXED	-; -
DESEXES	-; -
DESHI	-; deshis
DESI	-; desis
DESIGN	-; designs
DESIRE	-; desired, desirer, desires
DESIRER	-; desirers
DESIST	-; desists
DESK	-; desks

DESKMAN -; -
DESKMEN -; -
DESKTOP -; desktops
DESMAN -; desmans
DESMID -; desmids
DESMOID -; desmoids
DESORB -; desorbs
DESOXY -; -
DESPAIR -; despairs
DESPISE -; despised, despiser, despises
DESPITE -; despited, despites
DESPOIL -; despoils
DESPOND -; desponds
DESPOT -; despots
DESSERT -; desserts
DESTAIN -; destains
DESTINE -; destined, destines
DESTINY -; -
DESTROY -; destroys
DESUGAR -; desugars
DETACH -; -
DETAIL -; details
DETAIN -; detains
DETECT -; detects
DETENT -; detente, detents
DETENTE -; detentes
DETER -; deters
DETERGE -; deterged, deterger, deterges
DETEST -; detests
DETICK -; deticks
DETINUE -; detinues
DETOUR -; detours
DETOX -; -
DETOXED -; -
DETOXES -; -
DETRACT -; detracts
DETRAIN -; detrains
DETRUDE -; detruded, detrudes
DETUNE -; detunes
DEUCE -; deuced, deuces
DEUTZIA -; deutzias
DEV -; deva, devs
DEVA -; devas
DEVALUE -; devalued, devalues
DEVEIN -; deveins
DEVEL -; devels
DEVELOP -; develope, develops
DEVEST -; devests
DEVI -; devis
DEVIANT -; deviants
DEVIATE -; deviated, deviates
DEVICE -; devices
DEVIL -; devils
DEVILED -; -
DEVILRY -; -
DEVIOUS -; -
DEVISAL -; devisals
DEVISE -; devised, devisee, deviser, devises
DEVISEE -; devisees
DEVISER -; devisers
DEVISOR -; devisors
DEVOICE -; devoiced, devoices
DEVOID -; -
DEVOIR -; devoirs

DEVOLVE -; devolved, devolves
DEVON -; devons
DEVOTE -; devoted, devotee, devotes
DEVOTEE -; devotees
DEVOUR -; devours
DEVOUT -; -
DEW -; dews, dewy
DEWAN -; dewans
DEWAR -; dewars
DEWATER -; dewaters
DEWAX -; -
DEWAXED -; -
DEWAXES -; -
DEWCLAW -; dewclaws
DEWDROP -; dewdrops
DEWED -; -
DEWFALL -; dewfalls
DEWIER -; -
DEWIEST -; -
DEWILY -; -
DEWING -; -
DEWLAP -; dewlaps
DEWLESS -; -
DEWOOL -; dewools
DEWORM -; deworms
DEWY -; -
DEX -; dexy
DEXES -; -
DEXIE -; dexies
DEXTER -; -
DEXTRAL -; -
DEXTRAN -; dextrans
DEXTRIN -; dextrine, dextrins
DEXTRO -; -
DEXY -; -
DEY -; deys
DEZINC -; dezincs
DHAK -; dhaks
DHAL -; dhals
DHARMA -; dharmas
DHARMIC -; -
DHARNA -; dharnas
DHIKR -; dhikrs
DHOBI -; dhobis
DHOLAK -; dholaks
DHOLE -; dholes
DHOLL -; dholls
DHOOLY -; -
DHOORA -; dhooras
DHOOTI -; dhootie, dhootis
DHOOTIE -; dhooties
DHOTI -; dhotis
DHOURRA -; dhourras
DHOW -; dhows
DHURNA -; dhurnas
DHURRIE -; dhurries
DHUTI -; dhutis
DHYANA -; dhyanas
DIABASE -; diabases
DIABOLO -; diabolos
DIACID -; diacids
DIADEM -; diadems
DIAGRAM -; diagrams
DIAL -; dials
DIALECT -; dialects
DIALED -; -
DIALER -; dialers
DIALING -; dialings
DIALIST -; dialists
DIALLED -; -
DIALLEL -; -
DIALLER -; diallers
DIALOG -; dialogs

DIALYSE	-; dialysed, dialyser, dialyses
DIALYZE	-; dialyzed, dialyzer, dialyzes
DIAMIDE	-; diamides
DIAMIN	-; diamine, diamins
DIAMINE	-; diamines
DIAMOND	-; diamonds
DIAPER	-; diapers
DIAPIR	-; diapirs
DIAPSID	-; -
DIARCHY	-; -
DIARIES	-; -
DIARIST	-; diarists
DIARY	-; -
DIASTEM	-; disatema, diastems
DIASTER	-; diasters
DIATOM	-; diatoms
DIATRON	-; diatrons
DIAZIN	-; diazine, diazins
DIAZINE	-; diazines
DIAZO	-; -
DIAZOLE	-; diazoles
DIB	-; dibs
DIBASIC	-; -
DIBBED	-; -
DIBBER	-; dibbers
DIBBING	-; -
DIBBLE	-; dibbled, dibbler, dibbles
DIBBLER	-; dibblers
DIBBUK	-; dibbuks
DICAMBA	-; dicambas
DICAST	-; dicasts
DICE	-; diced, dicer, dices, dicey
DICER	-; dicers
DICEY	-; -
DICIER	-; -
DICIEST	-; -
DICING	-; -
DICK	-; dicks, dicky
DICKENS	-; -
DICKER	-; dickers
DICKEY	-; dickeys
DICKIE	-; dickies
DICLINY	-; -
DICOT	-; dicots
DICOTYL	-; dicotyls
DICTA	-; -
DICTATE	-; dictated, dictates
DICTIER	-; -
DICTION	-; dictions
DICTUM	-; dictums
DICTY	-; -
DICYCLY	-; -
DID	-; dido, didy
DIDACT	-; didacts
DIDDLE	-; diddled, diddler, diddles, diddley
DIDDLER	-; diddlers
DIDDLY	-; -
DIDIE	-; didies
DIDO	-; didos
DIDOES	-; -
DIDST	-; -
DIDY	-; -
DIDYMO	-; didymos

DIE	-; died, diel, dies, diet
DIEBACK	-; diebacks
DIEHARD	-; diehards
DIEING	-; -
DIENE	-; dienes
DIEOFF	-; dieoffs
DIESEL	-; diesels
DIESES	-; -
DIESIS	-; -
DIESTER	-; diesters
DIET	-; diets
DIETARY	-; -
DIETED	-; -
DIETER	-; dieters
DIETING	-; -
DIF	-; diff, difs
DIFF	-; diffs
DIFFER	-; differs
DIFFUSE	-; diffused, diffuser, diffuses
DIG	-; digs
DIGAMMA	-; digammas
DIGAMY	-; -
DIGEST	-; digests
DIGGED	-; -
DIGGER	-; diggers
DIGGING	-; diggings
DIGHT	-; dights
DIGHTED	-; -
DIGIT	-; digits
DIGITAL	-; digitals
DIGLOT	-; diglots
DIGNIFY	-; -
DIGNITY	-; -
DIGOXIN	-; digoxins
DIGRAPH	-; digraphs
DIGRESS	-; -
DIKDIK	-; dikdiks
DIKE	-; diked, diker, dikes, dikey
DIKER	-; dikers
DIKING	-; -
DIKTAT	-; diktats
DILATE	-; dilated, dilater, dilates
DILATER	-; dilaters
DILATOR	-; dilators, dilatory
DILDO	-; dildoe, dildos
DILDOE	-; dildoes
DILEMMA	-; dilemmas
DILL	-; dills, dilly
DILLED	-; -
DILLIES	-; -
DILUENT	-; diluents
DILUTE	-; diluted, diluter, dilutes
DILUTER	-; diluters
DILUTOR	-; dilutors
DILUVIA	-; diluvial, diluvian
DIM	-; dime, dims
DIME	-; dimer, dimes
DIMER	-; dimers
DIMERIC	-; -
DIMETER	-; dimeters
DIMITY	-; -
DIMLY	-; -
DIMMED	-; -
DIMMER	-; dimmers
DIMMEST	-; -
DIMMING	-; -
DIMMISH	-; -
DIMNESS	-; -
DIMORPH	-; dimorphs
DIMOUT	-; dimouts

DIMPLE -; dimpled, dimples
DIMPLY -; -
DIMWIT -; dimwits
DIN -; dine, ding, dink, dins, dint
DINAR -; dinars
DINDLE -; dindled, dindles
DINE -; dined, diner, dines
DINER -; dinero, diners
DINERIC -; -
DINERO -; dineros
DINETTE -; dinettes
DING -; dinge, dingo, dings, dingy
DINGBAT -; dingbats
DINGE -; dinger, dinges, dingey
DINGED -; -
DINGER -; dingers
DINGEY -; dingeys
DINGHY -; -
DINGIER -; -
DINGIES -; dingiest
DINGILY -; -
DINGING -; -
DINGLE -; dingles
DINGO -; -
DINGOES -; -
DINGUS -; -
DINGY -; -
DINING -; -
DINK -; dinks, dinky
DINKED -; -
DINKEY -; dinkeys
DINKIER -; -
DINKIES -; dinkiest
DINKING -; -
DINKLY -; -
DINKUM -; -
DINKY -; -
DINNED -; -
DINNER -; dinners
DINNING -; -
DINO -; dinos
DINT -; dints
DINTED -; -
DINTING -; -
DIOBOL -; diobols
DIOCESE -; dioceses
DIODE -; diodes
DIOECY -; -
DIOL -; diols
DIOPTER -; diopters
DIOPTRE -; dioptres
DIORAMA -; dioramas
DIORITE -; diorites
DIOXAN -; dioxane, dioxans
DIOXANE -; dioxanes
DIOXID -; dioxide, dioxids
DIOXIDE -; dioxides
DIOXIN -; dioxins
DIP -; dips, dipt
DIPHASE -; -
DIPLEX -; -
DIPLOE -; diploes
DIPLOIC -; -
DIPLOID -; diploids, diploidy
DIPLOMA -; diplomas, diplomat
DIPLONT -; diplonts
DIPNET -; dipnets
DIPNOAN -; dipnoans
DIPODIC -; -

DIPODY -; -
DIPOLAR -; -
DIPOLE -; dipoles
DIPPED -; -
DIPPER -; dippers
DIPPIER -; -
DIPPING -; -
DIPPY -; -
DIPS -; dipso
DIPSAS -; -
DIPSO -; dipsos
DIPT -; -
DIPTERA -; dipteral, dipteran
DIPTYCA -; diptycas
DIPTYCH -; diptychs
DIQUAT -; diquats
DIRDUM -; dirdums
DIRE -; direr
DIRECT -; directs
DIREFUL -; -
DIRELY -; -
DIREST -; -
DIRGE -; dirges
DIRHAM -; dirhams
DIRK -; dirks
DIRKED -; -
DIRKING -; -
DIRL -; dirls
DIRLED -; -
DIRLING -; -
DIRNDL -; dirndls
DIRT -; dirts, dirty
DIRTIED -; -
DIRTIER -; -
DIRTIES -; dirtiest
DIRTILY -; -
DIS -; diss
DISABLE -; disabled, disables
DISARM -; disarms
DISAVOW -; disavows
DISBAND -; disbands
DISBAR -; disbars
DISBUD -; disbuds
DISC -; disci, disco, discs
DISCANT -; discants
DISCARD -; discards
DISCASE -; discased, discases
DISCEPT -; discepts
DISCERN -; discerns
DISCI -; -
DISCO -; discos
DISCOID -; discoids
DISCORD -; discords
DISCUS -; discuss
DISDAIN -; disdains
DISEASE -; diseased, diseases
DISEUR -; diseurs
DISEUSE -; diseuses
DISGUST -; disgusts
DISH -; dishy
DISHED -; -
DISHELM -; dishelms
DISHES -; -
DISHFUL -; dishfuls
DISHIER -; -
DISHING -; -
DISHPAN -; dishpans
DISHRAG -; dishrags
DISHY -; -
DISJECT -; disjects
DISJOIN -; disjoins, disjoint
DISK -; disks
DISKED -; -
DISKING -; -

DISLIKE -; disliked, disliker, dislikes
DISLIMN -; dislimns
DISMAL -; dismals
DISMAST -; dismasts
DISMAY -; dismays
DISME -; dismes
DISMISS -; -
DISOBEY -; disobeys
DISOMIC -; -
DISOMY -; -
DISOWN -; disowns
DISPART -; disparts
DISPEL -; dispels
DISPEND -; dispends
DISPLAY -; displays
DISPORT -; disports
DISPOSE -; disposed, disposer, disposes
DISPUTE -; disputed, disputer, disputes
DISRATE -; disrated, disrates
DISROBE -; disrobed, disrober, disrobes
DISROOT -; disroots
DISRUPT -; disrupts
DISS -; -
DISSAVE -; dissaved, dissaves
DISSEAT -; disseats
DISSECT -; dissects
DISSED -; -
DISSENT -; dissents
DISSERT -; disserts
DISSES -; -
DISSING -; -
DISTAFF -; distaffs
DISTAIN -; distains
DISTAL -; -
DISTANT -; -
DISTEND -; distends
DISTENT -; -
DISTICH -; distichs
DISTIL -; distill, distils
DISTILL -; distills
DISTOME -; distomes
DISTORT -; distorts
DISTURB -; disturbs
DISUSE -; disused, disuses
DISYOKE -; disyoked, disyokes
DIT adit, edit; dita, dite, dits
DITA -; ditas
DITCH -; -
DITCHED -; -
DITCHER -; ditchers
DITE -; dites
DITHER -; dithers, dithery
DITHIOL -; -
DITS adits, edits; ditsy
DITTANY -; -
DITTIES -; -
DITTO -; dittos
DITTOED -; -
DITTY -; -
DITZ -; ditzy
DITZY -; -
DITZIER -; -
DIURNAL -; diurnals
DIURON -; diurons
DIVA -; divan, divas

DIVAN -; divans
DIVE -; dived, diver, dives
DIVER -; divers, divert
DIVERGE -; diverged, diverges
DIVERSE -; -
DIVERT -; diverts
DIVEST -; divests
DIVIDE -; divided, divider, divides
DIVIDER -; dividers
DIVINE -; divined, diviner, divines
DIVINER -; diviners
DIVINES -; divinest
DIVING -; -
DIVISOR -; divisors
DIVORCE -; divorced, divorcee, divorcer, divorces
DIVOT -; divots
DIVULGE -; divulged, divulger, divulges
DIVULSE -; divulsed, divulses
DIVVIED -; -
DIVVIES -; -
DIVVY -; -
DIWAN -; diwans
DIXIT -; dixits
DIZEN -; dizens
DIZENED -; -
DIZZIED -; -
DIZZIER -; -
DIZZIES -; dizziest
DIZZILY -; -
DIZZY -; -
DJEBEL -; djebels
DJEMBE -; djembes
DJIBBA -; djibbah, djibbas
DJIN -; djinn, djins
DJINN -; djinni, djinns, djinny
DO ado, udo; doc, doe, dog, dol, dom, don, dor, dot, dow
DOABLE -; -
DOAT -; doats
DOATED -; -
DOATING -; -
DOBBER -; dobbers
DOBBIES -; -
DOBBIN -; dobbins
DOBBY -; -
DOBE adobe; dobes
DOBIE -; dobies
DOBLA -; doblas
DOBLON -; doblons
DOBRA -; dobras
DOBSON -; dobsons
DOBY -; -
DOC -; dock, docs
DOCENT -; docents
DOCETIC -; -
DOCILE -; -
DOCK -; docks
DOCKAGE -; dockages
DOCKED -; -
DOCKER -; dockers
DOCKET -; dockets
DOCKING -; -
DOCTOR -; doctors
DODDER -; dodders, doddery

DODDLE -; doddles
DODGE -; dodged, dodger, dodges
DODGEM -; dodgems
DODGER -; dodgers, dodgery
DODGIER -; -
DODGING -; -
DODGY -; -
DODO -; dodos
DODOES -; dodoes
DODOISM -; dodoisms
DOE -; doer, does
DOES -; doest
DOESKIN -; doeskins
DOEST -; -
DOETH -; -
DOFF -; doffs
DOFFED -; -
DOFFER -; doffers
DOFFING -; -
DOG -; doge, dogs, dogy
DOGBANE -; dogbanes
DOGCART -; dogcarts
DOGDOM -; dogdoms
DOGE -; doges, dogey
DOGEAR -; dogears
DOGEDOM -; dogedoms
DOGEY -; dogeys
DOGFACE -; dogfaces
DOGFISH -; -
DOGGED -; -
DOGGER -; doggers, doggery
DOGGIE -; doggier, doggies
DOGGIES -; doggiest
DOGGING -; -
DOGGISH -; -
DOGGO -; -
DOGGONE -; doggoned, doggoner, doggones
DOGGREL -; doggrels
DOGGY -; -
DOGIE -; dogies
DOGLEG -; doglegs
DOGLIKE -; -
DOGMA -; dogmas
DOGMATA -; -
DOGNAP -; dognaps
DOGSKIN -; dogskins
DOGSLED -; dogsleds
DOGTROT -; dogtrots
DOGVANE -; dogvanes
DOGWOOD -; dogwoods
DOGY -; -
DOILED -; -
DOILIES -; -
DOILY -; -
DOING -; doings
DOIT -; doits
DOITED -; -
DOJO -; dojos
DOL idol; dole, doll, dols
DOLCE -; -
DOLCI -; -
DOLE -; doled, doles
DOLEFUL -; -
DOLING -; -
DOLL -; dolls, dolly
DOLLAR -; dollars
DOLLED -; -
DOLLIED -; -
DOLLIES -; -
DOLLING -; -

DOLLISH -; -
DOLLOP -; dollops
DOLMA -; dolman, dolmas
DOLMAN -; dolmans
DOLMEN -; dolmens
DOLOR -; dolors
DOLOUR -; dolours
DOLPHIN -; dolphins
DOLS idols; -
DOLT -; dolts
DOLTISH -; -
DOM -; dome, doms
DOMAIN -; domains
DOMAL -; -
DOME -; domed, domes
DOMIC -; -
DOMICAL -; -
DOMICIL -; domicile, domicils
DOMINE -; domines
DOMING -; -
DOMINIE -; dominies
DOMINO -; dominos
DON -; dona, done, dong, dons
DONA -; donas
DONATE odonate; donated, donates
DONATES odonates; -
DONATOR -; donators
DONE -; donee
DONEE -; donees
DONG -; donga, dongs
DONGA -; dongas
DONGLE -; dongles
DONGOLA -; dongolas
DONJON -; donjons
DONKEY -; donkeys
DONNA -; donnas
DONNE -; donned, donnee
DONNEE -; donnees
DONNERD -; -
DONNERT -; -
DONNING -; -
DONNISH -; -
DONOR -; donors
DONSHIP -; donships
DONSIE -; -
DONSY -; -
DONUT -; donuts
DONZEL -; donzels
DOOB -; doobs
DOOBIE -; doobies
DOODAD -; doodads
DOODAH -; doodahs
DOODIES -; -
DOODLE -; doodled, doodler, doodles
DOODLER -; doodlers
DOODOO -; doodoos
DOODY -; -
DOOFUS -; -
DOOLEE -; doolees
DOOLIE -; doolies
DOOLY -; -
DOOM -; dooms, doomy
DOOMED -; -
DOOMFUL -; -
DOOMING -; -
DOOR -; doors
DOORMAN -; -
DOORMAT -; doormats
DOORMEN -; -

DOORWAY	-; doorways
DOOWOP	-; doowops
DOOZER	-; doozers
DOOZIE	-; -
DOOZY	-; -
DOPA	-; dopas
DOPANT	-; dopants
DOPE	-; doped, doper, dopes, dopey
DOPER	-; dopers
DOPIER	-; -
DOPIEST	-; -
DOPING	-; -
DOPY	-; -
DOR	odor; dore, dork, dorm, dorp, dorr, dors, dory
DORADO	-; dorados
DORBUG	-; dorbugs
DORE	adore; -
DORHAWK	-; dorhawks
DORIES	-; -
DORK	-; dorks, dorky
DORM	-; dorms, dormy
DORMANT	-; -
DORMER	-; dormers
DORMICE	-; -
DORMIE	-; -
DORMIN	-; dormins
DORNECK	-; dornecks
DORNICK	-; dornicks
DORNOCK	-; dornocks
DORP	-; dorps
DORPER	-; dorpers
DORR	-; dorrs
DORS	odors; dorsa
DORSA	-; dorsad, dorsal
DORSAL	-; dorsals
DORSEL	-; dorsels
DORSER	-; dorsers
DORSUM	-; -
DORTY	-; -
DORY	-; -
DORYMAN	-; -
DORYMEN	-; -
DOSA	-; dosai, dosas
DOSAGE	-; dosages
DOSE	-; dosed, doses
DOSER	-; dosers
DOSH	-; dosha
DOSHA	-; doshas
DOSING	-; -
DOSS	-; -
DOSSAL	-; dossals
DOSSED	-; -
DOSSEL	-; dossels
DOSSER	-; dossers
DOSSES	-; -
DOSSIER	-; dossiers
DOSSIL	-; dossils
DOSSING	-; -
DOST	-; -
DOT	-; dote, doth, dots, doty
DOTAGE	-; dotages
DOTAL	-; -
DOTARD	-; dotards
DOTE	-; doted, doter, dotes
DOTER	-; doters
DOTIER	-; -
DOTIEST	-; -
DOTING	-; -
DOTTED	-; -
DOTTEL	-; dottels

DOTTER -; dotters
DOTTIER -; -
DOTTILY -; -
DOTTING -; -
DOTTLE -; dottles
DOTTREL -; dottrels
DOTTY -; -
DOUBLE -; doubled, doubler, doubles, doublet
DOUBLER -; doublers
DOUBLET -; doublets
DOUBLY -; -
DOUBT -; doubts
DOUBTED -; -
DOUBTER -; doubters
DOUCE -; -
DOUCELY -; -
DOUCEUR -; douceurs
DOUCHE -; douched, douches
DOUGH -; doughs, dought, doughy
DOUGHT -; doughty
DOULA -; doulas
DOUM -; douma
DOUMA -; douman, doumas
DOUR odour; doura
DOURA -; dourah, douras
DOURAH -; dourahs
DOURER -; -
DOUREST -; -
DOURINE -; dourines
DOURLY -; -
DOUSE -; doused, douser, douses
DOUSER -; dousers
DOUSING -; -
DOUT -; douts
DOUX -; -
DOVE -; doven, doves
DOVECOT -; dovecote, dovecots
DOVEKEY -; dovekeys
DOVEKIE -; dovekies
DOVEN -; dovens
DOVENED -; -
DOVISH -; -
DOW -; down, dows
DOWABLE -; -
DOWAGER -; dowagers
DOWDIER -; -
DOWDIES -; dowdiest
DOWDILY -; -
DOWDY -; -
DOWEL -; dowels
DOWELED -; -
DOWER -; dowers, dowery
DOWIE -; -
DOWN adown; downs, downy
DOWNED -; -
DOWNER -; downers
DOWNIER -; -
DOWNING -; -
DOWRIES -; -
DOWRY -; -
DOWSE -; dowsed, dowser, dowses
DOWSER -; dowsers
DOXIE -; doxies
DOXY -; -
DOYEN -; doyens

DOYENNE -; doyennes
DOYLEY -; doyleys
DOYLY -; -
DOZE adoze; dozed, dozen, dozer, dozes
DOZEN -; dozens
DOZENED -; -
DOZENTH -; dozenths
DOZER -; dozers
DOZIER -; -
DOZIEST -; -
DOZILY -; -
DOZING -; -
DOZY -; -
DRAB -; drabs
DRABBED -; -
DRABBER -; -
DRABBET -; drabbets
DRABBLE -; drabbled, drabbles
DRABLY -; -
DRACENA -; dracenas
DRACHM -; drachma, drachms
DRACHMA -; drachmae, drachmai, drachmas
DRAFF -; draffs, draffy
DRAFT -; drafts, drafty
DRAFTED -; -
DRAFTEE -; draftees
DRAFTER -; drafters
DRAG -; drags
DRAGEE -; dragees
DRAGGED -; -
DRAGGER -; draggers
DRAGGLE -; draggled, draggles
DRAGGY -; -
DRAGNET -; dragnets
DRAGON -; dragons
DRAGOON -; dragoons
DRAIL -; drails
DRAIN -; drains
DRAINED -; -
DRAINER -; drainers
DRAKE -; drakes
DRAM -; drama, drams
DRAMA -; dramas
DRAMEDY -; -
DRAMMED -; -
DRANK -; -
DRAPE -; draped, draper, drapes, drapey
DRAPER -; drapers, drapery
DRAPEY -; -
DRAPING -; -
DRASTIC -; -
DRAT -; drats
DRATTED -; -
DRAUGHT -; draughts, draughty
DRAVE -; -
DRAW -; drawl, drawn, draws
DRAWBAR -; drawbars
DRAWEE -; drawees
DRAWER -; drawers
DRAWING -; drawings
DRAWL -; drawls, drawly
DRAWLED -; -
DRAWLER -; drawlers
DRAWLY -; -
DRAY -; drays

DRAYAGE -; drayages
DRAYED -; -
DRAYING -; -
DRAYMAN -; -
DRAYMEN -; -
DREAD -; dreads
DREADED -; -
DREAM -; dreams, dreamt, dreamy
DREAMED -; -
DREAMER -; dreamers
DREAR -; drears, dreary
DRECK -; drecks
DREDGE -; dredged, dredger, dredges
DREDGER -; dredgers
DREE -; dreed, drees
DREEING -; -
DREG -; dregs
DREGGY -; -
DREICH -; -
DREIDEL -; dreidels
DREIDL -; dreidls
DREIGH -; -
DREK -; dreks
DREKKY -; -
DRENCH -; -
DRESS -; dressy
DRESSED -; -
DRESSER -; dressers
DRESSES -; -
DREST -; -
DREW -; -
DRIB -; dribs
DRIBBED -; -
DRIBBLE -; dribbled, dribbler, dribbles, dribblet
DRIBBLY -; -
DRIBLET -; driblets
DRIED -; -
DRIEGH -; -
DRIER -; driers
DRIES -; driest
DRIFT adrift; drifts, drifty
DRIFTED -; -
DRIFTER -; drifters
DRILL -; drills
DRILLED -; -
DRILLER -; drillers
DRILY -; -
DRINK -; drinks
DRINKER -; drinkers
DRIP -; drips, dript
DRIPPED -; -
DRIPPER -; drippers
DRIPPY -; -
DRIPT -; -
DRIVE -; drivel, driven, driver, drives
DRIVEL -; drivels
DRIVER -; drivers
DRIVING -; -
DRIZZLE -; drizzled, drizzles
DRIZZLY -; -
DROGUE -; drogues
DROID -; droids
DROIT adroit; droits
DROKE -; drokes
DROLL -; drolls, drolly
DROLLED -; -
DROLLER -; drollery

DROMON	-; dromond, dromons
DROMOND	-; dromonds
DRONE	-; droned, droner, drones
DRONER	-; droners
DRONGO	-; drongos
DRONING	-; -
DRONISH	-; -
DROOL	-; drools, drooly
DROOLED	-; -
DROOP	-; droops, droopy
DROOPED	-; -
DROP	-; drops, dropt
DROPLET	-; droplets
DROPOFF	-; -
DROPOUT	-; dropouts
DROPPED	-; -
DROPPER	-; droppers
DROPSY	-; -
DROPT	-; -
DROPTOP	-; droptops
DROSERA	-; droseras
DROSHKY	-; -
DROSKY	-; -
DROSS	-; drossy
DROSSES	-; -
DROUGHT	-; droughts, droughty
DROUK	-; drouks
DROUKED	-; -
DROUTH	-; drouths, drouthy
DROVE	-; droved, drover, droves
DROVER	-; drovers
DROVING	-; -
DROWN	-; drownd, drowns
DROWNED	-; -
DROWNER	-; drowners
DROWSE	-; drowsed, drowses
DROWSY	-; -
DRUB	-; drubs
DRUBBED	-; -
DRUBBER	-; drubbers
DRUDGE	-; drudged, drudger, drudges
DRUDGER	-; drudgers, drudgery
DRUG	-; drugs
DRUGGED	-; -
DRUGGET	-; druggets
DRUGGIE	-; druggier, druggies
DRUGGY	-; -
DRUID	-; druids
DRUM	-; drums
DRUMBLE	-; drumbled, drumbles
DRUMLIN	-; drumlins
DRUMLY	-; -
DRUMMED	-; -
DRUMMER	-; drummers
DRUNK	-; drunks
DRUNKEN	-; -
DRUNKER	-; -
DRUPE	-; drupes
DRUSE	-; druses
DRUTHER	-; druthers
DRY	-; drys
DRYABLE	-; -
DRYAD	-; dryads
DRYADES	-; -
DRYADIC	-; -

DRYAS	-; -
DRYER	-; dryers
DRYEST	-; -
DRYING	-; -
DRYISH	-; -
DRYLAND	-; -
DRYLOT	-; drylots
DRYLY	-; -
DRYNESS	-; -
DRYWALL	-; drywalls
DRYWELL	-; drywells
DUAD	-; duads
DUAL	-; duals
DUALISM	-; dualisms
DUALIST	-; dualists
DUALITY	-; -
DUALIZE	-; dualized, dualizes
DUALLY	-; -
DUB	-; dubs
DUBBED	-; -
DUBBER	-; dubbers
DUBBIN	-; dubbing, dubbins
DUBBING	-; dubbings
DUBIETY	-; -
DUBIOUS	-; -
DUBNIUM	-; dubniums
DUCAL	-; -
DUCALLY	-; -
DUCAT	-; ducats
DUCE	educe; duces
DUCES	educes; -
DUCHESS	-; -
DUCHIES	-; -
DUCHY	-; -
DUCI	-; -
DUCK	-; ducks, ducky
DUCKED	-; -
DUCKER	-; duckers
DUCKIE	-; duckier, duckies
DUCKIES	-; duckiest
DUCKING	-; -
DUCKPIN	-; duckpins
DUCT	educt; ducts
DUCTAL	-; -
DUCTED	-; -
DUCTILE	-; -
DUCTING	-; -
DUCTS	educts; -
DUCTULE	-; ductules
DUD	-; dude, duds
DUDDIE	-; -
DUDDY	-; -
DUDE	-; duded, dudes
DUDEEN	-; dudeens
DUDETTE	-; dudettes
DUDGEON	-; dudgeons
DUDING	-; -
DUDISH	-; -
DUE	-; duel, dues, duet
DUEL	-; duels
DUELED	-; -
DUELER	-; duelers
DUELING	-; -
DUELIST	-; duelists
DUELLED	-; -
DUELLER	-; duellers
DUELLI	-; -
DUELLO	-; duellos
DUENDE	-; duendes
DUENESS	-; -
DUENNA	-; duennas
DUET	-; duets
DUETTED	-; -
DUFF	-; duffs
DUFFEL	-; duffels

DUFFER -; duffers
DUFFLE -; duffles
DUFUS -; -
DUFUSES -; -
DUG -; dugs
DUGONG -; dugongs
DUGOUT -; dugouts
DUH -; -
DUI -; duit
DUIKER -; duikers
DUIT -; duits
DUKE -; dukes
DUKEDOM -; dukedoms
DULCE -; dulces, dulcet
DULCET -; dulcets
DULCIAN -; dulciana, dulcians
DULCIFY -; -
DULIA -; dulias
DULL -; dulls, dully
DULLARD -; dullards
DULLED -; -
DULLER -; -
DULLEST -; -
DULLING -; -
DULLISH -; -
DULLY -; -
DULNESS -; -
DULSE -; dulses
DULY -; -
DUMA -; dumas
DUMB -; dumbs
DUMBED -; -
DUMBER -; -
DUMBEST -; -
DUMBING -; -
DUMBLY -; -
DUMBO -; dumbos
DUMDUM -; dumdums
DUMKA -; -
DUMKY -; -
DUMMIED -; -
DUMMIES -; -
DUMMY -; -
DUMP -; dumps, dumpy
DUMPED -; -
DUMPER -; dumpers
DUMPIER -; -
DUMPILY -; -
DUMPING -; dumpings
DUMPISH -; -
DUMPY -; -
DUN -; dune, dung, dunk, duns, dunt
DUNAM -; dunams
DUNCE -; dunces
DUNCH -; -
DUNCHES -; -
DUNCISH -; -
DUNE -; dunes
DUNG -; dungs, dungy
DUNGED -; -
DUNGEON -; dungeons
DUNGING -; -
DUNITE -; dunites
DUNITIC -; -
DUNK -; dunks
DUNKED -; -
DUNKER -; dunkers
DUNKING -; -
DUNLIN -; dunlins
DUNNAGE -; dunnages
DUNNED -; -
DUNNER -; -
DUNNESS -; -
DUNNEST -; -

DUNNING	-; -
DUNNITE	-; dunnites
DUNT	-; dunts
DUNTED	-; -
DUNTING	-; -
DUO	-; duos
DUODENA	-; duodenal
DUOLOG	-; duologs
DUOMI	-; -
DUOMO	-; duomos
DUOPOLY	-; -
DUOTONE	-; duotones
DUP	-; dupe, dups
DUPATTA	-; dupattas
DUPE	-; duped, duper, dupes
DUPER	-; dupers, dupery
DUPING	-; -
DUPION	-; dupions
DUPLE	-; duplex
DUPLEX	-; -
DUPPED	-; -
DUPPING	-; -
DURA	-; dural, duras
DURABLE	-; durables
DURABLY	-; -
DURAMEN	-; duramens
DURANCE	-; durances
DURBAR	-; durbars
DURE	-; dured, dures
DURES	-; duress
DURIAN	-; durians
DURING	-; -
DURION	-; durions
DURMAST	-; durmasts
DURN	-; durns
DURNED	-; -
DURNING	-; -
DURO	-; duroc, duros
DUROC	-; durocs
DURR	-; durra, durrs
DURRA	-; durras
DURRIE	-; durries
DURST	-; -
DURUM	-; durums
DUSK	-; dusks, dusky
DUSKED	-; -
DUSKIER	-; -
DUSKILY	-; -
DUSKING	-; -
DUSKISH	-; -
DUST	adust; dusts, dusty
DUSTBIN	-; dustbins
DUSTED	-; -
DUSTER	-; dusters
DUSTIER	-; -
DUSTILY	-; -
DUSTING	-; -
DUSTMAN	-; -
DUSTMEN	-; -
DUSTOFF	-; dustoffs
DUSTPAN	-; dustpans
DUSTRAG	-; dustrags
DUSTUP	-; dustups
DUTCH	-; -
DUTEOUS	-; -
DUTIES	-; -
DUTIFUL	-; -
DUTY	-; -
DUUMVIR	-; duumviri, duumvirs
DUVET	-; duvets
DUVETYN	-; duvetyne, duvetyns
DUYKER	-; duykers
DWALE	- dwales
DWARF	-; dwarfs
DWARFED	-; -

DWARFER -; -
DWARVES -; -
DWEEB -; dweebs, dweeby
DWELL -; -
DWELLED -; -
DWELLER -; dwellers
DWELT -; -
DWINDLE -; dwindled, dwindles
DWINE -; dwined, dwines
DWINING -; -
DYABLE -; -
DYAD -; dyads
DYADIC -; dyadics
DYARCHY -; -
DYBBUKIM -; -
DYBBUK -; dybbuks
DYE -; dyed, dyer, dyes
DYEABLE -; -
DYEING -; dyeings
DYER -; dyers
DYEWEED -; dyeweeds
DYEWOOD -; dyewoods
DYING -; dyings
DYKE -; dyked, dykes
DYKING -; -
DYNAMIC -; dynamics
DYNAMO -; dynamos
DYNAST -; dynasts, dynasty
DYNE -; dynel, dynes
DYNEIN -; dyneins
DYNEL -; dynels
DYNODE -; dynodes
DYSPNEA -; dyspneal, dyspneas
DYSURIA -; dysurias
DYSURIC -; -
DYVOUR -; dyvours

E

E ae, be, de, he, me, pe, re, we, ye; ef, eh, el, em, en, er, es, et, ex
EACH beach, leach, peach, reach, teach; -
EAGER meager; eagers
EAGERER -; -
EAGERLY meagerly; -
EAGLE beagle; eagles, eaglet
EAGLES beagles; -
EAGLET -; eaglets
EAGRE meagre; eagres
EANLING -; eanlings
EAR bear, dear, fear, gear, hear, lear, near, pear, rear, sear, tear, wear, year; earl, earn, ears
EARACHE -; earaches
EARBUD -; earbuds
EARDROP -; eardrops

EARDRUM -; eardrums
EARED feared, geared, neared, reared, seared, teared; -
EARFLAP -; earflaps
EARFUL -; earfuls
EARHOLE -; earholes
EARING bearing, fearing, gearing, hearing, nearing, rearing, searing, tearing, wearing; earings
EARINGS bearings; -
EARL pearl; earls, early
EARLAP -; earlaps
EARLDOM -; earldoms
EARLESS fearless, gearless; -
EARLIER -; -
EARLOBE -; earlobes
EARLOCK -; earlocks
EARLS pearls; -
EARLY dearly, nearly, pearly, yearly; -
EARMARK -; earmarks
EARMUFF -; earmuffs
EARN learn, yearn; earns
EARNED learned, yearned; -
EARNER learner, yearner; earners
EARNERS yearners; -
EARNEST -; earnests
EARNING learning, yearning; earnings
EARNS learns, yearns; -
EARPLUG -; earplugs
EARRING -; earrings
EARS bears, dears, fears, gears, hears, lears, nears, pears, rears, sears, tears, wears, years; -
EARSHOT -; earshots
EARTH dearth, hearth; earths, earthy
EARTHED -; -
EARTHEN -; -
EARTHLY -; -
EARTHS dearths, hearths; -
EARWAX -; -
EARWIG -; earwigs
EARWORM -; earworms
EASE cease, fease, lease, pease, tease; eased, easel, eases
EASED ceased, feased, leased, teased; -
EASEFUL -; -
EASEL teasel, weasel; easels

EASELS teasels, weasels; -
EASES ceases, feases, leases, peases, teases; -
EASIER -; -
EASIES -; easiest
EASILY -; -
EASING ceasing, feasing, leasing, teasing; -
EAST beast, feast, least, yeast; easts
EASTER feaster; eastern, easters
EASTERS feasters; -
EASTING -; eastings
EASTS beasts, feasts, leasts, yeasts; -
EASY -; -
EAT beat, feat, heat, meat, neat, peat, seat, teat; eath, eats
EATABLE beatable; eatables
EATEN beaten, neaten; -
EATER beater, feater, heater, neater, seater; eaters, eatery
EATERS beaters, heaters, seaters; -
EATH death, heath, neath; -
EATING beating, heating, seating; eatings
EATINGS beatings, seatings; -
EATS beats, feats, heats, meats, neats, peats, seats, teats; -
EAU beau; eaux
EAUX beaux; -
EAVE deave, heave, leave, reave, weave; eaved, eaves
EAVED deaved, heaved, leaved, reaved, weaved; -
EAVES deaves, heaves, leaves, reaves, weaves; -
EBB -; ebbs
EBBED webbed; -
EBBET -; ebbets
EBBING webbing; -
EBON -; ebons, ebony
EBONICS -; -
EBONIES -; -
EBONISE -; ebonised, ebonises
EBONITE -; ebonites
EBONIZE -; ebonized, ebonizes

EBOOK -; ebooks
ECARTE -; ecartes
ECBOLIC -; ecbolics
ECCRINE -; -
ECDYSES -; -
ECDYSIS -; -
ECDYSON -; ecdysone, ecdysons
ECESES -; -
ECESIS -; -
ECHAPPE -; -
ECHARD -; echards
ECHE -; eched, eches
ECHED peched, teched; -
ECHELLE -; echelles
ECHELON -; echelons
ECHIDNA -; echidnae, echidnas
ECHING peching; -
ECHINUS -; -
ECHNI -; -
ECHO -; -
ECHOED -; -
ECHOER -; echoers
ECHOES -; -
ECHOEY -; -
ECHOIC -; -
ECHOING -; -
ECHOSIM -; echoisms
ECHT wecht; -
ECLAIR -; eclairs
ECLAT -; eclats
ECLIPSE -; eclipsed, eclipses
ECLOGUE -; eclogues
ECO -; ecos
ECOCIDE -; ecocides
ECOGIFT -; ecogifts
ECOLOGY -; -
ECONOMY -; -
ECORICHE -; ecoriches
ECOTAGE -; ecotages
ECOTONE -; ecotones
ECOTOUR -; ecotours
ECOTYPE -; ecotypes
ECOZONE -; ecozones
ECRU -; ecrus
ECSTASY -; -
ECTASES pectases; -
ECTASIS -; -
ECTATIC -; -
ECTHYMA -; -
ECTOPIA -; ectopias
ECTOPIC -; -
ECTYPAL -; -
ECTYPE -; ectypes
ECU -; ecus
ECZEMA -; eczemas
EDACITY -; -
EDAPHIC -; -
EDDIED -; -
EDDIES -; -
EDDO -; -
EDDOES -; -
EDDY teddy; -
EDDYING -; -
EDEMA oedema; edemas
EDEMAS oedemas; -
EDEMATA oedemata; -
EDENIC -; -
EDGE hedge, kedge, ledge, sedge, wedge; edged, edger, edges
EDGED hedged, kedged, wedged; -

EDGER	hedger, ledger, sedger; edgers
EDGERS	hedgers, ledgers; -
EDGES	hedges, kedges, ledges, sedges, wedges; -
EDGIER	hedgier, sedgier, wedgier; -
EDGIEST	hedgiest, wedgiest; -
EDGILY	-; -
EDGING	hedging, kedging, wedging; edgings
EDGINGS	-; -
EDGY	hedgy, ledgy, sedgy, wedgy; -
EDH	-; edhs
EDIBLE	-; edibles
EDICT	-; edicts
EDICTAL	-; -
EDIFICE	-; edifices
EDIFIED	-; -
EDIFIER	-; edifiers
EDIFIES	-; -
EDIFY	-; -
EDILE	aedile, sedile; ediles
EDILES	aediles; -
EDIT	-; edits
EDITED	-; -
EDITING	-; -
EDITION	-; editions

EDITOR	-; editors
EDITRIX	-; -
EDUCATE	-; educated, educates
EDUCE	deduce, reduce, seduce; educed, educes
EDUCED	deduced, reduced, seduced; -
EDUCES	deduces, reduces, seduces; -
EDUCING	deducing, reducing, seducing; -
EDUCT	deduct; educts
EDUCTOR	-; eductors
EDUCTS	deducts; -
EEEW	-; -
EEK	geek, leek, meek, peek, reek, seek, week; -
EEL	feel, heel, keel, peel, reel, seel, teel, weel; eels, eely
EELIER	-; -
EELIEST	-; -
EELING	-; -
EELLIKE	-; -
EELPOUT	-; eelpouts
EELS	feels, heels, keels, peels, reels, seels, teels; -

EELWORM	-; eelworms
EENSY	-; -
EERIE	peerie; eerier
EERIER	beerier; -
EERIEST	beeriest; -
EERILY	-; -
EERY	beery, leery, peery, veery; -
EEW	-; -
EF	kef, ref; eff, efs, eft
EFF	teff; effs
EFFABLE	-; -
EFFACE	-; effaced, effacer, effaces
EFFACER	-; effacers
EFFECT	-; effects
EFFENDI	-; effendis
EFFETE	-; -
EFFIGY	-; -
EFFLUGE	-; effluged, effluges
EFFLUX	-; -
EFFORT	-; efforts
EFFS	teffs; -
EFFUSE	-; effused, effuses
EFS	kefs, refs; -
EFT	deft, heft, left, reft, weft; efts
EFTS	hefts, lefts, wefts; -
EFTSOON	-; -
EGAD	-; egads
EGAL	legal, regal; -
EGALITE	-; egalites
EGER	leger; egers
EGERS	legers; -
EGEST	-; egesta, egests
EGESTED	-; -
EGG	yegg; eggs, eggy
EGGAR	-; eggars
EGGARS	beggars, seggars; -
EGGCUP	-; eggcups
EGGED	begged, legged, pegged; -
EGGER	-; eggers
EGGHEAD	-; eggheads
EGGING	begging, legging, pegging; -
EGGNOG	-; eggnogs
EGGS	yeggs; -
EGGY	leggy; -
EGIS	aegis; -
EGISES	-; -
EGO	sego; egos
EGOISM	-; egoisms
EGOIST	-; egoists
EGOLESS	-; -
EGOS	segos; -
EGOTISM	-; egotisms
EGOTIST	-; egotists
EGRESS	regress; -
EGRET	regret; egrets
EGRETS	regrets; -
EH	feh, heh, peh, yeh; -
EIDE	-; eider
EIDER	-; eiders
EIDETIC	-; -
EIDOLA	-; -
EIDOLIC	-; -
EIDOLON	-; eidolons

EIDOS -; -
EIGHT height, weight; eighth, eights, eighty
EIGHTH heighth; eighths
EIGHTS heights, weights; -
EIGHTVO -; eightvos
EIGHTY weighty; -
EIKON -; eikons
EIKONES -; -
EINKORN -; einkorns
EIRENIC -; -
EISWEIN -; eisweins
EITHER neither; -
EJECT deject, reject; ejecta, ejects
EJECTA dejecta; -
EJECTED dejected, rejected; -
EJECTOR -; ejectors
EJECTS dejects, rejects; -
EJIDO -; ejidos
EKE deke, leke, peke; eked, ekes
EKES dekes, pekes; -
EKING deking; -
EKISTIC -; ekistics
EKKA -; ekkas
EKPWELE -; ekpweles
EKUELE -; -
EL bel, del, eel, gel, mel, sel, tel; eld, elf, elk, ell, elm, els
ELAIN -; eleains
ELAN -; eland, elans
ELAND -; elands
ELAPID -; elapids
ELAPINE -; -
ELAPSE relapse; elapsed, elapses
ELAPSED relapsed; -
ELAPSES relapses; -
ELASTIC -; elastics
ELASTIN -; elastins
ELATE delate, gelate, relate, velate; elated, elater, elates
ELATED belated, delated, gelated, related; -
ELATER relater; elaters
ELATES delates, gelates, relates; -
ELATING delating, gelating, relating; elatings
ELATION delation, gelation, relation; elations
ELATIVE relative; elatives
ELBOW -; elbows
ELBOWED -; -
ELD geld, held, meld, veld, yeld; elds
ELDER gelder, melder, welder; elders

ELDERLY	-; -
ELDERS	gelders, melders, welders; -
ELDEST	-; -
ELDRESS	-; -
ELDRICH	-; -
ELDS	gelds, melds, velds, welds; -
ELECT	select; elects
ELECTED	selected; -
ELECTEE	-; electees
ELECTOR	-; electors
ELECTRO	-; electron, electros
ELECTS	selects; -
ELEGANT	-; -
ELEGIAC	-; elegiacs
ELEGIES	-; -
ELEGISE	-; elegised, elegises
ELEGIST	-; elegists
ELEGIT	-; elegits
ELEGIZE	-; elegized, elegizes
ELEGY	-; -
ELEMENT	-; elements
ELEMI	-; elemis
ELEVATE	-; elevated, elevates
ELEVEN	-; elevens
ELEVON	-; elevons
ELF	delf, pelf, self; -
ELFIN	-; elfins
ELFISH	selfish; -
ELFLOCK	-; elflocks
ELHI	-; -
ELICIT	-; elicits
ELIDE	-; elided, elides
ELIDING	-; -
ELINT	-; elints
ELISION	-; elisions
ELITE	pelite; elites
ELITES	pelites, velites; -
ELITISM	-; elitisms
ELITIST	-; elitists
ELIXIR	-; elixirs
ELK	yelk; elks
ELKS	yelks; -
ELL	bell, cell, dell, fell, hell, jell, mell, sell, tell, well, yell; ells
ELLIPSE	-; ellipses
ELLS	bells, cells, dells, fells, hells, jells, mells, sells, tells, wells, yells; -
ELM	helm; elms, elmy
ELMIER	-; -
ELMIEST	-; -
ELMS	helms; -
ELMWOOD	-; elmwoods
ELODEA	-; elodeas
ELOIGN	-; eloigns
ELOIN	-; eloins
ELOINED	-; -
ELOINER	-; eloiners
ELOPE	-; eloped, eloper, elopes
ELOPER	-; elopers
ELOPING	-; -
ELS	bels, dels, gels, mels, sels, tels; else
ELUANT	-; eluants

ELUATE -; eluates
ELUDE delude; eluded, eluder, eludes
ELUDED deluded; -
ELUDER deluder; eluders
ELUDERS deluders; -
ELUDES deludes; -
ELUDING deluding; -
ELUENT -; eluents
ELUSION delusion; elusions
ELUSIVE delusive; -
ELUSORY delusory; -
ELUTE -; eluted, elutes
ELUTING -; -
ELUTION -; elutions
ELUVIA -; eluvial
ELUVIUM -; eluviums
ELVEN -; -
ELVER delver; elvers
ELVERS delvers; -
ELVES delves, helves, pelves, selves; -
ELVISH -; -
ELYSIAN -; -
ELYTRA -; -
ELYTRON -; -
ELYTRUM -; -
EM fem, gem, hem, mem, rem; eme, ems, emu
EMAIL -; emails
EMAILED -; -
EMANATE -; emanated, emanates
EMBALM -; embalms
EMBANK -; embanks
EMBAR -; embark, embars
EMBARGO -; -
EMBARK -; embarks
EMBASSY -; -
EMBAY -; embays
EMBAYED -; -
EMBED -; embeds
EMBER member; embers
EMBERS members; -
EMBLAZE -; emblazed, emblazer, emblazes
EMBLEM -; emblems
EMBODY -; -
EMBOLI -; embolic
EMBOLUS -; -
EMBOLY -; -
EMBOSK -; embosks
EMBOSOM -; embosoms
EMBOSS -; -
EMBOW -; embows
EMBOWEL -; embowels
EMBOWER -; embowers
EMBRACE -; embraced, embracer, embraces
EMBROIL -; embroils
EMBROWN -; embrowns
EMBRUE -; embrued, embrues
EMBRUTE -; embruted, embrutes
EMBRYO -; embryon, embryos
EMBRYON -; embryons
EMCEE -; emceed, emcees

EMDASH	-; -
EME	deme, feme, heme, seme; emes, emeu
EMEER	-; emeers
EMEND	remend; emends
EMENDED	-; -
EMENDER	-; emenders
EMENDS	remends; -
EMERALD	-; emeralds
EMERGE	remerge; emerged, emerges
EMERGED	remerged; -
EMERGES	remerges; -
EMERIES	-; -
EMERITA	-; -
EMEROD	-; emerods
EMEROID	-; emeroids
EMERSED	-; -
EMERY	-; -
EMES	demes, femes, hemes, semes; -
EMESES	nemeses; -
EMESIS	nemesis; -
EMETIC	-; emetics
EMETIN	-; emetine, emetins
EMETINE	-; emetines
EMEU	-; emeus
EMEUTE	-; emeutes
EMIC	hemic; -
EMIGRE	-; emigres
EMINENT	-; -
EMIR	-; emirs
EMIRATE	-; emirates
EMIT	demit, remit; emits
EMITS	demits, remits; -
EMITTED	demitted, remitted; -
EMITTER	remitter; emitters
EMMER	hemmer; emmers
EMMERS	hemmers; -
EMMET	-; emmets
EMO	-; emos
EMODIN	-; emodins
EMOJI	-; emojis
EMOTE	demote, gemote, remote; emoted, emoter, emotes
EMOTED	demoted; -
EMOTER	remoter; emoters
EMOTES	demotes, gemotes; -
EMOTING	demoting; -
EMOTION	demotion; emotions
EMOTIVE	-; -
EMPALE	-; empaled, empaler, empales
EMPALER	-; empalers
EMPANEL	-; empanels
EMPATHY	-; -
EMPEROR	-; emperors
EMPERY	-; -
EMPIRE	-; empires
EMPIRIC	-; empirics
EMPLACE	-; emplaced, emplaces

EMPLANE	-; emplaned, emplanes
EMPLOY	-; employe, employs
EMPLOYE	-; employed, employee, employer, employes
EMPOWER	-; empowers
EMPRESS	-; -
EMPRISE	-; emprises
EMPRIZE	-; emprizes
EMPTIED	-; -
EMPTIER	-; emptiers
EMPTIES	-; emptiest
EMPTILY	-; -
EMPTINS	-; -
EMPTY	-; -
EMPYEMA	-; empyemas
EMS	fems, gems, hems, mems, rems; -
EMU	-; emus
EMULATE	-; emulated, emulates
EMULOUS	-; -
EMYD	-; emyde, emyds
EMYDE	-; emydes
EN	ben, den, fen, hen, ken, men, pen, sen, ten, wen, yen; end, eng, ens
ENABLE	tenable; enabled, enabler, enables
ENABLER	-; enablers
ENACT	-; enacts
ENACTED	-; -
ENACTOR	-; enactors, enactory
ENAMEL	-; enamels
ENAMINE	-; enamines
ENAMOR	-; enamors
ENAMOUR	-; enamours
ENATE	penate, senate; enates
ENATES	senates; -
ENATIC	venatic; -
ENATION	-; enations
ENCAGE	-; encaged, encages
ENCAMP	-; encamps
ENCASE	-; encased, encases
ENCASH	-; -
ENCHAIN	-; enchains
ENCHANT	-; enchants
ENCHASE	-; enchased, enchaser, enchases
ENCINA	-; encinal, encinas
ENCLASP	-; enclasps
ENCLAVE	-; enclaves
ENCLOSE	-; enclosed, encloser, encloses
ENCODE	-; encoded, encoder, encodes
ENCODER	-; encoders
ENCORE	-; encored, encores
ENCRUST	-; encrusts
ENCRYPT	-; encrypts
ENCYST	-; encysts

END bend, fend, lend, mend, pend, rend, send, tend, vend, wend; ends
ENDARCH -; endarchy
ENDASH -; -
ENDEAR -; endears
ENDED bended, fended, mended, pended, rended, tended, vended, wended; -
ENDEMIC -; endemics
ENDER bender, fender, gender, lender, mender, render, sender, tender, vender; enders
ENDERS benders, fenders, genders, lenders, menders, renders, senders, tenders, venders; -
ENDING bending, fending, lending, mending, pending, rending, sending, tending, vending, wending; endings
ENDINGS mendings; -
ENDITE -; endited, endites
ENDIVE -; endives
ENDLEAF -; -
ENDLESS -; -
ENDLONG -; -
ENDMOST -; -
ENDNOTE -; endnotes
ENDOGEN -; endogens, endogeny
ENDOPOD -; endopods
ENDORSE -; endorsed, endorsee, endorser, endorses
ENDOW -; endows
ENDOWED -; -
ENDOWER -; endowers
ENDPLAY -; endplays
ENDRIN -; endrins
ENDS bends, fends, lends, mends, pends, rends, sends, tends, vends, wends; -
ENDUE vendue; endued, endues
ENDUES vendues; -
ENDURE -; endured, endures
ENDURO -; enduros

ENDWAYS	-; -
ENDWISE	-; -
ENE	bene, dene, gene, nene, sene; enes
ENEMA	-; enemas
ENEMATA	-; -
ENEMIES	-; -
ENEMY	-; -
ENERGID	-; energids
ENERGY	-; -
ENFACE	-; enfaced, enfaces
ENFEOFF	-; enfeoffs
ENFEVER	-; enfevers
ENFLAME	-; enflamed, enflames
ENFOLD	tenfold; enfolds
ENFOLDS	tenfolds; -
ENFORCE	-; enforced, enforcer, enforces
ENFRAME	-; enframed, enframes
ENG	-; engs
ENGAGE	-; engaged, engager, engages
ENGAGER	-; engagers
ENGILD	-; engilds
ENGINE	-; engined, engines
ENGIRD	-; engirds
ENGIRT	-; -
ENGLISH	-; -
ENGLUT	-; engluts
ENGORGE	-; encorged, engorges
ENGRAFT	-; engrafts
ENGRAIL	-; engrails
ENGRAIN	-; engrains
ENGRAM	-; engrams
ENGRAVE	-; engraved, engraver, engraves
ENGROSS	-; -
ENGULF	-; engulfs
ENHALO	-; -
ENHANCE	-; enhanced, enhancer, enhances
ENIGMA	-; enigmas
ENISLE	-; enisled, enisles
ENJAMB	-; enjambs
ENJOIN	-; enjoins
ENJOY	-; enjoys
ENJOYED	-; -
ENJOYER	-; enjoyers
ENLACE	-; enlaced, enlaces
ENLARGE	-; enlarged, enlarger, enlarges
ENLIST	-; enlists
ENLIVEN	-; enlivens
ENMESH	-; -
ENMITY	-; -
ENNEAD	-; enneads
ENNOBLE	-; ennobled, ennobler, ennobles
ENNUI	-; ennuis
ENNUYE	-; ennuyee
ENOKI	-; enokis
ENOL	-; enols
ENOLASE	-; enolases
ENOLIC	-; -
ENOLOGY	-; -

ENORM	-; -
ENOSIS	-; -
ENOUGH	-; enoughs
ENOUNCE	-; enounced, enounces
ENOW	-; enows
ENPLANE	-; enplaned, enplanes
ENQUIRE	-; enquired, enquires
ENQUIRY	-; -
ENRAGE	-; enraged, enrages
ENRAPT	-; -
ENRICH	-; -
ENROBE	-; enrobed, enrober, enrobes
ENROBER	-; enrobers
ENROL	-; enroll, enrols
ENROLL	-; enrolls
ENROOT	-; enroots
ENS	bens, dens, fens, gens, hens, kens, lens, pens, tens, wens, yens; -
ENSERF	-; enserfs
ENSIGN	-; ensigns
ENSILE	pensile, tensile; ensiled, ensiles
ENSKIED	-; -
ENSKIES	-; -
ENSKY	-; -
ENSKYED	-; -
ENSLAVE	-; enslaved, enslaver, enslaves
ENSNARE	-; ensnared, ensnarer, ensnares
ENSNARL	-; ensnarls
ENSOUL	-; ensouls
ENSUE	-; ensued, ensues
ENSUING	-; -
ENSUITE	-; ensuites
ENSURE	censure; ensured, ensurer, ensures
ENSURED	censured; -
ENSURER	censurer; ensurers
ENSURES	censures; -
ENTAIL	ventail; entails
ENTAILS	ventails; -
ENTASIA	-; entasias
ENTASES	-; -
ENTASIS	-; -
ENTENTE	-; ententes
ENTER	center, renter, tenter, venter; entera, enters
ENTERA	-; enteral
ENTERED	centered; -
ENTERER	centerer; enterers
ENTERIC	-; enterics
ENTERON	-; enterons
ENTERS	centers, renters, tenters, venters; -
ENTHRAL	-; enthrall, enthrals
ENTHUSE	-; enthused, enthuses
ENTIA	-; -

ENTICE	-; enticed, enticer, entices
ENTICER	-; enticers
ENTIRE	-; entires
ENTITLE	-; entitled, entitles
ENTITY	-; -
ENTOIL	-; entoils
ENTOMB	-; entombs
ENTOPIC	-; -
ENTOZOA	-; entozoal, entozoan
ENTRAIN	-; entrains
ENTRANT	-; entrants
ENTRAP	-; entraps
ENTREAT	-; entreats, entreaty
ENTREE	-; entrees
ENTRIES	gentries, sentries; -
ENTROPY	-; -
ENTRUST	-; entrusts
ENTRY	gentry, sentry; -
ENTWINE	-; entwined, entwines
ENTWIST	-; entwists
ENURE	tenure; enured, enures
ENURED	tenured; -
ENURES	tenures; -
ENVELOP	-; envelope, envelops
ENVENOM	-; envenoms
ENVIED	-; -
ENVIER	-; enviers
ENVIES	-; -
ENVIOUS	-; -
ENVIRO	-; environ, enviros
ENVIRON	-; environs
ENVOI	renvoi; envois
ENVOIS	renvois; -
ENVOY	-; envoys
ENVY	-; -
ENWHEEL	-; enwheels
ENWIND	-; enwinds
ENWOMB	-; enwombs
ENWRAP	-; enwraps
ENZYM	-; enzyme, enzyms
ENZYME	-; enzymes
ENZYMIC	-; -
EOBIONT	-; eobionts
EOLIAN	aeolian; -
EOLITH	neolith; eoliths
EOLITHS	neoliths; -
EON	aeon, geon, jeon, neon, peon; eons
EONIAN	aeonian; -
EONISM	peonism; eonisms
EONS	aeons, neons, peons; -
EOSIN	-; eosine, eosins
EOSINE	-; eosines
EOSINIC	-; -
EPACT	-; epacts
EPARCH	-; eparchs, eparchy
EPAULET	-; epaulets
EPAZOTE	-; epazotes
EPEE	tepee; epees
EPEEIST	-; epeeists
EPEES	tepees; -
EPEIRIC	-; -
EPERGNE	-; epergnes

EPHA -; ephah, ephas
EPHAH -; ephahs
EPHEBE -; ephebes
EPHEBI -; ephebic
EPHEBOI -; -
EPHEBOS -; -
EPHEBUS -; -
EPHEDRA -; ephedras
EPHOD -; ephods
EPHOR -; ephori, ehpors
EPHORAL -; -
EPIBOLY -; -
EPIC sepic; epics
EPICAL -; -
EPICARP -; epicarps
EPICENE -; epicenes
EPICURE -; epicures
EPIDERM -; epiderms
EPIDOTE -; epidotes
EPIGEAL -; -
EPIGEAN -; -
EPIGEIC -; -
EPIGENE -; -
EPIGON -; epigone, epigons
EPIGONE -; epigones
EPIGRAM -; epigrams
EPIGYNY -; -
EPILATE -; epilated, epilates
EPILOG -; epilogs
EPIMER -; epimere, epimers
EPIMERE -; epimeres
EPINAOS -; -
EPISCIA -; episcias
EPISODE -; episodes
EPISOME -; episomes
EPISTLE -; epistler, epistles
EPITAPH -; epitaphs
EPITAXY -; -
EPITHET -; epithets
EPITOME -; epitomes
EPITOPE -; epitopes
EPIZOA -; -
EPIZOIC -; -
EPIZOON -; -
EPOCH -; epochs
EPOCHAL -; -
EPODE -; epodes
EPONYM -; eponyms, eponymy
EPOPEE -; epopees
EPOS pepos, repos; -
EPOSES deposes, reposes; -
EPOXIDE -; epoxides
EPOXIED -; -
EPOXIES -; -
EPOXY -; -
EPSILON -; epsilons
EQUABLE -; -
EQUABLY -; -
EQUAL -; equals
EQUALED -; -
EQUALLY -; -
EQUATE -; equated, equates
EQUATOR -; equators
EQUERRY -; -
EQUES -; -
EQUID -; equids
EQUINE -; equines
EQUINOX -; -
EQUIP -; equips

EQUITES	requites; -
EQUITY	-; -
ER	fer, her, per, ser; era, ere, erg, ern, err
ERA	sera, vera; eras
ERAS	-; erase
ERASE	-; erased, eraser, erases
ERASER	-; erasers
ERASION	-; erasions
ERASURE	-; erasures
ERBIUM	-; erbiums
ERE	cere, dere, fere, here, mere, pere, sere, were; -
ERECT	-; erects
ERECTED	-; -
ERECTER	-; -
ERECTLY	-; -
ERECTOR	-; erectors
ERELONG	-; -
EREMITE	-; eremites
ERENOW	-; -
EREPSIN	-; erepsins
ERETHIC	-; -
ERG	berg; ergo, ergs
ERGATE	-; ergates
ERGO	-; ergot
ERGODIC	-; -
ERGOT	-; ergots
ERGOTIC	-; -
ERGS	bergs; -
ERICA	-; ericas
ERICOID	-; -
ERINGO	-; eringos
ERISTIC	-; eristics
ERLKING	-; erlkings
ERMINE	-; ermined, ermines
ERN	fern, hern, kern, tern; erne, erns
ERNE	kerne, terne; ernes
ERNES	kernes, ternes; -
ERNS	ferns, herns, kerns, terns; -
ERODE	-; eroded, erodes
ERODENT	-; -
ERODING	-; -
EROS	ceros, heros, zeros; erose
EROSE	reroses; eroses
EROSELY	-; -
EROSES	xeroses; -
EROSION	-; erosions
EROSIVE	-; -
EROTIC	cerotic, xerotic; erotica, erotics
EROTICA	-; erotical
EROTISM	-; erotisms
EROTIZE	-; erotized, erotizes
ERR	-; errs
ERRANCY	-; -
ERRAND	-; errands
ERRANT	-; errants
ERRATA	-; erratas
ERRATIC	-; erratics
ERRATUM	-; -
ERRED	-; -

ERRHINE	-; errhines
ERRING	herring; -
ERROR	terror; errors
ERRORS	terrors; -
ERS	hers, sers; erst
ERSATZ	-; -
ERSES	perses, verses; -
ERST	verst; -
ERUCT	-; eructs
ERUCTED	-; -
ERUDITE	-; -
ERUGO	aerugo; erugos
ERUGOS	aerugos; -
ERUPT	-; erupts
ERUPTED	-; -
ERUV	-; eruvs
ERUVIM	-; -
ERVIL	-; ervils
ERYNGO	-; eryngos
ES	des, hes, pes, res, yes; ess
ESCALOP	-; escalops
ESCAPE	-; escaped, escapee, escaper, escapes
ESCAPEE	-; escapees
ESCAPER	-; escapers
ESCAR	-; escarp, escars
ESCARP	-; escarps
ESCHAR	-; eschars
ESCHEAT	-; escheats
ESCHEW	-; eschews
ESCOLAR	-; escolars
ESCORT	-; escorts
ESCOT	-; escots
ESCOTED	-; -
ESCROW	-; escrows
ESCUAGE	-; escuages
ESCUDO	-; escudos
ESERINE	-; eserines
ESES	-; -
ESKAR	-; eskars
ESKER	-; eskers
ESPANOL	-; -
ESPARTO	-; espartos
ESPIAL	-; espials
ESPIED	-; -
ESPIES	-; -
ESPOIR	-; espoirs
ESPOUSE	-; espoused, espouser, espouses
ESPRIT	-; esprits
ESPY	-; -
ESQUIRE	-; esquired, esquires
ESS	cess, fess, jess, less, mess, ness; -
ESSAY	-; essays
ESSAYED	-; -
ESSAYER	-; essayers
ESSE	-; esses
ESSENCE	-; essences
ESSES	cesses, fesses, jesses, messes, nesses, yesses; -
ESSOIN	-; essoins
EST	-; ests
ESTATE	gestate, restate, testate; estated, estates
ESTATED	gestated, restated; -

ESTATES	gestates, restates
ESTEEM	-; esteems
ESTER	fester, jester, nester, pester, rester, tester, wester, yester; esters
ESTERS	festers, jesters, nesters, pesters, resters, testers, westers; -
ESTESIAN	-; -
ESTHETE	-; esthetes
ESTIVAL	aestival, festival; -
ESTOP	-; estops
ESTRAL	vestral; -
ESTRAY	-; estrays
ESTREAT	-; estreats
ESTRIN	oestrin; estrins
ESTRINS	oestrins; -
ESTRIOL	-; estriols
ESTRONE	-; estrones
ESTROUS	-; -
ESTRUAL	-; -
ESTRUM	oestrum; estrums
ESTRUMS	oestrums; -
ESTRUS	oestrus; -
ESTUARY	-; -
ET	bet, fet, get, het, jet, let, met, net, pet, ret, set, vet, wet, yet; eta, eth
ETA	beta, feta, geta, meta, seta, zeta; etas
ETAGERE	-; etageres
ETALON	-; etalons
ETAMIN	-; etamine, etamins
ETAMINE	-; etamines
ETAPE	-; etapes
ETAS	betas, fetas, getas, zetas; -
ETATISM	-; etatisms
ETATIST	-; -
ETCH	fetch, ketch, letch, retch, vetch; -
ETCHANT	-; etchants
ETCHED	fetched, retched, tetched; -
ETCHER	fetcher; etchers
ETCHERS	fetchers; -
ETCHES	fetches, ketches, letches, retches, vetches; -
ETCHING	fetching, retching; etchings
ETERNAL	-; eternals
ETERNE	-; -
ETESIAN	-; etesians
ETH	beth, heth, meth, teth; eths
ETHANAL	-; ethanals
ETHANE	methane; ethanes
ETHANES	methanes
ETHANOL	-; ethanols
ETHENE	-; ethenes

ETHER aether, nether, tether, wether; ethers
ETHERIC -; -
ETHERS aethers, tethers, wethers; -
ETHIC -; ethics
ETHICAL -; ethicals
ETHINYL -; ethinyls
ETHION -; ethions
ETHMOID -; ethmoids
ETHNIC -; ethnics
ETHNOS -; -
ETHOS -; -
ETHOSES -; -
ETHOXY methoxy; ethoxyl
ETHOXYL -; ethoxyls
ETHS beths, heths, meths, teths; -
ETHYL methyl; ethyls
ETHYLIC -; -
ETHYLS methyls; -
ETHYNE -; ethynes
ETHYNYL -; ethynyls
ETIC -; -
ETNA -; etnas
ETOILE -; etoiles
ETRIER -; etriers
ETUDE -; etudes
ETUI -; etuis
ETWEE -; etwees
ETYMA -; -
ETYMON -; etymons
EUCAINE -; eucaines
EUCHRE -; euchred, euchres
EUCLASE -; euclases
EUCRITE -; eucrites
EUDEMON -; eudemons
EUGENIA -; eugenias
EUGENIC -; eugenics
EUGENOL -; eugenols
EUGLENA -; euglenas
EULOGIA -; eulogiae, eulogias
EULOGY -; -
EUNUCH -; eunuchs
EUPEPSY -; -
EUPHONY -; -
EUPHROE -; euphroes
EUPLOID -; euploids, euploidy
EUPNEA -; eupneas
EUPNEIC -; -
EUPNOEA -; eupnoeas
EUREKA -; -
EURIPI -; -
EURIPUS -; -
EURO -; euros
EUROKY -; -
EURYOKY -; -
EUSTACY -; -
EUSTASY -; -
EUSTELE -; eusteles
EUTAXY -; -
EVACUEE -; evacuees
EVADE -; evaded, evader, evades
EVADER -; evaders
EVANGEL -; evangels
EVANISH -; -
EVASION -; evasions
EVASIVE -; -
EVE jeves, neve;

even, ever, eves

EVEN seven; evens, event

EVENED -; -

EVENER -; eveners

EVENEST -; -

EVENING -; evenings

EVENLY -; -

EVENS sevens; -

EVENT -; events

EVER fever, lever, never, sever; evert, every

EVERT revert; everts

EVERTED -; -

EVERTOR -; evertors

EVERTS reverts; -

EVERY revery; -

EVES jeves, neves; -

EVICT -; evicts

EVICTED -; -

EVICTEE -; evictees

EVICTOR -; evictors

EVIDENT -; -

EVIL devil, kevil; evils

EVILER reviler; -

EVILEST -; -

EVILLER -; -

EVILLY -; -

EVILS devils, kevils; -

EVINCE -; evinced, evinces

EVITE -; evited, evites

EVITING -; -

EVOKE revoke; evoked, evoker, evokes

EVOKED revoked; -

EVOKER revoker; evokers

EVOKES revokes; -

EVOKING -; -

EVOLUTE -; evolutes

EVOLVE devolve, revolve; evolved, evolver, evolves

EVOLVED revolved; -

EVOLVER revolver; evolvers

EVOLVES revolves; -

EVULSE -; evulses

EVZONE -; evzones

EW -; ewe

EWE -; ewes

EWER fewer, hewer, newer, sewer; ewers

EWERS hewers, sewers; -

EX dex, hex, kex, lex, rex, sex, vex; -

EXABYTE -; exabytes

EXACT -; exacta, exacts

EXACTA -; exactas

EXACTED -; -

EXACTER -; exacters

EXACTLY -; -

EXACTOR -; exactors

EXALT -; exalts

EXALTED -; -

EXALTER -; exalters

EXAM -; exams

EXAMEN	-; examens
EXAMINE	-; examined, examinee, examiner, examines
EXAMPLE	-; exampled, examples
EXAPTED	-; -
EXARCH	-; exarchs, exarchy
EXCEED	-; exceeds
EXCEL	-; excels
EXCEPT	-; excepts
EXCERPT	-; excerpts
EXCESS	-; -
EXCIDE	-; excided, excides
EXCIMER	-; excimers
EXCIPLE	-; exciples
EXCISE	-; excised, excises
EXCITE	-; excited, exciter, excites
EXCITER	-; exciters
EXCITON	-; excitons
EXCITOR	-; excitors
EXCLAIM	-; exclaims
EXCLAVE	-; exclaves
EXCLUDE	-; excluded, excluder, excludes
EXCRETA	-; excretal
EXCRETE	-; excreted, excreter, excretes
EXCUSE	-; excused, excuser, excuses
EXCUSER	-; excusers
EXEC	-; execs
EXECUTE	-; executed, executer, executes
EXEDRA	-; exedrae
EXEGETE	-; exegetes
EXEMPT	-; exempts
EXEQUY	-; -
EXERGUE	-; exergues
EXERT	-; exerts
EXERTED	-; -
EXES	dexes, hexes, kexes, lexes, rexes, sexes, vexes; -
EXEUNT	-; -
EXHALE	-; exhaled, exhales
EXHAUST	-; exhausts
EXHEDRA	-; exhedrae
EXHIBIT	-; exhibits
EXHORT	-; exhorts
EXHUME	-; exhumed, exhumer, exhumes
EXHUMER	-; exhumers
EXIGENT	-; -
EXILE	-; exiled, exiles
EXILIAN	-; -
EXILIC	-; -
EXILING	-; -
EXINE	-; exines
EXIST	sexist; exists
EXISTED	-; -
EXISTS	sexists; -
EXIT	-; exits
EXITED	-; -
EXITING	-; -
EXOCARP	-; exocarps
EXODERM	-; exoderms

EXODOI -; -
EXODOS -; -
EXODUS -; -
EXOGAMY -; -
EXOGEN -; exogens
EXOME -; exomes
EXON -; exons
EXONIC -; -
EXONYM -; exonyms
EXOTIC -; exotica, exotics
EXOTISM -; exotisms
EXPAND -; expands
EXPANSE -; expanses
EXPAT -; expats
EXPECT -; expects
EXPEL -; expels
EXPEND -; expends
EXPENSE -; expensed, expenses
EXPERT -; experts
EXPIATE -; expiated, expiates
EXPIRE -; expired, expirer, expires
EXPIRER -; expirers
EXPIRY -; -
EXPLAIN -; explains
EXPLANT -; explants
EXPLODE -; exploded, exploder, explodes
EXPLOIT -; exploits
EXPLORE -; explored, explorer, explores
EXPO -; expos
EXPORT -; exports
EXPOSAL -; exposals
EXPOSE -; exposed, exposer, exposes
EXPOSER -; exposers
EXPOSIT -; exposits
EXPOUND -; expounds
EXPRESS -; -
EXPULSE -; expulsed, expulses
EXPUNGE -; expunged, expunger, expunges
EXSCIND -; exscinds
EXSECT -; exsects
EXSERT -; exserts
EXTANT -; -
EXTEND -; extends
EXTENT -; extents
EXTERN -; externe, externs
EXTERNE -; externes
EXTINCT -; extincts
EXTOL -; extoll, extols
EXTOLL -; extolls
EXTORT -; extorts
EXTRA -; extras
EXTRACT -; extracts
EXTREMA -; -
EXTREME -; extremer, extremes
EXTROPY -; -
EXTRUDE -; extruded, extruder, extrudes
EXUDATE -; exudates
EXUDE -; exuded, exudes
EXULT -; exults
EXULTED -; -
EXURB -; exurbs

EXURBAN	-; -
EXURBIA	-; exurbias
EXUVIA	-; exuviae, exuvial
EXUVIUM	-; -
EYAS	-; -
EYASES	-; -
EYE	-; eyed, eyen, eyer, eyes
EYEABLE	-; -
EYEBALL	-; eyeballs
EYEBAR	-; eyebars
EYEBEAM	-; eyebeams
EYEBOLT	-; eyebolts
EYEBROW	-; eyebrows
EYECUP	-; eyecups
EYEFOLD	-; eyefolds
EYEFUL	-; eyefuls
EYEHOLE	-; eyeholes
EYEHOOK	-; eyehooks
EYEING	-; -
EYELASH	-; -
EYELESS	-; -
EYELET	-; eyelets
EYELID	-; eyelids
EYELIFT	-; eyelifts
EYELIKE	-; -
EYEN	-; -
EYER	feyer; eyers
EYESHOT	-; eyeshots
EYESOME	-; -
EYESORE	-; eyesores
EYESPOT	-; eyespots
EYEWASH	-; -
EYEWEAR	-; eyewears
EYEWINK	-; eyewinks
EYING	keying; -
EYNE	-; -
EYRA	-; eyras
EYRE	-; eyres
EYRIE	-; eyries
EYRIR	-; -
EYRY	-; -

F

F	ef, if, of; fa, fi
FA	-; fab, fad, fag, fan, far, fas, fat, fax, fay
FAB	-; fabs
FABLE	-; fabled, fabler, fables
FABLER	-; fablers
FABLIAU	-; fabliaux
FABLING	-; -
FABRIC	-; fabrics
FABULAR	-; -
FACADE	-; facades
FACE	-; faced, facer, faces, facet
FACER	-; facers
FACET	-; facete, facets
FACETE	-; faceted
FACEUP	-; -
FACIA	-; facial, facias
FACIAL	-; facials
FACIEND	-; faciends
FACIENT	-; -
FACIES	-; -
FACILE	-; -

FACING	-; facings
FACT	-; facts
FACTFUL	-; -
FACTICE	-; factices
FACTION	-; factions
FACTOID	-; factoids
FACTOR	-; factors, factory
FACTUAL	-; -
FACTURE	-; factures
FACULA	-; faculae, facular
FACULTY	-; -
FAD	-; fade, fado, fads
FADABLE	-; -
FADDIER	-; -
FADDISH	-; -
FADDISM	-; faddisms
FADDIST	-; faddists
FADDY	-; -
FADE	-; faded, fader, fades
FADEIN	-; fadeins
FADELY	-; -
FADEOUT	-; fadeouts
FADER	-; faders
FADGE	-; fadged, fadges
FADING	-; fadings
FADLIKE	-; -
FADO	-; fados
FAECAL	-; -
FAECES	-; -
FAENA	-; faenas
FAERIE	-; faeries
FAERY	-; -
FAFF	-; faffs
FAFFED	-; -
FAG	-; fags
FAGGED	-; -
FAGGING	-; -
FAGGOT	-; faggots
FAGGY	-; -
FAGIN	-; fagins
FAGOT	-; fagots
FAGOTED	-; -
FAGOTER	-; fagoters
FAH	-; fahs
FAIENCE	-; faiences
FAIL	-; fails
FAILED	-; -
FAILING	-; failings
FAILLE	-; failles
FAILURE	-; failures
FAIN	-; faint
FAINER	-; -
FAINEST	-; -
FAINT	-; faints
FAINTED	-; -
FAINTER	-; fainters
FAINTLY	-; -
FAIR	-; fairs, fairy
FAIRED	-; -
FAIRER	-; -
FAIREST	-; -
FAIRIES	-; -
FAIRING	-; fairings
FAIRISH	-; -
FAIRLY	-; -
FAIRWAY	-; fairways
FAITH	-; faiths
FAITHED	-; -
FAITOUR	-; faitours
FAJITA	; fajitas
FAKE	-; faked, faker, fakes, fakey
FAKEER	-; fakeers

FAKER -; fakers, fakery
FAKIE -; fakies
FAKING -; -
FAKIR -; fakirs
FALAFEL -; -
FALBALA -; falbalas
FALCATE -; falcated
FALCES -; -
FALCON -; falcons
FALL -; falls
FALLACY -; -
FALLAL -; fallals
FALLEN -; -
FALLER -; fallers
FALLING -; -
FALLOFF -; falloffs
FALLOUT -; fallouts
FALLOW -; fallows
FALSE -; falser
FALSELY -; -
FALSEST -; -
FALSIE -; falsies
FALSIFY -; -
FALSITY -; -
FALTER -; falters
FALX -; -
FAME -; famed, fames
FAMILY -; -
FAMINE -; famines
FAMING -; -
FAMISH -; -
FAMOUS -; -
FAMULI -; -
FAMULUS -; -
FAN -; fane, fang, fano, fans
FANATIC -; fanatics
FANBOY -; fanboys
FANCIED -; -
FANCIER -; fanciers
FANCIES -; -
FANCIFY -; -
FANCILY -; -
FANCY -; -
FANDOM -; fandoms
FANE -; fanes
FANEGA -; fanegas
FANFARE -; fanfares
FANFIC -; fanfics
FANFOLD -; fanfolds
FANG -; fanga, fangs
FANGA -; fangas
FANGED -; -
FANGIRL -; fangirls
FANION -; fanions
FANJET -; fanjets
FANLIKE -; -
FANNED -; -
FANNER -; fanners
FANNING -; -
FANNY -; -
FANO -; fanon, fanos
FANON -; fanons
FANTAIL -; fantails
FANTASM -; fantasms
FANTAST -; fantasts
FANTASY -; -
FANTOD -; fantods
FANTOM -; fantoms
FANUM -; fanums
FANWISE -; -
FANWORT -; fanworts
FANZINE -; fanzines
FAQIR -; faqirs
FAQUIR -; faquirs
FAR afar; fard, fare, farl, farm, faro,

FARAD	-; farads
FARADAY	-; faradays
FARADIC	-; -
FARAWAY	-; -
FARCE	-; farced, farcer, farces
FARCER	-; farcers
FARCEUR	-; farceurs
FARCI	-; farcie
FARCIE	-; farcies
FARCING	-; -
FARCY	-; -
FARD	-; fards
FARDED	-; -
FARDEL	-; fardels
FARDING	-; -
FARE	-; fared, farer, fares
FAREBOX	-; -
FARER	-; farers
FARFAL	-; -
FARFEL	-; farfels
FARINA	-; farinas
FARING	-; -
FARINHA	-; farinhas
FARL	-; farle, farls
FARLE	-; farles
FARM	-; farms
FARMED	-; -
FARMER	-; farmers
FARMING	-; farmings
FARNESS	-; -
FARO	-; faros
FARRAGO	-; -
FARRIER	-; farriers, farriery
FARRO	-; farros
FARROW	-; farrows
FARSIDE	-; farsides
FARTHER	-; -
FAS	-; fash, fast
FASCES	-; -
FASCIA	-; fasciae, fascial, fascias
FASCINE	-; fascines
FASCISM	-; fascisms
FASCIST	-; fascists
FASH	-; -
FASHED	-; -
FASHES	-; -
FASHING	-; -
FASHION	-; fashions
FAST	-; fasts
FASTED	-; -
FASTEN	-; fastens
FASTER	-; -
FASTEST	-; -
FASTING	-; fastings
FAT	-; fate, fats
FATAL	-; -
FATALLY	-; -
FATBACK	-; fatbacks
FATBIRD	-; fatbirds
FATE	-; fated, fates
FATEFUL	-; -
FATHEAD	-; fatheads
FATHER	-; fathers
FATHOM	-; fathoms
FATIDIC	-; -
FATIGUE	-; fatigued, fatigues
FATING	-; -
FATLESS	-; -
FATLIKE	-; -
FATLING	-; fatlings
FATLY	-; -
FATNESS	-; -
FATSO	-; fatsos
FATSOES	-; -
FATTED	-; -

FATTEN	-; fattens	**FAWNED**	-; -
FATTER	-; -	**FAWNER**	-; fawners
FATTEST	-; -	**FAWNIER**	-; -
FATTIER	-; -	**FAWNING**	-; -
FATTIES	-; fattiest	**FAX**	-; -
FATTILY	-; -	**FAXED**	-; -
FATTING	-; -	**FAXES**	-; -
FATTISH	-; -	**FAXING**	-; -
FATTY	-; -	**FAY**	ofay; fays
FATUITY	-; -	**FAYED**	-; -
FATUOUS	-; -	**FAYING**	-; -
FATWA	-; fatwas	**FAYS**	ofays; -
FATWOOD	-; fatwoods	**FAZE**	-; fazed, fazes
FAUCAL	-; faucals	**FAZENDA**	-; fazendas
FAUCES	-; -	**FAZING**	-; -
FAUCET	-; faucets	**FE**	-; fed, fee, feh, fem, fen, fer, fes, fet, feu, few, fez
FAUCIAL	-; -		
FAUGH	-; -		
FAULD	-; faulds		
FAULT	-; faults, faulty	**FEAL**	-; -
FAULTED	-; -	**FEALTY**	-; -
FAUN	-; fauna, fauns	**FEAR**	-; fears
FAUNA	-; faunae, faunal, faunas	**FEARED**	afeared; -
		FEARER	-; fearers
FAUVE	-; fauves	**FEARFUL**	-; -
FAUVISM	-; fauvisms	**FEARING**	-; -
FAUVIST	-; fauvists	**FEASE**	-; feased, feases
FAUX	-; -		
FAVA	-; favas	**FEASING**	-; -
FAVE	-; faves	**FEAST**	-; feasts
FAVELA	-; favelas	**FEASTED**	-; -
FAVELLA	-; favellas	**FEASTER**	-; feasters
FAVISM	-; favisms	**FEAT**	-; feats
FAVOR	-; favors	**FEATER**	-; -
FAVORED	-; -	**FEATEST**	-; -
FAVORER	-; favorers	**FEATHER**	-; feathers, feathery
FAVOUR	-; favours		
FAVUS	-; -	**FEATLY**	-; -
FAVUSES	-; -	**FEATURE**	-; featured, features
FAWN	-; fawns, fawny		

FEAZE -; feazed, feazes
FEAZING -; -
FEBRILE -; -
FECAL -; -
FECES -; -
FECIAL -; fecials
FECK -; fecks
FECKLY -; -
FECULA -; feculae
FECUND -; -
FED -; feds
FEDAYEE -; fedayeen
FEDERAL -; federals
FEDEX -; -
FEDEXED -; -
FEDEXES -; -
FEDORA -; fedoras
FEE -; feeb, feed, feel, fees, feet
FEEB -; feebs
FEEBLE -; feebler
FEEBLY -; -
FEED -; feeds
FEEDBAG -; feedbags
FEEDBOX -; -
FEEDER -; feeders
FEEDING -; -
FEEDLOT -; feedlots
FEEING -; -
FEEL -; feels
FEELER -; feelers
FEELESS -; -
FEELING -; feelings
FEET -; -
FEEZE -; feezed, feezes
FEEZING -; -
FEH -; fehs
FEIGN -; feigns
FEIGNED -; -
FEIGNER -; feigners
FEIJOA -; feijoas
FEINT -; feints
FEINTED -; -
FEIRIE -; -
FEIST -; feists, feisty
FELAFEL -; -
FELID -; felids
FELINE -; felines
FELL -; fella, fells, felly
FELLA -; fellah, fellas
FELLAH -; fellahs
FELLATE -; fellated, fellates
FELLED -; -
FELLER -; fellers
FELLIES -; -
FELLING -; -
FELLOE -; felloes
FELLOW -; fellows
FELON -; felons, felony
FELONRY -; -
FELSITE -; felsites
FELSPAR -; felspars
FELT -; felts
FELTED -; -
FELTING -; feltings
FELUCCA -; feluccas
FELWORT -; felworts
FEM -; feme, fems
FEMALE -; females
FEME -; femes
FEMINIE -; -
FEMME -; femmes
FEMORA -; femoral
FEMUR -; femurs
FEN -; fend, fens

FENAGLE	-; fenagled, fenagles
FENCE	-; fenced, fencer, fences
FENCER	-; fencers
FENCING	-; fencings
FEND	-; fends
FENDED	-; -
FENDER	-; fenders
FENDING	-; -
FENNEC	-; fennecs
FENNEL	-; fennels
FENNY	-; -
FEOD	-; feods
FEODARY	-; -
FEOFF	-; feoffs
FEOFFED	-; -
FEOFFEE	-; feoffees
FEOFFER	-; feoffers
FEOFFOR	-; feoffors
FER	-; fere, fern
FERAL	-; -
FERBAM	-; ferbams
FERE	-; feres
FERIA	-; feriae, ferial, ferias
FERINE	-; -
FERITY	-; -
FERLIE	-; ferlies
FERLY	-; -
FERMATA	-; fermatas
FERMATE	-; -
FERMENT	-; ferments
FERMI	-; fermis
FERMION	-; fermions
FERMIUM	-; fermiums
FERN	-; ferns, ferny
FERNERY	-; -
FERNIER	-; -
FERRATE	-; ferrates
FERREL	-; ferrels
FERRET	-; ferrets, ferrety
FERRIC	-; -
FERRIED	-; -
FERRIES	-; -
FERRITE	-; ferrites
FERROUS	-; -
FERRULE	-; ferruled, ferrules
FERRUM	-; ferrums
FERRY	-; -
FERTILE	-; -
FERULA	-; ferulae, ferulas
FERULE	-; feruled, ferules
FERVENT	-; -
FERVID	-; -
FERVOR	-; fervors
FERVOUR	-; fervours
FESCUE	-; fescues
FESS	-; fesse
FESSE	-; fessed, fesses
FESSING	-; -
FEST	-; fests
FESTAL	-; -
FESTER	-; festers
FESTIVE	-; -
FESTOON	-; festoons
FET	-; feta, fete, fets
FETA	-; fetal, fetas
FETCH	-; -
FETCHED	-; -
FETCHER	-; fetchers
FETCHES	-; -
FETE	-; feted, fetes
FETIAL	-; fetials
FETICH	-; -

FETID	-; -
FETIDLY	-; -
FETING	-; -
FETISH	-; -
FETLOCK	-; fetlocks
FETOR	-; fetors
FETTED	-; -
FETTER	-; fetters
FETTING	-; -
FETTLE	-; fettled, fettles
FETTLER	-; fettlers
FETUS	-; -
FETUSES	-; -
FEU	-; feud, feus
FEUAR	-; feuars
FEUD	-; feuds
FEUDAL	-; -
FEUDARY	-; -
FEUDED	-; -
FEUDING	-; -
FEUDIST	-; feudists
FEUED	-; -
FEUING	-; -
FEVER	-; fevers
FEVERED	-; -
FEW	-; -
FEWER	-; -
FEWEST	-; -
FEWNESS	-; -
FEY	-; -
FEYER	-; -
FEYEST	-; -
FEYLY	-; -
FEYNESS	-; -
FEZ	-; -
FEZES	-; -
FEZZED	-; -
FEZZES	-; -
FEZZY	-; -
FIACRE	-; fiacres
FIANCE	-; fiancee, fiances
FIANCEE	-; fiancees
FIAR	-; fiars
FIASCHI	-; -
FIASCO	-; fiascos
FIAT	-; fiats
FIB	-; fibs
FIBBED	-; -
FIBBER	-; fibbers
FIBBING	-; -
FIBER	-; fibers
FIBERED	-; -
FIBRE	-; fibres
FIBRIL	-; fibrils
FIBRIN	-; fibrins
FIBROID	-; fibroids
FIBROIN	-; fibroins
FIBROMA	-; fibromas
FIBROUS	-; -
FIBSTER	-; fibsters
FIBULA	-; fibulae, fibular, fibulas
FICE	-; fices
FICHE	-; fiches
FICHU	-; fichus
FICIN	-; ficins
FICKLE	-; fickler
FICKLY	-; -
FICO	-; -
FICOES	-; -
FICTILE	-; -
FICTION	-; fictions
FICTIVE	-; -
FICUS	-; -
FICUSES	-; -
FID	-; fido, fids
FIDDLE	-; fiddled, fiddler, fiddles
FIDDLER	-; fiddlers

FIDDLY -; -
FIDEISM -; fideisms
FIDEIST -; fideists
FIDGE -; fidged, fidges, fidget
FIDGET -; fidgety
FIDGING -; -
FIDO -; fidos
FIE -; fief
FIEF -; fiefs
FIEFDOM -; fiefdoms
FIELD afield; fields
FIELDED -; -
FIELDER -; fielders
FIEND -; fiends
FIERCE -; fiercer
FIERIER -; -
FIERILY -; -
FIERY -; -
FIESTA -; fiestas
FIFE -; fifed, fifer, fifes
FIFER -; fifers
FIFTEEN -; fifteens
FIFTH -; fifths
FIFTHLY -; -
FIFTIES -; -
FIFTY -; -
FIG -; figs
FIGGED -; -
FIGGING -; -
FIGHT -; fights
FIGHTER -; fighters
FIGMENT -; figments
FIGTREE -; figtrees
FIGULINE -; figulines
FIGURAL -; -
FIGURE -; figured, figurer, figures
FIGURER -; figurers
FIGWORT -; figworts
FIL -; fila, file, filo, fils
FILA -; filar
FILAREE -; filarees
FILARIA -; filariae, filarial, filarian
FILBERT -; filberts
FILCH -; -
FILCHED -; -
FILCHER -; filchers
FILCHES -; -
FILE -; filed, filer, files, filet
FILEMOT -; -
FILER -; filers
FILET -; filets
FILETED -; -
FILIAL -; -
FILIATE -; filiated, filiates
FILIBEG -; filibegs
FILING -; filings
FILK -; filks
FILL -; fille, fillo, fills, filly
FILLE -; filled, filler, filles, fillet
FILLER -; fillers
FILLET -; fillets
FILLIES -; -
FILLING -; fillings
FILLIP -; fillips
FILLO -; fillos
FILM -; filmi, films, filmy
FILMDOM -; filmdoms
FILMED -; -

FILMI -; filmic
FILMIC -; -
FILMIER -; -
FILMILY -; -
FILMING -; -
FILMSET -; filmsets
FILMY -; -
FILO -; filos
FILOS -; filose
FILTER -; filters
FILTH -; filths, filthy
FILUM -; -
FIMBLE -; fimbles
FIMBRIA -; fimbriae, fimbrial
FIN -; find, fine, fink, finn, fino, fins; -
FINABLE -; -
FINAGLE -; finagled, finagler, finagles
FINAL -; finale, finals
FINALE -; finales
FINALIS -; finalism, finalist
FINALLY -; -
FINANCE -; financed, finances
FINBACK -; finbacks
FINCA -; fincas
FINCH -; -
FINCHES -; -
FIND -; finds
FINDER -; finders
FINDING -; findings
FINE -; fined, finer, fines
FINELY -; -
FINER -; finery
FINES -; finest
FINESSE -; finessed, finesses
FINFISH -; -
FINFOOT -; finfoots
FINGER -; fingers
FINIAL -; finials
FINICAL -; -
FINICKY -; -
FINIKIN -; finiking
FINING -; finings
FINIS -; finish
FINISES -; -
FINITE -; finites
FINITO -; -
FINK -; finks
FINKED -; -
FINKING -; -
FINLESS -; -
FINLIKE -; -
FINMARK -; finmarks
FINNAN -; finnans
FINNED -; -
FINNIER -; -
FINNING -; -
FINNY -; -
FINO -; finos
FIORD -; fiords
FIPPLE -; fipples
FIQUE -; fiques
FIR -; fire, firm, firn, firs
FIRE afire; fired, firer, fires
FIREARM -; firearms
FIREBOX -; -
FIREBUG -; firebugs
FIREDOG -; firedogs

FIREFLY -; -
FIRELIT -; -
FIREMAN -; -
FIREMEN -; -
FIREPAN -; firepans
FIREPIT -; firepits
FIREPOT -; firepots
FIRER -; firers
FIRING -; firings
FIRKIN -; firkins
FIRM -; firms
FIRMAN -; firmans
FIRMED -; -
FIRMER -; firmers
FIRMLY -; -
FIRN -; firns
FIRRY -; -
FIRST -; firsts
FIRSTLY -; -
FIRTH -; firths
FISC -; fiscs
FISCAL -; fiscals
FISH -; fishy
FISHED -; -
FISHER -; fishers, fishery
FISHEYE -; fisheyes
FISHGIG -; fishgigs
FISHIER -; -
FISHILY -; -
FISHING -; fishings
FISHNET -; fishnets
FISHWAY -; fishways
FISSATE -; -
FISSILE -; -
FISSION -; fissions
FISSURE -; fissured, fissures
FIST -; fists
FISTED -; -
FISTFUL -; fistfuls
FISTIC -; -
FISTING -; -
FISTULA -; fistulae, fistular, fistulas
FIT -; fits
FITCH -; fitchy
FITCHEE -; -
FITCHET -; fitchets
FITCHEW -; fitchews
FITFUL -; -
FITLY -; -
FITMENT -; fitments
FITNESS -; -
FITTED -; -
FITTER -; fitters
FITTEST -; -
FITTING -; fittings
FIVE -; fiver, fives
FIVER -; fivers
FIX -; fixt
FIXABLE -; -
FIXATE -; fixated, fixates
FIXATIF -; fixatifs
FIXED -; -
FIXEDLY -; -
FIXER -; fixers
FIXES -; -
FIXING -; fixings
FIXIT -; fixity
FIXTURE -; fixtures
FIXURE -; fixures
FIZ -; fizz
FIZGIG -; fizgigs
FIZZ -; fizzy
FIZZED -; -
FIZZER -; fizzers
FIZZES -; -
FIZZING -; -

FIZZLE	-; fizzled, fizzles
FIZZY	-; -
FJELD	-; fjelds
FJORD	-; fjords
FLAB	-; flabs
FLABBY	-; -
FLACCID	-; -
FLACK	-; flacks
FLACON	-; flacons
FLAG	-; flags
FLAGGED	-; -
FLAGGER	-; flaggers
FLAGGY	-; -
FLAGMAN	-; -
FLAGMEN	-; -
FLAGON	-; flagons
FLAIL	-; flails
FLAILED	-; -
FLAIR	-; flairs
FLAK	-; flake, flaky
FLAKE	-; flaked, flaker, flakes
FLAKER	-; flakers
FLAKIER	-; -
FLAKILY	-; -
FLAKING	-; -
FLAM	-; flame, flams, flamy
FLAMBE	-; flambee, flambes
FLAMBEE	-; flambeed, flambees
FLAME	aflame; flamed, flamen, flamer, flames
FLAMEN	-; flamens
FLAMER	-; flamers
FLAMIER	-; -
FLAMING	-; flamingo
FLAMMED	-; -
FLAMY	-; -
FLAN	-; flank, flans
FLANES	-; -
FLANEUR	-; flaneurs
FLANGE	-; flanged, flanger, flanges
FLANGER	-; flangers
FLANK	-; flanks
FLANKED	-; -
FLANKEN	-; -
FLANKER	-; flankers
FLANNEL	-; flannels
FLAP	-; flaps
FLAPPED	-; -
FLAPPER	-; flappers
FLAPPY	-; -
FLARE	-; flared, flares
FLAREUP	-; flareups
FLARING	-; -
FLASH	-; flashy
FLASHED	-; -
FLASHER	-; flashers
FLASHES	-; -
FLASK	-; flasks
FLASKET	-; flaskets
FLAT	-; flats
FLATBED	-; flatbeds
FLATCAP	-; flatcaps
FLATCAR	-; flatcars
FLATLET	-; flatlets
FLATLY	-; -
FLATTED	-; -
FLATTEN	-; flattens
FLATTER	-; flatters, flattery
FLATTIE	-; flatties
FLATTOP	-; flattops

FLATUS	-; -
FLAUNT	-; flaunts, flaunty
FLAUTA	-; flautas
FLAVIN	-; flavine, flavins
FLAVINE	-; flavines
FLAVONE	-; flavones
FLAVOR	-; flavors, flavory
FLAVORY	-; -
FLAVOUR	-; flavours, flavoury
FLAW	-; flaws, flawy
FLAWED	-; -
FLAWIER	-; -
FLAWING	-; -
FLAX	-; flaxy
FLAXEN	-; -
FLAXES	-; -
FLAXIER	-; -
FLAY	-; flays
FLAYED	-; -
FLAYER	-; flayers
FLAYING	-; -
FLEA	-; fleam, fleas
FLEABAG	-; fleabags
FLEAM	-; fleams
FLEAPIT	-; fleapits
FLECHE	-; fleches
FLECK	-; flecks, flecky
FLECKED	-; -
FLED	-; -
FLEDGE	-; fledged, fledges
FLEDGY	-; -
FLEE	-; fleer, flees, fleet
FLEECE	-; fleeced, fleecer, fleeces
FLEECER	-; fleecers
FLEECH	-; -
FLEECY	-; -
FLEEING	-; -
FLEER	-; fleers
FLEERED	-; -
FLEET	-; fleets
FLEETED	-; -
FLEETER	-; -
FLEETLY	-; -
FLEMISH	-; -
FLENCH	-; -
FLENSE	-; flensed, flenser, flenses
FLENSER	-; flensers
FLESH	-; fleshy
FLESHED	-; -
FLESHER	-; fleshers
FLESHLY	-; -
FLETCH	-; -
FLEURY	-; -
FLEW	-; flews
FLEX	-; -
FLEXED	-; -
FLEXES	-; -
FLEXILE	-; -
FLEXING	-; -
FLEXION	-; flexions
FLEXOR	-; flexors
FLEXURE	-; flexures
FLEY	-; fleys
FLEYED	-; -
FLEYING	-; -
FLIC	-; flick, flics
FLICK	-; flicks
FLICKED	-; -
FLICKER	-; flickers, flickery
FLIED	-; -
FLIER	-; fliers

FLIES	-; fliest
FLIGHT	-; flights, flighty
FLIMSY	-; -
FLINCH	-; -
FLINDER	-; flinders
FLING	-; flings
FLINGER	-; flingers
FLINT	-; flints, flinty
FLINTED	-; -
FLINTLY	-; -
FLIP	-; flips
FLIPPED	-; -
FLIPPER	-; flippers
FLIPPY	-; -
FLIR	-; flirs, flirt
FLIRT	-; flirts, flirty
FLIRTED	-; -
FLIRTER	-; flirters
FLIT	-; flite, flits
FLITCH	-; -
FLITE	-; flited, flites
FLITING	-; -
FLITTED	-; -
FLITTER	-; flitters
FLIVVER	-; flivvers
FLOAT	afloat; floats, floaty
FLOATED	-; -
FLOATEL	-; floatels
FLOATER	-; floaters
FLOC	-; flock, flocs
FLOCCED	-; -
FLOCCI	-; -
FLOCCUS	-; -
FLOCK	-; flocks, flocky
FLOCKED	-; -
FLOE	-; floes
FLOG	-; flogs
FLOGGED	-; -
FLOGGER	-; floggers
FLOKATI	-; flokatis
FLONG	-; flongs
FLOOD	-; floods
FLOODED	-; -
FLOODER	-; flooders
FLOOEY	-; -
FLOOIE	-; -
FLOOR	-; floors
FLOORED	-; -
FLOORER	-; floorers
FLOOSIE	-; floosies
FLOOSY	-; -
FLOOZIE	-; floozies
FLOOZY	-; -
FLOP	-; flops
FLOPPED	-; -
FLOPPER	-; floppers
FLOPPY	-; -
FLORA	-; florae, floral, floras
FLORET	-; florets
FLORID	-; -
FLORIN	-; florins
FLORIST	-; florists
FLORUIT	-; floruits
FLOSS	-; flossy
FLOSSIE	-; flossies
FLOTA	-; flotas
FLOTAGE	-; flotages
FLOTSAM	-; flotsams
FLOUNCE	-; flounced, flounces
FLOUNCY	-; -
FLOUR	-; flours, floury
FLOURED	-; -
FLOUT	-; flouts
FLOUTED	-; -
FLOUTER	-; flouters
FLOW	-; flown, flows
FLOWAGE	-; flowages

FLOWER -; flowers, flowery
FLU -; flub, flue, flus, flux
FLUB -; flubs
FLUBBED -; -
FLUBBER -; flubbers
FLUBDUB -; flubdubs
FLUE -; flued, flues
FLUENCY -; -
FLUENT -; -
FLUERIC -; fluerics
FLUFF -; fluffs, fluffy
FLUFFED -; -
FLUFFER -; fluffers
FLUID -; fluids
FLUIDAL -; -
FLUIDIC -; fluidics
FLUIDLY -; -
FLUISH -; -
FLUKE -; fluked, flukes, flukey
FLUKIER -; -
FLUKY -; -
FLUME -; flumed, flumes
FLUMING -; -
FLUMMOX -; -
FLUMP -; flumps
FLUMPED -; -
FLUNG -; -
FLUNK -; flunks, flunky
FLUNKED -; -
FLUNKER -; flunkers
FLUNKEY -; flunkeys
FLUNKIE -; flunkies
FLUOR -; fluors
FLUORIC -; -
FLUORID -; fluoride, fluorids
FLUORIN -; fluorine, fluorins
FLURRY -; -
FLUSH -; -
FLUSHED -; -
FLUSHER -; flushers
FLUSHES -; -
FLUSTER -; flusters
FLUTE -; fluted, fluter, flutes
FLUTER -; fluters
FLUTEY -; -
FLUTIER -; -
FLUTING -; flutings
FLUTIST -; flutists
FLUTTER aflutter; flutters, fluttery
FLUTY -; -
FLUVIAL -; -
FLUX -; -
FLUXED -; -
FLUXES -; -
FLUXING -; -
FLUXION -; fluxions
FLUYT -; fluyts
FLY -; -
FLYING -; -
FLYABLE -; -
FLYAWAY -; flyaways
FLYBELT -; flybelts
FLYBLEW -; -
FLYBLOW -; flyblown, flyblows
FLYBOAT -; flyboats
FLYBOY -; flyboys
FLYBY -; flybys
FLYER -; flyers
FLYING -; flyings
FLYLEAF -; -
FLYLESS -; -

FLYMAN	-; -
FLYMEN	-; -
FLYOFF	-; flyoffs
FLYOVER	-; flyovers
FLYPAST	-; flypasts
FLYSCH	-; -
FLYTE	-; flyted, flytes
FLYTIER	-; flytiers
FLYTING	-; flytings
FLYTRAP	-; flytraps
FLYWAY	-; flyways
FOAL	-; foals
FOALED	-; -
FOALING	-; -
FOAM	-; foams, foamy
FOAMED	-; -
FOAMER	-; foamers
FOAMIER	-; -
FOAMILY	-; -
FOAMING	-; -
FOB	-; fobs
FOBBED	-; -
FOBBING	-; -
FOCAL	-; -
FOCALLY	-; -
FOCI	-; -
FOCUS	-; -
FOCUSED	-; -
FOCUSER	-; focusers
FOCUSES	-; -
FODDER	-; fodders
FODGEL	-; -
FOE	-; foes
FOEHN	-; foehns
FOEMAN	-; -
FOEMEN	-; -
FOETAL	-; -
FOETID	-; -
FOETOR	-; foetors
FOETUS	-; -
FOG	-; fogs, fogy
FOGBOW	-; fogbows
FOGDOG	-; fogdogs
FOGEY	-; fogeys
FOGGAGE	-; foggages
FOGGED	-; -
FOGGER	-; foggers
FOGGIER	-; -
FOGGILY	-; -
FOGGING	-; -
FOGGY	-; -
FOGHORN	-; foghorns
FOGIE	-; fogies
FOGLESS	-; -
FOGY	-; -
FOGYISM	-; fogyisms
FOH	-; fohn
FOHN	-; fohns
FOIBLE	-; foibles
FOIL	-; foils
FOILED	-; -
FOILING	-; -
FOILIST	-; foilists
FOIN	-; foins
FOINED	-; -
FOINING	-; -
FOISON	-; foisons
FOIST	-; foists
FOISTED	-; -
FOLACIN	-; folacins
FOLATE	-; folates
FOLD	-; folds
FOLDED	-; -
FOLDER	-; folders
FOLDING	-; -
FOLDOUT	-; foldouts
FOLDUP	-; foldups
FOLEY	-; foleys
FOLIA	-; foliar

FOLIAGE -; foliaged, foliages
FOLIATE -; foliated, foliates
FOLIC -; -
FOLIO -; folios
FOLIOED -; -
FOLIOSE -; -
FOLIOUS -; -
FOLIUM -; foliums
FOLK -; folks, folky
FOLKIE -; folkies
FOLKISH -; -
FOLKMOT -; folkmote, folkmots
FOLKS -; folksy
FOLKSY -; -
FOLKWAY -; folkways
FOLKY -; -
FOLLES -; -
FOLLIES -; -
FOLLIS -; -
FOLLOW -; follows
FOLLY -; -
FOMENT -; foments
FOMITE -; fomites
FON -; fond, fons, font
FOND -; fonds, fondu
FONDANT -; fondants
FONDED -; -
FONDER -; -
FONDEST -; -
FONDING -; -
FONDLE -; fondled, fondler, fondles
FONDLER -; fondlers
FONDLY -; -
FONDU -; fondue, fondus
FONDUE -; fondues
FONT -; fonts
FONTAL -; -
FONTINA -; fontinas
FOOD -; foods
FOODIE -; foodies
FOOL -; fools
FOOLED -; -
FOOLERY -; -
FOOLING -; -
FOOLISH -; -
FOOT afoot; foots, footy
FOOTAGE -; footages
FOOTBOY -; footboys
FOOTED -; -
FOOTER -; footers
FOOTIE -; footier, footies
FOOTIER -; -
FOOTING -; footings
FOOTLE -; footled, footler, footles
FOOTLER -; footlers
FOOTMAN -; -
FOOTMEN -; -
FOOTPAD -; footpads
FOOTS -; footsy
FOOTSIE -; footsies
FOOTWAY -; footways
FOOZLE -; foozled, foozler, foozles
FOOZLER -; foozlers
FOP -; fops
FOPPED -; -
FOPPERY -; -

FOPPING -; -
FOPPISH -; -
FOR -; fora, forb, ford, fore, fork, form, fort
FORA -; foram
FORAGE -; foraged, forager, forages
FORAGER -; foragers
FORAM -; forams
FORAMEN -; foramens
FORAY -; forays
FORAYED -; -
FORAYER -; forayers
FORB -; forbs, forby
FORBAD -; forbade
FORBEAR -; forbears
FORBID -; forbids
FORBODE -; forboded, forbodes
FORBORE -; -
FORBY -; forbye
FORCE -; forced, forcer, forces
FORCEPS -; -
FORCER -; forcers
FORCING -; -
FORD -; fordo, fords
FORDID -; -
FORDING -; -
FORDO -; -
FORDOES -; -
FORDONE -; -
FORE afore; fores
FOREARM -; forearms
FOREBAY -; forebays
FOREBY -; forebye
FOREDID -; -
FOREDO -; -
FOREGO -; -
FOREGUT -; foreguts
FOREIGN -; -
FORELEG -; forelegs
FOREMAN -; -
FOREMEN -; -
FOREPAW -; forepaws
FORERUN -; foreruns
FORESAW -; -
FORESEE -; foreseen, foreseer, foresees
FOREST -; forests
FORETOP -; foretops
FOREVER -; forevers
FOREX -; -
FOREXES -; -
FORFEIT -; forfeits
FORFEND -; forfends
FORGAT -; -
FORGAVE -; -
FORGE -; forged, forger, forges, forget
FORGER -; forgers, forgery
FORGET -; forgets
FORGING -; forgings
FORGIVE -; forgiven, forgiver, forgives
FORGO -; forgot
FORGOER -; forgoers
FORGOES -; -
FORGONE -; -
FORINT -; forints
FORK -; forks, forky
FORKED -; -

FORKER -; forkers
FORKFUL -; forkfuls
FORKIER -; -
FORKING -; -
FORKY -; -
FORLORN -; -
FORM -; forme, forms
FORMAL -; formals
FORMANT -; formants
FORMAT -; formate, formats
FORMATE -; formates
FORME -; formed, formee, former, formes
FORMER -; formers
FORMFUL -; -
FORMIC -; -
FORMING -; -
FORMOL -; formols
FORMULA -; formulae, formulas
FORMYL -; formyls
FORNENT -; -
FORNIX -; -
FORRIT -; -
FORSAKE -; forsaken, forsaker, forsakes
FORSOOK -; -
FORT -; forte, forth, forts, forty
FORTE -; fortes
FORTIES -; -
FORTIFY -; -
FORTIS -; -
FORTUNE -; fortuned, fortunes
FORUM -; forums
FORWARD -; forwards
FORWENT -; -
FORWHY -; -
FORWORN -; -
FOSS -; fossa, fosse
FOSSA -; fossae
FOSSATE -; -
FOSSE -; fosses
FOSSICK -; fossicks
FOSSIL -; fossils
FOSTER -; fosters
FOU -; foul, four
FOUETTE -; fouettes
FOUGHT -; -
FOUL afoul; fouls
FOULARD -; foulards
FOULER -; -
FOULEST -; -
FOULING -; foulings
FOULLY -; -
FOUND -; founds
FOUNDED -; -
FOUNDER -; founders
FOUNDRY -; -
FOUNT -; founts
FOUR -; fours
FOURGON -; fourgons
FOURTH -; fourths
FOUSTY -; -
FOVEA -; foveae, foveal
FOVEATE -; foveated
FOVEOLA -; foveolae, foveolar, foveolas
FOVEOLE -; foveoles, foveolet
FOWL -; fowls
FOWLED -; -

FOWLER -; fowlers
FOWLING -; fowlings
FOWLPOX -; -
FOX -; foxy
FOXED -; -
FOXES -; -
FOXFIRE -; foxfires
FOXFISH -; -
FOXHOLE -; foxholes
FOXIER -; -
FOXIEST -; -
FOXILY -; -
FOXING -; foxings
FOXLIKE -; -
FOXSKIN -; foxskins
FOXTAIL -; foxtails
FOXTROT -; foxtrots
FOY -; foys
FOYER -; foyers
FOZIER -; -
FOZIEST -; -
FOZY -; -
FRACAS -; -
FRACTAL -; fractals
FRACTED -; -
FRACTI -; -
FRACTUR -; fracture, fracturs
FRACTUS -; -
FRAE -; -
FRAENA -; -
FRAENUM -; fraenums
FRAG -; frags
FRAGGED -; -
FRAGILE -; -
FRAIL -; frails, fraily
FRAILER -; -
FRAILLY -; -
FRAILTY -; -
FRAISE -; fraises
FRAKTUR -; frakturs
FRAME -; framed, framer, frames
FRAMER -; framers
FRAMING -; -
FRANC -; francs
FRANK -; franks
FRANKED -; -
FRANKER -; frankers
FRANKLY -; -
FRANTIC -; -
FRAP -; fraps
FRAPPE -; frapped, frappes
FRASS -; -
FRASSES -; -
FRAT -; frats
FRATER -; fraters
FRAUD -; frauds
FRAUGHT -; fraughts
FRAY -; frays
FRAYED -; -
FRAYING -; frayings
FRAZIL -; frazils
FRAZZLE -; frazzled, frazzles
FREAK -; freaks, freaky
FREAKED -; -
FRECKLE -; freckled, freckles
FRECKLY -; -
FREE -; freed, freer, frees
FREEBEE -; freebees
FREEBIE -; freebies
FREEDOM -; freedoms
FREEGAN -; freegans

FREELY -; -
FREEMAN -; -
FREEMEN -; -
FREER -; freers
FREES -; freest
FREESIA -; freesias
FREEWAY -; freeways
FREEZE -; freezer, freezes
FREEZER -; freezers
FREIGHT -; freights
FREMD -; -
FRENA -; -
FRENCH -; -
FRENUM -; frenums
FRENZY -; -
FRERE -; freres
FRESCO -; frescos
FRESH afresh; -
FRESHED -; -
FRESHEN -; freshens
FRESHER -; -
FRESHES -; freshest
FRESHET -; freshets
FRESHLY -; -
FRESNEL -; fresnels
FRET -; frets
FRETFUL -; -
FRETSAW -; fretsaws
FRETTED -; -
FRETTER -; fretters
FRETTY -; -
FRIABLE -; -
FRIAR -; friars, friary
FRIARLY -; -
FRIBBLE -; fribbled, fribbler, fribbles
FRICOT -; fricots
FRIDGE -; fridges
FRIED -; -
FRIEND -; friends
FRIER -; friers
FRIES -; -
FRIEZE -; friezes
FRIG -; frigs
FRIGATE -; frigates
FRIGGED -; -
FRIGHT -; frights
FRIGID -; -
FRIJOL -; frijole
FRIJOLE -; frijoles
FRILL -; frills, frilly
FRILLED -; -
FRILLER -; frillers
FRINGE -; fringed, fringes
FRINGY -; -
FRISE -; frisee, frises
FRISEE -; frisees
FRISEUR -; friseurs
FRISK -; frisks, frisky
FRISKED -; -
FRISKER -; friskers
FRISKET -; friskets
FRISSON -; frissons
FRIT afrit; frith, frits, fritt, fritz
FRITES -; -
FRITH -; friths
FRITS afrits; -
FRITT -; fritts
FRITTED -; -
FRITTER -; fritters
FRITZ -; -
FRITZES -; -
FRIVOL -; frivols
FRIZ -; frizz
FRIZED -; -
FRIZER -; frizers

FRIZES -; -
FRIZING -; -
FRIZZ -; frizzy
FRIZZED -; -
FRIZZER -; frizzers
FRIZZES -; -
FRIZZLE -; frizzled, frizzler, frizzles
FRIZZLY -; -
FRO -; froe, frog, from, frow
FROCK -; frocks
FROCKED -; -
FROE -; froes
FROG -; frogs
FROGEYE -; frogeyed, frogeyes
FROGGED -; -
FROGGY -; -
FROGLET -; froglets
FROGMAN -; -
FROGMEN -; -
FROLIC -; frolics
FROM -; -
FROMAGE -; fromages
FROND -; fronds
FRONDED -; -
FRONS -; -
FRONT -; fronts
FRONTAL -; frontals
FRONTED -; -
FRONTER -; -
FRONTES -; -
FRONTON -; frontons
FRORE -; -
FROSH -; -
FROST -; frosts, frosty
FROSTED -; frosteds
FROTH -; froths, frothy
FROTHED -; -
FROUNCE -; frounced, frounces
FROUZY -; -
FROW -; frown, frows
FROWARD -; -
FROWN -; frowns
FROWNED -; -
FROWNER -; frowners
FROWNY -; -
FROWS -; frowsy
FROWST -; frowsts, frowsty
FROWZY -; -
FROZE -; frozen
FRUG -; frugs
FRUGAL -; -
FRUGGED -; -
FRUIT -; fruits, fruity
FRUITED -; -
FRUITER -; fruiters
FRUMP -; frumps, frumpy
FRUSTA -; -
FRUSTUM -; frustums
FRY -; -
FRYER -; fryers
FRYING -; -
FRYPAN -; frypans
FUB -; fubs
FUBBED -; -
FUBBING -; -
FUBS -; fubsy
FUBSIER -; -
FUCHSIA -; fuchsias
FUCHSIN -; fuchsine, fuchsins
FUCI -; -
FUCOID -; fucoids
FUCOSE -; fucoses
FUCOUS -; -

FUD -; fuds
FUDDIES -; -
FUDDLE -; fuddled, fuddles
FUDDY -; -
FUDGE -; fudged, fudges
FUEHRER -; fuehrers
FUEL -; fuels
FUELED -; -
FUELER -; fuelers
FUELING -; -
FUELLED -; -
FUELLER -; fuellers
FUG -; fugs, fugu
FUGAL -; -
FUGALLY -; -
FUGATO -; fugatos
FUGGED -; -
FUGGIER -; -
FUGGILY -; -
FUGGING -; -
FUGGY -; -
FUGIO -; fugios
FUGLE -; fugled, fugles
FUGLING -; -
FUGU -; fugue, fugus
FUGUE -; fugued, fugues
FUGUING -; -
FUGUIST -; fuguists
FUHRER -; fuhrers
FUJI -; fujis
FULCRA -; -
FULCRUM -; fulcrums
FULFIL -; fulfill, fulfils
FULFILL -; fulfills
FULGENT -; -
FULGID -; -
FULHAM -; fulhams
FULL -; fulls, fully
FULLAM -; fullams
FULLED -; -
FULLER -; fullers, fullery
FULLEST -; -
FULLING -; -
FULMAR -; fulmars
FULMINE -; fulmined, fulmines
FULNESS -; -
FULSOME -; -
FULVOUS -; -
FUMARIC -; -
FUMBLE -; fumbled, fumbler, fumbles
FUMBLER -; fumblers
FUME -; fumed, fumer, fumes, fumet
FUMER -; fumers
FUMET -; fumets
FUMETTE -; fumettes
FUMIER -; -
FUMIEST -; -
FUMING -; -
FUMULI -; -
FUMULUS -; -
FUMY -; -
FUN -; fund, funk, funs
FUNCTOR -; functors
FUND -; fundi, funds
FUNDED -; -
FUNDI -; fundic
FUNDING -; -
FUNDUS -; -
FUNERAL -; funerals
FUNEST -; -

FUNFAIR -; funfairs
FUNFEST -; funfests
FUNGAL -; fulgals
FUNGI -; fungic
FUNGO -; -
FUNGOES -; -
FUNGOID -; fungoids
FUNGOUS -; -
FUNGUS -; -
FUNICLE -; funicles
FUNK -; funks, funky
FUNKED -; -
FUNKER -; funkers
FUNKIA -; funkias
FUNKIER -; -
FUNKING -; -
FUNNED -; -
FUNNEL -; funnels
FUNNIER -; -
FUNNIES -; funniest
FUNNILY -; -
FUNNING -; -
FUNNY -; -
FUNPLEX -; -
FUNSTER -; funsters
FUR -; furl, furs, fury
FURAN -; furane, furans
FURANE -; furanes
FURBALL -; furballs
FURBISH -; -
FURCATE -; furcated, furcates
FURCULA -; furculae, furcular
FURFUR -; -
FURIES -; -
FURIOSO -; -
FURIOUS -; -
FURL -; furls
FURLED -; -
FURLER -; furlers
FURLESS -; -
FURLING -; -
FURLONG -; furlongs
FURMETY -; -
FURMITY -; -
FURNACE -; furnaced, furnaces
FURNISH -; -
FUROR -; furore, furors
FURORE -; furores
FURRED -; -
FURRIER -; furriers, furriery
FURRILY -; -
FURRING -; furrings
FURROW -; furrows, furrowy
FURRY -; -
FURTHER -; furthers
FURTIVE -; -
FURZE -; furzes
FURZIER -; -
FURZY -; -
FUSAIN -; fusains
FUSCOUS -; -
FUSE -; fused, fusee, fusel, fuses
FUSEE -; fusees
FUSEL -; fusels
FUSIBLE -; -
FUSIBLY -; -
FUSIL -; fusile, fusils
FUSILLI -; fusillis
FUSING -; -
FUSION -; fusions
FUSS -; fussy
FUSSED -; -
FUSSER -; fussers

FUSSES	-; -
FUSSIER	-; -
FUSSILY	-; -
FUSSING	-; -
FUSSPOT	-; fusspots
FUSTIAN	-; fustian
FUSTIC	-; fustics
FUSTIER	-; -
FUSTILY	-; -
FUSTY	-; -
FUSUMA	-; -
FUTHARC	-; futharcs
FUTHARK	-; futharks
FUTHORC	-; futhorcs
FUTHORK	-; futhorks
FUTILE	-; -
FUTON	-; futons
FUTTOCK	-; futtocks
FUTURAL	-; -
FUTURE	-; futures
FUTZ	-; -
FUTZED	-; -
FUTZES	-; -
FUTZING	-; -
FUZE	-; fuzed, fuzee, fuzes
FUZEE	-; fuzees
FUZIL	-; fuzils
FUZING	-; -
FUZZ	-; fuzzy
FUZZED	-; -
FUZZES	-; -
FUZZIER	-; -
FUZZILY	-; -
FUZZING	-; -
FYCE	-; fyces
FYKE	-; fykes
FYLFOT	-; fylfots
FYNBOS	-; -
FYTTE	-; fyttes

G

G	-; go
GAB	-; gabs, gaby
GABBA	-; gabbas
GABBARD	-; gabbards
GABBART	-; gabbarts
GABBED	-; -
GABBER	-; gabbers
GABBIER	-; -
GABBING	-; -
GABBLE	-; gabbled, gabbler, gabbles
GABBLER	-; gabblers
GABBRO	-; gabbros
GABBY	-; -
GABELLE	-; gabelled, gabelles
GABFEST	-; gabfests
GABIES	-; -
GABION	-; gabions
GABLE	-; gabled, gables
GABLING	-; -
GABOON	-; gaboons
GABY	-; -
GACH	-; -
GACHED	-; -
GACHER	-; gachers
GAD	egad; gads, gadi

GADDED	-; -
GADDER	-; gadders
GADDI	-; gaddis
GADDING	-; -
GADFLY	-; -
GADGET	-; gadgets, gadgety
GADI	-; gadid, gadis
GADID	-; gadids
GADOID	-; gadoids
GADROON	-; gadroons
GADS	egads; -
GADWALL	-; gadwalls
GAE	-; gaed, gaen, gaes
GAEING	-; -
GAFF	-; gaffe, gaffs
GAFFE	-; gaffed, gaffer, gaffes
GAFFER	-; gaffers
GAFFING	-; -
GAG	-; gaga, gage, gags
GAGA	-; -
GAGAKU	-; gagakus
GAGE	-; gaged, gager, gages
GAGER	-; gagers
GAGGED	-; -
GAGGER	-; gaggers
GAGGING	-; -
GAGGLE	-; gaggled, gaggles
GAGING	-; -
GAGMAN	-; -
GAGMEN	-; -
GAGSTER	-; gagsters
GAHNITE	-; gahnites
GAIETY	-; -
GAIJIN	-; -
GAILY	-; -
GAIN	again; gains
GAINED	-; -
GAINER	-; gainers
GAINFUL	-; -
GAINING	-; -
GAINLY	-; -
GAINS	-; gainst
GAINSAY	-; gainsays
GAINST	against; -
GAIT	-; gaits
GAITED	-; -
GAITER	-; gaiters
GAITING	-; -
GAL	egal; gala, gale, gall, gals
GALA	-; galah, galas
GALABIA	-; galabias
GALAGO	-; galagos
GALAH	-; galahs
GALANGA	-; galangal, galangas
GALATEA	-; galateas
GALAX	-; galaxy
GALAXES	-; -
GALE	-; galea, gales
GALEA	-; galeae, galeas
GALEATE	-; galeated
GALENA	-; galenas
GALENIC	-; -
GALERE	-; galeres
GALETTE	-; galettes
GALILEE	-; galilees
GALING	-; -
GALIOT	-; galiots
GALIPOT	-; galipots
GALL	-; galls, gally

GALLANT -; gallants
GALLATE -; gallates
GALLED -; -
GALLEIN -; galleins
GALLEON -; galleons
GALLERY -; -
GALLET -; galleta, gallets
GALLETA -; galletas
GALLEY -; galleys
GALLFLY -; -
GALLIC -; gallica
GALLICA -; gallican, gallicas
GALLIED -; -
GALLIES -; -
GALLING -; -
GALLIOT -; galliots
GALLIUM -; galliums
GALLNUT -; gallnuts
GALLON -; gallons
GALLOON -; galloons
GALLOOT -; galloots
GALLOP -; gallops
GALLOUS -; -
GALLOWS -; -
GALLUS -; -
GALOOT -; galoots
GALOP -; galops
GALOPED -; -
GALORE -; galores
GALOSH -; galoshe
GALOSHE -; galoshed, galoshes
GALUMPH -; galumphs
GALYAC -; galyacs
GALYAK -; galyaks
GAM ogam; gama, gamb, game, gamp, gams, gamy
GAMA agama; gamas, gamay
GAMAS agamas; -
GAMB -; gamba, gambe, gambs
GAMBA -; gambas
GAMBADE -; gambades
GAMBADO -; gambados
GAMBE -; gambes
GAMBIA -; gambias
GAMBIER -; gambiers
GAMBIR -; gambirs
GAMBIT -; gambits
GAMBLE -; gambled, gambler, gambles
GAMBLER -; gamblers
GAMBOGE -; gamboges
GAMBOL -; gambols
GAMBREL -; gambrels
GAME -; gamed, gamer, games, gamey
GAMELAN -; gamelans
GAMELY -; -
GAMES -; gamest
GAMEST -; -
GAMETE agamete; gametes
GAMETES agametes; -
GAMETIC -; -
GAMIC agamic; -
GAMIER -; -
GAMIEST -; -
GAMIFY -; -

GAMILY -; -
GAMIN -; gamine, gaming, gamins
GAMINE -; gamines
GAMING -; gamings
GAMMA -; gammas
GAMMED -; -
GAMMER -; gammers
GAMMIER -; -
GAMMING -; -
GAMMON -; gammons
GAMMY -; -
GAMP -; gamps
GAMS ogams; -
GAMUT -; gamuts
GAMY -; -
GAN -; gane, gang
GANACHE -; ganaches
GANDER -; ganders
GANE -; ganef, ganev
GANEF -; ganefs
GANEV -; ganevs
GANG -; gangs
GANGED -; -
GANGER -; gangers
GANGING -; -
GANGLE -; gangles
GANGLIA -; ganglial, gangliar
GANGLY -; -
GANGREL -; gangrels
GANGSTA -; gangstas
GANGUE -; gangues
GANGWAY -; gangways
GANJA -; ganjah, ganjas
GANJAH -; ganjahs
GANNET -; gannets
GANOF -; ganofs
GANOID -; ganoids
GANTLET -; gantlets
GANTRY -; -
GAOL -; gaols
GAOLED -; -
GAOLER -; gaolers
GAOLING -; -
GAP -; gape, gaps, gapy
GAPE agape; gaped, gaper, gapes
GAPER -; gapers
GAPING -; -
GAPLESS -; -
GAPOSES -; -
GAPOSIS -; -
GAPPED -; -
GAPPIER -; -
GAPPING -; -
GAPPY -; -
GAR agar; garb, gars
GARAGE -; garaged, garages
GARB -; garbs
GARBAGE -; garbages
GARBED -; -
GARBING -; -
GARBLE -; garbled, garbler, garbles
GARBLER -; garblers
GARBOIL -; garboils
GARCON -; garcons
GARDA -; gardai
GARDANT -; -
GARDEN -; gardens

GARFISH	-; -
GARGET	-; gargets, gargety
GARGLE	-; gargled, gargler, gargles
GARGLER	-; garglers
GARIGUE	-; garigues
GARISH	-; -
GARLAND	-; garlands
GARLIC	-; garlics
GARMENT	-; garments
GARNER	-; garners
GARNET	-; garnets
GARNI	-; -
GARNISH	-; -
GAROTE	-; garoted, garotes
GAROTTE	-; garotted, garotter, garottes
GARPIKE	-; garpikes
GARRED	-; -
GARRET	-; garrets
GARRING	-; -
GARRON	-; garrons
GARROTE	-; garroted, garroter, garrotes
GARS	agars; -
GARTER	-; garters
GARTH	-; garths
GARVEY	-; garveys
GAS	agas; gash, gasp, gast
GASBAG	-; gasbags
GASCHES	-; -
GASCON	-; gascons
GASEITY	-; -
GASEOUS	-; -
GASES	-; -
GASHED	-; -
GASHER	-; -
GASHES	-; gashest
GASHING	-; -
GASIFY	-; -
GASKET	-; gaskets
GASKIN	-; gasking, gaskins
GASKING	-; gaskings
GASLESS	-; -
GASLIT	-; -
GASMAN	-; -
GASMEN	-; -
GASOHOL	-; gosohols
GASP	-; gasps
GASPED	-; -
GASPER	-; gaspers
GASPING	-; -
GASSED	-; -
GASSER	-; gassers
GASSES	-; -
GASSIER	-; -
GASSING	-; gassings
GASSY	-; -
GAST	-; gasts
GASTED	-; -
GASTER	-; gasters
GASTING	-; -
GASTRAL	-; -
GASTREA	-; gastreas
GASTRIC	-; -
GASTRIN	-; gastrins
GAT	-; gats
GATCH	-; -
GATCHED	-; -
GATCHER	-; gatchers
GATCHES	-; -
GATE	agate; gated, gater, gates

GATEAU -; gateaux
GATEAUX -; -
GATEMAN -; -
GATEMEN -; -
GATER -; gaters
GATES agates; -
GATEWAY -; gateways
GATHER -; gathers
GATING -; -
GATOR -; gators
GAUCH -; -
GAUCHE -; gauches, gauched
GAUCHO -; gauchos
GAUD -; gauds, gaudy
GAUDERY -; -
GAUDIER -; -
GAUDIES -; gaudiest
GAUDILY -; -
GAUDY -; -
GAUFFER -; gauffers
GAUGE -; gauged, gauger, gauges
GAUGER -; gaugers
GAUGING -; -
GAULT -; gaults
GAUM -; gaums
GAUMED -; -
GAUMING -; -
GAUN -; gaunt
GAUNTER -; -
GAUNTLY -; -
GAUNTRY -; -
GAUR -; gaurs
GAUSS -; -
GAUSSES -; -
GAUZE -; gauzes
GAUZIER -; -
GAUZILY -; -
GAUZY -; -
GAVAGE -; gavages
GAVE agave; gavel
GAVEL -; gavels
GAVELED -; -
GAVIAL -; gavials
GAVOT -; gavots
GAVOTTE -; gavotted, gavottes
GAWK -; gawks, gawky
GAWKED -; -
GAWKER -; gawkers
GAWKIER -; -
GAWKIES -; gawkiest
GAWKILY -; -
GAWKING -; -
GAWKISH -; -
GAWP -; gawps
GAWPED -; -
GAWPER -; gawpers
GAWPING -; -
GAWSIE -; -
GAWSY -; -
GAY -; gays
GAYAL -; gayals
GAYDAR -; gaydars
GAYER -; -
GAYEST -; -
GAYETY -; -
GAYLY -; -
GAYNESS -; -
GAZABO -; gazabos
GAZANIA -; gazanias
GAZAR -; gazars
GAZE agaze; gazed, gazer, gazes
GAZEBO -; gazebos
GAZELLE -; gazelles

GAZER -; gazers
GAZETTE -; gazetted, gazettes
GAZING -; -
GAZUMP -; gazumps
GEAN -; geans
GEAR -; gears
GEARBOX -; -
GEARED -; -
GEARING -; gearings
GECK -; gecko, gecks
GECKED -; -
GECKING -; -
GECKO -; geckos
GECKOES -; -
GED aged; geds
GEE agee, ogee; geed, geek, gees
GEEGAW -; geegaws
GEEING -; -
GEEK -; geeks, geeky
GEEKDOM -; geekdoms
GEEKIER -; -
GEES ogees; geese, geest
GEEST -; geests
GEEZ -; -
GEEZER -; geezers
GEISHA -; geishas
GEL -; geld, gels, gelt
GELABLE -; -
GELADA -; gelada
GELANT -; gelants
GELATE -; gelated, gelates
GELATI -; gelatin
GELATIN -; gelatine, gelatins
GELATO -; gelatos
GELCAP -; gelcaps
GELD -; gelds
GELDED -; -
GELDER -; gelders
GELDING -; geldings
GELEE -; gelees
GELID -; -
GELIDLY -; -
GELLANT -; gellants
GELLED -; -
GELLIES -; -
GELLING -; -
GELLY -; -
GELT -; gelts
GEM -; gems
GEMINAL -; -
GEMLIKE -; -
GEMMA -; gemmae
GEMMATE -; gemmated, gemmates
GEMMED -; -
GEMMIER -; -
GEMMILY -; -
GEMMING -; -
GEMMULE -; gemmules
GEMMY -; -
GEMOT -; gemote, gemots
GEMOTE -; gemotes
GEMSBOK -; gemsboks
GEN -; gens
GENDER -; genders
GENE agene; genes, genet
GENERA -; general
GENERAL -; generals
GENERIC -; generics
GENES agenes; -
GENESES -; -

GENESIS	agenesis; -	**GENU**	-; genua, genus
GENET	-; genets	**GENUINE**	-; -
GENETIC	-; genetics	**GENUSES**	-; -
GENETTE	-; genettes	**GEODE**	-; geodes
GENEVA	-; genevas	**GEODESY**	-; -
GENIAL	-; -	**GEODIC**	-; -
GENIC	-; -	**GEODUCK**	-; geoducks
GENIE	-; genies	**GEOID**	-; geoids
GENII	-; -	**GEOIDAL**	-; -
GENIP	-; genips	**GEOLOGY**	-; -
GENIPAP	-; genipaps	**GEORGIC**	-; georgics
GENISTA	-; genistas	**GERAH**	-; gerahs
GENITAL	-; genitals	**GERBERA**	-; gerberas
GENITOR	-; genitors	**GERBIL**	-; gerbils
GENIUS	-; -	**GERENT**	-; gerents
GENNED	-; -	**GERENUK**	-; gerenuks
GENNING	-; -	**GERM**	-; germs, germy
GENOA	-; genoas	**GERMAN**	-; germane, germans
GENOISE	-; genoises	**GERMEN**	-; germens
GENOM	-; genome, genoms	**GERMIER**	-; -
GENOME	-; genomes	**GERMINA**	-; germinal
GENOMIC	-; genomics	**GERUND**	-; gerunds
GENRE	-; genres	**GESSO**	-; -
GENRO	-; genros	**GESSOES**	-; -
GENS	-; -	**GEST**	egest; geste, gests
GENSENG	-; gensengs	**GESTALT**	-; gestalts
GENT	agent; gents	**GESTAPO**	-; gestapos
GENTEEL	-; -	**GESTATE**	-; gestated, gestates
GENTES	-; -	**GESTE**	-; gestes
GENTIAN	-; gentians	**GESTIC**	-; -
GENTIL	-; gentile	**GESTS**	egests; -
GENTILE	-; gentiles	**GESTURE**	-; gestured, gesturer, gestures
GENTLE	-; gentled, gentler, gentles	**GET**	-; geta, gets
GENTOO	-; gentoos		
GENTLY	-; -		
GENTRY	agentry; -		
GENTS	agents; -		

GETA -; getas
GETABLE -; -
GETAWAY -; getaways
GETTER -; getters
GETTING -; -
GETUP -; getups
GEUM -; geums
GEWGAW -; gewgaws
GEY -; -
GEYSER -; geysers
GHARIAL -; gharials
GHARRI -; gharris
GHARRY -; -
GHAST aghast; -
GHASTLY -; -
GHAT -; ghats
GHAUT -; ghauts
GHAZAL -; ghazals, ghazala
GHAZI -; ghazis
GHAZIES -; -
GHEE -; ghees
GHERAO -; -
GHERKIN -; gherkins
GHETTO -; ghettos
GHI -; ghis
GHIBLI -; ghiblis
GHILLIE -; ghillies
GHOLIE -; gholies
GHOST -; ghosts, ghosty
GHOSTED -; -
GHOSTLY -; -
GHOUL -; ghouls
GHOULIE -; ghoulies
GHYLL -; ghylls
GI -; gis
GIANT -; giants
GIAOUR -; giaours
GIARDIA -; giardias
GIB -; gibe, gibs
GIBBED -; -
GIBBER -; gibbers
GIBBET -; gibbets
GIBBING -; -
GIBBON -; gibbons
GIBBOSE -; -
GIBBOUS -; -
GIBE -; gibed, giber, gibes
GIBER -; gibers
GIBING -; -
GIBLET -; giblets
GIBSON -; gibsons
GID -; gids
GIDDAP -; -
GIDDIED -; -
GIDDIER -; -
GIDDIES -; -
GIDDILY -; -
GIDDY -; -
GIDDYAP -; -
GIDDYUP -; -
GIE -; gied, gien, gies
GIEING -; -
GIF -; gifs
GIFT -; gifts
GIFTED -; -
GIFTEE -; giftees
GIFTING -; -
GIG -; giga, gigs
GIGA -; gigas
GIGABIT -; gigabits
GIGAS -; -
GIGATON -; gigatons
GIGGED -; -
GIGGING -; -

GIGGLE -; giggled, giggler, giggles
GIGGLER -; gigglers
GIGGLY -; -
GIGHE -; -
GIGLET -; giglets
GIGLOT -; giglots
GIGOLO -; gigolos
GIGOT -; gigots
GIGUE -; gigues
GILBERT -; gilberts
GILD -; gilds
GILDED -; -
GILDER -; gilders
GILDING -; gildings
GILL -; gills, gilly
GILLED -; -
GILLER -; gillers
GILLIE -; gillied, gillies
GILLING -; -
GILLNET -; gillnets
GILT -; gilts
GIMBAL -; gimbals
GIMEL -; gimels
GIMLET -; gimlets
GIMMAL -; gimmals
GIMME -;
GIMMICK -; gimmicks, gimmicky
GIMMIE -; gimmies
GIMP -; gimps, gimpy
GIMPED -; -
GIMPIER -; -
GIMPING -; -
GIN agin; gink, gins
GINCH -; -
GINCHES -; -
GINGAL -; gingall, gingals
GINGALL -; gingalls
GINGELI -; gingelis
GINGELY -; -
GINGER aginger; gingers, gingery
GINGHAM -; ginghams
GINGILI -; gingilis
GINGIVA -; gingivae, gingival
GINGKO -; -
GINK -; ginks
GINKGO -; ginkgos
GINNED -; -
GINNER aginner; ginners
GINNERS aginners; -
GINNIER -; -
GINNING -; ginnings
GINNY -; -
GINSENG -; ginsengs
GIP -; gips
GIPON -; gipons
GIPPED -; -
GIPPER -; gippers
GIPPING -; -
GIPS -; gipsy
GIPSIED -; -
GIPSIES -; -
GIRAFFE -; giraffes
GIRASOL -; girasole, girasols
GIRD -; girds
GIRDED -; -
GIRDER -; girders
GIRDING -; -

GIRDLE -; girdled, girdler, girdles
GIRDLER -; girdlers
GIRL -; girls, girly
GIRLIE -; girlies
GIRLISH -; -
GIRN -; girns
GIRNED -; -
GIRNING -; -
GIRO -; giron, giros
GIRON -; girons
GIROSOL -; girosols
GIRSH -; -
GIRSHES -; -
GIRT -; girth, girts
GIRTED -; -
GIRTH -; girths
GIRTHED -; -
GIRTING -; -
GISARME -; gisarmes
GISMO -; gismos
GIST agist; gists
GISTS agists; -
GIT -; -
GITANO -; gitanos
GITCH -; -
GITCHES -; -
GITE -; gites
GITTED -; -
GITTERN -; gitterns
GITTIN -; gitting
GIVE ogive; given, giver, gives
GIVEN -; givens
GIVER -; givers
GIVES ogives; -
GIVING -; -
GIZMO -; gizmos
GIZZARD -; gizzards
GJETOST -; gjetosts
GLACE -; glaces
GLACEED -; -
GLACIAL -; -
GLACIER -; glaciers
GLACIS -; -
GLAD -; glade, glads, glady
GLADDED -; -
GLADDEN -; gladdens
GLADDER -; -
GLADE -; glades
GLADIER -; -
GLADLY -; -
GLAIKET -; -
GLAIKIT -; -
GLAIR -; glaire, glairs, glairy
GLAIRE -; glaired, glaires
GLAIVE -; glaived, glaives
GLAM -; glams
GLAMMY -; -
GLAMOR -; glamors
GLAMOUR -; glamours
GLANCE -; glanced, glances
GLAND -; glands
GLANDES -; -
GLANS -; -
GLARE aglare; glared, glares
GLARIER -; -
GLARING -; -
GLARY -; -
GLASES -; -
GLASIS -; -
GLASS -; glassy
GLASSED -; -
GLASSES -; -

GLASSIE -; glassier, glassies
GLAZE -; glazed, glazer, glazes
GLAZER -; glazers
GLAZIER -; glaziers, glaziery
GLAZING -; glazings
GLAZY -; -
GLEAM agleam; gleams, gleamy
GLEAMED -; -
GLEAMER -; gleamers
GLEAN -; gleans
GLEANED -; -
GLEANER -; gleaners
GLEBA -; glebae
GLEBE -; glebes
GLED -; glede, gleds
GLEDE -; gledes
GLEE aglee; gleed, gleek, glees, gleet
GLEED -; gleeds
GLEEFUL -; -
GLEEK -; gleeks
GLEEKED -; -
GLEEMAN -; -
GLEEMEN -; -
GLEET -; gleets, gleety
GLEETED -; -
GLEG -; -
GLEGLY -; -
GLEN -; glens
GLENOID -; -
GLEY agley; gleys
GLIA -; glial, glias
GLIADIN -; gliadine, gliadins
GLIAL -; -
GLIB -; -
GLIBBER -; -
GLIBLY -; -
GLIDE -; glided, glider, glides
GLIDER -; gliders
GLIDING -; -
GLIFF -; gliffs
GLIM -; glime, glims
GLIME -; glimed, glimes
GLIMING -; -
GLIMMER aglimmer; glimmers
GLIMPSE -; glimpsed, glimpser, glimpses
GLINT -; glints
GLINTED -; -
GLIOMA -; gliomas
GLIOSIS -; -
GLISSE -; glisses
GLISTEN -; glistens
GLISTER -; glisters
GLITCH -; glitchy
GLITTER aglitter; glitters, glittery
GLITZ -; glitzy
GLITZES -; -
GLITZY -; -
GLOAM -; gloams
GLOAT -; gloats
GLOATED -; -
GLOATER -; gloaters
GLOB -; globe, globs
GLOBAL -; -
GLOBATE -; globated
GLOBBY -; -

GLOBE -; globed, globes
GLOBIN -; globing, globins
GLOBOID -; globoids
GLOBOSE -; -
GLOBOUS -; -
GLOBULE -; globules
GLOCHID -; glochids
GLOGG -; gloggs
GLOM -; gloms
GLOMERA -; -
GLOMMED -; -
GLOMUS -; -
GLONOIN -; glonoins
GLOOM -; glooms, gloomy
GLOOMED -; -
GLOOP -; glops, gloopy
GLOP -; glops
GLOPPY -; -
GLORIA -; glorias
GLORIED -; -
GLORIES -; -
GLORIFY -; -
GLORY -; -
GLOSS -; glossa, glossy
GLOSSA -; glossae, glossal, glossas
GLOSSED -; -
GLOSSER -; glossers
GLOSSES -; -
GLOST -; glosts
GLOTTAL -; -
GLOTTIC -; -
GLOTTIS -; -
GLOUT -; glouts
GLOUTED -; -
GLOVE -; gloved, glover, gloves
GLOVER -; glovers
GLOVING -; -
GLOW aglow; glows
GLOWED -; -
GLOWER -; glowers
GLOWFLY -; -
GLOWING -; -
GLOZE -; glozed, glozes
GLOZING -; -
GLUCAN -; glucans
GLUCOSE -; glucoses
GLUE -; glued, gluer, glues, gluey
GLUER -; gluers
GLUG -; glugs
GLUGGED -; -
GLUIER -; -
GLUIEST -; -
GLUILY -; -
GLUING -; -
GLUM -; glume
GLUME -; glumes
GLUMLY -; -
GLUMMER -; -
GLUMPY -; -
GLUNCH -; -
GLUON -; gluons
GLUT -; gluts
GLUTCH -; -
GLUTE -; glutes
GLUTEAL -; -
GLUTEI -; -
GLUTEN -; glutens
GLUTEUS -; -

GLUTTED -; -
GLUTTON -; gluttons, gluttony
GLYCAN -; glycans
GLYCIN -; glycine, glycins
GLYCINE -; glycines
GLYCOL -; glycols
GLYCYL -; glycyls
GLYPH -; glyphs
GLYPHIC -; -
GLYPTIC -; glyptics
GNAR -; gnarl, gnars
GNARL -; gnarls, gnarly
GNARLED -; -
GNARR -; gnarrs
GNARRED -; -
GNASH -; -
GNASHED -; -
GNASHES -; -
GNAT -; gnats
GNATHAL -; -
GNATHIC -; -
GNATTY -; -
GNAW -; gnawn, gnaws
GNAWED -; -
GNAWER -; gnawers
GNAWING -; gnawings
GNEISS -; -
GNOCCHI -; -
GNOME -; gnomes
GNOMIC -; -
GNOMISH -; -
GNOMIST -; gnomists
GNOMON -; gnomons
GNOSES -; -
GNOSIS -; -
GNOSTIC agnostic; -
GNU -; gnus
GO ago, ego; goa, gob, god, goo, gor, got, gox, goy
GOA -; goad, goal, goas, goat
GOAD -; goads
GOADED -; -
GOADING -; -
GOAL -; goals
GOALED -; -
GOALIE -; goalies
GOALING -; -
GOANNA -; goannas
GOAT -; goats
GOATEE -; goateed, goatees
GOATIER -; -
GOATISH -; -
GOB -; gobo, gobs, goby
GOBAN -; gobang, gobans
GOBANG -; gobangs
GOBBED -; -
GOBBET -; gobbets
GOBBING -; -
GOBBLE -; gobbled, gobbler, gobbles
GOBBLER -; gobblers
GOBIES -; -
GOBIOID -; gobioids
GOBLET -; goblets
GOBLIN -; goblins
GOBO -; gobos
GOBOES -; -

GOBONEE -; -
GOBONY -; -
GOBY -; -
GOD -; gods
GODDAM -; goddamn, goddams
GODDAMN -; goddamns
GODDED -; -
GODDESS -; -
GODDING -; -
GODET -; godets
GODETIA -; godetias
GODHEAD -; godheads
GODHOOD -; godhoods
GODLESS -; -
GODLIER -; -
GODLIKE -; -
GODLILY -; -
GODLING -; godlings
GODLY -; -
GODOWN -; godowns
GODROON -; godroons
GODSEND -; godsends
GODSHIP -; godships
GODSON -; godsons
GODWIT -; godwits
GOER -; goers
GOES -; -
GOETH -; -
GOFER -; gofers
GOFFER -; goffers
GOGGLE -; goggled, goggler, goggles
GOGGLER -; gogglers
GOGGLY -; -
GOGLET -; goglets
GOGO -; gogos
GOING -; goings
GOITER -; goiters
GOITRE -; goitres
GOJI -; gojis
GOLD -; golds
GOLDARN -; goldarns
GOLDBUG -; goldbugs
GOLDEN -; -
GOLDER -; -
GOLDEST -; -
GOLDEYE -; goldeyes
GOLDURN -; goldurns
GOLEM -; golems
GOLF -; golfs
GOLFED -; -
GOLFER -; golfers
GOLFING -; golfings
GOLIARD -; goliards
GOLIATH -; goliaths
GOLLY -; -
GOLOSH -; goloshe
GOLOSHE -; goloshes
GOMBEEN -; gombeens
GOMBO -; gombos
GOMER -; gomers
GOMERAL -; gomerals
GOMEREL -; gomerels
GOMERIL -; gomerils
GOMUTI -; gomutis
GONAD -; gonads
GONADAL -; -
GONADIC -; -
GONCH -; -
GONCHES -; -
GONDOLA -; gondolas
GONE agone; goner, gonef
GONER -; goners
GONG -; gongs
GONGED -; -
GONGING -; -
GONIA -; -

GONIDIA	-; gonidial
GONIDIC	-; -
GONIF	-; goniff, gonifs
GONIFF	-; goniffs
GONION	-; -
GONIUM	-; -
GONOF	-; gonofs
GONOPH	-; gonophs
GONZO	-; -
GOO	-; good, goof, gook, goon, goop, goos
GOOBER	-; goobers
GOOD	-; goods, goody
GOODBY	-; goodbye, goodbys
GOODBYE	-; goodbyes
GOODIE	-; goodies
GOODISH	-; -
GOODLY	-; -
GOODMAN	-; -
GOODMEN	-; -
GOOEY	-; -
GOOF	-; goofs, goofy
GOOFED	-; -
GOOFIER	-; -
GOOFILY	-; -
GOOFING	-; -
GOOFUS	-; -
GOOGLE	-; googles
GOOGLY	-; -
GOOGOL	-; googols
GOOIER	-; -
GOOIEST	-; -
GOOK	-; gooks, gooky
GOOMBAH	-; goombahs
GOOMBAY	-; goombays
GOON	-; goons, goony
GOONDA	-; goondas
GOONEY	-; gooneys
GOONIE	-; goonies
GOOP	-; goops, goopy
GOOPIER	-; -
GOORAL	-; goorals
GOOSE	-; goosed, gooses, goosey
GOOSIER	-; -
GOOSING	-; -
GOOSY	-; -
GOPHER	-; gophers
GOPIK	-; -
GOR	-; gore, gorp, gory
GORAL	-; gorals
GORCOCK	-; gorcocks
GORDITA	-; gorditas
GORE	-; gored, gores
GORGE	-; gorged, gorger, gorges gorget
GORGER	-; gorgers
GORGET	-; gorgets
GORGING	-; -
GORGON	-; gorgons
GORHEN	-; gorhens
GORIER	-; -
GORIEST	-; -
GORILLA	-; gorillas
GORILY	-; -
GORING	-; -
GORM	-; gorms
GORMAND	-; gormands
GORMED	-; -
GORMING	-; -

GORP -; gorps
GORSE -; gorses
GORSIER -; -
GORSY -; -
GORY -; -
GOSH -; -
GOSHAWK -; goshawk
GOSLING -; goslings
GOSPEL -; gospels
GOSPORT -; gosports
GOSSAN -; gossans
GOSSIP -; gossips, gossipy
GOSSOON -; gossoons
GOT -; -
GOTCH -; gotchas
GOTCHA -; gotchas
GOTH -; goths
GOTHIC -; gothics
GOTHITE -; gothites
GOTTEN -; -
GOUACHE -; gouaches
GOUGE -; gouged, gouger, gouges
GOUGER -; gougers
GOUGING -; -
GOULASH -; -
GOURAMI -; gouramis
GOURD -; gourde, gourds
GOURDE -; gourdes
GOURMET -; gourmets
GOUT -; gouts, gouty
GOUTIER -; -
GOUTILY -; -
GOUTY agouty; -
GOVERN -; governs
GOWAN -; gowans, gowany
GOWANED -; -
GOWD -; gowds
GOWK -; gowks
GOWN -; gowns
GOWNED -; -
GOWNING -; -
GOX -; -
GOXES -; -
GRAAL -; graals
GRAB -; grabs
GRABBED -; -
GRABBER -; grabbers
GRABBLE -; grabbled, grabbler, grabbles
GRABBY -; -
GRABEN -; grabens
GRACE -; graced, graces
GRACILE -; -
GRACING -; -
GRACKLE -; grackles
GRAD -; grade, grads
GRADATE -; gradated, gradates
GRADE -; graded, grader, grades
GRADER -; graders
GRADIN -; gradine, grading, gradins
GRADINE -; gradines
GRADUAL -; graduals
GRADUS -; -
GRAFT -; grafts
GRAFTED -; -
GRAFTER -; grafters
GRAHAM -; -
GRAIL -; grails

GRAIN	-; grains, grainy
GRAINED	-; -
GRAINER	-; grainers
GRAM	-; grama, gramp, grams
GRAMA	-; gramas
GRAMARY	-; -
GRAMMA	-; grammas
GRAMMAR	-; grammars
GRAMME	-; grammes
GRAMP	-; gramps
GRAMPA	-; grampas
GRAMPUS	-; -
GRAN	-; grana, grand, grans, grant
GRANA	-; -
GRANARY	-; -
GRAND	-; grands
GRANDAD	-; grandads
GRANDAM	-; grandame, grandams
GRANDEE	-; grandees
GRANDER	-; -
GRANDLY	-; -
GRANDMA	-; grandmas
GRANDPA	-; grandpas
GRANGE	-; granger, granges
GRANGER	-; grangers
GRANITA	-; granitas
GRANITE	-; granites
GRANNIE	-; grannies
GRANNY	-; -
GRANOLA	-; granolas
GRANT	-; grants
GRANTED	-; -
GRANTEE	-; grantees
GRANTER	-; granters
GRANTOR	-; grantors
GRANULE	-; granules
GRANUM	-; -
GRAPE	-; grapes, grapey
GRAPERY	-; -
GRAPH	-; graphs
GRAPHED	-; -
GRAPHIC	-; graphics
GRAPHITE	-;
GRAPIER	-; -
GRAPLIN	-; grapline, graplins
GRAPNEL	-; grapnels
GRAPPA	-; grappas
GRAPPLE	-; grappled, grappler, grapples
GRAPY	-; -
GRASP	-; grasps
GRASPED	-; -
GRASPER	-; graspers
GRASS	-; grassy
GRASSED	-; -
GRASSES	-; -
GRAT	-; grate
GRATE	-; grated, grater, grates
GRATER	-; graters
GRATIFY	-; -
GRATIN	-; gratine, grating, gratins
GRATINE	-; gratinee
GRATING	-; gratings
GRATIS	-; -
GRAUPEL	-; graupels
GRAVE	-; graved, gravel, graven, graver, graves

GRAVEL	-; gravels, gravely
GRAVER	-; gravers
GRAVES	-; gravest
GRAVID	-; gravida
GRAVIDA	-; gravidae, gravidas
GRAVIES	-; -
GRAVING	-; -
GRAVITY	-; -
GRAVLAX	-; -
GRAVURE	-; gravures
GRAVY	-; -
GRAY	-; grays
GRAYED	-; -
GRAYER	-; -
GRAYEST	-; -
GRAYING	-; -
GRAYISH	-; -
GRAYLAG	-; graylags
GRAYLY	-; -
GRAYOUT	-; grayouts
GRAZE	-; grazed, grazer, grazes
GRAZER	-; grazers
GRAZIER	-; graziers
GRAZING	-; grazings
GREASE	-; greased, greaser, greases
GREASER	-; greasers
GREASY	-; -
GREAT	-; greats
GREATEN	-; greatens
GREATER	-; -
GREATLY	-; -
GREAVE	-; greaved, greaves
GREBE	-; grebes
GRECIZE	-; grecized, grecizes
GREE	agree; greed, greek, green, grees, greet
GREED	agreed; greeds, greedy
GREEING	-; -
GREEK	-; -
GREEN	-; greens, greeny
GREENED	-; -
GREENER	-; -
GREENIE	-; greenier, greenies
GREENLY	-; -
GREENTH	-; greenths
GREES	agrees;
GREET	-; greets
GREETED	-; -
GREETER	-; greeters
GREGO	-; gregos
GREIGE	-; greiges
GREISEN	-; greisens
GREMIAL	-; gremials
GREMLIN	-; gremlins
GREMMIE	-; gremmies
GREMMY	-; -
GRENADE	-; grenades
GREW	-; -
GREY	-; greys
GREYED	-; -
GREYER	-; -
GREYEST	-; -
GREYHEN	-; greyhens
GREYING	-; -
GREYISH	-; -
GREYLAG	-; greylags

GREYLY	-; -
GRIBBLE	-; gribbles
GRID	-; gride, grids
GRIDDER	-; gridders
GRIDDLE	-; griddled, griddles
GRIDE	-; grided, grides
GRIDING	-; -
GRIEF	-; griefs
GRIEVE	-; grieved, griever, grieves
GRIEVER	-; grievers
GRIFF	-; griffe, griffs
GRIFFE	-; griffes
GRIFFIN	-; griffins
GRIFFON	-; griffons
GRIFT	-; grifts
GRIFTED	-; -
GRIFTER	-; grifters
GRIG	-; grigs
GRIGRI	-; grigris
GRILL	-; grille, grills
GRILLE	-; grilled, griller, grilles
GRILLER	-; grillers
GRILSE	-; grilses
GRIM	-; grime, grimy
GRIMACE	-; grimaced, grimacer, grimaces
GRIME	-; grimed, grimes
GRIMIER	-; -
GRIMILY	-; -
GRIMING	-; -
GRIMLY	-; -
GRIMMER	-; -
GRIN	-; grind, grins
GRINCH	-; -
GRIND	-; grinds
GRINDED	-; -
GRINDER	-; grinders, grindery
GRINNED	-; -
GRINNER	-; grinners
GRIOT	-; griots
GRIP	-; gripe, grips, gript
GRIPE	-; griped, griper, gripes, gripey
GRIPER	-; gripers
GRIPIER	-; -
GRIPING	-; -
GRIPPE	-; gripped, gripper, grippes
GRIPPER	-; grippers
GRIPPLE	-; -
GRIPPY	-; -
GRIPY	-; -
GRISKIN	-; griskins
GRISLY	-; -
GRISON	-; grisons
GRIST	-; grists
GRISTLE	-; gristles
GRISTLY	-; -
GRIT	-; grith, grits
GRITH	-; griths
GRITTED	-; -
GRITTER	-; gritters
GRITTY	-; -
GRIVET	-; grivets
GRIZZLE	-; grizzled, grizzler, grizzles

GRIZZLY -; -
GROAN -; groans
GROANED -; -
GROANER -; groaners
GROAT -; groats
GROCER -; grocers, grocery
GRODIER -; -
GRODY -; -
GROG -; grogs
GROGGY -; -
GROGRAM -; grograms
GROIN -; groins
GROINED -; -
GROK -; groks
GROKKED -; -
GROMMET -; grommets
GROOM -; grooms
GROOMED -; -
GROOMER -; groomers
GROOVE -; grooved, groover, grooves
GROOVER -; groovers
GROOVY -; -
GROPE -; groped, groper, gropes
GROPER -; gropers
GROPING -; -
GROSS -; -
GROSSED -; -
GROSSER -; grossers
GROSSES -; grossest
GROSSLY -; -
GROSZ -; grosze, groszy
GROSZE -; -
GROT -; grots
GROTTO -; grottos
GROTTY -; -
GROUCH -; grouchy
GROUND aground; grounds
GROUP -; groups
GROUPED -; -
GROUPER -; groupers
GROUPIE -; groupies
GROUSE -; groused, grouser, grouses
GROUSER -; grousers
GROUT -; grouts, grouty
GROUTED -; -
GROUTER -; grouters
GROVE -; groved, grovel, groves
GROVEL -; grovels
GROVY -; -
GROW -; growl, grown, grows
GROWER -; growers
GROWING -; -
GROWL -; growls, growly
GROWLED -; -
GROWLER -; growlers
GROWNUP -; grownups
GROWTH -; growths
GROWTHY -; -
GROYNE -; groynes
GRR - -
GRRRL -; grrrls
GRUB -; grubs
GRUBBED -; -
GRUBBER -; grubbers
GRUBBY -; -
GRUDGE -; grudged, grudger, grudges

GRUDGER	-; grudgers
GRUE	-; gruel, grues
GRUEL	-; gruels
GRUELED	-; -
GRUELER	-; gruelers
GRUFF	-; gruffs, gruffy
GRUFFED	-; -
GRUFFER	-; -
GRUFFLY	-; -
GRUGRU	-; grugrus
GRUM	-; grume
GRUMBLE	-; grumbled, grumbler, grumbles
GRUMBLY	-; -
GRUME	-; grumes
GRUMMER	-; -
GRUMMET	-; grummets
GRUMOSE	-; -
GRUMOUS	-; -
GRUMP	-; grumps, grumpy
GRUMPED	-; -
GRUMPHY	-; -
GRUMPY	-; -
GRUNGE	-; grunges
GRUNGY	-; -
GRUNION	-; grunions
GRUNT	-; grunts
GRUNTED	-; -
GRUNTER	-; grunters
GRUNTLE	-; gruntled, gruntles
GRUSHIE	-; -
GRUTCH	-; -
GRUTTEN	-; -
GRUYERE	-; gruyeres
GRYPHON	-; gryphons
GUACO	-; guacos
GUAIAC	-; guaiacs
GUAN	-; guans
GUANACO	-; guanacos
GUANASE	-; guanases
GUANAY	-; guanays
GUANIN	-; guanine, guanins
GUANINE	-; guanines
GUANO	-; guanos
GUAR	-; guard, guars
GUARANA	-; guaranas
GUARANI	-; guaranis
GUARD	-; guards
GUARDED	-; -
GUARDER	-; guarders
GUAVA	-; guavas
GUAYULE	-; guayules
GUCK	-; gucks
GUDE	-; gudes
GUDGEON	-; gudgeons
GUENON	-; guenons
GUERDON	-; guerdons
GUESS	-; -
GUESSED	-; -
GUESSER	-; guessers
GUESSES	-; -
GUEST	-; guests
GUESTED	-; -
GUFF	-; guffs
GUFFAW	-; guffaws
GUGGLE	-; guggled, guggles
GUGLET	-; guglets
GUID	-; guide, guids
GUIDE	-; guided, guider, guides
GUIDER	-; guiders
GUIDING	-; -
GUIDON	-; guidons
GUILD	-; guilds

GUILDER -; guilders
GUILE -; guiled, guiles
GUILT -; guilts, guilty
GUIMPE -; guimpes
GUINEA -; guineas
GUINEP -; guineps
GUIPURE -; guipures
GUIRO -; guiros
GUISARD -; guisards
GUISE -; guised, guises
GUITAR -; guitars
GUL -; gulf, gull, gulp, guls
GULAG -; gulags
GULAR -; -
GULCH -; -
GULDEN -; guldens
GULES -; -
GULF -; gulfs, gulfy
GULFED -; -
GULFIER -; -
GULFING
GULL -; gulls, gully
GULLED -; -
GULLET -; gullets
GULLEY -; gulleys
GULLIED -; -
GULLIES -; -
GULLING -; -
GULP -; gulps, gulpy
GULPED -; -
GULPER -; gulpers
GULPIER -; -
GULPING -; -
GUM -; gums
GUMBALL -; gumballs
GUMBO -; gumbos
GUMBOIL -; gumboils
GUMBOOT -; gumboots
GUMDROP -; gumdrops
GUMLESS -; -
GUMLIKE -; -
GUMLINE -; gumlines
GUMMA -; gummas
GUMMATA -; -
GUMMED -; -
GUMMER -; gummers
GUMMI -; gummis
GUMMIER -; -
GUMMILY -; -
GUMMING -; -
GUMMITE -; gummites
GUMMOSE -; -
GUMMOUS -; -
GUMMY -; -
GUMSHOE -; gumshoed, gumshoes
GUMTREE -; gumtrees
GUMWEED -; gumweeds
GUMWOOD -; gumwoods
GUN -; gunk, guns
GUNBOAT -; gunboats
GUNDOG -; gundogs
GUNFIRE -; gunfires
GUNFLINT -; gunflints
GUNGE -; gunged, gunges
GUNGY -; -
GUNITE -; gunites
GUNK -; gunks
GUNKED -; -
GUNKING -; -
GUNLESS -; -
GUNLOCK -; gunlocks
GUNMAN -; -
GUNMEN -; -
GUNNED -; -
GUNNEL -; gunnels
GUNNEN -; -

GUNNER -; gunners, gunnery
GUNNIES -; -
GUNNING -; gunnings
GUNNY -; -
GUNPLAY -; gunplays
GUNPORT -; gunports
GUNROOM -; gunrooms
GUNSEL -; gunsels
GUNSHIP -; gunships
GUNSHOT -; gunshots
GUNTER -; gunters
GUNWALE -; gunwales
GUPPIES -; -
GUPPY -; -
GURGE -; gurged, gurges
GURGING -; -
GURGLE -; gurgled, gurgles, gurglet
GURGLET -; gurglets
GURNARD -; gurnards
GURNET -; gurnets
GURNEY -; gurneys
GURRIES -; -
GURRY -; -
GURSH -; -
GURSHES -; -
GURU -; gurus
GUSH -; gushy
GUSHED -; -
GUSHER -; gushers
GUSHES -; -
GUSHIER -; -
GUSHILY -; -
GUSHING -; -
GUSSET -; gussets
GUSSIE -; gussied, gussies
GUSSY -; -
GUST -; gusto, gusts, gusty
GUSTED -; -
GUSTIER -; -
GUSTILY -; -
GUSTING -; -
GUSTOES -; -
GUT -; guts
GUTLESS -; -
GUTLIKE -; -
GUTS -; gutsy
GUTSIER -; -
GUTSILY -; -
GUTSY -; -
GUTTA -; guttae
GUTTATE -; guttated
GUTTED -; -
GUTTER -; gutters, guttery
GUTTIER -; -
GUTTING -; -
GUTTLE -; guttled, guttler, guttles
GUTTLER -; guttlers
GUTTY -; -
GUV -; guvs
GUY -; guys
GUYED -; -
GUYING -; -
GUYLINE -; guylines
GUYOT -; guyots
GUZZLE -; guzzled, guzzler, guzzles
GUZZLER -; guzzlers
GWEDUC -; gweduck, gweducs
GWEDUCK -; gweducks
GWYINE -; -

GYBE	-; gybed, gybes	**GYPSUM**	-; gypsums
GYBING	-; -	**GYPSY**	-; -
GYM	-; gyms	**GYRAL**	-; -
GYMNAST	-; gymnasts	**GYRALLY**	-; -
GYMSLIP	-; gymslips	**GYRASE**	-; gyrases
GYNECIA	-; -	**GYRATE**	-; gyrated, gyrates
GYNECIC	-; -	**GYRATOR**	-; gyrators, gyratory
GYNIE	-; gynies	**GYRE**	-; gyred, gyres
GYNO	-; gynos	**GYRENE**	-; gyrenes
GYOZA	-; gyozas	**GYRI**	-; -
GYP	-; gyps	**GYRING**	-; -
GYPLURE	-; gyplures	**GYRO**	-; gyron, gyros
GYPO	-; gypos	**GYRON**	-; gyrons
GYPPED	-; -	**GYROSE**	-; -
GYPPER	-; gyppers	**GYRUS**	-; -
GYPPING	-; -	**GYTTJA**	-; gyttjas
GYPS	-; gypsy	**GYVE**	-; gyved, gyves
GYPSIED	-; -	**GYVING**	-; -
GYPSIES	-; -		
GYPSTER	-; gypsters		

H

H	ah, eh, oh, sh; ha, he, hi, ho	**HABITUE**	-; habitues
HA	aha, sha, wha; had, hae, hag, hah, haj, ham, hao, hap, has, hat, haw, hay	**HABITUS**	-; -
HAAF	-; haafs	**HABOOB**	-; haboobs
HAAR	-; haars	**HABU**	-; habus
HABILE	-; -	**HACEK**	-; haceks
HABIT	-; habits	**HACHURE**	-; hachured, hachures
HABITAN	-; habitans, habitant	**HACK**	shack, thack, whack; hacks
HABITAT	-; habitats	**HACKBUT**	-; hackbuts
HABITED	-; -	**HACKED**	thacked, whacked; -
		HACKEE	-; hackees
		HACKER	whacker; -
		HACKIE	-; hackies

HACKING	thacking, whacking; -
HACKLE	shackle; hackled, hackler, hackles
HACKLED	shackled; -
HACKLER	shackler; hacklers
HACKLES	shackles; -
HACKLY	-; -
HACKMAN	-; -
HACKMEN	-; -
HACKNEY	-; hackneys
HACKS	shacks, thacks, whacks; -
HACKSAW	-; hacksaws
HAD	chad, shad; hade; hadj
HADAL	-; -
HADARIM	-; -
HADDEST	-; -
HADDOCK	-; haddocks
HADE	shade; haded, hades
HADED	shaded; -
HADES	shades;-
HADING	shading; -
HADITH	-; hadiths
HADJ	-; hadji
HADJEE	-; hadjees
HADJES	-; -
HADJI	-; hadjis
HADRON	-; hadrons
HADST	-; -
HAE	thae; haed, haem, haen, haes, haet
HAEING	-; -
HAEM	-; haems
HAEMAL	-; -
HAEMIC	-; -
HAEMIN	-; haemins
HAEMOID	-; -
HAEN	-; -
HAERES	-; -
HAET	-; haets
HAFFET	-; haffets
HAFFIT	-; haffits
HAFIS	-; -
HAFIZ	-; -
HAFIZES	-; -
HAFNIUM	-; hafniums
HAFT	shaft; hafts
HAFTARA	-; haftarah, haftaras
HAFTED	shafted; -
HAFTER	-; hafters
HAFTING	shafting; -
HAFTS	shafts; -
HAG	shag; hags
HAGADIC	-; -
HAGBORN	-; -
HAGBUSH	-; -
HAGBUT	-; hagbuts
HAGDON	-; hagdons
HAGFISH	-; -
HAGGADA	-; haggadah, haggadas
HAGGARD	-; haggards
HAGGED	shagged; -
HAGGING	shagging; -
HAGGIS	-; haggish
HAGGLE	-; haggled, haggler, haggles
HAGGLER	-; hagglers
HAGRIDE	-; hagrides
HAGRODE	-; -
HAGS	shags; -

HAH shah; haha, hahs
HAHA -; hahas
HAHNIUM -; hahniums
HAHS shahs; -
HAIK -; haika, haiks, haiku
HAIKU -; haikus
HAIL -; hails
HAILED -; -
HAILER -; hailers
HAILING -; -
HAIMISH -; -
HAINT -; -
HAIR chair; hairs, hairy
HAIRCAP -; haircaps
HAIRCUT -; haircuts
HAIRDO -; hairdos
HAIRED chaired; -
HAIRIER -; -
HAIRILY -; -
HAIRNET -; hairnets
HAIRPIN -; hairpins
HAIRS chairs; -
HAJ -; haji, hajj
HAJES -; -
HAJI -; hajis
HAJJ -; hajji
HAJJES -; -
HAJJI -; hajji
HAKE shake; hakes
HAKEEM -; hakeems
HAKES shakes; -
HAKIM -; hakims
HAKU -; hakus
HALACHA -; halachas
HALAKAH -; halakahs
HALAKHA -; halakhas
HALAKIC -; -
HALAL -; halala, halals
HALALA -; halalah, halalas
HALALAH halalahs
HALAVAH -; halavahs
HALBERD -; halberds
HALBERT -; halberts
HALCYON -; halcyons
HALE shale, whale; haled, haler, hales
HALED shaled, whaled; -
HALER thaler, whaler; halers, haleru
HALERS thalers, whalers; -
HALES shales, whales; halest
HALF -; -
HALFWAY -; -
HALFWIT -; halfwits
HALIBUT -; halibuts
HALID -; halide, halids
HALIDE -; halides
HALIDOM -; halidome, halidoms
HALIER -; haliers
HALING whaling; -
HALITE -; halites
HALITUS -; -
HALL shall; hallo, halls
HALLAH challah; hallahs
HALLAHS challahs; -
HALLAL -; -
HALLEL -; hallels

HALLO -; halloa, halloo, hallos, hallot, hallow
HALLOA -; halloas
HALLOED -; -
HALLOES -; -
HALLOO -; halloos
HALLOT challot, shallot; halloth
HALLOTH challoth; -
HALLOW shallow; hallows
HALLOWS shallows; -
HALLS shalls; -
HALLUX -; -
HALLWAY -; hallways
HALM -; halma, halms
HALMA -; halmas
HALO -; halos
HALOED -; -
HALOES -; -
HALOGEN -; halogens
HALOID -; haloids
HALOING -; -
HALON -; halons
HALT shalt; halts
HALTED -; -
HALTER -; haltere, halters
HALTERE -; haltered, halteres
HALTING -; -
HALUTZ chalutz; -
HALVA -; halvah, halvas
HALVAH -; halvahs
HALVE -; halved, halves
HALVERS -; -
HALVING -; -
HALYARD -; halyards
HAM cham, sham, wham; hame, hams
HAMADA -; hamadas
HAMAL -; hamals
HAMATE -; hamates
HAMAUL -; hamauls
HAMBONE -; hamboned, hambones
HAMBURG -; hamburgs
HAME shame; hames
HAMES shames; -
HAMLET -; hamlets
HAMMAL -; hammals
HAMMAM -; hammams
HAMMED shammed, whammed; -
HAMMER shammer; hammers
HAMMERS shammers; -
HAMMIER -; -
HAMMILY -; -
HAMMING shamming, whamming; -
HAMMOCK -; hammocks
HAMMY chammy, shammy, whammy; -
HAMPER champer; hampers
HAMPERS champers; -
HAMS chams, shams, whams; -
HAMSTER -; hamsters
HAMULAR -; -
HAMULI -; -
HAMULUS -; -
HAMZA -; hamzah, hamzas

HAMZAH -; hamzahs
HANAPER -; hanapers
HANCE chance; hances
HANCES chances; -
HAND -; hands, handy
HANDAX -; -
HANDBAG -; handbags
HANDCAR -; handcars, handcart
HANDED -; -
HANDER -; handers
HANDFUL -; handfuls
HANDGUN -; handguns
HANDIER -; -
HANDILY -; -
HANDING -; -
HANDLE -; handled, handler, handles
HANDLER -; handlers
HANDOFF -; handoffs
HANDOUT -; handouts
HANDSAW -; handsaws
HANDSEL -; handsels
HANDSET -; handsets
HANDSFUL -; -
HANDY shandy; -
HANG bhang, chang, whang; hangs
HANGAR -; hangars
HANGDOG -; hangdogs
HANGED changed, whanged; -
HANGER changer; hangers
HANGERS changers; -
HANGING changing, whanging; hangings
HANGMAN -; -
HANGMEN -; -
HANGOUT -; hangouts
HANGS bhangs, changs, whangs; -
HANGTAG -; hangtags
HANGUP -; hangups
HANGUL -; -
HANIWA -; haniwas
HANK shank, thank; hanks, hanky
HANKED shanked, thanked; -
HANKER thanker; hankers
HANKERS thankers; -
HANKIE -; hankies
HANKING shanking, thanking; -
HANKS shanks, thanks; -
HANSA -; hansas
HANSE -; hansel, hanses
HANSEL -; hansels
HANSOM -; hansoms
HANT chant; hants
HANTED chanted; -
HANTING chanting; -
HANTLE -; hantles
HANTS chants; -
HANUMAN -; hanumans
HAO -; -
HAOLE -; haoles
HAP chap, whap; chaps
HAPAX -; -
HAPAXES -; -
HAPKIDO -; hapkidos

HAPLESS	-; -
HAPLITE	-; haplites
HAPLOID	-; haploids, haploidy
HAPLONT	-; haplonts
HAPLY	-; -
HAPPED	chapped, whapped; -
HAPPEN	-; happens
HAPPI	-; happis
HAPPIER	-; -
HAPPILY	-; -
HAPPING	chapping, whapping; -
HAPPY	-; -
HAPS	chaps, whaps; -
HAPTEN	-; haptene, haptens
HAPTENE	-; haptenes
HAPTIC	-; -
HARAM	-; -
HARASS	-; -
HARBOR	-; harbors
HARBOUR	-; harbours
HARD	chard, shard; hards, hardy
HARDEN	-; hardens
HARDER	-; -
HARDEST	-; -
HARDHAT	-; hardhats
HARDIER	-; -
HARDIES	-; hardiest
HARDILY	-; -
HARDLY	-; -
HARDPAN	-; hardpans
HARDS	chards, shards; -
HARDSET	-; -
HARDTOP	-; hardtops

HARE	chare, share; hared, harem, hares
HARED	chared, shared; -
HAREEM	-; hareems
HARELIP	-; harelips
HAREM	-; harems
HARES	chares, shares; -
HARIANA	-; harianas
HARICOT	-; haricots
HARIJAN	-; harijans
HARING	-; charing, sharing
HARISSA	-; harissas
HARK	chark, shark; harks
HARKED	charked, sharked; -
HARKEN	-; harkens
HARKING	charking, sharking; -
HARKS	charks, sharks; -
HARL	-; harls
HARLOT	charlot; harlots
HARLOTS	charlots; -
HARM	charm, tharm; harms
HARMED	charmed; -
HARMER	charmer; harmers
HARMERS	charmers; -
HARMFUL	-; -
HARMIN	-; harmine, harming, harmins
HARMINE	-; harmines
HARMING	charming; -

HARMONY -; -
HARMS charms, tharms; -
HARNESS -; -
HARP sharp; harps, harpy
HARPED sharped; -
HARPER sharper; harpers
HARPERS sharpers; -
HARPIES sharpies; -
HARPIN -; harping, harpins
HARPING sharping; -
HARPIST -; harpists
HARPOON -; harpoons
HARPS sharps; -
HARPY sharpy; -
HARRIED -; -
HARRIER charrier; -
HARRIES -; -
HARROW -; harrows
HARRY charry, gharry; -
HARSH -; -
HARSHEN -; harshens
HARSHER -; -
HARSHLY -; -
HARSLET -; harslets
HART chart; harts
HARTAL -; hartals
HARTS charts; -
HARUMPH -; harumphs
HARVEST -; harvests
HAS -; hash, hasp, hast
HASHED -; -
HASHES -; -
HASHING -; -
HASHISH -; -
HASLET -; haslets
HASP -; hasps
HASPED -; -
HASPING -; -
HASSEL -; hassels
HASSIUM -; hassiums
HASSLE -; hassled, hassles
HASSOCK -; hassocks
HAST ghast; haste, hasty
HASTATE -; -
HASTE chaste; hasted, hasten, hastes
HASTEN chasten; hastens
HASTENS chastens; -
HASTIER -; -
HASTILY -; -
HASTING -; -
HAT chat, ghat, khat, phat, that, what; hate, hats, hath
HATABLE -; -
HATBAND -; hatbands
HATBOX -; -
HATCH thatch; -
HATCHED thatched; -
HATCHEL -; hatchels
HATCHER thatcher; hatchers, hatchery
HATCHES thatches; -
HATCHET -; hatchets
HATE -; hated, hater, hates
HATEFUL -; -
HATER -; haters

HATFUL -; hatfuls
HATH -; -
HATING -; -
HATLESS -; -
HATLIKE -; -
HATPIN -; hatpins
HATRACK -; hatracks
HATRED -; hatreds
HATS chats, ghats, khats, whats; -
HATSFUL -; -
HATTED chatted; -
HATTER chatter, shatter; hatters
HATTERS chatters, shatters; -
HATTING chatting; -
HAUBERK -; hauberks
HAUGH shaugh; haughs
HAUGHS shaughs; -
HAUGHTY -; -
HAUL shaul; haulm, hauls
HAULAGE -; haulages
HAULED shauled; -
HAULER -; haulers
HAULIER -; hauliers
HAULING shauling; -
HAULM -; haulms, haulmy
HAULOUT -; haulouts
HAULS shauls; -
HAUNCH -; -
HAUNT chaunt; haunts
HAUNTED chaunted; -
HAUNTER chaunter; haunters
HAUNTS chaunts; -
HAUSEN -; hausens
HAUT ghaut; haute
HAUTBOY -; hautboys
HAUTEUR -; hauteurs
HAVARTI -; havartis
HAVE shave; haven, haver, haves
HAVEN shaven; havens
HAVENED -; -
HAVER shaver; havers
HAVERED -; -
HAVEREL -; haverels
HAVERS shavers; -
HAVES shaves; -
HAVING shaving; -
HAVIOR -; haviors
HAVIOUR -; haviours
HAVOC -; havocs
HAW chaw, shaw, thaw; hawk, haws
HAWALA -; hawalas
HAWED chawed, shawed, thawed; -
HAWING chawing, shawing, thawing; -
HAWK -; hawks
HAWKED -; -
HAWKER -; hawkers
HAWKEY -; hawkeys
HAWKIE -; hawkies
HAWKING -; hawkings
HAWKISH -; -
HAWS chaws, shaws, thaws; -
HAWSE -; hawser, hawses

HAWSER	-; hawsers
HAY	chay, shay; hays
HAYCOCK	-; haycocks
HAYED	-; -
HAYER	-; hayers
HAYEY	-; -
HAYFORK	-; hayforks
HAYING	-; hayings
HAYLAGE	-; haylages
HAYLOFT	-; haylofts
HAYMOW	-; haymows
HAYRACK	-; hayracks
HAYRICK	-; hayricks
HAYRIDE	-; hayrides
HAYS	chays, shays; -
HAYSEED	-; hayseeds
HAYWARD	-; haywards
HAYWIRE	-; haywires
HAZAN	chazan; hazans
HAZANS	chazans; -
HAZARD	-; hazards
HAZE	-; hazed, hazel, hazer, hazes
HAZEL	-; hazels
HAZELLY	-; -
HAZER	-; hazers
HAZIER	-; -
HAZIEST	-; -
HAZILY	-; -
HAZING	-; hazings
HAZMAT	-; hazmats
HAZY	-; -
HAZZAN	-; hazzans
HE	she, the; heh, hem, hen, her, hes, het, hex, hew, hey
HEAD	ahead; heads, heady
HEADED	-; -
HEADEND	-; headends
HEADER	-; headers
HEADFUL	-; headfuls
HEADIER	-; -
HEADILY	-; -
HEADING	-; headings
HEADMAN	-; -
HEADMEN	-; -
HEADPIN	-; headpins
HEADSET	-; headsets
HEADWAY	-; headways
HEAL	sheal, wheal; heals
HEALED	-; -
HEALER	-; healers
HEALING	shealing; -
HEALS	sheals, wheals; -
HEALTH	-; healths, healthy
HEAP	cheap; heaps
HEAPED	-; -
HEAPING	-; -
HEAPS	cheaps; -
HEAR	shear; heard, hears, heart
HEARER	-; hearers
HEARING	shearing; hearings
HEARKEN	-; hearkens
HEARS	shears; hearse
HEARSAY	-; hearsays
HEARSE	-; hearsed, hearses
HEART	-; hearth, hearts, hearty
HEARTED	-; -

HEARTEN -; heartens
HEARTH -; hearths
HEAT cheat, wheat; heath, heats
HEATED cheated; -
HEATER cheater, theater; heaters
HEATERS cheaters, theaters; -
HEATH sheath; heaths, heathy
HEATHEN -; heathens
HEATHER sheather; heathers, heathery
HEATHS sheaths; -
HEATING cheating; -
HEATS cheats, wheats; -
HEAUME -; heaumes
HEAVE sheave; heaved, heaven, heaves
HEAVED sheaved; -
HEAVEN -; heavens
HEAVER -; heavers
HEAVES sheaves; -
HEAVIER -; -
HEAVIES -; heaviest
HEAVILY -; -
HEAVING sheaving; -
HEAVY -; -
HEBE thebe; hebes
HEBETIC -; -
HECK check; hecks
HECKLE -; heckled, heckler, heckles
HECKLER -; hecklers
HECKS checks; -
HECTARE -; hectares
HECTIC -; -
HECTOR -; hectors
HEDARIM -; -
HEDDLE -; heddles
HEDER cheder; heders
HEDERS cheders; -
HEDGE -; hedged, hedger, hedges
HEDGER -; hedgers
HEDGIER -; -
HEDGING -; -
HEDGY -; -
HEDONIC -; hedonics
HEED -; heeds
HEEDED -; -
HEEDER -; heeders
HEEDFUL -; -
HEEDING -; -
HEEHAW -; heehaws
HEEL wheel; heels
HEELED wheeled; -
HEELER wheeler; heelers
HEELERS wheelers; -
HEELING wheeling; -
HEELS wheels; -
HEELTAP -; heeltaps
HEEZE wheeze; heezed, heezes
HEEZES wheezes; -
HEEZING wheezing; -
HEFT theft; hefts, hefty
HEFTED -; -
HEFTER -; hefters

HEFTIER	-; -
HEFTILY	-; -
HEFTING	-; -
HEFTS	thefts; -
HEGARI	-; hegaris
HEGEMON	-; hegemons
HEGIRA	-; hegiras
HEGUMEN	-; hegumene, hegumens, hegumeny
HEH	-; hehs
HEIFER	-; heifers
HEIGH	-; height
HEIGHT	-; heighth, heights
HEIGHTH	-; heighths
HEIL	-; heils
HEILED	-; -
HEILING	-; -
HEIMISH	-; -
HEINIE	-; heinies
HEINOUS	-; -
HEIR	their; heirs
HEIRDOM	-; heirdoms
HEIRED	-; -
HEIRESS	-; -
HEIRING	-; -
HEIRS	theirs; -
HEISHI	-; -
HEIST	theist; heists
HEISTED	-; -
HEISTER	-; heisters
HEISTS	theists; -
HEJIRA	-; hejiras
HEKTARE	-; hektares
HELD	-; -
HELIAC	-; -
HELIAST	-; heliasts
HELICAL	-; -
HELICES	-; -
HELICON	-; helicons
HELIO	-; helios
HELIPAD	-; helipads
HELISKI	-; heliskis
HELIUM	-; heliums
HELIX	-; -
HELIXES	-; -
HELL	shell; hells
HELLBOX	-; -
HELLCAT	-; hellcats
HELLED	shelled; -
HELLER	sheller; helleri, hellers, hellery
HELLERI	-; helleris
HELLERS	shellers; -
HELLING	shelling; -
HELLION	-; hellions
HELLISH	-; -
HELLO	-; hellos
HELLOED	-; -
HELLOES	-; -
HELLS	shells; -
HELLUVA	-; -
HELM	whelm; helms
HELMED	whelmed; -
HELMET	-; helmets
HELMING	whelming; -
HELMS	whelms; -
HELO	-; helos, helot
HELOT	-; helots
HELOTRY	-; -
HELP	whelp; helps
HELPED	whelped; -
HELPER	-; helpers
HELPFUL	-; -
HELPING	whelping; -
HELPS	whelps; -
HELVE	shelve; helved, helves
HELVED	shelved; -

HELVES shelves; -
HELVING shelving; -
HEM ahem, them; heme, hemp, hems
HEMAGOG -; hemagogs
HEMAL -; -
HEMATAL -; -
HEMATIC rhematic; hematics
HEMATIN -; hematine, hematins
HEME theme; hemes
HEMES themes; -
HEMIC chemic; -
HEMIN -; hemins
HEMIOLA -; hemiolas
HEMLINE -; hemlines
HEMLOCK -; hemlocks
HEMMED -; -
HEMMER -; hemmers
HEMMING -; -
HEMOID -; -
HEMP -; hemps, hempy
HEMPEN -; -
HEMPIE -; hempier
HEN then, when; hens, hent
HENBANE -; henbanes
HENBIT -; henbits
HENCE thence, whence; -
HENCOOP -; hencoops
HENGE -; henges
HENLEY -; henleys
HENLIKE -; -
HENNA -; hennas
HENNAED -; -
HENNERY -; -
HENPECK -; henpecks
HENRIES -; -
HENRY -; henrys
HENS thens, whens; -
HENT shent; hents
HENTED -; -
HENTING -; -
HEP -; -
HEPARIN -; heparins
HEPATIC -; hepatica, hepatics
HEPCAT -; hepcats
HEPTAD -; heptads
HEPTANE -; heptanes
HEPTOSE -; heptoses
HER -; herb, herd, here, herl, herm, hern, hero, hers
HERALD -; heralds
HERB -; herbs, herby
HERBAGE -; herbages
HERBAL -; herbals
HERBED -; -
HERBIER -; -
HERD sherd; herds,
HERDED -; -
HERDER -; herders
HERDIC -; herdics
HERDING -; -
HERDMAN -; -
HERDMEN -; -
HERDS sherds; -
HERE there, where; heres
HEREAT thereat, whereat; -
HEREBY thereby, whereby; -
HEREDES -; -

HEREIN therein; wherein; -
HEREOF thereof, whereof; -
HEREON thereon, whereon; -
HERES theres, wheres; heresy
HERETIC -; heretics
HERETO thereto, whereto; -
HERIOT -; heriots
HERITOR -; heritors
HERL -; herls
HERM therm; herma, herms
HERMA -; hermae, hermai
HERMAE thermae; -
HERMIT thermit; hermits
HERMITS thermits; -
HERMS therms; -
HERN -; herns
HERNIA -; herniae, hernial, hernias
HERO -; heron, heros
HEROES -; -
HEROIC -; heroics
HEROIN -; heroine, heroins
HEROINE -; heroines
HEROISM -; heroisms
HEROIZE -; heroized, heroizes
HERON -; herons
HERONRY -; -
HERPES -; -
HERRIED wherried; -
HERRIES cherries, sherries, wherries; -
HERRING -; herrings
HERRY cherry, sherry, wherry; -
HERSELF -; -
HERTZ -; -
HERTZES -; -
HES shes; hest
HESSIAN -; hessians
HESSITE -; hessites
HEST chest; hests
HESTS chests; -
HET khet, whet; heth, hets
HETAERA -; hetaerae, hetaeras
HETAIRA -; hetairai, hetairas
HETERO -; heteros
HETH cheth, kheth; heths
HETHS cheths; -
HETMAN -; hetmans
HETS khets, whets; -
HEUCH sheuch; heuchs
HEUCHS sheuchs; -
HEUGH sheugh; heughs
HEUGHS sheughs; -
HEW chew, phew, shew, thew, whew; hewn, hews
HEWABLE chewable; -
HEWED chewed, shewed; -
HEWER chewer, shewer; -

HEWERS	chewers, shewers; -
HEWING	chewing, shewing; -
HEWN	shewn; -
HEWS	chews, shews, thews, whews; -
HEX	-; -
HEXAD	-; hexade, hexads
HEXADE	-; hexades
HEXADIC	-; -
HEXAGON	-; hexagons
HEXANE	-; hexanes
HEXAPLA	-; hexaplar, hexaplas
HEXAPOD	-; hexapods, hexapody
HEXED	-; -
HEXER	-; hexers
HEXEREI	-; hexereis
HEXES	-; -
HEXING	-; -
HEXONE	-; hexones
HEXOSAN	-; hexosans
HEXOSE	-; hexoses
HEXYL	-; hexyls
HEY	they, whey; -
HEYDAY	-; heydays
HEYDEY	-; heydeys
HI	chi, ghi, khi, phi; hic, hid, hie, him, hin, hip, his, hit
HIATAL	-; -
HIATUS	-; -
HIBACHI	-; hibachis
HIC	chic; hick
HICCUP	-; hiccups
HICCUPY	-; -
HICK	chick, thick; hicks
HICKER	-; -
HICKEST	-; -
HICKEY	-; hickeys
HICKIE	-; hickies
HICKISH	-; -
HICKORY	-; -
HICKS	chicks, thicks; -
HID	chid, whid; hide
HIDABLE	-; -
HIDALGO	-; hidalgos
HIDDEN	chidden; -
HIDE	chide; hided, hider, hides
HIDED	chided; -
HIDEOUS	-; -
HIDEOUT	-; hideouts
HIDER	chider; hiders
HIDERS	chiders; -
HIDES	chides; -
HIDING	chiding; hidings
HIE	-; hied, hies
HIED	shied; -
HIEING	-; -
HIEMAL	-; -
HIES	shies; -
HIGGLE	-; higgled, higgler, higgles
HIGGLER	-; higglers
HIGH	thigh; highs, hight
HIGHBOY	-; highboys
HIGHER	-; -
HIGHEST	-; -
HIGHLY	-; -

HIGHS	thighs; -
HIGHT	-; highth, hights
HIGHTED	-; -
HIGHTH	-; highths
HIGHTOP	-; hightops
HIGHWAY	-; highways
HIJAB	-; hijabs
HIJACK	-; hijacks
HIJINKS	-; -
HIJRA	-; hijrah, hijras
HIJRAH	-; hijrahs
HIKE	-; hiked, hiker, hikes
HIKER	-; hikers
HIKING	-; -
HILA	-; hilar
HILDING	-; hildings
HILI	chili; -
HILL	chill, shill, thill; hillo, hills, hilly
HILLED	chilled, shilled; -
HILLER	chiller; hillers
HILLERS	chillers
HILLIER	-; -
HILLING	chilling, shilling; -
HILLO	-; hilloa, hillos
HILLOA	-; hilloas
HILLOCK	-; hillocks, hillocky
HILLOED	-; -
HILLS	chills, shills, thills; -
HILLTOP	-; hilltops
HILLY	chilly, shilly; -
HILT	-; hilts
HILTED	-; -
HILTING	-; -
HILUM	-; -
HILUS	-; -
HIM	shim, whim; -
HIMBO	-; himbos
HIMSELF	-; -
HIN	chin, shin, thin, whin; hind, hins, hint
HIND	-; hinds
HINDER	-; hinders
HINDGUT	-; hindguts
HINGE	-; hinged, hinger, hinges
HINGER	-; hingers
HINGING	-; -
HINKIER	-; -
HINKY	-; -
HINNIED	shinnied; -
HINNIES	shinnies; -
HINNY	shinny, whinny; -
HINS	chins, shins, thins, whins; -
HINT	-; hints
HINTED	-; -
HINTER	-; hinters
HINTING	-; -
HINTS	chints; -
HIP	chip, ship, whip; hips
HIPBONE	-; hipbones
HIPLESS	-; -
HIPLIKE	-; -
HIPLINE	-; hiplines
HIPLY	-; -
HIPNESS	-; -
HIPPED	chipped, shipped, whipped; -
HIPPER	chipper,

	shipper, whipper; -
HIPPEST	-; -
HIPPIE	chippie; hippier, hippies
HIPPIER	whippier; -
HIPPIES	chippies; hippiest
HIPPING	chipping, shipping, whipping; -
HIPPISH	-; -
HIPPO	-; hippos
HIPPY	chippy, whippy; -
HIPS	chips, ships, whips; -
HIPSHOT	-; -
HIPSTER	-; hipsters
HIRABLE	-; -
HIRCINE	-; -
HIRE	ahire, shire; hired, hiree, hirer, hires
HIREE	-; hirees
HIRER	-; hirers
HIRES	shires; -
HIRING	-; -
HIRPLE	-; hirpled, hirples
HIRSEL	-; hirsels
HIRSLE	-; hirsled, hirsles
HIRSUTE	-; -
HIRUDIN	-; hirudins
HIS	chis, ghis, khis, phis, this; hisn, hiss, hist
HISN	-; -
HISPID	-; -
HISSED	-; -
HISSELF	-; -
HISSER	-; hissers
HISSES	-; -
HISSIER	-; -
HISSING	-; hissings
HISSY	-; -
HIST	shist, whist; hists
HISTED	whisted; -
HISTING	whisting; -
HISTOID	-; -
HISTONE	-; histones
HISTORY	-; -
HISTS	shists, whists; -
HIT	chit, shit, whit; hits
HITCH	-; -
HITCHED	-; -
HITCHER	-; hitchers
HITCHES	-; -
HITHER	thither, wither; -
HITLESS	-; -
HITMAN	-; -
HITMEN	-; -
HITS	chits, whits; -
HITTER	chitter, whitter; hitters
HITTERS	chitters, whitters; -
HITTING	-; -
HIVE	chive, shive; hived, hives
HIVES	chives, shives; -
HIVING	-; -
HIYA	-; hiyas
HM	ohm; hmm
HMM	-; - hmmm

HMMM -; -
HO mho, oho, rho, tho, who; hob, hod, hoe, hog, hon, hop, hot, how, hoy
HOAGIE -; hoagies
HOAGY -; -
HOAR -; hoard, hoars, hoary
HOARD -; hoards
HOARDED -; -
HOARDER -; hoarders
HOARIER -; -
HOARILY -; -
HOARSE -; hoarsen, hoarser, hoarses
HOARSEN -; hoarsens
HOARSES -; hoarsest
HOATZIN -; hoatzins
HOAX -; -
HOAXED -; -
HOAXER -; hoaxers
HOAXES -; -
HOAXING -; -
HOB -; hobo, hobs
HOBBED -; -
HOBBER -; hobbers
HOBBIES -; -
HOBBING -; -
HOBBLE -; hobbled, hobbler, hobbles
HOBBLER -; hobblers
HOBBY -; -
HOBLIKE -; -
HOBNAIL -; hobnails
HOBNOB -; hobnobs
HOBO -; hobos
HOBOED -; -
HOBOES -; -
HOBOING -; -
HOBOISM -; hoboisms
HOCK chock, shock; hocks
HOCKED chocked, shocked; -
HOCKER shocker; hockers
HOCKERS shockers; -
HOCKEY -; hockeys
HOCKING chocking, shocking; -
HOCKS chocks, shocks; -
HOCUS -; -
HOCUSED -; -
HOCUSES -; -
HOD shod; hods
HODAD -; hodads
HODADDY -; -
HODDEN shodden; hoddens
HODDIN -; hoddins
HOE shoe; hoed, hoer, hoes
HOECAKE -; hoecakes
HOED shoed; -
HOEDOWN -; hoedowns
HOEING shoeing; -
HOELIKE -; -
HOER shoer; hoers
HOERS shoers; -
HOES shoes; -
HOG shog; hogg, hogs
HOGAN -; hogans
HOGBACK -; hogbacks
HOGFISH -; -

HOGG -; hoggs
HOGGED shogged; -
HOGGER -; hoggers
HOGGET -; hoggets
HOGGING shogging; -
HOGGISH -; -
HOGLIKE -; -
HOGMANE -; hogmanes
HOGNOSE -; hognoses
HOGNUT -; hognuts
HOGS shogs; -
HOGTIE -; hogtied, hogties
HOGWASH -; -
HOGWEED -; hogweeds
HOICK -; hoicks
HOICKED -; -
HOIDEN -; hoidens
HOISE -; hoised, hoises
HOISIN -; hoisins
HOISING -; -
HOIST -; hoists
HOISTED -; -
HOISTER -; hoisters
HOKE choke; hoked, hokes, hokey
HOKED choked; -
HOKES chokes; -
HOKEY chokey; -
HOKIER chokier; -
HOKIEST chokiest; -
HOKILY -; -
HOKING choking; -
HOKKU -; -
HOKUM -; hokums
HOLARD -; holards
HOLD ahold; holds
HOLDALL -; holdalls
HOLDEN -; -
HOLDER -; holders
HOLDING -; holdings
HOLDOUT -; holdouts
HOLDS aholds; -
HOLDUP -; holdups
HOLE ahole, dhole, thole, whole; holed, holes, holey
HOLED tholed; -
HOLES dholes, tholes, wholes; -
HOLIBUT -; holibuts
HOLIDAY -; holidays
HOLIER -; -
HOLIES -; holiest
HOLILY -; -
HOLING tholing; -
HOLISM -; holisms
HOLIST -; holists
HOLK -; holks
HOLKED -; -
HOLKING -; -
HOLLA cholla; hollas
HOLLAED -; -
HOLLAND -; hollands
HOLLAS chollas; -
HOLLER -; hollers
HOLLIES -; -
HOLLO -; holloa, holloo, hollos, hollow
HOLLOA -; holloas
HOLLOED -; -
HOLLOO -; holloos
HOLLOW -; hollows
HOLLY wholly; -
HOLM -; holms
HOLMIC -; -

HOLMIUM	-; holmiums
HOLP	-; -
HOLPEN	-; -
HOLS	-; -
HOLSTER	-; holsters
HOLT	-; holts
HOLY	-; -
HOLYDAY	-; holydays
HOM	-; homa, homs, homy
HOMA	-; homas
HOMAGE	-; homaged, homager, homages
HOMAGER	-; homagers
HOMBRE	-; hombres
HOMBURG	-; homburgs
HOME	-; homed, homen, homer, homes, homey
HOMEBOY	-; homeboys
HOMELY	-; -
HOMEN	-; homens
HOMER	-; homers
HOMERED	-; -
HOMEY	-; homeys
HOMIE	-; homies
HOMIER	-; -
HOMIEST	-; -
HOMILY	-; -
HOMINES	-; -
HOMING	-; -
HOMINID	-; hominids
HOMININ	-; hominins
HOMINY	-; -
HOMMOCK	-; hommocks
HOMMOS	-; -
HOMO	-; homos
HOMOLOG	-; homologs, homology
HOMONYM	-; homonyms, homonymy
HOMOSEX	-; -
HOMY	-; -
HON	chon, phon; hone, hong, honk, hons
HONAN	-; honans
HONCHO	-; honchos
HONDA	-; hondas
HONDLE	-; -
HONE	phone, shone; honed, honer, hones, honey
HONED	phoned; -
HONER	-; honers
HONES	phones; honest
HONEST	-; honesty
HONEY	phoney; honeys
HONEYED	-; -
HONEYS	phoneys; -
HONG	thong; hongi, hongs
HONGIES	-; -
HONGS	thongs; -
HONIED	-; -
HONING	phoning; -
HONK	-; honks
HONKED	-; -
HONKER	-; honkers
HONKING	-; -
HONOR	-; honors
HONORED	-; -
HONOREE	-; honorees
HONORER	-; honorers
HONOUR	-; honours
HONS	phons; -
HOO	-; -

HOOCH	-; -
HOOCHES	-; -
HOOCHIE	-; hoochies
HOOD	-; hoods
HOODED	-; -
HOODIE	-; hoodies
HOODING	-; -
HOODLUM	-; hoodlums
HOODOO	-; hoodoos
HOOEY	phooey; hooeys
HOOF	whoof; hoofs
HOOFED	-; -
HOOFER	-; hoofers
HOOFING	-; -
HOOK	shook; hooka, hooks, hooky
HOOKA	-; hookah, hookas
HOOKAH	-; hookahs
HOOKED	-; -
HOOKER	-; -
HOOKEY	-; hookeys
HOOKIER	-; -
HOOKIES	-; hookiest
HOOKING	-; -
HOOKLET	-; hooklets
HOOKS	shooks; -
HOOKUP	-; hookups
HOOLIE	-; -
HOOLY	dhooly; -
HOOP	whoop; hoops
HOOPED	whooped; -
HOOPER	whooper; hoopers
HOOPING	whooping; -
HOOPLA	whoopla; hooplas
HOOPLAS	whooplas; -
HOOPOE	-; hoopoes
HOOPOO	-; hoopoos
HOOPS	whoops; -
HOORAH	-; hoorahs
HOORAY	-; hoorays
HOOSGOW	-; hoosgows
HOOT	bhoot, shoot; hoots, hooty
HOOTCH	-; -
HOOTED	-; -
HOOTER	shooter; hooters
HOOTERS	shooters; -
HOOTIER	-; -
HOOTING	shooting; -
HOOTS	bhoots, shoots; -
HOOVED	-; -
HOOVES	-; -
HOP	chop, shop, whop; hope, hops
HOPAK	-; hopaks
HOPE	-; hoped, hoper, hopes
HOPEFUL	-; hopefuls
HOPER	-; hopers
HOPHEAD	-; hopheads
HOPING	-; -
HOPLITE	-; hoplites
HOPPED	chopped, shopped, whopped; -
HOPPER	chopper, shopper, whopper; hoppers
HOPPERS	choppers, shoppers, whoppers; -
HOPPIER	choppier; -

HOPPING chopping, shopping, whopping; -
HOPPLE -; hoppled, hopples
HOPPY choppy; -
HOPS chops, shops, whops; -
HOPSACK -; hopsacks
HOPTOAD -; hoptoads
HORA -; horae, horah, horal, horas
HORAH -; horahs
HORAL choral; -
HORARY -; -
HORDE -; horded, hordes
HORDED chorded; -
HORDEIN -; hordeins
HORDING -; -
HORIZON -; horizons
HORMONE -; hormones
HORN shorn, thorn; horns, horny
HORNED thorned; -
HORNET -; hornets
HORNIER -; -
HORNILY -; -
HORNING thorning; -
HORNIST -; hornists
HORNITO -; hornitos
HORNS thorns; -
HORNY thorny; -
HORRENT -; -
HORRID -; -
HORRIFY -; -
HORROR -; horrors
HORSE ahorse; horsed, horses, horsey
HORSIER -; -
HORSILY -; -
HORSING -; -
HORST -; horste, horsts
HORSTE -; horstes
HORSY -; -
HOSANNA -; hosannah, hosannas
HOSE chose, those, whose; hosed, hosel, hosen, hoser, hoses, hosey
HOSEL -; hosels
HOSER -; hosers
HOSES choses; -
HOSEY -; hoseys
HOSIER -; hosiers, hosiery
HOSING -; -
HOSPICE -; hospices
HOST ghost; hosta, hosts
HOSTA -; hostas
HOSTAGE -; hostages
HOSTED ghosted; -
HOSTEL -; hostels
HOSTESS -; -
HOSTILE -; hostiles
HOSTING -; -
HOSTLER -; hostlers
HOSTLY ghostly; -
HOSTS ghosts; -
HOT phot, shot; hots
HOTBED -; hotbeds
HOTBOX -; -
HOTCAKE -; hotcakes
HOTCH -; -
HOTCHED -; -

HOTCHES	-; -
HOTDOG	-; hotdogs
HOTEL	-; hotels
HOTFOOT	-; hotfoots
HOTHEAD	-; hotheads
HOTLINE	-; hotlines
HOTLY	-; -
HOTNESS	-; -
HOTPOT	-; hotpots
HOTROD	-; hotrods
HOTS	phots, shots; -
HOTSHOT	-; hotshots
HOTSPUR	-; hotspurs
HOTTED	shotted; -
HOTTER	-; -
HOTTEST	-; -
HOTTING	shotting; -
HOTTISH	-; -
HOUDAH	-; houdahs
HOUND	-; hounds
HOUNDED	-; -
HOUNDER	-; hounders
HOUR	-; houri, hours
HOURI	-; houris
HOURLY	-; -
HOUSE	chouse; housed, housel, houser, houses
HOUSED	choused; -
HOUSEL	-; housels
HOUSER	chouser; housers
HOUSES	chouses; -
HOUSING	chousing; housings
HOVE	shove; hovel, hover
HOVEL	shovel; hovels
HOVELS	shovels; -
HOVER	shover; hovers
HOVERED	-; -
HOVERER	-; hoverers
HOVERS	shovers; -
HOW	chow, dhow, show; howe, howf, howk, howl, hows
HOWBEIT	-; -
HOWDAH	-; howdahs
HOWDIE	-; howdies
HOWDY	-; -
HOWE	-; howes
HOWEVER	-; -
HOWF	-; howff, howfs
HOWFF	-; howffs
HOWK	-; howks
HOWKED	-; -
HOWKING	-; -
HOWL	-; howls
HOWLED	-; -
HOWLER	-; howlers
HOWLET	-; howlets
HOWLING	-; -
HOWS	chows, dhows, shows; -
HOY	ahoy; hoya, hoys
HOYA	-; hoyas
HOYDEN	-; hoydens
HOYLE	-; hoyles
HRYVNA	-; hryvnas
HRYVNIA	; hryvnias
HRYVNYA	-; -
HUB	chub; hubs
HUBBIES	-; -
HUBBLY	-; -
HUBBUB	-; hubbubs
HUBBY	chubby; -
HUBCAP	-; hubcaps

HUBLESS -; -
HUBRIS -; -
HUBS chubs; -
HUCK chuck, shuck; hucks
HUCKLE chuckle; huckles
HUCKLES chuckles; -
HUCKS chucks, shucks; -
HUDDLE -; huddled, huddler, huddles
HUDDLER -; huddlers
HUE -; hued, hues
HUELESS -; -
HUFF chuff; huffs, huffy
HUFFED chuffed; -
HUFFIER chuffier; -
HUFFILY -; -
HUFFING -; -
HUFFISH -; -
HUFFS chuffs; -
HUFFY chuffy; -
HUG chug, thug; huge, hugs
HUGE -; huger
HUGELY -; -
HUGEOUS -; -
HUGER -; -
HUGEST -; -
HUGGED chugged; -
HUGGER chugger; huggers
HUGGERS chuggers; -
HUGGING chugging; -
HUGGY -; -
HUGS chugs, thugs; -
HUH -; -
HUIC -; -
HUIPIL -; huipils
HULA -; hulas
HULK -; hulks, hulky
HULKED -; -
HULKIER -; -
HULKING -; -
HULL ahull; hullo, hulls
HULLED -; -
HULLER -; hullers
HULLING -; -
HULLO -; hulloa, hullos
HULLOA -; hulloas
HULLOED -; -
HULLOES -; -
HULLOO -; hulloos
HUM chum; hump, hums
HUMAN -; humane, humans
HUMANE -; humaner
HUMANLY -; -
HUMATE -; humates
HUMBLE -; humbled, humbler, humbles
HUMBLER -; humblers
HUMBLES -; humblest
HUMBLY -; -
HUMBUG -; humbugs
HUMDRUM -; humdrums
HUMERAL -; humerals
HUMERI -; -
HUMERUS -; -
HUMIC -; -
HUMID -; -
HUMIDEX -; -
HUMIDLY -; -
HUMIDOR -; humidors

HUMINT -; humints
HUMMED chummed; -
HUMMER -; hummers
HUMMING chumming; -
HUMMOCK -; hummocks, hummocky
HUMMUS -; -
HUMOR -; humors
HUMORAL -; -
HUMORED -; -
HUMOUR -; humours
HUMP chump, thump, whump; humph, humps, humpy
HUMPED chumped, thumped, whumped; -
HUMPER -; humpers
HUMPH -; humphs
HUMPHED -; -
HUMPIER -; -
HUMPING chumping, thumping, whumping; -
HUMPS chumps, thumps, whumps; -
HUMS chums; -
HUMUS -; -
HUMUSES -; -
HUMVEE -; humvees
HUN shun; hung, hunh, hunk, huns, hunt
HUNCH -; -
HUNCHED -; -
HUNCHES -; -
HUNDRED -; hundreds
HUNG -; -
HUNGER -; hungers
HUNGRY -; -
HUNH -; -
HUNK chunk, thunk; hunks, hunky
HUNKER -; hunkers
HUNKIES -; -
HUNKS chunks; -
HUNKY chunky; -
HUNNISH -; -
HUNS shuns; -
HUNT shunt; hunts
HUNTED shunted; -
HUNTER chunter, shunter; hunters
HUNTERS chunters, shunters; -
HUNTING shunting; huntings
HUNTS shunts; -
HUP -; -
HUPPAH -; huppahs
HURDIES -; -
HURDLE -; hurdled, hurdler, hurdles
HURDLER -; hurdlers
HURDS -; -
HURL churl, thurl; hurls, hurly
HURLED -; -
HURLER -; hurlers
HURLEY -; hurleys
HURLIES -; -
HURLING -; hurlings
HURLS churls, thurls; -
HURRAH -; hurrahs
HURRAY -; hurrays
HURRIED -; -

HURRIER	-; hurriers
HURRY	-; -
HURST	-; hursts
HURT	-; hurts
HURTER	-; hurters
HURTFUL	-; -
HURTING	-; -
HURTLE	-; hurtled, hurtles
HUSBAND	-; husbands
HUSH	shush; -
HUSHABY	-; -
HUSHED	shushed; -
HUSHES	shushes; -
HUSHFUL	-; -
HUSHING	shushing; -
HUSK	-; husks, husky
HUSKED	-; -
HUSKER	-; huskers
HUSKIER	-; -
HUSKIES	-; huskiest
HUSKILY	-; -
HUSKING	-; huskings
HUSSAR	-; hussars
HUSSIES	-; -
HUSSY	-; -
HUSTLE	-; hustled, hustler, hustles
HUSTLER	-; hustlers
HUSWIFE	-; huswifes
HUT	bhut, phut, shut; huts
HUTCH	-; -
HUTCHED	-; -
HUTCHES	-; -
HUTLIKE	-; -
HUTMENT	-; hutments
HUTS	bhuts, phuts, shuts; -
HUTTED	-; -
HUTTING	shutting; -
HUTZPA	chutzpa; hutzpah, hutzpas
HUTZPAH	chutzpah; hutzpahs
HUTZPAS	chutzpas; -
HUZZA	-; huzzah, huzzas
HUZZAED	-; -
HUZZAH	-; huzzahs
HWAN	-; -
HWYL	-; hwyls
HYADES	-; -
HYAENA	-; hyaenas
HYAENIC	-; -
HYALIN	-; hyaline, hyalins
HYALINE	-; hyalines
HYALITE	-; hyalites
HYALOID	-; hyaloids
HYBRID	-; hybrids
HYBRIS	-; -
HYDATID	-; hydatids
HYDRA	-; hydrae, hydras
HYDRANT	-; hydranth, hydrants
HYDRASE	-; hydrases
HYDRATE	-; hydrated, hydrates
HYDRIA	-; hydriae
HYDRIC	-; -
HYDRID	-; hydride, hydrids
HYDRIDE	-; hydrides
HYDRO	-; hydros
HYDROID	-; hydroids
HYDROPS	-; hydropsy
HYDROUS	-; -

HYDROXY -; hydroxyl
HYENA -; hyenas
HYENIC -; -
HYENINE -; -
HYENOID -; -
HYETAL -; -
HYGEIST -; hygeists
HYGIENE -; hygienes
HYGIEST -; hygiests
HYING -; -
HYLA phyla; hylas
HYMEN -; hymens
HYMENAL -; -
HYMN -; hymns
HYMNAL -; hymnals
HYMNARY -; -
HYMNED -; -
HYMNIC -; -
HYMNING -; -
HYMNIST -; hymnists
HYMNODY -; -
HYOID -; hyoids
HYOIDAL -; -
HYP -; hype, hyps
HYPE -; hyped, hyper, hypes
HYPERON -; hyperons
HYPHA -; hyphae, hyphal
HYPHEN -; hyphens
HYPING -; -
HYPNIC -; -
HYPNOID -; -
HYPO -; hypos
HYPOED -; -
HYPOID -; hypoids
HYPOING -; -
HYPOGEA -; hypogeal, hypogean
HYPONEA -; hyponeas
HYPONYM -; hyponyms
HYPOXIA -; hypoxias
HYPOXIC -; -
HYRACES -; -
HYRAX -; -
HYRAXES -; -
HYSON -; hysons
HYSSOP -; hyssops
HYTE -; -

I

I ai, bi, di, fi, hi, li, mi, pi, si, ti, xi; id, if, in, is, it
IAMB -; iambi, iambs
IAMBIC -; iambics
IAMBUS -; -
IATRIC -; -
IBEX -; -
IBEXES -; -
IBICES -; -
IBIDEM -; -
IBIS -; -
ICE bice, dice, fice, lice, mice, nice, pice, rice, sice, vice; iced, ices
ICEBERG -; icebergs
ICEBOAT -; iceboats
ICEBOX -; -
ICECAP -; icecaps

ICED diced, riced, viced; -
ICEFALL -; icefalls
ICEFISH -; -
ICELESS -; -
ICELIKE -; -
ICEMAN -; -
ICEMEN -; -
ICES bices, dices, fices, rices, sices, vices; -
ICEWINE -; icewines
ICEWORM -; iceworms
ICH lich, rich, wich; ichs
ICHNITE -; ichnites
ICHOR -; ichors
ICHORUS -; -
ICICLE -; icicled, icicles
ICIER dicier; -
ICIEST diciest; -
ICILY -; -
ICINESS -; -
ICING dicing, ricing, vicing; icings
ICK dick, hick, kick, lick, mick, nick, pick, rick, sick, tick, wick; icky
ICKER bicker, dicker, kicker, licker, nicker, picker, sicker, ticker, wicker; ickers
ICKERS bickers, dickers, kickers, lickers, nickers, pickers, tickers, wickers; -
ICKIER pickier; -
ICKIEST pickiest; -
ICKILY -; -
ICKY dicky, kicky, picky; -
ICON -; icons
ICONES -; -
ICONIC -; -
ICTERIC -; icterics
ICTERUS -; -
ICTIC -; -
ICTUS -; -
ICTUSES -; -
ICY -; -
ID aid, bid, did, fid, gid, hid, kid, lid, mid, rid, ids
IDEA -; ideal, ideas
IDEAL -; ideals
IDEALLY -; -
IDEATE -; ideated, ideates
IDEM -; -
IDENTIC -; -
IDES bides, hides, nides, rides, sides, tides, wides; -
IDIOCY -; -
IDIOM -; idioms
IDIOT -; idiots
IDIOTIC -; -
IDLE sidle; idled, idler, idles
IDLED sidled; -
IDLER sidler; idlers

IDLERS	sidlers; -
IDLES	sidles; idlest
IDLESSE	-; idlesses
IDLEST	-; -
IDLING	sidling; -
IDLY	-; -
IDOL	-; idols
IDOLISE	-; idolised, idoliser, idolises
IDOLISM	-; idolisms
IDOLIZE	-; idolized, idolizer, idolizes
IDS	aids, bids, fids, gids, hids, kids, lids, mids, rids
IDYL	-; idyll, idyls
IDYLIST	-; idylists
IDYLL	-; idylls
IDYLLIC	-; -
IF	kif, rif; ifs
IFF	biff, jiff, miff, niff, tiff, viff; iffy
IFFIER	miffier; -
IFFIEST	-; -
IFFY	biffy, jiffy, miffy; -
IFS	kifs, rifs; -
IGG	-; iggs
IGLOO	-; igloos
IGLU	-; iglus
IGNATIA	-; ignatias
IGNEOUS	-; -
IGNIFY	lignify; -
IGNITE	lignite; ignited, igniter, ignites
IGNITER	-; igniters
IGNITES	lignites; -
IGNITOR	-; ignitors
IGNOBLE	-; -
IGNOBLY	-; -
IGNORE	signore; ignored, ignorer, ignores
IGNORER	-; ignorers
IGUANA	-; iguanas
IHRAM	-; ihrams
IKAT	-; ikats
IKEBANA	-; ikebanas
IKON	eikon; ikons
IKONS	eikons; -
ILEA	pilea; ileac, ileal
ILEITIS	-; -
ILEUM	pileum; -
ILEUS	-; -
ILEUSES	-; -
ILEX	silex; -
ILEXES	silexes; -
ILIA	cilia, milia; iliac, iliad, ilial
ILIAC	-; -
ILIAD	-; iliads
ILIAL	filial; -
ILIUM	milium; -
ILK	bilk, milk, silk; ilka, ilks
ILKS	bilks, milks, silks; -
ILL	bill, dill, fill, gill, hill, jill, kill, mill, nill, pill, rill, sill, till, vill, will, yill, zill; ills, illy
ILLEGAL	-; -

ILLICIT -; -
ILLITE -; illites
ILLITIC -; -
ILLNESS -; -
ILLOGIC -; illogics
ILLS bills, dills, fills, gills, hills, jills, kills, mills, nills, pills, rills, sills, tills, vills, wills, yills, zills; -
ILLUDE -; illuded, illudes
ILLUME -; illumed, illumes
ILLY billy, dilly, filly, gilly, hilly, silly, willy; -
IMAGE -; imaged, imager, images
IMAGER -; imagers, imagery
IMAGINE -; imagined, imaginer, imagines
IMAGING -; -
IMAGISM -; imagisms
IMAGIST -; imagists
IMAGO -; imagos
IMAGOES -; -
IMAM -; imams
IMAMATE -; imamates
IMARET -; imarets
IMAUM -; imaums
IMBALM -; imbalms
IMBARK -; imbarks
IMBED limbed; imbeds
IMBIBE -; imbibed, imbiber, imbibes
IMBIBER -; imbibers
IMBLAZE -; imblazed, imblazes
IMBODY -; -
IMBOSOM -; imbosoms
IMBOWER -; imbowers
IMBROWN -; imbrowns
IMBRUE -; imbrued, imbrues
IMBRUTE -; imbruted, imbrutes
IMBUE -; imbued, imbues
IMBUING -; -
IMID timid; imide, imido, imids
IMIDE -; imides
IMIDIC -; -
IMIDO -; -
IMINE -; imines
IMINO -; -
IMITATE -; imitated, imitates
IMMANE -; -
IMMENSE -; immenser
IMMERGE -; immerged, immerges
IMMERSE -; immersed, immerses
IMMESH -; -
IMMIES jimmies; -
IMMIX -; -
IMMIXED -; immixed
IMMIXES -; -
IMMORAL -; -
IMMUNE -; immunes

IMMURE -; immured, immures
IMMY jimmy; -
IMP gimp, jimp, limp, pimp, simp, wimp; impi, imps
IMPACT -; impacts
IMPAINT -; impaints
IMPAIR -; impairs
IMPALA -; impalas
IMPALE -; impaled, impaler, impales
IMPALER -; impalers
IMPANEL -; impanels
IMPARK -; imparks
IMPART -; imparts
IMPASSE -; impasses
IMPASTE -; impasted, impastes
IMPASTO -; impastos
IMPAVID -; -
IMPAWN -; impawns
IMPEACH -; -
IMPEARL -; impearls
IMPED gimped, limped, pimped; -
IMPEDE -; impeded, impeder, impedes
IMPEDER -; impeders
IMPEL -; impels
IMPEND -; impends
IMPERIA -; imperial
IMPERIL -; imperils
IMPETUS -; -
IMPHEE -; imphees
IMPI -; impis
IMPIETY -; -
IMPING gimping, limping, pimping; impinge, impings
IMPINGE -; impinged, impinger, impinges
IMPIOUS -; -
IMPIS -; impish
IMPLANT -; implants
IMPLEAD -; impleads
IMPLIED -; -
IMPLIES -; -
IMPLODE -; imploded, implodes
IMPLORE -; implored, implorer, implores
IMPLY jimply, limply, pimply, simply; -
IMPONE -; imponed, impones
IMPORT -; imports
IMPOSE -; imposed, imposer, imposes
IMPOSER -; imposers
IMPOST -; imposts
IMPOUND -; impounds
IMPOWER -; impowers
IMPREGN -; impregns
IMPRESA -; impresas
IMPRESE -; impreses
IMPRESS -; -

IMPREST -; imprests
IMPRINT -; imprints
IMPRO -; impros
IMPROV -; improve, improvs
IMPROVE -; improved, improver, improves
IMPS gimps, jimps, limps, pimps, simps, wimps; -
IMPUGN -; impugns
IMPULSE -; impulsed, impulses
IMPURE -; -
IMPUTE -; imputed, imputer, imputes
IMPUTER -; imputers
IN ain, bin, din, fin, gin, hin, jin, kin, lin, pin, rin, sin, tin, vin, win, yin; ink, inn, ins
INANE -; inaner, inanes
INANELY -; -
INANES -; inanest
INANITY -; -
INAPT -; -
INAPTLY -; -
INARCH -; -
INARM -; inarms
INARMED -; -
INBEING -; inbeings
INBOARD -; inboards
INBORN -; -
INBOUND -; inbounds
INBRED -; -
INBREED -; inbreeds
INBUILT -; -
INBURST -; inbursts
INBY -; inbye
INCAGE -; incaged, incages
INCANT -; incants
INCASE -; incased, incases
INCENSE -; incensed, incenses
INCENT -; incents
INCEPT -; incepts
INCEST -; incests
INCH cinch, finch, pinch, winch; -
INCHED cinched, pinched, winched; -
INCHER pincher; inchers
INCHES cinches, finches, pinches, winches; -
INCHING cinching, pinching, winching; -
INCIPIT -; incipits
INCISAL -; -
INCISE -; incised, incises
INCISOR -; incisors, incisory
INCITE -; incited, inciter, incites
INCITER -; inciters
INCIVIL -; -
INCLASP -; inclasps
INCLINE -; inclined,

incliner, inclines
INCLIP -; inclips
INCLOSE -; inclosed, incloser, incloses
INCLUDE -; included, includes
INCOG -; incogs
INCOME -; incomer, incomes
INCOMER -; incomers
INCONNU -; inconnus
INCONY -; -
INCROSS -; -
INCRUST -; incrusts
INCUBI -; -
INCUBUS -; -
INCUDAL -; -
INCUDES -; -
INCULT -; -
INCUR -; incurs
INCURVE -; incurved, incurves
INCUS -; incuse
INCUSE -; incused, incuses
INDABA -; indabas
INDAMIN -; indamine, indamins
INDEED -; -
INDEEDY -; -
INDENE -; indenes
INDENT -; indents
INDEX -; -
INDEXED -; -
INDEXER -; indexers
INDEXES -; -
INDICAN -; indicans, indicant
INDICES -; -
INDICIA -; indicias
INDICT -; indicts
INDIE -; indies
INDIGEN -; indigene, indigens, indigent
INDIGN -; -
INDIGO windigo; indigos
INDIGOS windigos; -
INDITE -; indited, inditer, indites
INDITER -; inditers
INDIUM -; indiums
INDOL -; indole, indols
INDOLE -; indoles
INDOOR -; indoors
INDORSE -; indorsed, indorsee, indorser, indorses
INDOW window; indows
INDOWED -; -
INDOWS windows; -
INDOXYL -; indoxyls
INDRAFT -; indrafts
INDRAWN -; -
INDRI -; indris
INDUCE -; induced, inducer, induces
INDUCER -; inducers
INDUCT -; inducts
INDUE -; indued, indues
INDULGE -; indulged,

	indulger, indulges
INDULIN	-; induline, indulins
INDULT	-; indults
INDUNA	-; indunas
INDWELL	-; indwells
INDWELT	-; -
INEARTH	-; inearths
INEDITA	-; -
INEPT	-; -
INEPTLY	-; -
INERT	-; inerts
INERTIA	-; inertiae, inertial, inertias
INERTLY	-; -
INEXACT	-; -
INFALL	-; infalls
INFAMY	-; -
INFANCY	-; -
INFANT	-; infanta, infante, infants
INFANTA	-; infantas
INFANTE	-; infantes
INFARCT	-; infarcts
INFARE	-; infares
INFAUNA	-; infaunae, infaunal, infaunas
INFECT	-; infects
INFEED	-; infeeds
INFEOFF	-; infeoffs
INFER	-; infers
INFERNO	-; infernos
INFEST	-; infests
INFIDEL	-; infidels
INFIELD	-; infields
INFIGHT	-; infights
INFILL	-; -
INFIRM	-; infirms
INFIX	-; -
INFIXED	-; -
INFIXES	-; -
INFLAME	-; inflamed, inflamer, inflames
INFLATE	-; inflated, inflater, inflates
INFLECT	-; inflects
INFLICT	-; inflicts
INFLOW	-; inflows
INFLUX	-; -
INFO	-; infos
INFOLD	pinfold; infolds
INFOLDS	pinfolds; -
INFORM	-; informs
INFRA	-; -
INFRACT	-; infracts
INFULA	-; infulae
INFUSE	-; infused, infuser, infuses
INFUSER	-; infusers
INFUSIVE	-; -
INGATE	-; ingates
INGENUE	-; ingenues
INGEST	-; ingesta, ingests
INGLE	dingle, jingle, mingle, single, tingle; ingles
INGLES	dingles, jingles, mingles, singles, tingles; -
INGOING	-; -
INGOT	-; ingots
INGOTED	-; -
INGRAFT	-; ingrafts
INGRAIN	-; ingrains

INGRATE -; ingrates
INGRESS -; -
INGROUP -; ingroups
INGROWN -; -
INGULF -; ingulfs
INHABIT -; inhabits
INHALE -; inhaled, inhaler, inhales
INHALER -; inhalers
INHAUL -; inhauls
INHERE -; inhered, inheres
INHERIT -; inherits
INHIBIN -; inhibins
INHIBIT -; inhibits
INHUMAN -; inhumane
INHUME -; inhumed, inhumer, inhumes
INHUMER -; inhumers
INIA -; -
INION minion, pinion; -
INITIAL -; initials
INJECT -; injects
INJERA -; injeras
INJURE -; injured, injurer, injures
INJURER -; injurers
INJURY -; -
INK dink, fink, gink, jink, kink, link, mink, oink, pink, rink, sink, wink; inks, inky
INKBLOT -; inkblots
INKED dinked, finked, jinked, kinked, linked, oinked, pinked, winked; -
INKER jinker, linker, pinker, sinker, tinker, winker; inkers
INKERS jinkers, linkers, sinkers, tinkers, winkers; -
INKHORN -; inkhorns
INKIER dinkier, kinkier; -
INKIEST dinkiest; -
INKING finking, jinking, kinking, linking, oinking, pinking, sinking, winking; -
INKJET -; -
INKLE tinkle, winkle; inkles
INKLES tinkles, winkles; inkless
INKLIKE -; -
INKLING -; inklings
INKPOT -; inkpots
INKS dinks, finks, ginks, jinks, kinks, links, minks, oinks, pinks, rinks, sinks, winks; -
INKWELL -; inkwells
INKWOOD -; inkwoods
INKY dinky, kinky, linky, pinky, zinky; -

INLACE -; inlaced, inlaces
INLAID -; -
INLAND -; inlands
INLAY -; inlays
INLAYER -; inlayers
INLET -; inlets
INLIER -; inliers
INLY -; -
INMATE -; inmates
INMESH -; -
INMOST -; -
INN jinn, linn; inns
INNAGE -; innages
INNARDS -; -
INNATE -; -
INNED binned, dinned, finned, ginned, pinned, sinned, tinned, winned; -
INNER dinner, ginner, pinner, sinner, tinner, winner; inners
INNERLY -; -
INNERS dinners, ginners, pinners, sinners, tinners, winners; -
INNERVE -; innerved, innerves
INNING binning, dinning, finning, ginning, pinning, rinning, sinning, tinning, winning; innings
INNINGS ginnings, winnings; -
INNLESS -; -
INNS jinns, linns; -
INOSINE -; inosines
INOSITE -; inosites
INPHASE -; -
INPOUR -; inpours
INPUT -; inputs
INQUEST -; inquests
INQUIET -; inquiets
INQUIRE -; inquired, inquirer, inquires
INQUIRY -; -
INRO -; -
INROAD -; inroads
INRUN -; inruns
INRUSH -; -
INS ains, bins, dins, fins, gins, hins, jins, kins, lins, pins, rins, sins, tins, wins, yins; -
INSANE -; insaner
INSCAPE -; inscapes
INSCULP -; insculps
INSEAM -; inseams
INSECT -; insects
INSERT -; inserts
INSET -; insets
INSHORE -; -
INSIDE -; insider, insides
INSIDER -; insiders

INSIGHT -; insights
INSIGNE -; -
INSIPID -; -
INSIST -; insists
INSNARE -; insnared, insnarer, insnares
INSOFAR -; -
INSOLE -; insoles
INSOUL -; insouls
INSPAN -; inspans
INSPECT -; inspects
INSPIRE -; inspired, inspirer, inspires
INSTAL -; install, instals
INSTALL -; installs
INSTANT -; instants
INSTAR -; instars
INSTATE -; instated, instates
INSTEAD -; -
INSTEP -; insteps
INSTIL -; instill, instils
INSTILL -; instills
INSULA -; insulae, insular
INSULAR -; insulars
INSULIN -; insulins
INSULT -; insults
INSURE -; insured, insurer, insures
INSURED -; insureds
INSURER -; insurers
INSWEPT -; -
INTACT -; -
INTAKE -; intakes
INTEGER -; integers
INTEND -; intends
INTENSE -; intenser
INTENT -; intents
INTER hinter, linter, minter, sinter, tinter, winter; intern, inters
INTERIM -; interims
INTERN -; interne, interns
INTERNE -; interned, internee, internes
INTERS hinters, linters, minters, sinters, tinters, winters; -
INTHRAL -; inthrall, inthrals
INTI -; intis
INTIMA -; intimae, intimal, intimas
INTIME -; -
INTINE -; intines
INTITLE -; intitled, intitles
INTO pinto; -
INTOMB -; intombs
INTONE -; intoned, intoner, intones
INTONER -; intoners
INTORT -; intorts
INTOWN -; -
INTRANT -; intrants
INTREAT -; intreats
INTRO -; intron, intros
INTROFY -; -
INTROIT -; introits

INTRON -; introns
INTRUDE -; intruded, intruder, intrudes
INTRUST -; intrusts
INTUIT -; intuits
INTURN -; inturns
INTWINE -; intwined, intwines
INTWIST -; intwists
INUKSUK -; inuksuks
INULASE -; inulases
INULIN -; inulins
INURE -; inured, inures
INURN -; inurns
INURNED -; -
INUTILE -; -
INVADE -; invaded, invader, invades
INVADER -; invaders
INVALID -; invalids
INVAR -; invars
INVEIGH -; inveighs
INVENT -; invents
INVERSE -; inverses
INVERT -; inverts
INVEST -; invests
INVITAL -; -
INVITE -; invited, invitee, inviter, invites
INVITEE -; invitees
INVITER -; inviters
INVOICE -; invoiced, invoices
INVOKE -; invoked, invoker, invokes
INVOKER -; invokers
INVOLVE -; involved, involver, involves
INWALL -; inwalls
INWARD -; inwards
INWEAVE -; inweaved, inweaves
INWIND -; inwinds
INWOUND -; -
INWOVE -; inwoven
INWRAP -; inwraps
IODATE -; iodated, iodates
IODIC -; -
IODID -; iodide, iodids
IODIDE -; iodides
IODIN -; iodine, iodins
IODINE -; iodines
IODISE -; iodises
IODISM -; iodisms
IODIZE -; iodized, iodizer, iodizes
IODIZER -; iodizers
IODOUS -; -
IOLITE -; iolites
ION cion, lion, pion; ions
IONIC bionic, pionic; ionics
IONICS bionics; -
IONISE lionise; ionised, ionises
IONISED lionised; -
IONISES lionises; -
IONIUM ioniums; -

IONIZE	lionize; ionized, ionizer, ionizes
IONIZED	lionized; -
IONIZER	lionizer; ionizers
IONIZES	lionizes; -
IONOGEN	-; ionogens
IONOMER	-; ionomers
IONONE	-; ionones
IONS	cions, lions, pions; -
IOTA	biota; iotas
IOTAS	biotas; -
IPECAC	-; ipecacs
IPOMOEA	-; ipomoeas
IRACUND	-; -
IRADE	tirade; irades
IRADES	tirades; -
IRATE	pirate; irater
IRATELY	-; -
IRATEST	-; -
IRE	cire, dire, fire, hire, lire, mire, sire, tire, wire; ired, ires
IRED	aired, fired, hired, mired, sired, tired, wired; -
IREFUL	direful; -
IRELESS	wireless; -
IRENIC	eirenic; irenics
IRES	cires, fires, hires, mires, sires, tires, vires, wires
IRID	virid; irids
IRIDES	-; -
IRIDIC	-; -
IRIDIUM	-; iridiums
IRING	airing, firing, hiring, miring, siring, tiring, wiring; -
IRIS	-; -
IRISED	-; -
IRISES	-; -
IRISING	-; -
IRITIC	-; -
IRITIS	-; -
IRK	birk, dirk, kirk, mirk; irks
IRKED	-; -
IRKING	-; -
IRKS	birks, dirks, kirks, mirks; -
IRKSOME	-; -
IROKO	-; irokos
IRON	giron; irone, irons, irony
IRONE	-; ironed, ironer, irones
IRONER	-; ironers
IRONIC	-; -
IRONIES	-; -
IRONING	-; ironings
IRONIST	-; ironists
IRONIZE	-; ironized, ironizes
IRONS	girons; -
IRONY	-; -
IRREAL	-; -
IRRUPT	-; irrupts
IS	ais, bis, cis, dis, fis, his, lis, mis, pis, sis, tis, vis, wis, xis; ism
ISAGOGE	-; isagoges

ISATIN -; isatine, isatins
ISATINE -; isatines
ISBA -; isbas
ISCHIA -; ischial
ISCHIUM -; -
ISLAND -; islands
ISLE aisle, lisle; isled, isles, islet
ISLED misled; -
ISLES aisles, lisles; -
ISLET -; islets
ISLING -; -
ISM jism; isms
ISOBAR -; isobare, isobars
ISOBARE -; isobares
ISOBATH -; isobaths
ISOCHOR -; isochore, isochors
ISODOSE -; -
ISOFORM -; isoforms
ISOGAMY -; -
ISOGENY -; -
ISOGON -; isogone, isogons, isogony
ISOGONE -; isogones
ISOGONY -; -
ISOGRAM -; isograms
ISOGRIV -; isogrivs
ISOHEL -; isohels
ISOHYET -; isohyets
ISOLATE -; isolated, isolates
ISOLEAD -; isoleads
ISOLINE -; isolines
ISOLOG -; isologs
ISOMER -; isomers
ISONOMY -; -
ISOPACH -; isopachs
ISOPOD -; isopods
ISOSPIN -; isospins
ISOTACH -; isotachs
ISOTONE -; isotones
ISOTOPE -; isotopes
ISOTOPY -; -
ISOTYPE -; isotypes
ISOZYME -; isozymes
ISSEI -; isseis
ISSUANT -; -
ISSUE tissue; issued, issuer, issues
ISSUED tissued; -
ISSUER -; issuers
ISSUES tissues; -
ISTHMI -; isthmic
ISTHMUS -; -
ISTLE -; istles
IT ait, bit, dit, fit, git, hit, kit, lit, nit, pit, sit, tit, uit, wit, zit; its
ITALIC -; italics
ITCH aitch, bitch, ditch, fitch, hitch, pitch, witch; itchy
ITCHED bitched, ditched, hitched, pitched, witched; -
ITCHES aitches, bitches, ditches, fitches, hitches, pitches, witches; -

ITCHIER -; -
ITCHING bitching, ditching, hitching, pitching, witching; itchings
ITCHY bitchy, fitchy, pitchy, witchy; -
ITEM -; items
ITEMED -; -
ITEMING -; -
ITEMISE -; itemised, itemiser, itemises
ITEMIZE -; itemized, itemizer, itemizes
ITERANT -; -
ITERATE -; iterated, iterates
ITERUM -; -
ITHER cither, dither, either, hither, lither, mither, tither, wither, zither; -
ITS aits, bits, dits, fits, gits, hits, kits, lits, nits, pits, sits, tits, wits, zits; -
ITSELF -; -
IVIED -; -
IVIES -; -
IVORIES -; -
IVORY -; -
IVY tivy; -
IVYLIKE -; -
IWIS kiwis; -
IXIA -; ixias
IXODID -; ixodids
IXORA -; ixoras
IXTLE -; ixtles
IZAR sizar; izars
IZARS sizars; -
IZZARD lizzard; izzards

J

J -; jo
JAB -; jabs
JABBED -; -
JABBER -; jabbers
JABBING -; -
JABIRU -; jabirus
JABOT -; jabots
JACAL -; jacals
JACALES -; -
JACAMAR -; jacamars
JACANA -; jacanas
JACINTH -; jacinthe, jacinths
JACK -; jacks, jacky
JACKAL -; jackals
JACKASS -; -
JACKDAW -; jackdaws
JACKED -; -
JACKER -; jackers
JACKET -; jackets
JACKFISH -; -
JACKIES -; -

JACKING -; -
JACKLEG -; jacklegs
JACKPOT -; jackpots
JACKY -; -
JACOBIN -; jacobins
JACOBUS -; -
JACONET -; jaconets
JADE -; jaded, jades
JADEDLY -; -
JADEITE -; jadeites
JADING -; -
JADISH -; -
JADITIC -; -
JAEGER -; jaegers
JAG -; jagg, jags
JAGER -; jagers
JAGG -; jaggs, jaggy
JAGGARY -; -
JAGGED -; -
JAGGER -; jaggers, jaggery
JAGGIER -; -
JAGGIES -; -
JAGGING -; -
JAGGY -; -
JAGLESS -; -
JAGRA -; jagras
JAGUAR -; jaguars
JAIL -; jails
JAILED -; -
JAILER -; jailers
JAILING -; -
JAILOR -; jailors
JAKE -; jakes
JALAP -; jalaps
JALAPIC -; -
JALAPIN -; jalapins
JALOP -; jalops, jalopy
JALOPPY -; -
JAM -; jamb, jams
JAMB -; jambe, jambs
JAMBE -; jambed, jambes
JAMBEAU -; jambeaux
JAMBING -; -
JAMLIKE -; -
JAMMED -; -
JAMMER -; jammers
JAMMIES -; -
JAMMING -; -
JANE -; janes
JANGLE -; jangled, jangler, jangles
JANGLER -; janglers
JANGLY -; -
JANITOR -; janitors
JANNY -; -
JANTY -; -
JAPAN -; japans
JAPE -; japed, japer, japes
JAPER -; japers, japery
JAPING -; -
JAR ajar; jarl, jars
JARFUL -; jarfuls
JARGON -; jargons, jargony
JARGONY -; -
JARGOON -; jargoons
JARHEAD -; jarheads
JARINA -; jarinas
JARL -; jarls
JARLDOM -; jarldoms
JARRAH -; jarrahs
JARRED -; -
JARRING -; -
JARSFUL -; -

JARVEY	-; jarveys
JASMIN	-; jasmine, jasmins
JASMINE	-; jasmines
JASPER	-; jaspers, jaspery
JASSID	-; jassids
JATO	-; jatos
JAUK	-; jauks
JAUKED	-; -
JAUKING	-; -
JAUNCE	-; jaunced, jaunces
JAUNT	-; jaunts, jaunty
JAUNTED	-; -
JAUP	-; jaups
JAUPED	-; -
JAUPING	-; -
JAVA	-; javas
JAVELIN	-; javelina, javelins
JAW	-; jaws
JAWAN	-; jawans
JAWBONE	-; jawboned, jawboner, jawbones
JAWED	-; -
JAWING	-; -
JAWLESS	-; -
JAWLIKE	-; -
JAWLINE	-; jawlines
JAY	-; jays
JAYBIRD	-; jaybirds
JAYGEE	-; jaygees
JAYVEE	-; jayvees
JAYWALK	-; jaywalks
JAZZ	-; jazzy
JAZZBO	-; jazzbos
JAZZED	-; -
JAZZER	-; jazzers
JAZZES	-; -
JAZZIER	-; -
JAZZILY	-; -
JAZZING	-; -
JAZZMAN	-; -
JAZZMEN	-; -
JAZZY	-; -
JEALOUS	-; jealousy
JEAN	-; jeans
JEBEL	djebel; jebels
JEBELS	djebels; -
JEE	ajee; jeed, jeep, jeer, jees, jeez
JEEING	-; -
JEEP	-; jeeps
JEEPED	-; -
JEEPERS	-; -
JEEPING	-; -
JEEPNEY	-; jeepneys
JEER	-; jeers
JEERED	-; -
JEERER	-; jeerers
JEERING	-; -
JEEZ	-; -
JEFE	-; jefes
JEHAD	-; jehadi
JEHADI	-; jehadis
JEHU	-; jehus
JEJUNA	-; jejunal
JEJUNE	-; -
JELL	-; jells, jelly
JELLABA	djellaba; jellabas
JELLED	-; -
JELLIED	-; -
JELLIES	-; -
JELLIFY	-; -
JELLING	-; -
JEMADAR	-; jemadars

JEMIDAR	-; jemidars
JEMMIED	-; -
JEMMIES	-; -
JEMMY	-; -
JENNET	-; jennets
JENNIES	-; -
JENNY	-; -
JEON	-; -
JEOPARD	-; jeopards, jeopardy
JERBOA	-; jerboas
JEREED	-; jereeds
JERID	-; jerids
JERK	-; jerks, jerky
JERKED	-; -
JERKER	-; jerkers
JERKIER	-; -
JERKIES	-; jerkiest
JERKILY	-; -
JERKIN	-; jerking, jerkins
JERREED	-; jerreeds
JERRID	-; jerrids
JERRIES	-; -
JERRY	-; -
JERSEY	-; jerseys
JESS	-; jesse
JESSANT	-; -
JESSE	-; jessed, jesses
JESSING	-; -
JEST	-; jests
JESTED	-; -
JESTER	-; jesters
JESTFUL	-; -
JESTING	-; jestings
JESUIT	-; jesuits
JET	-; jete, jets
JETBEAD	-; jetbeads
JETE	-; jetes
JETFOIL	-; jetfoils
JETLAG	-; jetlags
JETLIKE	-; -
JETON	-; jetons
JETPORT	-; jetports
JETSAM	-; jetsams
JETSOM	-; jetsoms
JETTED	-; -
JETTIED	-; -
JETTIER	-; -
JETTIES	-; jettiest
JETTING	-; -
JETTON	-; jettons
JETTY	-; -
JEU	-; jeux
JEUX	-; -
JEVE	-; jeved, jeves
JEWEL	-; jewels
JEWELED	-; -
JEWELER	-; jewelers, jewelery
JEWFISH	-; -
JEZAIL	-; jezails
JEZEBEL	-; jezebels
JIAO	-; -
JIB	-; jibb, jibe, jibs
JIBB	-; jibbs
JIBBED	-; -
JIBBER	-; jibbers
JIBBING	-; -
JIBBOOM	-; jibbooms
JIBE	-; jibed, jiber, jibes
JIBER	-; jibers
JIBING	-; -
JICAMA	-; jicamas
JIFF	-; jiffs, jiffy
JIFFIES	-; -
JIG	-; jigs

JIGGED	-; -
JIGGER	-; jiggers
JIGGING	-; -
JIGGISH	-; -
JIGGLE	-; jiggled, jiggles
JIGGLY	-; -
JIGGY	-; -
JIGLIKE	-; -
JIGSAW	-; jigsawn, jigsaws
JIHAD	-; jihads
JIHADI	-; jihadis
JILL	-; jills
JILLION	-; jillions
JILT	-; jilts
JILTED	-; -
JILTER	-; jilters
JILTING	-; -
JIMINY	-; -
JIMJAMS	-; -
JIMMIED	-; -
JIMMIES	-; -
JIMMINY	-; -
JIMMY	-; -
JIMP	-; jimpy
JIMPER	-; -
JIMPEST	-; -
JIMPY	-; -
JIMSON	-; jimsons
JIN	djin; jink, jinn, jins, jinx
JINED	-; -
JINGAL	-; jingall, jingals
JINGALL	-; jingalls
JINGKO	-; -
JINGLE	-; jingled, jingler, jingles
JINGLER	-; jinglers
JINGLY	-; -
JINGO	-; -
JINGOES	-; -
JINK	-; jinks
JINKED	-; -
JINKER	-; jinkers
JINKING	-; -
JINN	djinn; jinni, jinns
JINNEE	-; -
JINNI	djinni; -
JINNS	djinns; -
JINS	djins; -
JINX	-; -
JINXED	-; -
JINXES	-; -
JINXING	-; -
JIRD	-; jirds
JISM	-; jisms
JITNEY	-; jitneys
JITTER	-; jitters, jittery
JIVE	-; jived, jiver, jives, jivey
JIVEASS	-; -
JIVER	-; jivers
JIVEY	-; -
JIVING	-; -
JNANA	-; jnanas
JO	-; job, joe, jog, jot, jow, joy
JOANNES	-; -
JOB	-; jobs
JOBBED	-; -
JOBBER	-; jobbers, jobbery
JOBBING	-; -
JOBLESS	-; -
JOBNAME	-; jobnames
JOCK	-; jocko, jocks
JOCKEY	-; jockeys

JOCKISH -; -
JOCKO -; jockos
JOCOSE -; -
JOCULAR -; -
JOCUND -; -
JODHPUR -; jodhpurs
JOE -; joel, joes, joey
JOEL -; -
JOEY -; joeys
JOG -; jogs
JOGGED -; -
JOGGER -; joggers
JOGGING -; -
JOGGLE -; joggled, joggler, joggles
JOGGLER -; jogglers
JOGTROT -; jogtrots
JOHN -; johns
JOHNNIE -; johnnies
JOHNNY -; -
JOIN -; joins, joint
JOINDER -; joinders
JOINED -; -
JOINER -; joiners, joinery
JOINING -; joinings
JOINT -; joints
JOINTED -; -
JOINTER -; jointers
JOINTLY -; -
JOIST -; joists
JOISTED -; -
JOJOBA -; jojobas
JOKE -; joked, joker, jokes, jokey
JOKER -; jokers
JOKIER -; -
JOKIEST -; -
JOKING -; -
JOKY -; -
JOLE -; joles
JOLLIED -; -
JOLLIER -; -
JOLLIES -; jolliest
JOLLIFY -; -
JOLLILY -; -
JOLLITY -; -
JOLLY -; -
JOLT -; jolts, jolty
JOLTED -; -
JOLTER -; jolters
JOLTIER -; -
JOLTILY -; -
JOLTING -; -
JOMON -; -
JONES -; -
JONESES -; -
JONQUIL -; jonquils
JOOK -; jooks
JORAM -; jorams
JORDAN -; jordans
JORUM -; jorums
JOSEPH -; josephs
JOSH -; -
JOSHED -; -
JOSHER -; joshers
JOSHES -; -
JOSHING -; -
JOSS -; -
JOSSES -; -
JOSTLE -; jostled, jostler, jostles
JOSTLER -; jostlers
JOT -; jota, jots
JOTA -; jotas
JOTTED -; -
JOTTER -; jotters
JOTTING -; jottings

JOTTY	-; -
JOUAL	-; jouals
JOUK	-; jouks
JOUKED	-; -
JOUKING	-; -
JOULE	-; joules
JOUNCE	-; jounced, jounces
JOUNCY	-; -
JOURNAL	-; journals
JOURNEY	-; journeys
JOURNO	-; journos
JOUST	-; jousts
JOUSTED	-; -
JOUSTER	-; jousters
JOVIAL	-; -
JOW	-; jowl, jows
JOWAR	-; jowars
JOWED	-; -
JOWING	-; -
JOWL	-; jowls, jowly
JOWLED	-; -
JOWLIER	-; -
JOY	-; joys
JOYANCE	-; joyances
JOYED	-; -
JOYFUL	-; -
JOYING	-; -
JOYLESS	-; -
JOYOUS	-; -
JOYPAD	-; joypads
JOYPOP	-; joypops
JOYRIDE	-; joyrider, joyrides
JUBA	-; jubas
JUBBAH	-; jubbahs
JUBE	-; jubes
JUBHAH	-; jubhahs
JUBILE	-; jubilee, jubiles
JUBILEE	-; jubilees
JUCO	-; jucos
JUCOS	-; -
JUDAS	-; -
JUDASES	-; -
JUDDER	-; judders
JUDGE	-; judged, judger, judges
JUDGER	-; judgers
JUDGING	-; -
JUDGY	-; -
JUDO	-; judos
JUDOIST	-; judoists
JUDOKA	-; judokas
JUG	-; juga, jugs
JUGA	ajuga; jugal
JUGATE	-; -
JUGFUL	-; jugfuls
JUGGED	-; -
JUGGING	-; -
JUGGLE	-; juggled, juggler, juggles
JUGGLER	-; jugglers, jugglery
JUGHEAD	-; jugheads
JUGSFUL	-; -
JUGULA	-; jugular
JUGULAR	-; jugulars
JUGULUM	-; -
JUGUM	-; jugums
JUICE	-; juiced, juicer, juices
JUICER	-; juicers
JUICIER	-; -
JUICILY	-; -
JUICING	-; -
JUICY	-; -
JUJITSU	-; jujitsus
JUJU	-; jujus

JUJUBE	-; jujubes
JUJUISM	-; jujuisms
JUJUIST	-; jujuists
JUJUTSU	-; jujutsus
JUKE	-; juked, jukes
JUKEBOX	-; -
JUKING	-; -
JUKU	-; jukus
JULEP	-; juleps
JUMAR	-; jumars
JUMARED	-; -
JUMBAL	-; jumbals
JUMBLE	-; jumbled, jumbler, jumbles
JUMBLER	-; jumblers
JUMBO	-; jumbos
JUMBUCK	-; jumbucks
JUMP	-; jumps, jumpy
JUMPED	-; -
JUMPER	-; jumpers
JUMPIER	-; -
JUMPILY	-; -
JUMPING	-; -
JUMPOFF	-; jumpoffs
JUN	-; junk
JUNCO	-; juncos
JUNCOES	-; -
JUNGLE	-; jungles
JUNGLY	-; -
JUNIOR	-; juniors
JUNIPER	-; junipers
JUNK	-; junks, junky
JUNKED	-; -
JUNKER	-; junkers
JUNKING	-; -
JUNKET	-; junkets
JUNKIE	-; junkier, junkies
JUNKIES	-; junkiest
JUNKMAN	-; -
JUNKMEN	-; -
JUNTA	-; juntas
JUNTO	-; juntos
JUPE	-; jupes
JUPON	-; jupons
JURA	-; jural, jurat
JURALLY	-; -
JURANT	-; jurants
JURAT	-; jurats
JUREL	-; jurels
JURIDIC	-; -
JURIES	-; -
JURIST	-; jurists
JUROR	-; jurors
JURY	-; -
JURYMAN	-; -
JURYMEN	-; -
JUS	-; just
JUSSIVE	-; jussives
JUST	-; justs
JUSTED	-; -
JUSTER	-; justers
JUSTEST	-; -
JUSTICE	-; justices
JUSTIFY	-; -
JUSTLE	-; justled, justles
JUSTLY	-; -
JUT	-; jute, juts
JUTE	-; jutes
JUTTED	-; -
JUTTIED	-; -
JUTTIES	-; -
JUTTING	-; -
JUTTY	-; -
JUVENAL	-; juvenals
JUVIE	-; juvies

K

K -; ka, ki
KA oka, ska, uka; kab, kae, kaf, kas, kat, kay
KAAS -; -
KAB -; kabs
KABAB -; kababs
KABAKA -; kabakas
KABALA -; kabalas
KABAR -; kabars
KABAYA -; kabayas
KABBALA -; kabbalah, kabbalas
KABIKI -; kabikis
KABOB -; kabobs
KABOCHA -; kabochas
KABOOM -; kabooms
KABUKI -; kabukis
KABYLE -; -
KACHINA -; kachinas
KADDISH -; -
KADI -; kadis
KAE -; kaes
KAF -; kafs
KAFFIR -; kaffirs
KAFIR -; kafirs
KAFTAN -; kaftans
KAGU -; kagus
KAHUNA -; kahunas
KAIAK -; kaiaks
KAIF -; kaifs
KAIL -; kails
KAIN -; kains
KAINIT -; kainite, kainits
KAINITE -; kainites
KAISER -; kaisers
KAIZEN -; kaizens
KAJEPUT -; kajeputs
KAKA -; kakas
KAKAPO -; kakapos
KAKI -; kakis
KAKIVAK -; kakivaks
KALAM -; kalams
KALE -; kales
KALENDS -; -
KALIAN -; kalians
KALIF -; kalifs
KALIMBA -; kalimbas
KALIPH -; kaliphs
KALIUM -; kaliums
KALMIA -; kalmias
KALONG -; kalongs
KALPA -; kalpak, kalpas
KALPAK -; kalpaks
KAMALA -; kamalas
KAME -; kames
KAMI -; kamik
KAMIK -; kamiks
KAMPONG -; kampongs
KAMSEEN -; kamseens
KAMSIN -; kamsins
KANA -; kanas
KANBAN -; kanbans
KANE -; kanes
KANJI -; kanjis
KANTAR -; kantars
KANTELE -; kanteles
KANZU -; kanzus
KAOLIN -; kaoline, kaolins
KAOLINE -; kaolines
KAON -; kaons

KAPA -; kapas
KAPH -; kaphs
KAPOK -; kapoks
KAPOW -; -
KAPPA -; kappas
KAPUT -; kaputt
KARAHI -; karahis
KARAKUL -; karakuls
KARAT -; karate, karats
KARATE -; karates
KAREN -; karens
KARMA -; karmas
KARMIC -; -
KARN -; karns
KAROO -; karoos
KAROSS -; -
KARROO -; karroos
KARST -; karsts
KARSTIC -; -
KART -; karts
KARTING -; kartings
KAS okas, skas; -
KASBAH -; kasbahs
KASHA -; kashas
KASHER -; kashers
KASHMIR -; kashmirs
KASHRUT -; kashruth, kashruts
KAT skat; kata, kats
KATA -; katas
KATCINA -; katcinas
KATHODE -; kathodes
KATION -; kations
KATS skats; -
KATSURA -; katsuras
KATYDID -; katydids
KAURI -; kauris
KAURIES -; -
KAURY -; -
KAVA -; kavas
KAVAS -; kavass
KAY okay; kays
KAYAK -; kayaks
KAYAKER -; kayakers
KAYLES -; -
KAYO -; kayos
KAYOED -; -
KAYOES -; -
KAYOING -; -
KAYS okays; -
KAZOO -; kazoos
KBAR -; kbars
KEA -; keas
KEBAB -; kebabs
KEBAR -; kebars
KEBBIE -; kebbies
KEBBOCK -; kebbocks
KEBBUCK -; kebbucks
KEBLAH -; keblahs
KEBOB -; kebobs
KECK -; kecks
KECKED -; -
KECKING -; -
KECKLE -; keckled, keckles
KEDDAH -; keddahs
KEDGE -; kedged, kedges
KEDGING -; -
KEEF -; keefs
KEEK -; keeks
KEEKED -; -
KEEKING -; -
KEEL -; keels
KEELAGE -; keelages
KEELED -; -
KEELING -; -
KEELSON -; keelsons
KEEN skeen; keens

KEENED	-; -
KEENER	-; keeners
KEENEST	-; -
KEENING	-; -
KEENLY	-; -
KEENS	skeens; -
KEEP	-; keeps
KEEPER	-; keepers
KEEPING	-; keepings
KEESTER	-; keesters
KEET	skeet; keets
KEETS	skeets; -
KEEVE	-; keeves
KEF	-; kefs
KEFIR	-; kefirs
KEG	skeg; kegs
KEGELER	-; kegelers
KEGGER	-; keggers
KEGLER	-; keglers
KEGLING	-; keglings
KEGS	skegs; -
KEIR	-; keirs
KEISTER	-; keisters
KEITLOA	-; keitloas
KELEP	-; keleps
KELLIES	-; -
KELIM	-; kelims
KELLY	-; -
KELOID	-; keloids
KELP	skelp; kelps, kelpy
KELPED	skelped; -
KELPIE	-; kelpies
KELPING	skelping; -
KELPS	skelps; -
KELSON	-; kelsons
KELT	-; kelts
KELTER	skelter; kelters
KELTERS	skelters; -
KELVIN	-; kelvins
KEMP	-; kemps, kempt
KEN	-; keno, kens, kent
KENAF	-; kenafs
KENCH	-; -
KENCHES	-; -
KENDO	-; kendos
KENNED	-; -
KENNEL	-; kennels
KENNELED	-; -
KENNING	-; kennings
KENO	-; kenos
KENOSIS	-; -
KENOTIC	-; -
KENT	-; kente
KENTE	-; kentes
KEP	skep; kepi, keps, kept
KEPI	-; kepis
KEPPED	-; -
KEPPEN	-; -
KEPPING	-; -
KEPS	skeps; -
KERAMIC	-; keramics
KERATIN	-; keratins
KERB	-; kerbs
KERBED	-; -
KERBING	-; -
KERCHOO	-; -
KERF	-; kerfs
KERFED	-; -
KERFING	-; -
KERMES	-; kermess
KERMIS	-; -
KERMODE	-; kermodes
KERN	-; kerne, kerns
KERNE	-; kerned, kernel, kernes
KERNEL	-; kernels

KERNING -; -
KERNITE -; kernites
KEROGEN -; kerogens
KERRIA -; kerrias
KERRIES skerries; -
KERRY skerry; -
KERSEY -; kerseys
KERYGMA -; -
KESTREL -; kestrels
KETA -; ketas
KETAINE -; -
KETCH sketch; -
KETCHES sketches; -
KETCHUP -; ketchups
KETENE -; ketenes
KETO -; ketol
KETOL -; ketols
KETONE -; ketones
KETONIC -; -
KETOSE -; ketoses
KETOSIS -; -
KETOTIC -; -
KETTLE -; kettles
KEV -; kevs
KEVEL -; kevels
KEVIL -; kevils
KEX -; -
KEXES -; -
KEY -; keys
KEYCARD -; keycards
KEYED -; -
KEYER -; keyers
KEYHOLE -; keyholes
KEYING -; -
KEYLESS -; -
KEYNOTE -; keynoted, keynoter, keynotes
KEYPAD -; keypads
KEYPAL -; keypals
KEYSET -; keysets
KEYSTER -; keysters
KEYWAY -; keyways
KEYWORD -; keywords
KHADDAR -; khaddars
KHADI -; khadis
KHAF -; khafs
KHAKI -; khakis
KHALIF -; khalifa, khalifs
KHALIFA -; khalifas
KHAMSIN -; khamsins
KHAN -; khans
KHANATE -; khanates
KHAPH -; khaphs
KHAT -; khats
KHAZEN -; khazens
KHEDA -; khedah, khedas
KHEDAH -; khedahs
KHEDIVE -; khedives
KHET -; kheth, khets
KHETH -; kheths
KHI -; khis
KHIRKAH -; khirkahs
KHOUM -; khoums
KI ski; kis
KIACK -; kiacks
KIANG -; kiangs
KIAUGH -; kiaughs
KIBBE -; kibbeh, kibbes
KIBBEH -; kibbehs
KIBBI -; kibbis
KIBBITZ -; -
KIBBLE -; kibbled, kibbles
KIBBUTZ -; -
KIBE -; kibei, kibes
KIBEI -; kibeis

KIBITZ	-; -
KIBLA	-; kiblah, kiblas
KIBLAH	-; kiblahs
KIBOSH	-; -
KICK	-; kicks, kicky
KICKBOX	-; -
KICKED	-; -
KICKER	-; kickers
KICKIER	-; -
KICKING	-; -
KICKOFF	-; kickoffs
KICKUP	-; kickups
KID	skid; kids
KIDDED	skidded; -
KIDDER	skidder; kidders
KIDDERS	skidders; -
KIDDIE	-; kiddies
KIDDING	skidding; -
KIDDISH	-; -
KIDDO	-; kiddos
KIDDOES	-; -
KIDDUSH	-; -
KIDDY	skiddy; -
KIDLIKE	-; -
KIDNAP	-; kidnaps
KIDNEY	-; kidneys
KIDS	skids; -
KIDSKIN	-; kidskins
KIDVID	-; kidvids
KIEF	-; kiefs
KIER	skier; kiers
KIERS	skiers; -
KIESTER	-; kiesters
KIF	-; kifs
KILIM	-; kilims
KILL	skill; kills
KILLDEE	-; killdeer, killdees
KILLED	skilled; -
KILLER	-; killers
KILLICK	-; killicks
KILLIE	-; killies
KILLING	-; killings
KILLJOY	-; killjoys
KILLOCK	-; killocks
KILLS	skills; -
KILN	-; kilns
KILNED	-; -
KILNING	-; -
KILO	-; kilos
KILOBAR	-; kilobars
KILOBIT	-; kilobits
KILORAD	-; kilorads
KILOTON	-; kilotons
KILT	-; kilts, kilty
KILTED	-; -
KILTER	-; kilters
KILTIE	-; kilties
KILTING	-; kiltings
KIMCHEE	-; kimchees
KIMCHI	-; kimchis
KIMONO	-; kimonos
KIN	akin, skin; kina, kind, kine, king, kink, kino, kins
KINA	-; kinas
KINARA	-; kinaras
KINAS	-; kinase
KINASE	-; kinases
KIND	-; kinds
KINDER	-; -
KINDEST	-; -
KINDLE	-; kindled, kindler, kindles
KINDLER	-; kindlers
KINDLY	-; -
KINDRED	-; kindreds
KINE	-; kines

KINEMA	-; kinemas
KINESES	-; -
KINESIC	-; kinesics
KINESIS	-; -
KINETIC	-; kinetics
KINETIN	-; kinetins
KINFOLK	-; kinfolks
KING	eking; kings
KINGCUP	-; kingcups
KINGDOM	-; kingdoms
KINGED	-; -
KINGING	-; -
KINGLET	-; kinglets
KINGLY	-; -
KINGPIN	-; kingpins
KININ	-; kinins
KINK	skink; kinks, kinky
KINKED	skinked; -
KINKIER	-; -
KINKILY	-; -
KINKING	skinking; -
KINKS	skinks; -
KINLESS	skinless; -
KINO	-; kinos
KINS	skins; -
KINSHIP	-; kinships
KINSMAN	-; -
KINSMEN	-; -
KIOSK	-; kiosks
KIP	skip; kips
KIPPA	-; kippah, kippas
KIPPAH	-; kippahs
KIPPED	skipped; -
KIPPEN	-; -
KIPPER	skipper; kippers
KIPPERS	skippers; -
KIPPING	skipping; -
KIPS	skips; -
KIPSKIN	-; kipskins
KIR	-; kirk, kirn, kirs
KIRK	-; kirks
KIRKMAN	-; -
KIRKMEN	-; -
KIRMESS	-; -
KIRN	-; kirns
KIRNED	-; -
KIRNING	-; -
KIRPAN	-; kirpans
KIRSCH	-; -
KIRTLE	-; kirtled, kirtles
KISHKA	-; kishkas
KISHKE	-; kishkes
KISMAT	-; kismats
KISMET	-; kismets
KISS	-; kissy
KISSED	-; -
KISSER	-; kissers
KISSES	-; -
KISSING	-; -
KIST	-; kists
KISTFUL	-; kistfuls
KIT	skit; kite, kith, kits
KITBAG	-; kitbags
KITCHEN	-; kitchens
KITE	skite; kited, kiter, kites
KITED	skited; -
KITER	-; kiters
KITES	skites; -
KITH	-; kithe, kiths
KITHARA	-; kitharas
KITHE	-; kithed, kithes
KITHING	-; -
KITING	skiting; -
KITLING	-; kitlings
KITS	skits; -

KITSCH	-; kitschy
KITTED	-; -
KITTEL	-; -
KITTEN	-; kittens
KITTIES	-; -
KITTING	-; -
KITTLE	skittle; kittled, kittler, kittles
KITTLES	skittles; kittlest
KITTY	-; -
KIVA	-; kivas
KIWI	-; kiwis
KLATCH	-; -
KLATSCH	-; -
KLAVERN	-; klaverns
KLAXON	-; klaxons
KLEAGLE	-; kleagles
KLEPHT	-; klephts
KLEPTO	-; kleptos
KLEZMER	-; -
KLICK	-; klicks
KLIEG	-; kliegs
KLIK	-; kliks
KLISTER	-; klisters
KLONG	-; klongs
KLOOF	-; kloofs
KLUDGE	-; kludges, kludgey
KLUDGY	-; -
KLUGE	-; kluges
KLUTZ	-; klutzy
KLUTZES	-; -
KNACK	-; knacks
KNACKED	-; -
KNACKER	-; knackers, knackery
KNAIDEL	-; knaidels
KNAP	-; knaps
KNAPPED	-; -
KNAPPER	-; knappers
KNAR	-; knars
KNARRED	-; -
KNARRY	-; -
KNAUR	-; knaurs
KNAVE	-; knaves
KNAVERY	-; -
KNAVISH	-; -
KNAWE	-; knawel, knawes
KNAWEL	-; knawels
KNEAD	-; kneads
KNEADED	-; -
KNEADER	-; kneaders
KNEE	-; kneed, kneel, knees
KNEECAP	-; kneecaps
KNEEING	-; -
KNEEL	-; kneels
KNEELED	-; -
KNEELER	-; kneelers
KNEEPAD	-; kneepads
KNEEPAN	-; kneepans
KNEIDEL	-; kneidels
KNELL	-; knells
KNELLED	-; -
KNELT	-; -
KNESSET	-; knessets
KNEW	-; -
KNIFE	-; knifed, knifer, knifes
KNIFER	-; knifers
KNIFING	-; -
KNIGHT	-; knights
KNISH	-; -
KNISHES	-; -
KNIT	-; knits
KNITTED	-; -
KNITTER	-; knitters
KNIVES	-; -
KNOB	-; knobs

KNOBBED -; -
KNOBBLY -; -
KNOBBY -; -
KNOCK -; knocks
KNOCKED -; -
KNOCKER -; knockers
KNOLL -; knolls, knolly
KNOLLED -; -
KNOLLER -; knollers
KNOP -; knops
KNOPPED -; -
KNOSP -; knosps
KNOT -; knots
KNOTTED -; -
KNOTTER -; knotters
KNOTTY -; -
KNOUT -; knouts
KNOUTED -; -
KNOW -; known, knows
KNOWER -; knowers
KNOWING -; knowings
KNOWN -; knowns
KNUBBY -; -
KNUCKLE -; knuckled, knuckler, knuckles
KNUCKLY -; -
KNUR -; knurl, knurs
KNURL -; knurls, knurly
KNURLED -; -
KOA -; koan, koas
KOALA -; koalas
KOAN -; koans
KOB -; kobo, kobs
KOBOLD -; kobolds
KOEL -; koels
KOFTA -; koftas
KOHL -; kohls
KOI -; kois
KOINE -; koines
KOJI -; kojis
KOKAM -; kokams
KOKANEE -; kokanees
KOLA -; kolas
KOLACKY -; -
KOLBASI -; kolbasis
KOLHOZ -; kolhozy
KOLKHOS -; kolkhosy
KOLKHOZ -; kolkhozy
KOLKOZ -; kolkozy
KOLO -; kolos
KOMATIK -; komatiks
KOMBU -; kombus
KONGONI -; kongonis
KONK -; konks
KONKED -; -
KONKING -; -
KOODOO -; koodoos
KOOK -; kooks, kooky
KOOKIE -; kookier
KOOKUM -; kookums
KOP -; koph, kops
KOPECK -; kopecks
KOPEK -; kopeks
KOPH -; kophs
KOPIYKA -; kopiykas
KOPJE -; kopjes
KOPPA -; koppas
KOPPIE -; koppies
KOR -; kora, kors
KORA -; korai, koras, korat
KORAT -; korats
KORE -; -
KORMA -; kormas
KORUN -; koruna, koruny
KORUNA -; korunas
KOS -; koss

KOSHER -; koshers
KOTO -; kotos, kotow
KOTOW -; kotows
KOTOWED -; -
KOTOWER -; kotowers
KOUMIS -; koumiss
KOUMYS -; koumyss
KOUROI -; -
KOUROS -; -
KOUSSO -; koussos
KOWTOW -; kowtows
KRAAL -; kraals
KRAALED -; -
KRAFT -; krafts
KRAIT -; kraits
KRAKEN -; krakens
KRATER -; kraters
KRAUT -; krauts
KRAY -; krays
KREEP -; kreeps
KREMLIN -; kremlins
KREUZER -; kreuzers
KREWE -; krewes
KRILL -; krills
KRIMMER -; krimmers
KRIS -;
KRISES -; -
KRONA -; -
KRONE -; kronen, kroner
KRONOR -; -
KRONUR -; -
KROON -; krooni, kroons
KRUBI -; krubis
KRUBUT -; krubuts
KRULLER -; krullers
KRYPTON -; kryptons
KUBASA -; kubasas
KUBIE -; kubies
KUCHEN -; -
KUDO -; kudos
KUDU -; kudus
KUDZU -; kudzus
KUE -; kues
KUFI -; kufis
KUGEL -; kugels
KUKRI -; kukris
KULAK -; kulaki, kulaks
KULTUR -; kulturs
KUMIS -; -
KUMISS -; -
KUMKUM -; kumkums
KUMMEL -; kummels
KUMQUAT -; kumquats
KUMYS -; -
KUMYSES -; -
KUNA -; -
KUNE -; -
KUNZITE -; kunzites
KURBASH -; -
KURGAN -; kurgans
KURTA -; kurtas
KURU -; kurus
KURUSH -; -
KUSSO -; kussos
KUVASZ -; -
KVAS -; kvass
KVASES -; -
KVASSES -; -
KVELL -; kvells
KVELLED -; -
KVETCH -; kvetchy
KWACHA -; -
KWANZA -; kwanzas
KYACK -; kyacks
KYAK -; kyaks
KYANISE -; kyanised, kyanises
KYANITE -; kyanites

KYANIZE -; kyanized, kyanizes
KYAR -; kyars
KYAT -; kyats
KYBOSH -;-
KYE - kyes
KYLIKES -; -
KYLIN -; kylins
KYLIX -; -
KYRIE -; kyries
KYTE -; kytes
KYTHE -; kythed, kythes
KYTHING -; -

L

L el; la, li, lo
LA ala; lab, lac, lad, lag, lam, lap, lar, las, lat, lav, law, lax, lay
LAAGER -; laagers
LAARI -; -
LAB blab, flab, slab; labs
LABARA -; -
LABARUM -; labarums
LABEL -; labels
LABELED -; -
LABELER -; labelers
LABELLA glabella; -
LABIA -; labial
LABIAL -; labials
LABIATE -; labiated, labiates
LABILE -; -
LABIUM -; -
LABOR -; labors
LABORED -; -
LABORER -; laborers
LABOUR -; labours
LABRA -; -
LABRET -; labrets
LABROID -; labroids
LABRUM -; labrums
LABS blabs, flabs, slabs; -
LAC -; lace, lack, lacs, lacy
LACE glace, place; laced, lacer, laces, lacey
LACED glaced, placed; -
LACER placer; lacers
LACERS placers; -
LACES glaces, places; -
LACEY -; -
LACHES -; -
LACIER glacier; -
LACIEST -; -
LACILY -; -
LACING placing; lacings
LACK alack, black, clack, flack, plack, slack; lacks
LACKED blacked, clacked, slacked; -

LACKER blacker, clacker, slacker; lackers
LACKERS clackers, slackers; -
LACKEY -; lackeys
LACKING blacking, clacking; -
LACKS blacks, clacks, flacks, placks, slacks; -
LACONIC -; -
LACQUER -; lacquers
LACQUEY -; lacqueys
LACTAM -; lactams
LACTARY -; -
LACTASE -; lactases
LACTATE -; lactated, lactates
LACTEAL -; lacteals
LACTEAN -; -
LACTIC -; -
LACTONE -; lactones
LACTOSE -; lactoses
LACUNA -; lacunae, lacunal, lacunar, lacunas
LACUNAR -; lacunars, lacunary
LACUNE -; lacunes
LACY -; -
LAD clad, glad; lade, lads, lady
LADANUM -; ladanums
LADDER bladder, gladder; ladders
LADDERS bladders; -
LADDIE -; laddies
LADDISH -; -
LADDISM -; laddisms
LADDISMS -; -
LADDY -; -
LADE blade, glade; laded, laden, lader, lades
LADEN -; ladens
LADENED -; -
LADER -; laders
LADES blades, glades; -
LADIES -; -
LADING -; ladings
LADINO -; ladinos
LADLE -; ladled, ladler, ladles
LADLER -; ladlers
LADLING -; -
LADRON -; ladrone, ladrons
LADRONE -; ladrones
LADS clads, glads; -
LADY glady; -
LADYBUG -; ladybugs
LADYISH -; -
LADYKIN -; ladykins
LAEVO -; -
LAG clag, flag, slag; lags
LAGAN -; lagans
LAGEND -; lagends
LAGER -; lagers
LAGERED -; -
LAGGARD -; laggards
LAGGED clagged, flagged, slagged; -

LAGGER flagger; laggers
LAGGERS flaggers; -
LAGGING clagging, flagging, slagging; laggings
LAGOON -; lagoons
LAGS clags, flags, slags; -
LAGUNA -; lagunas
LAGUNE -; lagunes
LAH -; laha, lahs
LAHAL slahal; lahals
LAHAR -; lahars
LAIC -; laich, laics
LAICAL -; -
LAICH -; laichs
LAICISE -; laicised, laicises
LAICISM -; laicisms
LAICIZE -; laicized, laicizes
LAID plaid; -
LAIGH -; laighs
LAIN blain, elain, plain, slain; -
LAIR flair, glair; laird, lairs
LAIRD -; lairds
LAIRDLY -; -
LAIRED glaired; -
LAIRING glairing; -
LAIRS flairs, glairs; -
LAITH -; -
LAITHLY -; -
LAITIES -; -
LAITY -; -
LAKE flake, slake; laked, laker, lakes
LAKEBED -; lakebeds
LAKED flaked, slaked; -
LAKER flaker, slaker; lakers
LAKERS flakers, slakers; -
LAKES flakes, slakes; -
LAKH -; lakhs
LAKIER flakier; -
LAKIEST flakiest; -
LAKING flaking, slaking; lakings
LAKY flaky; -
LALIQUE -; laliques
LALL -; lalls
LALLAN -; lalland, lallans
LALLAND -; lallands
LALLED -; -
LALLING -; -
LAM blam, clam, flam, slam; lama, lamb, lame, lamp, lams
LAMA ulama; lamas
LAMAS ulamas; -
LAMB -; lambs, lamby
LAMBAST -; lambaste, lambasts
LAMBDA -; lambdas
LAMBED -; -
LAMBENT -; -

LAMBER clamber; lambers, lambert
LAMBERS clambers; -
LAMBERT -; lamberts
LAMBIE -; lambies
LAMBING -; -
LAMBKIN -; lambkins
LAMBY -; -
LAME blame, flame; lamed, lamer, lames
LAMED blamed, flamed; lamedh, lameds
LAMEDH -; lamedhs
LAMELLA -; lamellae, lamellar, lamellas
LAMELY -; -
LAMENT -; laments
LAMER blamer, flamer; -
LAMES blames, flames; lamest
LAMIA -; lamiae, lamias
LAMINA -; laminae, laminal, laminar, laminas
LAMINAR -; laminary
LAMING blaming, flaming; -
LAMININ -; laminins
LAMMED clammed, flammed, slammed; -
LAMMING clamming, flamming, slamming; -
LAMP clamp; lamps
LAMPAD -; lampads
LAMPAS -; -
LAMPED clamped; -
LAMPER clamper; lampers
LAMPERS clampers; -
LAMPING clamping; -
LAMPION -; lampions
LAMPOON -; lampoons
LAMPREY -; lampreys
LAMPS clamps; -
LAMS blams, clams, flams, slams; -
LAMSTER -; lamsters
LANAI -; lanais
LANATE planate; lanated
LANCE glance; lanced, lancer, lances, lancet
LANCED glanced; -
LANCER -; lancers
LANCES glances; -
LANCET -; lancets
LANCH -; -
LANCHED -; -
LANCHES -; -
LANCING glancing; -
LAND aland, bland, eland, gland; lands
LANDAU -; landaus
LANDED -; -

LANDER blander, slander; landers
LANDERS glanders, slanders; -
LANDING -; landings
LANDLER -; landlers
LANDMAN -; -
LANDMEN -; -
LANDS alands, blands, elands, glands; -
LANE alane, plane; lanes
LANELY -; -
LANES flanes, planes; -
LANEWAY -; laneways
LANG alang, clang, slang; -
LANGLEY -; langleys
LANGREL -; langrels
LANGUE -; langued
LANGUET -; languets
LANGUID -; -
LANGUOR -; languors
LANGUR -; langurs
LANIARD -; laniards
LANIARY -; -
LANITAL -; lanitals
LANK blank, clank, flank, plank, slank; lanky
LANKER blanker, flanker; -
LANKEST blankest; -
LANKIER -; -
LANKILY -; -
LANKLY blankly; -
LANNER planner; lanners
LANNERS planners; -
LANOLIN -; lanoline, lanolins
LANOSE -; -
LANTANA -; lantanas
LANTERN -; lanterns
LANUGO -; lanugos
LANYARD -; lanyards
LAOGAI -; laogais
LAP clap, flap, slap; laps
LAPDOG -; lapdogs
LAPEL -; lapels
LAPELED -; -
LAPFUL -; lapfuls
LAPIDES -; -
LAPIN -; lapins
LAPIS -; -
LAPISES -; -
LAPPED clapped, flapped, slapped; -
LAPPER clapper, flapper, slapper; lappers
LAPPERS clappers, flappers, slappers; -
LAPPET -; lappets
LAPPING clapping, flapping, slapping; -
LAPS claps, flaps, slaps; lapse
LAPSE elapse; lapsed, lapser, lapses

LAPSED	elapsed; -
LAPSER	-; lapsers
LAPSES	elapses; -
LAPSING	elapsing; -
LAPSUS	-; -
LAPTOP	-; laptops
LAPWING	-; lapwings
LAR	alar; lard, lari, lark, lars
LARCENY	-; -
LARCH	-; -
LARCHEN	-; -
LARCHES	-; -
LARD	-; lards, lardy
LARDED	-; -
LARDER	-; larders
LARDING	-; -
LARDIER	-; -
LARDON	-; lardons
LARDOON	-; lardoons
LAREE	-; larees
LARES	blares, flares, glares; -
LARGE	-; larger, larges
LARGELY	-; -
LARGES	-; largess, largest
LARGESS	-; largesse
LARGISH	-; -
LARGO	-; largos
LARI	-; laris
LARIAT	-; lariats
LARIGAN	-; larigans
LARINE	-; -
LARING	-; -
LARK	-; larks, larky
LARKED	-; -
LARKER	-; larkers
LARKIER	-; -
LARKING	-; -
LARKISH	-; -
LARN	-; larns, larnt
LARNED	-; -
LARRUP	-; larrups
LARUM	alarum; larums
LARUMS	alarums; -
LARVA	-; larvae, larval, larvas
LARYNX	-; -
LAS	alas; lase, lash, lass, last
LASAGNA	-; lasagnas
LASAGNE	-; lasagnes
LASCAR	-; lascars
LASE	blase; lased, laser, lases
LASER	-; lasers
LASH	clash, flash, plash, slash; -
LASHED	clashed, flashed, plashed, slashed; -
LASHER	clasher, flasher, plasher, slasher; lashers
LASHERS	clashers, flashers, plashers, slashers; -
LASHES	clashes, flashes, plashes, slashes; -
LASHING	clashing, flashing, plashing,

	slashing; lashings
LASHINS	-; -
LASHKAR	-; lashkars
LASING	-; -
LASS	class, glass; lassi, lasso
LASSES	classes, glasses; -
LASSI	-; lassie, lassis
LASSIE	glassie; lassies
LASSIES	glassies; -
LASSO	-; lassos
LASSOED	-; -
LASSOER	-; lassoers
LASSOES	-; -
LASSY	-; -
LAST	blast, clast; lasts
LASTED	blasted; -
LASTER	blaster, plaster; lasters
LASTERS	blasters, plasters; -
LASTING	blasting; lastings
LASTLY	-; -
LASTS	blasts, clasts; -
LAT	blat, flat, plat, slat; lati, lats
LATAKIA	-; latakias
LATCH	klatch, slatch; -
LATCHED	-; -
LATCHES	klatches, slatches; -
LATCHET	-; latchets
LATE	alate, blate, elate, plate, slate; lated, laten, later, lates, latex
LATED	alated, elated, plated, slated; -
LATEEN	-; lateens
LATELY	-; -
LATEN	platen; latens, latent
LATENCY	-; -
LATENED	-; -
LATENS	platens; -
LATENT	-; latents
LATER	elater, plater, slater; -
LATERAD	-; -
LATERAL	-; laterals
LATES	elates; latest
LATEST	-; latests
LATEX	-; -
LATEXES	-; -
LATH	-; lathe, lathi, laths, lathy
LATHE	-; lathed, lather, lathes
LATHER	blather, slather; lathers, lathery
LATHERS	blathers, slathers; -
LATHI	-; lathis
LATHIER	-; -
LATHING	-; lathings
LATI	-; -
LATICES	-; -
LATIGO	-; latigos
LATILLA	-; latillas
LATINO	-; latinos
LATISH	-; -
LATKE	-; latkes

LATOSOL -; latosols
LATRIA -; latrias
LATRINE -; latrines
LATS blats, flats, plats, slats; -
LATTE -; latten, latter, lattes
LATTEN flatten; lattens
LATTENS flattens; -
LATTER blatter, clatter, flatter, platter; -
LATTICE -; latticed, lattices
LATTIN -; lattins
LATU -; -
LAUAN -; lauans
LAUD -; lauds
LAUDED -; -
LAUDER -; lauders
LAUDING -; -
LAUGH -; laughs
LAUGHED -; -
LAUGHER -; laughers
LAUNCE -; launces
LAUNCH -;
LAUNDER -; launders
LAUNDRY -; -
LAURA -; laurae, lauras
LAUREL -; laurels
LAUWINE -; lauwines
LAV -; lava, lave, lavs
LAVA -; lavas
LAVABO -; lavabos
LAVAGE -; lavages
LAVASH -; -
LAVE clave, slave; laved, laver, laves
LAVED slaved; -
LAVEER -; laveers
LAVER claver, slaver; lavers
LAVERS clavers, slavers; -
LAVES slaves; -
LAVING slaving; -
LAVISH slavish; -
LAVROCK -; lavrocks
LAW blaw, claw, flaw, slaw; lawn, laws
LAWBOOK -; lawbooks
LAWED blawed, clawed, flawed; -
LAWFUL -; -
LAWINE -; lawines
LAWING blawing, clawing, flawing; lawings
LAWLESS flawless; -
LAWLIKE -; -
LAWMAN -; -
LAWMEN -; -
LAWN blawn; lawns, lawny
LAWS blaws, claws, flaws, slaws; -
LAWSUIT -; lawsuits
LAWYER -; lawyers
LAX flax; -
LAXER -; -
LAXEST -; -
LAXITY -; -
LAXLY -; -
LAXNESS -; -

LAY clay, flay, play, slay; lays
LAYAWAY -; layaways
LAYED clayed, flayed, played; -
LAYER flayer, player, slayer; layers
LAYERED -; -
LAYERS flayers, players, slayers; -
LAYETTE -; layettes
LAYIN -; laying, layins
LAYING claying, flaying, playing, slaying; -
LAYMAN -; -
LAYMEN -; -
LAYOFF playoff; layoffs
LAYOFFS playoffs; -
LAYOUT -; layouts
LAYOVER -; layovers
LAYS clays, flays, plays, slays; -
LAYUP -; layups
LAZAR -; lazars
LAZARET -; lazarets
LAZE blaze, glaze; lazed, lazes
LAZED blazed, glazed; -
LAZES blazes, glazes; -
LAZIED -; -
LAZIER glazier; -
LAZIES -; laziest
LAZIEST glaziest; -
LAZILY -; -
LAZING blazing, glazing; -
LAZULI -; lazulis
LAZY glazy; -
LAZYING -; -
LAZYISH -; -
LEA flea, ilea, olea, plea; lead, leaf, leak, leal, lean, leap, lear, leas
LEACH bleach, pleach; leachy
LEACHED bleached, pleached; -
LEACHER bleacher; leachers
LEACHES bleaches; -
LEAD plead; leads, leady
LEADED pleaded; -
LEADEN -; -
LEADER pleader; leaders
LEADERS pleaders; -
LEADIER -; -
LEADING pleading; leadings
LEADMAN -; -
LEADMEN -; -
LEADOFF -; leadoffs
LEADS pleads; -
LEAF -; leafs, leafy
LEAFAGE -; leafages
LEAFED -; -
LEAFIER -; -
LEAFING -; -
LEAFLET -; leaflets

LEAGUE -; leagued, leaguer, leagues
LEAGUER -; leaguers
LEAK bleak; leaks, leaky
LEAKAGE -; leakages
LEAKED -; -
LEAKER bleaker; leakers
LEAKIER -; -
LEAKILY -; -
LEAKING -; -
LEAKS bleaks; -
LEAL ileal; -
LEALLY -; -
LEALTY -; -
LEAN clean, glean; leans, leant
LEANED cleaned, gleaned; -
LEANER cleaner, gleaner; -
LEANEST cleanest; -
LEANING cleaning, gleaning; leanings
LEANLY cleanly; -
LEANS cleans, gleans; -
LEAP -; leaps, leapt
LEAPED -; -
LEAPER -; leapers
LEAPING -; -
LEAR blear, clear; learn, lears, leary
LEARIER blearier; -
LEARN -; learns, learnt
LEARNED -; -
LEARNER -; learners
LEARS blears, clears; -
LEARY bleary; -
LEAS fleas, pleas; lease, leash, least
LEASE please; leased, leaser, leases
LEASED pleased; -
LEASER pleaser; leasers
LEASERS pleasers; -
LEASES pleases; -
LEASHE -; leashed, leashes
LEASHED -; -
LEASHES -; -
LEASING pleasing; leasings
LEAST -; leasts
LEATHER -; leathern, leathers, leathery
LEAVE cleave, sleave; leaved, leaven, leaver, leaves
LEAVED cleaved, sleaved; -
LEAVEN -; leavens
LEAVER cleaver; leavers
LEAVERS cleavers; -
LEAVES cleaves, sleaves
LEAVIER -; -

LEAVING cleaving, sleaving; leavings
LEAVY -; -
LEBEN -; lebens
LECH -; -
LECHED -; -
LECHER -; lechers, lechery
LECHING -; -
LECHWE -; lechwes
LECTERN -; lecterns
LECTIN -; lectins
LECTION election; lections
LECTOR elector; lectors
LECTORS electors; -
LECTURE -; lectured, lecturer, lectures
LED bled, fled, gled, pled, sled; -
LEDE -; ledes
LEDGE fledge, pledge, sledge; ledges
LEDGER pledger; ledgers
LEDGERS pledgers; -
LEDGES fledges, pledges, sledges; -
LEDGIER fledgier; -
LEDGY fledgy; -
LEE alee, flee, glee; leek, leer, lees, leet
LEECH fleech; -
LEECHED fleeched; -
LEECHES fleeches; -
LEEK cleek, gleek, sleek; leeks
LEEKS cleeks, gleeks, sleeks; -
LEER fleer; leers, leery
LEERED fleered; -
LEERIER -; -
LEERILY -; -
LEERING fleering; -
LEERS fleers; -
LEES flees, glees; -
LEET fleet, gleet, sleet; leets
LEETS fleets, gleets, sleets; -
LEEWARD -; leewards
LEEWAY -; leeways
LEFT cleft; lefts, lefty
LEFTER -; -
LEFTEST -; -
LEFTIES -; -
LEFTISH -; -
LEFTISM -; leftisms
LEFTIST -; leftists
LEFTS clefts; -
LEG gleg; legs
LEGACY -; -
LEGAL -; legals
LEGALLY -; -
LEGATE -; legated, legatee, legates
LEGATEE -; legatees
LEGATO -; legator, legatos
LEGATOR -; legators

LEGEND	-; legends
LEGER	-; legers
LEGES	-; -
LEGGED	-; -
LEGGIER	-; -
LEGGIN	-; legging, leggins
LEGGING	-; leggings
LEGGY	-; -
LEGHOLD	-; legholds
LEGHORN	-; leghorns
LEGIBLE	-; -
LEGIBLY	-; -
LEGION	-; legions
LEGIST	elegist; legists
LEGISTS	elegists; -
LEGIT	elegit; legits
LEGITS	elegits; -
LEGLESS	-; -
LEGLIKE	-; -
LEGMAN	-; -
LEGMEN	-; -
LEGONG	-; legongs
LEGROOM	-; legrooms
LEGUME	-; legumes
LEGUMIN	-; legumins
LEGWORK	-; legworks
LEHAYIM	-; lehayims
LEHR	-; lehrs
LEHUA	-; lehuas
LEI	-; leis
LEISTER	-; leisters
LEISURE	-; leisured, leisures
LEK	-; leke, leks, leku
LEKVAR	-; lekvars
LEMAN	-; lemans
LEMMA	-; lemmas
LEMMATA	-; -
LEMMING	-; lemmings
LEMON	-; lemons, lemony
LEMPIRA	-; lempiras
LEMUR	-; lemurs
LEMURES	-; -
LEND	blend; lends
LENDER	blender, slender; lenders
LENDERS	blenders; -
LENDING	blending; -
LENDS	blends; -
LENES	-; -
LENGTH	-; lengths, lengthy
LENIENT	-; -
LENIS	-; -
LENITE	-; lenited, lenites
LENITY	-; -
LENO	-; lenos
LENS	glens; lense
LENSE	flense; lensed, lenses
LENSED	flensed; -
LENSES	flenses; -
LENSMAN	-; -
LENSMEN	-; -
LENT	blent; lento
LENTEN	-; -
LENTIC	-; -
LENTIGO	-; -
LENTIL	-; lentils
LENTISK	-; lentisks
LENTO	-; lentos
LENTOID	-; -
LEONE	-; leones

LEONINE -; -
LEOPARD -; leopards
LEOTARD -; leotards
LEPER -; lepers
LEPORID -; leporids
LEPROSE -; -
LEPROSY -; -
LEPROUS -; -
LEPT clept; lepta
LEPTA -; -
LEPTIN -; leptins
LEPTON -; leptons
LESBIAN -; lesbians
LESION -; lesions
LESS bless; -
LESSEE -; lessees
LESSEN -; lessens
LESSER blesser; -
LESSON -; lessons
LESSOR plessor; lessors
LESSORS plessors; -
LEST blest; -
LET blet; lets
LETCH fletch; -
LETCHED fletched; -
LETCHES fletches; -
LETDOWN -; letdowns
LETHAL -; lethals
LETHE -; lethes
LETHEAN -; -
LETS blets; -
LETTED -; -
LETTER -; letters
LETTING -; -
LETTUCE -; lettuces
LETUP -; letups
LEU -; leud
LEUCIN -; leucine, leucins
LEUCINE -; leucines
LEUCITE -; leucites
LEUCOMA -; leucomas
LEUCON -; leucons
LEUD -; leuds
LEUKOMA -; leukomas
LEUKON -; leukons
LEV -; leva, levo, levy
LEVANT -; levants
LEVATOR elevator; levators
LEVEE -; leveed, levees
LEVEL -; levels
LEVELED -; -
LEVELER -; levelers
LEVELLY -; -
LEVER clever; levers
LEVERED -; -
LEVERET -; leverets
LEVIED -; -
LEVIER -; leviers
LEVIES -; -
LEVIN alevin; levins
LEVINS alevins; -
LEVITY -; -
LEVO -; -
LEVULIN -; levulins
LEVY -; -
LEVYING -; -
LEWD -; -
LEWDER -; -
LEWDEST -; -
LEWDLY -; -
LEWIS -; -
LEWISES -; -
LEX flex, ilex; -
LEXEME -; lexemes
LEXEMIC -; -
LEXES flexes, ilexes; -

LEXICA	-; lexical
LEXICON	-; lexicons
LEXIS	-; -
LEY	fley, gley; leys
LEYS	fleys, gleys; -
LI	-; lib, lid, lie, lin, lip, lis, lit
LIABLE	pliable; -
	-; -
LIAISE	-; liaised, liaises
LIAISON	-; liaisons
LIANA	-; lianas
LIANE	-; lianes
LIANG	-; liangs
LIANOID	-; -
LIAR	-; liard, liars
LIARD	-; liards
LIAS	-; -
LIASES	-; -
LIASSIC	-; -
LIB	glib; libs
LIBBER	glibber; libbers
LIBEL	-; libels
LIBELED	-; -
LIBELEE	-; libelees
LIBELER	-; libelers
LIBER	-; libers
LIBERAL	-; liberals
LIBERTY	-; -
LIBIDO	-; libidos
LIBLAB	-; liblabs
LIBRA	-; librae, libras
LIBRARY	-; -
LIBRATE	-; librated, librates
LIBRI	-; -
LICE	slice; -
LICENCE	-; licenced, licencee, licencer, licences
LICENSE	-; licensed, licensee, licenser, licenses
LICENTE	-; -
LICENTI	-; -
LICH	-; lichi, licht
LICHEE	-; lichees
LICHEN	-; lichens
LICHES	-; -
LICHI	-; lichis
LICHT	-; lichts
LICHTED	-; -
LICHTLY	-; -
LICIT	elicit; -
LICITLY	-; -
LICK	click, flick, slick; licks
LICKED	clicked, flicked, slicked; -
LICKER	clicker, flicker, slicker; lickers
LICKERS	clickers, flickers, slickers; -
LICKING	clicking, flicking, slicking; lickings
LICKS	clicks, flicks, slicks; -
LICTOR	-; lictors
LID	slid; lido, lids
LIDAR	-; lidars
LIDDED	-; -

LIDDING -; -
LIDLESS -; -
LIDO -; lidos
LIE plie; lied, lief, lien, lier, lies, lieu
LIED flied, plied; -
LIEDER -; -
LIEF -; -
LIEFER -; -
LIEFEST -; -
LIEFLY -; -
LIEGE -; lieges
LIEN alien; liens
LIENAL -; -
LIENS aliens; -
LIER flier, plier, slier; liers
LIERNE -; liernes
LIERS fliers, pliers; -
LIES flies, plies; -
LIEU -; lieus
LIEVE -; liever
LIEVEST -; -
LIFE -; lifer
LIFEFUL -; -
LIFER -; lifers
LIFEWAY -; lifeways
LIFT clift; lifts
LIFTED -; -
LIFTER -; lifters
LIFTING -; -
LIFTMAN -; -
LIFTMEN -; -
LIFTOFF -; liftoffs
LIFTS clifts; -
LIGAN -; ligand, ligans
LIGAND -; ligands
LIGASE -; ligases
LIGATE -; ligated, ligates
LIGER -; ligers
LIGHT alight, blight, flight, plight, slight; lights
LIGHTED alighted, blighted, flighted, plighted, slighted; -
LIGHTEN -; lightens
LIGHTER blighter, plighter, slighter; lighters
LIGHTLY slightly; -
LIGHTS alights, blights, flights, plights, slights; -
LIGNAN -; lignans
LIGNIFY -; -
LIGNIN -; lignins
LIGNITE -; lignites
LIGROIN -; ligroine, ligroins
LIGULA -; ligulae, ligular, ligulas
LIGULE -; ligules
LIGURE -; ligures
LIKABLE -; -
LIKE alike; liked, liken, liker, likes
LIKELY -; -
LIKEN -; likens
LIKENED -; -
LIKER -; likers
LIKES -; likest
LIKING -; likings
LIKUTA -; -

LILAC -; lilacs
LILIED -; -
LILIES -; -
LILT -; lilts
LILTED -; -
LILTING -; -
LILY slily; -
LIMA -; liman, limas
LIMACON -; limacons
LIMAN -; limans
LIMB climb; limba, limbi, limbo, limbs, limby
LIMBA -; limbas
LIMBATE -; -
LIMBECK -; limbecks
LIMBED climbed; -
LIMBER climber; limbers
LIMBERS climbers; -
LIMBI -; limbic
LIMBIER -; -
LIMBING climbing; -
LIMBO -; limbos
LIMBS climbs; -
LIMBUS -; -
LIME clime, glime, slime; limed, limen, limes, limey
LIMEADE -; limeades
LIMED glimed, slimed; -
LIMEN -; limens
LIMES climes, glimes, slimes; -
LIMEY blimey; limeys
LIMIER slimier; -
LIMIEST slimiest; -
LIMINA -; liminal
LIMING gliming, sliming; -
LIMIT -; limits
LIMITED -; limiteds
LIMITER -; limiters
LIMITES -; -
LIMMER glimmer, slimmer; limmers
LIMMERS glimmers; -
LIMN -; limns
LIMNED -; -
LIMNER -; limners
LIMNIC -; -
LIMNING -; -
LIMO -; limos
LIMP blimp; limps
LIMPA -; limpas
LIMPED -; -
LIMPER -; limpers
LIMPEST -; -
LIMPET -; limpets
LIMPID -; -
LIMPING -; -
LIMPKIN -; limpkins
LIMPLY -; -
LIMPS blimps; -
LIMPSEY -; -
LIMPSY slimpsy; -
LIMULI -; -
LIMULUS -; -
LIMY blimy, slimy; -
LIN blin; line, ling, link, linn, lino, lins, lint, liny
LINABLE -; -
LINAC -; linacs
LINAGE -; linages
LINALOL -; linalols
LINDANE -; lindanes

LINDEN	-; lindens
LINDIES	-; -
LINDY	-; -
LINE	aline, cline; lined, linen, liner, lines, liney
LINEAGE	-; lineages
LINEAL	-; -
LINEAR	-; -
LINEATE	-; lineated
LINECUT	-; linecuts
LINED	alined; -
LINEMAN	-; -
LINEMEN	-; -
LINEN	-; linens, lineny
LINER	aliner; liners
LINERS	aliners; -
LINES	alines, clines; -
LINEUP	-; lineups
LING	cling, fling, sling; linga, lingo, lings, lingy
LINGA	-; lingam, lingas
LINGAM	-; lingams
LINGCOD	-; lingcods
LINGER	clinger, flinger, slinger; lingers
LINGERS	clingers, flingers slingers; -
LINGIER	-; -
LINGO	-; -
LINGOES	-; -
LINGS	clings, flings, slings; -
LINGUA	-; linguae, lingual
LINGUAL	-; linguals
LINGULA	-; lingulae
LINGY	clingy; -
LINHAY	-; linhays
LINIER	-; -
LINIEST	-; -
LININ	-; lining, linins
LINING	alining; linings
LINK	blink, clink, plink, slink; links, linky
LINKAGE	-; linkages
LINKBOY	-; linkboys
LINKED	blinked, clinked, plinked; -
LINKER	blinker, clinker, plinker; linkers
LINKERS	blinkers, clinkers, plinkers; -
LINKING	blinking, clinking, plinking, slinking; -
LINKMAN	-; -
LINKMEN	-; -
LINKS	blinks, clinks, plinks, slinks; -
LINKUP	-; linkups
LINKY	slinky; -
LINN	-; linns
LINNET	-; linnets
LINO	-; linos
LINOCUT	-; linocuts
LINSANG	-; linsangs
LINSEED	-; linseeds
LINSEY	-; linseys
LINT	elint, flint, glint; lints, linty

LINTEL -; lintels
LINTER -; linters
LINTIER -; -
LINTOL -; lintols
LINTS flints, glints; -
LINTY flinty; -
LINUM -; linums
LION -; lions
LIONESS -; -
LIONISE -; lionised, lioniser, lionises
LIONIZE -; lionized, lionizer, lionizes
LIP blip, clip, flip, slip; lipa, lipe, lips
LIPA -;
LIPASE -; lipases
LIPE -; -
LIPID -; lipide, lipids
LIPIDE -; lipides
LIPIDIC -; -
LIPIN -; lipins
LIPLESS -; -
LIPLIKE -; -
LIPO -; lipos
LIPOID -; lipoids
LIPOMA -; lipomas
LIPPED blipped, clipped, flipped, slipped; -
LIPPEN -; lippens
LIPPER clipper, flipper, slipper; lippers
LIPPERS clippers, flippers, slippers; -
LIPPIER -; -
LIPPING blipping, clipping, flipping, slipping; lippings
LIPPY slippy;-
LIPREAD -; lipreads
LIPS blips, clips, flips, slips; -
LIQUATE -; liquated, liquates
LIQUEFY -; -
LIQUEUR -; liqueurs
LIQUID -; liquids
LIQUIFY -; -
LIQUOR -; liquors
LIRA -; liras
LIRE -; -
LIRIOPE -; liriopes
LIROT -; liroth
LIS -; lisp, list
LISLE -; lisles
LISP -; lisps
LISPED -; -
LISPER -; lispers
LISPING -; -
LISSOM -; lissome
LIST alist; lists
LISTED -; -
LISTEE -; listees
LISTEL -; listels
LISTEN glisten; listens
LISTENS glistens; -
LISTER blister, glister; listers
LISTERS blisters, glisters; -

LISTING -; listings
LIT alit, flit, slit; lits, litu
LITAI -; -
LITANY -; -
LITAS -; -
LITCHI -; litchis
LITER -; liters
LITERAL -; literals
LITHE blithe; lither
LITHELY blithely; -
LITHER blither, slither; -
LITHEST blithest; -
LITHIA -; lithias
LITHIC -; -
LITHIUM -; lithiums
LITHO -; lithos
LITHOID -; lithoids
LITMUS -; -
LITORAL clitoral; -
LITOTES -; -
LITOTIC -; -
LITRE -; litres
LITS flits, slits; -
LITTEN -; -
LITTER flitter, glitter, slitter; litters, littery
LITTERS flitters, glitters, slitters; -
LITTERY glittery; -
LITTLE -; littler, littles
LITTLES -; littlest
LITU -; -
LITURGY -; -
LIVABLE -; -
LIVE alive, olive; lived, liven, liver, lives
LIVELY -; -
LIVEN -; livens
LIVENED -; -
LIVENER -; liveners
LIVER sliver; livers, livery
LIVERS clivers, slivers; -
LIVES olives; livest
LIVID -; -
LIVIDLY -; -
LIVIER -; liviers
LIVING -; livings
LIVRE -; livres
LIVYER -; livyers
LIXIVIA -; -
LIZARD -; lizards
LLAMA -; llamas
LLANO -; llanos
LO -; lob, log, loo, lop, lot, low, lox
LOACH -; -
LOACHES -; -
LOAD -; loads
LOADED -; -
LOADER -; loaders
LOADING -; loadings
LOAF -; loafs
LOAFED -; -
LOAFER -; loafers
LOAFING -; -
LOAM gloam; loams, loamy
LOAMED -; -
LOAMIER -; -
LOAMING gloaming; -
LOAMS gloams; -
LOAN -; loans
LOANED -; -
LOANER -; loaners

LOANING	-; loanings
LOATH	-; loathe
LOATHE	-; loathed, loather, loathes
LOATHER	-; loathers
LOATHLY	-; -
LOAVES	-; -
LOB	blob, glob, slob; lobe, lobo, lobs
LOBAR	-; -
LOBATE	globate; lobated
LOBATED	globated; -
LOBBED	blobbed; -
LOBBER	clobber; lobbers
LOBBIED	-; -
LOBBIES	-; -
LOBBING	blobbing; -
LOBBY	-; -
LOBBYER	-; lobbyers
LOBE	globe; lobed, lobes
LOBED	globed; -
LOBEFIN	-; lobefins
LOBELIA	-; lobelias
LOBES	globes; -
LOBO	-; lobos
LOBS	blobs, globs, slobs; -
LOBSTER	-; lobsters
LOBTAIL	-; lobtails
LOBULAR	globular; -
LOBULE	globule; lobules
LOBULES	globules; -
LOBWORM	-; lobworms
LOCA	-; local
LOCAL	-; locale, locals
LOCALE	-; locales
LOCALLY	-; -
LOCATE	-; located, locater, locates
LOCATER	-; locaters
LOCATOR	-; locators
LOCH	-; lochs
LOCHIA	-; lochial
LOCI	-; -
LOCK	block, clock, flock; locks
LOCKAGE	blockage; lockages
LOCKBOX	-; -
LOCKED	blocked, clocked, flocked; -
LOCKER	blocker, clocker; lockers
LOCKERS	blockers, clockers; -
LOCKET	-; lockets
LOCKING	blocking, clocking, flocking; -
LOCKJAW	-; lockjaws
LOCKNUT	-; locknuts
LOCKOUT	-; lockouts
LOCKRAM	-; lockrams
LOCKS	blocks, clocks, flocks; -
LOCKSET	-; locksets
LOCKUP	-; lockups
LOCO	-; locos
LOCOED	-; -
LOCOES	-; -
LOCOING	-; -

LOCOISM -; locoisms
LOCULAR -; -
LOCULE -; loculed, locules
LOCULI -; -
LOCULUS -; -
LOCUM -; locums
LOCUS -; locust
LOCUST -; locusta, locusts
LOCUSTA -; locustae, locustal
LODE -; loden, lodes
LODEN -; lodens
LODGE -; lodged, lodger, lodges
LODGER -; lodgers
LODGING -; lodgings
LOESS -; -
LOESSAL -; -
LOESSES -; -
LOFT aloft; lofts, lofty
LOFTED -; -
LOFTER -; lofters
LOFTIER -; -
LOFTILY -; -
LOFTING -; -
LOG clog, flog, slog; loge, logo, logs, logy
LOGAN slogan; logans
LOGANIA -; -
LOGANS slogans; -
LOGBOOK -; logbooks
LOGE -; loges
LOGGATS -; -
LOGGED clogged, flogged, slogged; -
LOGGER flogger, slogger; loggers
LOGGERS floggers, sloggers; -
LOGGETS -; -
LOGGIA -; loggiae, loggias
LOGGIER -; -
LOGGING clogging, flogging, slogging; loggings
LOGGY cloggy; -
LOGIA -; -
LOGIC -; logics
LOGICAL alogical; -
LOGIER -; -
LOGIEST -; -
LOGILY -; -
LOGIN - logins
LOGION -; logions
LOGJAM -; logjams
LOGO -; logoi, logon, logos
LOGON -; logons
LOGOUT -; logouts
LOGROLL -; logrolls
LOGS clogs, flogs, slogs; -
LOGWAY -; logways
LOGWOOD -; logwoods
LOGY ology; -
LOID -; loids
LOIDED -; -
LOIDING -; -
LOIN aloin, eloin; loins
LOINS aloins, eloins; -
LOITER -; loiters

LOLL	-; lolls, lolly
LOLLED	-; -
LOLLER	-; lollers
LOLLIES	-; -
LOLLING	-; -
LOLLOP	-; lollops
LOLLY	-; -
LOMEIN	-; lomeins
LOMENT	-; loments
LONE	alone, clone; loner
LONELY	-; -
LONER	-; loners
LONG	along, flong, klong; longe, longs
LONGAN	-; longans
LONGBOW	-; longbows
LONGE	-; longed, longer, longes
LONGER	-; longers
LONGIES	-; -
LONGING	-; longings
LONGISH	-; -
LONGLY	-; -
LONGS	flongs, klongs; -
LOO	-; loof, look, loom, loon, loop, loos, loot
LOOBIES	-; -
LOOBY	-; -
LOOED	-; -
LOOEY	flooey; looeys
LOOF	aloof, kloof; loofa, loofs
LOOFA	-; loofah, loofas
LOOFAH	-; loofahs
LOOFS	kloofs; -
LOOIE	-; looies
LOOING	-; -
LOOK	-; looks
LOOKED	-; -
LOOKER	-; lookers
LOOKING	-; -
LOOKISM	-; lookisms
LOOKIST	-; lookists
LOOKIT	-; lookits
LOOKOUT	-; lookouts
LOOKUP	-; lookups
LOOM	bloom, gloom; looms
LOOMED	bloomed, gloomed; -
LOOMING	blooming, glooming; -
LOOMS	blooms, glooms; -
LOON	-; loons, loony
LOONEY	-; -
LOONIER	-; -
LOONIES	-; looniest
LOONY	-; -
LOOP	bloop, sloop; loops, loopy
LOOPED	-; -
LOOPER	blooper; loopers
LOOPERS	bloopers; -
LOOPING	blooping; -
LOOPS	bloops, sloops; -
LOOS	-; loose
LOOSE	-; loosed, loosen, looser, looses
LOOSELY	-; -
LOOSEN	-; loosens

LOOSES	-; loosest
LOOSING	-; -
LOOT	cloot; loots
LOOTED	-; -
LOOTER	-; looters
LOOTING	-; -
LOOTS	cloots; -
LOP	clop, flop, glop, plop, slop; lope, lops
LOPE	elope, slope; loped, loper, lopes
LOPED	eloped, sloped; -
LOPER	eloper, sloper; lopers
LOPERS	elopers, slopers; -
LOPES	elopes, slopes; -
LOPING	eloping, sloping; -
LOPPED	clopped, flopped, plopped, slopped; -
LOPPER	flopper; loppers
LOPPERS	floppers; -
LOPPIER	floppier; -
LOPPING	clopping, flopping, plopping, slopping; -
LOPPY	floppy, sloppy; -
LOPS	clops, flops, glops, plops, slops; -
LOQUAT	-; loquats
LOR	-; -
LORAL	floral; -
LORAN	-; lorans
LORD	-; lords
LORDED	-; -
LORDING	-; lordings
LORDLY	-; -
LORDOMA	-; lordomas
LORE	-; lores
LOREAL	-; -
LORICA	-; loricae
LORIES	glories; -
LORIMER	-; lorimers
LORINER	-; loriners
LORIS	-; -
LORISES	-; -
LORN	-; -
LORRIES	-; -
LORRY	-; -
LORY	glory; -
LOSABLE	closable; -
LOSE	close; losel, loser, loses
LOSEL	-; losels
LOSER	closer; losers
LOSERS	closers; -
LOSES	closes; -
LOSING	closing; losings
LOSS	floss, gloss; lossy
LOSSES	flosses, glosses; -
LOSSY	flossy, glossy; -
LOST	glost; -
LOT	blot, clot, plot,

	slot; lota, loth, loti, lots
LOTA	flota; lotah, lotas
LOTAH	-; lotahs
LOTAS	flotas; -
LOTH	cloth, sloth; -
LOTI	-; lotic
LOTIC	-; -
LOTION	-; lotions
LOTOS	-; -
LOTOSES	-; -
LOTS	blots, clots, plots, slots; -
LOTTED	blotted, clotted, plotted, slotted; -
LOTTER	blotter, plotter, slotter; lotters, lottery
LOTTERY	-; -
LOTTING	blotting, clotting, plotting, slotting; -
LOTTO	blotto; lottos
LOTUS	-; -
LOTUSES	-; -
LOUCHE	-; -
LOUD	aloud, cloud; -
LOUDEN	-; loudens
LOUDER	-; -
LOUDEST	-; -
LOUDISH	-; -
LOUDLY	-; -
LOUGH	clough, plough, slough; loughs
LOUGHS	cloughs, ploughs, sloughs; -
LOUIE	-; louies
LOUIS	-; -
LOUMA	-; loumas
LOUNGE	-; lounged, lounger, lounges
LOUNGER	-; loungers
LOUNGY	-; -
LOUP	-; loupe, loups
LOUPE	-; louped, loupen, loupes
LOUPING	-; -
LOUR	clour, flour; lours, loury
LOURED	floured; -
LOURING	clouring, flouring; -
LOURS	clours, flours; -
LOURY	floury; -
LOUSE	blouse; loused, louses
LOUSED	bloused; -
LOUSES	blouses; -
LOUSIER	-; -
LOUSILY	-; -
LOUSING	blousing; -
LOUSY	blousy; -
LOUT	clout, flout, glout; louts
LOUTED	clouted, flouted, glouted; -
LOUTING	clouting, flouting, glouting; -
LOUTISH	-; -

LOUTS	clouts, flouts, glouts; -
LOUVER	-; louvers
LOUVRE	-; louvres
LOVABLE	-; -
LOVABLY	-; -
LOVAGE	-; lovages
LOVAT	-; lovats
LOVE	clove, glove; loved, lover, loves
LOVEBUG	-; lovebugs
LOVED	cloved, gloved; -
LOVELY	-; -
LOVER	clover, glover, plover; lovers
LOVERLY	-; -
LOVERS	clovers, glovers, plovers; -
LOVES	cloves, gloves; -
LOVING	gloving; -
LOW	alow, blow, flow, glow, plow, slow; lowe, lown, lows
LOWBALL	-; lowballs
LOWBORN	-; -
LOWBOY	-; lowboys
LOWBRED	-; -
LOWBROW	-; lowbrows
LOWDOWN	-; lowdowns
LOWE	-; lowed, lower, lowes
LOWED	flowed, glowed, plowed, slowed; -
LOWER	blower, flower, glower, plower, slower; lowers, lowery
LOWERED	flowered; -
LOWERS	blowers, flowers, glowers, plowers; -
LOWERY	flowery; -
LOWEST	slowest; -
LOWING	blowing, flowing, glowing, plowing, slowing; lowings
LOWISH	slowish; -
LOWLAND	plowland; lowlands
LOWLIER	-; -
LOWLIFE	-; lowlifes
LOWLY	slowly; -
LOWN	blown, clown, flown; -
LOWNESS	slowness; -
LOWS	blows, flows, glows, plows, slows; lowse
LOX	-; -
LOXED	-; -
LOXES	-; -
LOXING	-; -
LOYAL	-; -
LOYALER	-; -
LOYALLY	-; -

LOYALTY	-; -
LOZENGE	-; lozenges
LUAU	-; luaus
LUBBER	blubber, clubber, slubber; lubbers
LUBBERS	blubbers, clubbers, slubbers; -
LUBE	-; lubes
LUBRIC	-; -
LUCARNE	-; lucarnes
LUCE	-; luces
LUCENCE	-; lucences
LUCENCY	-; -
LUCENT	-; -
LUCERN	-; lucerne, lucerns
LUCERNE	-; lucernes
LUCES	-; -
LUCID	-; -
LUCIDLY	-; -
LUCIFER	-; lucifers
LUCK	cluck, pluck; lucks, lucky
LUCKED	clucked, plucked; -
LUCKIE	-; luckier, luckies
LUCKIER	pluckier; -
LUCKIES	-; luckiest
LUCKILY	pluckily; -
LUCKING	clucking, plucking; -
LUCKS	clucks, plucks; -
LUCKY	plucky; -
LUCRE	-; lucres
LUDE	elude; ludes
LUDIC	-; -
LUDO	-; ludos
LUES	blues, clues, flues, glues, slues; -
LUETIC	-; luetics
LUFF	bluff, fluff, sluff; luffa, luffs
LUFFA	-; luffas
LUFFED	bluffed, fluffed, sluffed; -
LUFFING	bluffing, fluffing, sluffing; -
LUFFS	bluffs, fluffs, sluffs; -
LUG	glug, plug, slug; luge, lugs
LUGE	kluge; luged, luger, luges
LUGGAGE	-; luggages
LUGGED	plugged, slugged; -
LUGGER	plugger, slugger; luggers
LUGGERS	pluggers, sluggers; -
LUGGIE	-; luggies
LUGGING	plugging, slugging; -
LUGS	glugs, plugs, slugs; -
LUGSAIL	-; lugsails
LULL	-; lulls
LULLABY	-; -
LULLED	-; -

LULLING	-; -
LULU	-; lulus
LUM	alum, glum, plum, slum; luma, lump, lums
LUMA	-; lumas
LUMBAGO	plumbago; lumbagos
LUMBAR	-; lumbars
LUMBER	clumber, plumber, slumber; lumbers
LUMBERS	clumbers, plumbers, slumbers; -
LUMEN	-; lumens
LUMENAL	-; -
LUMINA	alumina; luminal
LUMMOX	-; -
LUMP	clump, flump, plump, slump; lumps, lumpy
LUMPED	clumped, flumped, plumped, slumped; -
LUMPEN	plumpen; lumpens
LUMPENS	plumpens; -
LUMPER	plumper; lumpers
LUMPERS	plumpers; -
LUMPIER	clumpier, glumpier; -
LUMPILY	-; -
LUMPING	clumping, flumping, plumping, slumping; -
LUMPISH	plumpish; -
LUMPS	clumps, flumps, plumps, slumps; -
LUMPY	clumpy, glumpy; -
LUMS	alums, glums, plums, slums; -
LUN	-; luna, lunas
LUNA	-; lunar, lunas
LUNACY	-; -
LUNAR	-; lunars
LUNATE	-; lunated
LUNATIC	-; lunatics
LUNCH	glunch; -
LUNCHED	glunched; -
LUNCHER	-; lunchers
LUNCHES	glunches; -
LUNE	-; lunes, lunet
LUNET	-; lunets
LUNETTE	-; lunettes
LUNG	clung, flung, slung; lunge, lungi, lungs
LUNGAN	-; lungans
LUNGE	blunge, plunge; lunged, lungee, lunger, lunges
LUNGED	blunged, plunged; -
LUNGEE	-; lungees
LUNGER	blunger, plunger; lungers

LUNGERS blungers, plungers; -
LUNGES plunges; -
LUNGI -; lungis
LUNGING blunging, plunging; -
LUNGYI -; lungyis
LUNIER -; -
LUNIES -; luniest
LUNK clunk, flunk, plunk, slunk; lunks
LUNKER clunker, flunker, plunker; lunkers
LUNKERS clunkers, flunkers, plunkers; -
LUNKS clunks, flunks, plunks; -
LUNT blunt; lunts
LUNTED blunted; -
LUNTING blunting; -
LUNTS blunts; -
LUNULA -; lunulae, lunular
LUNULE -; lunules
LUNY -; -
LUPANAR -; lupanars
LUPIN -; lupine, lupins
LUPINE -; lupines
LUPOUS -; -
LUPULIN -; lupulins
LUPUS -; -
LUPUSES -; -
LURCH -; -
LURCHED -; -
LURCHER -; lurchers
LURCHES -; -
LURDAN -; lurdane, lurdans
LURDANE -; lurdanes
LURE -; lured, lurer, lures
LURER -; lurers
LURID -; -
LURIDLY -; -
LURING -; -
LURK -; lurks
LURKED -; -
LURKER -; lurkers
LURKING -; -
LUSH blush, flush, plush, slush; -
LUSHED blushed, flushed, slushed; -
LUSHER blusher, flusher, plusher; -
LUSHES blushes, flushes, plushes, slushes; lushest
LUSHEST flushest, plushest; -
LUSHING blushing, flushing, slushing; -
LUSHLY plushly; -
LUST -; lusts, lusty
LUSTED -; -
LUSTER bluster, cluster, fluster; lusters
LUSTERS blusters, clusters, flusters; -
LUSTFUL -; -
LUSTIER -; -

LUSTILY	-; -
LUSTING	-; -
LUSTRA	-; lustral
LUSTRE	-; lustred, lustres
LUSTRUM	-; lustrums
LUSUS	-; -
LUSUSES	-; -
LUTE	elute, flute; lutea, luted, lutes
LUTEA	-; luteal
LUTEAL	gluteal; -
LUTED	eluted, fluted; -
LUTEIN	-; luteins
LUTEOUS	-; -
LUTES	elutes, flutes; -
LUTEUM	-; -
LUTFISK	-; lutfisks
LUTHERN	-; lutherns
LUTHIER	-; luthiers
LUTING	eluting, fluting; lutings
LUTINGS	flutings; -
LUTIST	flutist; lutists
LUTISTS	flutists; -
LUV	-; luvs
LUVVIE	-; luvvies
LUVVY	-; -
LUX	flux; luxe
LUXATE	-; luxated, luxates
LUXE	-; luxes
LUXES	fluxes; -
LUXURY	-; -
LWEI	-; lweis
LYARD	-; -
LYART	-; -
LYASE	-; lyases
LYCEA	-; -
LYCEE	-; lycees
LYCEUM	-; lyceums
LYCH	-; -
LYCHEE	-; lychees
LYCHES	-; -
LYCHNIS	-; -
LYCOPOD	-; lycopods
LYDDITE	-; lyddites
LYE	-; lyes
LYING	flying, plying; lyings
LYINGLY	plyingly; -
LYINGS	flyings; -
LYMPH	-; lymphs
LYNCEAN	-; -
LYNCH	-; -
LYNCHED	-; -
LYNCHER	-; lynchers
LYNCHES	-; -
LYNX	-; -
LYNXES	-; -
LYRATE	-; lyrated
LYRE	-; lyres
LYRIC	-; lyrics
LYRICAL	-; -
LYRISM	-; lyrisms
LYRIST	-; lyrists
LYSATE	-; lysates
LYSE	-; lysed, lyses
LYSIN	-; lysine, lysing, lysins
LYSINE	-; lysines
LYSIS	-; -
LYSOGEN	-; lysogens, lysogeny
LYSSA	-; lyssas
LYTIC	-; -
LYTTA	-; lyttae, lyttas

M

M am, em, om; ma, me, mi, mu, my
MA ama; mad, mae, mag, man, map, mar, mas, mat, maw, may
MAAR -; maars
MABE -; mabes
MAC mace, mach, mack, macs
MACABER -; -
MACABRE -; -
MACACO -; macacos
MACADAM -; macadams
MACAQUE -; macaques
MACAW -; macaws
MACCHIA -; -
MACCHIE -; -
MACE -; maced, macer, maces
MACER -; macers
MACH -; mache, machs
MACHACHA -; machachas
MACHE -; maches
MACHETE -; machetes
MACHINE -; machined, machines
MACHO -; machos
MACHREE -; machrees
MACHZOR -; machzors
MACING -; -
MACK smack; macks
MACKLE -; mackled, mackles
MACKS smacks; -
MACLE -; macled, macles
MACON -; macons
MACRAME -; macrames
MACRO -; macron, macros
MACRON -; macrons
MACULA -; maculae, macular, maculas
MACULE -; maculed, macules
MACUMBA -; macumbas
MAD -; made, mads
MADAM -; madame, madams
MADAME -; madames
MADCAP -; madcaps
MADDED -; -
MADDEN -; maddens
MADDER -; madders
MADDEST -; -
MADDING -; -
MADDISH -; -
MADEIRA -; madeiras
MADLY -; -
MADMAN -; -
MADMEN -; -
MADNESS -; -
MADONNA -; madonnas
MADRAS -; -
MADRASA -; madrasah, madrasas
MADRE -; madres
MADRONA -; madronas
MADRONE -; madrones

MADRONO	-; madronos
MADTOM	-; madtoms
MADURO	-; maduros
MADWORT	-; madworts
MADZOON	-; madzoons
MAE	-; maes
MAENAD	-; maenads
MAESTRI	-; -
MAESTRO	-; maestros
MAFFIA	-; maffias
MAFFICK	-; mafficks
MAFIA	-; mafias
MAFIC	-; -
MAFIOSI	-; -
MAFIOSO	-; -
MAFTIR	-; maftirs
MAG	-; mage, magi, mags
MAGALOG	-; maglogs
MAGE	image; mages
MAGENTA	-; magentas
MAGES	images; -
MAGGOT	-; maggots, maggoty
MAGI	-; magic
MAGIAN	-; magians
MAGIC	-; magics
MAGICAL	-; -
MAGILP	-; magilps
MAGLEV	-; -
MAGMA	-; magmas
MAGMATA	-; -
MAGNATE	-; magnates
MAGNET	-; magnets
MAGNETO	-; magneton, magnetos
MAGNIFY	-; -
MAGNOX	-; -
MAGNUM	-; magnums
MAGOT	-; magots
MAGPIE	-; magpies
MAGUEY	-; magueys
MAGUS	-; -
MAHATMA	-; mahatmas
MAHJONG	-; mahjongg, mahjongs
MAHOE	-; mahoes
MAHONIA	-; mahonias
MAHOUT	-; mahouts
MAHUA	-; mahuas
MAHUANG	-; mahuangs
MAHWA	-; mahwas
MAHZOR	-; mahzors
MAID	-; maids
MAIDAN	-; maidans
MAIDEN	-; maidens
MAIDISH	-; -
MAIGRE	-; -
MAIHEM	-; maihems
MAIL	-; maile, maill, mails
MAILBAG	-; mailbags
MAILBOX	-; -
MAILE	-; mailed, mailer, mailes
MAILER	-; mailers
MAILING	-; mailings
MAILL	-; maills
MAILLOT	-; maillots
MAILMAN	-; -
MAILMEN	-; -
MAIM	-; maims
MAIMED	-; -
MAIMER	-; maimers
MAIMING	-; -
MAIN	amain; mains
MAINLY	-; -
MAINTOP	-; maintops
MAIR	-; mairs
MAIST	-; maists

MAIZE	-; maizes
MAJAGUA	-; majaguas
MAJESTY	-; -
MAJLIS	-; -
MAJOR	-; majors
MAJORLY	-; -
MAKABLE	-; -
MAKAR	-; makars
MAKE	-; maker, makes
MAKER	-; makers
MAKEUP	-; makeups
MAKI	-; makis
MAKING	-; makings
MAKO	-; makos
MAKUTA	-; -
MALACCA	-; malaccas
MALADY	-; -
MALAISE	-; malaises
MALANGA	-; malangas
MALAR	-; malars
MALARIA	-; malarial, malarian, malarias
MALARKY	-; -
MALATE	-; malates
MALE	-; males
MALEATE	-; maleates
MALEFIC	-; -
MALFED	-; -
MALGRE	-; -
MALIC	-; malice
MALICE	-; malices
MALIGN	-; maligns
MALINE	-; malines
MALISON	-; malisons
MALKIN	-; malkins
MALL	small; malls
MALLARD	-; mallards
MALLED	-; -
MALLEE	-; mallees
MALLEI	-; -
MALLET	-; mallets
MALLEUS	-; -
MALLING	-; -
MALLOW	-; mallows
MALLS	smalls; -
MALM	-; malms, malmy
MALMIER	-; -
MALMSEY	-; malmseys
MALODOR	-; malodors
MALOTI	-; -
MALT	smalt; malts, malty
MALTASE	-; maltases
MALTED	-; malteds
MALTHA	-; malthas
MALTIER	-; -
MALTING	-; -
MALTOL	-; maltols
MALTOSE	-; maltoses
MALTS	smalts; -
MAM	-; mama, mams
MAMA	-; mamas
MAMAS	-; -
MAMBA	-; mambas
MAMBO	-; mambos
MAMBOED	-; -
MAMBOES	-; -
MAMEE	-; mamees
MAMEY	-; mameys
MAMEYES	-; -
MAMIE	-; mamies
MAMILLA	- ; mamillae
MAMLUK	-; mamluks
MAMMA	-; mammae, mammal, mammas
MAMMAL	-; mammals

MAMMARY -; -
MAMMATE -; -
MAMMEE -; mammees
MAMMER -; mammers
MAMMET -; mammets
MAMMEY -; mammeys
MAMMIE -; mammies
MAMMOCK -; mammocks
MAMMON -; mammons
MAMMOTH -; mammoths
MAMMY -; -
MAMZER -; mamzers
MAN -; mane, mano, mans, many
MANA -; manas, manat
MANACLE -; manacled, manacles
MANAGE -; managed, manager, manages
MANAGER -; managers
MANAKIN -; manakins
MANANA -; mananas
MANAT -; manats
MANATEE -; manatees
MANCHE -; manches, manchet
MANCHET -; manchets
MANDALA -; mandalas
MANDATE -; mandated, mandates
MANDOLA -; mandolas
MANDORA -; mandoras
MANDREL -; mandrels
MANDRIL -; mandrill, mandrils
MANE -; maned, manes
MANEB -; manebs
MANEGE -; maneges
MANFUL -; -
MANGA -; mangas
MANGABY -; -
MANGE -; mangel, manger, manges, mangey
MANGEL -; mangels
MANGER -; mangers
MANGEY -; -
MANGIER -; -
MANGILY -; -
MANGLE -; mangled, mangler, mangles
MANGLER -; manglers
MANGO -; mangos
MANGOES -; -
MANGOLD -; mangolds
MANGY -; -
MANHOLE -; manholes
MANHOOD -; manhoods
MANHUNT -; manhunts
MANIA -; maniac, manias
MANIAC -; maniacs
MANIC -; manics
MANIHOT -; manihots
MANIKIN -; manikins
MANILA -; manilas
MANILLA -; manillas
MANILLE -; manilles
MANIOC -; manioca, maniocs
MANIOCA -; maniocas
MANIPLE -; maniples
MANITO -; manitos, manitou
MANITOU -; manitous

MANITU -; manitus
MANKIND -; -
MANLESS -; -
MANLIER -; -
MANLIKE -; -
MANLILY -; -
MANLY -; -
MANMADE -; -
MANNA -; mannan, mannas
MANNAN -; mannans
MANNED -; -
MANNER -; manners
MANNING -; -
MANNISH -; -
MANNITE -; mannites
MANNOSE -; mannoses
MANO -; manor, manos
MANOR -; manors
MANPACK -; -
MANQUE -; -
MANROPE -; manropes
MANSARD -; mansards
MANSE -; manses
MANSION -; mansions
MANTA -; mantas
MANTEAU -; manteaus, manteaux
MANTEL -; mantels
MANTES -; -
MANTIC -; -
MANTID -; mantids
MANTIS -; -
MANTLE -; mantled, mantles, mantlet
MANTLET -; mantlets
MANTRA -; mantrap, mantras
MANTRAP -; mantraps
MANTRIC -; -
MANTUA -; mantuas
MANUAL -; manuals
MANUARY -; -
MANUKA -; manukas
MANUMIT -; manumits
MANURE -; manured, manurer, manures
MANURER -; manurers
MANUS -; -
MANWARD -; manwards
MANWISE -; -
MAP -; maps
MAPLE -; maples
MAPLESS -; -
MAPLIKE -; -
MAPPED -; -
MAPPER -; mappers
MAPPING -; mappings
MAQUI -; maquis
MAQUILA -; maquilas
MAR -; mara, marc, mare, mark, marl, mars, mart
MARA -; maras
MARABOU -; marabous, marabout
MARACA -; maracas
MARAKA -; -
MARANTA -; marantas
MARASCA -; marascas
MARAUD -; marauds
MARBLE -; marbled, marbler, marbles
MARBLER -; marblers
MARBLY -; -

MARC	-; march, marcs
MARCATO	-; -
MARCEL	-; marcels
MARCH	-; -
MARCHED	-; -
MARCHEN	-; -
MARCHER	-; marchers
MARCHES	-; marchesa, marchese
MARCONI	-; marconis
MARE	-; mares
MAREMMA	-; -
MAREMME	-; -
MARENGO	-; -
MARGAY	-; margays
MARGE	-; marges
MARGENT	-; margents
MARGIN	-; margins
MARIA	-; -
MARIMBA	-; marimbas
MARINA	-; marinas
MARINE	-; mariner, marines
MARINER	-; mariners
MARISH	-; -
MARITAL	-; -
MARK	-; marka, marks
MARKA	-; markas
MARKED	-; -
MARKER	-; markers
MARKET	-; markets
MARKHOR	-; markhors
MARKING	-; markings
MARKKA	-; markkaa, markkas
MARKUP	-; markups
MARL	-; marls, marly
MARLED	-; -
MARLIER	-; -
MARLIN	-; marline, marling, marlins
MARLINE	-; marlines
MARLING	-; marlings
MARLITE	-; marlites
MARMITE	-; marmites
MARMOT	-; marmots
MAROON	-; maroons
MARPLOT	-; marplots
MARQUE	-; marquee, marques
MARQUEE	-; marquees
MARQUES	-; marquess
MARQUIS	-; marquise
MARRAM	-; marrams
MARRANO	-; marranos
MARRED	-; -
MARRER	-; marrers
MARRIED	-; -
MARRIER	-; marriers
MARRIES	-; -
MARRING	-; -
MARRON	-; marrons
MARROW	-; marrows, marrowy
MARRY	-; -
MARSALA	-; marsalas
MARSE	-; marses
MARSH	-; marshy
MARSHAL	-; marshall, marshals
MARSHES	-; -
MART	smart; marts
MARTED	smarted; -
MARTEN	smarten; martens
MARTENS	smartens; -
MARTIAL	-; -

MARTIAN	-; martians
MARTIN	-; marting, martini, martins
MARTING	smarting; -
MARTINI	-; martinis
MARTLET	-; martlets
MARTS	smarts; -
MARTYR	-; martyrs, martyry
MARTYRY	-; -
MARVEL	-; marvels
MARVY	-; -
MAS	amas; masa, mash, mask, mass, mast
MASA	-; masas
MASALA	-. masalas
MASCARA	-; mascaras
MASCON	-; mascons
MASCOT	-; mascots
MASER	-; masers
MASH	smash; mashy
MASHED	smashed; -
MASHER	smasher; mashers
MASHERS	smashers; -
MASHES	smashes; -
MASHIE	-; mashies
MASHING	smashing; -
MASJID	-; masjids
MASK	-; masks
MASKED	-; -
MASKEG	-; maskegs
MASKER	-; maskers
MASKING	-; maskings
MASON	-; masons
MASONED	-; -
MASONIC	-; -
MASONRY	-; -
MASQUE	-; masquer, masques
MASQUER	-; masquers
MASS	amass; massa, masse, massy
MASSA	-; massas
MASSAGE	-; massaged, massager, massages
MASSE	-; massed, masses
MASSED	amassed; -
MASSES	amasses; -
MASSEUR	-; masseurs
MASSIER	-; -
MASSIF	-; massifs
MASSING	amassing; -
MASSIVE	-; -
MAST	-; masts
MASTABA	-; mastabah, mastabas
MASTED	-; -
MASTER	-; masters, mastery
MASTIC	-; mastics
MASTIFF	-; mastiffs
MASTING	-; -
MASTIX	-; -
MASTOID	-; mastoids
MAT	-; mate, math, mats, matt
MATADOR	-; matadors
MATCH	-; -
MATCHED	-; -
MATCHER	-; matchers
MATCHES	-; -
MATCHUP	-; matchups
MATE	-; mated, mater, mates, matey

MATELOT	-; matelote, matelots
MATER	-; maters
MATEY	-; mateys
MATH	-; maths
MATILDA	-; matildas
MATIN	-; mating, matins
MATINAL	-; -
MATINEE	-; matinees
MATING	-; matings
MATLESS	-; -
MATRASS	-; -
MATRES	-; -
MATRIX	-; -
MATRON	-; matrons
MATSAH	-; matsahs
MATT	-; matte, matts
MATTE	-; matted, matter, mattes
MATTER	smatter; matters, mattery
MATTERS	smatters; -
MATTIN	-; matting, mattins
MATTING	-; mattings
MATTOCK	-; mattocks
MATTOID	-; mattoids
MATURE	-; matured, maturer, matures
MATURES	-; maturest
MATZA	-; matzah, matzas
MATZAH	-; matzahs
MATZO	-; matzoh, matzos, matzot
MATZOH	-; matzohs
MATZOON	-; matzoons
MATZOT	-; matzoth
MAUD	-; mauds
MAUDLIN	-; -
MAUGER	-; -
MAUGRE	-; -
MAUL	-; mauls
MAULED	-; -
MAULER	-; maulers
MAULING	-; -
MAUMET	-; maumets
MAUN	-; maund
MAUND	-; maunds, maundy
MAUNDER	-; maunders
MAUSIER	-; -
MAUSY	-; -
MAUT	-; mauts
MAUVE	-; mauves
MAUZY	-; –
MAVEN	-; mavens
MAVIE	-; mavies
MAVIN	-; mavins
MAVIS	-; -
MAVISES	-; -
MAW	-; mawn, maws
MAWED	-; -
MAWING	-; -
MAWKISH	-; -
MAX	-; maxi
MAXI	-; maxim, maxis
MAXILLA	-; maxillae, maxillas
MAXIM	-; maxima, maxims
MAXIMA	-; maximal
MAXIMAL	-; maximals
MAXIMIN	-; maximins
MAXIMUM	-; maximums

MAXIXE	-; maxixes
MAXWELL	-; maxwells
MAY	-; maya, mayo, mays
MAYA	-; mayan, mayas
MAYBE	-; maybes
MAYBIRD	-; maybirds
MAYBUSH	-; -
MAYDAY	-; maydays
MAYED	-; -
MAYEST	-; -
MAYFLY	-; -
MAYHAP	-; -
MAYHEM	-; mayhems
MAYING	-; mayings
MAYO	-; mayor, mayos
MAYOR	-; mayors
MAYORAL	-; -
MAYPOLE	-; maypoles
MAYPOP	-; maypops
MAYS	-; mayst
MAYVIN	-; mayvins
MAYWEED	-; mayweeds
MAZARD	-; mazards
MAZE	amaze, smaze; mazed, mazer, mazes
MAZED	amazed; -
MAZEDLY	amazedly; -
MAZER	-; mazers
MAZES	amazes, smazes; -
MAZIER	-; -
MAZIEST	-; -
MAZILY	-; -
MAZING	amazing; -
MAZUMA	-; mazumas
MAZURKA	-; mazurkas
MAZY	-; -
MAZZARD	-; mazzards
MBIRA	-; mbiras
ME	eme; med, mel, mem, men, met
MEAD	-; meads
MEADOW	-; meadows, meadowy
MEAGER	-; -
MEAGRE	-; -
MEAL	-; meals, mealy
MEALIE	-; mealier, mealies
MEALIES	-; mealiest
MEAN	-; means, meant, meany
MEANDER	-; meanders
MEANER	-; meaners
MEANEST	-; -
MEANIE	-; meanies
MEANING	-; meanings
MEANLY	-; -
MEASLE	-; measled, measles
MEASLY	-; -
MEASURE	-; measured, measurer, measures
MEAT	-; meats, meaty
MEATAL	-; -
MEATIER	-; -
MEATILY	-; -
MEATUS	-; -
MECCA	-; meccas
MECHOUI	-; mechouis
MED	-; -
MEDAKA	-; medakas
MEDAL	-; medals
MEDALED	-; -

MEDDLE	-; meddled, meddler, meddles
MEDEVAC	-; medevacs
MEDFLY	-; -
MEDIA	-; mediad, mediae, medial, median, medias
MEDIACY	-; -
MEDIAD	- -
MEDIAL	-; medials
MEDIAN	-; medians, mediant
MEDIATE	-; mediated, mediates
MEDIC	-; medics
MEDICAL	-; medicals
MEDICK	-; medicks
MEDICO	-; medicos
MEDII	-; -
MEDINA	-; medinas
MEDIUM	-; mediums
MEDIUS	-; -
MEDIVAC	-; medivacs
MEDLAR	-; medlars
MEDLEY	-; medleys
MEDULLA	-; medullae, medullar, medullas
MEDUSA	-; medusae, medusal, medusan, medusas
MEDUSAN	-; medusans
MEED	-; meeds
MEEK	smeek; -
MEEKER	-; -
MEEKEST	-; -
MEEKLY	-; -
MEET	-; meets
MEETER	-; meeters
MEETING	-; meetings
MEETLY	-; -
MEG	-; mega, megs
MEGABAR	-; megabars
MEGABIT	-; megabits
MEGAPOD	-; megapode
MEGARA	-; -
MEGARON	-; megarons
MEGASS	-; megasse
MEGASSE	-; megasses
MEGATON	-; megatons
MEGILLA	-; megillah, megillas
MEGILP	-; megilph, megilps
MEGLIPH	-; megliphs
MEGOHM	-; megohms
MEGRIM	-; megrims
MEHNDI	-; mehndis
MEIKLE	-; -
MEINIE	-; meinies
MEINY	-; -
MEIOSES	-; -
MEIOSIS	-; -
MEIOTIC	-; -
MEISTER	-; meisters
MEL	-; meld, mell, mels, melt
MELAMED	-; -
MELANGE	-; melanges
MELANIC	-; melanics
MELANIN	-; melanins
MELD	-; melds
MELDED	-; -
MELDER	-; melders
MELDING	-; -
MELEE	-; melees

MELENA	-; melenas
MELIC	-; -
MELILOT	-; melilots
MELISMA	-; melismas
MELL	smell; mells
MELLED	smelled; -
MELLING	smelling; -
MELLOW	-; mellows
MELLS	smells; -
MELODIA	-; melodias
MELODIC	-; -
MELODY	-; -
MELOID	-; meloids
MELON	-; melons
MELT	smelt; melts, melty
MELTAGE	-; meltages
MELTED	smelted; -
MELTER	smelter; melters
MELTERS	smelters; -
MELTING	smelting; -
MELTON	-; meltons
MELTS	smelts; -
MELTY	-; -
MEM	-; meme, memo, mems
MEMBER	-; members
MEME	-; memes
MEMENTO	-; mementos
MEMO	-; memos
MEMOIR	-; memoirs
MEMORY	-; -
MEN	amen, omen; mend, meno, menu
MENACE	-; menaced, menacer, menaces
MENACER	-; menacers
MENAD	-; menads
MENAGE	-; menages
MENAZON	-; menazons
MEND	amend, emend; mends
MENDED	amended, emended; -
MENDER	amender, emender; menders
MENDERS	amenders, emenders; -
MENDIGO	-; mendigos
MENDING	amending, emending; mendings
MENDS	amends, emends; -
MENFOLK	-; menfolks
MENHIR	-; menhirs
MENIAL	-; menials
MENINX	-; -
MENO	-; -
MENORAH	-; menorahs
MENSA	-; mensae, mensal, mensas
MENSCH	-; -
MENSE	-; mensed, menses
MENSH	-; -
MENSHES	-; -
MENSING	-; -
MENTA	-; mental
MENTEE	-; mentees
MENTHOL	-; menthols
MENTION	-; mentions
MENTO	-; mentor, mentos
MENTOR	-; mentors

MENTUM omentum; -
MENU -; menus
MENUDO -; menudos
MEOU -; meous
MEOUED -; -
MEOUING -; -
MEOW -; meows
MEOWED -; -
MEOWING -; -
MERC -; mercs
MERCADO -; mercados
MERCER amercer; mercers, mercery
MERCERS amercers; -
MERCH -; -
MERCHES -; -
MERCIES -; -
MERCURY -; -
MERCY -; -
MERDE -; merdes
MERE -; merer, meres
MERELY -; -
MERES -; merest
MERGE emerge; merged, merger
MERGED emerged; -
MERGER -; mergers
MERGES emerges; -
MERGING emerging; -
MERINO -; merinos
MERISES -; -
MERISIS -; -
MERIT -; merits
MERITED -; -
MERK smerk; merks
MERKS smerks; -
MERL -; merle, merls
MERLE -; merles
MERLIN -; merlins
MERLON -; merlons
MERLOT -; merlots
MERMAID -; mermaids
MERMAN -; -
MERMEN -; -
MERONYM -; meronyms, meronymy
MEROPIA -; meropias
MEROPIC -; -
MERRIER -; -
MERRILY -; -
MERRY -; -
MESA -; mesas
MESALLY -; -
MESARCH -; -
MESCAL -; mescals
MESCLUN -; mescluns
MESEEMS -; -
MESH -; meshy
MESHED -; -
MESHES -; -
MESHIER -; -
MESHING -; -
MESHUGA -; meshugah
MESIAL -; -
MESIAN -; -
MESIC -; -
MESNE -; -
MESON -; mesons
MESONIC -; -
MESQUIT -; mesquite, mesquits
MESS -; messy
MESSAGE -; messages
MESSAN -; messans
MESSED -; -
MESSES -; -
MESSIAH -; messiahs
MESSIER -; -

MESSILY -; -
MESSING -; -
MESSMAN -; -
MESSMEN -; -
MESTEE -; mestees
MESTESO -; mestesos
MESTINO -; mestinos
MESTIZA -; mestizas
MESTIZO -; mestizos
MET -; meta, mete, meth
META -; metal
METAGE -; metages
METAL -; metals
METALED -; -
METAMER -; metamere, metamers
METATAG -; metatags
METATE -; metates
METE -; meted, meter, metes
METEOR -; meteors
METEPA -; metepas
METER -; meters
METERED -; -
METH -; meths
METHANE -; methanes
METHOD -; methods
METHOXY -; methoxyl
METHYL -; methyls
METICA -; metical, meticas
METICAL -; meticals
METIER -; metiers
METING -; -
METIS -; -
METISSE -; metisses
METOL -; metols
METONYM -; metonyms, metonymy
METOPAE -; -
METOPE -; metopes
METOPIC -; -
METOPON -; metopons
METRE -; metred, metres
METRIC -; metrics
METRIFY -; -
METRING -; -
METRIST -; metrists
METRO -; metros
METTLE -; mettled, mettles
METUMP -; metumps
MEW smew; mewl, mews
MEWED -; -
MEWING -; -
MEWL -; mewls
MEWLED -; -
MEWLER -; mewlers
MEWLING -; -
MEWS smews; -
MEZCAL -; mezcals
MEZE -; mezes
MEZQUIT -; mezquite, mezquits
MEZUZA -; mezuzah, mezuzas
MEZUZAH -; mezuzahs
MEZUZOT -; mezuzoth
MEZZO -; mezzos
MHO -; mhos
MI ami; mib, mid, mig, mil, mim, mir, mis, mix
MIAOU -; miaous
MIAOUED -; -
MIAOW -; miaows
MIAOWED -; -

MIASM	-; miasma, miasms
MIASMA	-; miasmal, miasmas
MIASMIC	-; -
MIAUL	-; miauls
MIAULED	-; -
MIB	-; mibs
MIC	-; mica, mics
MICA	-; micas
MICE	amice; -
MICELL	-; micella, micelle, micells
MICELLA	-; micellae, micellar
MICELLE	-; micelles
MICHE	-; miched, miches
MICHING	-; -
MICK	-; micks
MICKEY	-; mickeys
MICKLE	-; mickler, mickles
MICKLES	-; micklest
MICRA	-; -
MICRIFY	-; -
MICRO	-; micron
MICROBE	-; microbes
MICROHM	-; microhms
MICRON	omicron; microns
MICRONS	omicrons; -
MID	amid, imid; midi, mids
MIDAIR	-; midairs
MIDCAP	-; -
MIDCULT	-; midcults
MIDDAY	-; middays
MIDDEN	-; middens
MIDDIES	-; -
MIDDLE	-; middled, middler, middles
MIDDLER	-; middlers
MIDDY	-; -
MIDGE	-; midges, midget
MIDGET	-; midgets
MIDGUT	-; midguts
MIDI	-; midis
MIDIRON	-; midirons
MIDLAND	-; midlands
MIDLEG	-; midlegs
MIDLIFE	-; midlifer
MIDLINE	-; midlines
MIDLIST	-; midlists
MIDMOST	-; midmosts
MIDNOON	-; midnoons
MIDRASH	-; -
MIDRIB	-; midribs
MIDRIFF	-; midriffs
MIDS	amids, imids; -
MIDSHIP	amidship; midships
MIDSIZE	-; -
MIDSOLE	-; midsoles
MIDST	amidst; midsts
MIDTERM	-; midterms
MIDTOWN	-; midtowns
MIDWAY	-; midways
MIDWEEK	-; midweeks
MIDWIFE	-; midwifed, midwifes
MIDYEAR	-; midyears
MIEN	-; miens
MIFF	-; miffs, miffy
MIFFED	-; -
MIFFIER	-; -
MIFFING	-; -
MIFFY	-; -

MIG -; migg, migs
MIGAWD -; -
MIGG -; miggs
MIGGLE -; miggles
MIGHT -; mights, mighty
MIGNON -; mignons
MIGRANT emigrant; migrants
MIGRATE emigrate; migrated, migrates
MIHRAB -; mihrabs
MIKADO -; mikados
MIKE -; miked, mikes
MIKING -; -
MIKRA -; -
MIKRON omikron; mikrons
MIKRONS omikrons; -
MIKVAH -; mikvahs
MIKVEH -; mikvehs
MIKVOTH -; -
MIL -; mild, mile, milk, mill, milo, mils, milt
MILADI -; miladis
MILADY -; -
MILAGE -; milages
MILCH -; -
MILCHIG -; -
MILD -; milds
MILDED -; -
MILDEN -; mildens
MILDER -; -
MILDEST -; -
MILDEW -; mildews, mildewy
MILDING -; -
MILDLY -; -
MILE smile; miler, miles
MILEAGE -; mileages
MILER smiler; milers
MILERS smilers; -
MILES smiles; -
MILFOIL -; milfoils
MILIA -; -
MILIARY -; -
MILIEU -; milieus, milieux
MILITIA -; militias
MILIUM -; -
MILK -; milks, milky
MILKED -; -
MILKER -; milkers
MILKIER -; -
MILKILY -; -
MILKING -; -
MILKMAN -; -
MILKMEN -; -
MILKSOP -; milksops
MILL -; mille, mills
MILLAGE -; millages
MILLDAM -; milldams
MILLE -; milled, miller, milles, millet
MILLER -; millers
MILLET -; millets
MILLIER -; milliers
MILLIME -; millimes
MILLINE -; millines
MILLING -; millings
MILLION -; millions
MILLRUN -; millruns
MILNEB -; milnebs
MILO -; milos
MILORD -; milords
MILPA -; milpas
MILREIS -; -

MILT	-; milts, milty
MILTED	-; -
MILTER	-; milters
MILTIER	-; -
MILTING	-; -
MIM	-; mime
MIMBAR	-; mimbars
MIME	-; mimed, mimeo, mimer, mimes
MIMEO	-; mimeos
MIMEOED	-; -
MIMER	-; mimers
MIMESES	-; -
MIMESIS	-; -
MIMETIC	-; -
MIMIC	-; mimics
MIMICAL	-; -
MIMICRY	-; -
MIMING	-; -
MIMOSA	-; mimosas
MINA	-; minae, minas
MINABLE	-; -
MINAE	-; -
MINARET	-; minarets
MINBAR	-; minbars
MINCE	-; minced, mincer, minces
MINCER	-; mincers
MINCIER	-; -
MINCING	-; -
MINCY	-; -
MIND	-; -
MINDED	-; -
MINDER	-; minders
MINDFUL	-; -
MINDING	-; -
MINDSET	-; mindsets
MINE	amine, imine; mined, miner, mines
MINER	-; miners
MINERAL	-; minerals
MINES	amines, imines; -
MINGIER	-; -
MINGLE	-; mingled, mingler, mingles
MINGLER	-; minglers
MINGY	-; -
MINI	-; minim, minis
MINIBAR	-; minibars
MINIBUS	-; -
MINICAB	-; minicabs
MINICAM	-; minicams
MINICAR	-; minicars
MINIFY	-; -
MINIKIN	-; minikins
MINILAB	-; minilabs
MINIM	-; minima, minims
MINIMA	-; minimal, minimax
MINIMAL	-; minimals
MINIMAX	-; -
MINIMUM	-; minimums
MINING	-; minings
MINION	-; minions
MINISH	-; -
MINISKI	-; miniskis
MINIUM	-; miniums
MINIVAN	-; minivans
MINIVER	-; minivers
MINK	-; minke, minks
MINKE	-; minkes
MINNIES	-; -
MINNOW	-; minnows

MINNY	-; -
MINOR	-; minors
MINORCA	-; minorcas
MINSTER	-; minsters
MINT	-; mints, minty
MINTAGE	-; mintages
MINTED	-; -
MINTER	-; minters
MINTIER	-; -
MINTING	-; -
MINUEND	-; minuends
MINUET	-; minuets
MINUS	-; -
MINUSES	-; -
MINUTE	-; minuted, minuter, minutes
MINUTES	-; minutest
MINUTIA	-; minutiae, minutial
MINX	-; -
MINXES	-; -
MINXISH	-; -
MINYAN	-; minyans
MIOSES	-; -
MIOSIS	-; -
MIOTIC	-; miotics
MIR	amir, emir; mire, miri, mirk, mirs, miry
MIRACLE	-; miracles
MIRADOR	-; miradors
MIRAGE	-; mirages
MIRE	-; mired, mires, mirex
MIREX	-; -
MIREXES	-; -
MIRI	-; mirid, mirin
MIRIER	-; -
MIRIEST	-; -
MIRIN	-; miring, mirins
MIRING	-; -
MIRK	smirk; mirks, mirky
MIRKIER	smirkier; -
MIRKILY	-; -
MIRKS	smirks; -
MIRKY	smirky; -
MIRROR	-; mirrors
MIRS	amirs, emirs; -
MIRTH	-; mirths
MIRY	-; -
MIRZA	-; mirzas
MIS	amis; mise, miso, miss, mist
MISACT	-; misacts
MISADD	-; misadds
MISAIM	-; misaims
MISALLY	-; -
MISATE	-; -
MISAVER	-; misavers
MISBIAS	-; -
MISBILL	-; misbills
MISBIND	-; misbinds
MISCALL	-; miscalls
MISCAST	-; miscasts
MISCITE	-; miscited, miscites
MISCODE	-; miscoded, miscodes
MISCOIN	-; miscoins
MISCOOK	-; miscooks
MISCOPY	-; -
MISCUE	-; miscued, miscues
MISCUT	-; miscuts
MISDATE	-; misdated, misdates

MISDEAL	-; misdeals, misdealt
MISDEED	-; misdeeds
MISDEEM	-; misdeems
MISDIAL	-; misdials
MISDID	-; -
MISDO	-; -
MISDOER	-; misdoers
MISDOES	-; -
MISDONE	-; -
MISDRAW	-; misdrawn, misdraws
MISE	-; miser, mises
MISEASE	-; miseases
MISEAT	-; miseats
MISEDIT	-; misedits
MISER	-; misers, misery
MISERLY	-; -
MISFED	-; -
MISFEED	-; -
MISFILE	-; misfiled, misfiles
MISFIRE	-; misfired, misfires
MISFIT	-; misfits
MISFOLD	-; misfolds
MISFORM	-; misforms
MISGAVE	-; -
MISGIVE	-; misgiven, misgives
MISGROW	-; misgrown, misgrows
MISHAP	-; mishaps
MISHEAR	-; misheard, mishears
MISHIT	-; mishits
MISJOIN	-; misjoins
MISKAL	-; miskals
MISKEEP	-; miskeeps
MISKEPT	-; -
MISKEY	-; miskeys
MISKICK	-; miskicks
MISKNEW	-; -
MISKNOW	-; misknown, misknows
MISLAID	-; -
MISLAIN	-; -
MISLAY	-; mislays
MISLEAD	-; misleads
MISLED	-; -
MISLIE	-; mislies
MISLIKE	-; misliked, misliker, mislikes
MISLIT	-; -
MISLIVE	-; mislived, mislives
MISMADE	-; -
MISMAKE	-; mismakes
MISMARK	-; mismarks
MISMATE	-; mismated, mismates
MISMEET	-; mismeets
MISMET	-; -
MISMOVE	-; mismoved, mismoves
MISNAME	-; misnamed, misnames
MISO	-; misos
MISPAGE	-; mispaged, mispages
MISPART	-; misparts
MISPEN	-; mispens
MISPLAN	-; misplans, misplant
MISPLAY	-; misplays
MISRATE	-; misrated, misrates
MISREAD	-; misreads

MISRELY	-; -
MISRULE	-; misruled, misrules
MISS	amiss; missy
MISSAID	-; -
MISSAL	-; missals
MISSAY	-; missays
MISSEAT	-; misseats
MISSED	-; -
MISSEL	-; missels
MISSEND	-; missends
MISSES	-; -
MISSET	-; missets
MISSHOD	-; -
MISSIES	-; -
MISSILE	-; missiles
MISSING	-; -
MISSION	emission, omission; missions
MISSIS	-; -
MISSIVE	omissive; missives
MISSORT	-; missorts
MISSOUT	-; missouts
MISSTEP	-; missteps
MISSTOP	-; misstops
MISSUIT	-; missuits
MISSUS	-; -
MISSY	-; -
MIST	-; mists, misty
MISTAKE	-; mistaken, mistaker, mistakes
MISTBOW	-; mistbows
MISTED	-; -
MISTEND	-; mistends
MISTER	-; misterm, misters
MISTERM	-; misterms
MISTEUK	-; -
MISTIER	-; -
MISTILY	-; -
MISTIME	-; mistimed, mistimes
MISTING	-; -
MISTOOK	-; -
MISTRAL	-; mistrals
MISTUNE	-; mistuned, mistunes
MISTY	-; -
MISTYPE	-; mistyped, mistypes
MISUSE	-; misused, misuser, misuses
MISUSER	-; misusers
MISWORD	-; miswords
MISYOKE	-; misyoked, misyokes
MITE	smite; miter, mites
MITER	smiter; miters
MITERED	-; -
MITERER	-; miterers
MITERS	smiters; -
MITES	smites; -
MITHER	-; mithers
MITIER	-; -
MITIEST	-; -
MITIS	-; -
MITISES	-; -
MITOGEN	-; mitogens
MITOSES	amitoses; -
MITOSIS	amitosis; -
MITOTIC	amitotic; -
MITRAL	-; -
MITRE	-; mitred, mitres
MITSVAH	-; mitsvahs
MITT	-; mitts

MITTEN	smitten; mittens
MITY	amity; -
MITZVAH	-; mitzvahs
MIX	-; mixt
MIXABLE	-; -
MIXED	-; -
MIXER	-; mixers
MIXES	-; -
MIXIBLE	-; -
MIXING	-; -
MIXTURE	-; mixtures
MIXUP	-; mixups
MIZEN	-; mizens
MIZUNA	-; mizunas
MIZZEN	-; mizzens
MIZZLE	-; mizzled, mizzles
MIZZLY	-; -
MM	hmm, umm; -
MO	-; moa, mos
MOA	-; moan, moas, moat
MOAN	-; moans
MOANED	-; -
MOANER	-; moaners
MOANFUL	-; -
MOANING	-; -
MOAT	-; moats
MOATED	-; -
MOATING	-; -
MOB	-; mobs
MOBBED	-; -
MOBBER	-; mobbers
MOBBING	-; -
MOBBISH	-; -
MOBCAP	-; mobcaps
MOBILE	-; mobiles
MOBLED	-; -
MOBSTER	-; mobsters
MOC	-; mock, mocs
MOCHA	-; mochas
MOCHI	-; mochis
MOCHILA	-; mochilas
MOCK	smock; mocks
MOCKED	smocked; -
MOCKER	-; mockers, mockery
MOCKING	smocking; -
MOCKS	smocks; -
MOCKUP	-; mockups
MOD	-; mode, modi, mods
MODAL	-; -
MODALLY	-; -
MODE	-; model, modem, modes
MODEL	-; models
MODELED	-; -
MODELER	-; modelers
MODEM	-; modems
MODERN	-; moderne, moderns
MODES	-; modest
MODEST	-; modesty
MODI	-; -
MODICA	-; -
MODICUM	-; modicums
MODIFY	-; -
MODISH	-; -
MODISTE	-; modistes
MODULAR	-; -
MODULE	-; modules
MODULI	-; -
MODULO	-; -
MODULUS	-; -
MODUS	-; -
MOFETTE	-; mofettes
MOG	smog; mogs
MOGGED	-; -

MOGGIE	-; moggies
MOGGING	-; -
MOGS	smogs; -
MOGUL	-; moguls
MOHAIR	-; mohairs
MOHALIM	-; -
MOHAWK	-; mohawks
MOHEL	-; mohels
MOHUR	-; mohurs
MOIDORE	-; moidores
MOIETY	-; -
MOIL	-; moils
MOILED	-; -
MOILER	-; moilers
MOILING	-; -
MOIRA	-; moirai
MOIRE	-; moires
MOIST	-; -
MOISTEN	-; moistens
MOISTER	-; -
MOISTLY	-; -
MOJARRA	-; mojarras
MOJITO	-; mojitos
MOJO	-; mojos
MOKE	smoke; mokes
MOKES	smokes; -
MOKSHA	-; mokshas
MOL	-; mola, mold, mole, moll, mols, molt, moly
MOLA	-; molal, molar, molas
MOLAR	-; molars
MOLD	-; molds, moldy
MOLDED	-; -
MOLDER	smolder; molders
MOLDERS	smolders; -
MOLDIER	-; -
MOLDING	-; moldings
MOLDY	-; -
MOLE	amole; moles
MOLES	amoles; molest
MOLEST	-; molests
MOLIES	-; -
MOLINE	-; -
MOLL	-; molls, molly
MOLLAH	-; mollahs
MOLLIE	-; mollies
MOLLIFY	-; -
MOLLUSC	-; molluscs
MOLLUSK	-; mollusks
MOLOCH	-; molochs
MOLT	smolt; molto, molts
MOLTED	-; -
MOLTEN	-; -
MOLTER	-; molters
MOLTING	-; -
MOLTO	-; -
MOLTS	smolts; -
MOLY	-; -
MOM	-; mome, momi, moms
MOME	-; momes
MOMENT	-; momenta, momento, moments
MOMENTO	-; momentos
MOMI	-; -
MOMISM	-; momisms
MOMMA	-; mommas
MOMMIES	-; -
MOMMY	-; -
MOMSER	-; momsers
MOMUS	-; -
MOMUSES	-; -
MOMZER	-; momzers

MON -; monk, mono, mons, mony
MONACID -; monacids
MONAD -; monads
MONADAL -; -
MONADES -; -
MONADIC -; -
MONARCH -; monarchs, monarchy
MONARDA -; monardas
MONAS -; -
MONDE -; mondes
MONDO -; mondos
MONEY -; moneys
MONEYED -; -
MONEYER -; moneyers
MONGER -; mongers
MONGO -; mongoe, mongol, mongos
MONGOE -; mongoes
MONGOL -; mongols
MONGREL -; mongrels
MONGST amongst; -
MONIC -; -
MONIE -; monied, monies
MONIKER -; monikers
MONILIA - moniliae
MONISH -; -
MONISM -; monisms
MONIST -; monists
MONITOR -; monitors, monitory
MONK -; monks
MONKERY -; -
MONKEY -; monkeys
MONKISH -; -
MONO -; monos
MONOCLE -; monocled, monocles
MONOCOT -; monocots
MONODIC -; -
MONODY -; -
MONOECY -; -
MONOFIL -; monofils
MONOLOG -; monologs, monology
MONOMER -; monomers
MONS -; -
MONSOON -; monsoons
MONSTER -; monsters
MONTAGE -; montaged, montages
MONTANE -; montanes
MONTE -; montes
MONTERO -; -
MONTH -; months
MONTHLY -; -
MONURON -; monurons
MONY -; -
MOO -; mood, mool, moon, moor, moos, moot
MOOCH smooch; -
MOOCHED smooched; -
MOOCHER -; moochers
MOOCHES smooches; -
MOOD -; moods, moody
MOODIER -; -
MOODILY -; -
MOOED -; -
MOOING -; -
MOOL -; moola, mools
MOOLA -; moolah, moolas

MOOLAH -; moolahs
MOOLEY -; mooleys
MOON -; moons, moony
MOONBOW -; moonbows
MOONED -; -
MOONER -; mooners
MOONEYE -; mooneyes
MOONIER -; -
MOONILY -; -
MOONING -; -
MOONISH -; -
MOONLET -; moonlets
MOONLIT -; -
MOONSET -; moonsets
MOONY -; -
MOOR -; moors, moory
MOORAGE -; moorages
MOORED -; -
MOORHEN -; moorhens
MOORIER -; -
MOORING -; moorings
MOORISH -; -
MOOSE -; -
MOOT -; moots
MOOTED -; -
MOOTER -; mooters
MOOTING -; -
MOP -; mope, mops, mopy
MOPE -; moped, moper, mopes, mopey
MOPED -; mopeds
MOPER -; mopers, mopery
MOPIER -; -
MOPIEST -; -
MOPING -; -
MOPISH -; -
MOPOKE -; mopokes
MOPPED -; -
MOPPER -; moppers
MOPPET -; moppets
MOPPING -; -
MOPY -; -
MOR -; mora, more, morn, mors, mort
MORA -; morae, moral, moras, moray
MORAINE -; moraines
MORAL amoral; morale, morals
MORALE -; morales
MORALLY amorally; -
MORASS -; morassy
MORAY -; morays
MORBID -; -
MORCEAU -; morceaux
MORDANT -; mordants
MORDENT -; mordents
MORE -; morel, mores
MOREEN -; moreens
MOREISHI -; -
MOREL -; morels
MORELLE -; morelles
MORELLO -; morellos
MORGAN -; morgans
MORGEN -; morgens
MORGUE -; morgues
MORION -; morions
MORISH -; -
MORN -; morns
MORNAY -; mornays
MORNING -; mornings

MOROCCO	-; moroccos
MORON	-; morons
MORONIC	-; -
MOROSE	-; -
MORPH	-; morphs
MORPHED	-; -
MORPHIA	-; morphias
MORPHIC	-; -
MORPHIN	-; morphine, morphins
MORPHO	-; morphos
MORRION	-; morrions
MORRIS	-; -
MORRO	-; morros, morrow
MORROW	-; morrows
MORSE	-; morsel
MORSEL	-; morsels
MORT	amort; morts
MORTAL	-; mortals
MORTAR	-; mortars, mortary
MORTICE	-; morticed, mortices
MORTIFY	-; -
MORTISE	amortise; mortised, mortiser, mortises
MORULA	-; morulae, morular, morulas
MOS	-; moss, most
MOSAIC	-; mosaics
MOSELLE	- moselles
MOSEY	-; moseys
MOSEYED	-; -
MOSH	-; -
MOSHAV	-; -
MOSHED	-, -
MOSHER	-; moshers
MOSHES	-; -
MOSHING	-; moshings
MOSK	-; mosks
MOSQUE	-; mosques
MOSS	-; mosso, mossy
MOSSED	-; -
MOSSER	-; mossers
MOSSES	-; -
MOSSIER	-; -
MOSSING	-; -
MOSSO	-; -
MOST	-; moste, mosts
MOSTEST	-; mostests
MOSTLY	-; -
MOT	-; mote, moth, mots, mott
MOTE	emote, smote; motel, motes, motey
MOTEL	-; motels
MOTES	emotes; -
MOTET	-; motets
MOTEY	-; -
MOTH	-; moths, mothy
MOTHER	smother; mothers, mothery
MOTHERS	smothers; -
MOTHERY	smothery; -
MOTHIER	-; -
MOTIF	-; motifs
MOTIFIC	-;
MOTILE	-; motiles
MOTION	amotion, emotion; motions
MOTIONS	amotions, emotions; -

MOTIVE emotive; motived, motives
MOTIVIC -; -
MOTLEY -; motleys
MOTLIER -; -
MOTMOT -; motmots
MOTOR -; motors
MOTORED -; -
MOTORIC -; -
MOTT -; motte, motto, motts
MOTTE -; mottes
MOTTLE -; mottled, mottler, mottles
MOTTLER -; mottlers
MOTTO -; mottos
MOTTOES -; -
MOUCH -; -
MOUCHED -; -
MOUCHES -; -
MOUE -; moues
MOUFLON -; mouflons
MOUILLE -; -
MOUJIK -; moujiks
MOULAGE -; moulages
MOULD -; moulds, mouldy
MOULDED -; -
MOULDER smoulder; moulders
MOULIN -; moulins
MOULT -; moults
MOULTED -; -
MOULTER -; moulters
MOUND -; mounds
MOUNDED -; -
MOUNT amount; mounts
MOUNTED amounted; -
MOUNTER -; mounters
MOUNTS amounts; -
MOURN -; mourns
MOURNED -; -
MOURNER -; mourners
MOUSAKA -; mousakas
MOUSE -; moused, mouser, mouses, mousey
MOUSER -; mousers
MOUSIER -; -
MOUSILY -; -
MOUSING -; mousings
MOUSSE -; mousses
MOUSY -; -
MOUTH -; mouths, mouthy
MOUTHED -; -
MOUTHER -; mouthers
MOUTON -; moutons
MOVABLE -; movables
MOVABLY -; -
MOVANT -; movants
MOVE -; moved, mover, moves
MOVER -; movers
MOVIE -; movies
MOVING -; -
MOVIOLA -; moviolas
MOW -; mown, mows
MOWED -; -
MOWER -; mowers
MOWING -; -
MOXA -; moxaz
MOXIE -; moxies
MOZETTA -; mozettas
MOZETTE -; -
MOZO -; mozos

MU	amu, emu; mud, mug, mum, mun, mus, mut
MUCH	-; mucho
MUCHES	-; -
MUCHLY	-; -
MUCHO	-; -
MUCID	-; -
MUCIN	-; mucins
MUCK	amuck; mucks, mucky
MUCKED	-; -
MUCKER	-; muckers
MUCKIER	-; -
MUCKILY	-; -
MUCKING	-; -
MUCKLE	-; muckles
MUCKS	amucks; -
MUCLUC	-; muclucs
MUCOID	-; mucoids
MUCOR	-; mucors
MUCOSA	-; mucosae, mucosal, mucosas
MUCOSE	-; -
MUCOUS	-; -
MUCRO	-; -
MUCUS	-; -
MUCUSES	-; -
MUD	-; muds
MUDBUG	-; mudbugs
MUDCAP	-; mudcaps
MUDCAT	-; mudcats
MUDDED	-; -
MUDDER	-; mudders
MUDDIED	-; -
MUDDIER	-; -
MUDDIES	-; muddiest
MUDDILY	-; -

MUDDING	-; -
MUDDLE	-; muddled, muddler, muddles
MUDDLER	-; muddlers
MUDDLY	-; -
MUDDY	-; -
MUDFISH	-; -
MUDFLAP	-; mudflaps
MUDFLAT	-; mudflats
MUDFLOW	-; mudflows
MUDHEN	-; mudhens
MUDHOLE	-; mudholes
MUDLARK	-; mudlarks
MUDPACK	-; mudpacks
MUDPIE	-; mudpies
MUDRA	-; mudras
MUDROCK	-; mudrocks
MUDROOM	-; mudrooms
MUDSILL	-; mudsills
MUEDDIN	-; mueddins
MUESLI	-; mueslis
MUEZZIN	-; muezzins
MUFF	-; muffs
MUFFED	-; -
MUFFIN	-; muffing, muffins
MUFFLE	-; muffled, muffler, muffles
MUFFLER	-; mufflers
MUFTI	-; muftis
MUG	smug; mugg, mugs
MUGFUL	-; mugfuls
MUGG	-; muggs, muggy
MUGGAR	-; muggars
MUGGED	-; -
MUGGEE	-; muggees

MUGGER	smugger; muggers
MUGGIER	-; -
MUGGILY	-; -
MUGGING	-; -
MUGGINS	-; -
MUGGUR	-; muggurs
MUGHAL	-; mughals
MUGSHOT	-; mugshots
MUGWORT	-; mugworts
MUGWUMP	-; mugwumps
MUHLIES	-; -
MUHLY	-; -
MUJIK	-; mujiks
MUKLUK	-; mukluks
MUKTUK	-; muktuks
MULATTO	-; mulattos
MULCH	-; -
MULCHED	-; -
MULCHES	-; -
MULCT	-; mulcts
MULCTED	-; -
MULE	-; muled, mules, muley
MULETA	-; muletas
MULEY	-; muleys
MULIE	-; mulies
MULING	-; -
MULISH	-; -
MULL	-; mulla, mulls
MULLA	-; mullah, mullas
MULLAH	-; mullahs
MULLED	-; -
MULLEIN	-; mulleins
MULLEN	-; mullens
MULLER	-; mullers
MULLET	-; mullets
MULLEY	-; mulleys
MULLING	-; -
MULLION	-; mullions
MULLITE	-; mullites
MULLOCK	-; mullocks, mullocky
MULTURE	-; multures
MUM	-; mumm, mump, mums
MUMBLE	-; mumbled, mumbler, mumbles
MUMBLER	-; mumblers
MUMBLY	-; -
MUMM	-; mumms, mummy
MUMMED	-; -
MUMMER	-; mummers, mummery
MUMMIED	-; -
MUMMIES	-; -
MUMMIFY	-; -
MUMMING	-; -
MUMP	-; mumps
MUMPED	-; -
MUMPER	-; mumpers
MUMPING	-; -
MUMSY	-; -
MUMU	-; mumus
MUN	-; muni, muns
MUNCH	-; -
MUNCHED	-; -
MUNCHER	-; munchers
MUNCHES	-; -
MUNCHIE	-; munchies
MUNDANE	-; -
MUNG	-; mungo, mungs
MUNGO	-; mungos
MUNI	-; munis
MUNNION	-; munnions
MUNSTER	-; munsters

MUNTIN	-; munting, muntins
MUNTING	-; muntings
MUNTJAC	-; muntjacs
MUNTJAK	-; muntjaks
MUON	-; muons
MUONIC	-; -
MURA	-; mural, muras
MURAL	-; murals
MURDER	-; murders
MURE	-; mured, mures, murex
MUREIN	-; mureins
MUREX	-; -
MUREXES	-; -
MURIATE	-; muriated, muriates
MURICES	-; -
MURID	-; murids
MURINE	-; murines
MURING	-; -
MURK	-; murks, murky
MURKER	-; -
MURKEST	-; -
MURKIER	-; -
MURKILY	-; -
MURKLY	-; -
MURMUR	-; murmurs
MURPHY	-; -
MURR	-; murra, murre, murrs, murry
MURRA	-; murras
MURRAIN	-; murrains
MURRE	-; murres, murrey
MURREY	-; murreys
MURRHA	-; murrhas
MURRIES	-; -
MURRINE	-; -

MURTHER	-; murthers
MUS	amus, emus; muse, mush, musk, muss, must
MUSCA	-; muscae, muscat
MUSCAT	-; muscats
MUSCID	-; muscids
MUSCLE	-; muscled, muscles
MUSCLY	-; -
MUSE	amuse; mused, muser, muses
MUSED	amused; -
MUSEFUL	-; -
MUSER	amuser; musers
MUSERS	amusers; -
MUSES	amuses; -
MUSETTE	-; musettes
MUSEUM	-; museums
MUSH	-; mushy
MUSHED	-; -
MUSHER	-; mushers
MUSHES	-; -
MUSHIER	-; -
MUSHILY	-; -
MUSHING	-; -
MUSHRAT	-; mushrats
MUSIC	-; musics
MUSICAL	-; musicale, musicals
MUSICK	-; musicks
MUSING	amusing; musings
MUSJID	-; musjids
MUSK	-; musks, musky
MUSKEG	-; muskegs
MUSKET	-; muskets

MUSKIE -; muskier, muskies
MUSKIES -; muskiest
MUSKILY -; -
MUSKIT -; muskits
MUSKOX -; -
MUSKRAT -; muskrats
MUSLIN -; muslins
MUSO -; musos
MUSPIKE -; muspikes
MUSS -; mussy
MUSSED -; -
MUSSEL -; mussels
MUSSES -; -
MUSSIER -; -
MUSSILY -; -
MUSSING -; -
MUST -; musth, musts, musty
MUSTANG -; mustangs
MUSTARD -; mustards, mustardy
MUSTED -; -
MUSTEE -; mustees
MUSTER -; musters
MUSTH -; musths
MUSTIER -; -
MUSTILY -; -
MUSTING -; -
MUT smut; mute, muts, mutt
MUTABLE -; -
MUTABLY -; -
MUTAGEN -; mutagens
MUTANT -; mutants
MUTASE -; mutases
MUTATE -; mutated, mutates
MUTCH smutch; -
MUTCHES smutches;
MUTE -; muted, muter, mutes
MUTEDLY -; -
MUTELY -; -
MUTES -; mutest
MUTINE -; mutined, mutines
MUTING -; -
MUTINY -; -
MUTISM -; mutisms
MUTON -; mutons
MUTS smuts; -
MUTT -; mutts
MUTTER -; mutters
MUTTON -; muttons, muttony
MUTUAL -; -
MUTUEL -; mutuels
MUTULAR -; -
MUTULE -; mutules
MUUMUU -; muumuus
MUX -; -
MUXED -; -
MUXES -; -
MUXING -; -
MUZAK -; muzaks
MUZHIK -; muzhiks
MUZJIK -; muzjiks
MUZZIER -; -
MUZZILY -; -
MUZZLE -; muzzled, muzzler, muzzles
MUZZLER -; muzzlers
MUZZY -; -
MY -; myc
MYALGIA -; myalgias
MYALGIC -; -
MYASES -; -
MYASIS -; -

MYC -; mycs
MYCELE -; myceles
MYCELIA -; mycelial, mycelian
MYCOSES -; -
MYCOSIS -; -
MYCOTIC -; -
MYELIN -; myeline, myelins
MYELINE -; myelines
MYELOID -; -
MYELOMA -; myelomas
MYIASES -; -
MYIASIS -; -
MYNA -; mynah, mynas
MYNAH -; mynahs
MYNHEER -; mynheers
MYOID -; -
MYOLOGY -; -
MYOMA -; myomas
MYOMATA -; -
MYOMERE -; myomere
MYOPE -; myopes
MYOPIA -; myopias
MYOPIC -; -
MYOPIES -; -
MYOPY -; -
MYOSES -; -
MYOSIN -; myosins
MYOSIS -; -
MYOSOTE -; myosotes
MYOTIC -; myotics
MYOTOME -; myotomes
MYRIAD -; myriads
MYRICA -; myricas
MYRRH -; myrrhs
MYRRHIC -; -
MYRTLE -; myrtles
MYSELF -; -
MYSID -; mysids
MYSOST -; mysosts
MYSTERY -; -
MYSTIC -; mystics
MYSTIFY -; -
MYTH -; myths
MYTHIC -; -
MYTHOI -; -
MYTHOS -; -
MYXOID -; -
MYXOMA -; myxomas

N

N an, en, in, on, un; na, no, nu
NA ana; nab, nae, nag, nah, nam, nap, nay
NAAN -; naans
NAB -; nabe, nabs
NABBED -; -
NABBER -; nabbers
NABBING -; -
NABE -; nabes
NABIS -; -
NABOB -; nabobs
NACELLE -; nacelles
NACHAS -; -
NACHES -; -
NACHO -; nachos
NACRE -; nacred, nacres
NADA -; nadas

NADIR -; nadirs
NADIRAL -; -
NAE -; -
NAEVI -; -
NAEVOID -; -
NAEVUS -; -
NAG snag; nags
NAGANA -; naganas
NAGGED snagged; -
NAGGER -; naggers
NAGGIER -; -
NAGGING snagging; -
NAGGY -; -
NAGS snags; -
NAGWARE -; nagwares
NAH -; -
NAIAD -; naiads
NAIADES -; -
NAIF -; naifs
NAIL snail; nails
NAILED snailed; -
NAILER -; nailers
NAILING snailing; -
NAILS snails; -
NAILSET -; nailsets
NAIRA -; nairas
NAIRU -; nairus
NAIVE -; naiver, naives
NAIVELY -; -
NAIVES -; naivest
NAIVETE -; naivetes
NAIVETY -; -
NAKED snaked; -
NAKEDER -; -
NAKEDLY -; -
NAKFA -; nakfas
NALED -; naleds
NAM -; name
NAMABLE -; -
NAME -; named, namer, names
NAMELY -; -
NAMER -; namers
NAMETAG -; nametags
NAMING -; -
NAN -; nana, nans
NANA jnana; nanas
NANAS jnanas; -
NANCE -; nances
NANCIES -; -
NANCY -; -
NANDIN -; nandina, nandins
NANDINA -; nandinas
NANISM onanism; nanisms
NANISMS onanisms; -
NANKEEN -; nankeens
NANKIN -; nankins
NANNIE -; nannies
NANNY -; -
NANO -; nanos
NANOBOT -; nanobots
NAOI -; -
NAOS -; -
NAP knap, snap; napa, nape, naps
NAPA -; napas
NAPALM -; napalms
NAPE -; napes
NAPERY -; -
NAPHTHA -; naphthas
NAPHTOL -; naphtols
NAPKIN -; napkins
NAPLESS snapless; -
NAPPA -; nappas
NAPPE -; napped,

	napper, nappes
NAPPED	knapped, snapped; -
NAPPER	knapper, snapper; nappers
NAPPERS	knappers, snappers; -
NAPPIE	-; nappies
NAPPIER	snappier; -
NAPPING	knapping, snapping; -
NAPPY	snappy; -
NAPS	knaps, snaps; -
NARC	-; narco, narcs
NARCEIN	-; narceine, narceins
NARCISM	-; narcisms
NARCIST	-; narcists
NARCO	-; narcos
NARCOMA	-; narcomas
NARCOS	-; narcose
NARD	-; nards
NARDINE	-; -
NARDOO	-; nardoos
NARES	snares; -
NARGILE	-; nargileh, nargiles
NARIAL	-; -
NARIC	-; -
NARINE	-; -
NARIS	-; -
NARK	snark; narks, narky
NARKED	-; -
NARKING	-; -
NARKS	snarks; -
NARRATE	-; narrated, narrater, narrates
NARROW	-; narrows
NARTHEX	-; -
NARWAL	-; narwals
NARWHAL	-; narwhale, narwhals
NARY	unary; -
NASAL	-; nasals
NASALLY	-; -
NASCENT	-; -
NASIAL	-; -
NASION	-; nasions
NASTIC	-; -
NASTIER	-; -
NASTILY	-; -
NASTY	-; -
NATAL	-; -
NATANT	-; -
NATCH	-; -
NATES	enates; -
NATION	enation; nations
NATIONS	enations; -
NATIVE	-; natives
NATRIUM	-; natriums
NATRON	-; natrons
NATTER	-; natters
NATTIER	gnattier; -
NATTILY	-; -
NATTY	gnatty; -
NATURAL	-; naturals
NATURE	-; natured, natures
NAUGHT	-; naughts, naughty
NAUSEA	-; nauseas
NAUTCH	-; -
NAUTILI	-; -
NAV	-; navs

NAVAID	-; navaids
NAVAL	-; -
NAVALLY	-; -
NAVAR	-; navars
NAVARIN	-; navarins
NAVE	knave; navel, naves
NAVEL	-; navels
NAVES	knaves; -
NAVETTE	-; navettes
NAVIES	-; -
NAVVIES	-; -
NAVVY	-; -
NAVY	-; -
NAW	gnaw; -
NAWAB	-; nawabs
NAY	-; nays
NAYSAY	-; naysays
NAZI	-; nazis
NAZIFY	-; -
NE	-; nee
NEAP	sneap; neaps
NEAPS	sneaps; -
NEAR	anear; nears
NEARBY	-; -
NEARED	-; -
NEARER	-; -
NEAREST	-; -
NEARING	-; -
NEARLY	-; -
NEARS	anears; -
NEAT	-; neath, neats
NEATEN	uneaten; neatens
NEATER	-; -
NEATEST	-; -
NEATH	-; -
NEATLY	-; -
NEATNIK	-; neatniks
NEB	-; nebs
NEBBISH	-; -
NEBULA	-; nebulae, nebular, nebulas
NEBULE	-; -
NEBULY	-; -
NECK	sneck; necks
NECKED	-; -
NECKER	-; neckers
NECKING	-; neckings
NECKLET	-; necklets
NECKS	snecks; -
NECKTIE	-; neckties
NECROSE	-; necrosed, necroses
NECTAR	-; nectars, nectary
NEDDIES	-; -
NEDDY	-; -
NEE	knee; need, neem, neep
NEED	kneed; needs, needy
NEEDED	-; -
NEEDER	-; needers
NEEDFUL	-; needfuls
NEEDIER	-; -
NEEDILY	-; -
NEEDING	-; -
NEEDLE	-; needled, needler, needles
NEEDLER	-; needlers
NEEM	-; neems
NEEP	-; neeps
NEG	-; negs
NEGATE	-; negated, negater, negates
NEGATER	-; negaters

NEGATON	-; negatons
NEGATOR	-; negators
NEGLECT	-; neglects
NEGLIGE	-; negligee, negliges
NEGROID	-; negroids
NEGRONI	-; negronis
NEGUS	-; -
NEGUSES	-; -
NEIF	-; neifs
NEIGH	-; neighs
NEIGHED	-; -
NEIST	-; -
NEITHER	-; -
NEKTON	-; nektons
NELLIE	-; nellies
NELLY	-; -
NELSON	-; nelsons
NELUMBO	-; nelumbos
NEMA	enema; nemas
NEMAS	enemas; -
NEMATIC	-; -
NEMESES	-; -
NEMESIA	-; nemesias
NEMESIS	-; -
NENE	-; -
NEOCON	-; neocons
NEOLITH	-; neoliths
NEOLOGY	-; -
NEOMYCIN	-; -
NEON	-; neons
NEONATE	-; neonates
NEONED	-; -
NEOTENY	-; -
NEOTYPE	-; neotypes
NEPETA	-; nepetas
NEPHEW	-; nephews
NEPHRIC	-; -
NEPHRON	-; nephrons
NEPOTIC	-; -
NERD	-; nerds, nerdy
NERDISH	-; -
NEREID	-; nereids
NEREIS	-; -
NERITIC	-; -
NEROL	-; neroli, nerols
NEROLI	-; nerolis
NERTS	inerts; -
NERTZ	-; -
NERVATE	enervate; -
NERVE	-; nerved, nerves
NERVIER	-; -
NERVILY	-; -
NERVINE	-; nervines
NERVING	-; nervings
NERVOUS	-; -
NERVULE	-; nervules
NERVURE	-; nervures
NERVY	-; -
NESS	-; -
NESSES	-; -
NEST	-; nests
NESTED	-; -
NESTER	-; nesters
NESTING	-; -
NESTLE	-; nestled, nestler, nestles
NESTLER	-; nestlers
NESTOR	-; nestors
NET	-; nets, nett
NETBALL	-; netballs
NETBOOK	-; netbooks
NETFUL	-; netfuls
NETHER	-; -
NETIZEN	-; netizens
NETLESS	-; -
NETLIKE	-; -
NETOP	-; netops
NETSUKE	-; netsukes

NETSURF	- netsurfs
NETT	-; netts, netty
NETTED	-; -
NETTER	-; netters
NETTIER	-; -
NETTING	-; nettings
NETTLE	-; nettled, nettler, nettles
NETTLER	-; nettlers
NETTLY	-; -
NETWORK	-; networks
NEUK	-; neuks
NEUM	-; neume, neums
NEUME	-; neumes
NEUMIC	-; -
NEURAL	-; -
NEURINE	-; neurines
NEUROID	-; -
NEUROMA	-; neuromas
NEURON	-; neurone, neurons
NEURONE	-; neurones
NEURULA	-; neurulae, neurulas
NEUSTON	-; neustons
NEUTER	-; neuters
NEUTRAL	-; neutrals
NEUTRON	-; neutrons
NEVE	-; never, neves
NEVI	-; -
NEVOID	-; -
NEVUS	-; -
NEW	anew, knew; news, newt
NEWB	-; newbs
NEWBIE	-; newbies
NEWBORN	-; newborns
NEWEL	-; newels
NEWER	-; -
NEWEST	-; -
NEWIE	-; newies
NEWISH	-; -
NEWLY	-; -
NEWMOWN	-; -
NEWNESS	-; -
NEWS	-; newsy
NEWSBOY	-; newsboys
NEWSIE	-; newsier, newsies
NEWSIER	-; -
NEWSIES	-; newsiest
NEWSMAN	-; -
NEWSMEN	-; -
NEWT	-; newts
NEWTON	-; newtons
NEXT	-; -
NEXUS	-; -
NEXUSES	-; -
NGWEE	-; -
NIACIN	-; niacins
NIB	snib; nibs
NIBBED	snibbed; -
NIBBING	snibbing; -
NIBBLE	-; nibbled, nibbler, nibbles, nibblet
NIBBLER	-; nibblers
NIBLET	-; niblets
NIBLICK	-; niblicks
NIBLIKE	-; -
NIBS	snibs; -
NICAD	-; nicads
NICE	-; nicer
NECELY	-; -
NICEST	-; -
NICETY	-; -
NICHE	-; niched, niches

NICHING	-; -
NICK	snick; nicks
NICKED	snicked; -
NICKEL	-; nickels
NICKER	snicker; nickers
NICKERS	knickers, snickers; -
NICKING	snicking; -
NICKLE	-; nickles
NICKS	snicks; -
NICOISE	-; -
NICOL	-; nicols
NICOTIN	-; nicotine, nicotins
NICTATE	-; nictated, nictates
NIDAL	-; -
NIDATE	-; nidates
NIDE	snide; nided, nides
NIDGET	-; nidgets
NIDI	-; -
NIDIFY	-; -
NIDING	-; -
NIDUS	-; -
NIDUSES	-; -
NIECE	-; nieces
NIELLI	-; -
NIELLO	-; niellos
NIEVE	-; nieves
NIFF	sniff; niffs, niffy
NIFFER	sniffer; niffers
NIFFERS	sniffers; -
NIFFTY	-; -
NIFTIER	-; -
NIFTIES	-; niftiest
NIFTILY	-; -
NIFTY	-; -
NIGELLA	-; nigellas
NIGGARD	-; niggards
NIGGLE	sniggle; niggled, niggler, niggles
NIGGLED	sniggled; -
NIGGLER	sniggler; nigglers
NIGGLES	sniggles; -
NIGGLY	-; -
NIGH	-; nighs, night
NIGHED	-; -
NIGHER	-; -
NIGHEST	-; -
NIGHING	-; -
NIGHT	knight; nights, nighty
NIGHTIE	-; nighties
NIGHTLY	knightly; -
NIGHTS	knights; -
NIGRIFY	-; -
NIHIL	-; nihils
NIKAH	-; nikahs
NIL	anil; nill, nils
NILGAI	-; nilgais
NILGAU	-; nilgaus
NILGHAI	-; nilghais
NILGHAU	-; nilghaus
NILL	-; nills
NILLED	-; -
NILLING	-; -
NILS	anils; -
NIM	-; nims
NIMBI	-; -
NIMBLE	-; nimbler
NIMBLY	-; -
NIMBUS	-; -
NIMIETY	-; -
NIMIOUS	-; -
NIMMED	-; -
NIMMING	-; -

NIMROD	-; nimrods
NINE	-; nines
NINEPIN	-; ninepins
NINETY	-; -
NINJA	-; ninjas
NINNIES	-; -
NINNY	-; -
NINON	-; ninons
NINTH	-; ninths
NINTHLY	-; -
NIOBATE	-; niobates
NIOBIC	-; -
NIOBOUS	-; -
NIOBIUM	-; niobiums
NIP	snip; nipa, nips
NIPA	-; nipas
NIPPED	snipped; -
NIPPER	snipper; nippers
NIPPERS	snippers; -
NIPPIER	snippier; -
NIPPILY	-; -
NIPPING	snipping; -
NIPPLE	-; nipples
NIPPY	snippy; -
NIPS	snips; -
NIQAAB	-; niqaabs
NIQAB	-; niqabs
NIRVANA	-; nirvanas
NISEI	-; niseis
NISI	-; -
NISUS	-; -
NIT	knit, snit, unit; nite, nits
NITCHIE	-; nitchies
NITE	-; niter, nites
NITER	uniter; niters, nitery
NITERS	uniters; -
NITERY	-; -
NITID	-; -
NITINOL	-; nitinols
NITON	-; nitons
NITPICK	-; nitpicks
NITRATE	-; nitrated, nitrates
NITRE	-; nitres
NITRIC	-; -
NITRID	-; nitride, nitrids
NITRIFY	-; -
NITRIL	-; nitrile, nitrils
NITRILE	-; nitriles
NITRITE	-; nitrites
NITRO	-; nitros
NITROSO	-; -
NITROUS	-; -
NITS	knits, snits, units; -
NITTIER	-; -
NITTY	-; -
NITWIT	-; nitwits
NIVAL	-; -
NIVEOUS	-; -
NIX	-; nixe, nixy
NIXE	-; nixed, nixes
NIXED	-; -
NIXES	-; -
NIXIE	-; nixies
NIXING	-; -
NIZAM	-; nizams
NO	-; nob, nod, nog, noh, nom, noo, nor, nos, not, now
NOB	knob, snob; nobs
NOBBIER	snobbier; -
NOBBILY	snobbily; -

NOBBLE	-; nobbled, nobbler, nobbles
NOBBLER	-; nobblers
NOBBY	knobby, snobby; -
NOBLE	-; nobler, nobles
NOBLES	-; noblest
NOBLY	-; -
NOBODY	-; -
NOBS	knobs, snobs; -
NOBUCK	-; nobucks
NOCEBO	-; nocebos
NOCENT	-; -
NOCK	knock; nocks
NOCKED	knocked; -
NOCKING	knocking; -
NOCKS	knocks; -
NOCTUID	-; noctuids
NOCTULE	-; noctules
NOCTURN	-; nocturne, nocturns
NOCUOUS	-; -
NOD	anode; node, nodi, nods
NODAL	anodal; -
NODALLY	anodally; -
NODDED	-; -
NODDER	-; nodders
NODDIES	-; -
NODDING	-; -
NODDLE	-; noddled, noddles
NODDY	-; -
NODE	anode; nodel, nodes
NODES	anodes; -
NODI	-; -
NODICAL	-; -
NODOSE	-; -
NODOUS	-; -
NODULAR	-; -
NODULE	-; nodules
NODUS	-; -
NOEL	-; noels
NOES	-; -
NOESIS	-; -
NOETIC	-; -
NOG	snog; nogg, nogs
NOGG	-; noggs
NOGGED	-; -
NOGGIN	-; nogging, noggins
NOGGING	-; noggings
NOH	-; -
NOHOW	-; -
NOIL	-; noils, noily
NOIR	-; noirs
NOISE	-; noised, noises
NOISIER	-; -
NOISILY	-; -
NOISING	-; -
NOISOME	-; -
NOISY	-; -
NOLO	-; nolos
NOM	-; noma, nome, noms
NOMA	-; nomad, nomas
NOMAD	-; nomads
NOMADIC	-; -
NOMARCH	-; nomarchs, nomarchy
NOMBLES	-; -
NOMBRIL	-; nombrils
NOME	gnome; nomen, nomes

NOMES gnomes; -
NOMINA -; nominal
NOMINAL -; nominals
NOMINEE -; nominees
NOMISM -; nomisms
NOMOI -; -
NOMOS -; -
NONA -; nonas
NONACID -; nonacids
NONAGE -; nonages
NONAGON -; nonagons
NONANE -; nonanes
NONART -; nonarts
NONARY -; -
NONBANK -; -
NONBODY -; -
NONBOOK -; nonbooks
NONCASH -; -
NONCE -; nonces
NONCOLA -; noncolas
NONCOM -; noncoms
NONCORE -; -
NONDRIP -; -
NONDRUG -; -
NONE -; nones, nonet
NONEGO -; nonegos
NONESUCH -; -
NONET -; nonets
NONFACT -; nonfacts
NONFAN -; nonfans
NONFARM -; -
NONFAT -; -
NONFOOD -; -
NONFUEL -; -
NONGAME -; -
NONGAY -; nongays
NONHEME -; -
NONHERO -; -
NONHOME -; -
NONI -; nonis
NONIRON -; -
NONJURY -; -
NONKIN -; nonkins
NONLIFE -; -
NONMAN -; -
NONMEAT -; -
NONMEN -; -
NONNEWS -; -
NONOILY -; -
NONPAID -; -
NONPAR -; -
NONPAST -; nonpasts
NONPEAK -; -
NONPLAY -; nonplays
NONPLUS -; -
NONPOOR -; -
NONPROS -; -
NONSELF -; -
NONSKED -; nonskeds
NONSKID -; -
NONSLIP -; -
NONSTOP -; -
NONSUCH -; -
NONSUIT -; nonsuits
NONTAX -; -
NONUPLE -; nonuples
NONUSE -; nonuser, nonuses
NONUSER -; nonusers
NONWAR -; nonwars
NONWOOL -; -
NONWORD -; nonwords
NONWORK -; -
NONYL -; nonyls
NONZERO -; -
NOO -; nook, noon
NOODGE -; noodged, noodges
NOODLE -; noodled, noodles

NOOGIE	-; noogies
NOOK	snook; nooks, nooky
NOOKIES	-; -
NOOKS	snooks; -
NOON	-; noons
NOONDAY	-; noondays
NOONING	-; noonings
NOOSE	-; noosed, nooser, nooses
NOOSER	-; noosers
NOPAL	-; nopals
NOPE	-; -
NOR	-; nori, norm
NORDIC	-; -
NORENA	-; norenas
NORI	-; noria, noris
NORIA	-; norias
NORITE	-; norites
NORITIC	-; -
NORLAND	-; norlands
NORM	enorm; norms
NORMAL	-; normals
NORMED	-; -
NORTH	-; norths
NORTHER	-; northern, northers
NOS	-; nose, nosy
NOSE	-; nosed, noses, nosey
NOSEBAG	-; nosebags
NOSEGAY	-; nosegays
NOSES	gnoses; -
NOSEY	-; -
NOSH	-; -
NOSHED	-; -
NOSHER	-; noshers
NOSHES	-; -
NOSHING	-; -
NOSIER	-; -
NOSIEST	-; -
NOSILY	-; -
NOSING	-; -
NOSTOC	-; nostocs
NOSTRIL	-; nostrils
NOSTRUM	-; nostrum
NOT	knot, snot; nota, note
NOTA	-; notal
NOTABLE	-; notables
NOTABLY	-; -
NOTAL	-; -
NOTARY	-; -
NOTATE	-; notated, notates
NOTCH	-; -
NOTCHED	-; -
NOTCHER	-; notchers
NOTCHES	-; -
NOTE	-; noted, noter, notes
NOTEDLY	-; -
NOTELET	-; notelets
NOTEPAD	-; notepads
NOTER	-; noters
NOTHER	-; -
NOTHING	-; nothings
NOTICE	-; noticed, notices
NOTIFY	-; -
NOTING	-; -
NOTION	-; notions
NOTUM	-; -
NOUGAT	-; nougats
NOUGHT	-; noughts
NOUN	-; nouns
NOUNAL	-; -
NOURISH	-; -
NOUS	-; -
NOUSES	-; -

NOVA	-; novae, novas
NOVEL	-; novels
NOVELLA	-; novellas
NOVELLE	-; -
NOVELLY	-; -
NOVELTY	-; -
NOVENA	-; novenae, novenas
NOVICE	-; novices
NOW	enow, know, snow; nows, nowt
NOWAY	-; noways
NOWHERE	-; nowheres
NOWISE	-; -
NOWNESS	-; -
NOWS	enows, knows, snows; -
NOWT	-; nowts
NOXIOUS	-; -
NOYADE	-; noyades
NOYAU	-; noyaux
NOZZLE	-; nozzles
NTH	-; -
NU	gnu; nub, nun, nus, nut
NUANCE	-; nuanced, nuances
NUB	snub; nubs
NUBBIER	snubbier; -
NUBBIN	-; nubbins
NUBBLE	-; nubbles
NUBBLY	-; -
NUBBY	snubby; -
NUBIA	-; nubias
NUBILE	-; -
NUBS	snubs; -
NUCHA	-; nuchae, nuchal
NUCHAL	-; nuchals
NUCLEAL	-; -
NUCLEAR	-; -
NUCLEI	-; nuclein
NUCLEIN	-; nucleins
NUCLEON	-; nucleons
NUCLEUS	-; -
NUCLIDE	-; nuclides
NUDE	-; nuder, nudes
NUDELY	-; -
NUDES	-; nudest
NUDGE	-; nudged, nudger, nudges
NUDGER	-; nudgers
NUDIE	-; nudies
NUDISM	-; nudisms
NUDIST	-; nudists
NUDITY	-; -
NUDNICK	-; nudnicks
NUDNIK	-; nudniks
NUDZH	-; -
NUDZHED	-; -
NUDZHES	-; -
NUFF	-; snuff, nuffs
NUG	-; nugs
NUGGET	-; nuggets, nuggety
NUKE	-; nuked, nukes
NUKING	-; -
NULL	-; nulls
NULLAH	-; nullahs
NULLED	-; -
NULLIFY	-; -
NULLING	-; -
NULLITY	-; -
NUMB	-; numbs
NUMBAT	-; numbats
NUMBED	-; -
NUMBER	-; numbers
NUMBEST	-; -

NUMBING -; -
NUMBLES -; -
NUMBLY -; -
NUMDAH -; numdahs
NUMEN -; -
NUMERAL -; numerals
NUMERIC -; numerics
NUMINA -; -
NUMMARY -; -
NUMMY -; -
NUMNAH -; numnahs
NUN -; nuns
NUNATAK -; nunataks
NUNCIO -; nuncios
NUNCLE -; nuncles
NUNLIKE -; -
NUNNERY -; -
NUNNISH -; -
NUPTIAL -; nuptials
NURD -; nurds
NURL knurl; nurls
NURLED knurled; -
NURLING knurling; -
NURLS knurls; -
NURSE -; nursed, nurser, nurses
NURSER -; nursers, nursery
NURSING -; nursings
NURTURE -; nurtured, nurturer, nurtures
NUS anus, gnus, onus; -
NUT -; nuts
NUTANT -; -
NUTATE -; nutated, nutates
NUTBAR -; nutbars
NUTCASE -; nutcases
NUTGALL -; nutgalls
NUTJOB -; nutjobs
NUTLET -; nutlets
NUTLIKE -; -
NUTMEAT -; nutmeats
NUTMEG -; nutmegs
NUTPICK -; nutpicks
NUTRIA -; nutrias
NUTS -; nutsy
NUTSIER -; -
NUTTED -; -
NUTTER -; nutters
NUTTIER -; -
NUTTILY -; -
NUTTING -; -
NUTTY -; -
NUTWOOD -; nutwoods
NUZZLE -; nuzzled, nuzzler, nuzzles
NUZZLER -; nuzzlers
NYAH -; -
NYALA -; nyalas
NYLGHAI -; nylghais
NYLGHAU -; nylghaus
NYLON -; nylons
NYMPH -; nympha, nympho, nymphs
NYMPHA -; nymphae, nymphal
NYMPHET -; nymphets
NYMPHO -; nymphos

O

O	bo, do, go, ho, jo, lo, no, so, to, wo, yo; od, of, oh, om, on, op, or, os, ow, ox, oy
OAF	loaf; oafs
OAFISH	-; -
OAFS	loafs
OAK	soak; oaks, oaky
OAKED	-; soaked
OAKEN	-; -
OAKIER	-; -
OAKIEST	-; -
OAKLIKE	-; -
OAKMOSS	-; -
OAKS	soaks; -
OAKUM	-; oakums
OAKY	-; -
OAR	boar, hoar, roar, soar; oars
OARED	roared, soared; -
OARFISH	-; -
OARING	roaring, soaring; -
OARLESS	-; -
OARLIKE	-; -
OARLOCK	-; oarlocks
OARS	boars, hoars, roars, soars; -
OARSMAN	-; -
OARSMEN	-; -
OASES	-; -
OASIS	-; -
OAST	boast, coast, roast, toast; oasts
OASTS	boasts, coasts, roasts, toasts; -
OAT	boat, coat, doat, goat, moat; oath, oats
OATCAKE	-; oatcakes
OATEN	-; -
OATER	boater, coater; oaters
OATERS	boaters, coaters; -
OATH	loath; oaths
OATLIKE	-; -
OATMEAL	-; oatmeals
OATS	boats, coats, doats, goats, moats; -
OATY	-; -
OAVES	loaves, soaves; -
OBA	soba-; obas
OBAS	sobas; -
OBCONIC	-; -
OBE	lobe, robe; obes, obey
OBEAH	-; obeahs
OBELI	-; obelia
OBELIA	lobelia; obelias
OBELIAS	lobelias; -
OBELISE	-; obelised, obelises
OBELISK	-; obelisks

OBELISM	-; obelisms
OBELIZE	-; obelized, obelizes
OBELUS	-; -
OBENTO	-; obentos
OBES	lobes, robes; obese
OBESELY	-; -
OBESITY	-; -
OBEY	-; obeys
OBEYED	-; -
OBEYER	-; obeyers
OBEYING	-; -
OBI	-; obia, obis, obit
OBIA	cobia; obias
OBIAS	cobias; -
OBIISM	-; obiisms
OBIT	-; obits
OBJECT	-; objects
OBJET	-; objets
OBLAST	-; oblasti, oblasts
OBLATE	-; oblates
OBLIGE	-; obliged, obligee, obliger, obliges
OBLIGEE	-; obligees
OBLIGER	-; obligers
OBLIGOR	-; obligors
OBLIQUE	-; obliqued, obliques
OBLONG	-; oblongs
OBLOQUY	-; -
OBOE	-; oboes
OBOES	goboes; -
OBOIST	-; oboists
OBOL	-; obole, oboli, obols

OBOLE	-; oboles
OBOLUS	-; -
OBOVATE	-; -
OBOVOID	-; -
OBSCENE	-; obscener
OBSCURE	-; obscured, obscurer, obscures
OBSEQUY	-; -
OBSERVE	-; observed, observer, observes
OBSESS	-; -
OBTAIN	-; obtains
OBTECT	-; -
OBTEST	-; obtests
OBTRUDE	-; obtruded, obtruder, obtrudes
OBTUND	-; obtunds
OBTUSE	-; obtuser
OBVERSE	-; obverses
OBVERT	-; obverts
OBVIATE	-; obviated, obviates
OBVIOUS	-; -
OCA	coca, loca; ocas
OCARINA	-; ocarinas
OCAS	cocas; -
OCCIPUT	-; occiputs
OCCLUDE	-; occluded, occludes
OCCULT	-; occults
OCCUPY	-; -
OCCUR	-; occurs
OCEAN	-; oceans
OCEANIC	-; -
OCELLAR	-; -
OCELLI	-; -

OCELLUS -; -
OCELOID -; -
OCELOT -; ocelots
OCH -; oche
OCHE -; ocher, oches
OCHER -; ochers, ochery
OCHERED -; -
OCHONE -; -
OCHRE -; ochrea, ochred, ochres
OCHREA -; ochreae, ochreas
OCHRING -; -
OCHROID -; -
OCHROUS -; -
OCHRY -; -
OCICAT -; ocicats
OCKER cocker, docker, hocker, locker, mocker, rocker; ockers
OCKERS cockers, dockers, hockers, lockers, mockers, rockers; -
OCREA -; ocreae
OCREATE -; -
OCTAD -; octads
OCTADIC -; -
OCTAGON -; octagons
OCTAL -; -
OCTAN -; octane, octans, octant
OCTANE -; octanes
OCTANOL -; octanols
OCTANT -; octants
OCTAVAL -; -
OCTAVE -; octaves
OCTAVO -; octavos
OCTET -; octets
OCTETTE -; octettes
OCTOPI -; -
OCTOPOD -; octopods
OCTOPUS -; -
OCTROI -; octrois
OCTUPLE -; octupled, octuples, octuplet, octuplex
OCTUPLY -; -
OCTYL -; octyls
OCULAR jocular, locular; oculars
OCULIST -; oculists
OCULUS -; -
OD bod, cod, god, hod, mod, nod, pod, rod, sod, tod, yod; odd, ode, ods
ODA coda, soda; odah, odas
ODAH -; odahs
ODALISK -; odalisks
ODAS codas, sodas; -
ODD -; odds
ODDBALL -; oddballs
ODDER codder, dodder, fodder, nodder; -
ODDEST -; -
ODDISH -; -

ODDITY	-; -
ODDLY	-; -
ODDMENT	-; oddments
ODDNESS	-; -
ODE	bode, code, lode, mode, node, rode; odea, odes
ODEON	-; odeons
ODES	bodes, codes, lodes, modes, nodes; -
ODEUM	-; odeums
ODIC	iodic, sodic; -
ODIOUS	-; -
ODIST	-; odists
ODIUM	podium, sodium; odiums
ODIUMS	podiums, sodiums; -
ODONATE	-; odonates
ODOR	-; odors
ODORANT	-; odorants
ODORED	-; -
ODORFUL	-; -
ODORIZE	-; odorized, odorizes
ODOROUS	-; -
ODOUR	-; odours
ODS	bods, cods, gods, hods, mods, nods, pods, rods, sods, tods, yods; -
ODYL	-; odyle, odyls
ODYLE	-; odyles
ODYSSEY	-; odysseys
OE	foe, hoe, joe, roe, woe; oes
OEDEMA	-; oedemas
OEDIPAL	-; -
OENOMEL	-; oenomels
OERSTED	-; oersteds
OESTRIN	-; oestrins
OESTRUM	-; oestrums
OESTRUS	-; -
OEUVRE	-; oeuvres
OF	-; off, oft
OFAY	-; ofays
OFF	boff, coff, doff, toff; offs
OFFAL	-; offals
OFFBEAT	-; offbeats
OFFCAST	-; offcasts
OFFCUT	-; offcuts
OFFED	doffed; -
OFFENCE	-; offences
OFFEND	-; offends
OFFENSE	-; offenses
OFFER	coffer, doffer, goffer; offers
OFFERED	coffered, goffered; -
OFFEREE	-; offerees
OFFERER	-; offerers
OFFEROR	-; offerors
OFFERS	coffers, doffers, goffers; -
OFFHAND	-; -
OFFICE	-; officer, offices
OFFICER	-; officers
OFFING	coffing, doffing; offings
OFFISH	-; -
OFFKEY	-; -

OFFLINE	-; offlines
OFFLOAD	-; offloads
OFFPRINT	-; offprints
OFFRAMP	-; offramps
OFFS	boffs, coffs, doffs, toffs; -
OFFSET	-; offsets
OFFSIDE	-; offsides
OFT	coft, loft, soft, toft; -
OFTEN	soften; -
OFTENER	-; -
OFTER	softer; -
OFTEST	softest; -
OFTS	lofts, softs, tofts; -
OGAM	-; ogams
OGDOAD	-; ogdoads
OGEE	-; ogees
OGEES	yogees; -
OGHAM	-; oghams
OGHAMIC	-; -
OGIVAL	-; -
OGIVE	-; ogives
OGLE	bogle; ogled, ogler, ogles
OGLER	-; oglers
OGLES	bogles; -
OGLING	-; -
OGRE	-; ogres
OGREISH	-; -
OGREISM	-; ogreisms
OGRESS	-; -
OGRISH	-; -
OGRISM	-; ogrisms
OH	foh, noh, ooh, poh; ohm, oho, ohs
OHED	-; -
OHIA	-; ohias
OHING	-; -
OHM	-; ohms
OHMAGE	-; ohmages
OHMIC	-; -
OHO	coho; -
OHS	nohs; -
OI	moi, poi; oik, oil
OIDIA	-; -
OIDIUM	-; -
OIK	-; oiks
OIL	boil, coil, foil, moil, noil, roil, soil, toil; oils, oily
OILBIRD	-; oilbirds
OILCAMP	-; oilcamps
OILCAN	-; oilcans
OILCUP	-; oilcups
OILED	boiled, coiled, doiled, foiled, moiled, roiled, soiled, toiled; -
OILER	boiler, coiler, moiler, toiler; oilers
OILERS	boilers, coilers, moilers, toilers; -
OILHOLE	-; oilholes
OILIER	roilier; -
OILIEST	-; -
OILILY	-; -
OILING	boiling, coiling, foiling, moiling, roiling, soiling, toiling; -
OILMAN	-; -
OILMEN	-; -

OILS boils, coils, foils, moils, noils, roils, soils, toils; -
OILSEED -; oilseeds
OILSKIN -; oilskins
OILWAY -; oilways
OILY doily, noily, roily; -
OINK -; oinks
OINKED -; -
OINKING -; -
OINOMEL -; oinomels
OK wok
OKA -; okas, okay
OKAPI -; okapis
OKAY tokay; okays
OKAYED -; -
OKAYING -; -
OKAYS tokays; -
OKE coke, hoke, joke, moke, poke, soke, toke, woke, yoke; okeh, okes
OKEH -; okehs
OKES cokes, hokes, jokes, mokes, pokes, sokes, tokes, yokes; -
OKRA -; okras
OLD bold, cold, fold, gold, hold, mold, sold, told, wold; olds, oldy
OLDEN golden, holden; -
OLDER bolder, colder, folder, golder, holder, molder, polder, solder; -
OLDEST boldest, coldest, goldest; -
OLDIE -; oldies
OLDISH coldish; -
OLDNESS -; -
OLDS colds, folds, golds, holds, molds, wolds; -
OLDSTER -; oldsters
OLDWIFE -; -
OLDY moldy; -
OLE bole, cole, dole, hole, jole, mole, pole, role, sole, tole, vole; olea, oleo, oles
OLEATE -; oleates
OLEFIN -; olefine, olefins
OLEFINE -; olefines
OLEIC -; -
OLEIN -; oleine, oleins
OLEINE -; oleines
OLEO -; oleos
OLES boles, coles, doles, holes, joles, moles, poles, roles, soles, toles, voles; -

OLESTRA	-; olestras
OLEUM	-; oleums
OLICOOK	-; olicooks
OLINGO	-; olingos
OLIO	folio, polio; olios
OLIOS	folios, polios; -
OLIVARY	-; -
OLIVE	-; olives
OLIVINE	-; olivines
OLLA	holla; ollas
OLLAS	hollas; -
OLLIE	-; ollied, ollies
OLOGIES	-; -
OLOGIST	-; ologists
OLOGY	-; -
OM	dom, mom, nom, pom, rom, tom, yom; oms
OMA	coma, homa, soma; omas
OMASA	-; -
OMASUM	-; -
OMBER	bomber, comber, somber; ombers
OMBERS	bombers, combers; -
OMBRE	hombre, sombre; ombres
OMBRES	hombres; -
OMEGA	-; omegas
OMELET	-; omelets
OMEN	homen, nomen, women; omens
OMENED	-; -
OMENING	-; -
OMENS	homens; -
OMENTA	-; omental
OMENTUM	-; omentums
OMER	comer, homer, vomer; omers
OMERS	comers, homers, vomers; -
OMERTA	-; omertas
OMICRON	-; omicrons
OMIKRON	-; omikrons
OMINOUS	-; -
OMIT	vomit; omits
OMITS	vomits; -
OMITTED	vomitted; -
OMITTER	-; omitters
OMNIBUS	-; -
OMNIFIC	-; -
OMPHALI	-; -
OMS	doms, moms, noms, poms, roms, toms; -
ON	con, don, eon, fon, hon, ion, mon, son, ton, von, won, yon; one, ons
ONAGER	-; onagers
ONANISM	-; onanisms
ONANIST	-; onanists
ONBOARD	-; -
ONCE	nonce, ponce; onces, oncet
ONCES	nonces, ponces; -
ONCET	-; -
ONE	bone, cone, done, gone,

	hone, lone, none, pone, sone, tone, zone; ones
ONEFOLD	-; -
ONEIRIC	-; -
ONENESS	-; -
ONEROUS	-; -
ONERY	-; -
ONES	bones, cones, hones, jones, nones, pones, sones, tones, zones; -
ONESELF	-; -
ONETIME	-; -
ONGOING	-; -
ONION	gonion, ronion; onions
ONIONS	ronions; -
ONIUM	conium, gonium, ionium; -
ONLIEST	-; -
ONLINE	-; -
ONLOAD	-; onloads
ONLY	sonly; -
ONO	mono; onos
ONOS	monos; -
ONRUSH	-; -
ONS	cons, dons, eons, fons, hons, ions, mons, pons, sons, tons, wons; -
ONSET	-; onsets
ONSHORE	-; -
ONSIDE	-; -
ONSTAGE	-; -
ONTIC	-; -
ONTO	conto; -
ONUS	bonus, conus, tonus; -
ONUSES	bonuses, nonuses, tonuses; -
ONWARD	-; onwards
ONYX	-; -
ONYXES	-; -
OOCYST	-; oocysts
OOCYTE	-; oocytes
OODLES	boodles, doodles, noodles; -
OODLINS	-; -
OOGAMY	-; -
OOGENY	-; -
OOGONIA	-; oogonial
OOH	pooh; oohs
OOHED	poohed; -
OOHING	poohing; -
OOHS	poohs; -
OOLITE	-; oolites
OOLITH	-; ooliths
OOLITIC	-; -
OOLOGIC	-; -
OOLOGY	zoology; -
OOLONG	-; oolongs
OOMIAC	-; oomiack, oomiacs
OOMIACK	-; oomiacks
OOMIAK	-; oomiaks
OOMPAH	-; oompahs
OOMPH	-; oomphs
OOPHYTE	-; oophytes
OOPS	coops, goops, hoops, loops, poops, woops; -

OORALI	woorali; ooralis
OORIE	-; -
OOSPERM	-; oosperms
OOSPORE	-; oospores
OOT	boot, coot, foot, hoot, loot, moot, root, soot, toot; oots
OOTHECA	-; oothecae, oothecal
OOTID	-; ootids
OOTS	boots, coots, foots, hoots, loots, moots, roots, soots, toots; -
OOZE	booze; oozed, oozes
OOZED	boozed; -
OOZES	boozes; -
OOZIER	boozier, woozier; -
OOZIEST	booziest; -
OOZILY	boozily, woozily; -
OOZING	boozing; -
OOZY	boozy, doozy, woozy; -
OP	bop, cop, fop, hop, kop, lop, mop, pop, sop, top; ope, ops, opt
OPACIFY	-; -
OPACITY	-; -
OPAH	-; opahs
OPAL	copal, nopal; opals
OPALINE	-; opalines
OPALS	copals, nopals; -
OPAQUE	-; opaqued, opaquer, opaques
OPAQUES	-; opaquest
OPE	cope, dope, hope, lope, mope, nope, pope, rope, tope; oped, open, opes
OPED	coped, doped, hoped, loped, moped, roped, toped; -
OPEN	copen; opens
OPENED	-; -
OPENER	-; openers
OPENEST	-; -
OPENING	-; openings
OPENLY	-; -
OPENS	copens; -
OPERA	-; operas
OPERAND	-; operands
OPERANT	-; operants
OPERATE	-; operated, operates
OPERON	-; operons
OPEROSE	-; -
OPES	copes, dopes, hopes, lopes, mopes, popes, ropes, topes; -
OPHITE	-; ophites
OPHITIC	-; -
OPIATE	-; opiated, opiates

OPINE -; opined, opines
OPING coping, doping, hoping, loping, moping, roping, toping; -
OPINING -; -
OPINION -; opinions
OPIOID -; opioids
OPIUM -; opiums
OPOSSUM -; opossums
OPPIDAN -; oppidans
OPPOSE -; opposed, opposer, opposes
OPPOSER -; opposers
OPPRESS -; -
OPPUGN -; oppugns
OPS bops, cops, fops, hops, kops, lops, mops, pops, sops, tops, wops; -
OPSIN -; opsins
OPSONIC -; -
OPSONIN -; opsonins
OPT -; opts
OPTED -; -
OPTIC -; optics
OPTICAL -; -
OPTIMA -; optimal
OPTIME -; optimes
OPTIMUM -; optimums
OPTING -; -
OPTION -; options
OPULENT -; -
OPUNTIA -; opuntias
OPUS -; -
OPUSES -; -
OQUASSA -; oquassas
OR cor, dor, for, gor, kor, mor, nor, tor; ora, orb, orc, ore, ors, ort
ORA bora, fora, hora, mora, sora, tora; orad, oral, oras
ORACH -; orache
ORACHE -; oraches
ORACIES -; -
ORACLE coracle; oracles
ORACLES coracles; -
ORACY -; -
ORAD -; -
ORAL boral, coral, goral, horal, loral, moral; orals
ORALISM -; oralisms
ORALIST -; oralists
ORALITY -; -
ORALLY -; -
ORALS corals, gorals, morals; -
ORANG -; orange, orangs, orangy
ORANGE -; oranges, orangey
ORANGY -; -
ORAS boras, horas; -

ORATE	borate; orated, orates
ORATED	borated; -
ORATES	borates; -
ORATING	-; -
ORATION	-; orations
ORATOR	-; orators, oratory
ORATRIX	-; -
ORB	forb, sorb; orbs, orby
ORBED	sorbed; -
ORBIER	-; -
ORBIEST	-; -
ORBING	sorbing; -
ORBIT	forbit; orbits
ORBITAL	-; orbitals
ORBITED	-; -
ORBITER	-; orbiters
ORBS	forbs, sorbs; -
ORBY	corby, forby; -
ORC	-; orca, orcs
ORCA	-; orcas
ORCEIN	-; orceins
ORCHARD	-; orchards
ORCHID	-; orchids
ORCHIL	-; orchils
ORCHIS	-; -
ORCIN	-; orcins
ORCINOL	-; orcinols
ORDAIN	-; ordains
ORDEAL	-; ordeals
ORDER	border, corder; orders
ORDERED	bordered; -
ORDERER	borderer; orderers
ORDERLY	-; -
ORDERS	borders, corders; -
ORDINAL	-; ordinals
ORDINES	sordines; -
ORDO	fordo; ordos
ORDURE	bordure; ordures
ORDURES	bordures; -
ORE	bore, core, dore, fore, gore, lore, more, pore, sore, tore, wore, yore; ores
OREAD	-; oreads
OREBODY	-; -
ORECTIC	-; -
OREGANO	-; oreganos
OREIDE	-; oreides
ORES	bores, cores, fores, gores, lores, mores, pores, sores, tores, yores; -
ORFRAY	-; orfrays
ORG	-; orgs
ORGAN	-; organa, organs
ORGANDY	-; -
ORGANIC	-; organics
ORGANON	-; organons
ORGANUM	-; organums
ORGANZA	-; organzas
ORGASM	-; orgasms
ORGEAT	-; orgeats
ORGIAC	-; -
ORGIC	-; -
ORGIES	porgies; -
ORGONE	-; orgones
ORGY	porgy; -
ORIBI	-; oribis

ORIEL -; oriels
ORIENT -; orients
ORIFICE -; orifices
ORIGAMI -; origamis
ORIGAN -; origans
ORIGIN -; origins
ORIOLE -; orioles
ORISHA -; -
ORISON -; orisons
ORLE -; orles
ORLOP -; orlops
ORMER dormer, former, wormer; ormers
ORMERS dormers, formers; -
ORMOLU -; ormolus
ORNATE -; -
ORNERY -; -
ORNIS -; -
OROGEN -; orogens, orogeny
OROGENY -; -
OROIDE -; oroides
OROLOGY -; -
OROTUND -; -
ORPHAN -; orphans
ORPHIC -; -
ORPHREY -; orphreys
ORPIN -; orpine, orpins
ORPINE -; orpines
ORRA -; -
ORRERY -; -
ORRICE -; orrices
ORRIS -; -
ORRISES -; -
ORS dors, kors, mors, tors; -
ORT bort, fort, mort, port, sort, tort, wort; orts
ORTHO -; -
ORTOLAN -; ortolans
ORTS borts, forts, morts, ports, sorts, torts, worts; -
ORYX -; -
ORYXES -; -
ORZO -; orzos
OS bos, cos, dos, kos, nos, wos; ose
OSAR -; -
OSCINE -; oscines
OSCULA -; oscular
OSCULE -; oscules
OSCULUM -; -
OSE dose, hose, lose, nose, pose, rose; oses
OSES doses, hoses, loses, noses, poses, roses; -
OSETRA -; osetras
OSIER cosier, hosier, nosier, rosier; osiers
OSIERS hosiers; -
OSMATIC -; -
OSMICS -; -
OSMIOUS -; -
OSMIUM -; osmiums
OSMOL -; osmole, osmols
OSMOLAL -; -

OSMOLAR -; -
OSMOLE -; osmoles
OSMOSE -; osmosed, osmoses
OSMOSES cosmoses; -
OSMOSIS -; -
OSMOTIC -; -
OSMOUS -; -
OSMUND -; osmunda, osmunds
OSMUNDA -; osmundas
OSPREY -; ospreys
OSSA fossa; -
OSSEIN -; osseins
OSSEOUS -; -
OSSIA -; -
OSSICLE -; ossicles
OSSIFIC -; -
OSSIFY -; -
OSSUARY -; -
OSTEAL -; -
OSTEITIS -; -
OSTEOID -; osteoids
OSTEOMA -; osteomas
OSTIA -; -
OSTIARY -; -
OSTIOLE -; ostioles
OSTIUM -; -
OSTLER hostler, jostler; ostlers
OSTLERS hostlers, jostlers; -
OSTMARK -; ostmarks
OSTOMY -; -
OSTOSES -; -
OSTOSIS -; -
OSTRICH -; -
OTAKU -; -
OTALGIA -; otalgias
OTALGIC -; -
OTALGY -; -
OTHER bother, mother, pother, tother; others
OTHERS bothers, mothers; -
OTIC lotic; -
OTIOSE -; -
OTITIC -; -
OTITIS -; -
OTOCYST -; otocysts
OTOLITH -; otoliths
OTOLGY -; -
OTTAR cottar; ottars
OTTARS cottars
OTTAVA -; ottavas
OTTER cotter, dotter, hotter, potter, rotter, totter; otters
OTTERS cotters, dotters, potters, rotters, totters; -
OTTO lotto, motto, potto; ottos
OTTOMAN -; ottomans
OTTOS lottos, mottos, pottos; -
OUABAIN -; ouabains
OUCH couch, mouch, pouch, touch, vouch; -
OUCHED couched, mouched, pouched, touched, vouched; -
OUCHES couches, douches,

mouches, pouches, rouches, touches, vouches; -

OUCHING couching, douching, mouching, pouching, touching, vouching; -

OUD loud; ouds

OUGHT bought, dought, fought, nought, sought; oughts

OUGHTED -; -

OUGHTS noughts; -

OUGIYA -; ougiyas

OUGUIYA -; oughiyas

OUISTITI -; ouistitis

OUNCE bounce, jounce, pounce; ounces

OUNCES bounces, jounces, pounces; -

OUPH -; ouphe, ouphs

OUPHE -; ouphes

OUR dour, four, hour, lour, pour, sour, tour, your; ours

OURANG -; ourangs

OURARI -; ouraris

OUREBI -; ourebis

OUREBIS -; -

OURIE -; -

OURS fours, hours, lours, pours, sours, tours, yours; -

OURSELF yourself; -

OUSEL housel; ousels

OUSELS housels; -

OUST joust, roust; ousts

OUSTED jousted, rousted; -

OUSTER jouster, rouster; ousters

OUSTERS jousters, rousters; -

OUSTING jousting, rousting; -

OUSTS jousts, rousts; -

OUT bout, gout, lout, pout, rout, tout; outs

OUTACT -; outacts

OUTADD -; outadds

OUTAGE -; outages

OUTASK -; outasks

OUTATE -; -

OUTBACK -; outbacks

OUTBAKE -; outbaked, outbakes

OUTBARK -; outbarks

OUTBAWL -; outbawls

OUTBEAM -; outbeams

OUTBEG -; outbegs

OUTBID -; outbids

OUTBOX -; -

OUTBRAG -; outbrags

OUTBULK -; outbulks

OUTBURN -; outburns, outburnt
OUTBY -; outbye
OUTCALL -; outcalls
OUTCAST -; outcaste, outcasts
OUTCITY -; -
OUTCOME -; outcomes
OUTCOOK -; outcooks
OUTCROP -; outcrops
OUTCROW -; outcrows
OUTCRY -; -
OUTDARE -; outdared, outdares
OUTDATE -; outdated, outdates
OUTDID -; -
OUTDO -; -
OUTDOER -; outdoers
OUTDOES -; -
OUTDONE -; -
OUTDOOR -; outdoors
OUTDRAG -; outdrags
OUTDRAW -; outdrawn, outdraws
OUTDREW -; -
OUTDROP -; outdrops
OUTDUEL -; outduels
OUTEARN -; outearns
OUTEAT -; outeats
OUTECHO -; -
OUTED louted, pouted, routed, touted; -
OUTER couter, pouter, router, souter, touter; outers
OUTERS couters, pouters, routers, souters, touters; -
OUTFACE -; outfaced, outfaces
OUTFALL -; outfalls
OUTFAST -; outfasts
OUTFAWN -; outfawns
OUTFEEL -; outfeels
OUTFELT -; -
OUTFIND -; outfinds
OUTFIRE -; outfired, outfires
OUTFISH -; -
OUTFIT -; outfits
OUTFLEW -; -
OUTFLOW -; outflown, outflows
OUTFLY -; -
OUTFOOL -; outfools
OUTFOOT -; outfoots
OUTFOX -; -
OUTGAIN -; outgains
OUTGAS -; -
OUTGAVE -; -
OUTGAZE -; outgazed, outgazes
OUTGIVE -; outgiven, outgives
OUTGLOW -; outglows
OUTGNAW -; outgnawn, outgnaws
OUTGO -; -
OUTGOES -; -
OUTGONE -; -
OUTGREW -; -
OUTGRIN -; outgrins
OUTGROW -; outgrown, outgrows
OUTGUN -; outguns

OUTGUSH	-; -
OUTHAUL	-; outhauls
OUTHEAR	-; outheard, outhears
OUTHIT	-; outhits
OUTHOWL	-; outhowls
OUTHUNT	-; outhunts
OUTING	louting, pouting, routing, touting; outings
OUTJINX	-; -
OUTJUMP	-; outjumps
OUTJUT	-; outjuts
OUTKEEP	-; outkeeps
OUTKEPT	-; -
OUTKICK	-; outkicks
OUTKILL	-; outkills
OUTKISS	-; -
OUTLAID	-; -
OUTLAIN	-; -
OUTLAND	-; outlands
OUTLAST	-; outlasts
OUTLAW	-; outlaws
OUTLAY	-; outlays
OUTLEAD	-; outleads
OUTLEAP	-; outleaps, outleapt
OUTLET	-; outlets
OUTLIE	-; outlier, outlies
OUTLIER	-; outliers
OUTLINE	-; outlined, outlines
OUTLIVE	-; outlived, outliver, outlives
OUTLOOK	-; outlooks
OUTLOVE	-; outloved, outloves
OUTMAN	-; outmans
OUTMODE	-; outmoded, outmodes
OUTMOST	-; -
OUTMOVE	-; outmoved, outmoves
OUTPACE	-; outpaced, outpaces
OUTPASS	-; -
OUTPITY	-; -
OUTPLAN	-; outplans
OUTPLAY	-; outplays
OUTPLOD	-; outplods
OUTPLOT	-; outplots
OUTPOLL	-; outpolls
OUTPORT	-; outports
OUTPOST	-; outposts
OUTPOUR	-; outpours
OUTPRAY	-; outprays
OUTPULL	-; outpulls
OUTPUSH	-; -
OUTPUT	-; outputs
OUTRACE	-; outraced, outraces
OUTRAGE	-; outraged, outrages
OUTRAN	-; outrang, outrank
OUTRANG	-; outrange
OUTRANK	-; outranks
OUTRATE	-; outrated, outrates
OUTRAVE	-; outraved, outraves
OUTRE	-; -
OUTREAD	-; outreads
OUTRIDE	-; outrides

OUTRIG	-; outrigs
OUTRING	-; outrings
OUTRO	-; outros
OUTROAR	-; outroars
OUTROCK	-; outrocks
OUTRODE	-; -
OUTROLL	-; outrolls
OUTROOT	-; outroots
OUTROW	-; outrows
OUTRUN	-; outrung, outruns
OUTRUSH	-; -
OUTS	bouts, gouts, louts, pouts, routs, touts; -
OUTSAID	-; -
OUTSAIL	-; outsails
OUTSANG	-; -
OUTSAT	-; -
OUTSAW	-; -
OUTSEE	-; outseen, outsees
OUTSELL	-; outsells
OUTSERT	-; outserts
OUTSET	-; outsets
OUTSIDE	-; outsider, outsides
OUTSIN	-; outsing, outsins
OUTSING	-; outsings
OUTSIT	-; outsits
OUTSIZE	-; outsized, outsizes
OUTSOAR	-; outsoars
OUTSOLD	-; -
OUTSOLE	-; outsoles
OUTSPAN	-; outspans
OUTSTAY	-; outstays
OUTSTEP	-; outsteps
OUTSULK	-; outsulks
OUTSUNG	-; -
OUTSWAM	-; -
OUTSWIM	-; outswims
OUTTAKE	-; outtakes
OUTTALK	-; outtalks
OUTTASK	-; outtasks
OUTTELL	-; outtells
OUTTOLD	-; -
OUTTROT	-; outtrots
OUTTURN	-; outturns
OUTVIE	-; outvied, outvies
OUTVOTE	-; outvoted, outvotes
OUTWAIT	-; outwaits
OUTWALK	-; outwalks
OUTWAR	-; outward, outwars
OUTWARD	-; outwards
OUTWASH	-; -
OUTWEAR	-; outwears, outweary
OUTWEEP	-; outweeps
OUTWENT	-; -
OUTWEPT	-; -
OUTWILE	-; outwiled, outwiles
OUTWILL	-; outwills
OUTWIND	-; outwinds
OUTWISH	-; -
OUTWIT	-; outwith, outwits
OUTWITH	-; -
OUTWORE	-; -
OUTWORK	-; outworks
OUTWORN	-; -
OUTWRITE	-; outwrites
OUTYELL	-; outyells

OUTYELP -; outyelps
OUZEL -; ouzels
OUZO -; ouzos
OVA nova; oval
OVAL -; ovals
OVALITY -; -
OVALLY -; -
OVARIAL -; -
OVARIAN -; -
OVARIES -; -
OVARY -; -
OVATE -; -
OVATELY -; -
OVATION -; ovations
OVEN coven, doven, roven, woven; ovens
OVENS covens, dovens; -
OVER cover, hover, lover, mover, rover; overs, overt
OVERACT -; overacts
OVERAGE coverage; overages
OVERALL coverall; overalls
OVERAPT -; -
OVERARM -; -
OVERATE -; -
OVERAWE -; overawed, overawes
OVERBED -; -
OVERBET -; overbets
OVERBID -; overbids
OVERBIG -; -
OVERBUY -; overbuys
OVERCOY -; -
OVERCUT -; overcuts
OVERDID -; -
OVERDO -; -overdog
OVERDOG -; overdogs
OVERDRY -; -
OVERDUB -; overdubs
OVERDUE -; -
OVERDYE -; overdyed, overdyes
OVEREAT -; overeats
OVERED covered, hovered; -
OVERFAR -; -
OVERFAT -; -
OVERFED -; -
OVERFIT -; -
OVERFLY -; -
OVERHOT -; -
OVERING covering, hovering; -
OVERJOY -; overjoys
OVERLAP -; overlaps
OVERLAX -; -
OVERLAY -; overlays
OVERLET -; overlets
OVERLIE -; overlies
OVERLIT -; -
OVERLY loverly; -
OVERMAN -; overmans, overmany
OVERMEN -; -
OVERMIX -; -
OVERNEW -; -
OVERPAY -; overpays
OVERPLY -; -
OVERRAN -; overrank
OVERRUN -; overruns
OVERS covers, hovers, lovers, movers, rovers; -
OVERSAD -; -

OVERSAW	-; -
OVERSEA	-; overseas
OVERSEE	-; overseed, overseen, overseer, oversees
OVERSET	-; oversets
OVERSEW	-; oversewn, oversews
OVERSUP	-; oversups
OVERT	covert; -
OVERTAX	-; -
OVERTIP	-; overtips
OVERTLY	covertly; -
OVERTOP	-; overtops
OVERUSE	-; overused, overuses
OVERWET	-; overwets
OVIBOS	-; -
OVICIDE	-; ovicides
OVIDUCT	-; oviducts
OVIFORM	-; -
OVINE	bovine; ovines
OVINES	bovines; -
OVIPARA	-; -
OVISAC	-; ovisacs
OVOID	-; ovoids
OVOIDAL	-; -
OVOLI	-; -
OVOLO	-; ovolos
OVONIC	-; ovonics
OVULAR	-; ovulary
OVULATE	-; ovulated, ovulates
OVULE	-; ovules
OVUM	-; -
OW	bow, cow, dow, how, jow, low, mow, now, pow, row, sow, tow, vow, wow, yow; owe, owl, own
OWE	howe, lowe, yowe; owed, owes
OWED	bowed, cowed, jowed, lowed, mowed, rowed, sowed, towed, vowed, wowed; -
OWES	howes, lowes; -
OWIE	-; owies
OWING	bowing, cowing, jowing, lowing, mowing, rowing, sowing, towing, vowing, wowing, yowing; -
OWL	bowl, cowl, fowl, howl, jowl, yowl; owls
OWLET	howlet; owlets
OWLETS	howlets; -
OWLISH	-; -
OWLLIKE	-; -
OWLS	bowls, cowls, fowls, howls, jowls, yowls; -

OWN	down, gown, lown, mown, sown, town; owns
OWNABLE	-; -
OWNED	downed, gowned; -
OWNER	downer; owners
OWNERS	downers; -
OWNING	downing, gowning; -
OWNS	downs, gowns, mowns, towns; -
OWSE	bowse, dowse, lowse; owsen
OWT	-; owts
OX	box, cox, fox, gox, lox, pox, sox, vox; oxo, oxy
OXALATE	-; oxalated, oxalates
OXALIC	-; -
OXALIS	-; -
OXAZINE	-; oxazines
OXAZOLE	-; oxazoles
OXBLOOD	-; oxbloods
OXBOW	-; oxbows
OXCART	-; oxcarts
OXEN	-; -
OXER	boxer; oxers
OXES	boxes, coxes, foxes, goxes, loxes, poxes; -
OXEYE	-; oxeyes
OXFORD	-; oxfords
OXHEART	-; oxhearts
OXIC	toxic; -
OXID	-; oxide, oxids
OXIDANT	-; oxidants
OXIDASE	-; oxidases
OXIDATE	-; oxidated, oxidates
OXIDE	-; oxides
OXIDIC	-; -
OXIDISE	-; oxidised, oxidiser, oxidises
OXIDIZE	-; oxidized, oxidizer, oxidizes
OXIM	-; oxime, oxims
OXIME	-; oximes
OXLIKE	foxlike; -
OXLIP	-; oxlips
OXO	-; -
OXTAIL	foxtail; oxtails
OXTAILS	foxtails; -
OXTER	-; oxters
OXY	boxy, doxy, foxy; -
OXYACID	-; oxyacids
OXYGEN	-; oxygens
OXYMORA	-; -
OXYPHIL	-; oxyphile, oxyphils
OXYSALT	-; oxysalts
OXYSOME	-; oxysomes
OXYTONE	-; oxytones
OY	boy, coy, foy, hoy, joy, soy, toy; -
OYER	coyer, foyer toyer; oyers
OYERS	foyers, toyers; -
OYES	-; -
OYESSES	-; -
OYEZ	-; -

OYEZES	-; -
OYSTER	royster; oysters
OYSTERS	roysters; -
OZONATE	-; ozonated, ozonates
OZONE	-; ozones
OZONIC	-; -
OZONIDE	-; ozonides
OZONISE	-; ozonised, ozonises
OZONIZE	-; ozonized, ozonizer, ozonizes
OZONOUS	-; -

P

P	op, up; pa, pe, pi
PA	spa; pac, pad, pah, pal, pam, pan, pap, par, pas, pat, paw, pax, pay
PABLUM	-; pablums
PABULAR	-; -
PABULUM	-; pabulums
PAC	-; paca, pace, pack, pacs, pact, pacy
PACA	-; pacas
PACE	apace, space; paced, pacer, paces
PACED	spaced; -
PACER	spacer; pacers
PACERS	spacers; -
PACES	spaces; -
PACEY	-; -
PACHA	-; pachas
PACHISI	-; pachisis
PACHUCO	-; pachucos
PACIER	spacier; -
PACIEST	spaciest; -
PACIFIC	-; -
PACIFY	opacify; -
PACING	spacing; -
PACK	-; packs
PACKAGE	-; packaged, packager, packages
PACKED	-; -
PACKER	-; packers
PACKET	-; packets
PACKING	-; packings
PACKLY	-; -
PACKMAN	-; -
PACKMEN	-; -
PACKWAX	-; -
PACT	epact; pacts
PACTION	-; pactions
PACTS	epacts; -
PACY	spacy; -
PACZKI	-; paczkis
PAD	-; padi, pads
PADAUK	-; padauks
PADDED	-; -
PADDER	-; padders
PADDIES	-; -
PADDING	-; paddings
PADDLE	-; paddled, paddler, paddles
PADDLER	-; paddlers

PADDOCK -; paddocks
PADDY -; -
PADI -; padis
PADLE -; padles
PADLOCK -; padlocks
PADNAG -; padnags
PADOUK -; padouks
PADRE -; padres
PADRI -; -
PADRONA -; padronas
PADRONE -; padrones
PADRONI -; -
PADSHAH -; padshahs
PAEAN -; paeans
PAELLA -; paellas
PAEON -; paeons
PAESAN -; paesani, paesano, paesans
PAESANO -; paesanos
PAGAN -; pagans
PAGE -; paged, pager, pages
PAGEANT -; pageants
PAGEBOY -; pageboys
PAGEFUL -; pagefuls
PAGER -; pagers
PAGINAL -; -
PAGING -; -
PAGOD -; pagoda, pagods
PAGODA -; pagodas
PAGURID -; pagurids
PAH opah; -
PAHLAVI -; pahlavis
PAID -; -
PAIK -; paiks
PAIKED -; -
PAIKING -; -
PAIL spail; pails
PAILFUL -; pailfuls
PAILS spails; -
PAIN -; pains, paint
PAINCH -; -
PAINED -; -
PAINFUL -; -
PAINING -; -
PAINT -; paints, painty
PAINTED -; -
PAINTER -; painters
PAINTY -; -
PAIR -; pairs
PAIRED -; -
PAIRING -; -
PAISA -; paisan, paisas
PAISAN -; paisano, paisans
PAISE -; -
PAISLEY -; paisleys
PAJAMA -; pajamas
PAKEHA -; pakehas
PAKORA -; pakoras
PAL opal; pale, pall, palm, palp, pals, paly
PALABRA -; palabras
PALACE -; palaced, palaces
PALADIN -; paladins
PALAIS -; -
PALAPA -; palapal, palapas
PALATAL -; palatals
PALATE -; palates
PALAVER -; palavers
PALAZZI -; -
PALAZZO -; palazzos

PALE -; palea, paled, paler, pales, palet
PALEA -; paleae, paleal
PALEATE -; -
PALELY -; -
PALES spales; palest
PALET -; palets
PALETOT -; paletots
PALETTE -; palettes
PALFREY -; palfreys
PALI -; palis
PALIER -; -
PALIEST -; -
PALIKAR -; palikars
PALING -; palings
PALISH -; -
PALL spall; palls, pally
PALLED spalled; -
PALLET -; pallets
PALLIA -; pallial
PALLID -; -
PALLIER -; -
PALLING -; -
PALLIUM -; palliums
PALLOR -; pallors
PALLS spalls; -
PALLY -; -
PALM -; palms, palmy
PALMAR -; palmary
PALMATE -; palmated
PALMED -; -
PALMER -; palmers
PALMFUL -; palmfuls
PALMIER -; -
PALMING -; -
PALMIST -; palmists
PALMYRA -; palmyras
PALOOKA -; palookas
PALP -; palps
PALPAL -; -
PALPATE -; palpated, palpates
PALPED -; -
PALPI -; -
PALPING -; -
PALPUS -; -
PALS opals; palsa, palsy
PALSHIP -; palships
PALSIED -;
PALSIES -; -
PALTER -; palters
PALTRY -; -
PALUDAL -; -
PAM spam; pams
PAMPA -; pampas
PAMPEAN -; pampeans
PAMPER -; pampero, pampers
PAMPERO -; pamperos
PAN span; pane, pang, pans, pant
PANACEA -; panacean, panaceas
PANACHE -; panaches
PANADA -; panadas
PANAMA -; panamas
PANCAKE -; pancaked, pancakes
PANCHAX -; -
PANDA -; pandas
PANDECT -; pandects
PANDER -; panders
PANDIED -; -
PANDIES -; -

PANDIT -; pandits
PANDOOR -; pandoors
PANDORA -; pandoras
PANDORE -; pandores
PANDOUR -; pandours
PANDURA -; panduras
PANDY -; -
PANE -; paned, panel, panes
PANEL -; panels
PANFISH -; -
PANFRY -; -
PANFUL -; panfuls
PANG spang; panga, pangs
PANGA -; pangas
PANGED -; -
PANGEN -; pangens
PANGING -; -
PANIC -; panics
PANICKY -; -
PANICLE -; panicled, panicles
PANICUM -; panicums
PANIER -; paniers
PANINI -; paninis
PANINO -; -
PANNE -; panned, pannes
PANNED spanned; -
PANNIER -; panniers
PANNING spanning; -
PANNIST -; pannists
PANOCHA -; panochas
PANOCHE -; panoches
PANOPLY -; -
PANPIPE -; panpipes
PANS spans; pansy
PANSIES -; -
PANT -; panto, pants, panty
PANTED -; -
PANTHER -; panthers
PANTIE -; panties
PANTILE -; pantiled, pantiles
PANTING -; -
PANTO -; pantos
PANTOUM -; pantoums
PANTRY -; -
PANZER -; panzers
PAP -; papa, paps
PAPA -; papal, papas
PAPACY -; -
PAPADAM -; papadams
PAPADOM -; papadoms
PAPADUM -; papadums
PAPAIN -; papains
PAPAL -; -
PAPALLY -; -
PAPAW -; papaws
PAPAYA -; papayan, papayas
PAPER -; papers, papery
PAPERED -; -
PAPERER -; paperers
PAPHIAN -; paphians
PAPILLA -; papillae, papillar
PAPIST -; papists
PAPOOSE -; papooses
PAPPI -; -
PAPPIER -; -
PAPPIES -; pappiest
PAPPOSE -; -
PAPPOUS -; -

PAPPUS -; -
PAPPY -; -
PAPRICA -; papricas
PAPRIKA -; paprikas
PAPULA -; papulae, papulan, papular
PAPULE -; papules
PAPYRI -; -
PAPYRUS -; -
PAR spar; para, pard, pare, park, parr, pars, part
PARA -; paras
PARABLE sparable; parables
PARADE -; paraded, parader, parades
PARADER -; paraders
PARADOR -; paradors
PARADOS -; -
PARADOX -; -
PARAGON -; paragons
PARAMO -; paramos
PARANG -; parangs
PARAPET -; parapets
PARAPH -; paraphs
PARASOL -; parasols
PARATHA -; parathas
PARBAKE -; parbaked, parbakes
PARBOIL -; parboils
PARCEL -; parcels
PARCH eparch; -
PARCHED -; -
PARCHES -; parchesi
PARD -; pardi, pards, pardy
PARDAH -; pardahs
PARDEE -; -
PARDI -; pardie
PARDINE -; -
PARDNER -; pardners
PARDON -; pardons
PARE spare; pared, parer, pares, pareu
PARED spared; -
PAREIRA -; pareiras
PAREN -; parens, parent
PARENT -; parents
PARER sparer; parers
PARERS sparers; -
PARES spares; -
PARESES -; -
PARESIS -; -
PARETIC -; paretics
PAREU -; pareus
PAREVE -; -
PARFAIT -; parfaits
PARGE sparge; parged, parges, parget
PARGED sparged; -
PARGES sparges; -
PARGET -; pargets
PARGING sparging; pargings
PARGO -; pargos
PARIAH -; pariahs
PARIAN -; parians
PARIES -; -
PARING sparing; parings

PARIS -; parish
PARITY -; -
PARK spark; parka, parks
PARKA -; parkas
PARKED sparked; -
PARKER sparker; parkers
PARKERS sparkers; -
PARKIER -; -
PARKIN -; parkins
PARKING -; parkings
PARKINS -; -
PARKS sparks; -
PARKWAY -; parkways
PARLAY -; parlays
PARLE -; parled, parles, parley
PARLEY -; parleys
PARLING -; -
PARLOR -; parlors
PARLOUR -; parlours
PARLOUS -; -
PARODIC -; -
PARODOI -; -
PARODOS -; -
PARODY -; -
PAROL -; parole, parols
PAROLE -; paroled, parolee, paroles
PAROLEE -; parolees
PARONYM -; paronymy
PAROTIC -; -
PAROTID -; parotids
PAROUS -; -
PARQUET -; parquets
PARR -; parrs, parry
PARRAL -; parrals
PARRED sparred; -
PARREL -; parrels
PARRIED -; -
PARRIER -; parriers
PARRIES -; -
PARRING sparring; -
PARROT -; parrots, parroty
PARROTY -; -
PARRY sparry; -
PARS spars; -
PARSE sparse; parsec, parsed, parser, parses
PARSEC -; parsecs
PARSER sparser; parsers
PARSING -; -
PARSLEY -; parsleys
PARSNIP -; parsnips
PARSON -; parsons
PART apart; parts, party
PARTAKE -; partaken, partaker, partakes
PARTAN -; partans
PARTED -; -
PARTIAL -; partials
PARTIED -; -
PARTIER -; partiers
PARTIES -; -
PARTING -; partings
PARTITA -; partitas
PARTITE -; -
PARTLET -; partlets
PARTLY -; -
PARTNER -; partners
PARTON -; partons

PARTOOK	-; -
PARTWAY	-; -
PARTYER	-; partyers
PARURA	-; paruras
PARURE	-; parures
PARVE	-; -
PARVENU	-; parvenue, parvenus
PARVIS	-; parvise
PARVISE	-; parvises
PARVO	-; parvos
PAS	spas, upas; pase, pash, pass, past
PASCAL	-; pascals
PASCHAL	-; paschals
PASE	-; paseo, pases
PASES	upases; -
PASEO	-; paseos
PASH	-; pasha
PASHA	-; pashas
PASHED	-; -
PASHING	-; -
PASHKA	-; pashkas
PASHM	-; pashms
PASKA	-; paskas
PASKHA	-; -
PASQUIL	-; pasquils
PASS	-; passe
PASSADE	-; passades
PASSADO	-; passados
PASSAGE	-; passaged, passages
PASSANT	-; -
PASSE	-; passed, passee, passel, passer, passes
PASSEL	-; passels
PASSER	-; passers
PASSIM	-; -
PASSING	-; passings
PASSION	-; passions
PASSIVE	-; passives
PASSKEY	-; passkeys
PASSUS	-; -
PAST	-; pasta, paste, pasts, pasty
PASTA	-; pastas
PASTE	-; pasted, pastel, paster, pastes
PASTEL	-; pastels
PASTER	-; pastern, pasters
PASTERN	-; pasterns
PASTEUP	-; pasteups
PASTIE	-; pasties
PASTIER	-; -
PASTIES	-; pastiest
PASTIL	-; pastils
PASTIME	-; pastimes
PASTINA	-; pastinas
PASTING	-; -
PASTIS	-; -
PASTOR	-; pastors
PASTRY	-; -
PASTURE	-; pastured, pasturer, pastures
PASTY	-; -
PAT	spat; pats, paty
PATACA	-; patacas
PATAGIA	-; patagial
PATAMAR	-; patamars
PATCH	-; patchy
PATCHED	-; -
PATCHER	-; patchers
PATCHES	-; -

PATE	spate; pated, paten, pater, pates
PATELLA	-; patellae, patellar, patellas
PATEN	-; patens, patent
PATENCY	-; -
PATENT	-; patents
PATER	-; paters
PATES	spates; -
PATH	-; paths
PATHOS	-; -
PATHWAY	-; pathways
PATIENT	-; patients
PATIN	-; patina, patine, patins
PATINA	-; patinae, patinas
PATINE	-; patined, patines
PATIO	-; patios
PATLY	-; -
PATNESS	-; -
PATOIS	-; -
PATRIOT	-; patriots
PATROL	-; patrols
PATRON	-; patrons
PATROON	-; patroons
PATS	spats; patsy
PATSIES	-; -
PATTED	spatted; -
PATTEE	-; -
PATTEN	-; pattens
PATTER	spatter; pattern, patters
PATTERN	-; patterns
PATTERS	spatters; -
PATTEST	-; -
PATTIE	-; patties
PATTING	spatting; -
PATTY	-; -
PATY	-; -
PATZER	-; patzers
PAUA	-; pauas
PAUCITY	-; -
PAUGHTY	-; -
PAULIN	-; paulins
PAUNCH	-; paunchy
PAUPER	-; paupers
PAUSAL	-; -
PAUSE	-; paused, pauser, pauses
PAUSER	-; pausers
PAUSING	-; -
PAVAN	-; pavane, pavans
PAVANE	-; pavanes
PAVE	-; paved, paver, paves
PAVEED	-; -
PAVER	-; pavers
PAVID	-; -
PAVIN	spavin; paving, pavins
PAVING	-; pavings
PAVINS	spavins; -
PAVIOR	-; paviors
PAVIOUR	-; paviours
PAVIS	-; pavise
PAVISE	-; paviser, pavises
PAVISER	-; pavisers
PAVISSE	-; pavisses
PAVLOVA	-; pavlovas
PAW	-; pawl, pawn, paws

PAWED	-; -
PAWER	-; pawers
PAWING	-; -
PAWKIER	-; -
PAWKILY	-; -
PAWKY	-; -
PAWL	-; pawls
PAWN	spawn; pawns
PAWNAGE	-; pawnages
PAWNED	spawned; -
PAWNEE	-; pawnees
PAWNER	spawner; pawners
PAWNERS	spawners; -
PAWNING	spawning; -
PAWNOR	-; pawnors
PAWNS	spawns; -
PAWPAW	-; pawpaws
PAX	-; -
PAXES	-; -
PAXWAX	-; -
PAY	spay; pays
PAYABLE	-; -
PAYABLY	-; -
PAYBACK	-; paybacks
PAYDAY	-; paydays
PAYDOWN	-; paydowns
PAYED	spayed; -
PAYEE	-; payees
PAYER	-; payers
PAYESS	-; -
PAYING	spaying; -
PAYLOAD	-; payloads
PAYMENT	-; payments
PAYNIM	-; paynims
PAYOFF	-; payoffs
PAYOLA	-; payolas
PAYOR	-; payors
PAYOUT	-; payouts
PAYROLL	-; payrolls
PAYS	spays; -
PAYSLIP	-; payslips
PAYWALL	-; paywalls
PAZAZZ	-; -
PE	ape, ope; pea, pec, ped, pee, peg, peh, pen, pep, per, pes, pet, pew
PEA	-; peag, peak, peal, pean, pear, peas, peat
PEACE	-; peaced, peaces
PEACH	-; peachy
PEACHER	-; peachers
PEACING	-; -
PEACOAT	-; peacoats
PEACOCK	-; peacocks, peacocky
PEAFOWL	-; peafowls
PEAG	-; peage, peags
PEAGE	-; peages
PEAHEN	-; peahens
PEAK	apeak, speak; peaks, peaky
PEAKED	-; -
PEAKIER	-; -
PEAKING	speaking; -
PEAKISH	-; -
PEAKS	speaks; -
PEAL	-; peals
PEALED	-; -
PEALIKE	-; -
PEALING	-; -
PEAN	spean; peans
PEANS	speans; -
PEANUT	-; peanuts

PEAR	spear; pearl, pears, peart
PEARL	-; pearls, pearly
PEARLED	-; -
PEARLER	-; pearlers
PEARLY	-; -
PEARS	spears; -
PEART	-; -
PEAS	-; pease
PEASANT	-; peasants
PEASCOD	-; peascods
PEASE	-; peasen, peases
PEAT	-; peats, peaty
PEATIER	-; -
PEAVEY	-; peaveys
PEAVY	-; -
PEBBLE	-; pebbled, pebbles
PEBBLY	-; -
PEC	spec; pecs
PECAN	-; pecans
PECCANT	-; -
PECCARY	-; -
PECCAVI	-; peccavis
PECH	-; pechs
PECHAN	-; pechans
PECHED	-; -
PECHING	-; -
PECK	apeck, speck; pecks, pecky
PECKED	specked; -
PECKER	-; peckers
PECKIER	-; -
PECKING	specking; -
PECKISH	-; -
PECKS	specks; -
PECS	specs; -
PECTASE	-; pectases
PECTATE	spectate; pectates
PECTEN	-; pectens
PECTIC	-; -
PECTIN	-; pectins
PECTIZE	-; pectized, pectizes
PED	aped, oped, sped; peds
PEDAGOG	-; pedagogs, pedagogy
PEDAL	-; pedalo, pedals
PEDALO	-; pedalos
PEDANT	-; pedants
PEDATE	-; -
PEDDLE	-; peddled, peddler, peddles
PEDDLER	-; peddlers, peddlery
PEDES	-; -
PEDICAB	-; pedicabs
PEDICEL	-; pedicels
PEDICLE	-; pedicled, pedicles
PEDLAR	-; pedlars, pedlary
PEDLER	-; pedlers
PEDOCAL	-; pedocals
PEDRO	-; pedros
PEDWAY	-; pedways
PEE	epee; peed, peek, peel, peen, peep, peer, pees
PEEBEEN	-; peebeens
PEED	speed; -
PEEING	-; -

PEEK	apeek; peeks
PEEKED	-; -
PEEKING	-; -
PEEL	speel; peels
PEELED	speeled; -
PEELER	-; peelers
PEELERS	speelers; -
PEELING	speeling; peelings
PEELS	speels; -
PEEN	-; peens
PEENED	-; -
PEENING	-; -
PEEP	-; peeps
PEEPBO	-; peepbos
PEEPED	-; -
PEEPER	-; peepers
PEEPING	-; -
PEEPUL	-; peepuls
PEER	speer; peers, peery
PEERAGE	-; peerages
PEERED	speered; -
PEERESS	-; -
PEERIE	-; peeries
PEERING	speering; -
PEERS	speers; -
PEES	epees; -
PEEVE	-; peeved, peeves
PEEVING	-; -
PEEVISH	-; -
PEEWEE	-; peewees
PEEWIT	-; peewits
PEG	-; pegs
PEGBOX	-; -
PEGGED	-; -
PEGGING	-; -
PEGLESS	-; -
PEGLIKE	-; -
PEH	-; pehs
PEIN	-; peins
PEINED	-; -
PEINING	-; -
PEISE	speise; peised, peises
PEISES	speises; -
PEISING	-; -
PEKAN	-; pekans
PEKE	-; pekes
PEKEPOO	-; pekepoos
PEKIN	-; pekins
PEKOE	-; pekoes
PELAGE	-; pelages
PELAGIC	-; -
PELAU	-; pelaus
PELE	-; peles
PELF	-; pelfs
PELHAM	-; pelhams
PELICAN	-; pelicans
PELISSE	-; pelisses
PELITE	-; pelites
PELITIC	-; -
PELLET	-; pellets
PELMET	-; pelmets
PELON	-; -
PELORIA	-; pelorian, pelorias
PELORIC	-; -
PELORUS	-; -
PELOTA	-; pelotas
PELT	spelt; pelts
PELTAST	-; peltasts
PELTATE	-; -
PELTED	-; -
PELTER	spelter; pelters
PELTERS	spelters; -
PELTING	-; -
PELTRY	-; -
PELTS	spelts; -

PELVES	-; -
PELVIC	-; pelvics
PELVIS	-; -
PEMBINA	-; pembinas
PEMICAN	-; pemicans
PEMPHIX	-; -
PEN	open; pend, pens, pent
PENAL	-; -
PENALLY	-; -
PENALTY	-; -
PENANCE	-; penanced, penances
PENANG	-; penangs
PENATES	-; -
PENCE	spence; pencel
PENCELS	-; pencels
PENCIL	-; pencils
PEND	spend, upend; pends
PENDANT	-; pendants
PENDED	upended; -
PENDENT	-; pendents
PENDING	spending, upending; -
PENDS	spends, upends; -
PENES	-; -
PENGO	-; pengos
PENGUIN	-; penguins
PENIAL	-; -
PENICIL	-; penicils
PENILE	-; -
PENIS	-; -
PENISES	-; -
PENLITE	-; penlites
PENMAN	-; -
PENMEN	-; -
PENNA	-; pennae
PENNAME	-; pennames
PENNANT	-; pennants
PENNATE	-; pennated
PENNE	-; penned, penner
PENNED	-; -
PENNER	-; penners
PENNI	-; pennia, pennis
PENNIES	-; -
PENNINE	-; pennines
PENNING	-; -
PENNON	-; pennons
PENNY	-; -
PENOCHE	-; penoches
PENS	opens; -
PENSEE	-; pensees
PENSIL	-; pensile, pensils
PENSION	-; pensione, pensions
PENSIVE	-; -
PENSTER	-; pensters
PENT	spent; -
PENTAD	-; pentads
PENTANE	-; pentanes
PENTENE	-; pentenes
PENTODE	-; pentodes
PENTOSE	-; pentoses
PENTYL	-; pentyls
PENUCHE	-; penuches
PENUCHI	-; penuchis
PENULT	-; penults
PENURY	-; -
PEON	-; peons, peony
PEONAGE	-; peonages
PEONES	-; -
PEONIES	-; -
PEONISM	-; peonisms

PEOPLE	-; peopled, people r, peoples
PEP	-; pepo, peps
PEPINO	-; pepinos
PEPITA	-; pepitas
PEPLA	-; -
PEPLOS	-; -
PEPLUM	-; peplums
PEPLUS	-; -
PEPO	-; pepos
PEPPED	-; -
PEPPER	-; peppers, peppery
PEPPIER	-; -
PEPPILY	-; -
PEPPING	-; -
PEPPY	-; -
PEPSIN	-; pepsine, pepsins
PEPSINE	-; pepsines
PEPTALK	-; peptalks
PEPTIC	-; peptics
PEPTID	-; peptide, peptids
PEPTIDE	-; peptides
PEPTIZE	-; peptized, peptizer, peptizes
PEPTONE	-; peptones
PER	aper; pere, peri, perk, perm, pert
PERACID	-; peracids
PERC	-; percs
PERCALE	-; percales
PERCENT	-; percents
PERCEPT	-; percepts
PERCH	-; -
PERCHED	-; -
PERCHER	-; perchers
PERCHES	-; -
PERCOID	-; percoids
PERCUSS	-; -
PERDIE	-; -
PERDU	-; perdue, perdus
PERDUE	-; perdues
PERDY	-; -
PERE	-; perea, peres
PEREIA	-; -
PEREION	-; -
PEREON	-; -
PERFECT	-; perfecta, perfecto, perfects
PERFIDY	-; -
PERFORM	-; performs
PERFUME	-; perfumed, perfumer, perfumes
PERFUMY	-; -
PERFUSE	-; perfused, perfuses
PERGOLA	-; pergolas
PERHAPS	-; -
PERI	-; peril, peris
PERIAPT	-; periapts
PERIDOT	-; peridots
PERIGEE	-; perigees
PERIGON	-; perigons
PERIL	-; perils
PERILLA	-; perillas
PERINEA	-; perineal
PERIOD	-; periods
PERIQUE	-; periques
PERISH	-; -
PERITUS	-; -
PERIWIG	-; periwigs

PERJURE -; perjured, perjurer, perjures
PERJURY -; -
PERK -; perks, perky
PERKED -; -
PERKIER -; -
PERKILY -; -
PERKING -; -
PERKISH -; -
PERLITE -; perlites
PERM sperm; perms
PERMED -; -
PERMING -; -
PERMIT -; permits
PERMS sperms; -
PERMUTE -; permuted, permutes
PERNIO -; -
PEROGI -; perogie, perogis
PEROGY -; -
PERORAL -; -
PEROXID -; peroxide, peroxids
PEROXY -; -
PERP -; perps
PERPEND -; perpends
PERPENT -; perpents
PERPLEX -; -
PERRIES -; -
PERRON -; perrons
PERRY -; -
PERSALT -; persalts
PERSE -; perses
PERSIST -; persists
PERSON -; persona, persons
PERSONA -; personae, personal, personas
PERT -;
PERTAIN -; pertains
PERTER -; -
PERTEST -; -
PERTILY -; -
PERTLY -; -
PERTURB -; perturbs
PERUKE -; perukes
PERUSAL -; perusals
PERUSE -; perused, peruser, peruses
PERUSER -; perusers
PERV -; pervs
PERVADE -; pervaded, pervader, pervades
PERVERT -; perverts
PERVO -; pervos
PERVY -; -
PES apes, opes; peso, pest
PESADE -; pesades
PESETA -; pesetas
PESEWA -; pesewas
PESKIER -; -
PESKILY -; -
PESKY -; -
PESO -; pesos
PESSARY -; -
PEST -; pesto, pests
PESTER -; pesters
PESTLE -; pestled, pestles
PESTO -; pestos
PET -; pets
PETAL -; petals

PETALED	-; -
PETARD	-; petards
PETASOS	-; -
PETASUS	-; -
PETCOCK	-; petcocks
PETER	-; peters
PETERED	-; -
PETIOLE	-; petioled, petioles
PETIT	-; petite
PETITE	-; petites
PETNAP	-; petnaps
PETRALE	-; petrales
PETREL	-; petrels
PETRIFY	-; -
PETROL	-; petrols
PETROUS	-; -
PETSAI	-; petsais
PETTED	-; -
PETTER	-; petters
PETTI	-; -
PETTIER	-; -
PETTILY	-; -
PETTING	-; -
PETTISH	-; -
PETTLE	-; pettled, pettles
PETTO	-; -
PETTY	-; -
PETUNIA	-; petunias
PEW	spew; pews
PEWEE	-; pewees
PEWIT	-; pewits
PEWS	spews; -
PEWTER	-; pewters
PEYOTE	-; peyotes
PEYOTL	-; peyotls
PEYTRAL	-; peytrals
PEYTREL	-; peytrels
PFENNIG	-; pfennige, pfennigs
PFFT	-; -
PFUI	-; -
PHAETON	-; phaetons
PHAGE	-; phages
PHALLI	-; phallic
PHALLUS	-; -
PHANTOM	-; phantoms
PHARAOH	-; pharaohs
PHARMA	-; pharmas
PHARMER	-; pharmers
PHAROS	-; -
PHARYNX	-; -
PHASE	-; phased, phases
PHASEAL	-; -
PHASIC	aphasic; -
PHASIS	-; -
PHASMID	-; phasmids
PHAT	-; -
PHATIC	-; -
PHATTER	-; -
PHELLEM	-; phellems
PHENATE	-; phenates
PHENIX	-; -
PHENOL	-; phenols
PHENOM	-; phenoms
PHENOXY	-; -
PHENYL	-; phenyls
PHEW	-; -
PHI	-; phis, phiz
PHIAL	-; phials
PHILTER	-; philters
PHILTRA	-; -
PHILTRE	-; philtred, philtres
PHISH	-; -
PHISHED	-; -

PHISHER	-; -
PHIZ	-; -
PHIZES	-; -
PHLEGM	-; phlegms, phlegmy
PHLEGMY	-; -
PHLOEM	-; phloems
PHLOX	-; -
PHLOXES	-; -
PHO	-; phos, phot
PHOBIA	-; phobias
PHOBIC	-; phobics
PHOCINE	-; -
PHOEBE	-; phoebes
PHOEBUS	-; -
PHOENIX	-; -
PHON	-; phone, phono, phons, phony
PHONAL	-; -
PHONATE	-; phonated, phonates
PHONE	-; phoned, phones, phoney
PHONEME	-; phonemes
PHONEY	-; phoneys
PHONIC	aphonic; phonics
PHONIED	-; -
PHONIER	-; -
PHONIES	-; phoniest
PHONILY	-; -
PHONING	-; -
PHONO	-; phonon, phonos
PHONON	-; phonons
PHONY	-; -
PHOOEY	-; -

PHORATE	ephorate; phorates
PHORESY	-; -
PHOT	-; photo, phots
PHOTIC	aphotic; photics
PHOTO	-; photog, photon, photos
PHOTOED	-; -
PHOTOG	-; photogs
PHOTON	-; photons
PHPHT	-; -
PHRASAL	-; -
PHRASE	-; phrased, phrases
PHRATRY	-; -
PHREAK	-; phreaks
PHRENIC	-; -
PHRENSY	-; -
PHT	-; -
PHUT	-; phuts
PHYLA	-; phylae, phylar
PHYLE	-; -
PHYLIC	-; -
PHYLLO	-; phyllon, phyllos
PHYLON	-; -
PHYLUM	-; -
PHYSED	-; physeds
PHYSES	-; -
PHYSIC	-; physics
PHYSIO	-; physios
PHYSIS	-; -
PHYTANE	-; phytanes
PHYTIN	-; phytins
PHYTOID	-; -
PHYTOL	-; phytols

PHYTON	-; phytons
PI	pia, pic, pie, pig, pin, pip, pis, pit, piu, pix; -
PIA	-; pial, pian, pias
PIAFFE	-; piaffed, piaffer, piaffes
PIAFFER	-; piaffers
PIAL	-; -
PIAN	apian; piano, pians
PIANI	-; -
PIANIC	-; -
PIANISM	-; pianisms
PIANIST	-; pianists
PIANO	-; pianos
PIASABA	-; piasabas
PIASAVA	-; piasavas
PIASTER	-; piasters
PIASTRE	-; piastres
PIAZZA	-; piazzas
PIAZZE	-; -
PIBAL	-; pibals
PIBROCH	-; pibrochs
PIC	epic, spic; pica, pice, pick, pics
PICA	spica; pical, picas
PICACHO	-; picachos
PICADOR	-; picadors
PICAL	apical, epical; -
PICANTE	-; -
PICARA	-; picaras
PICARO	-; picaros
PICAS	spicas; -
PICCATA	-; -
PICCOLO	-; piccolos
PICE	spice; -
PICEOUS	-; -
PICK	spick; picks, picky
PICKAX	-; pickaxe
PICKAXE	-; pickaxed, pickaxes
PICKED	-; -
PICKEER	-; pickeers
PICKER	-; pickers
PICKET	-; pickets
PICKIER	-; -
PICKING	-; pickings
PICKLE	-; pickled, pickles
PICKOFF	-; pickoffs
PICKS	spicks; -
PICKUP	-; pickups
PICKY	-; -
PICNIC	-; picnics
PICOLIN	-; picoline, picolins
PICOT	-; picots
PICOTED	-; -
PICOTEE	-; picotees
PICQUET	-; picquets
PICRATE	-; picrated, picrates
PICRIC	-; -
PICRITE	-; picrites
PICS	epics, spics; -
PICTURE	-; pictured, pictures
PICUL	-; piculs
PIDDLE	-; piddled, piddler, piddles

PIDDLER -; piddlers
PIDDLY -; -
PIDDOCK -; piddocks
PIDGIN -; pidgins
PIE -; pied, pier, pies
PIEBALD -; piebalds
PIECE apiece; pieced, piecer, pieces
PIECER -; piecers
PIECING -; piecings
PIED spied; -
PIEFORT -; pieforts
PIEHOLE -; pieholes
PIEING -; -
PIER spier; piers
PIERCE -; pierced, piercer, pierces
PIERCER -; piercers
PIEROGI -; -
PIERROT -; pierrots
PIERS spiers; -
PIES spies; -
PIETA -; pietas
PIETIES -; -
PIETISM -; pietisms
PIETIST -; pietists
PIETY -; -
PIEZO -; -
PIFFLE -; piffled, piffles
PIG -; pigs
PIGBOAT -; pigboats
PIGEON -; pigeons
PIGFISH -; -
PIGGED -; -
PIGGERY -; -
PIGGIE -; piggies
PIGGIES -; piggiest
PIGGIN -; pigging, piggins
PIGGISH -; -
PIGGY -; -
PIGLET -; piglets
PIGLIKE -; -
PIGMENT -; pigments
PIGMIES -; -
PIGMY -; -
PIGNOLI -; pignolia, pignolis
PIGNORA -; -
PIGNUS -; -
PIGNUT -; pignuts
PIGOUT -; pigouts
PIGPEN -; pigpens
PIGSKIN -; pigskins
PIGSNEY -; pigsneys
PIGSTY -; -
PIGTAIL -; pigtails
PIGWEED -; pigweeds
PIING -; -
PIKA -; pikas
PIKAKE -; pikakes
PIKE spike; piked, piker, pikes
PIKED spiked; -
PIKEMAN -; -
PIKEMEN -; -
PIKER spiker; pikers
PIKERS spikers; -
PIKES spikes; -
PIKI -; pikis
PIKING spiking; -
PILAF -; pilaff, pilafs
PILAFF -; pilaffs
PILAR -; -
PILAU -; pilaus
PILAW -; pilaws

PILE	spile; pilea, piled, pilei, piles
PILEATE	-; pileated
PILED	spiled; -
PILEOUS	-; -
PILES	spiles; -
PILEUM	-; -
PILEUP	-; pileups
PILEUS	-; -
PILFER	-; pilfers
PILGRIM	-; pilgrims
PILI	-; pilis
PILING	spiling; pilings
PILINGS	spilings; -
PILL	spill; pills
PILLAGE	-; pillaged, pillager, pillages
PILLAR	-; pillars
PILLBOX	-; -
PILLBUG	-; pillbugs
PILLED	spilled; -
PILLING	spilling; -
PILLION	-; pillions
PILLORY	-; -
PILLOW	-; pillows, pillowy
PILLS	spills; -
PILOSE	-; -
PILOT	-; pilots
PILOTED	-; -
PILOUS	-; -
PILSNER	-; pilsners
PILULAR	-; -
PILULE	-; pilules
PILUS	-; -
PILY	-; -
PIMA	-; pimas
PIMENTO	-; pimentos
PIMP	-; pimps
PIMPED	-; -
PIMPING	-; -
PIMPLE	-; pimpled, pimples
PIMPLY	-; -
PIN	spin; pina, pine, ping, pink, pins, pint, piny
PINA	-; pinas
PINANG	-; pinangs
PINATA	-; pinatas
PINBALL	-; pinballs
PINBONE	-; pinbones
PINCER	-; pincers
PINCH	-; -
PINCHED	-; -
PINCHER	-; pinchers
PINCHES	-; -
PINCURL	-; pincurls
PINDER	-; pinders
PINE	opine, spine; pined, pines, piney
PINEAL	-; -
PINED	opined, spined; -
PINENE	-; pinenes
PINERY	-; -
PINES	opines, spines; -
PINESAP	-; pinesaps
PINETA	-; -
PINETUM	-; -
PINEY	-; -
PINFISH	-; -
PINFOLD	-; pinfolds
PING	aping, oping; pingo, pings

PINGED	-; -
PINGER	-; pingers
PINGING	-; -
PINGO	-; pingos
PINGUID	-; -
PINHEAD	-; pinheads
PINHOLE	-; pinholes
PINIER	spinier; -
PINIEST	-; -
PINING	opining; -
PINION	opinion; pinions
PINIONS	opinions; -
PINITE	-; pinites
PINITOL	-; pinitols
PINK	-; pinko, pinks, pinky
PINKED	-; -
PINKEN	-; pinkens
PINKER	-; -
PINKEST	-; -
PINKEY	-; pinkeye, pinkeys
PINKEYE	-; pinkeyes
PINKIE	-; pinkies
PINKING	-; pinkings
PINKISH	-; -
PINKLY	-; -
PINKO	-; pinkos
PINKOES	-; -
PINNA	-; pinnae, pinnal, pinnas
PINNACE	-; pinnaces
PINNATE	-; pinnated
PINNED	-; -
PINNER	spinner; pinners
PINNERS	spinners; -
PINNIES	-; -
PINNING	spinning; -
PINNULA	-; pinnulae, pinnular
PINNULE	-; pinnules
PINNY	spinny; -
PINOCLE	-; pinocles
PINOLE	-; pinoles
PINON	-; pinons
PINONES	-; -
PINOT	-; pinots
PINS	spins; -
PINT	-; pinta, pinto, pints
PINTA	-; pintas
PINTADA	-; pintadas
PINTADO	-; pintados
PINTAIL	-; pintails
PINTANO	-; pintanos
PINTLE	-; pintles
PINTO	-; pintos
PINTOES	-; -
PINUP	-; pinups
PINWALE	-; pinwales
PINWEED	-; pinweeds
PINWORK	-; pinworks
PINWORM	-; pinworms
PINY	spiny; -
PINYIN	-; pinyins
PINYON	-; pinyons
PIOLET	-; piolets
PION	-; pions
PIONEER	-; pioneers
PIONIC	-; -
PIOSITY	-; -
PIOUS	-; -
PIOUSLY	-; -
PIP	-; pipe, pips, pipy
PIPA	-; pipal, pipas
PIPAGE	-; pipages
PIPAL	-; pipals

PIPE	-; piped, piper, pipes, pipet
PIPEAGE	-; pipeages
PIPEFUL	-; pipefuls
PIPER	-; pipers
PIPET	-; pipets
PIPETTE	-; pipetted, pipettes
PIPIER	-; -
PIPIEST	-; -
PIPING	-; pipings
PIPIT	-; pipits
PIPKIN	-; pipkins
PIPLESS	-; -
PIPPED	-; -
PIPPIN	-; pipping, pippins
PIPPY	-; -
PIQUANT	-; -
PIQUE	-; piqued, piques, piquet
PIQUET	-; piquets
PIQUING	-; -
PIRACY	-; -
PIRAGUA	-; piraguas
PIRANA	-; piranas
PIRANHA	-; piranhas
PIRATE	-; pirated, pirates
PIRATIC	-; -
PIRAYA	-; pirayas
PIRN	-; pirns
PIROG	-; pirogi
PIROGEN	-; -
PIROGHI	-; -
PIROGUE	-; pirogues
PIROQUE	-; piorques
PIS	-; piso
PISCARY	-; -
PISCINA	-; piscinae, piscinal, piscinas
PISCINE	-; -
PISCO	-; piscos
PISH	apish; -
PISHED	-; -
PISHER	-; pishers
PISHES	-; -
PISHING	-; -
PISHOGE	-; pishoges
PISMIRE	-; pismires
PISO	-; pisos
PISS	-; -
PISSANT	-; pissants
PISSED	-; -
PISSER	-; pissers
PISSES	-; -
PISSING	-; -
PISSOIR	-; pissoirs
PISTE	-; pistes
PISTIL	-; pistils
PISTOL	-; pistole, pistols
PISTOLE	-; pistoled, pistoles
PISTON	-; pistons
PISTOU	-; pistous
PIT	spit; pita, pith, pits, pity
PITA	-; pitas
PITAPAT	-; pitapats
PITAYA	-; pitayas
PITCH	-; pitchy
PITCHED	-; -
PITCHER	-; pitchers
PITCHES	-; -
PITCHY	-; -
PITEOUS	-; -
PITFALL	-; pitfalls
PITH	-; piths, pithy

PITHEAD -; pitheads
PITHED -; -
PITHIER -; -
PITHILY -; -
PITHING -; -
PITHOI -; -
PITHOS -; -
PITIED -; -
PITIER -; -
PITIES -; -
PITIFUL -; -
PITMAN -; pitmans
PITMEN -; -
PITON -; pitons
PITOT -; pitots
PITS spits; -
PITSAW -; pitsaws
PITTA -; pittas
PITTED spitted; -
PITTING spitting; pittings
PIU -; -
PIVOT -; pivots
PIVOTAL -; -
PIVOTED -; -
PIX -; pixy
PIXEL -; pixels
PIXES -; -
PIXIE -; pixies
PIXIES -; pixiesh
PIXY -; -
PIXYISH -; -
PIZAZZ -; pizazzy
PIZZA -; pizzas
PIZZLE -; pizzles
PLACARD -; placards
PLACATE -; placated, placater, placates
PLACE -; placed, placer, places, placet
PLACEBO -; placebos
PLACER -; placers
PLACET -; -
PLACID -; -
PLACING -; -
PLACK -; placks
PLACKET -; plackets
PLACOID -; placoids
PLAFOND -; plafonds
PLAGAL -; -
PLAGE -; plages
PLAGUE -; plagued, plaguer, plagues, plaguey
PLAGUER -; plaguers
PLAGUY -; -
PLAICE -; plaices
PLAID -; plaids
PLAIDED -; -
PLAIN -; plains, plaint
PLAINED -; -
PLAINER -; -
PLAINLY -; -
PLAINT -; plaints
PLAIT -; plaits
PLAITED -; -
PLAITER -; plaiters
PLAN -; plane, plank, plans, plant
PLANAR -; -
PLANATE -; -
PLANCH -; planche
PLANCHE -; planches, planchet
PLANE -; planed, planer, planes, planet

PLANED -; -
PLANER -; planers
PLANET -; planets
PLANING -; -
PLANISH -; -
PLANK -; planks
PLANKED -; -
PLANNED -; -
PLANNER -; planners
PLANT -; plants
PLANTAR -; -
PLANTED -; -
PLANTER -; planters
PLANULA -; planulae, planular
PLAQUE -; plaques
PLASH splash; plashy
PLASHED splashed; -
PLASHER -; plashers
PLASHES splashes; -
PLASHY splashy; -
PLASM -; plasma, plasms
PLASMA -; plasmas
PLASMIC -; -
PLASMID -; plasmids
PLASMIN -; plasmins
PLASMON -; plasmons
PLASTER -; plasters, plastery
PLASTIC aplastic; plastics
PLASTID -; plastids
PLAT splat; plate, plats, platy
PLATAN -; platane, platans
PLATANE -; platanes
PLATE -; plated, platen, plater, plates
PLATEAU -; plateaus, plateaux
PLATEN -; platens
PLATER -; platers
PLATIER -; -
PLATIES -; platiest
PLATINA -; platinas
PLATING -; platings
PLATOON -; platoons
PLATS splats; -
PLATTED -; -
PLATTER splatter; platters
PLATY -; platys
PLAUDIT -; plaudits
PLAY splay; playa, plays
PLAYA -; playas
PLAYACT -; playacts
PLAYBOY -; playboys
PLAYDAY -; playdays
PLAYED splayed; -
PLAYER -; players
PLAYERS splayers; -
PLAYFUL -; -
PLAYING splaying; -
PLAYLET -; playlets
PLAYOFF -; playoffs
PLAYPEN -; playpens
PLAYS splays; -
PLAZA -; plazas
PLEA -; plead, pleas, pleat
PLEACH -; -
PLEAD -; pleads
PLEADED -; -
PLEADER -; pleaders

PLEASE	-; pleased, pleaser, pleases
PLEASER	-; pleasers
PLEAT	-; pleats
PLEATED	-; -
PLEATER	-; pleaters
PLEB	-; plebe, plebs
PLEBE	-; plebes
PLED	-; -
PLEDGE	-; pledged, pledgee, pledger, pledges, pledget
PLEDGEE	-; pledgees
PLEDGER	-; pledgers
PLEDGET	-; pledgets
PLEDGOR	-; pledgors
PLEIAD	-; pleiads
PLENA	-; -
PLENARY	-; -
PLENCH	-; -
PLENISH	-; -
PLENISM	-; plenisms
PLENIST	-; plenists
PLENTY	aplenty; -
PLENUM	-; plenums
PLEON	-; -
PLEONAL	-; -
PLEONIC	-; -
PLEOPOD	-; pleopods
PLEROMA	-; pleromas
PLESSOR	-; plessors
PLEURA	-; pleurae, pleural, pleuras
PLEURON	-; -
PLEW	-; plews
PLEX	-; -
PLEXAL	-; -
PLEXES	-; -
PLEXOR	-; plexors
PLEXUS	-; -
PLIABLE	-; -
PLIABLY	-; -
PLIANCY	-; -
PLIANT	-; -
PLICA	-; plicae, plical
PLICATE	-; plicated
PLIE	-; plied, plier, plies
PLIER	-; pliers
PLIGHT	-; plights
PLIMSOL	-; plimsole, plimsoll, plimsols
PLINK	-; plinks, plinky
PLINKED	-; -
PLINKER	-; plinkers
PLINTH	-; plinths
PLISKIE	-; pliskies
PLISKY	-; -
PLISSE	-; plisses
PLOD	-; plods
PLODDED	-; -
PLODDER	-; plodders
PLOIDY	-; -
PLONK	-; plonks
PLONKED	-; -
PLOP	-; plops
PLOPPED	-; -
PLOSION	-; plosions
PLOSIVE	-; plosives
PLOT	-; plots, plotz
PLOTTED	-; -
PLOTTER	-; plotters
PLOTTY	-; -
PLOTZ	-; -
PLOTZED	-; -

PLOTZES	-; -
PLOUGH	-; ploughs
PLOVER	-; plovers
PLOW	-; plows
PLOWBOY	-; plowboys
PLOWED	-; -
PLOWER	-; plowers
PLOWING	-; -
PLOWMAN	-; -
PLOWMEN	-; -
PLOY	-; ploys
PLOYE	-; ployed, ployes
PLOYED	-; -
PLOYING	-; -
PLUCK	-; plucks, plucky
PLUCKED	-; -
PLUCKER	-; pluckers
PLUG	-; plugs
PLUGGED	-; -
PLUGGER	-; pluggers
PLUGOLA	-; plugolas
PLUM	-; plumb, plume, plump, plums, plumy
PLUMAGE	-; plumaged, plumages
PLUMATE	-; -
PLUMB	-; plumbs
PLUMBED	-; -
PLUMBER	-; plumbers, plumbery
PLUMBIC	-; -
PLUMBUM	-; plumbums
PLUME	-; plumed, plumes
PLUMERY	-; -
PLUMIER	-; -
PLUMING	-; -
PLUMMET	-; plummets
PLUMMY	-; -
PLUMOSE	-; -
PLUMP	-; plumps
PLUMPED	-; -
PLUMPEN	-; plumpens
PLUMPER	-; plumpers
PLUMPLY	-; -
PLUMULE	-; plumules
PLUMY	-; -
PLUNDER	-; plunders
PLUNGE	-; plunged, plunger, plunges
PLUNGER	-; plungers
PLUNK	-; plunks, plunky
PLUNKED	-; -
PLUNKER	-; plunkers
PLUNKY	-; -
PLUOT	-; pluots
PLURAL	-; plurals
PLUS	-; plush
PLUSES	-; -
PLUSH	-; plushy
PLUSHED	-; -
PLUSHER	-; -
PLUSHES	-; -
PLUSHLY	-; -
PLUSSES	-; -
PLUTEI	-; -
PLUTEUS	-; -
PLUTON	-; plutons
PLUVIAL	-; pluvials
PLUVIAN	-; -
PLY	-; -
PLYER	-; plyers
PLYING	-; -
PLYWOOD	-; plywoods
PNEUMA	-; pneumas

PO	-; poo, pos
POACH	-; poachy
POACHED	-; -
POACHER	-; poachers
POACHES	-; -
POBLANO	-; poblanos
POBOY	-; poboys
POCHARD	-; pochards
POCK	-; pocks, pocky
POCKED	-; -
POCKET	-; pockets
POCKIER	-; -
POCKILY	-; -
POCKING	-; -
POCO	-; -
POCOSEN	-; pocosens
POCOSIN	-; pocosins
POCOSON	-; pocosons
POD	apod; pods
PODCAST	-; podcasts
PODAGRA	-; podagral, podagras
PODDED	-; -
PODDING	-; -
PODESTA	-; podestas
PODGIER	-; -
PODGILY	-; -
PODGY	-; -
PODIA	-; -
PODITE	-; podites
PODITIC	-; -
PODIUM	-; podiums
PODLIKE	-; -
PODSOL	-; podsols
PODUNK	-; podunks
PODZOL	-; podzols
POEM	-; poems
POESIES	-; -
POESY	-; -
POET	-; poets

POETIC	-; poetics
POETISE	-; poetised, poetiser, poetises
POETIZE	-; poetized, poetizer, poetizes
POETRY	-; -
POGEY	-; pogeys
POGIES	-; -
POGONIA	-; pogonias
POGONIP	-; pogonips
POGROM	-; pogroms
POGY	-; -
POH	-; -
POI	-; pois
POILU	-; poilus
POIND	-; poinds
POINDED	-; -
POINT	-; pointe, points, pointy
POINTE	-; pointed, pointer, pointes
POINTER	-; pointers
POISE	-; poised, poiser, poises
POISER	-; poisers
POISHA	-; -
POISING	-; -
POISON	-; poisons
POITREL	-; poitrels
POKE	spoke; poked, poker, pokes, pokey
POKED	spoked; -
POKER	-; pokers
POKES	spokes; -
POKEY	-; pokeys
POKIER	-; -

POKIES	-; pokiest
POKILY	-; -
POKING	spoking; -
POKY	-; -
POL	-; pole, poll, polo, pols, poly
POLAR	-; polars
POLARON	-; polarons
POLDER	-; polders
POLE	-; poled, poler, poles
POLEAX	-; poleaxe
POLEAXE	-; poleaxed, poleaxes
POLECAT	-; polecats
POLEIS	-; -
POLEMIC	-; polemics
POLENTA	-; polentas
POLER	-; polers
POLEYN	-; poleyns
POLICE	-; policed, policer, polices
POLICER	-; policers
POLICY	-; -
POLING	-; -
POLIO	-; polios
POLIS	-; polish
POLITE	-; politer
POLITIC	-; politick, politics
POLITY	-; -
POLKA	-; polkas
POLKAED	-; -
POLL	-; polls
POLLACK	-; pollacks
POLLARD	-; pollards
POLLED	-; -
POLLEE	-; pollees
POLLEN	-; pollens
POLLER	-; pollers
POLLEX	-; -
POLLING	-; -
POLLIST	-; pollists
POLLOCK	-; pollocks
POLLUTE	-; polluted, polluter, pollutes
POLO	-; polos
POLOIST	-; poloists
POLY	-; polyp, polys
POLYP	-; polypi
POLYCOT	-; polycots
POLYENE	-; polyenes
POLYGON	-; polygons, polygony
POLYMER	-; polymers
POLYNYA	-; polynyas
POLYOL	-; polyols
POLYOMA	-; polyomas
POLYP	-; polypi, polyps
POLYPED	-; polypeds
POLYPOD	-; polypods, polypody
POLYPUS	-; -
POM	-; pome, pomp, poms
POMACE	-; pomaces
POMADE	-; pomaded, pomades
POMATUM	-; pomatums
POME	-; pomes
POMELO	-; pomelos
POMFRET	-; pomfrets
POMMEE	-; -
POMMEL	-; pommels
POMMIE	-; pommies
POMMY	-; -

POMO	-; pomos	**POOCH**	-; -
POMP	-; pomps	**POOCHED**	-; -
POMPANO	-; pompanos	**POOCHES**	-; -
POMPOM	-; pompoms	**POOD**	-; poods
POMPON	-; pompons	**POODLE**	-; poodles
POMPOUS	-; -	**POOED**	-; -
PONCE	-; ponced, ponces	**POOF**	spoof; poofs, poofy
PONCHO	-; ponchos	**POOFTAH**	-; pooftahs
PONCING	-; -	**POOFTER**	-; poofters
POND	-; ponds	**POOH**	-; poohs
PONDED	-; -	**POOHBAH**	-; poohbahs
PONDER	-; ponders	**POOHED**	-; -
PONDING	-; -	**POOHING**	-; -
PONE	-; pones	**POOING**	-; -
PONENT	-; -	**POOJA**	-; poojas
PONG	-; pongo, pongs, pongy	**POOKA**	-; pookas
		POOL	spool; pools
PONGAL	-; pongals	**POOLED**	spooled; -
PONGED	-; -	**POOLER**	spooler; poolers
PONGEE	-; pongees		
PONGID	-; pongids	**POOLERS**	spoolers; -
PONGING	-; -	**POOLING**	spooling; -
PONGO	-; pongos	**POOLS**	spools; -
PONIARD	-; poniards	**POON**	spoon; poons
PONIED	-; -	**POONS**	spoons; -
PONIES	-; -	**POOP**	-; poops
PONS	-; -	**POOPED**	-; -
PONTES	-; -	**POOPEY**	-; -
PONTIFF	-; pontiffs	**POOPING**	-; -
PONTIL	-; pontils	**POOR**	spoor; poori
PONTINE	-; -	**POORER**	-; -
PONTON	-; pontons	**POOREST**	-; -
PONTOON	spontoon; pontoons	**POORI**	-; pooris
		POORIS	-; poorish
PONY	-; -	**POORLY**	-; -
PONZU	-; ponzus	**POORS**	spoors; -
POO	-; pood, poof, pool, poop, poor, poos	**POOVE**	-; pooves
		POP	-; pope, pops
		POPCORN	-; popcorns

POPE -; popes
POPEDOM -; popedoms
POPERY -; -
POPEYED -; -
POPGUN -; popguns
POPISH -; -
POPLAR -; poplars
POPLIN -; poplins
POPOVER -; popovers
POPPA -; poppas
POPPED -; -
POPPER -; poppers
POPPET -; poppets
POPPIED -; -
POPPIES -; -
POPPING -; -
POPPLE -; poppled, popples
POPPY -; -
POPS -; popsy
POPSIE -; popsies
POPULAR -; -
PORCH -; -
PORCHES -; -
PORCINE -; -
PORCINI -; -
PORCINO -; -
PORE spore; pored, pores
PORED spored; -
PORES spores; -
PORGIES -; -
PORGY -; -
PORING sporing; -
PORISM -; porisms
PORK -; porks, porky
PORKER -; porkers
PORKIER -; -
PORKIES -; porkiest
PORKPIE -; porkpies
PORN -; porno, porns, porny
PORNO -; pornos
POROSE -; -
POROUS -; -
PORRECT -; -
PORT aport, sport; ports
PORTAGE -; portaged, portages
PORTAL -; portals
PORTED sported; -
PORTEND -; portends
PORTENT -; portents
PORTER sporter; porters
PORTERS sporters; -
PORTICO -; porticos
PORTING -; -
PORTION -; portions
PORTLY -; -
PORTRAY -; portrays
PORTS sports; -
POSADA -; posadas
POSE -; posed, poser, poses
POSER -; posers
POSEUR -; poseurs
POSH -; -
POSHER -; -
POSHEST -; -
POSHLY -; -
POSIES -; -
POSING -; -
POSIT -; posits
POSITED -; -
POSOLE -; posoles
POSSE -; posses, posset
POSSES -; possess

POSSET	-; possets
POSSUM	opossum; possums
POSSUMS	opossums; -
POST	-; posts
POSTAGE	-; postages
POSTAL	-; postals
POSTBAG	-; postbags
POSTBOX	-; -
POSTBOY	-; postboys
POSTDOC	-; postdocs
POSTED	-; -
POSTEEN	-; posteens
POSTER	-; postern, posters
POSTFIX	-; -
POSTIE	-; posties
POSTIN	-; posting, postins
POSTING	-; postings
POSTMAN	-; -
POSTMEN	-; -
POSTOP	-; postops
POSTTAX	-; -
POSTURE	-; postured, posturer, postures
POSTWAR	-; -
POSY	-; -
POT	spot; pots
POTABLE	-; potables
POTAGE	-; potages
POTAMIC	-; -
POTASH	-; -
POTATO	-; -
POTBOIL	-; potboils
POTBOY	-; potboys
POTEEN	-; poteens
POTENCE	-; potences
POTENCY	-; -
POTENT	-; -
POTFUL	-; potfuls
POTHEAD	-; potheads
POTHEEN	-; potheens
POTHER	-; potherb, pothers
POTHERB	-; potherbs
POTHOLE	-; potholed, potholes
POTHOOK	-; pothooks
POTHOS	-; -
POTICHE	-; potiches
POTION	-; potions
POTLACH	-; potlache
POTLIKE	-; -
POTLINE	-; potlines
POTLUCK	-; potlucks
POTMAN	-; -
POTMEN	-; -
POTPIE	-; potpies
POTS	spots; -
POTSHOT	-; potshots
POTSIE	-; potsies
POTSY	-; -
POTTAGE	-; pottages
POTTED	spotted; -
POTTEEN	-; potteens
POTTER	spotter; potters, pottery
POTTERS	spotters; -
POTTIER	-; -
POTTIES	-; pottiest
POTTING	spotting; -
POTTLE	-; pottles
POTTO	-; pottos
POTTY	spotty; -
POTZER	-; potzers

POUCH -; pouchy
POUCHED -; -
POUCHES -; -
POUF -; pouff, poufs
POUFED -; -
POUFF -; pouffe, pouffs
POUFFE -; pouffed, pouffes
POULARD -; poularde, poulards
POULT -; poults
POULTER -; poulters
POULTRY -; -
POUNCE -; pounced, pouncer, pounces
POUNCER -; pouncers
POUND -; pounds
POUNDAL -; poundals
POUNDED -; -
POUNDER -; pounders
POUR -; pours
POURED -; -
POURER -; pourers
POURING -; -
POUSSIE -; poussies
POUT spout; pouts, pouty
POUTED spouted; -
POUTER spouter; pouters
POUTERS spouters; -
POUTFUL -; -
POUTIER -; -
POUTINE -; poutines
POUTING spouting; -
POUTS spouts; -
POUTY -; -
POVERTY -; -
POW -; pows
POWDER -; powders, powdery
POWER -; powers
POWERED -; -
POWTER -; powters
POWWOW -; powwows
POX -; poxy
POXED -; -
POXES -; -
POXIER -; -
POXING -; -
POYOU -; poyous
POZOLE -; pozoles
PRAAM -; praams
PRACTIC -; practice
PRAETOR -; praetors
PRAHU -; prahus
PRAIRIE -; prairies
PRAISE upraise; praised, praiser, praises
PRAISED upraised; -
PRAISER upraiser; praisers
PRAISES upraises; -
PRAJNA -; prajnas
PRALINE -; pralines
PRAM -; prams
PRANA -; pranas
PRANCE -; pranced, prancer, prances
PRANCER -; prancers
PRANG sprang; prangs
PRANGED -; -

PRANK	-; pranks
PRANKED	-; -
PRAO	-; praos
PRASE	-; prases
PRAT	sprat; prate, prats
PRATE	-; prated, prater, prates
PRATER	-; praters
PRATIE	-; praties
PRATING	-; -
PRATS	sprats; -
PRATTLE	sprattle; prattled, prattler, prattles
PRAU	-; praus
PRAWN	-; prawns
PRAWNED	-; -
PRAWNER	-; prawners
PRAXES	-; -
PRAXIS	-; -
PRAY	spray; prays
PRAYED	sprayed; -
PRAYER	sprayer; prayers
PRAYERS	sprayers; -
PRAYING	spraying; -
PRAYS	sprays; -
PREACH	upreach; preachy
PREACT	-; preacts
PREAGED	-; -
PREAMP	-; preamps
PREANAL	-; -
PREARM	-; prearms
PREAVER	-; preavers
PREBADE	-; -
PREBAKE	-; prebaked, prebakes
PREBEND	-; prebends
PREBID	-; prebids
PREBILL	-; prebills
PREBIND	-; prebinds
PREBOIL	-; preboils
PREBOOK	-; prebooks
PREBOOM	-; -
PREBUY	-; prebuys
PRECAST	-; precasts
PRECAVA	-; precavae, precaval
PRECEDE	-; preceded, precedes
PRECENT	-; precents
PRECEPT	-; precepts
PRECESS	-; -
PRECHILL	-; prechills
PRECIPE	-; precipes
PRECIS	-; precise
PRECISE	-; precised, preciser, precises
PRECODE	-; precoded, precodes
PRECOOK	-; precooks
PRECOOL	-; precools
PRECOUP	-; -
PRECURE	-; precured, precures
PRECUT	-; precuts
PREDATE	-; predated, predates
PREDAWN	-; predawns
PREDIAL	-; -
PREDICT	-; predicts
PREDIVE	-; -
PREDRY	-; -
PREDUSK	-; predusks
PREE	spree; preed, preen, prees

PREEDIT -; preedits
PREEING -; -
PREEMIE -; preemies
PREEMPT -; preempts
PREEN -; preens
PREENER -; preeners
PREES sprees; -
PREFAB -; prefabs
PREFACE -; prefaced, prefacer, prefaces
PREFADE -; prefaded, prefades
PREFECT -; prefects
PREFER -; prefers
PREFILE -; prefiled, prefiles
PREFIRE -; prefired, prefires
PREFIX -; -
PREFORM -; preforms
PREFUND -; prefunds
PREGAME -; -
PREHEAT -; preheats
PRELACY -; -
PRELATE -; prelates
PRELAW -; -
PRELECT -; prelects
PRELIFE -; -
PRELIM -; prelims
PRELOAD -; preloads
PRELUDE -; preluded, preluder, preludes
PREMADE -; -
PREMAN -; -
PREMEAL -; -
PREMED -; premeds
PREMEET -; -
PREMEN -; -
PREMIE -; premier, premies
PREMIER -; premiere, premiers
PREMISE -; premised, premises
PREMISS -; -
PREMIUM -; premiums
PREMIX -; -
PREMOLD -; premolds
PREMOLT -; -
PREMUNE -; -
PRENAME -; prenames
PRENOON -; -
PRENUP -; prenups
PREOP -; preops
PREP -; preps
PREPACK -; prepacks
PREPAID -; -
PREPARE -; prepared, preparer, prepares
PREPAVE -; prepaved, prepaves
PREPAY -; prepays
PREPILL -; -
PREPLAN -; preplans, preplant
PREPOSE -; preposed, preposes
PREPPED -; -
PREPPIE -; preppies
PREPPY -; -
PREPREG -; prepregs
PREPUCE -; prepuces
PREPURA -; prepurae, prepuras
PREQUEL -; prequels
PRERACE -; -
PRERIOT -; -

PREROCK	-; -
PRESA	-; -
PRESAGE	-; presaged, presager, presages
PRESALE	-; -
PRESE	-; preset
PRESELL	-; presells
PRESENT	-; presents
PRESET	-; presets
PRESHIP	-; preships
PRESHOW	-; preshown, preshows
PRESIDE	-; presided, presider, presides
PRESIFT	-; presifts
PRESOAK	-; presoaks
PRESOLD	-; -
PRESONG	-; -
PRESORT	-; presorts
PRESS	-; -
PRESSED	-; -
PRESSER	-; pressers
PRESSES	-;
PRESSOR	-; -
PREST	-; presto, prests
PRESTER	-; presters
PRESTO	-; prestos
PRESUME	-; presumed, presumer, presumes
PRETAPE	-; pretaped, pretapes
PRETAX	-; -
PRETEEN	-; preteens
PRETELL	-; pretells
PRETEND	-; pretends
PRETERM	-; -
PRETEST	-; pretests
PRETEXT	-; pretexts
PRETOR	-; pretors
PRETRIM	-; pretrims
PRETTY	-; -
PRETYPE	-; pretyped, pretypes
PRETZEL	-; pretzels
PREVAIL	-; prevails
PREVENT	-; prevents
PREVERB	-; preverbs
PREVIEW	-; previews
PREVISE	-; prevised, previses
PREVUE	-; prevued, prevues
PREWAR	-; prewarm, prewarn
PREWARM	-; prewarms
PREWARN	-; prewarns
PREWASH	-; -
PREWIRE	-; prewired, prewires
PREWORK	-; -
PREWRAP	-; prewraps
PREX	-; prexy
PREXES	-; -
PREXIES	-; -
PREY	-; preys
PREYED	-; -
PREYER	-; preyers
PREYING	-; -
PREZ	-; -
PREZES	-; -
PREZZIE	-; prezzies
PRIAPI	-; priapic
PRIAPUS	-; -
PRICE	-; priced, pricer, prices, pricey
PRICER	-; pricers

PRICIER -; -
PRICILY -; -
PRICING -; -
PRICK -; pricks, pricky
PRICKED -; -
PRICKER -; prickers
PRICKET -; prickets
PRICKLE -; prickled, prickles
PRICKLY -; -
PRICKY -; -
PRICY -; -
PRIDE -; prided, prides
PRIDING -; -
PRIED -; -
PRIER sprier; priers
PRIES -; priest
PRIEST -; priests
PRIG sprig; prigs
PRIGGED sprigged; -
PRIGS sprigs; -
PRILL -; prills
PRILLED -; -
PRIM -; prima, prime, primi, primo, primp, prims
PRIMA -; primal, primas
PRIMACY -; -
PRIMAGE -; primages
PRIMARY -; -
PRIMATE -; primates
PRIME -; primed, primer, primes
PRIMELY -; -
PRIMER -; primers
PRIMERO -; primeros
PRIMI primis
PRIMINE -; primines
PRIMING -; primings
PRIMLY -; -
PRIMMED -; -
PRIMMER -; -
PRIMO -; primos
PRIMP -; primps
PRIMPED -; -
PRIMSIE -; -
PRIMULA -; primulas
PRIMUS -; -
PRINCE -; princes
PRINCES -; princess
PRINCOX -; -
PRINK -; prinks
PRINKED -; -
PRINKER -; prinkers
PRINT sprint; prints
PRINTED sprinted; -
PRINTER sprinter; printers, printery
PRION -; prions
PRIOR -; priors, priory
PRIORLY -; -
PRIORY -; -
PRISE uprise; prised, prises
PRISERE -; priseres
PRISES uprises; -
PRISING -; -
PRISM -; prisms
PRISON -; prisons
PRISS -; prissy
PRISSED -; -
PRISSES -; -
PRITHEE -; -
PRIVACY -; -
PRIVATE -; privater, privates
PRIVET -; privets

PRIVIER -; -
PRIVIES -; priviest
PRIVILY -; -
PRIVITY -; -
PRIVY -; -
PRIZE -; prized, prizer, prizes
PRIZER -; prizers
PRIZING -; -
PRO -; proa, prod, prof, prog, prom, prop, pros, prow
PROA -; proas
PROBAND -; probands
PROBANG -; probangs
PROBATE -; probated, probates
PROBE -; probed, prober, probes
PROBER -; probers
PROBING -; -
PROBIT -; probits, probity
PROBLEM -; problems
PROCARP -; procarps
PROCEED -; proceeds
PROCESS -; -
PROCTOR -; proctors
PROCURE -; procured, procurer, procures
PROD -; prods
PRODDED -; -
PRODDER -; prodders
PRODIGY -; -
PRODRUG -; prodrugs
PRODUCE -; produced, producer, produces
PRODUCT -; products
PROEM -; proems
PROETTE -; proettes
PROF -; profs
PROFANE -; profaned, profaner, profanes
PROFESS -; -
PROFFER -; proffers
PROFILE -; profiled, profiler, profiles
PROFIT -; profits
PROFUSE -; -
PROG -; progs
PROGENY -; -
PROGGED -; -
PROGGER -; proggers
PROGRAM -; programs
PROGUN -; -
PROJECT -; projects
PROJET -; projets
PROLAN -; prolans
PROLATE -; -
PROLE -; proles
PROLEG -; prolegs
PROLINE -; prolines
PROLIX -; -
PROLOG -; prologs
PROLONG -; prolonge, prolongs
PROM -; promo, proms
PROMINE -; promines
PROMISE -; promised, promisee, promiser, promises
PROMO -; promos
PROMOTE -; promoted,

	promoter, promotes
PROMPT	-; prompts
PRONATE	-; pronated, pronates
PRONE	-; -
PRONELY	-; -
PRONG	-; prongs
PRONGED	-; -
PRONOUN	-; pronouns
PRONTO	-; -
PROOF	-; proofs
PROOFED	-; -
PROOFER	-; proofers
PROP	-; props
PROPANE	-; propanes
PROPEL	-; propels
PROPEND	-; propends
PROPENE	-; propenes
PROPER	-; propers
PROPHET	-; prophets
PROPINE	-; propined, propines
PROPJET	-; propjets
PROPMAN	-; -
PROPMEN	-; -
PROPONE	-; proponed, propones
PROPOSE	-; proposed, proposer, proposes
PROPPED	-; -
PROPRIA	-; -
PROPYL	-; propyls
PROPYNE	-; propynes
PRORATE	-; prorated, prorates
PROS	-; prose, proso, pross, prosy
PROSAIC	-; -
PROSE	uprose; prosed, proser, proses
PROSECT	-; prosects
PROSER	-; prosers
PROSIER	-; -
PROSILY	-; -
PROSING	-; -
PROSIT	-; -
PROSO	-; prosos
PROSODY	-; -
PROSOMA	-; prosomal, prosomas
PROSPER	-; prospers
PROSS	-; -
PROSSES	-; -
PROSSIE	-; prossies
PROST	-; -
PROSTIE	-; prosties
PROSY	-; -
PROTEA	-; protean, proteas
PROTECT	-; protects
PROTEGE	-; protegee, proteges
PROTEI	-; proteid, protein, proteis
PROTEID	-; proteide,
PROTEIN	-; proteins
PROTEND	-; protends
PROTEST	-; protests
PROTEUS	-; -
PROTIST	-; protists
PROTIUM	-; protiums
PROTON	-; protons
PROTYL	-; protyle, protyls
PROTYLE	-; protyles
PROUD	-; -
PROUDER	-; -

PROUDLY -; -
PROVE -; proved, proven, prover, proves
PROVER -; proverb, provers
PROVERB -; proverbs
PROVIDE -; provided, provider, provides
PROVING -; -
PROVISO -; provisos
PROVOKE -; provoked, provoker, provokes
PROVOST -; provosts
PROW -; prowl, prows
PROWAR -; -
PROWER -; -
PROWESS -; -
PROWEST -; -
PROWL -; prowls
PROWLED -; -
PROWLER -; prowlers
PROXIES -; -
PROXIMO -; -
PROXY -; -
PRUDE -; prudes
PRUDENT -; -
PRUDERY -; -
PRUDISH -; -
PRUNE -; pruned, pruner, prunes
PRUNER -; pruners
PRUNEY -; -
PRUNING -; -
PRUNUS -; -
PRURIGO -; prurigos
PRUSSIC -; -
PRUTA -; prutah
PRUTOT -; prutoth
PRY spry; -
PRYER spryer; pryers
PRYING -; -
PRYTHEE -; -
PSALM -; psalms
PSALMED -; -
PSALMIC -; -
PSALTER -; psalters, psaltery
PSALTRY -; -
PSCHENT -; pschents
PSEUD -; pseudo
PSHAW -; pshaws
PSHAWED -; -
PSI -; psis
PSIS apsis; -
PSOAE -; -
PSOAI -; -
PSOAS -; -
PSOCID -; psocids
PSST -; -
PST -; -
PSYCH -; psyche, psycho, psychs
PSYCHE -; psyched, psyches
PSYCHIC -; psychics
PSYCHO -; psychos
PSYLLA -; psyllas
PSYLLID -; psyllids
PSYOPS -; -
PSYWAR -; psywars
PTERIN -; pterins
PTERYLA -; pterylae
PTISAN -; ptisans
PTOMAIN -; ptomaine, ptomains

PTOOEY	-; -
PTOSES	-; -
PTOSIS	-; -
PTOTIC	-; -
PTUI	-; -
PTYALIN	-; ptyalins
PUB	-; pubs
PUBERAL	-; -
PUBERTY	-; -
PUBES	-; -
PUBIC	-; -
PUBIS	-; -
PUBLIC	-; publics
PUBLISH	-; -
PUCCOON	-; puccoons
PUCE	-; puces
PUCK	-; pucka, pucks
PUCKA	-; puckas
PUCKER	-; puckers, puckery
PUCKISH	-; -
PUD	spud; puds
PUDDING	-; puddings
PUDDLE	-; puddled, puddler, puddles
PUDDLER	-; puddlers
PUDDLY	-; -
PUDENCY	-; -
PUDEUR	-; pudeurs
PUDGE	-; pudges
PUDGIER	-; -
PUDGILY	-; -
PUDGY	-; -
PUDIC	-; -
PUDS	spuds; -
PUDU	-; pudus
PUEBLO	-; pueblos
PUERILE	-; -
PUFF	-; puffs, puffy
PUFFED	-; -
PUFFER	-; puffers, puffery
PUFFIER	-; -
PUFFILY	-; -
PUFFIN	-; puffing, puffins
PUG	-; pugh, pugs
PUGAREE	-; pugarees
PUGGED	-; -
PUGGIER	-; -
PUGGING	-; -
PUGGISH	-; -
PUGGREE	-; puggrees
PUGGRY	-; -
PUGGY	-; -
PUGH	-; -
PUGMARK	-; pugmarks
PUGREE	-; pugrees
PUISNE	-; puisnes
PUJA	-; pujah, pujas
PUJAH	-; pujahs
PUKE	-; puked, pukes
PUKING	-; -
PUKKA	-; -
PUL	-; pula, pule, puli, pull, pulp, puls
PULA	-; pulas
PULAO	-; pulaos
PULE	-; puled, puler, pules
PULER	-; pulers
PULI	-; pulik, pulis
PULIK	-; -
PULING	-; pulings
PULK	-; pulka, pulks
PULKA	-; pulkas
PULL	-; pulls
PULLED	-; -

PULLER	-; pullers
PULLET	-; pullets
PULLEY	-; pulleys
PULLING	-; -
PULLMAN	-; pullmans
PULLOUT	-; pullouts
PULLUP	-; pullups
PULP	-; pulps, pulpy
PULPAL	-; -
PULPED	-; -
PULPER	-; pulpers
PULPIER	-; -
PULPILY	-; -
PULPING	-; -
PULPIT	-; pulpits
PULPOUS	-; -
PULQUE	-; pulques
PULSANT	-; -
PULSAR	-; pulsars
PULSATE	-; pulsated, pulsates
PULSE	-; pulsed, pulser, pulses
PULSER	-; pulsers
PULSING	-; -
PULSION	-; pulsions
PUMA	-; pumas
PUMELO	-; pumelos
PUMICE	-; pumiced, pumicer, pumices
PUMICER	-; pumicers
PUMMEL	-; pummels
PUMP	-; pumps
PUMPED	-; -
PUMPER	-; pumpers
PUMPING	-; -
PUMPKIN	-; pumpkins
PUN	spun; puna, pung, punk, puns, punt, puny
PUNA	-; punas
PUNCH	-; punchy
PUNCHED	-; -
PUNCHER	-; punchers
PUNCHES	-; -
PUNDIT	-; pundits
PUNG	-; pungs
PUNGENT	-; -
PUNGLE	-; pungled, pungles
PUNIER	-; -
PUNIEST	-; -
PUNILY	-; -
PUNISH	-; -
PUNJI	-; punjis
PUNK	spunk; punka, punks, punky
PUNKA	-; punkah, punkas
PUNKAH	-; punkahs
PUNKER	-; punkers
PUNKEY	-; punkeys
PUNKIE	spunkie; punkier, punkies
PUNKIER	spunkier; -
PUNKIES	spunkies; -
PUNKIN	-; punkins
PUNKISH	-; -
PUNKS	spunks; -
PUNKY	spunky; -
PUNNED	-; -
PUNNER	-; punners
PUNNET	-; punnets
PUNNING	-; -
PUNNY	-; -
PUNSTER	-; punsters
PUNT	-; punts, punty

PUNTED -; -
PUNTER -; punters
PUNTIES -; -
PUNTING -; -
PUNTO -; puntos
PUP -; pupa, pups, pupu
PUPA -; pupae, pupal, pupas
PUPATE -; pupated, pupates
PUPFISH -; -
PUPIL -; pupils
PUPILAR -; pupilary
PUPPED -; -
PUPPET -; puppets
PUPPIES -; -
PUPPING -; -
PUPPY -; -
PUPU -; pupus
PUR spur; pure, puri, purl, purr, purs
PURANA -; puranas
PURANIC -; -
PURDA -; purdah, purdas
PURDAH -; purdahs
PURE -; puree, purer
PUREE -; pureed, purees
PURELY -; -
PUREST -; -
PURFLE -; purfled, purfles
PURGE spurge; purged, purger, purges
PURGER -; purgers
PURGES spurges; -
PURGING -; purgings
PURI -; purin, puris
PURIFY -; -
PURIN -; purine, purins
PURINE -; purines
PURISM -; purisms
PURIST -; purists
PURITAN -; puritans
PURITY -; -
PURL -; purls
PURLED -; -
PURLIEU -; purlieus
PURLIN -; purline, purling, purlins
PURLOIN -; purloins
PURPLE -; purpled, purpler, purples
PURPLES -; purplest
PURPLY -; -
PURPORT -; purports
PURPOSE -; purposed, purposes
PURPURA -; purpuras
PURPURE -; purpures
PURR -; purrs
PURRED spurred; -
PURRING spurring; -
PURS spurs; purse, pursy
PURSE -; pursed, purser, purses
PURSER -; pursers
PURSIER -; -
PURSILY -; -
PURSING -; -
PURSUE -; pursued, pursuer, pursues

PURSUER -; pursuers
PURSUIT -; pursuits
PURSY -; -
PURTY -; -
PURVEY -; purveys
PURVIEW -; purviews
PUS opus; push, puss
PUSES opuses; -
PUSH -; pushy
PUSHED -; -
PUSHER -; pushers
PUSHES -; -
PUSHFUL -; -
PUSHIER -; -
PUSHILY -; -
PUSHING -; -
PUSHPIN -; pushpins
PUSHROD -; pushrods
PUSHUP -; pushups
PUSLEY -; pusleys
PUSLIKE -; -
PUSS -; pussy
PUSSES -; -
PUSSIER -; -
PUSSIES -; pussiest
PUSSLEY -; pussleys
PUSSLY -; -
PUSTULE -; pustuled, pustules
PUT -; puts, putt, putz
PUTAMEN -; -
PUTDOWN -; putdowns
PUTLOCK -; putlocks
PUTLOG -; putlogs
PUTOFF -; putoffs
PUTON -; putons
PUTOUT -; putouts
PUTREFY -; -
PUTRID -; -
PUTSCH -; -
PUTT -; putti, putto, putts, putty
PUTTED -; -
PUTTEE -; puttees
PUTTER sputter; putters
PUTTERS sputters; -
PUTTI -; -
PUTTIE -; puttied, putties
PUTTIED -; -
PUTTIER -; -
PUTTIES -; -
PUTTING -; -
PUTTO -; -
PUTTY -; -
PUTZ -; -
PUTZED -; -
PUTZES -; -
PUTZING -; -
PUZZLE -; puzzled, puzzler, puzzles
PUZZLER -; puzzlers
PYA -; pyas
PYAEMIA -; pyaemias
PYAEMIC -; -
PYE -; pyes
PYEMIA -; pyemias
PYEMIC -; -
PYGMEAN -; -
PYGMIES -; -
PYGMOID -; -
PYGMY -; -
PYIC -; -
PYIN -; pyins
PYJAMAS -; -
PYKNIC -; pyknics
PYLON -; pylons

PYLORI	-; pyloric
PYLORUS	-; -
PYOID	-; -
PYOSES	-; -
PYOSIS	-; -
PYRALID	-; pyralids
PYRAMID	-; pyramids
PYRAN	-; pyrans
PYRE	-; pyres
PYRENE	-; pyrenes
PYRETIC	-; -
PYREXIA	-; pyrexial, pyrexias
PYREXIC	-; -
PYRIC	-; -
PYRIDIC	-; -
PYRITE	-; pyrites
PYRITIC	-; -
PYRO	-; pyros
PYROGEN	-; pryogens
PYROGY	-; -
PYROLA	-; pyrolas
PYRONE	-; pyrones
PYROPE	-; pyropes
PYROPHY	-; -
PYROSIS	-; -
PYRRHIC	-; pyrrhics
PYRROL	-; pyrrole, pyrrols
PYRROLE	-; pyrroles
PYTHON	-; pythons
PYURIA	-; pyurias
PYX	-; -
PYXES	-; -
PYXIDES	-; -
PYXIDIA	-; -
PYXIE	-; pyxies
PYXIS	-; -
PZAZZ	-; -
PZAZZES	-; -

Q

Q	-; qi
QABALA	-; qabalah, qabalas
QABALAH	-; qabalahs
QADI	-; qadis
QAID	-; qaids
QAJAQ	-; qajaqs
QAMUTIK	-; qamutiks
QANAT	-; qanats
QAPIK	-; qapiks
QAT	-; qats
QAWWALI	-; qawwalis
QI	-; qis
QIBLA	-; qiblas
QIGONG	-; qigongs
QINDAR	-; qindars
QINTAR	-; qintars
QIVIUT	-; qiviuts
QOPH	-; qophs
QUA	aqua; quad, quag, quai, quay
QUACK	-; quacks
QUACKED	-; -
QUAD	squad; quads
QUADDED	squadded; -
QUADRAT	-; quadrate, quadrats
QUADRIC	-; quadrics
QUADS	squads; -
QUAERE	-; quaeres
QUAFF	-; quaffs

QUAFFED -; -
QUAFFER -; quaffers
QUAG -; quags
QUAGGA -; quaggas
QUAGGY -; -
QUAHAUG -; quahaugs
QUAHOG -; quahogs
QUAI -; quail, quais
QUAICH -; quaichs
QUAIGH -; quaighs
QUAIL -; quails
QUAILED -; -
QUAINT -; -
QUAKE -; quaked, quaker, quakes
QUAKER -; quakers
QUAKIER -; -
QUAKILY -; -
QUAKY -; -
QUALE -; -
QUALIA -; -
QUALIFY -; -
QUALITY equality; -
QUALM -; qualms, qualmy
QUAMASH -; -
QUANGO -; quangos
QUANT -; quanta, quants
QUANTA -; quantal
QUANTED -; -
QUANTIC -; quantics
QUANTUM -; -
QUARE square; -
QUARK -; quarks
QUARREL -; quarrels
QUARRY -; -
QUART -; quarte, quarto, quarts, quartz
QUARTAN -; quartans
QUARTE -; quartes, quartet
QUARTER -; quartern, quarters
QUARTET -; quartets
QUARTIC -; quartics
QUARTO -; quartos
QUARTZ -; -
QUASAR -; quasars
QUASH squash; -
QUASHED squashed; -
QUASHER -; quashers
QUASHES squashes; -
QUASI -; -
QUASS -; -
QUASSES -; -
QUASSIA -; quassias
QUASSIN -; quassins
QUATE equate; -
QUATRE -; quatres
QUAVER -; quavers, quavery
QUAY -; quays
QUAYAGE -; quayages
QUBIT -; qubits
QUBYTE -; qubytes
QUEAN -; queans
QUEASY -; -
QUEAZY -; -
QUEEN -; queens
QUEENED -; -
QUEENLY -; -
QUEER -; queers
QUEERED -; -
QUEERER -; -
QUEERLY -; -

QUELEA -; queleas
QUELL -; quells
QUELLED -; -
QUELLER -; quellers
QUENCH -; -
QUERIDA -; queridas
QUERIED -; -
QUERIER -; queriers
QUERIES -; -
QUERIST -; querists
QUERN -; querns
QUERY -; -
QUEST -; quests
QUESTED -; -
QUESTER -; questers
QUESTOR -; questors
QUETZAL -; quetzals
QUEUE -; queued, queuer, queues
QUEUER -; queuers
QUEY -; queys
QUEZAL -; quezals
QUIBBLE -; quibbled, quibbler, quibbles
QUICHE -; quiches
QUICK -; quicks
QUICKEN -; quickens
QUICKER -; -
QUICKIE -; quickies
QUICKLY -; -
QUID squid; quids
QUIDS squids; -
QUIET -; quiets
QUIETED -; -
QUIETEN -; quietens
QUIETER -; quieters
QUIETLY -; -
QUIETUS -; -
QUIFF -; quiffs
QUILL squill; quills
QUILLAI -; quillaia, quillais
QUILLED -; -
QUILLET -; quillets
QUILLOW -; quillows
QUILLS squills; -
QUILT -; quilts
QUILTED -; -
QUILTER -; quilters
QUIN -; quins, quint
QUINARY -; -
QUINATE -; -
QUINCE -; quinces
QUINELA -; quinelas
QUINIC -; -
QUININ -; quinina, quinine, quinins
QUININA -; quininas
QUININE -; quinines
QUINNAT -; quinnats
QUINOA -; quinoas
QUINOID -; quinoids
QUINOL -; quinols
QUINONE -; quinones
QUINS -; quinsy
QUINT squint; quints
QUINTA -; quintas
QUINTAL -; quintals
QUINTAN -; quintans
QUINTAR -; quintars
QUINTE -; quintes, quintet
QUINTET -; quintets
QUINTIC -; quintics
QUINTIN -; quintins

QUINTS squints; -
QUINZIE -; quinzies
QUIP equip; quips, quipu
QUIPPED equipped; -
QUIPPU -; quippus
QUIPPY -; -
QUIPS equips; -
QUIPU -; quipus
QUIRE squire; quired, quires
QUIRED squired; -
QUIRES squires; -
QUIRING squiring; -
QUIRK -; quirks, quirky
QUIRKED -; -
QUIRT squirt; quirts
QUIRTED squirted; -
QUIRTS squirts; -
QUIT -; quite, quits
QUITCH -; -
QUITE -; -
QUITTED -; -
QUITTER -; quitters
QUITTOR -; quittors
QUIVER aquiver; quivers, quivery
QUIXOTE -; quixotes
QUIZ -; -
QUIZZED -; -
QUIZZER -; quizzers
QUIZZES -; -
QULLIQ -; qulliqs
QUOD -; quods
QUOHOG -; quohogs
QUOIN -; quoins
QUOINED -; -
QUOIT -; quoits
QUOITED -; -
QUOKKA -; quokkas
QUOLL -; quolls
QUOMODO -; quomodos
QUONDAM -; -
QUORATE -; -
QUORUM -; quorums
QUOTA -; quotas
QUOTE -; quoted, quoter, quotes
QUOTER -; quoters
QUOTH -; quotha
QUOTING -; -
QURSH -; -
QURSHES -; -
QURUSH -; -
QWERTY -; qwertys

R

R ar, er, or; re
RABASKA -; rabaskas
RABAT -; rabato, rabats
RABATO -; rabatos
RABBET drabbet; rabbets
RABBI -; rabbin, rabbis, rabbit
RABBIES -; -
RABBIN -; rabbins
RABBIT -; rabbits, rabbity
RABBLE brabble,

drabble,
grabble;
rabbled,
rabbler,
rabbles
RABBLED brabbled,
drabbled,
grabbled; -
RABBLER brabbler,
grabbler;
rabblers
RABBLES brabbles,
drabbles,
grabbles; -
RABBONI -; rabbonis
RABIC -; -
RABID -; -
RABIDLY -; -
RABIES -; -
RACCOON -; raccoons
RACE brace, grace,
trace; raced,
racer, races
RACED braced,
graced,
traced; -
RACEME -; racemed,
racemes
RACEMIC -; -
RACER bracer, tracer;
racers
RACERS bracers,
tracers; -
RACES braces,
graces,
traces; -
RACEWAY -; raceways
RACHET brachet;
rachets
RACHETS brachets; -
RACHIAL -; -
RACHIS -; -
RACIAL -; -
RACIER -; -
RACIEST -; -
RACILY -; -
RACING bracing,
gracing,
tracing;
racings
RACINO -; racinos
RACISM -; racisms
RACIST -; racists
RACK crack, track,
wrack;
racks
RACKED cracked,
tracked,
wracked; -
RACKER cracker,
tracker;
rackers
RACKERS crackers,
trackers; -
RACKET bracket;
rackets,
rackety
RACKETS brackets; -
RACKFUL -; rackfuls
RACKING cracking,
tracking,
wracking; -
RACKLE crackle,
grackle; -
RACKS cracks, tracks,
wracks; -
RACON -; racons
RACOON -; racoons
RACQUET -; racquets
RACY -; -

RAD brad, grad, orad, trad; rads
RADAR -; radars
RADDED bradded; -
RADDING bradding; -
RADDLE -; raddled, raddles
RADIAL -; radiale, radials
RADIAN -; radians, radiant
RADIANT -; radiants
RADIATE eradiate; radiated, radiates
RADICAL -; radicals
RADICEL -; radicels
RADICES -; -
RADICLE -; radicles
RADII -; -
RADIO -; radios
RADIOED -; -
RADISH -; -
RADIUM -; radiums
RADIUS -; -
RADIX -; -
RADIXES -; -
RADOME -; radomes
RADON -; radons
RADS brads, grads; -
RADULA -; radulae, radular, radulas
RAFF draff; raffs
RAFFIA -; raffias
RAFFISH draffish; -
RAFFLE -; raffled, raffler, raffles
RAFFLER -; rafflers
RAFFS draffs; -
RAFT craft, draft, graft, kraft; rafts
RAFTED crafted, drafted, grafted; -
RAFTER drafter, grafter; rafters
RAFTERS drafters, grafters; -
RAFTING crafting, drafting, grafting; -
RAFTS crafts, drafts, grafts, krafts; -
RAG brag, crag, drag, frag, trag; raga, rage, ragg, ragi, rags
RAGA -; ragas
RAGBAG -; ragbags
RAGE -; raged, ragee, rages
RAGEE dragee; ragees
RAGEES dragees; -
RAGG -; raggs
RAGGED bragged, cragged, dragged, fragged; raggedy
RAGGEE -; raggees
RAGGIES -; -
RAGGING bragging, dragging, fragging; -

RAGGLE draggle; raggles
RAGGLES draggles; -
RAGGY braggy, craggy, draggy; -
RAGI tragi; ragis
RAGING -; -
RAGLAN -; raglans
RAGMAN -; -
RAGMEN -; -
RAGOUT -; ragouts
RAGS brags, crags, drags, frags; -
RAGTAG -; ragtags
RAGTAIL -; -
RAGTIME -; ragtimes
RAGTOP -; ragtops
RAGWEED -; ragweeds
RAGWORM -; ragworms
RAGWORT -; ragworts
RAH -; -
RAI -; raia, raid, rais
RAIA -; raias
RAID braid; raids
RAIDED braided; -
RAIDER braider; raiders
RAIDERS braiders; -
RAIDING braiding; -
RAIDS braids; -
RAIL brail, drail, frail, grail, trail; rails
RAILBUS -; -
RAILCAR -; railcard, railcars
RAILED brailed, trailed; -
RAILER frailer, trailer; railers
RAILERS trailers; -
RAILING brailing, trailing; railings
RAILMAN -; -
RAILMEN -; -
RAILS brails, drails, frails, grails, trails; -
RAILWAY -; railways
RAIMENT -; raiments
RAIN brain, drain, grain, train; rains, rainy
RAINBOW -; rainbows
RAINED brained, drained, grained, trained; -
RAINIER grainier; -
RAINILY -; -
RAINING braining, draining, graining, training; -
RAINOUT -; rainouts
RAINS brains, drains, grains, trains; -
RAINY brainy, grainy; -
RAISE braise, fraise, praise; raised, raiser, raises
RAISED braised, praised; -
RAISER praiser; raisers
RAISERS praisers; -

RAISES braises, fraises, praises; -
RAISIN -; raising, raisins
RAISING braising, praising; raisings
RAITA -; raitas
RAJ -; raja
RAJA -; rajah, rajas
RAJAH -; rajahs
RAJES -; -
RAKE brake, crake, drake; raked, rakee, raker, rakes
RAKED braked; -
RAKEE -; rakees
RAKEOFF -; rakeoffs
RAKER -; rakers
RAKES brakes, crakes, drakes; -
RAKI -; rakis
RAKING braking; -
RAKIS -; rakish, rakis
RAKU -; rakus
RALE -; rales
RALLIED -; -
RALLIER -; ralliers
RALLIES -; -
RALLINE -; -
RALLY orally; rallye
RALLYE -; rallyes
RALPH -; ralphs
RAM cram, dram, gram, pram, tram; rami, ramp, rams
RAMADA -; ramadas
RAMAL -; -
RAMATE -; -
RAMBLA -; ramblas
RAMBLE bramble; rambled, rambler, rambles
RAMBLED brambled; -
RAMBLER -; ramblers
RAMBLES brambles; -
RAMEE -; ramees
RAMEKIN -; ramekins
RAMEN -; -
RAMET -; ramets
RAMI -; ramie
RAMIE -; ramies
RAMIFY -; -
RAMILIE -; ramilies
RAMJET -; ramjets
RAMMED crammed, drammed, trammed; -
RAMMER crammer; rammers
RAMMERS crammers; -
RAMMIER -; -
RAMMING cramming, dramming, tramming; -
RAMMISH -; -
RAMMY -; -
RAMONA -; ramonas
RAMOSE -; -
RAMOUS -; -
RAMP cramp, gramp, tramp; ramps
RAMPAGE -; rampaged, rampager, rampages
RAMPANT -; -

RAMPART -; ramparts
RAMPED cramped, tramped; -
RAMPIKE -; rampikes
RAMPING cramping, tramping; -
RAMPION -; rampions
RAMPOLE -; rampoles
RAMPS cramps, gramps, tramps; -
RAMROD -; ramrods
RAMS crams, drams, grams, prams, trams; -
RAMSON -; ramsons
RAMTIL -; ramtils
RAMUS -; -
RAN bran; rand, rang, rani, rank, rant
RANCE prance, trance; rances
RANCES prances, trances; -
RANCH branch, cranch; rancho
RANCHED branched, cranched; -
RANCHER -; ranchero, ranchers
RANCHES branches, cranches; -
RANCHO -; ranchos
RANCID -; -
RANCOR -; rancors
RANCOUR -; rancours
RAND brand, grand; rands, randy
RANDAN -; randans
RANDIER -; -
RANDIES -; randiest
RANDOM -; randoms
RANDS brands, grands; -
RANDY brandy; -
RANEE -; ranees
RANG orang, prang, wrang; range, rangy
RANGE grange, orange; ranged, ranger, ranges
RANGED pranged; -
RANGER granger; rangers
RANGERS grangers; -
RANGES granges, oranges; -
RANGIER orangier; -
RANGING -; -
RANGY orangy; -
RANI -; ranid, ranis
RANID -; ranids
RANK brank, crank, drank, frank, prank, trank; ranks
RANKED cranked, franked, pranked; -
RANKER cranker, franker; rankers
RANKERS frankers; -
RANKEST crankest, frankest; -

RANKING cranking, franking, pranking; rankings
RANKISH prankish; -
RANKLE crankle; rankled, rankler, rankles
RANKLED crankled; -
RANKLES crankles; -
RANKLY crankly, frankly; -
RANKS branks, cranks, franks, pranks; -
RANPIKE -; ranpikes
RANSACK -; ransacks
RANSOM -; ransoms
RANT brant, grant; rants
RANTED granted; -
RANTER granter; ranters
RANTERS granters; -
RANTING -; -
RANTS brants, grants; -
RANULA -; ranulas
RAP crap, frap, trap, wrap; rape, raps, rapt
RAPE crape, drape, grape; raped, raper, rapes
RAPED craped, draped; -
RAPER draper; rapers
RAPERS drapers; -
RAPES crapes, drapes, grapes, trapes; -
RAPHAE -; -
RAPHE -; raphes
RAPHES graphes; -
RAPHIA -; raphias
RAPHIDE -; raphides
RAPHIS -; -
RAPID -; rapids
RAPIDER -; -
RAPIDLY -; -
RAPIER grapier; rapiers
RAPINE -; rapines
RAPING craping, draping; -
RAPINI -; -
RAPIST -; rapists
RAPPED crapped, frapped, trapped, wrapped; -
RAPPEE -; rappees
RAPPEL -; rappels
RAPPEN -; -
RAPPER crapper, trapper, wrapper; rappers
RAPPERS crappers, trappers, wrappers; -
RAPPING crapping, frapping, trapping, wrapping; -

RAPPINI -; -
RAPPORT -; rapports
RAPS craps, fraps, traps, wraps; -
RAPT trapt, wrapt; -
RAPTLY -; -
RAPTOR -; raptors
RAPTURE -; raptured, raptures
RARE urare; rared, rarer, rares
RAREBIT -; rarebits
RAREFY -; -
RARELY -; -
RARES urares; rarest
RAREST -; -
RARIFY -; -
RARING -; -
RARITY -; -
RAS bras, eras; rase, rash, rasp
RASBORA -; rasboras
RASCAL -; rascals
RASE erase, prase, urase; rased, raser, rases
RASED erased; -
RASER eraser; rasers
RASERS erasers; -
RASES crases, erases, prases, urases; -
RASH brash, crash, trash; -
RASHER brasher, crasher; rashers
RASHERS crashers; -
RASHES brashes, crashes, trashes; rashest
RASHEST brashest; -
RASHLY brashly; -
RASING erasing; -
RASP grasp; rasps, raspy
RASPED grasped; -
RASPER grasper; raspers
RASPERS graspers; -
RASPIER -; -
RASPING grasping; -
RASPISH -; -
RASPS grasps; -
RASSLE -; rassled, rassles
RASTER -; rasters
RASURE erasure; rasures
RASURES erasures; -
RAT brat, drat, frat, grat, prat; rate, rath, rato, rats
RATABLE -; -
RATABLY -; -
RATAFEE -; ratafees
RATAFIA -; ratafias
RATAL -; ratals
RATAN -; ratans, ratany
RATATAT -; ratatats
RATBAG -; ratbags
RATCH cratch; -
RATCHES cratches; -
RATCHET -; ratchets

RATE crate, grate, irate, orate, prate, urate; rated, ratel, rater, rates
RATED crated, grated, orated, prated; -
RATEL -; ratels
RATER crater, frater, grater, irater, krater, prater; raters
RATERS craters, fraters, graters, kraters, praters; -
RATES crates, grates, orates, prates, urates; -
RATFINK -; ratfinks
RATFISH -; -
RATH wrath; rathe
RATHE -; rather
RATHOLE -; ratholes
RATIFY -; -
RATINE -; ratines
RATING crating, grating, orating, prating; ratings
RATIO -; ration, ratios
RATION oration; rations
RATIONS orations; -
RATITE -; ratites
RATLIKE -; -
RATLIN -; ratline, ratlins
RATLINE -; ratlines
RATO -; ratos
RATOON -; ratoons
RATS brats, drats, frats, prats; -
RATTAIL -; rattails
RATTAN -; rattans
RATTED dratted; -
RATTEEN -; ratteens
RATTEN -; rattens
RATTER -; ratters
RATTIER brattier; -
RATTING dratting; -
RATTISH -; -
RATTLE brattle, prattle; rattled, rattler, rattles
RATTLED brattled, prattled; -
RATTLER prattler; rattlers
RATTLES brattles, prattles; -
RATTLY -; -
RATTON -; rattons
RATTOON -; rattoons
RATTRAP -; rattraps
RATTY bratty; -
RAUCITY -; -
RAUCOUS -; -
RAUNCH -; raunchy
RAUNCHY -; -
RAVAGE -; ravaged, ravager, ravages
RAVAGER -; ravagers
RAVE brave, crave, drave, grave, trave; raved, ravel, raven, raver, raves

RAVED braved, craved, graved; -
RAVEL gravel, travel; ravels
RAVELED graveled, traveled; -
RAVELER traveler; ravelers
RAVELIN -; raveling, ravelins
RAVELLY gravelly; -
RAVELS gravels, travels; -
RAVEN craven, graven; ravens
RAVENED -; -
RAVENER -; raveners
RAVER braver, craver, graver; ravers
RAVERS bravers, gravers; -
RAVES braves, craves, graves, traves; -
RAVEY -; -
RAVIER -; -
RAVIEST -; -
RAVIN -; ravine, raving, ravins
RAVINE -; ravines
RAVING braving, craving, graving; ravings
RAVINGS cravings; -
RAVIOLI -; raviolis
RAVISH -; -
RAW braw, craw, draw; raws
RAWER brawer, drawer; -
RAWEST brawest; -
RAWHIDE -; rawhided, rawhides
RAWIN -; rawins
RAWISH -; -
RAWLY brawly, crawly, drawly; -
RAWNESS -; -
RAWS braws, craws, draws; -
RAX -; -
RAXED -; -
RAXES praxes; -
RAXING -; -
RAY bray, dray, fray, gray, pray, tray; raya, rays
RAYA -; rayah, rayas
RAYAH -; rayahs
RAYED brayed, drayed, frayed, grayed, prayed; -
RAYING braying, draying, fraying, graying, praying; -
RAYLESS -; -
RAYLIKE -; -
RAYON crayon; rayons
RAYS brays, drays, frays, grays, prays, trays; -

RAZE	braze, craze, graze; razed, razee, razer, razes
RAZED	brazed, crazed, grazed; -
RAZEE	-; razeed, razees
RAZER	brazer, grazer; razers
RAZERS	brazers, grazers; -
RAZES	brazes, crazes, grazes; -
RAZING	brazing, crazing, grazing; -
RAZOR	-; razors
RAZORED	-; -
RAZZ	-; -
RAZZED	-; -
RAZZES	-; -
RAZZIA	-; razzias
RAZZING	-; -
RE	are, ere, ire, ore; reb, rec, red, ree, ref, reg, rei, rem, res, ret, rev, rex
REACH	breach, preach; -
REACHED	breached, preached; -
REACHER	breacher, preacher; reachers
REACHES	preaches; -
REACT	preact; reacts
REACTED	preacted; -
REACTOR	-; reactors
REACTS	preacts; -
READ	bread, dread, oread, tread; readd, reads, reqdy
READAPT	preadapt; readapts
READD	-; readds
READER	treader; readers
READERS	treaders; -
READIED	-; -
READIER	-; -
READIES	-; readiest
READILY	-; -
READING	breading, dreading; readings
READMIT	preadmit; readmits
READOPT	preadopt; readopts
READORN	-; readorns
READOUT	-; readouts
READS	breads, dreads, oreads, treads; -
REAFFIX	-; -
REAGENT	-; reagents
REAGIN	-; reagins
REAL	-; reals
REALER	-; -
REALES	-; realest
REALGAR	-; realgars

REALIA -; -
REALIGN -; realigns
REALISE -; realised, realiser, realises
REALISM -; realisms
REALIST -; realists
REALITY -; -
REALIZE -; realized, realizer, realizes
REALLOT -; reallots
REALLY -; -
REALM -; realms
REALTER -; realters
REALTOR -; realtors
REALTY -; -
REAM bream, cream, dream; reams
REAMED breamed, creamed, dreamed; -
REAMER creamer, dreamer; reamers
REAMERS creamers, dreamers; -
REAMING breaming, creaming, dreaming; -
REAMS breams, creams, dreams; -
REAP -; reaps
REAPED -; -
REAPER -; reapers
REAPING -; -
REAPPLY -; -
REAR drear; rears
REARED -; -
REARER -; rearers
REARGUE -; reargued, reargues
REARING -; -
REARM prearm; rearms
REARMED -; -
REARMS prearms; -
REASON treason; reasons
REASONS treasons; -
REATA -; reatas
REAVAIL -; reavails
REAVE greave; reaved, reaver, reaves
REAVED greaved; -
REAVER preaver; reavers
REAVERS preavers; -
REAVES greaves; -
REAVING -; -
REAVOW -; reavows
REAWAKE -; reawaked, reawaken, reawakes
REAWOKE -; reawoken
REB -; rebs
REBAIT -; rebaits
REBAR -; rebars
REBATE -; rebated, rebater, rebates
REBATER -; rebaters
REBATO -; rebatos
REBBE -; rebbes
REBEC -; rebeck, rebecs

REBECK -; rebecks
REBEGIN -; rebegins
REBEL -; rebels
REBID -; rebids
REBILL prebill; rebills
REBILLS prebills; -
REBIND prebind; rebinds
REBINDS prebinds; -
REBIRTH -; rebirths
REBLEND -; reblends
REBLOOM -; reblooms
REBOANT -; -
REBOARD -; reboards
REBODY -; -
REBOIL preboil; reboils
REBOILS preboils; -
REBOOK -; rebooks
REBOOT -; reboots
REBOP -; rebops
REBORE -; rebored, rebores
REBORN -; -
REBOUND prebound; rebounds
REBOZO -; rebozos
REBRAND -; rebrands
REBREED -; rebreeds
REBUFF -; rebuffs
REBUILD -; rebuilds
REBUILT -; -
REBUKE -; rebuked, rebuker, rebukes
REBUKER -; rebukers
REBURY -; -
REBUS -; -
REBUSES -; -
REBUT -; rebuts
REBUY -; rebuys
REC -; reck, recs
RECALL -; recalls
RECANE -; recaned, recanes
RECANT -; recants
RECAP -; recaps
RECARRY -; -
RECAST precast; recasts
RECASTS precasts; -
RECCE -; recces
RECEDE precede; receded, recedes
RECEDED preceded; -
RECEDES precedes; -
RECEIPT -; receipts
RECEIVE -; received, receiver, receives
RECENCY -; -
RECENT -; -
RECEPT precept; recepts
RECEPTS precepts; -
RECESS precess; -
RECHART -; recharts
RECHEAT -; recheats
RECHECK precheck; rechecks
RECHEW -; rechews
RECIPE precipe; recipes
RECIPES precipes; -
RECIT -; recits
RECITAL -; recitals
RECITE -; recited, reciter, recites
RECITED precited; -

RECITER -; reciters
RECK dreck, wreck; recks
RECKED wrecked; -
RECKING wrecking; -
RECKON -; reckons
RECKS drecks, wrecks; -
RECLAD -; -
RECLAIM -; reclaims
RECLAME -; reclames
RECLASP -; reclasps
RECLEAN preclean; recleans
RECLINE -; reclined, recliner, reclines
RECLUSE -; recluses
RECOAL -; recoals
RECOAT -; recoats
RECOCK -; recocks
RECODE -; recoded, recodes
RECOIL -; recoils
RECOIN -; recoins
RECOLOR -; recolors
RECOMB -; recombs
RECON -; recons
RECOOK precook; recooks
RECOOKS precooks; -
RECOPY -; -
RECORD -; records
RECORK -; recorks
RECOUNT -; recounts
RECOUP -; recoupe, recoups
RECOUPE -; recouped
RECOVER -; recovers, recovery
RECRATE -; recrated, recrates
RECROSS -; -
RECROWN -; recrowns
RECRUIT -; recruits
RECTA -; rectal
RECTI -; -
RECTIFY -; -
RECTO -; rector, rectos
RECTOR erector; rectors, rectory
RECTORS erectors; -
RECTRIX -; -
RECTUM -; rectums
RECTUS -; -
RECUR -; recurs
RECURVE -; recurved, recurves
RECUSAL -; recusals
RECUSE -; recused, recuses
RECUT -; recuts
RECYCLE -; recycled, recycler, recycles
RED bred, ired, ored; redd, rede, redo, reds
REDACT -; redacts
REDAN -; redans
REDATE predate; redated, redates
REDATED predated; -
REDATES predates; -
REDBAIT -; redbaits
REDBAY -; redbays
REDBIRD -; redbirds
REDBONE -; redbones

REDBUD	-; redbuds
REDBUG	-; redbugs
REDCAP	-; redcaps
REDCOAT	-; redcoats
REDD	-; redds
REDDED	-; -
REDDEN	-; reddens
REDDER	-; redders
REDDEST	-; -
REDDING	-; -
REDDISH	-; -
REDDLE	treddle; reddled, reddles
REDDLED	treddled; -
REDDLES	treddles; -
REDDY	-; -
REDE	brede; reded, redes
REDEAR	-; redears
REDEEM	-; redeems
REDEFY	-; -
REDENY	-; -
REDES	bredes; -
REDEYE	-; redeyes
REDFIN	-; redfins
REDFISH	-; -
REDHEAD	-; redheads
REDIA	uredia; rediae, redial, redias
REDIAL	predial, uredial; -
REDID	-; -
REDING	-; -
REDIP	-; redips, redipt
REDLEG	-; redlegs
REDLINE	-; redlined, redlines
REDLY	-; -
REDNECK	-; rednecks
REDNESS	-; -
REDO	credo, uredo; redos, redox
REDOCK	-; redocks
REDOES	-; -
REDOING	-; -
REDON	-; redone, redons
REDONE	-; -
REDOS	credos, uredos; -
REDOUBT	-; redoubts
REDOUND	-; redounds
REDOUT	-; redouts
REDOWA	-; redowas
REDOX	-; -
REDOXES	-; -
REDPOLL	-; redpolls
REDRAFT	-; redrafts
REDRAW	-; redrawn, redraws
REDREAM	-; redreams, redreamt
REDRESS	-; -
REDREW	-; -
REDRIED	-; -
REDRIES	-; -
REDRILL	-; redrills
REDRIVE	-; redriven, redrives
REDROOT	-; redroots
REDROVE	-; -
REDRY	-; -
REDSKIN	-; redskins
REDTOP	-; redtops
REDUB	-; redubs
REDUCE	-; reduced, reducer, reduces
REDUCER	-; reducers

REDUX	-; -
REDWARE	-; redwares
REDWING	-; redwings
REDWOOD	-; redwoods
REDYE	-; redyed, redyes
REE	bree, dree, free, gree, pree, tree; reed, reef, reek, reel, rees
REEARN	-; reearns
REECHO	-; -
REECHY	-; -
REED	breed, creed, dreed, freed, greed, preed, treed; reeds, reedy
REEDED	-; -
REEDIER	greedier; -
REEDIFY	-; -
REEDILY	-; -
REEDING	breeding; reedings
REEDIT	-; reedits
REEDS	breeds, creeds, greeds; -
REEDY	greedy; -
REEF	-; reefs, reefy
REEFED	-; -
REEFER	-; reefers
REEFIER	-; -
REEFING	-; -
REEJECT	-; reejects
REEK	creek, greek; reeks, reeky
REEKED	-; -
REEKER	-; reekers
REEKIER	-; -
REEKING	-; -
REEKS	breeks, creeks; -
REEL	creel; reels
REELECT	preelect; reelects
REELED	-; -
REELER	-; reelers
REELING	-; -
REELS	creels; -
REEMIT	-; reemits
REENACT	preenact; reenacts
REENDOW	-; reendows
REENJOY	-; reenjoys
REENLIST	-; reenlists
REENTER	-; reenters
REENTRY	-; -
REEQUIP	-; reequips
REERECT	-; reerects
REES	brees, drees, frees, grees, prees, trees; reest
REEST	freest; reests
REESTED	-; -
REEVE	-; reeved, reeves
REEVING	-; -
REEVOKE	-; reevoked, reevokes
REEXPEL	-; reexpels
REF	tref; refs, reft
REFACE	preface; refaced, refaces
REFACED	prefaced; -
REFACES	prefaces; -
REFALL	-; refalls

REFECT	prefect; refects
REFECTS	prefects; -
REFED	-; -
REFEED	-; refeeds
REFEEL	-; refeels
REFEL	-; refell, refels, refelt
REFENCE	-; refenced, refences
REFER	prefer; refers
REFEREE	-; refereed, referees
REFERS	prefers; -
REFFED	-; -
REFFING	-; -
REFIGHT	-; refights
REFILE	-; refiled, refiles
REFILL	-; refills
REFILM	-; refilms
REFIND	-; refinds
REFINE	-; refined, refiner, refiners
REFINER	-; refiners, refinery
REFIRE	-; refired, refires
REFIT	-; refits
REFIX	prefix; -
REFIXED	prefixed; -
REFIXES	prefixes; -
REFLAG	-; reflags
REFLATE	-; reflated, reflates
REFLECT	-; reflects
REFLET	-; reflets
REFLEW	-; -
REFLEX	-; -
REFLIES	-; -
REFLOAT	-; refloats
REFLOOD	-; refloods
REFLOW	-; reflown, reflows
REFLUX	-; -
REFLY	-; -
REFOCUS	prefocus; -
REFOLD	-; refolds
REFORGE	-; reforged, reforges
REFORM	preform; reforms
REFORMS	preforms; -
REFOUND	-; refounds
REFRACT	-; refracts
REFRAIN	-; refrains
REFRAME	-; reframed, reframes
REFRESH	-; -
REFRIED	-; -
REFRIES	-; -
REFRONT	-; refronts
REFRY	-; -
REFT	-; -
REFUEL	-; refuels
REFUGE	-; refuged, refugee, refuges
REFUGEE	-; refugees
REFUND	-; refunds
REFUSAL	-; refusals
REFUSE	-; refused, refuser, refuses
REFUSER	-; refusers
REFUTAL	-; refutals
REFUTE	-; refuted, refuter, refutes
REFUTER	-; refuters
REG	dreg; regs
REGAIN	-; regains
REGAL	-; regale

REGALE	-; regaled, regaler, regales
REGALER	-; regalers
REGALIA	-; -
REGALLY	-; -
REGARD	-; regards
REGATTA	-; regattas
REGAUGE	-; regauged, regauges
REGAVE	-; -
REGEAR	-; regears
REGENCY	-; -
REGENT	-; regents
REGES	-; -
REGGAE	-; reggaes
REGIE	-; regies
REGIFT	- ; regifts
REGILD	-; regilds
REGILT	-; regilts
REGIME	-; regimen, regimes
REGIMEN	-; regimens, regiment
REGINA	-; reginae, reginal, reginas
REGION	-; regions
REGIUS	-; -
REGIVE	-; regiven, regives
REGLAZE	-; reglazed, reglazes
REGLET	-; reglets
REGLOSS	-; -
REGLOW	-; reglows
REGLUE	-; reglued, reglues
REGMA	bregma; -
REGMATA	bregmata; -
REGNA	-; regnal
REGNANT	-; -
REGNUM	-; -
REGORGE	-; regorged, regorges
REGOSOL	-; regosols
REGRADE	-; regraded, regrades
REGRAFT	-; regrafts
REGRANT	-; regrants
REGRATE	-; regrated, regrates
REGREEN	-; regreens
REGREET	-; regreets
REGRESS	-; -
REGRET	-; regrets
REGREW	-; -
REGRIND	-; regrinds
REGROOM	-; regrooms
REGROUP	-; regroups
REGROW	-; regrown, regrows
REGS	dregs; -
REGULAR	-; regulars
REGULI	-; -
REGULUS	-; -
REHAB	-; rehabs
REHANG	-; rehangs
REHASH	-; -
REHEAR	-; reheard, rehears
REHEAT	preheat; reheats
REHEATS	preheats; -
REHEEL	-; reheels
REHEM	-; rehems
REHINGE	-; rehinged, rehinges
REHIRE	-; rehired, rehires

REHOUSE -; rehoused, rehouses
REHUNG -; -
REI -; reif, rein, reis
REIF -; reifs, reify
REIFIED -; -
REIFIER -; reifiers
REIFIES -; -
REIGN -; reigns
REIGNED -; -
REIMAGE -; reimaged, reimages
REIN -; reink, reins
REINCUR -; reincurs
REINDEX -; -
REINED -; -
REINING -; -
REINK -; reinks
REINKED -; -
REINTER -; reinters
REISSUE -; reissued, reissues
REITBOK -; reitboks
REIVE -; reived, reiver, reives
REIVER -; reivers
REJECT -; rejects
REJIG -, rejigs
REJOICE -; rejoiced, rejoicer, rejoices
REJOIN -; rejoins
REJUDGE prejudge; rejudged, rejudges
REKEY -; rekeys
REKEYED -; -
REKNIT -; reknits
REKNOT -; reknots
RELABEL -; relabels
RELACE -; relaced, relaces
RELAID -; -
RELAND -; relands
RELAPSE -; relapsed, relapser, relapses
RELATE prelate; related, relater, relates
RELATER -; relaters
RELATES prelates; -
RELATOR -; relators
RELAX -; -
RELAXED -; -
RELAXER -; relaxers
RELAXES -; -
RELAXIN -; relaxing, relaxins
RELAY -; relays
RELAYED -; -
RELEARN -; relearns, relearnt
RELEASE -; released, releaser, releases
RELEND -; relends
RELENT -; relents
RELET -; relets
RELEVE -; releves
RELIANT -; -
RELIC -; relics, relict
RELICT -; relicts
RELIED -; -
RELIEF -; reliefs
RELIER -; reliers
RELIES -; -
RELIEVE -; relieved, reliever, relieves

RELIEVO -; relievos
RELIGHT -; relights
RELINE -; relined, relines
RELINK -; relinks
RELIQUE -; reliques
RELISH -; -
RELIST -; relists
RELIT -; -
RELIVE -; relived, relives
RELLENO -; rellenos
RELOAD -; reloads
RELOAN -; reloans
RELOCK -; relocks
RELOOK -; relooks
RELUCT -; relucts
RELUME -; relumed, relumes
RELY -; -
RELYING -; -
REM -; rems
REMADE -; -
REMAIL -; remails
REMAIN cremain; remains
REMAINS cremains; -
REMAKE -; remakes
REMAN preman; remand, remans
REMAND -; remands
REMAP -; remaps
REMARK -; remarks
REMARRY -; -
REMATCH -; -
REMATE -; remated, remates
REMEDY -; -
REMEET -; remeets
REMELT -; remelts
REMEND -; remends
REMERGE -; remerged, remerges
REMET -; -
REMEX -; -
REMIGES -; -
REMIND -; reminds
REMINT -; remints
REMISE premise; remised, remises
REMISED premised; -
REMISES premises; -
REMISS premiss; -
REMIT -; remits
REMIX premix; remixt
REMIXED premixed; -
REMIXES premixes; -
REMNANT -; remnants
REMODEL -; remodels
REMOLD -; remolds
REMORA -; remoras
REMORID -; -
REMORSE premorse; remorses
REMOTE -; remoter
REMOUNT -; remounts
REMOVAL -; removals
REMOVE -; removed, remover, removes
REMOVER -; removers
REMUDA -; remudas
RENAIL -; renails
RENAL -; -
RENAME prename; renamed, renames

RENAMES	prenames; -
REND	trend; rends
RENDED	trended; -
RENDER	-; renders
RENDING	trending; -
RENDS	trends; -
RENEGE	-; reneged, reneger, reneges
RENEGER	-; renegers
RENEST	-; renests
RENEW	-; renews
RENEWAL	-; renewals
RENEWED	-; -
RENEWER	-; renewers
RENIG	-; renigs
RENIN	-; renins
RENNASE	-; rennases
RENNET	-; rennets
RENNIN	-; rennins
RENO	-; renos
RENOWN	-; renowns
RENT	brent; rente, rents
RENTAL	-; rentals
RENTE	-; rented, renter, rentes
RENTER	-; renters
RENTIER	-; rentiers
RENTS	brents; -
RENVOI	-; renvois
REOCCUR	-; reoccurs
REOFFER	-; reoffers
REOIL	-; reoils
REOILED	-; -
REOPEN	-; reopens
REORDER	-; reorders
REP	prep; repp, reps
REPACK	prepack; repacks
REPACKS	prepacks; -
REPAID	prepaid; -
REPAINT	-; repaints
REPAIR	-; repairs
REPAND	-; -
REPANEL	-; repanels
REPAPER	-; repapers
REPARK	-; reparks
REPASS	-; -
REPAST	-; repasts
REPATCH	-; -
REPAVE	-; repaved, repaves
REPAY	prepay; repays
REPAYS	prepays; -
REPEAL	-; repeals
REPEAT	-; repeats
REPEG	-; repegs
REPEL	-; repels
REPENT	-; repents
REPERK	-; reperks
REPIN	-; repine, repins
REPINE	-; repined, repiner, repines
REPINER	-; repiners
REPLACE	preplace; replaced, replacer, replaces
REPLAN	preplan; replans, replant
REPLANS	preplans; -
REPLANT	preplant; replants

REPLATE -; replated, replates
REPLAY -; replays
REPLEAD -; repleads
REPLED -; -
REPLETE -; -
REPLEVY -; -
REPLICA -; replicas
REPLIED -; -
REPLIER -; repliers
REPLIES -; -
REPLOT -; replots
REPLOW -; replows
REPLUMB -; replumbs
REPLY -; -
REPO -; repos, repot
REPOLL -; repolls
REPORT -; reports
REPOS -; repose
REPOSAL -; reposals
REPOSE -; reposed, reposer, reposes
REPOSER -; reposers
REPOSIT -; reposits
REPOT -; repots
REPOUR -; repours
REPOWER -; repowers
REPP -; repps
REPPED prepped; -
REPRESS -; -
REPRICE -; repriced, reprices
REPRINT -; reprints
REPRISE -; reprised, reprises
REPRO -; repros
REPROBE -; reprobed, reprobes
REPROOF -; reproofs
REPROVE -; reproved, reprover, reproves
REPS preps; -
REPTANT -; -
REPTILE -; reptiles
REPUGN -; repugns
REPULSE -; repulsed, repulser, repulses
REPUMP -; repumps
REPUTE -; reputed, reputes
REQUEST -; requests
REQUIEM -; requiems
REQUIN -; requins
REQUIRE -; required, requirer, requires
REQUITE -; requited, requiter, requites
RERACK -; reracks
RERAISE -; reraised, reraises
RERAN -; -
REREAD -; rereads
REREDOS -; -
RERENT -; rerents
RERIG -; rerigs
RERISE -; rerisen, rerises
REROLL -; rerolls
REROOF -; reroofs
REROSE -; -
REROUTE -; rerouted, reroutes
RERUN -; reruns
RES ares, ires, ores; resh, rest

RESAID -; -
RESAIL -; resails
RESALE -; resales
RESAW -; resawn, resaws
RESAWED -; -
RESAY -; resays
RESCALE -; rescaled, rescales
RESCIND -; rescinds
RESCORE prescore; rescored, rescores
RESCUE -; rescued, rescuer, rescues
RESCUER -; rescuers
RESEAL -; reseals
RESEAT -; reseats
RESEAU -; reseaus, reseaux
RESECT -; resects
RESEDA -; resedas
RESEE -; reseed, reseek, reseen, resees
RESEED -; reseeds
RESEEK -; reseeks
RESEEN -; -
RESEIZE -; reseized, reseizes
RESELL presell; resells
RESELLS presells; -
RESEND -; resends
RESENT present; resents
RESENTS presents; -
RESERVE preserve; reserved, reserver, reserves
RESET preset; resets
RESETS presets;
RESEW -; resewn, resews
RESEWED -; -
RESH fresh; -
RESHAPE preshape; reshaped, reshapes
RESHAVE -; reshaved, reshaven, reshaves
RESHES freshes; -
RESHINE -; reshined, reshines
RESHIP -; reships
RESHOD -; -
RESHOE -; reshoes
RESHONE -; -
RESHOOT -; reshoots
RESHOT -; -
RESHOW preshow; reshown, reshows
RESHOWN preshown; -
RESHOWS preshows; -
RESID -; reside, resids
RESIDE preside; resided, resider, resides
RESIDED presided; -
RESIDER presider; residers
RESIDES presides; -
RESIDUA -; residual
RESIDUE -; residues
RESIFT presift; resifts

RESIFTS	presifts; -
RESIGHT	-; resights
RESIGN	-; resigns
RESILE	-; resiled, resiles
RESILIN	-; resilins
RESIN	-; resins, resiny
RESINED	-; -
RESIST	-; resists
RESITE	-; resited, resites
RESIZE	-; resized, resizes
RESKIN	-; reskins
RESLATE	-; reslated, reslates
RESMELT	-; resmelts
RESOAK	-; resoaks
RESOD	-; resods
RESOJET	-; resojets
RESOLD	presold; -
RESOLE	-; resoled, resoles
RESOLVE	-; resolved, resolver, resolves
RESORB	-; resorbs
RESORT	-; resorts
RESOUND	-; resounds
RESOW	-; resown, resows
RESOWED	-; -
RESPACE	-; respaced, respaces
RESPADE	-; respaded, respades
RESPEAK	-; respeaks
RESPECT	-; respects
RESPELL	-; respells
RESPELT	-; -
RESPIRE	-; respired, respires
RESPITE	-; respited, respites
RESPLIT	-; resplits
RESPOKE	-; respoken
RESPOND	-; responds
RESPOOL	-; respools
RESPOT	-; respots
RESPRAY	-; resprays
REST	crest, drest, prest, wrest; rests
RESTACK	-; restacks
RESTAFF	-; restaffs
RESTAGE	-; restaged, restages
RESTAMP	prestamp; restamps
RESTART	-; restarts
RESTATE	-; restated, restates
RESTED	crested, wrested; -
RESTER	prester, wrester; resters
RESTERS	presters, wresters; -
RESTFUL	-; -
RESTING	cresting, wresting; -
RESTIVE	-; -
RESTOCK	-; restocks
RESTOKE	-; restoked, restokes
RESTORE	-; restored, restorer, restores

RESTRAIN	-; restrains
RESTS	crests, prests, wrests; -
RESTUDY	-; -
RESTUFF	-; restuffs
RESTYLE	-; restyled, restyles
RESUE	-; resued, resues
RESULT	-; results
RESUME	presume; resumed, resumer, resumes
RESUMED	presumed; -
RESUMER	presumer; resumers
RESUMES	presumes; -
RESURGE	-; resurged, resurges
RET	fret, tret; rete, rets
RETABLE	-; retables
RETACK	-; retacks
RETAG	-; retags
RETAIL	-; retails
RETAIN	-; retains
RETAKE	-; retaken, retaker, retakes
RETALLY	-; -
RETAPE	-; retaped, retapes
RETARD	-; retards
RETASTE	pretaste; retasted, retastes
RETAX	pretax; -
RETAXED	-; -
RETAXES	-; -
RETCH	wretch; -
RETCHED	wretched; -
RETCHES	wretches; -
RETE	arete; retem
RETEACH	-; -
RETEAM	-; reteams
RETEAR	-; retears
RETELL	-; retells
RETEM	-; retems
RETENE	-; retenes
RETEST	pretest; retests
RETESTS	pretests; -
RETHINK	-; rethinks
RETIA	-; retial
RETIARY	-; -
RETICLE	-; reticles
RETIE	-; retied, reties
RETILE	-; retiled, retiles
RETIME	-; retimed, retimes
RETINA	-; retinae, retinal, retinas
RETINAL	-; retinals
RETINOL	-; retinols
RETINT	-; retints
RETINUE	-; retinued, retinues
RETIRE	-; retired, retiree, retirer, retires
RETIREE	-; retirees
RETIRER	-; retirers
RETITLE	-; retitled, retitles
RETOLD	-; -
RETOOK	-; -
RETOOL	-; retools
RETORE	-; -
RETORN	-; -
RETORT	-; retorts

RETOTAL	-; retotals
RETOUCH	-; -
RETRACE	-; retraced, retraces
RETRACK	-; retracks
RETRACT	-; retracts
RETRAIN	-; retrains
RETRAL	-; -
RETREAD	-; retreads
RETREAT	pretreat; retreats
RETRIAL	-; retrials
RETRIED	-; -
RETRIES	-; -
RETRIM	-; retrims
RETRO	-; retros
RETROD	-; retrods
RETRY	-; -
RETS	frets, trets; -
RETSINA	-; retsinas
RETTED	fretted; -
RETTING	fretting; -
RETUNE	-; retuned, retunes
RETURN	-; returns
RETUSE	-; -
RETWIST	-; retwists
RETYING	-; -
RETYPE	-; retyped, retypes
REUNIFY	-; -
REUNION	preunion; reunions
REUNITE	preunite; reunited, reunites
REUSE	-; reused, reuses
REUTTER	-; reutters
REV	-; revs
REVALUE	-; revalued, revalues
REVAMP	-; revamps
REVEAL	-; reveals
REVEL	-; revels
REVELED	-; -
REVELER	-; revelers
REVELRY	-; -
REVENGE	-; revenged, revenger, revenges
REVENUE	-; revenued, revenuer, revenues
REVERB	-; reverbs
REVERE	-; revered, reverer, reveres
REVERER	-; reverers
REVERIE	-; reveries
REVERS	-; reverse, reverso
REVERSE	-; reversed, reverser, reverses
REVERSO	-; reversos
REVERT	-; reverts
REVERY	-; -
REVEST	-; revests
REVET	brevet, trevet; revets
REVETS	brevets, trevets; -
REVIEW	preview; reviews
REVIEWS	previews; -
REVILE	-; reviled, reviler, reviles
REVILER	-; revilers
REVISAL	-; revisals

REVISE previse; revised, reviser, revises
REVISED prevised; -
REVISER -; revisers
REVISES previses; -
REVISIT -; revisits
REVISOR previsor; revisors, revisory
REVIVAL -; revivals
REVIVE -; revived, reviver, revives
REVIVER -; revivers
REVOICE -; revoiced, revoices
REVOKE -; revoked, revoker, revokes
REVOKER -; revokers
REVOLT -; revolts
REVOLVE -; revolved, revolver, revolves
REVOTE -; revoted, revotes
REVUE prevue; revues
REVUES prevues; -
REVUIST -; revuists
REVVED -; -
REVVING -; -
REWAKE -; rewaked, rewaken, rewakes
REWAKEN -; rewakens
REWAN -; -
REWARD -; rewards
REWARM prewarms; rewarms
REWARMS prewarms; -
REWASH prewash; -
REWAX -; -
REWAXED -; -
REWAXES -; -
REWEAR -; rewears
REWEAVE -; reweaved, reweaver, reweaves
REWED brewed, crewed; reweds
REWEIGH -; reweighs
REWELD -; rewelds
REWET -; rewets
REWIDEN -; rewidens
REWIN -; rewind, rewins
REWIND -; rewinds
REWIRE -; rewired, rewires
REWOKE -; rewoken
REWON -; -
REWORD -; rewords
REWORK -; reworks
REWOUND -; -
REWOVE -; rewoven
REWRAP prewrap; rewraps, rewrapt
REWRAPS -; -
REWRITE -; rewrites
REWROTE -; -
REX prex; -
REXES prexes; -
REYNARD -; reynards
REZ -; -
REZERO -; rezeros
REZES -; -
REZONE -; rezoned, rezones

REZZES	-; -
RHABDOM	-; rhabdome, rhabdoms
RHACHIS	-; -
RHAMNUS	-; -
RHAPHAE	-; -
RHAPHE	-; rhaphes
RHATANY	-; -
RHEA	-; rheas
RHEBOK	-; rheboks
RHENIUM	-; rheniums
RHESUS	-; -
RHETOR	-; rhetors
RHEUM	-; rheums, rheumy
RHEUMIC	-; -
RHINAL	-; -
RHINO	-; rhinos
RHIZOID	-; rhizoids
RHIZOMA	-; -
RHIZOME	-; rhizomes
RHO	thro; rhos
RHODIC	-; -
RHODIUM	-; rhodiums
RHODORA	-; rhodoras
RHOMB	-; rhombi, rhombs
RHOMBI	-; -
RHOMBUS	-; -
RHONCHI	-; -
RHOTIC	-; -
RHUBARB	-; rhubarbs
RHUMB	-; rhumba, rhumbs
RHUMBA	-; rhumbas
RHUS	-; -
RHUSES	-; -
RHYME	-; rhymed, rhymer, rhymes
RHYMER	-; rhymers
RHYTA	-; -
RHYTHM	-; rhythms
RHYTON	-; -
RIA	aria; rial, rias
RIAL	trial, urial; rials
RIALS	trials; -
RIALTO	-; rialtos
RIANT	-; -
RIANTLY	-; -
RIAS	arias; -
RIATA	-; riatas
RIB	crib, drib; ribs
RIBALD	-; ribalds
RIBAND	-; ribands
RIBBAND	-; ribbands
RIBBED	cribbed, dribbed; -
RIBBER	cribber; ribbers
RIBBERS	cribbers; -
RIBBIER	-; -
RIBBING	cribbing, dribbing; ribbings
RIBBON	-; ribbons, ribbony
RIBBY	-; -
RIBES	bribes, tribes; -
RIBIER	-; -
RIBLESS	-; -
RIBLET	-; riblets
RIBLIKE	-; -
RIBOSE	-; riboses
RIBS	cribs, dribs; -
RIBWORT	-; ribworts
RICE	price, trice; riced, ricer, rices
RICED	priced, triced; -

RICER pricer; ricers
RICERS pricers; -
RICES prices, trices; -
RICH -; -
RICHEN -; richens
RICHER -; -
RICHES -; richest
RICHLY -; -
RICIN -; ricing, ricins
RICING pricing, tricing; -
RICINUS -; -
RICK brick, crick, prick, trick, wrick; ricks
RICKED bricked, cricked, pricked, tricked; -
RICKETS crickets, prickets, rickets; -
RICKETY -; -
RICKEY -; rickeys
RICKING bricking, cricking, pricking, tricking; -
RICKS bricks, cricks, pricks, tricks; -
RICKSHA -; rickshas, rickshaw
RICOTTA -; ricottas
RICRAC -; ricracs
RICTAL -; -
RICTUS -; -
RID arid, grid, irid; ride, rids
RIDABLE -; -
RIDDED -; -
RIDDEN -; -
RIDDER -; ridders
RIDDING -; -
RIDDLE griddle; riddled, riddler, riddles
RIDDLED griddled; -
RIDDLER -; riddlers
RIDDLES griddles; -
RIDE bride, cride, gride, pride; rider, rides
RIDENT trident; -
RIDER arider; riders
RIDES brides, grides, irides, prides; -
RIDGE bridge, fridge; ridged, ridgel, ridges
RIDGED bridged; -
RIDGEL -; ridgels
RIDGES bridges, fridges; -
RIDGIER -; -
RIDGIL -; ridgils
RIDGING bridging; -
RIDGY -; -
RIDING griding, priding; ridings
RIDLEY -; ridleys
RIDOTTO -; ridottos
RIDS arids, grids; -
RIEL ariel, oriel; riels
RIELS ariels, oriels; -
RIEVER griever; rievers
RIEVERS -; grievers
RIF -; rife, riff, rifs, rift

RIFE -; rifer
RIFELY -; -
RIFEST -; -
RIFF griff; riffs
RIFFED -; -
RIFFING -; -
RIFFLE -; riffled, riffler, riffles
RIFFLER -; rifflers
RIFFS griffs; -
RIFLE trifle; rifled, rifler, rifles
RIFLER trifler; riflers, riflery
RIFLERS triflers; -
RIFLES trifles; -
RIFLING trifling; riflings
RIFLIP -; riflips
RIFT drift, grift; rifts
RIFTED drifted, grifted; -
RIFTING drifting, grifting; -
RIFTS drifts, grifts; -
RIG brig, frig, grig, prig, trig; rigs
RIGGED frigged, prigged, trigged; -
RIGGER trigger; riggers
RIGGERS triggers; -
RIGGING frigging, prigging, trigging; riggings
RIGHT aright, bright, fright, wright; righto, rights, righty
RIGHTED frighted; -
RIGHTER brighter; righters
RIGHTLY -; -
RIGHTS brights, frights, wrights; -
RIGID frigid; -
RIGIDLY -; -
RIGOR -; rigors
RIGOUR -; rigours
RIGS brigs, frigs, grigs, prigs, trigs; -
RIKISHA -; rikishas
RIKSHAW -; rikshaws
RILE -; riled, riles, riley
RILED ariled; -
RILIEVI -; -
RILIEVO -; -
RILING -; -
RILL brill, drill, frill, grill, krill, prill, trill; rille, rills
RILLE grille; rilled, rilles, rillet
RILLED drilled, frilled, grilled, prilled, trilled; -
RILLES grilles; -
RILLET -; rillets
RILLING drilling, frilling, grilling, prilling, trilling; -
RILLS brills, drills, frills, grills, krills, prills, trills;-
RIM brim, grim, prim, trim; rime, rims, rimy

RIME	crime, grime, prime; rimed, rimer, rimes
RIMED	grimed, primed; -
RIMER	primer, trimer; rimers
RIMERS	primers, trimers; -
RIMES	crimes, grimes, primes; -
RIMFIRE	-; -
RIMIER	grimier; -
RIMIEST	grimiest; -
RIMING	griming, priming; -
RIMLAND	-; rimlands
RIMLESS	-; -
RIMMED	brimmed, primmed, trimmed; -
RIMMER	brimmer, crimmer, grimmer, krimmer, primmer, trimmer; rimmers
RIMMERS	brimmers, crimmers, krimmers, trimmers; -
RIMMING	brimming, primming, trimming; -
RIMOSE	-; -
RIMOUS	-; -
RIMPLE	crimple; rimpled, rimples
RIMPLED	crimpled; -
RIMPLES	crimples; -
RIMROCK	-; rimrocks
RIMS	brims, prims, trims; -
RIMY	grimy; -
RIN	brin, grin; rind, ring, rink, rins
RIND	grind; rinds
RINDED	brinded, grinded; -
RINDS	grinds; -
RING	bring, iring, wring; rings
RINGED	cringed, fringed wringed; -
RINGENT	-; -
RINGER	bringer, cringer wringer; ringers
RINGERS	bringers, cringers, wringers,
RINGGIT	-; -
RINGING	bringing, fringing, wringing; -
RINGLET	-; -
RINGS	brings, wrings; -
RINGTAW	-; ringtaws
RINK	brink, drink, prink; rinks
RINKS	brinks, drinks, prinks; -
RINNING	-; -
RINS	brins, grins; rinse

RINSE	-; rinsed, rinser, rinses
RINSER	-; rinsers
RINSING	-; rinsings
RIOJA	-; riojas
RIOT	griot; riots
RIOTED	-; -
RIOTER	-; rioters
RIOTING	-; -
RIOTOUS	-; -
RIP	drip, grip, trip; ripe, rips
RIPCORD	-; ripcords
RIPE	cripe, gripe, tripe; riped, ripen, riper, ripes
RIPED	griped; -
RIPELY	-; -
RIPEN	-; ripens
RIPENED	-; -
RIPER	griper; -
RIPES	gripes, tripes; ripest
RIPIENI	-; -
RIPIENO	-; ripienos
RIPING	griping; -
RIPOFF	-; ripoffs
RIPOST	-; riposte, riposts
RIPOSTE	-; riposted, ripostes
RIPPED	dripped, gripped, tripped; -
RIPPER	dripper, gripper, tripper; rippers
RIPPERS	drippers, grippers, trippers; -
RIPPING	dripping, gripping, tripping; -
RIPPLE	cripple, gripple; rippled, rippler, ripples
RIPPLED	crippled; -
RIPPLER	crippler; ripplers
RIPPLET	-; ripplets
RIPPLY	-; -
RIPRAP	-; ripraps
RIPS	drips, grips, trips; -
RIPSAW	-; ripsaws
RIPSTOP	-; ripstops
RIPT	gript; -
RIPTIDE	-; riptides
RISE	arise, frise, prise; risen, riser, rises
RISEN	arisen; -
RISER	-; risers
RISES	arises, crises, frises, irises, krises, prises; -
RISHI	-; rishis
RISIBLE	-; -
RISIBLY	-; -
RISING	arising, irising, prising; risings
RISK	brisk, frisk; risks, risky
RISKED	brisked, frisked; -
RISKER	brisker, frisker; riskers

RISKERS	friskers; -	**RIVETER**	-; riveters
RISKIER	-; -	**RIVETS**	grivets, privets, trivets; -
RISKILY	-; -	**RIVIERA**	-; rivieras
RISKING	brisking, frisking; -	**RIVIERE**	-; rivieres
RISKS	brisks, frisks; -	**RIVING**	driving; -
RISKY	frisky; -	**RIVULET**	-; rivulets
RISOTTO	-; risottos	**RIYAL**	-; riyals
RISQUE	-; -	**ROACH**	broach; -
RISSOLE	-; rissoles	**ROACHED**	broached; -
RISTRA	-; ristras	**ROACHES**	broaches; -
RISUS	-; -	**ROAD**	broad; roads
RISUSES	-; -	**ROADBED**	-; roadbeds
RITARD	-; ritards	**ROADEO**	-; roadeos
RITE	trite, write; rites	**ROADIE**	-; roadies
RITES	writes; -	**ROADS**	broads; -
RITTER	critter, fritter; ritters	**ROADWAY**	-; roadways
RITTERS	critters, fritters; -	**ROAM**	-; roams
RITTS	britts, fritts; -	**ROAMED**	-; -
RITUAL	-; rituals	**ROAMER**	-; roamers
RITZ	-; ritzy	**ROAMING**	-; -
RITZIER	-; -	**ROAN**	groan; roans
RITZILY	-; -	**ROANS**	groans; -
RIVAGE	-; rivages	**ROAR**	-; roars
RIVAL	-; rivals	**ROARED**	-; -
RIVALED	-; -	**ROARER**	-; roarers
RIVALRY	-; -	**ROARING**	-; roarings
RIVE	drive; rived, riven, river, rives, rivet	**ROAST**	-; roasts
RIVEN	driven; -	**ROASTED**	-; -
RIVER	driver; rivers	**ROASTER**	-; roasters
RIVERS	drivers; -	**ROB**	-; robe, robs
RIVES	drives; -	**ROBALO**	-; robalos
RIVET	grivet, privet, trivet; rivets	**ROBAND**	proband; robands
RIVETED	-; -	**ROBANDS**	probands; -
		ROBATA	-; robatas
		ROBBED	-; -
		ROBBER	-; robbers, robbery

ROBBIN -; robbing, robbins
ROBE probe; robed, robes
ROBED probed; -
ROBES probes; -
ROBIN -; robing, robins
ROBING probing; -
ROBLE -; robles
ROBOT -; robots
ROBOTIC -; -
ROBOTRY -; -
ROBUST -; -
ROC croc; rock, rocs
ROCHET crochet; rochets
ROCHETS crochets; -
ROCK brock, crock, frock, trock; rocks, rocky
ROCKABY -; rockabye
ROCKED crocked, frocked, trocked; -
ROCKER -; rockers, rockery
ROCKERY crockery; -
ROCKET brocket, crocket; rockets
ROCKETS brockets, crockets; -
ROCKIER -; -
ROCKILY -; -
ROCKING crocking, frocking, trocking; -
ROCKOON -; rockoons
ROCKS brocks, crocks, frocks, trocks; -
ROCOCO -; rococos
ROCS crocs;
ROD prod, trod; rode, rods
RODDED prodded; -
RODDING prodding; -
RODE erode, trode; rodeo
RODENT erodent; rodents
RODEO -; rodeos
RODLESS -; -
RODLIKE -; -
RODMAN -; -
RODMEN -; -
RODS prods; -
RODSMAN -; -
RODSMEN -; -
ROE froe; roes
ROEBUCK -; roebucks
ROES froes; -
ROGER -; rogers
ROGUE brogue, drouge; rogued, rogues
ROGUERY broguery; -
ROGUES brogues, drogues; -
ROGUING -; -
ROGUISH broguish; -
ROIL broil; roils, roily
ROILED broiled; -
ROILIER -; -
ROILING broiling; -
ROILS broils; -
ROISTER -; roisters

ROLE	prole; roles
ROLES	proles; -
ROLF	-; rolfs
ROLFED	-; -
ROLFER	-; rolfers
ROLFING	-; -
ROLL	droll, troll; rolls
ROLLED	drolled, trolled; -
ROLLER	droller, troller; rollers
ROLLERS	trollers; -
ROLLICK	-; rollicks, rollicky
ROLLING	drolling, trolling; rollings
ROLLMOP	-; rollmops
ROLLOUT	-; rollouts
ROLLS	drolls, trolls; -
ROLLTOP	-; -
ROLLWAY	-; rollways
ROM	from, prom; romp, roms
ROMAINE	-; romaines
ROMAJI	-; romajis
ROMAN	-; romano, romans
ROMANCE	-; romanced, romancer, romances
ROMANO	-; romanos
ROMAUNT	-; romaunts
ROMEO	-; romeos
ROMP	tromp; romps
ROMPED	tromped; -
ROMPER	-; rompers
ROMPING	tromping; -
ROMPISH	-; -
ROMPS	tromps; -
RONDE	-; rondes
RONDEAU	-; rondeaux
RONDEL	-; rondels
RONDO	-; rondos
RONDURE	-; rondures
RONIN	-; ronins
RONION	-; ronions
RONNEL	-; ronnels
RONTGEN	-; rontgens
RONYON	-; ronyons
ROO	-; rood, roof, room, roos, root
ROOD	brood; roods
ROODS	broods; -
ROOF	proof; roofs
ROOFED	proofed; -
ROOFER	proofer; roofers
ROOFERS	proofers; -
ROOFIE	-; roofies
ROOFING	proofing; roofings
ROOFS	proofs; -
ROOFTOP	-; rooftops
ROOK	brook, crook; rooks, rooky
ROOKED	brooked, crooked; -
ROOKERY	-; -
ROOKIE	-; rookier, rookies
ROOKIES	-; rookiest
ROOKING	brooking, crooking; -
ROOKS	brooks, crooks; -
ROOM	broom, groom, vroom; rooms, roomy

ROOMED broomed, groomed, vroomed; -
ROOMER groomer; roomers
ROOMERS groomers; -
ROOMFUL -; roomfuls
ROOMIER broomier; -
ROOMILY -; -
ROOMING brooming, grooming, vrooming; -
ROOMS brooms, grooms, vrooms; -
ROOMY broomy; -
ROOSE -; roosed, rooser, rooses
ROOSER -; roosers
ROOSING -; -
ROOST -; roosts
ROOSTED -; -
ROOSTER -; roosters
ROOT -; roots, rooty
ROOTAGE -; rootages
ROOTCAP -; rootcaps
ROOTED -; -
ROOTER -; rooters
ROOTIER -; -
ROOTING -; -
ROOTKIT -; rootkits
ROOTLE -; rootled, rootles, rootlet
ROOTLET -; rootlets
ROPABLE -; -
ROPE grope, trope; roped, roper, ropes, ropey
ROPED groped; -
ROPER groper, proper; ropers, ropery
ROPERS gropers, propers; -
ROPES gropes, tropes; -
ROPEWAY -; ropeways
ROPIER -; -
ROPIEST -; -
ROPILY -; -
ROPING groping; -
ROPY -; -
ROQUE -; roques, roquet
ROQUET croquet; roquets
ROQUETS croquets; -
RORQUAL -; rorquals
ROSACEA -; rosaceas
ROSARIA -; rosarian
ROSARY -; -
ROSCOE -; roscoes
ROSE arose, brose, erose, prose; rosed, roses, roset
ROSEATE -; -
ROSEBAY -; rosebays
ROSEBUD -; rosebuds
ROSED prosed; -
ROSELLA -; rosellas
ROSELLE -; roselles
ROSEOLA -; roseolar, roseolas
ROSERY -; -
ROSES broses, eroses, proses; -
ROSET -; rosets
ROSETTE -; rosettes
ROSHI -; roshis

ROSIER crosier, prosier; -
ROSIEST prosiest; -
ROSILY prosily; -
ROSIN -; rosing, rosins, rosiny
ROSINED -; -
ROSING -; -
ROSINOL -; rosinols
ROSOLIO -; rosolios
ROSTER -; rosters
ROSTI -; rostis
ROSTRA -; rostral
ROSTRUM -; rostrums
ROSY brosy, prosy, trosy; -
ROT grot, trot; rota, rote, rotl, roto, rots
ROTA -; rotas
ROTARY -; -
ROTATE -; rotated, rotates
ROTATOR -; rotators, rotatory
ROTCH crotch; rotche
ROTCHE -; rotches
ROTCHES crotches; -
ROTE wrote; rotes
ROTGUT -; rotguts
ROTI -; rotis
ROTIFER -; rotifers
ROTINI -; rotinis
ROTL -; rotls
ROTO -; rotor, rotos
ROTOR -; rotors
ROTS grots, trots; -
ROTTE rotted, rotten, rottes
ROTTED trotted; -
ROTTEN -; -
ROTTER trotter; rotters
ROTTERS trotters; -
ROTTING trotting; -
ROTUND -; rotunda
ROTUNDA -; rotundas
ROUBLE trouble; roubles
ROUBLES troubles; -
ROUCHE -; rouches
ROUCHES crouches, grouches; -
ROUE -; rouen, roues
ROUEN -; rouens
ROUGE -; rouged, rouges
ROUGH trough; roughs
ROUGHED -; -
ROUGHEN -; roughens
ROUGHER -; roughers
ROUGHLY -; -
ROUGHS troughs; -
ROUGING -; -
ROULADE -; roulades
ROULEAU -; rouleaus, rouleaux
ROUND around, ground; rounds
ROUNDED grounded; -
ROUNDEL -; roundels
ROUNDER grounder; rounders
ROUNDLY -; -
ROUNDS grounds; -
ROUNDUP -; roundups
ROUP croup, group; roups, roupy
ROUPED grouped, trouped; -

ROUPET -; -
ROUPIER croupier; -
ROUPILY croupily; -
ROUPING grouping, trouping; -
ROUPS croups, groups; -
ROUPY croupy; -
ROUSE arouse, crouse, grouse; roused, rouser, rouses
ROUSED aroused, groused; -
ROUSER arouser, grouser, trouser; rousers
ROUSERS arousers, grousers, trousers; -
ROUSES arouses, grouses; -
ROUSING arousing, grousing; -
ROUST -; rousts
ROUSTED -; -
ROUSTER -; rousters
ROUT grout, trout; route, routh, routs
ROUTE -; routed, router, routes
ROUTED grouted; -
ROUTER grouter; routers
ROUTERS grouters; -
ROUTH drouth; rouths
ROUTHS drouths; -
ROUTINE -; routines
ROUTING grouting; -
ROUTS grouts, trouts; -
ROUX -; -
ROVE drove, grove, prove, trove; roved, roven, rover, roves
ROVED droved, groved, proved; -
ROVEN proven; -
ROVER drover, prover, trover; rovers
ROVERS drovers, provers, trovers; -
ROVES droves, groves, proves, troves; -
ROVING droving, proving; rovings
ROW brow, crow, frow, grow, prow, trow, vrow; rows
ROWABLE growable; -
ROWAN -; rowans
ROWBOAT -; rowboats
ROWDIER -; -
ROWDIES crowdies; rowdiest
ROWDILY -; -
ROWDY crowdy; -
ROWED crowed, trowed; -
ROWEL trowel; rowels
ROWELED -; -
ROWELS trowels; -

ROWEN -; rowens
ROWER crower, grower, prower; rowers
ROWERS crowers, growers; -
ROWING crowing, growing, trowing; rowings
ROWLOCK -; rowlocks
ROWS brows, crows, frows, grows, prows, trows, vrows; -
ROWTH growth, trowth; rowths
ROWTHS growths, trowths; -
ROYAL -; royals
ROYALLY -; -
ROYALTY -; -
ROYSTER -; roysters
ROZZER -; rozzers
RUANA -; ruanas
RUB drub, grub; rube, rubs, ruby
RUBABOO -; rubaboos
RUBACE -; rubaces
RUBASSE -; rubasses
RUBATO -; rubatos
RUBBED drubbed, grubbed; -
RUBBER drubber, grubber; rubbers, rubbery
RUBBERS drubbers, grubbers; -
RUBBING drubbing, grubbing; rubbings
RUBBISH -; rubbishy
RUBBLE -; rubbled, rubbles
RUBBLY -; -
RUBBY -; -
RUBDOWN -; rubdowns
RUBE -; rubes
RUBELLA -; rubellas
RUBEOLA -; rubeolar, rubeolas
RUBIDIC -; -
RUBIED -; -
RUBIER -; -
RUBIES -; rubiest
RUBIGO -; rubigos
RUBIOUS -; -
RUBLE -; rubles
RUBLI -; -
RUBOFF -; ruboffs
RUBOUT -; rubouts
RUBRIC -; rubrics
RUBS drubs, grubs; -
RUBUS -; -
RUBY -; -
RUBYING -; -
RUCHE -; ruches
RUCHING -; ruchings
RUCK cruck, truck; rucks
RUCKED trucked; -
RUCKING trucking; -
RUCKLE -; ruckled, ruckles
RUCKS trucks; -

RUCKUS	-; -
RUCTION	-; ructions
RUDD	-; rudds, ruddy
RUDDER	-; rudders
RUDDIER	-; -
RUDDILY	-; -
RUDDLE	-; ruddled, ruddles
RUDDOCK	-; ruddocks
RUDDY	cruddy; -
RUDE	crude, prude; ruder
RUDELY	crudely; -
RUDER	cruder; rudery
RUDERAL	-; ruderals
RUDESBY	-; -
RUDEST	crudest; -
RUE	grue, true; rued, ruer, rues
RUED	trued; -
RUEFUL	-; -
RUER	truer; ruers
RUES	trues; -
RUFF	gruff; ruffe, ruffs
RUFFE	truffe; ruffed, ruffes
RUFFED	gruffed; -
RUFFES	truffes; -
RUFFIAN	-; ruffians
RUFFING	-; -
RUFFLE	truffle; ruffled, ruffler, ruffles
RUFFLED	truffled; -
RUFFLER	-; rufflers
RUFFLES	truffles; -
RUFFLY	gruffly; -
RUFFS	gruffs; -
RUFIYAA	-; rufiyaas
RUFOUS	-; -
RUG	drug, frug, trug; ruga, rugs
RUGA	-; rugae, rugal
RUGAL	frugal; -
RUGATE	-; -
RUGBIES	-; -
RUGBY	-; -
RUGGED	drugged, frugged; -
RUGGER	-; ruggers
RUGGING	drugging, frugging; -
RUGLIKE	-; -
RUGOLA	-; rugolas
RUGOSA	-; rugosas
RUGOSE	-; -
RUGOUS	-; -
RUGRAT	-; rugrats
RUGS	drugs, erugs, frugs; -
RUIN	bruin; ruing, ruins
RUINATE	-; ruinated, ruinates
RUINED	-; -
RUINER	-; ruiners
RUING	truing; -
RUINING	-; -
RUINOUS	-; -
RUINS	bruins; -
RUKH	-; rukhs
RULE	-; ruled, ruler, rules
RULER	-; rulers
RULING	-; rulings
RULY	truly; -

RUM arum, drum, grum; rump, rums
RUMAKI -; rumakis
RUMBA -; rumbas
RUMBAED -; -
RUMBLE crumble, drumble, grumble; rumbled, rumbler, rumbles
RUMBLED crumbled, drumbled, grumbled; -
RUMBLER grumbler; rumblers
RUMBLES crumbles, drumbles, grumbles; -
RUMBLY crumbly, grumbly; -
RUMDUM -; rumdums
RUMEN -; rumens
RUMINA -; ruminal
RUMLY -; -
RUMMAGE -; rummaged, rummager, rummages
RUMMER drummer, grummer; rummers
RUMMERS drummers; -
RUMMEST grummest; -
RUMMIER -; -
RUMMIES -; rummiest
RUMMY crummy; -
RUMOR -; rumors
RUMORED -; -
RUMOUR -; rumours
RUMP crump, frump, grump, trump; rumps
RUMPLE crumple; rumpled, rumples
RUMPLED crumpled; -
RUMPLES crumples; rumpless
RUMPLY crumply; -
RUMPOT -; rumpots
RUMPS crumps, frumps, grumps, trumps; -
RUMPUS -; -
RUMS arums, drums; -
RUN rune, rung, runs, runt; -
RUNAWAY -; runaways
RUNBACK -; runbacks
RUNDLE trundle; rundles, rundlet
RUNDLES trundles; -
RUNDLET -; rundlets
RUNDOWN -; rundowns
RUNE prune; runes
RUNES prunes; -
RUNG wrung; rungs
RUNIC -; -
RUNKLE -; runkled, runkles
RUNLESS -; -
RUNLET -; runlets
RUNNEL trunnel; runnels
RUNNELS trunnels; -
RUNNER -; runners

RUNNIER -; -
RUNNING -; runnings
RUNNY -; -
RUNOFF -; runoffs
RUNOUT -; runouts
RUNOVER -; runovers
RUNT brunt, grunt; runts, runty
RUNTIER -; -
RUNTISH -; -
RUNTS brunts, grunts; -
RUNWAY -; runways
RUPEE -; rupees
RUPIAH -; rupiahs
RUPTURE -; ruptured, ruptures
RURAL crural; -
RURALLY -; -
RURBAN -; -
RUSE cruse, druse; ruses
RUSES cruses, druses, uruses;
RUSH brush, crush; rushy
RUSHED brushed, crushed; -
RUSHEE -; rushees
RUSHER brusher, crusher; rushers
RUSHERS brushers, crushers; -
RUSHES brushes, crushes; -
RUSHIER brushier; -
RUSHING brushing, crushing; rushings
RUSHY brushy; -
RUSINE -; -
RUSK brusk; rusks
RUSSET -; russets, russety
RUSSIFY -; -
RUST crust, trust; rusts, rusty
RUSTED crusted, trusted; -
RUSTIC -; rustics
RUSTIER trustier; -
RUSTILY -; -
RUSTING crusting, trusting; -
RUSTLE -; rustled, rustler, rustles
RUSTLER -; rustlers
RUSTS crusts, trusts; -
RUSTY crusty, trusty; -
RUT brut; ruth, ruts
RUTH truth; ruths
RUTHFUL -; -
RUTHS truths; -
RUTILE -; rutiles
RUTIN -; rutins
RUTTED -; -
RUTTIER -; -
RUTTILY -; -
RUTTING -; -
RUTTISH -; -
RUTTY -; -
RYA -; ryas
RYE -; ryes
RYKE -; ryked, rykes
RYKING -; -
RYND -; rynds
RYOKAN -; ryokans
RYOT -; ryots
RYU -; ryus

S

S	as, es, is, os, us; sh, si, so	**SACKED**	-; -
SAB	-; sabs, sabe	**SACKER**	-; sackers
SABAL	-; sabals	**SACKFUL**	-; sackfuls
SABATON	-; sabatons	**SACKING**	-; sackings
SABAYON	-; sabayons	**SACLIKE**	-; -
SABBAT	-; sabbath, sabbats	**SACQUE**	-; sacques
SABBATH	-; sabbaths	**SACRA**	-; sacral
SABBED	-; -	**SACRAL**	-; sacrals
SABBING	-; -	**SACRED**	-; -
SABE	-; sabed, saber, sabes	**SACRING**	-; sacrings
SABEING	-; -	**SACRIST**	-; sacrists, sacristy
SABER	-; sabers	**SACRUM**	-; -
SABERED	-; -	**SAD**	-; sade, sadi
SABICO	-; sabicos	**SADDEN**	-; saddens
SABIN	-; sabine, sabins	**SADDER**	-; -
SABINE	-; sabines	**SADDEST**	-; -
SABIR	-; sabirs	**SADDHU**	-; saddhus
SABKHA	-; sabkhas	**SADDISH**	-; -
SABLE	usable; sables	**SADDLE**	-; saddled, saddler, saddles
SABOT	-; sabots	**SADDLER**	-; saddlers, saddlery
SABRA	-; sabras	**SADE**	tsade; sades
SABRE	-; sabred, sabres	**SADHE**	-; sadhes
SAC	-; sack, sacs	**SADHU**	-; sadhus
SACATON	-; sacatons	**SADI**	tsadi; sadis
SACBUT	-; sacbuts	**SADIRON**	-; sadirons
SACCADE	-; saccades	**SADIS**	tsadis; -
SACCATE	-; -	**SADISM**	-; sadisms
SACCULE	-; saccules	**SADIST**	-; sadists
SACCULI	-; -	**SADLY**	-; -
SACHEM	-; sachems	**SADNESS**	-; -
SACHET	-; sachets	**SAE**	-; -
SACK	-; sacks	**SAFARI**	-; safaris
SACKBUT	-; sackbuts	**SAFE**	-; safer, safes
		SAFELY	-; -

SAFES	-; safest
SAFETY	-; -
SAFFRON	-; saffrons
SAFROL	-; safrole, safrols
SAFROLE	-; safroles
SAG	-; saga, sage, sago, sags, sagy
SAGA	-; sagas
SAGAMAN	-; -
SAGAMEN	-; -
SAGBUT	-; sagbuts
SAGE	usage; sager, sages
SAGELY	-; -
SAGES	usages; sagest
SAGGAR	-; saggard, saggars
SAGGARD	-; saggards
SAGGED	-; -
SAGGER	-; saggers
SAGGING	-; -
SAGGY	-; -
SAGIER	-; -
SAGIEST	-; -
SAGO	-; sagos
SAGUARO	-; saguaros
SAGUM	-; -
SAHIB	-; sahibs
SAHIWAL	-; sahiwals
SAHUARO	-; sahuaros
SAICE	-; saices
SAID	-; saids
SAIGA	-; saigas
SAIL	-; sails
SAILED	-; -
SAILER	-; sailers
SAILING	-; sailings
SAILOR	-; sailors
SAIMIN	-; saimins
SAIN	-; sains, saint
SAINED	-; -
SAINING	-; -
SAINT	-; saints
SAINTED	-; -
SAINTLY	-; -
SAITH	-; saithe
SAIYID	-; saiyids
SAJOU	-; sajous
SAKE	-; saker, sakes
SAKER	-; sakers
SAKI	-; sakis
SAKTI	-; saktis
SAL	-; sale, sall, salp, sals, salt
SALAAM	-; salaams
SALABLE	-; -
SALABLY	-; -
SALAD	-; salads
SALAL	-; salals
SALAMI	-; salamis
SALARY	-; -
SALAT	-; salats
SALE	-; salep, sales
SALEP	-; saleps
SALIC	-; -
SALICIN	-; salicine, salicins
SALIENT	-; salients
SALIFY	-; -
SALINA	-; salinas
SALINE	-; salines
SALIVA	-; salivas
SALL	-; sally
SALLET	-; sallets
SALLIED	-; -
SALLIER	-; salliers

SALLIES	-; -
SALLOW	-; sallows, sallowy
SALMI	-; salmis
SALMON	-; salmons
SALOL	-; salols
SALON	-; salons
SALOON	-; saloons
SALOOP	-; saloops
SALP	-; salpa, salps
SALPA	-; salpae, salpas
SALPIAN	-; salpians
SALPID	-; salpids
SALPINX	-; -
SALSA	-; salsas
SALSIFY	-; -
SALT	-; salts, salty
SALTANT	-; -
SALTBOX	-; -
SALTED	-; -
SALTER	psalter; saltern, salters
SALTERN	-; salterns
SALTERS	psalters; -
SALTEST	-; -
SALTIE	-; saltier, salties
SALTIES	-; saltiest
SALTILY	-; -
SALTINE	-; saltines
SALTING	-; -
SALTIRE	-; saltires
SALTISH	-; -
SALTPAN	-; saltpans
SALUKI	-; salukis
SALUTE	-; saluted, saluter, salutes
SALUTER	-; saluters
SALVAGE	-; salvaged, salvagee, salvager, salvages
SALVE	-; salved, salver, salves
SALVER	-; salvers
SALVIA	-; salvias
SALVING	-; -
SALVO	-; salvor, salvos
SALVOED	-; -
SALVOES	-; -
SALVOR	-; salvors
SALWAR	-; salwars
SAMADHI	-; samadhis
SAMARA	-; samaras
SAMBA	-; sambal, sambar, sambas
SAMBAL	-; sambals
SAMBAR	-; sambars
SAMBHAR	-; sambhars
SAMBHUR	-; sambhurs
SAMBO	-; sambos
SAMBUCA	-; sambucas
SAMBUKE	-; sambukes
SAMBUR	-; samburs
SAME	-; samek
SAMECH	-; samechs
SAMEK	-; samekh, sameks
SAMEKH	-; samekhs
SAMEY	-; -
SAMFU	-; samfus
SAMIEL	-; samiels
SAMIER	-; -
SAMIEST	-; -
SAMISEN	-; samisens
SAMITE	-; samites
SAMLET	-; samlets
SAMOSA	-; samosas
SAMOVAR	-; samovars

SAMP	-; samps
SAMPAN	-; sampans
SAMPLE	-; sampled, sampler, samples
SAMPLER	-; samplers
SAMSARA	-; samsaras
SAMSHU	-; samshus
SAMURAI	-; samurais
SAN	-; sans
SANCTA	-; -
SANCTUM	-; sanctums
SAND	-; sands, sandy
SANDAL	-; sandals
SANDBAG	-; sandbags
SANDBAR	-; sandbars
SANDBOX	-; -
SANDBUR	-; sandburr, sandburs
SANDDAB	-; sanddabs
SANDED	-; -
SANDER	-; sanders
SANDFLY	-; -
SANDHI	-; sandhis
SANDHOG	-; sandhogs
SANDIER	-; -
SANDING	-; -
SANDLOT	-; sandlots
SANDMAN	-; -
SANDMEN	-; -
SANDPIT	-; sandpits
SANE	-; saned, saner, sanes
SANELY	-; -
SANES	-; sanest
SANG	-; sanga, sangh
SANGA	-; sangar, sangas
SANGAR	-; sangars
SANGER	-; sangers
SANGH	-; sanghs
SANGRIA	-; sangrias
SANICLE	-; sanicles
SANIES	-; -
SANING	-; -
SANIOUS	-; -
SANITY	-; -
SANJAK	-; sanjaks
SANK	-; -
SANNOP	-; sannops
SANNUP	-; sannups
SANS	-; -
SANSAR	-; sansars
SANSEI	-; sanseis
SANTERO	-; santeros
SANTIMI	-; -
SANTIMS	-; -
SANTIMU	-; -
SANTIR	-; santirs
SANTO	-; santor, santos
SANTOL	-; santols
SANTOUR	-; santours
SANTUR	-; santurs
SANYASI	-; sanyasis
SAP	-; saps
SAPAJOU	-; sapajous
SAPELE	-; sapeles
SAPHEAD	-; sapheads
SAPHENA	-; saphenae
SAPID	-; -
SAPIENS	-; -
SAPIENT	-; -
SAPLESS	-; -
SAPLING	-; saplings
SAPONIN	-; saponine, saponins
SAPOR	-; sapors
SAPOTA	-; sapotas

SAPOTE	-; sapotes
SAPOUR	-; sapours
SAPPED	-; -
SAPPER	-; sappers
SAPPHIC	-; sapphics
SAPPIER	-; -
SAPPILY	-; -
SAPPING	-; -
SAPPY	-; -
SAPROBE	-; saprobes
SAPSAGO	-; sapsagos
SAPWOOD	-; sapwoods
SARAN	-; sarans
SARAPE	-; sarapes
SARCASM	-; sarcasms
SARCINA	-; sarcinae, sarcinas
SARCOID	-; sarcoids
SARCOMA	-; sarcomas
SARCOUS	-; -
SARD	-; sards
SARDANA	-; sardanas
SARDAR	-; sardars
SARDINE	-; sardines
SARDIUS	-; -
SAREE	-; sarees
SARGE	-; sarges
SARGO	-; sargos
SARI	-; sarin, saris
SARIN	-; sarins
SARK	-; sarks, sarky
SARKIER	-; -
SARMENT	-; sarmenta, sarments
SARNIE	-; sarnies
SAROD	-; sarode, sarods
SARODE	-; sarodes
SARONG	-; sarongs
SAROS	-; -
SAROSES	-; -
SARSAR	-; sarsars
SARSEN	-; sarsens
SARSNET	-; sarsnets
SARTOR	-; sartors
SASH	-; -
SASHAY	-; sashays
SASHED	-; -
SASHES	-; -
SASHIMI	-; sashimis
SASHING	-; -
SASIN	-; sasins
SASS	-; sassy
SASSABY	-; -
SASSED	-; -
SASSES	-; -
SASSIER	-; -
SASSIES	-; sassiest
SASSILY	-; -
SASSING	-; -
SAT	-; sate, sati
SATANG	-; satangs
SATANIC	-; -
SATARA	-; sataras
SATAY	-; satays
SATCHEL	-; satchels
SATCOM	-; satcoms
SATE	-; sated, satem, sates
SATEEN	-; sateens
SATEM	-; -
SATI	-; satin, satis
SATIATE	-; satiated, satiates
SATIETY	-; -
SATIN	isatin; sating, satins, satiny
SATINET	-; satinets
SATINS	isatins; -
SATIRE	-; satires

SATIRIC -; -
SATIRST -; satirsts
SATISFY -; -
SATORI -; satoris
SATRAP -; satraps, satrapy
SATSUMA -; satsumas
SATYR -; satyrs
SATYRID -; satyrids
SAU -; saul
SAUCE -; sauced, saucer, sauces
SAUCER -; saucers
SAUCH -; sauchs
SAUCIER -; -
SAUCILY -; -
SAUCING -; -
SAUCY -; -
SAUGER -; saugers
SAUGH -; saughs
SAUL -; sauls, sault
SAULT -; saults
SAUNA -; saunas
SAUNTER -; saunters
SAUREL -; saurels
SAURIAN -; saurians
SAURIES -; -
SAURY -; -
SAUSAGE -; sausages
SAUTE -; sauted, sautes
SAUTEED -; -
SAUTOIR -; sautoire, sautoirs
SAVABLE -; -
SAVAGE -; savaged, savager, savages
SAVAGER -; savagery
SAVAGES -; savagest
SAVANNA -; savannah, savannas
SAVANT -; savants
SAVARIN -; savarins
SAVATE -; savates
SAVE -; saved, saver, saves
SAVELOY -; saveloys
SAVER -; savers
SAVIN -; savine, saving, savins
SAVINE -; savines
SAVING -; savings
SAVIOR -; saviors
SAVIOUR -; saviours
SAVOR -; savors, savory
SAVORED -; -
SAVORER -; savorers
SAVOUR -; savours, savoury
SAVOY -; savoys
SAVVIED -; -
SAVVIES -; -
SAVVY -; -
SAW -; sawn, saws
SAWBILL -; sawbills
SAWBUCK -; sawbucks
SAWDUST -; sawdusts
SAWED -; -
SAWER -; sawers
SAWFISH -; -
SAWFLY -; -
SAWING -; -
SAWLIKE -; -
SAWLOG -; sawlogs
SAWMILL -; sawmills
SAWNEY -; sawneys
SAWYER -; sawyers
SAX -; -

SAXES -; -
SAXHORN -; saxhorns
SAXIST -; saxists
SAXMAN -; -
SAXMEN -; -
SAXONY -; -
SAXTUBA -; saxtubas
SAY -; says
SAYABLE -; -
SAYED -; sayeds
SAYER -; sayers
SAYEST -; -
SAYID -; sayids
SAYING -; sayings
SAYS -; sayst
SAYYID -; sayyids
SCAB -; scabs
SCABBED -; -
SCABBLE scabbled, scabbles
SCABBY -; -
SCABIES -; -
SCAD -; scads
SCAG -; scags
SCALADE -; scalades
SCALADO -; scalados
SCALAGE -; scalages
SCALAR -; scalare, scalars
SCALARE -; scalares
SCALD -; scalds
SCALDED -; -
SCALDIC -; -
SCALE -; scaled, scaler, scales
SCALENE -; -
SCALER -; scalers
SCALEUP -; scaleups
SCALIER -; -
SCALING -; -
SCALL -; scalls
SCALLOP -; scallops
SCALP -; scalps
SCALPED -; -
SCALPEL -; scalpels
SCALPER -; scalpers
SCALY -; -
SCAM -; scamp, scams
SCAMMER -; scammers
SCAMP -; scampi, scamps
SCAMPED -; -
SCAMPER -; scampers
SCAN -; scans, scant
SCANDAL -; scandals
SCANDIA -; scandias
SCANDIC -; -
SCANNED -; -
SCANNER -; scanners
SCANT -; scants, scanty
SCANTED -; -
SCANTER -; -
SCANTLY -; -
SCAPE escape; scaped, scapes
SCAPED escaped; -
SCAPES escapes; -
SCAPING escaping; -
SCAPOSE -; -
SCAPULA -; scapulae, scapular, scapulas
SCAR escar, oscar; scare, scarf, scarp, scars, scart, scary
SCARAB -; scarabs

SCARCE	-; scarcer
SCARE	-; scared, scarer, scares, scarey
SCARER	-; scarers
SCARF	-; scarfs
SCARFED	-; -
SCARFER	-; scarfers
SCARIER	-; -
SCARIFY	-; -
SCARILY	-; -
SCARING	-; -
SCARLET	-; scarlets
SCARP	escarp; scarph, scarps
SCARPED	-; -
SCARPER	-; scarpers
SCARPH	-; scarphs
SCARPS	escarps; -
SCARRED	-; -
SCARRY	-; -
SCART	-; scarts
SCARTED	-; -
SCARVES	-; -
SCAT	-; scats, scatt
SCATHE	-; scathed, scathes
SCATT	-; scatts, scatty
SCATTED	-; -
SCATTER	-; scatters
SCATTY	-; -
SCAUP	-; scaups
SCAUPER	-; scaupers
SCAUR	-; scaurs
SCENA	-; scenas
SCEND	ascend; scends
SCENDED	-; -
SCENDS	ascends; -
SCENE	-; -
SCENERY	-; -
SCENIC	-; -
SCENT	ascent; scents
SCENTED	-; -
SCENTS	ascents; -
SCEPTER	-; scepters
SCEPTIC	-; sceptics
SCEPTRE	-; sceptred, sceptres
SCHAPPE	-; schappes
SCHAV	-; schavs
SCHEMA	-; -
SCHEME	-; schemed, schemer, schemes
SCHEMER	-; schemers
SCHERZI	-; -
SCHERZO	-; scherzos
SCHISM	-; schisms
SCHIST	-; schists
SCHIZO	-; schizos
SCHIZY	-; -
SCHIZZY	-; -
SCHLEP	-; schlepp, schleps
SCHLEPP	-; schlepps
SCHLOCK	-; schlocks, scholcky
SCHLUB	-; schlubs
SCHLUMP	-; schlumps
SCHMALZ	-; schmalzy
SCHMATTE	-; schmattes
SCHMEAR	-; schmears
SCHMEER	-; schmeers
SCHMO	-; schmoe
SCHMOE	-; schmoes
SCHMOOS	-; schmoose
SCHMUCK	-; schmucks

SCHMUTZ -; -
SCHNAPS -; -
SCHNOOK -; schnooks
SCHNOZ -; schnozz
SCHNOZZ -; -
SCHOLAR -; scholars
SCHOLIA -; -
SCHOOL -; schools
SCHORL -; schorls
SCHRIK -; schriks
SCHROD -; schrods
SCHTICK -; schticks
SCHTIK -; schtiks
SCHUIT -; schuits
SCHUL -; schuln
SCHUSS -; -
SCHVITZ -; -
SCHWA -; schwas
SCIATIC -; sciatica, sciatics
SCIENCE -; sciences
SCILLA -; scillas
SCION -; scions
SCISSOR -; scissors
SCIURID -; sciurids
SCLAFF -; sclaffs
SCLERA -; sclerae, scleral, screlas
SCOFF -; scoffs
SCOFFED -; -
SCOFFER -; scoffers
SCOLD -; scolds
SCOLDED -; -
SCOLDER -; scolders
SCOLEX -; -
SCOLLOP -; scollops
SCONCE -; sconced, sconces
SCONE -; scones
SCOOP -; scoops
SCOOPED -; -
SCOOPER -; scoopers
SCOOT -; scoots
SCOOTED -; -
SCOOTER -; scooters
SCOOTH -; -
SCOP -; scope, scops
SCOPE -; scopes
SCOPULA -; scopulae, scopulas
SCORCH -; -
SCORE -; scored, scorer, scores
SCORER -; scorers
SCORIA -; scoriae
SCORIFY -; -
SCORING -; -
SCORN -; scorns
SCORNED -; -
SCORNER -; scorners
SCOT ascot, escot; scots
SCOTCH -; -
SCOTER -; scoters
SCOTIA -; scotias
SCOTOMA -; scotomas
SCOTS ascots, escots; -
SCOTTIE -; scotties
SCOUR -; scours
SCOURED -; -
SCOURER -; scourers
SCOURGE -; scourged, scourger, scourges
SCOUSE -; scouses
SCOUT -; scouth, scouts
SCOUTED -; -
SCOUTER -; scouters
SCOUTH -; scouths

SCOW -; scowl, scows
SCOWDER -; scowders
SCOWED -; -
SCOWING -; -
SCOWL -; scowls
SCOWLED -; -
SCOWLER -; scowlers
SCRAG -; scrags
SCRAGGY -; -
SCRAICH -; scraichs
SCRAIGH -; scraighs
SCRAM -; scrams
SCRAN -; scrans
SCRAP -; scrape, scraps
SCRAPE -; scraped, scraper, scrapes
SCRAPER -; scrapers
SCRAPIE -; scrapies
SCRAPPY -; -
SCRATCH -; scratchy
SCRAVEL -; scravels
SCRAWB -; scrawbs
SCRAWL -; scrawls, scrawly
SCRAWNY -; -
SCREAK -; screaks, screaky
SCREAM -; screams
SCREE -; screed, screen, screes
SCREECH -; screechy
SCREED -; screeds
SCREEN -; screens
SCREW -; screws, screwy
SCREWED -; -
SCREWER -; screwers
SCRIBAL -; -
SCRIBE ascribe; scribed, scriber, scribes
SCRIBED ascribed; -
SCRIBER -; scribers
SCRIBES ascribes; -
SCRIED -; -
SCRIES -; -
SCRIEVE -; scrieved, scrieves
SCRIM -; scrimp, scrims
SCRIMP -; scrimps, scrimpy
SCRIP -; scrips, script
SCRIPT -; scripts
SCRIVE -; scrived, scrives
SCROD -; scrods
SCROGGY -; -
SCROLL -; scrolls
SCROOCH -; -
SCROOGE -; scrooges
SCROOP -; scroops
SCROTA -; scrotal
SCROTUM -; scrotums
SCROUGE -; scrouged, scrouges
SCRUB -; scrubs
SCRUBBY -; -
SCRUFF -; scruffs, scruffy
SCRUM -; scrums
SCRUNCH -; -
SCRUPLE -; scrupled, scruples
SCRY -; -
SCRYER -; scryers
SCRYING -; -
SCUBA -; scubas

SCUD -; scudi, scudo, scuds
SCUDDED -; -
SCUDO escudo; -
SCUFF -; scuffs
SCUFFED -; -
SCUFFER -; scuffers
SCUFFLE -; scuffled, scuffler, scuffles
SCULCH -; -
SCULK -; sculks
SCULKED -; -
SCULKER -; sculkers
SCULL -; sculls
SCULLED -; -
SCULLER -; scullers, scullery
SCULP -; sculps, sculpt
SCULPED -; -
SCULPIN -; sculpins
SCULPT -; sculpts
SCULTCH -; -
SCUM -; scums
SCUMBAG -; scumbags
SCUMBLE -; scumbled, scumbles
SCUMMED -; -
SCUMMER -; scummers
SCUMMY -; -
SCUNNER -; scunners
SCUP -; scups
SCUPPER -; scuppers
SCURF -; scurfs, scurfy
SCURRIL -; scurrile
SCURRY -; -
SCURVY -; -
SCUT -; scuta, scute, scuts
SCUTAGE -; scutages
SCUTATE -; -
SCUTCH -; -
SCUTE -; scutes
SCUTTER -; scutters
SCUTTLE -; scuttled, scuttles
SCUTUM -; -
SCUZZ -; scuzzy
SCUZZES -; -
SCUZZY -; -
SCYPHI -; -
SCYPHUS -; -
SCYTHE -; scythed, scythes
SEA asea; seal, seam, sear, seas, seat
SEABAG -; seabags
SEABED -; seabeds
SEABIRD -; seabirds
SEABOOT -; seaboots
SEACOCK -; seacocks
SEADOG -; seadogs
SEAFOAM -; seafoams
SEAFOOD -; seafoods
SEAFOWL -; seafowls
SEAFRONT -; seafronts
SEAGIRT -; seagirts
SEAGULL -; seagulls
SEAL -; seals
SEALANT -; sealants
SEALED -; -
SEALER -; sealers, sealery
SEALIFT -; sealifts
SEALING -; -
SEAM -; seams, seamy

SEAMAN -; -
SEAMARK -; seamarks
SEAMED -; -
SEAMEN -; -
SEAMER -; seamers
SEAMIER -; -
SEAMING -; -
SEANCE -; seances
SEAPORT -; seaports
SEAR -; sears
SEARCH -; -
SEARED -; -
SEARER -; -
SEAREST -; -
SEARING -; -
SEASICK -; -
SEASIDE -; seasides
SEASON -; seasons
SEAT -; seats
SEATED -; -
SEATER -; seaters
SEATING -; seatings
SEAWALL -; seawalls
SEAWAN -; seawans, seawant
SEAWANT -; seawants
SEAWARD -; seawards
SEAWARE -; seawares
SEAWAY -; seaways
SEAWEED -; seaweeds
SEBACIC -; -
SEBASIC -; -
SEBUM -; sebums
SEC -; secs, sect
SECANT -; secants
SECCO -; seccos
SECEDE -; seceded, seceder, secedes
SECEDER -; seceders
SECERN -; secerns
SECLUDE -; secluded, secludes
SECOND -; seconde, secondi, secondo, seconds
SECONDE -; seconder, secondes
SECPAR -; secpars
SECRECY -; -
SECRET -; secrete, secrets
SECRETE -; secreted, secreter, secretes
SECT -; sects
SECTARY -; -
SECTILE -; -
SECTION -; sections
SECTOR -; sectors
SECULAR -; seculars
SECUND -; -
SECURE -; secured, securer, secures
SECURER -; securers
SECURES -; securest
SEDAN -; sedans
SEDARIM -; -
SEDATE -; sedated, sedater, sedates
SEDATES -; sedatest
SEDER -; seders
SEDGE -; sedges
SEDGIER -; -
SEDGY -; -

SEDILE	-; -
SEDILIA	-; -
SEDUCE	-; seduced, seducer, seduces
SEDUCER	-; seducers
SEDUM	-; sedums
SEE	-; seed, seek, seel, seem, seen, seep, seer, sees
SEEABLE	-; -
SEED	-; seeds, seedy
SEEDBED	-; seedbeds
SEEDED	-; -
SEEDER	-; seeders
SEEDIER	-; -
SEEDILY	-; -
SEEDING	-; -
SEEDMAN	-; -
SEEDMEN	-; -
SEEDPOD	-; seedpods
SEEING	-; seeings
SEEK	-; seeks
SEEKER	-; seekers
SEEKING	-; -
SEEL	-; seels, seely
SEELED	-; -
SEELING	-; -
SEEM	-; seems
SEEMED	-; -
SEEMER	-; seemers
SEEMING	-; seemings
SEEMLY	-; -
SEEN	-; -
SEEP	-; seeps, seepy
SEEPAGE	-; seepages
SEEPED	-; -
SEEPIER	-; -
SEEPING	-; -
SEER	-; seers
SEERESS	-; -
SEESAW	-; seesaws
SEETHE	-; seethed, seethes
SEG	-; sego, segs
SEGETAL	-; -
SEGGAR	-; seggars
SEGMENT	-; segments
SEGNI	-; -
SEGNO	-; segnos
SEGO	-; segos
SEGUE	-; segued, segues
SEI	-; seif, seis
SEICHE	-; seiches
SEIDEL	-; seidels
SEIF	-; seifs
SEINE	-; seined, seiner, seines
SEINER	-; seiners
SEINING	-; -
SEISE	-; seised, seiser, seises
SEISER	-; seisers
SEISIN	-; seising, seisins
SEISING	-; seisings
SEISM	-; seisms
SEISMAL	-; -
SEISMIC	-; -
SEISOR	-; seisors
SEISURE	-; seisures
SEITAN	-; seitans
SEIZE	-; seized, seizer, seizes
SEIZER	-; seizers
SEIZIN	-; seizing, seizins

SEIZING -; seizings
SEIZOR -; seizors
SEIZURE -; seizures
SEJANT -; -
SEL -; self, sell, sels
SELAH -; selahs
SELDOM -; -
SELECT -; selects
SELENIC -; -
SELF -; selfs
SELFDOM -; selfdoms
SELFED -; -
SELFIE -; selfies
SELFING -; -
SELFISH -; -
SELKIE -; selkies
SELL -; selle, sells
SELLE -; seller, selles
SELLER -; sellers
SELLING -; -
SELLOFF -; selloffs
SELLOUT -; sellouts
SELSYN -; selsyns
SELTZER -; seltzers
SELVA -; selvas
SELVAGE -; selvaged, selvages
SELVES -; -
SEMATIC -; -
SEME -; semen, semes
SEMEE -; semees
SEMEME -; sememes
SEMEN -; semens
SEMI -; semis
SEMIDRY -; -
SEMIFIT -; -
SEMILOG -; -
SEMIMAT -; semimatt
SEMINA -; seminal, seminar
SEMINAR -; seminars, seminary
SEMIPRO -; semipros
SEMIRAW -; -
SEMISES -; -
SEMPLE -; -
SEMPRE -; -
SEN -; send, sene, sent
SENARY -; -
SENATE -; senates
SENATOR -; senators
SEND -; sends
SENDAL -; sendals
SENDER -; senders
SENDING -; -
SENDOFF -; sendoffs
SENDUP -; sendups
SENE -; -
SENECA -; senecas
SENECIO -; senecios
SENEGA -; senegas
SENGI -; -
SENHOR -; senhora, senhors
SENHORA -; senhoras
SENILE -; seniles
SENIOR -; seniors
SENITI -; -
SENNA -; sennas
SENNET -; sennets
SENNIT -; sennits
SENOPIA -; senopias
SENOR -; senora, senors
SENORA -; senoras
SENORES -; -
SENRYU -; -

SENSA -; -
SENSATE -; sensated, sensates
SENSE -; sensed, sensei, senses
SENSEI -; senseis
SENSING -; -
SENSOR -; sensors, sensory
SENSUAL -; -
SENSUM -; -
SENT -; sente, senti
SENTIMO -; sentimos
SENTRY -; -
SEPAL -; sepals
SEPALED -; -
SEPIA -; sepias
SEPIC -; -
SEPOY -; sepoys
SEPPUKU -; seppukus
SEPSES asepses; -
SEPSIS asepsis; -
SEPT -; septa, septs
SEPTA -; septal
SEPTATE -; -
SEPTET -; septets
SEPTIC -; septics
SEPTIME -; septimes
SEPTUM -; -
SEQUEL -; sequela, sequels
SEQUELA -; sequelae
SEQUENT -; sequents
SEQUIN -; sequins
SEQUOIA -; sequoias
SER user; sera, sere, serf, sers
SERA -; serac, serai, seral
SERAC -; seracs
SERAI -; serail, serais
SERAIL -; serails
SERAPE -; serapes
SERAPH -; seraphs
SERDAB -; serdabs
SERE -; sered, serer, seres
SEREIN -; sereins
SERENE -; serener, serenes
SERENES -; serenest
SERES -; serest
SERF -; serfs
SERFAGE -; serfages
SERFDOM -; serfdoms
SERFISH -; -
SERGE -; serger, serges
SERGER -; sergers
SERGING -; sergings
SERIAL -; serials
SERIATE -; seriated, seriates
SERICIN -; sericins
SERIEMA -; seriemas
SERIES -; -
SERIF -; serifs
SERIN -; serine, sering, serins
SERINE eserine; serines
SERINES eserines; -
SERING -; seringa
SERINGA -; seringas
SERIOUS -; -
SERMON -; sermons
SEROMA -; seromas
SEROSA -; serosae, serosal, serosas

SEROUS -; -
SEROW -; serows
SERPENT -; serpents
SERPIGO -; -
SERRATE -; serrated, serrates
SERRIED -; -
SERRIES -; -
SERRY -; -
SERS users; -
SERUM -; serums
SERUMAL -; -
SERVAL -; servals
SERVANT -; servants
SERVE -; served, server, serves
SERVER -; servers
SERVICE -; serviced, servicer, services
SERVILE -; -
SERVING -; servings
SERVO -; servos
SESAME -; sesames
SESH -; -
SESHES -; -
SESSILE -; -
SESSION -; sessions
SESTET -; sestets
SESTINA -; sestinas
SESTINE -; sestines
SET -; seta, sets, sett
SETA -; setae, setal
SETBACK -; setbacks
SETLINE -; setlines
SETOFF -; setoffs
SETON -; setons
SETOSE -; -
SETOUS -; -
SETOUT -; setouts
SETT -; setts
SETTEE -; settees
SETTER -; setters
SETTING -; settings
SETTLE -; settled, settler, settles
SETTLER -; settlers
SETTLOR -; settlors
SETUP -; setups
SEVEN -; sevens
SEVENTH -; sevenths
SEVENTY -; -
SEVER -; severe, severs
SEVERAL -; severals
SEVERE -; severed, severer
SEVICHE -; seviches
SEVRUGA -; sevrugas
SEW -; sewn, sews
SEWAGE -; sewages
SEWAN -; sewans
SEWAR -; sewars
SEWED -; -
SEWER -; sewers
SEWING -; sewings
SEWN -; -
SEX -; sext, sexy
SEXED -; -
SEXES -; -
SEXIER -; -
SEXIEST -; -
SEXILY -; -
SEXING -; -
SEXISM -; sexisms
SEXIST -; sexists
SEXLESS -; -
SEXPOT -; sexpots
SEXT -; sexto, sexts

SEXTAIN -; sextains
SEXTAN -; sextans, sextant
SEXTANT -; sextants
SEXTET -; sextets
SEXTILE -; sextiles
SEXTO -; sexton, sextos
SEXTON -; sextons
SEXUAL asexual; -
SFERICS -; -
SFUMATO -; sfumatos
SH ash; sha, she, shh, shy
SHA -; shad, shag, sham, shaw, shay,
SHABBY -; -
SHACK -; shacko, shacks
SHACKLE -; shackled, shackler, shackles
SHACKO -; shackos
SHAD -; shade, shads, shady
SHADE -; shaded, shader, shades
SHADER -; shaders
SHADFLY -; -
SHADIER -; -
SHADILY -; -
SHADING -; shadings
SHADOOF -; shadoofs
SHADOW -; shadows, shadowy
SHADUF -; shadufs
SHAFT -; shafts
SHAFTED -; -
SHAG -; shags
SHAGGED -; -
SHAGGY -; -
SHAH -; shahs
SHAHADA -; shahadas
SHAHDOM -; shahdoms
SHAHEED -; shaheeds
SHAHID -; shahids
SHAIKH -; shaikhs
SHAIRD -; shairds
SHAIRN -; shairns
SHAITAN -; shaitans
SHAKE -; shaken, shaker, shakes
SHAKER -; shakers
SHAKEUP -; shakeups
SHAKIER -; -
SHAKILY -; -
SHAKING -; -
SHAKO -; shakos
SHAKOES -; -
SHAKY -; -
SHALE -; shaled, shales
SHALEY -; -
SHALIER -; -
SHALL -; -
SHALLOP -; shallops
SHALLOT -; shallots
SHALLOW -; shallows
SHALOM -; -
SHALT -; -
SHALWAR -; shalwars
SHALY -; -
SHAM -; shame, shams
SHAMAN -; shamans
SHAMAS -; -
SHAMBA -; shambas
SHAMBLE -; shambled, shambles

SHAME	-; shamed, shames
SHAMED	ashamed; -
SHAMING	-; -
SHAMMAS	-; shammash
SHAMMED	-; -
SHAMMER	-; shammers
SHAMMES	-; -
SHAMMOS	-; -
SHAMMY	-; -
SHAMOIS	-; -
SHAMOS	-; -
SHAMOY	-; shamoys
SHAMPOO	-; shampoos
SHAMUS	-; -
SHANDY	-; -
SHANK	-; shanks
SHANKED	-; -
SHANNY	-; -
SHANTEY	-; shanteys
SHANTI	-; shantih, shantis
SHANTIH	-; shantihs
SHANTY	-; -
SHAPE	-; shaped, shapen, shaper, shapes
SHAPELY	-; -
SHAPER	-; shapers
SHAPEUP	-; shapeups
SHAPING	-; -
SHARD	-; shards
SHARE	-; shared, sharer, shares
SHARER	-; sharers
SHARIA	-; sharias
SHARIAH	-; shariahs
SHARIF	-; sharifs
SHARING	-; -
SHARK	-; sharks
SHARKED	-; -
SHARKER	-; sharkers
SHARN	-; sharns, sharny
SHARP	-; sharps, sharpy
SHARPED	-; -
SHARPEN	-; sharpens
SHARPER	-; sharpers
SHARPIE	-; sharpies
SHARPLY	-; -
SHASLIK	-; shasliks
SHASTA	-; shastas
SHAT	-; -
SHATTER	-; shatters
SHAUGH	-; shaughs
SHAUL	-; shaull, shauls
SHAULED	-; -
SHAVE	-; shaved, shaven, shaver, shaves
SHAVER	-; shavers
SHAVIE	-; shavies
SHAVING	-; shavings
SHAW	pshaw; shawl, shawn, shaws
SHAWED	pshawed; -
SHAWING	-; -
SHAWL	-; shawls
SHAWLED	-; -
SHAWM	-; shawms
SHAWS	pshaws; -
SHAY	-; shays
SHAYKH	-; shaykhs
SHAZAM	-; -
SHE	shea, shed, shes, shew; -
SHEA	-; sheaf, sheal, shear, sheas
SHEAF	-; sheafs

SHEAFED -; -
SHEAL -; sheals
SHEAR -; shears
SHEARED -; -
SHEARER -; shearers
SHEATH -; sheathe, sheaths
SHEATHE -; sheathed, sheather
SHEAVE -; sheaved, sheaves
SHEBANG -; shebangs
SHEBEAN -; shebeans
SHEBEEN -; shebeens
SHED ashed; sheds
SHEDDED -; -
SHEDDER -; shedders
SHEEN -; sheens, sheeny
SHEENED -; -
SHEENEY -; sheeneys
SHEENIE -; sheenies
SHEEP -; -
SHEER -; sheers
SHEERED -; -
SHEERER -; -
SHEERLY -; -
SHEESH -; -
SHEET -; sheets
SHEETED -; -
SHEETER -; sheeters
SHEEVE -; sheeves
SHEGETZ -; -
SHEHNAI -; shehnais
SHEIK -; sheikh, sheiks
SHEIKH -; sheikhs
SHEILA -; sheilas
SHEITAN -; sheitans
SHEKEL -; shekels
SHELF -; -
SHELL -; shells, shelly
SHELLAC -; shellack, shellacs
SHELLED -; -
SHELLER -; shellers
SHELTA -; sheltas
SHELTER -; shelters
SHELTIE -; shelties
SHELTY -; -
SHELVE -; shelved, shelver, shelves
SHELVER -; shelvers
SHELVY -; -
SHEND -; shends
SHENT -; -
SHEOL -; sheols
SHEQEL -; sheqels
SHERBET -; sherbets
SHERD -; sherds
SHEREEF -; shereefs
SHERIF -; sheriff, sherifs
SHERIFF -; sheriffs
SHERO -; -
SHEROES -; -
SHEROOT -; sheroots
SHERPA -; sherpas
SHERRIS -; -
SHERRY -; -
SHES ashes; -
SHEUCH -; sheuchs
SHEUGH -; sheughs
SHEW -; shewn, shews
SHEWED -; -
SHEWER -; shewers
SHEWING -; -
SHH -; -

SHIATSU	-; shiatsus
SHIATZU	-; shiatzus
SHIBAH	-; shibahs
SHICKSA	-; shicksas
SHIED	-; -
SHIEL	-; shield, shiels
SHIELD	-; shields
SHIER	ashier; shiers
SHIES	-; shiest
SHIEST	ashiest; -
SHIFT	-; shifts, shifty
SHIFTED	-; -
SHIFTER	-; shifters
SHIKAR	-; shikari, shikars
SHIKARI	-; shikaris
SHIKKER	-; shikkers
SHIKSA	-; shiksas
SHIKSE	-; shikses
SHILL	-; shills
SHILLED	-; -
SHILPIT	-; -
SHILY	-; -
SHIM	-; shims
SHIMMED	-; -
SHIMMER	-; shimmers, shimmery
SHIMMY	-; -
SHIN	-; shine, shins, shiny
SHINDIG	-; shindigs
SHINDY	-; shindys
SHINE	-; shined, shiner, shines
SHINER	-; shiners
SHINGLE	-; shingled, shingler, shingles
SHINGLY	-; -
SHINIER	-; -
SHINILY	-; -
SHINING	-; -
SHINNED	-; -
SHINNEY	-; shinneys
SHINNY	-; -
SHIP	-; ships
SHIPLAP	-; shiplaps
SHIPMAN	-; -
SHIPMEN	-; shipment
SHIPPED	-; -
SHIPPEN	-; shippens
SHIPPER	-; shippers
SHIPPON	-; shippons
SHIPWAY	-; shipways
SHIRE	-; shires
SHIRK	-; shirks
SHIRKED	-; -
SHIRKER	-; shirkers
SHIRR	-; shirrs
SHIRRED	-; -
SHIRT	-; shirts, shirty
SHIST	-; shists
SHIT	-; shits
SHITTAH	-; shittahs
SHITTED	-; -
SHITTIM	-; shittims
SHITTY	-; -
SHIUR	-; -
SHIURIM	-; -
SHIV	-; shiva, shive, shivs
SHIVA	-; shivah, shivas
SHIVAH	-; shivahs
SHIVE	-; shiver, shives
SHIVER	-; shivers, shivery
SHIVITI	-; shivitis
SHLEP	-; shlepp, shleps

SHLEPP -; shlepps
SHLOCK -; shlocks
SHLUB -; shlubs
SHLUMP -; shlumps, shlumpy
SHMALTZ -; shmaltzy
SHMEAR -; shmears
SHMEER -; shmeers
SHMO -; -
SHMOES -; -
SHMOOZE -; shmoozed; schmoozes
SHMUCK -; shmucks
SHNAPS -; -
SHNOOK -; shnooks
SHO -; shod, shoe, shog, shoo, shop, shot, show
SHOAL -; shoals, shoaly
SHOALED -; -
SHOALER -; -
SHOAT -; shoats
SHOCHET -; -
SHOCHETIM -; -
SHOCHU -; shochus
SHOCK -; shocks
SHOCKED -; -
SHOCKER -; shockers
SHOD -; -
SHODDEN -; -
SHODDY -; -
SHOE -; shoed, shoer, shoes
SHOEING -; -
SHOEPAC -; shoepack, shoepacs
SHOER -; shoers
SHOFAR -; shofars
SHOG -; shogi, shogs
SHOGGED -; -
SHOGI -; shogis
SHOGUN -; shoguns
SHOJI -; shojis
SHOLOM -; -
SHONE -; -
SHOO -; shook, shool, shoon, shoos, shoot
SHOOED -; -
SHOOFLY -; -
SHOOK -; shooks
SHOOL -; shools
SHOOLED -; -
SHOON -; -
SHOOSH -; -
SHOOT -; shoots
SHOOTER -; shooters
SHOP -; shops
SHOPBOY -; shopboys
SHOPHAR -; shophars
SHOPMAN -; -
SHOPMEN -; -
SHOPPE -; shopped, shopper, shoppes
SHOPPER -; shoppers
SHORAN -; shorans
SHORE ashore; shored, shores
SHORING -; shorings
SHORL -; shorls
SHORN -; -
SHORT -; shorts, shorty
SHORTED -; -
SHORTEN -; shortens
SHORTIA -; shortias
SHORTIE -; shorties
SHORTLY -; -

SHOT -; shote, shots, shott
SHOTE -; shotes
SHOTGUN -; shotguns
SHOTT -; shotts
SHOTTED -; -
SHOTTEN -; -
SHOULD -; -
SHOUT -; shouts
SHOUTED -; -
SHOUTER -; shouters
SHOVE -; shoved, shovel, shover, shoves
SHOVEL -; shovels
SHOVER -; shovers
SHOVING -; -
SHOW -; shown, shows, showy
SHOWBIZ -; -
SHOWED -; -
SHOWER -; showers, showery
SHOWIER -; -
SHOWILY -; -
SHOWING -; showings
SHOWMAN -; -
SHOWMEN -; -
SHOWOFF -; showoffs
SHOYU -; shoyus
SHRANK -; -
SHRED -; shreds
SHREW -; shrewd, shrews
SHREWED -; -
SHRI -; shris
SHRIEK -; shrieks, shrieky
SHRIEVE -; shrieved, shrieves
SHRIFT -; shrifts
SHRIKE -; shrikes
SHRILL -; shrills, shrilly
SHRIMP -; shrimps, shrimpy
SHRINE -; shrined, shrines
SHRINK -; shrinks
SHRIVE -; shrivel, shriven, shriver, shrives
SHRIVEL -; shrivels
SHRIVER -; shrivers
SHROFF -; shroffs
SHROOM -; shrooms
SHROUD -; shrouds
SHROVE -; -
SHRUB -; shrubs
SHRUBBY -; -
SHRUG -; shrugs
SHRUNK -; -
SHTETEL -; -
SHTETL -; -
SHTICK -; shticks, shticky
SHTIK -; shtiks
SHUCK -; shucks
SHUCKED -; -
SHUCKER -; shuckers
SHUDDER -; shudders, shuddery
SHUFFLE -; shuffled, shuffler, shuffles
SHUL -; shuln, shuls
SHUMAI -; -
SHUN -; shuns, shunt
SHUNNED -; -
SHUNNER -; shunners
SHUNT -; shunts

SHUNTED -; -
SHUNTER -; shunters
SHURA -; shuras
SHUSH -; -
SHUSHED -; -
SHUSHES -; -
SHUT -; shute, shuts
SHUTE -; shuted, shutes
SHUTEYE -; shuteyes
SHUTOFF -; shutoffs
SHUTOUT -; shutouts
SHUTTER -; shutters
SHUTTLE -; shuttled, shuttles
SHWA -; shwas
SHY ashy; -
SHYER -; shyers
SHYEST -; -
SHYING -; -
SHYLOCK -; shylocks
SHYLY -; -
SHYNESS -; -
SHYSTER -; shysters
SI psi; sib, sic, sim, sin, sip, sir, sis, sit, six
SIAL -; sials
SIALIC -; -
SIALID -; -
SIALOID -; -
SIAMANG -; siamangs
SIAMESE -; siameses
SIB -; sibb, sibs
SIBB -; sibbs
SIBLING -; siblings
SIBSHIP -; sibships
SIBYL -; sibyls
SIBYLIC -; -
SIC -; sice, sick, sics
SICCAN -; -
SICE -; sices
SICK -; sicks, sicko
SICKBAY -; sickbays
SICKBED -; sickbeds
SICKED -; -
SICKEE -; sickees
SICKEN -; sickens
SICKER -; -
SICKEST -; -
SICKIE -; sickies
SICKING -; -
SICKISH -; -
SICKLE -; sickled, sickles
SICKLY -; -
SICKO -; sickos
SICKOUT -; sickouts
SIDDHA -; siddhas
SIDDUR -; siddurs
SIDE aside; sided, sides
SIDEARM -; -
SIDEBAR -; sidebars
SIDECAR -; sidecars
SIDEMAN -; -
SIDEMEN -; -
SIDES asides; -
SIDEWAY -; sideways
SIDH -; sidhe
SIDING -; sidings
SIDLE -; sidled, sidler, sidles
SIDLER -; sidlers
SIDLING -; -
SIDEMAN -; -
SIDEMEN -; -

SIEGE	-; sieged, sieges
SIEGING	-; -
SIEMENS	-; -
SIENITE	-; sienites
SIENNA	-; siennas
SIERRA	-; sierran, sierras
SIESTA	-; siestas
SIEUR	-; sieurs
SIEVE	-; sieved, sieves
SIEVERT	-; sieverts
SIEVING	-; -
SIFAKA	-; sifakas
SIFT	-; sifts
SIFTED	-; -
SIFTER	-; sifters
SIFTING	-; siftings
SIG	-; sigh, sign, sigs
SIGANID	-; siganids
SIGH	-; sighs, sight
SIGHED	-; -
SIGHER	-; sighers
SIGHING	-; -
SIGHT	-; sights
SIGHTED	-; -
SIGHTER	-; sighters
SIGHTLY	-; -
SIGIL	-; sigils
SIGLA	-; -
SIGLOI	-; -
SIGLOS	-; -
SIGLUM	-; -
SIGMA	-; sigmas
SIGMATE	-; -
SIGMOID	-; sigmoids
SIGN	-; signa, signs
SIGNA	-; signal
SIGNAGE	-; signages
SIGNAL	-; signals
SIGNED	-; -
SIGNEE	-; signees
SIGNER	-; signers
SIGNET	-; signets
SIGNIFY	-; -
SIGNING	-; -
SIGNIOR	-; signiors, signiory
SIGNOR	-; signora, signore, signori, signors, signory
SIGNORA	-; signoras
SIKA	-; sikas
SIKE	-; siker, sikes
SILAGE	-; silages
SILANE	-; silanes
SILD	-; silds
SILENCE	-; silenced, silencer, silences
SILENI	-; -
SILENT	-; silents
SILENUS	-; -
SILESIA	-; silesias
SILEX	-; -
SILEXES	-; -
SILICA	-; silicas
SILICIC	-; -
SILICLE	-; silicles
SILICON	-; silicone, silicons
SILIQUA	-; siliquae
SILIQUE	-; siliques
SILK	-; silks, silky

SILKED	-; -
SILKEN	-; -
SILKIER	-; -
SILKIES	-; -
SILKILY	-; -
SILKING	-; -
SILL	-; sills, silly
SILLER	-; sillers
SILLIER	-; -
SILLIES	-; silliest
SILLILY	-; -
SILO	-; silos
SILOED	-; -
SILOING	-; -
SILT	-; silts, silty
SILTED	-; -
SILTIER	-; -
SILTING	-; -
SILURID	-; silurids
SILVA	-; silvae, silvan, silvas
SILVAN	-; silvans
SILVER	-; silvern, silvers, silvery
SILVEX	-; -
SILVICS	-; -
SIM	-; sima, simp, sims
SIMA	-; simar, simas
SIMAR	-; simars
SIMCHA	-; simchas
SIMIAN	-; simians
SIMILAR	-; -
SIMILE	-; similes
SIMIOID	-; -
SIMIOUS	-; -
SIMITAR	-; simitars
SIMLIN	-; simlins
SIMMER	-; simmers
SIMNEL	-; simnels
SIMONY	-; -
SIMOOM	-; simooms
SIMOON	-; simoons
SIMP	-; simps
SIMPER	-; simpers
SIMPLE	-; simpler, simples, simplex
SIMPLES	-; simplest
SIMPLY	-; -
SIMULAR	-; simulars
SIN	-; sine, sing, sinh, sink, sins
SINCE	-; -
SINCERE	-; sincerer
SINE	-; sines, sinew
SINEW	-; sinews, sinewy
SINEWED	-; -
SINFUL	-; -
SING	using; singe, sings
SINGE	-; singed, singer, singes
SINGER	-; singers
SINGING	-; -
SINGLE	-; singled, singles, singlet
SINGLET	-; singlets
SINGLY	-; -
SINH	-; sinhs
SINK	-; sinks
SINKAGE	-; sinkages
SINKER	-; sinkers
SINKING	-; -
SINLESS	-; -
SINNED	-; -
SINNER	-; sinners
SINNET	-; sinnets
SINNING	-; -

SINOPIA -; sinopias
SINOPIE -; -
SINSYNE -; -
SINTER -; sinters
SINUATE -; sinuated, sinuates
SINUOUS -; -
SINUS -; -
SINUSES -; -
SIP -; sipe, sips
SIPE -; siped, sipes
SIPHON -; siphons
SIPING -; -
SIPPED -; -
SIPPER -; sippers
SIPPET -; sippets
SIPPING -; -
SIR -; sire, sirs
SIRDAR -; sirdars
SIRE -; sired, siree, siren, sires
SIREE -; sirees
SIREN -; sirens
SIRING -; -
SIRLOIN -; sirloins
SIROCCO -; siroccos
SIRRA -; sirrah, sirras
SIRRAH -; sirrahs
SIRREE -; sirrees
SIRUP -; sirups, sirupy
SIS psis; -
SISAL -; sisals
SISES -; -
SISKIN -; siskins
SISSIER -; -
SISSIES -; sissiest
SISSY -; -
SISTER -; sisters
SISTRA -; -
SISTRUM -; sistrums
SIT -; sita, site, sith, siti, sits
SITAR -; sitars
SITCOM -; sitcoms
SITE -; sited, sites
SITH -; -
SITHENS -; -
SITING -; -
SITTEN -; -
SITTER -; sitters
SITTING -; sittings
SITUATE -; situated, situates
SITUP -; situps
SITUS -; -
SITUSES -; -
SIVER -; sivers
SIX -; -
SIXES -; -
SIXFOLD -; -
SIXMO -; sixmos
SIXTE -; sixtes
SIXTEEN -; sixteens
SIXTH -; sixths
SIXTHLY -; -
SIXTIES -; -
SIXTY -; -
SIZABLE -; -
SIZABLY -; -
SIZAR -; sizars
SIZE -; sized, sizer, sizes
SIZER -; sizers
SIZIER -; -
SIZIEST -; -
SIZING -; sizings
SIZY -; -
SIZZLE -; sizzled, sizzler, sizzles
SIZZLER -; sizzlers

SJAMBOK -; sjamboks
SKA -; skag, skas, skat
SKAG -; skags
SKALD -; skalds
SKALDIC -; -
SKANK -; skanks, skanky
SKANKY -; -
SKAT -; skate, skats
SKATE -; skated, skater, skates
SKATER -; skaters
SKATING -; skatings
SKATOL -; skatole, skatols
SKATOLE -; skatoles
SKEAN -; skeane, skeans
SKEANE -; skeanes
SKEE -; skeed, skeen, skees, skeet
SKEEING -; -
SKEEN -; skeens
SKEET -; skeets
SKEETER -; skeeters
SKEG -; skegs
SKEIGH -; -
SKEIN -; skeins
SKEINED -; -
SKELL -; skells
SKELLUM -; skellums
SKELM -; skelms
SKELP -; skelps
SKELPED -; -
SKELPIT -; -
SKELTER -; skelters
SKENE -; skenes
SKEP -; skeps
SKEPSIS -; -
SKEPTIC -; skeptics
SKERRY -; -
SKETCH -; sketchy
SKEW askew; skews
SKEWED -; -
SKEWER -; skewers
SKEWING -; -
SKI -; skid, skin, skip, skis, skit
SKIABLE -; -
SKIBOB -; skibobs
SKID -; skids
SKIDDED -; -
SKIDDER -; skidders
SKIDDOO -; skiddoos
SKIDDY -; -
SKIDOO -; skidoos
SKIDPAD -; skidpads
SKIDWAY -; skidways
SKIED -; -
SKIER -; skiers
SKIES -; -
SKIEY -; -
SKIFF -; skiffs
SKIFFLE -; skiffled, skiffles
SKIING -; skiings
SKILFUL -; -
SKILL -; skills
SKILLED -; -
SKILLET -; skillets
SKIM -; skimo, skimp, skims
SKIMMED -; -
SKIMMER -; skimmers
SKIMO -; skimos
SKIMP -; skimps, skimpy
SKIMPED -; -
SKIN -; skink, skins, skint

SKINFUL	-; skinfuls
SKINK	-; skinks
SKINKED	-; -
SKINKER	-; skinkers
SKINNED	-; -
SKINNER	-; skinners
SKINNY	-; -
SKINT	-; -
SKIP	-; skips
SKIPPED	-; -
SKIPPER	-; skippers
SKIPPET	-; skippets
SKIRIED	-; -
SKIRIES	-; -
SKIRL	-; skirls
SKIRLED	-; -
SKIRR	-; skirrs
SKIRRED	-; -
SKIRRET	-; skirrets
SKIRT	-; skirts
SKIRTED	-; -
SKIRTER	-; skirters
SKIT	-; skite, skits
SKITE	-; skited, skiter
SKITING	-; -
SKITTER	-; skitters, skittery
SKITTLE	-; skittles
SKIVE	-; skived, skiver, skives
SKIVER	-; skivers
SKIVING	-; -
SKIVVY	-; -
SKIWEAR	-; skiwears
SKLENT	-; sklents
SKOAL	-; skoals
SKOALED	-; -
SKOOKUM	-; -
SKOSH	-; -
SKOSHES	-; -
SKREEGH	-; skreeghs
SKREIGH	-; skreighs
SKRY	-; -
SKUA	-; skuas
SKULK	-; skulks
SKULKED	-; -
SKULKER	-; skulkers
SKULL	-; skulls
SKULLED	-; -
SKUNK	-; skunks
SKUNKED	-; -
SKY	-; -
SKYBOX	-; -
SKYCAP	-; skycaps
SKYDIVE	-; skydived, skydiver, skydives
SKYED	-; -
SKYEY	-; -
SKYHOOK	-; skyhooks
SKYING	-; -
SKYJACK	-; skyjacks
SKYLARK	-; skylarks
SKYLIKE	-; -
SKYLINE	-; skylines
SKYLIT	-; -
SKYMAN	-; -
SKYMEN	-; -
SKYPHOI	-; -
SKYPHOS	-; -
SKYSAIL	-; skysails
SKYSURF	-; skysurfs
SKYWALK	-; skywalks
SKYWARD	-; skywards
SKYWAY	-; skyways
SLAB	-; slabs
SLABBED	-; -
SLABBER	-; slabbers, slabbery
SLACK	-; slacks

SLACKED	-; -
SLACKEN	-; slackens
SLACKER	-; slackers
SLACKLY	-; -
SLAG	-; slags
SLAGGED	-; -
SLAGGY	-; -
SLAHAL	-; slahals
SLAIN	-; -
SLAINTE	-; -
SLAKE	-; slaked, slaker, slakes
SLAKER	-; slakers
SLAKING	-; -
SLALOM	-; slaloms
SLAM	-; slams
SLAMMED	-; -
SLAMMER	-; slammers
SLANDER	islander; slanders
SLANG	-; slangs, slangy
SLANGED	-; -
SLANK	-; -
SLANT	aslant; slants, slanty
SLANTED	-; -
SLAP	-; slaps
SLAPPED	-; -
SLAPPER	-; slappers
SLASH	-; -
SLASHED	-; -
SLASHER	-; slashers
SLASHES	-; -
SLAT	-; slate, slats, slaty
SLATCH	-; -
SLATE	-; slated, slater, slates, slatey
SLATER	-; slaters
SLATHER	-; slathers
SLATIER	-; -
SLATING	-; slatings
SLATTED	-; -
SLAVE	-; slaved, slaver, slaves, slavey
SLAVER	-; slavers, slavery
SLAVEY	-; slaveys
SLAVING	-; -
SLAVISH	-; -
SLAW	-; slaws
SLAY	-; slays
SLAYER	-; slayers
SLAYING	-; -
SLEAVE	-; sleaved, sleaves
SLEAZE	-; sleazes
SLEAZO	-; -
SLEAZY	-; -
SLED	isled; sleds
SLEDDED	-; -
SLEDDER	-; sledders
SLEDGE	-; sledged, sledges
SLEEK	-; sleeks, sleeky
SLEEKED	-; -
SLEEKEN	-; sleekens
SLEEKER	-; -
SLEEKIT	-; -
SLEEKLY	-; -
SLEEP	asleep; sleeps, sleepy
SLEEPER	-; sleepers
SLEET	-; sleets, sleety
SLEETED	-; -
SLEEVE	-; sleeved, sleeves

SLEIGH	-; sleighs, sleight
SLEIGHT	-; sleights
SLENDER	-; -
SLEPT	-; -
SLEUTH	-; sleuths
SLEW	-; slews
SLEWED	-; -
SLEWING	-; -
SLICE	-; sliced, slicer, slices
SLICER	-; slicers
SLICING	-; -
SLICK	-; slicks
SLICKED	-; -
SLICKER	-; slickers
SLICKLY	-; -
SLID	-; slide
SLIDDEN	-; -
SLIDE	-; slider, slides
SLIDER	-; sliders
SLIDING	-; -
SLIER	-; -
SLIEST	-; -
SLIEVE	-; slieves
SLIGHT	-; slights
SLILY	-; -
SLIM	-; slime, slims, slimy
SLIME	-; slimed, slimes
SLIMER	-; slimers
SLIMIER	-; -
SLIMILY	-; -
SLIMING	-; -
SLIMLY	-; -
SLIMMED	-; -
SLIMMER	-; -
SLIMPSY	-; -
SLIMSY	-; -
SLING	isling; slings
SLINGER	-; slingers
SLINK	-; slinks, slinky
SLIP	-; slipe, slips, slipt
SLIPE	-; sliped, slipes
SLIPING	-; -
SLIPOUT	-; slipouts
SLIPPED	-; -
SLIPPER	-; slippers, slippery
SLIPPY	-; -
SLIPUP	-; slipups
SLIPWAY	-; slipways
SLIT	-; slits
SLITHER	-; slithers, slithery
SLITTED	-; -
SLITTER	-; slitters
SLITTY	-; -
SLIVER	-; slivers
SLOB	-; slobs
SLOBBER	-; slobbers, slobbery
SLOBBY	-; -
SLOE	-; sloes
SLOG	-; slogs
SLOGAN	-; slogans
SLOGGED	-; -
SLOGGER	-; sloggers
SLOID	-; sloids
SLOJD	-; slojds
SLOOP	-; sloops
SLOP	-; slope, slops
SLOPE	aslope; sloped, sloper, slopes
SLOPER	-; slopers
SLOPPED	-; -
SLOPPY	-; -

SLOSH -; sloshy
SLOSHED -; -
SLOSHES -; -
SLOT -; sloth, slots
SLOTH -; sloths
SLOTTED -; -
SLOTTER -; slotters
SLOUCH -; slouchy
SLOUGH -; sloughs, sloughy
SLOVEN -; slovens
SLOW -; slows
SLOWED -; -
SLOWER -; -
SLOWING -; -
SLOWISH -; -
SLOWLY -; -
SLOYD -; sloyds
SLUB -; slubs
SLUBBED -; -
SLUBBER -; slubbers
SLUDGE -; sludges
SLUDGY -; -
SLUE -; slued, slues
SLUFF -; sluffs
SLUFFED -; -
SLUG -; slugs
SLUGGED -; -
SLUGGER -; sluggers
SLUICE -; sluiced, sluices
SLUICY -; -
SLUING -; -
SLUM -; slump, slums
SLUMBER -; slumbers, slumbery
SLUMGUM -; slumgums
SLUMISM -; slumisms
SLUMMED -; -
SLUMMER -; slummers
SLUMMY -; -
SLUMP -; slumps
SLUMPED -; -
SLUNG -; -
SLUNK -; -
SLUR -; slurb, slurp, slurs
SLURB -; slurbs
SLURBAN -; -
SLURP -; slurps
SLURPED -; -
SLURRED -; -
SLURRY -; -
SLUSH -; slushy
SLUSHED -; -
SLUSHES -; -
SLUT -; sluts
SLUTTY -; -
SLY -; -
SLYER -; -
SLYEST -; -
SLYLY -; -
SLYNESS -; -
SLYPE -; slypes
SMACK -; smacks
SMACKED -; -
SMACKER -; smackers
SMALL -; smalls
SMALLER -; -
SMALT -; smalti, smalto, smalts
SMALTO -; smaltos
SMARAGD -; smaragde, smaragds
SMARM -; smarms, smarmy
SMART -; smarts, smarty
SMARTED -; -
SMARTEN -; smartens

SMARTER -; -
SMARTIE -; smarties
SMARTLY -; -
SMASH -; -
SMASHED -; -
SMASHER -; smashers
SMASHES -; -
SMASHUP -; smashups
SMATTER -; smatters
SMAZE -; smazes
SMEAR -; smears, smeary
SMEARED -; -
SMEARER -; smearers
SMECTIC -; -
SMEDDUM -; smeddums
SMEEK -; smeeks
SMEEKED -; -
SMEGMA -; smegmas
SMELL -; smells, smelly
SMELLED -; -
SMELLER -; smellers
SMELT -; smelts
SMELTED -; -
SMELTER -; smelters, smeltery
SMERK -; smerks
SMERKED -; -
SMEW -; smews
SMIDGE -; smidgen, smidges
SMIDGEN -; smidgens
SMIDGIN -; smidgins
SMILAX -; -
SMILE -; smiled, smiler, smiles
SMILER -; smilers
SMILEY -; smileys
SMILING -; -
SMIRCH -; -
SMIRK -; smirks, smirky
SMIRKED -; -
SMIRKER -; smirkers
SMIT -; smite
SMITE -; smiter, smites
SMITER -; smiters
SMITH -; smiths, smithy
SMITING -; -
SMITTEN -; -
SMOCK -; smocks
SMOCKED -; -
SMOG -; smogs
SMOGGY -; -
SMOKE -; smoked, smoker, smokes, smokey
SMOKER -; smokers
SMOKIER -; -
SMOKILY -; -
SMOKING -; -
SMOKY -; -
SMOLDER -; smolders
SMOLT -; smolts
SMOOCH -; smoochy
SMOOSH -; -
SMOOTH -; smooths, smoothy
SMOTE -; -
SMOTHER -; smothers, smothery
SMRITI -; smirtis
SMUDGE -; smudged, smudges
SMUDGY -; -
SMUG -; -
SMUGGER -; -

SMUGGLE -; smuggled, smuggler, smuggles
SMUGLY -; -
SMUSH -; -
SMUSHED -; -
SMUSHES -; -
SMUT -; smuts
SMUTCH -; smutchs, smutchy
SMUTTED -; -
SMUTTY -; -
SNACK -; snacks
SNACKED -; -
SNACKER -; snackers
SNAFFLE -; snaffled, snaffles
SNAFU -; snafus
SNAFUED -; -
SNAG -; snags
SNAGGED -; -
SNAGGY -; -
SNAIL -; snails
SNAILED -; -
SNAKE -; snaked, snakes
SNAKIER -; -
SNAKILY -; -
SNAKING -; -
SNAKISH -; -
SNAKY -; -
SNAP -; snaps
SNAPPED -; -
SNAPPER -; snappers
SNAPPY -; -
SNARE -; snared, snarer, snares
SNARER -; snarers
SNARING -; -
SNARK -; snarks
SNARL -; snarls, snarly
SNARLED -; -
SNARLER -; snarlers
SNASH -; -
SNASHES -; -
SNATCH -; snatchy
SNATH -; snathe, snaths
SNATHE -; snathes
SNAW -; snaws
SNAWED -; -
SNAWING -; -
SNAZZY -; -
SNEAK -; sneaks, sneaky
SNEAKED -; -
SNEAKER -; sneakers
SNEAP -; sneaps
SNEAPED -; -
SNECK -; snecks
SNED -; sneds
SNEDDED -; -
SNEER -; sneers
SNEERED -; -
SNEERER -; sneerers
SNEESH -; -
SNEEZE -; sneezed, sneezer, sneezes
SNEEZER -; sneezers
SNEEZY -; -
SNELL -; snells
SNELLER -; -
SNIB -; snibs
SNIBBED -; -
SNICK -; snicks
SNICKED -; -
SNICKER -; snickers, snickery

SNIDE	-; snider
SNIDELY	-; -
SNIDEST	-; -
SNIFF	-; sniffs, sniffy
SNIFFED	-; -
SNIFFER	-; sniffers
SNIFFLE	-; sniffled, sniffler, sniffles
SNIFTER	-; snifters
SNIGGER	-; sniggers
SNIGGLE	-; sniggled, sniggler, sniggles
SNIP	-; snipe, snips
SNIPE	-; sniped, sniper, snipes
SNIPER	-; snipers
SNIPPED	-; -
SNIPPER	-; snippers
SNIPPET	-; snippets, snippety
SNIPPY	-; -
SNIT	-; snits
SNITCH	-; -
SNITTY	-; -
SNIVEL	-; snivels
SNOB	-; snobs
SNOBBY	-; -
SNOG	-; snogs
SNOOD	-; snoods
SNOODED	-; -
SNOOK	-; snooks
SNOOKED	-; -
SNOOKER	-; snookers
SNOOL	-; snools
SNOOLED	-; -
SNOOP	-; snoops, snoopy
SNOOPED	-; -
SNOOPER	-; snoopers
SNOOT	-; snoots, snooty
SNOOTED	-; -
SNOOZE	-; snoozed, snoozer, snoozes
SNOOZER	-; snoozers
SNOOZLE	-; snoozled, snoozles
SNOOZY	-; -
SNORE	-; snored, snorer, snores
SNORER	-; snorers
SNORING	-; -
SNORKEL	-; snorkels
SNORT	-; snorts
SNORTED	-; -
SNORTER	-; snorters
SNOT	-; snots
SNOTTY	-; -
SNOUT	-; snouts, snouty
SNOUTED	-; -
SNOW	-; snows, snowy
SNOWCAP	-; snowcaps
SNOWCAT	-; snowcats
SNOWED	-; -
SNOWIER	-; -
SNOWILY	-; -
SNOWING	-; -
SNOWMAN	-; -
SNOWMEN	-; -
SNUB	-; snubs
SNUBBED	-; -
SNUBBER	-; snubbers
SNUBBY	-; -
SNUCK	-; -
SNUFF	-; snuffs, snuffy
SNUFFED	-; -

SNUFFER	-; snuffers
SNUFFLE	-; snuffled, snuffler, snuffles
SNUFFLY	-; -
SNUG	-; snugs
SNUGGED	-; -
SNUGGER	-; -
SNUGGLE	-; snuggled, snuggles
SNUGLY	-; -
SNYE	-; snyes
SO	-; sob, sod, sol, son, sop, sos, sot, sou, sow, sox, soy
SOAK	-; soaks
SOAKAGE	-; soakages
SOAKED	-; -
SOAKER	-; soakers
SOAP	-; soaps, soapy
SOAPBOX	-; -
SOAPED	-; -
SOAPER	-; soapers
SOAPIER	-; -
SOAPILY	-; -
SOAPING	-; -
SOAR	-; soars
SOARED	-; -
SOARER	-; soarers
SOARING	-; soarings
SOAVE	-; soaves
SOB	-; soba, sobs
SOBA	-; sobas
SOBBED	-; -
SOBBER	-; sobbers
SOBBING	-; -
SOBEIT	-; -
SOBER	-; sobers
SOBERED	-; -
SOBERER	-; -
SOBERLY	-; -
SOBFUL	-; -
SOCA	-; socas
SOCAGE	-; socager, socages
SOCAGER	-; socagers
SOCCAGE	-; soccages
SOCCER	-; soccers
SOCIAL	asocial; socials
SOCIETY	-; -
SOCK	-; socko, socks
SOCKED	-; -
SOCKET	-; sockets
SOCKEYE	-; sockeyes
SOCKING	-; -
SOCKMAN	-; -
SOCKMEN	-; -
SOCKO	-; -
SOCLE	-; socles
SOCMAN	-; -
SOCMEN	-; -
SOD	-; soda, sods
SODA	-; sodas
SODDED	-; -
SODDEN	-; soddens
SODDIE	-; soddies
SODDING	-; -
SODDY	-; -
SODIC	-; -
SODIUM	-; sodiums
SODOM	-; sodoms, sodomy
SODOMY	-; -
SOEVER	-; -
SOFA	-; sofar, sofas
SOFABED	-; sofabeds

SOFAR	-; sofars
SOFFIT	-; soffits
SOFT	-; softa, softs, softy
SOFTA	-; softas
SOFTEN	-; softens
SOFTER	-; -
SOFTEST	-; -
SOFTIE	-; softies
SOFTLY	-; -
SOGGED	-; -
SOGGIER	-; -
SOGGILY	-; -
SOGGY	-; -
SOH	-; sohs
SOIGNE	-; soignee
SOIL	-; soils
SOILAGE	-; soilages
SOILED	-; -
SOILING	-; -
SOILURE	-; soilures
SOIREE	-; soirees
SOJA	-; sojas
SOJOURN	-; sojourns
SOJU	-; -
SOKE	-; sokes
SOKEMAN	-; -
SOKEMEN	-; -
SOKOL	-; sokols
SOL	-; sola, sold, sole, soll, solo, sols
SOLA	-; solan, solar
SOLACE	-; solaced, solacer, solaces
SOLACER	-; solacers
SOLAN	-; soland, solano, solans
SOLAND	-; solands
SOLANIN	-; solanine, solanins
SOLANO	-; solanos
SOLANUM	-; solanums
SOLAR	-; -
SOLARIA	-; -
SOLATE	isolate; solated, solates
SOLATED	isolated; -
SOLATES	isolates; -
SOLATIA	-; -
SOLD	-; soldi, soldo
SOLDAN	-; soldans
SOLDER	-; solders
SOLDI	-; -
SOLDIER	-; soldiers, soldiery
SOLDO	-; -
SOLE	-; soled, soles
SOLEI	-; -
SOLELY	-; -
SOLEMN	-; -
SOLERET	-; solerets
SOLEUS	-; -
SOLFEGE	-; solfeges
SOLGEL	-; -
SOLI	-; solid
SOLICIT	-; solicits
SOLID	-; solidi, solids
SOLIDER	-; -
SOLIDLY	-; -
SOLIDUS	-; -
SOLING	-; -
SOLION	-; solions
SOLITON	-; solitons
SOLO	-; solos
SOLOED	-; -

SOLOING -; -
SOLOIST -; soloists
SOLON -; solons
SOLUBLE -; solubles
SOLUBLY -; -
SOLUM -; solums
SOLUS -; -
SOLUTE -; solutes
SOLVATE -; solvated, solvates
SOLVE -; solved, solver, solves
SOLVENT -; solvents
SOLVER -; solvers
SOLVING -; -
SOM -; soma, some, soms
SOMA -; soman, somas
SOMAN -, somans
SOMATA -; -
SOMATIC -; -
SOMBER -; -
SOMBRE -; -
SOME -; -
SOMEDAY -; -
SOMEHOW -; -
SOMEONE -; someones
SOMEWAY -; someways
SOMITAL -; -
SOMITE -; somites
SOMITIC -; -
SOMONI -; -
SON -; sone, song, sons
SONANCE -; sonances
SONANT -; sonants
SONAR -; sonars
SONATA -; sonatas
SONDE -; sonder, sondes
SONDER -; sonders
SONE -; sones
SONG -; songs
SONGFUL -; -
SONHOOD -; sonhoods
SONIC -; sonics
SONLESS -; -
SONLIKE -; -
SONLY -; -
SONNET -; sonnets
SONNIES -; -
SONNY -; -
SONOVOX -; -
SONS -; sonsy
SONSHIP -; sonships
SONSIE -; sonsier
SOOEY -; -
SOOK -; sooks
SOON -; -
SOONER -; sooners
SOONEST -; -
SOOT -; sooth, soots, sooty
SOOTED -; -
SOOTH -; soothe, sooths
SOOTHE -; soothed, soother, soothes
SOOTHER -; soothers
SOOTHES -; soothest
SOOTHLY -; -
SOOTIER -; -
SOOTILY -; -
SOOTING -; -
SOP -; soph, sops
SOPH -; sophs, sophy

SOPHIES -; -
SOPHISM -; sophisms
SOPHIST -; sophists
SOPITE -; sopited, sopites
SOPOR -; sopors
SOPPED -; -
SOPPIER -; -
SOPPING -; -
SOPPY -; -
SOPRANI -; -
SOPRANO -; sopranos
SORA -; soras
SORB -; sorbs
SORBATE -; sorbates
SORBED -; -
SORBENT -; sorbents
SORBET -; sorbets
SORBIC -; -
SORBING -; -
SORBOSE -; sorboses
SORCERY -; -
SORD -; sords
SORDID -; -
SORDINE -; sordines
SORDINI -; -
SORDINO -; -
SORDOR -; sordors
SORE -; sorel, sorer, sores
SOREL -; sorels, sorely
SORES -; sorest
SORGHO -; sorghos
SORGHUM -; sorghums
SORGO -; sorgos
SORI -; -
SORING -; -
SORITAL -; soritals
SORITES -; -
SORITIC -; -
SORN -; sorns
SORNED -; -
SORNER -; sorners
SORNING -; -
SOROCHE -; soroches
SORORAL -; -
SOROSES -; -
SOROSIS -; -
SORREL -; sorrels
SORRIER -; -
SORRILY -; -
SORROW -; sorrows
SORRY -; -
SORT -; sorts
SORTED -; -
SORTER -; sorters
SORTIE -; sortied, sorties
SORTING -; -
SORUS -; -
SOT -; soth, sots
SOTH -; soths
SOTOL -; sotols
SOTTED -; -
SOTTISH -; -
SOU -; souk, soul, soup, sour, sous
SOUARI -; souaris
SOUBISE -; soubises
SOUCAR -; soucars
SOUDAN -; soudans
SOUDING -; soudings
SOUFFLE -; souffles
SOUGH -; soughs, sought
SOUGHED -; -
SOUK -; souks

SOUKOUS -; -
SOUL -; souls
SOULED -; -
SOULFUL -; -
SOUND -; sounds
SOUNDED -; -
SOUNDER -; sounders
SOUNDLY -; -
SOUP -; soups, soupy
SOUPCON -; soupcons
SOUPED -; -
SOUPIER -; -
SOUPING -; -
SOUR -; sours
SOURCE -; sources
SOURED -; -
SOURER -; -
SOUREST -; -
SOURING -; -
SOURISH -; -
SOURLY -; -
SOURSOP -; soursops
SOUSE -; soused, souses
SOUSING -; -
SOUSLIK -; sousliks
SOUTANE -; soutanes
SOUTER -; souters
SOUTH -; souths
SOUTHED -; -
SOUTHER -; southern, southers
SOVIET -; soviets
SOVKHOZ -; sovkhozy
SOVRAN -; sovrans
SOW -; sown, sows
SOWABLE -; -
SOWANS -; -
SOWAR -; sowars
SOWBACK -; sowbacks
SOWBUG -; sowbugs
SOWCAR -; sowcars
SOWED -; -
SOWENS -; -
SOWER -; sowers
SOWING -; -
SOX -; -
SOY -; soya, soys
SOYA -; soyas
SOYBEAN -; soybeans
SOYMILK -; soymilks
SOYUZ -; -
SOYUZES -; -
SOZIN -; sozine, sozins
SOZINE -; sozines
SOZZLED -; -
SPA -; spae, span, spar, spas, spat, spay, spaz
SPACE -; spaced, spacer, spaces, spacey
SPACER -; spacers
SPACIAL -; -
SPACIER -; -
SPACING -; spacings
SPACKLE -; spackled, spackles
SPACY -; -
SPADE -; spaded, spader, spades
SPADER -; spaders
SPADING -; -
SPADIX -; -

SPADO	-; -
SPAE	-; spaed, spaes
SPAEING	-; spaeings
SPAHEE	-; spahees
SPAHI	-; spahis
SPAIL	-; spails
SPAIT	-; spaits
SPAKE	-; -
SPALE	-; spales
SPALL	-; spalls
SPALLED	-; -
SPALLER	-; spallers
SPAM	-; spams
SPAMBOT	-; spambots
SPAMMED	-; -
SPAN	-; spang, spank, spans
SPANCEL	-; spancels
SPANDEX	-; -
SPANG	-; -
SPANGLE	-; spangled, spangles
SPANGLY	-; -
SPANIEL	-; spaniels
SPANK	-; spanks
SPANKED	-; -
SPANKER	-; spankers
SPANNED	-; -
SPANNER	-; spanners
SPAR	-; spare, spark, spars
SPARE	-; spared, sparer, spares
SPARELY	-; -
SPARER	-; sparers
SPARES	-; sparest
SPARGE	-; sparged, sparger, sparges
SPARGER	-; spargers
SPARID	-; sparids
SPARING	-; -
SPARK	-; sparks, sparky
SPARKED	-; -
SPARKER	-; sparkers
SPARKLE	-; sparkled, sparkler, sparkles
SPAROID	-; sparoids
SPARRED	-; -
SPARROW	-; sparrows
SPARRY	-; -
SPARSE	-; sparser
SPARTAN	-; -
SPASM	-; spasms
SPASTIC	-; spastics
SPAT	-; spate, spats
SPATE	-; spates
SPATHAL	-; -
SPATHE	-; spathed, spathes
SPATHIC	-; -
SPATIAL	-; -
SPATTED	-; -
SPATTER	-; spatters
SPATULA	-; spatular, spatulas
SPATZLE	-; -
SPAVIE	-; spavies, spaviet
SPAVIN	-; spavins
SPAWN	-; spawns
SPAWNED	-; -
SPAWNER	-; spawners
SPAY	-; spays
SPAYED	-; -
SPAYING	-; -

SPEAK	-; speaks
SPEAKER	-; speakers
SPEAN	-; speans
SPEANED	-; -
SPEAR	-; spears
SPEARED	-; -
SPEARER	-; spearers
SPEC	-; specs
SPECIAL	-; specials
SPECIE	-; species
SPECIFY	-; -
SPECK	-; specks
SPECKED	-; -
SPECKLE	-; speckled, speckles
SPECTER	-; specters
SPECTRA	-; spectral
SPECTRE	-; spectres
SPECULA	-; specular
SPED	-; -
SPEECH	-; -
SPEED	-; speedo, speeds, speedy
SPEEDER	-; speeders
SPEEDO	-; speedos
SPEEDUP	-;speedups
SPEEL	-; speels
SPEER	-; speers
SPEERED	-; -
SPEIL	-; speils
SPEILED	-; -
SPEIR	-; speirs
SPEIRED	-; -
SPEISE	-; speises
SPEISS	-; -
SPELEAN	-; -
SPELL	-; spells
SPELLED	-; -
SPELLER	-; spellers
SPELT	-; spelts, speltz
SPELTER	-; spelters
SPELTZ	-; -
SPELUNK	-; spelunks
SPENCE	-; spencer, spences
SPENCER	-; spencers
SPEND	-; spends, spendy
SPENDER	-; spenders
SPENDY	-; -
SPENSE	-; spenses
SPENT	-; -
SPERM	-; sperms
SPERMIC	-; -
SPEW	-; spews
SPEWED	-; -
SPEWER	-; spewers
SPEWING	-; -
SPHENE	-; sphenes
SPHENIC	-; -
SPHERAL	-; -
SPHERE	-; sphered, spheres
SPHERIC	-; spherics
SPHERY	-; -
SPHINX	-; -
SPHNYX	-; -
SPICA	-; spicae, spicas
SPICATE	-; spicated
SPICE	-; spiced, spicer, spices, spicey
SPICER	-; spicers, spicery
SPICIER	-; -

SPICILY -; -
SPICING -; -
SPICULA -; spiculae, spicular
SPICULE -; spicules
SPICY -; -
SPIDER -; spiders, spidery
SPIED espied; -
SPIEGEL -; spiegels
SPIEL -; spiels
SPIELED -; -
SPIELER -; spielers
SPIER -; spiers
SPIERED -; -
SPIES espies; -
SPIFF -; spiffs, spiffy
SPIFFED -; -
SPIFFY -; -
SPIGOT -; spigots
SPIK -; spike, spiks, spiky
SPIKE -; spiked, spiker, spikes
SPIKER -; spikers
SPIKIER -; -
SPIKILY -; -
SPIKING -; -
SPILE -; spiled, spiles
SPILING -; spilings
SPILL -; spills
SPILLED -; -
SPILLER -; spillers
SPILT -; spilth
SPILTH -; spilths
SPIN -; spine, spins, spiny
SPINACH -; -
SPINAGE -; spinages
SPINAL -; spinals
SPINATE -; -
SPINDLE -; spindled, spindler, spindles
SPINDLY -; -
SPINE -; spined, spinel, spines, spinet
SPINEL -; spinels
SPINET -; spinets
SPINIER -; -
SPINNER -; spinners, spinnery
SPINNEY -; spinneys
SPINNY -; -
SPINOFF -; spinoffs
SPINOR -; spinors
SPINOSE -; -
SPINOUS -; -
SPINOUT -; spinouts
SPINTO -; spintos
SPINULA -; spinulae
SPINULE -; spinules
SPIRAEA -; spiraeas
SPIRAL -; spirals
SPIRANT aspirant; spirants
SPIRE aspire; spirea, spired, spirem, spires
SPIREA -; spireas
SPIRED aspired; -
SPIREM -; spireme, spirems
SPIREME -; spiremes
SPIRES aspires; -
SPIRING aspiring; -
SPIRIT -; spirits

SPIROID -; -
SPIRT -; spirts
SPIRTED -; -
SPIRULA -; spirulae, spirulas
SPIRY -; -
SPIT -; spite, spits, spitz
SPITAL -; spitals
SPITE -; spited, spites
SPITING -; -
SPITTED -; -
SPITTER -; spitters
SPITTLE -; spittles
SPITZ -; -
SPITZES -; -
SPIV -; spivs
SPIVVY -; -
SPLAKE -; splakes
SPLASH -; splashy
SPLAT -; splats
SPLAY -; splays
SPLAYED -; -
SPLEEN -; spleens, spleeny
SPLENIA -; splenial
SPLENIC -; -
SPLENT -; splents
SPLICE -; spliced, splicer, splices
SPLICER -; splicers
SPLIFF -; spliffs
SPLINE -; splined, splines
SPLINT -; splints
SPLIT -; splits
SPLORE -; splores
SPLOSH -; -
SPLOTCH -; splotchy
SPLURGE -; splurged, splurges
SPLURGY -; -
SPLURT -; splurts
SPODE -; spodes
SPOIL -; spoils, spoilt
SPOILED -; -
SPOILER -; spoilers
SPOKE -; spoked, spoken, spokes
SPOKING -; -
SPONDEE -; spondees
SPONGE -; sponged, sponger, sponges
SPONGER -; spongers
SPONGIN -; sponging, spongins
SPONGY -; -
SPONSAL -; -
SPONSON -; sponsons
SPONSOR -; sponsors
SPOOF -; spoofs, spoofy
SPOOFED -; -
SPOOFER -; spoofers, spoofery
SPOOK -; spooks, spooky
SPOOKED -; -
SPOOL -; spools
SPOOLED -; -
SPOOLER -; spoolers
SPOON -; spoons, spoony
SPOONED -; -
SPOONEY -; spooneys
SPOOR -; spoors

SPOORED -; -
SPOORING -; -
SPORAL -; -
SPORE -; spored, spores
SPORING -; -
SPOROID -; -
SPORRAN -; sporrans
SPORT -; sports, sporty
SPORTED -; -
SPORTER -; sporters
SPORTIF -; -
SPORULE -; sporules
SPOT -; spots
SPOTLIT -; -
SPOTTED -; -
SPOTTER -; spotters
SPOTTY -; -
SPOUSAL -; spousals
SPOUSE espouse; spoused, spouses
SPOUT -; spouts
SPOUTED -; -
SPOUTER -; spouters
SPRAG -; sprags
SPRAIN -; sprains
SPRANG -; -
SPRAT -; sprats
SPRAWL -; sprawls, sprawly
SPRAY -; sprays
SPRAYED -; -
SPRAYER -; sprayers
SPREAD -; spreads
SPREE -; sprees
SPRENT -; -
SPRIER -; -
SPRIEST -; -
SPRIG -; sprigs
SPRIGGY -; -
SPRIGHT -; sprights
SPRING -; springs, springy
SPRINGE -; springed, springer, springes
SPRINT -; sprints
SPRIT esprit; sprite, sprits, spritz
SPRITE -; sprites
SPRITZ -; -
SPROG -; sprogs
SPROUT -; sprouts
SPRUCE -; spruced, sprucer, spruces
SPRUCY -; -
SPRUE -; sprues
SPRUG -; sprugs
SPRUNG -; -
SPRY -; -
SPRYER -; -
SPRYEST -; -
SPRYLY -; -
SPUD -; spuds
SPUDDED -; -
SPUDDER -; spudders
SPUE -; spued, spues
SPUING -; -
SPUME -; spumed, spumes
SPUMIER -; -
SPUMING -; -
SPUMONE -; spumones
SPUMONI -; spumonis
SPUMOUS -; -

SPUMY -; -
SPUN -; spunk
SPUNK -; spunks, spunky
SPUNKIE -; spunkier, spunkies
SPUR -; spurn, spurs, spurt
SPURGE -; spurges
SPURN -; spurns
SPURNED -; -
SPURNER -; spurners
SPURRED -; -
SPURRER -; spurrers
SPURREY -; spurreys
SPURRY -; -
SPURT -; spurts
SPURTED -; -
SPURTLE -; spurtler, spurtles
SPURTLER -; spurtlers
SPUTA -; -
SPUTNIK -; sputniks
SPUTTER -; sputters
SPUTUM -; -
SPY espy; -
SPYING -; -
SQUAB -; squabs
SQUABBY -; -
SQUAD -; squads
SQUALID -; -
SQUALL -; squalls, squally
SQUALOR -; squalors
SQUAMA -; squamae
SQUARE -; squared, squarer, squares
SQUARER -; squarers
SQUARES -; squarest
SQUARK -; squarks
SQUASH -; squashy
SQUAT -; squats
SQUATLY -; -
SQUATTY -; -
SQUAW -; squawk, squaws
SQUAWK -; squawks
SQUEAK -; squeaks, squeaky
SQUEAL -; squeals
SQUEEZE -; squeezed, squeezer, squeezes
SQUEG -; squegs
SQUELCH -; squelchy
SQUIB -; squibs
SQUID -; squids
SQUIDGY -; -
SQUIFFY -; -
SQUILL -; squilla, squills
SQUILLA -; squillae, squillas
SQUINCH -; -
SQUINNY -; -
SQUINT asquint; squints, squinty
SQUIRE esquire; squired, squires
SQUIRED esquired; -
SQUIRES esquires; -
SQUIRM -; squirms, squirmy
SQUIRT -; squirts
SQUISH -; squishy
SQUOOSH -; -

SQUUSH -; -
SRADDHA -; sraddhas
SRADHA -; sradhas
SRI -; sris
STAB -; stabs
STABBED -; -
STABBER -; stabbers
STABILE -; stabiles
STABLE -; stabled, stabler, stables
STABLER -; stablers
STABLES -; stablest
STABLY -; -
STACK -; stacks
STACKED -; -
STACKER -; stackers
STACTE -; stactes
STADDLE -; staddles
STADE -; stades
STADIA -; stadias
STADIUM -; stadiums
STAFF -; staffs
STAFFED -; -
STAFFER -; staffers
STAG -; stage, stags, stagy
STAGE -; staged, stager, stages, stagey
STAGER -; stagers
STAGGED -; -
STAGGER -; staggers, staggery
STAGGIE -; staggier, staggies
STAGGY -; -
STAGIER -; -
STAGILY -; -
STAGING -; stagings
STAID -; -
STAIDER -; -
STAIDLY -; -
STAIG -; staigs
STAIN -; stains
STAINED -; -
STAINER -; stainers
STAIR -; stairs
STAITHE -; staithes
STAKE -; staked, stakes
STAKING -; -
STALAG -; stalags
STALE -; staled, staler, stales
STALELY -; -
STALES -; stalest
STALING -; -
STALK -; stalks, stalky
STALKED -; -
STALKER -; stalkers
STALL -; stalls
STALLED -; -
STAMEN -; stamens
STAMINA -; staminal, staminas
STAMMEL -; stammels
STAMMER -; stammers
STAMP -; stamps
STAMPED -; -
STAMPER -; stampers
STANCE -; stances
STANCH -; -
STAND -; stands
STANDBY -; standbys
STANDEE -; standees
STANDER -; standers
STANDUP -; -

STANE	-; staned, stanes
STANG	-; stangs
STANGED	-; -
STANINE	-; stanines
STANING	-; -
STANK	-; stanks
STANNIC	-; -
STANNUM	-; stannums
STANOL	-; stanols
STANZA	-; stanzas
STAPES	-; -
STAPH	-; staphs
STAPLE	-; stapled, stapler, staples
STAPLER	-; staplers
STAR	-; stare, stark, stars, start
STARCH	-; starchy
STARDOM	-; stardoms
STARE	-; stared, starer, stares
STARER	-; starers
STARETS	-; -
STARING	-; -
STARK	-; -
STARKER	-; starkers
STARKLY	-; -
STARLET	-; starlets
STARLIT	-; -
STARRED	-; -
STARRY	-; -
START	-; starts
STARTED	-; -
STARTER	-; starters
STARTLE	-; startled, startler, startles
STARTS	-; startsy
STARTUP	-; startups
STARVE	-; starved, starver, starves
STARVER	-; starvers
STASES	-; -
STASH	-; -
STASHED	-; -
STASHES	-; -
STASIS	-; -
STAT	-; state, stats
STATAL	-; -
STATANT	-; -
STATE	estate; stated, stater, states
STATED	estated; -
STATELY	-; -
STATER	-; staters
STATES	estates; -
STATIC	astatic; statics
STATICE	-; statices
STATIN	-; stating, statins
STATING	-; -
STATION	-; stations
STATISM	-; statisms
STATIST	-; statists
STATIVE	-; statives
STATOR	-; stators
STATUE	-; statued, statues
STATURE	-; statures
STATUS	-; -
STATUTE	-; statutes
STAUNCH	-; -
STAVE	-; staved, staves
STAVING	-; -
STAW	-; -
STAY	-; stays
STAYED	-; -

STAYER	-; stayers
STAYING	-; -
STEAD	-; steads, steady
STEADED	-; -
STEAK	-; steaks
STEAL	osteal; steals
STEALER	-; stealers
STEALTH	-; stealths, stealthy
STEAM	-; steams, steamy
STEAMED	-; -
STEAMER	-; steamers
STEARIC	-; -
STEARIN	-; stearine, stearins
STEED	-; steeds
STEEK	-; steeks
STEEKED	-; -
STEEL	-; steels, steely
STEELED	-; -
STEELIE	-; steelies
STEEP	-; steeps
STEEPED	-; -
STEEPEN	-; steepens
STEEPER	-; steepers
STEEPLE	-; steepled, steeples
STEEPLY	-; -
STEER	-; steers
STEERED	-; -
STEERER	-; steerers
STEEVE	-; steeved, steeves
STEIN	-; steins
STELA	-; stelae, stelai, stelar
STELE	-; steles
STELENE	-; -
STELIC	-; -
STELLA	-; stellar, stellas
STEM	-; stems
STEMMA	-; stemmas
STEMMED	-; -
STEMMER	-; stemmers, stemmery
STEMMY	-; -
STEMSON	-; stemsons
STENCH	-; stenchy
STENCIL	-; stencils
STENGAH	-; stengahs
STENO	-; stenos
STENOKY	-; -
STENT	-; stents
STENTOR	-; stentors
STEP	-; steps
STEPDAD	-; stepdads
STEPPE	-; stepped, stepper, steppes
STEPPER	-; steppers
STEPSON	-; stepsons
STERE	-; stereo, steres
STEREO	-; stereos
STERIC	-; -
STERILE	-; -
STERLET	-; sterlets
STERN	astern; sterna, sterns
STERNA	-; sternal
STERNER	-; -
STERNLY	-; -
STERNUM	-; sternums
STEROID	-; steroids
STEROL	-; sterols
STERTOR	-; stertors
STET	-; stets

STETSON	-; stetsons
STETTED	-; -
STEVIA	-; stevias
STEW	-; stews
STEWARD	-; stewards
STEWBUM	-; stewbums
STEWED	-; -
STEWING	-; -
STEWPAN	-; stewpans
STEWPOT	-; stewpots
STEWY	-; -
STEY	-; -
STHENIA	-; sthenias
STHENIC	-; -
STIBIAL	-; -
STIBINE	-; stibines
STIBIUM	-; stibiums
STICH	-; stichs
STICHIC	-; -
STICK	-; sticks, sticky
STICKED	-; -
STICKER	-; stickers
STICKIT	-; -
STICKLE	-; stickled, stickler, stickles
STICKUM	-; stickums
STICKUP	-; stickups
STIED	-; -
STIES	-; -
STIFF	-; stiffs
STIFFEN	-; stiffens
STIFFER	-; -
STIFFLY	-; -
STIFLE	-; stifled, stifler, stifles
STIFLER	-; stiflers
STIGMA	-; stigmal, stigmas
STILE	-; stiles
STILL	-; stills, stilly
STILLED	-; -
STILLER	-; -
STILT	-; stilts
STILTED	-; -
STIME	-; stimes
STIMIED	-; -
STIMIES	-; -
STIMY	-; -
STING	-; stingo, stings, stingy
STINGER	-; stingers
STINGO	-; stingos
STINK	-; stinko, stinks, stinky
STINKER	-; stinkers
STINKO	-; -
STINT	-; stints
STINTED	-; -
STINTER	-; stinters
STIPE	-; stiped, stipel, stipes
STIPEL	-; stipels
STIPEND	-; stipends
STIPPLE	-; stippled, stippler, stipples
STIPULE	-; stipuled, stipules
STIR	astir; stirk, stirp, stirs
STIRK	-; stirks
STIRP	-; stirps
STIRPES	-; -
STIRRED	-; -
STIRRER	-; stirrers
STIRRUP	-; stirrups
STITCH	-; -
STITHY	-; -

STIVER -; stivers
STOA -; stoae, stoai, stoas, stoat
STOAT -; stoats
STOB -; stobs
STOBBED -; -
STOCK -; stocks, stocky
STOCKED -; -
STOCKER -; stockers
STODDED -; -
STODGE -; stodged, stodges
STODGY -; -
STOGEY -; stogeys
STOGIE -; stogies
STOGY -; -
STOIC -; stoics
STOICAL -; -
STOKE -; stoked, stoker, stokes
STOKER -; stokers
STOKING -; -
STOLE -; stoled, stolen, stoles
STOLID -; -
STOLLEN -; stollens
STOLON -; stolons
STOMA -; stomal, stomas
STOMACH -; stomachy
STOMATA -; stomatal
STOMATE -; stomates
STOMP -; stomps, stompy
STOMPED -; -
STOMPER -; stompers
STONE -; stoned, stoner, stones, stoney
STONER -; stoners
STONIER -; -
STONILY -; -
STONING -; -
STONISH -; -
STONK -; stonks
STONKED -; -
STONKER -; -
STONY astony; -
STOOD -; -
STOOGE -; stooged, stooges
STOOK -; stooks
STOOKED -; -
STOOKER -; stookers
STOOL -; stools
STOOLED -; -
STOOLIE -; stoolies
STOOP -; stoops
STOOPED -; -
STOOPER -; stoopers
STOP estop; stope, stops, stopt
STOPE -; stoped, stoper, stopes
STOPER -; stopers
STOPGAP -; stopgaps
STOPING -; -
STOPOFF -; stopoffs
STOPPED -; -
STOPPER -; stoppers
STOPPLE -; stoppled, stopples
STOPS estops; -
STORAGE -; storages
STORAX -; -
STORE -; stored, storer, stores, storey

STORER -; storers
STOREY -; storeys
STORIED -; -
STORIES -; -
STORING -; -
STORK -; storks
STORM -; storms, stormy
STORMED -; -
STORY -; -
STOSS -; -
STOT -; stots, stott
STOTIN -; stotins
STOTT -; stotts
STOTTED -; -
STOUND astound; stounds
STOUNDS astounds; -
STOUP -; stoups
STOUR -; stoure, stours, stoury
STOURE -; stoures
STOURIE -; -
STOUT -; stouts
STOUTEN -; stoutens
STOUTER -; -
STOUTLY -; -
STOVE -; stover, stoves
STOVER -; stovers
STOW -; stowp, stows
STOWAGE -; stowages
STOWED -; -
STOWP -; stowps
STRAFE -; strafed, strafer, strafes
STRAFER -; strafers
STRAIN -; strains
STRAIT -; straits
STRAKE -; straked, strakes
STRAND -; strands
STRANG -; strange
STRANGE -; stranger
STRAP -; straps
STRAPPY -; -
STRASS -; -
STRATA -; stratal, stratas
STRATH -; straths
STRATI -; -
STRATUM -; stratums
STRATUS -; -
STRAW -; straws, strawy
STRAWED -; -
STRAY astray, estray; strays
STRAYED -; -
STRAYER -; strayers
STRAYS estrays; -
STREAK -; streaks, streaky
STREAM -; streams, streamy
STREEK -; streeks
STREEL -; streels
STREET -; streets
STREP -; streps
STRESS -; -
STRETCH -; stretchy
STRETTA -; strettas
STRETTE -; -
STRETTI -; -
STRETTO -; strettos
STREW -; strewn, strews
STREWED -; -

STREWER	-; strewers
STRIA	-; striae
STRIATE	-; striated, striates
STRICK	-; stricks
STRICT	astrict; -
STRID	-; stride
STRIDE	astride; strider, strides
STRIDER	-; striders
STRIDOR	-; stridors
STRIFE	-; strifes
STRIGIL	-; strigils
STRIKE	-; striker, strikes
STRIKER	-; strikers
STRING	-; strings, stringy
STRIP	-; stripe, strips, stript, stripy
STRIPE	-; striped, striper, stripes
STRIPER	-; stripers
STRIPEY	-; -
STRIVE	-; strived, striven, striver, strives
STRIVER	-; strivers
STROBE	-; strobes
STROBIC	-; -
STROBIL	-; strobila, strobile, strobili, strobils
STRODE	-; -
STROKE	-; stroked, stroker, strokes
STROKER	-; strokers
STROLL	-; strolls
STROMA	-; stromal
STRONG	-; -
STROOK	-; -
STROP	-; strops
STROPHE	-; strophes
STROPPY	-; -
STROUD	-; strouds
STROVE	-; -
STROW	-; strown, strows
STROWED	-; -
STROY	-; stroys
STROYED	-; -
STROYER	-; stroyers
STRUCK	-; -
STRUDEL	-; strudels
STRUM	estrum; struma, strums
STRUMA	-; strumae, strumas
STRUMS	estrums; -
STRUNG	-; -
STRUNT	-; strunts
STRUT	-; struts
STUB	-; stubs
STUBBED	-; -
STUBBLE	-; stubbled, stubbles
STUBBLY	-; -
STUBBY	-; -
STUCCO	-; stuccos
STUCK	-; -
STUD	-; studs, study
STUDDED	-; -
STUDDIE	-; studdies
STUDENT	-; students
STUDIED	-; -
STUDIER	-; studiers
STUDIES	-; -
STUDIO	-; studios
STUDLY	-; -

STUDY -; -
STUFF -; stuffs, stuffy
STUFFED -; -
STUFFER -; stuffers
STUIVER -; stuivers
STULL -; stulls
STUM -; stump, stums
STUMBLE -; stumbled, stumbler, stumbles
STUMMED -; -
STUMP -; stumps, stumpy
STUMPED -; -
STUMPER -; stumpers
STUN -; stung, stunk, stuns, stunt
STUNNED -; -
STUNNER -; stunners
STUNT -; stunts
STUPA -; stupas
STUPE -; stupes
STUPEFY -; -
STUPID -; stupids
STUPOR -; stupors
STURDY -; -
STURT -; sturts
STUTTER -; stutters
STY -; stye
STYE -; styed, styes
STYGIAN -; -
STYING -; -
STYLAR astylar; -
STYLATE -; -
STYLE -; styled, styler, styles, stylet
STYLER -; stylers
STYLET -; stylets
STYLI -; -
STYLING -; stylings
STYLISE -; stylised, styliser, stylises
STYLISH -; -
STYLIST -; stylists
STYLITE -; stylites
STYLIZE -; stylized, stylizer, stylizes
STYLOID -; -
STYLUS -; -
STYMIE -; stymied, stymies
STYMY -; -
STYPSES -; -
STYPSIS -; -
STYPTIC -; styptics
STYRAX -; -
STYRENE -; styrenes
SUABLE -; -
SUABLY -; -
SUASION -; suasions
SUASIVE -; -
SUASORY -; -
SUAVE -; suaver
SUAVELY -; -
SUAVER -; -
SUAVEST -; -
SUAVITY -; -
SUB -; suba, subs
SUBA tsuba; subah, subas
SUBACID -; -
SUBADAR -; subadars
SUBAH -; subahs
SUBALAR -; -
SUBAREA -; subareas
SUBARID -; -

SUBATOM -; subatoms
SUBBASE -; subbases
SUBBASS -; -
SUBBED -; -
SUBBING -; subbings
SUBCELL -; subcells
SUBCLAN -; subclans
SUBCODE -; subcodes
SUBCOOL -; subcools
SUBCULT -; subcults
SUBDEAN -; subdeans
SUBDEB -; subdebs
SUBDUAL -; subduals
SUBDUCE -; subduced, subduces
SUBDUCT -; subducts
SUBDUE -; subdued, subduer, subdues
SUBDUER -; subduers
SUBECHO -; -
SUBEDIT -; subedits
SUBER -; subers
SUBERIC -; -
SUBERIN -; suberins
SUBFIX -; -
SUBFUSC -; -
SUBGOAL -; subgoals
SUBGUM -; -
SUBHEAD -; subheads
SUBIDEA -; subideas
SUBITEM -; subitems
SUBITO -; -
SUBJECT -; subjects
SUBJOIN -; subjoins
SUBLATE -; sublated, sublates
SUBLET -; sublets
SUBLIME -; sublimed, sublimer, sublimes
SUBLINE -; sublines
SUBLOT -; sublots
SUBMENU -; submenus
SUBMISS -; -
SUBMIT -; submits
SUBNET -; subnets
SUBORAL -; -
SUBORN -; suborns
SUBOVAL -; -
SUBPAR -; subpart
SUBPART -; subparts
SUBPENA -; subpenas
SUBPLOT -; subplots
SUBRACE -; subraces
SUBRENT -; subrents
SUBRING -; subrings
SUBRULE -; subrules
SUBSALE -; subsales
SUBSEA -; -
SUBSECT -; subsects
SUBSERE -; subseres
SUBSET -; subsets
SUBSIDE -; subsided, subsider, subsides
SUBSIDY -; -
SUBSIST -; subsists
SUBSITE -; subsites
SUBSOIL -; subsoils
SUBSUME -; subsumed, subsumes
SUBTASK -; subtasks
SUBTAXA -; -
SUBTEEN -; subteens
SUBTEND -; subtends
SUBTEST -; subtests
SUBTEXT -; subtexts

SUBTILE	-; subtiler
SUBTLE	-; subtler
SUBTLY	-; -
SUBTONE	-; subtones
SUBTYPE	-; subtypes
SUBUNIT	-; subunits
SUBURB	-; suburbs
SUBVENE	-; subvened, subvenes
SUBVERT	-; subverts
SUBWAY	-; subways
SUBZERO	-; -
SUBZONE	-; subzones
SUCCAH	-; succahs
SUCCEED	-; succeeds
SUCCESS	-; -
SUCCOR	-; succors, succory
SUCCOTH	-; -
SUCCOUR	-; succours
SUCCUBA	-; succubae
SUCCUMB	-; succumbs
SUCCUSS	-; -
SUCH	-; -
SUCK	-; sucks
SUCKED	-; -
SUCKER	-; suckers
SUCKING	-; -
SUCKLE	-; suckled, suckler, suckles
SUCKLER	-; sucklers
SUCKLES	-; suckless
SUCKY	-; -
SUCRASE	-; sucrases
SUCRE	-; sucres
SUCROSE	-; sucroses
SUCTION	-; suctions
SUDARIA	-; -
SUDARY	-; -
SUDD	-; sudds
SUDDEN	-; suddens
SUDOKU	-; sudokus
SUDOR	-; sudors
SUDORAL	-; -
SUDS	-; sudsy
SUDSED	-; -
SUDSER	-; sudsers
SUDSES	-; -
SUDSIER	-; -
SUDSING	-; -
SUE	-; sued, suer, sues, suet
SUEDE	-; sueded, suedes
SUEDING	-; -
SUER	-; suers
SUET	-; suets, suety
SUFFARI	-; suffaris
SUFFER	-; suffers
SUFFICE	-; sufficed, sufficer, suffices
SUFFIX	-; -
SUFFUSE	-; suffused, suffuses
SUGAR	-; sugars, sugary
SUGARED	-; -
SUGARER	-; sugarers
SUGGEST	-; suggests
SUGH	-; sughs
SUGHED	-; -
SUGHING	-; -
SUICIDE	-; suicided, suicides
SUING	-; -
SUINT	-; suints

SUIT -; suite, suits
SUITE -; suited, suiter, suites
SUITER -; suiters
SUITING -; suitings
SUITOR -; suitors
SUK -; suks
SUKKAH -; sukkahs
SUKKOT -; sukkoth
SULCAL -; -
SULCATE -; sulcated
SULCI -; -
SULCUS -; -
SULDAN -; suldans
SULFA -; sulfas
SULFATE -; sulfated, sulfates
SULFID -; sulfide, sulfids
SULFIDE -; sulfides
SULFITE -; sulfites
SULFO -; -
SULFONE -; sulfones
SULFUR -; sulfurs, sulfury
SULFURY -; sulfuryl
SULK -; sulks, sulky
SULKED -; -
SULKER -; sulkers
SULKIER -; -
SULKIES -; sulkiest
SULKILY -; -
SULKING -; -
SULLAGE -; sullages
SULLEN -; -
SULLIED -; -
SULLIES -; -
SULLY -; -
SULPHA -; sulphas
SULPHID -; sulphide, sulphids
SULPHUR -; sulphurs, sulphury
SULTAN -; sultana, sultans
SULTANA -; sultanas
SULTRY -; -
SULU -; sulus
SUM -; sumo, sump, sums
SUMAC -; sumach, sumacs
SUMACH -; sumachs
SUMLESS -; -
SUMMA -; summae, summas
SUMMAND -; summands
SUMMARY -; -
SUMMATE -; summated, summates
SUMMED -; -
SUMMER -; summers, summery
SUMMING -; -
SUMMIT -; summits
SUMMON -; summons
SUMO -; sumos
SUMOIST -; sumoists
SUMP -; sumps
SUMPTER -; sumpters
SUN -; sung, sunk, sunn, suns
SUNBACK -; -
SUNBATH -; sunbathe, sunbaths
SUNBEAM -; sunbeams, sunbeamy

SUNBELT	-; sunbelts
SUNBIRD	-; sunbirds
SUNBOW	-; sunbows
SUNBURN	-; sunburns, sunburnt
SUNDAE	-; sundaes
SUNDECK	-; sundecks
SUNDER	asunder; sunders
SUNDEW	-; sundews
SUNDIAL	-; sundials
SUNDOG	-; sundogs
SUNDOWN	-; sundowns
SUNDRESS	-; -
SUNDRY	-; -
SUNFAST	-; -
SUNFISH	-; -
SUNGLOW	-; sunglows
SUNK	-; -
SUNKEN	-; -
SUNKET	-; sunkets
SUNLAMP	-; sunlamps
SUNLAND	-; sunlands
SUNLESS	-; -
SUNLIKE	-; -
SUNLIT	-; -
SUNN	-; sunna, sunns, sunny
SUNNA	-; sunnah, sunnas
SUNNAH	-; sunnahs
SUNNED	-; -
SUNNIER	-; -
SUNNILY	-; -
SUNNING	-; -
SUNNY	-; -
SUNRAY	-; sunrays
SUNRISE	-; sunrises
SUNROOF	-; sunroofs
SUNROOM	-; sunrooms
SUNSET	-; sunsets
SUNSPOT	-; sunspots
SUNSTAR	-; sunstars
SUNSUIT	-; sunsuits
SUNTAN	-; suntans
SUNTRAP	-; suntraps
SUNUP	-; sunups
SUNWARD	-; sunwards
SUNWISE	-; -
SUP	-; supe, sups
SUPE	-; super, supes
SUPER	-; superb, supers
SUPERED	-; -
SUPINE	-; supines
SUPPED	-; -
SUPPER	-; suppers
SUPPING	-; -
SUPPLE	-; suppled, suppler, supples
SUPPLY	-; -
SUPPORT	-; supports
SUPPOSE	-; supposed, supposer, supposes
SUPRA	-; -
SUPREME	-; supremer
SUPREMO	-; supremos
SURA	-; surah, sural, suras
SURAL	-; -
SURAH	-; surahs
SURBASE	-; surbased, surbases
SURCOAT	-; surcoats
SURD	-; surds
SURE	-; surer

SURELY	-; -
SURER	usurer; -
SUREST	-; -
SURETY	-; -
SURF	-; surfs, surfy
SURFACE	-; surfaced, surfacer, surfaces
SURFED	-; -
SURFEIT	-; surfeits
SURFER	-; surfers
SURFIER	-; -
SURFING	-; surfings
SURFMAN	-; -
SURFMEN	-; -
SURGE	-; surged, surger, surges
SURGEON	-; surgeons
SURGER	-; surgers, surgery
SURGING	-; -
SURGY	-; -
SURILY	-; -
SURIMI	-; surimis
SURLIER	-; -
SURLY	-; -
SURMISE	-; surmised, surmiser, surmises
SURNAME	-; surnamed, surnamer, surnames
SURPASS	-; -
SURPLUS	-; -
SURRA	-; surras
SURREAL	-; -
SURREY	-; surreys
SURTAX	-; -
SURTOUT	-; surtouts
SURVEIL	-; surveils
SURVEY	-; surveys
SURVIVE	-; survived, surviver, survives
SUS	-; suss
SUSED	-; -
SUSES	-; -
SUSHI	-; sushis
SUSING	-; -
SUSLIK	-; susliks
SUSPECT	-; suspects
SUSPEND	-; suspends
SUSPIRE	-; suspired, suspires
SUSS	-; -
SUSSED	-; -
SUSSES	-; -
SUSTAIN	-; sustains
SUTLER	-; sutlers
SUTRA	-; sutras
SUTTA	-; suttas
SUTTEE	-; suttees
SUTURAL	-; -
SUTURE	-; sutured, sutures
SVARAJ	-; -
SVELTE	-; svelter
SWAB	-; swabs
SWABBED	-; -
SWABBER	-; swabbers
SWABBIE	-; swabbies
SWABBY	-; -
SWACKED	-; -
SWADDLE	-; swaddled, swaddles
SWAG	-; swage, swags
SWAGE	-; swaged,

	swager, swages
SWAGER	-; swagers
SWAGGED	-; -
SWAGGER	-; swaggers
SWAGING	-; -
SWAGMAN	-; -
SWAGMEN	-; -
SWAIL	-; swails
SWAIN	-; swains
SWALE	-; swales
SWALLOW	-; swallows
SWAM	-; swami, swamp, swamy
SWAMI	-; swamis
SWAMIES	-; -
SWAMP	-; swamps, swampy
SWAMPED	-; -
SWAMPER	-; swampers
SWAN	-; swang, swank, swans
SWANK	-; swanks, swanky
SWANKED	-; -
SWANKER	-; -
SWANNED	-; -
SWANPAN	-; swanpans
SWAP	-; swaps
SWAPPED	-; -
SWAPPER	-; swappers
SWARAJ	-; -
SWARD	-; swards
SWARDED	-; -
SWARE	-; -
SWARF	-; swarfs
SWARM	aswarm; swarms
SWARMED	-; -
SWARMER	-; swarmers
SWART	-; swarth, swarty
SWARTH	-; swarths, swarthy
SWASH	-; -
SWASHED	-; -
SWASHER	-; swashers
SWASHES	-; -
SWAT	-; swath, swats
SWATCH	-; -
SWATH	-; swathe, swaths
SWATHE	-; swathed, swather, swathes
SWATHER	-; swathers
SWATTED	-; -
SWATTER	-; swatters
SWAY	-; sways
SWAYED	-; -
SWAYER	-; swayers
SWAYFUL	-; -
SWAYING	-; -
SWEAR	-; swears
SWEARER	-; swearers
SWEAT	-; sweats, sweaty
SWEATED	-; -
SWEATER	-; sweaters
SWEDE	-; swedes
SWEENY	-; -
SWEEP	-; sweeps, sweepy
SWEEPER	-; sweepers
SWEER	-; -
SWEET	-; sweets

SWEETEN	-; sweetens
SWEETER	-; -
SWEETIE	-; sweeties
SWEETLY	-; -
SWELL	-; swells
SWELLED	-; -
SWELLER	-; -
SWELTER	-; swelters
SWELTRY	-; -
SWEPT	-; -
SWERVE	-; swerved, swerver, swerves
SWERVER	-; swervers
SWEVEN	-; swevens
SWIDDEN	-; swiddens
SWIFT	-; swifts
SWIFTER	-; swifters
SWIFTLY	-; -
SWIG	-; swigs
SWIGGED	-; -
SWIGGER	-; swiggers
SWILE	-; swiler; swiles
SWILL	-; swills
SWILLED	-; -
SWILLER	-; swillers
SWIM	-; swims
SWIMMER	-; swimmers
SWIMMY	-; -
SWINDLE	-; swindled, swindler, swindles
SWINE	-; -
SWING	-; swinge, swings, swingy
SWINGBY	-; swingbys
SWINGE	-; swinged, swinger, swinges
SWINGER	-; swingers
SWINGLE	-; swingled, swingles
SWINISH	-; -
SWINK	-; swinks
SWINKED	-; -
SWINNEY	-; swinneys
SWIPE	-; swiped, swipes
SWIPING	-; -
SWIPLE	-; swiples
SWIPPLE	-; swipples
SWIRL	aswirl; swirls, swirly
SWIRLED	-; -
SWISH	-; swishy
SWISHED	-; -
SWISHER	-; swishers
SWISHES	-; -
SWISS	-; -
SWISSES	-; -
SWITCH	-; -
SWITH	-; swithe
SWITHE	-; swither
SWITHER	-; swithers
SWITHLY	-; -
SWIVE	-; swived, swivel, swives, swivet
SWIVEL	-; swivels
SWIVET	-; swivets
SWIVING	-; -
SWIZZLE	-; swizzled, swizzler, swizzles
SWOB	-; swobs
SWOBBED	-; -
SWOBBER	-; swobbers
SWOLLEN	-; -

SWOON aswoon; swoons
SWOONED -; -
SWOONER -; swooners
SWOOP -; swoops
SWOOPED -; -
SWOOPER -; swoopers
SWOOSH -; -
SWOP -; swops
SWOPPED -; -
SWORD -; swords
SWORE -; -
SWORN -; -
SWOT -; swots
SWOTTED -; -
SWOTTER -; swotters
SWOUN -; swound, swouns
SWOUND -; swounds
SWOUNED -; -
SWUM -; -
SWUNG -; -
SYBO -; -
SYBOES -; -
SYCE -; sycee, syces
SYCEE -; sycees
SYCON -; sycons
SYCONIA -; -
SYCONIUM -; -
SYCONOID -; -
SYCOSES -; -
SYCOSIS -; -
SYENITE -; syenites
SYKE -; sykes
SYLI -; sylis
SYLLABI -; syllabic
SYLPH -; sylphs, sylphy
SYLPHIC -; -
SYLPHID -; sylphids
SYLVA -; sylvae, sylvan, sylvas
SYLVAN -; sylvans
SYLVIN -; sylvine, sylvins
SYLVINE -; sylvines
SYLVITE -; sylvites
SYMBION -; symbions, symbiont
SYMBIOT -; symbiote, symbiots
SYMBOL -; symbols
SYMPTOM -; symptoms
SYN -; sync, syne
SYNAGOG -; synagogs
SYNANON -; synanons
SYNAPSE -; synapsed, synapses
SYNC -; synch, syncs
SYNCARP -; syncarps, syncarpy
SYNCED -; -
SYNCH -; synchs
SYNCHED -; -
SYNCHRO -; synchros
SYNCING -; -
SYNCOM -; syncoms
SYNCOPE -; syncopes
SYNDET -; syndets
SYNDIC -; syndics
SYNE -; -
SYNESIS -; -
SYNFUEL -; synfuels
SYNGAMY -; -
SYNGAS -; -
SYNOD -; synods

SYNODAL -; -
SYNODIC -; -
SYNONYM -; synonyme, synonyms, synonymy
SYNOVIA -; synovial, synovias
SYNTAX -; -
SYNTGAM -; syntgams
SYNTH -; synths
SYNTONE -; syntones
SYNTONY -; -
SYNURA -; synurae
SYPH -; syphs
SYPHER -; syphers
SYPHON -; syphons
SYREN -; syrens
SYRINGA -; syringas
SYRINGE -; syringed, syringes
SYRINX -; -
SYRPHID -; syrphids
SYRUP -; syrups, syrupy
SYSOP -; sysops
SYSTEM -; systems
SYSTOLE -; systoles
SYZYGAL -; -
SYZYGY -; -

T

T at, et, it, ut; ta, ti, to
TA eta, uta; tab, tad, tae, tag, taj, tam, tan, tao, tap, tar, tas, tat, tau, tav, taw, tax
TAB stab; tabs, tabu
TABANID -; tabanids
TABARD -; tabards
TABARET -; tabarets
TABBED stabbed; -
TABBIED -; -
TABBIES -; -
TABBING stabbing; -
TABBIS -; -
TABBY -; -
TABCAN -; tabcans
TABER -; tabers
TABERED -; -
TABES -; -
TABETIC -; tabetics
TABID -; -
TABLA -; tablas
TABLE stable; tabled, tables, tablet
TABLEAU -; tableaus, tableaux
TABLED stabled; -
TABLES stables; -
TABLET -; tablets
TABLING stabling; -
TABLOID -; tabloids
TABOO -; taboos
TABOOED -; -
TABOR -; tabors
TABORED -; -
TABORER -; taborers

TABORET	-; taborets
TABORIN	-; taborine, taborins
TABOULI	-; taboulis
TABOUR	-; tabours
TABS	stabs; -
TABU	-; tabus
TABUED	-; -
TABUING	-; -
TABULAR	-; -
TABULI	-; tabulis
TABUN	-; tabuns
TACE	-; taces, tacet
TACH	-; tache, tachs
TACHE	-; taches
TACHISM	-; tachisme, tachisms
TACHIST	-; tachiste, tachists
TACHYON	-; tachyons
TACIT	-; -
TACITLY	-; -
TACK	stack; tacks, tacky
TACKED	stacked; -
TACKER	stacker; tackers
TACKERS	stackers; -
TACKET	-; tackets
TACKEY	-; -
TACKIER	-; -
TACKIFY	-; -
TACKILY	-; -
TACKING	stacking; -
TACKLE	-; tackled, tackler, tackles
TACKLER	-; tacklers
TACKLES	-; tackless
TACKS	stacks; -
TACNODE	-; tacnodes
TACO	-; tacos
TACRINE	-; tacrines
TACT	-; tacts
TACTFUL	-; -
TACTIC	-; tactics
TACTILE	-; -
TACTION	-; tactions
TACTUAL	-; -
TAD	-; tads
TADPOLE	-; tadpoles
TAE	-; tael
TAEL	-; taels
TAENIA	-; taeniae, taenias
TAFFETA	-; taffetas
TAFFIA	-; taffias
TAFFIES	-; -
TAFFY	-; -
TAFIA	-; tafias
TAG	stag; tags
TAGGANT	-; taggants
TAGGED	stagged; -
TAGGER	stagger; taggers
TAGGERS	staggers; -
TAGGING	stagging; -
TAGINE	-; tagines
TAGLIKE	-; -
TAGMEME	-; tagmemes
TAGRAG	-; tagrags
TAGS	stags; -
TAHINA	-; tahinas
TAHINI	-; tahinis
TAHR	-; tahrs
TAHSIL	-; tahsils
TAIGA	-; taigas
TAIL	-; tails
TAILED	-; -

TAILER	-; tailers
TAILFAN	-; tailfans
TAILFIN	-; tailfins
TAILING	-; tailings
TAILLE	-; tailles
TAILLES	-; tailless
TAILOR	-; tailors
TAIN	stain; tains, taint
TAINS	stains; -
TAINT	-; taints
TAINTED	-; -
TAIPAN	-; taipans
TAJ	-; -
TAJES	-; -
TAJINE	-; tajines
TAKA	-; -
TAKABLE	-; -
TAKAHE	-; takahes
TAKE	stake; taken, taker, takes
TAKEOFF	-; takeoffs
TAKEOUT	stakeout; takeouts
TAKER	-; takers
TAKES	stakes; -
TAKEUP	-; takeups
TAKIN	-; taking, takins
TAKING	staking; -
TALA	-; talar, talas
TALAR	-; talars
TALARIA	-; -
TALC	-; talcs
TALCED	-; -
TALCING	-; -
TALCKED	-; -
TALCKY	-; -
TALCOSE	-; -
TALCOUS	-; -
TALCUM	-; talcums
TALE	stale; taler, tales
TALENT	-; talents
TALER	staler; talers
TALES	stales; -
TALI	-; -
TALION	-; talions
TALIPED	-; talipeds
TALIPES	-; -
TALIPOT	-; talipots
TALK	stalk; talks, talky
TALKED	stalked; -
TALKER	stalker; talkers
TALKERS	stalkers; -
TALKIE	-; talkier, talkies
TALKIER	stalkier; -
TALKIES	-; talkiest
TALKING	stalking; talkings
TALKS	stalks; -
TALKY	stalky; -
TALL	stall; tally
TALLAGE	-; tallaged, tallages
TALLBOY	-; tallboys
TALLER	-; -
TALLEST	-; -
TALLIED	-; -
TALLIER	-; talliers
TALLIES	-; -
TALLIS	-; tallish
TALLISH	-; -
TALLIT	-; tallith
TALLITH	-; -
TALLOL	-; tallols

TALLOW	-; tallows, tallowy
TALLYHO	-; tallyhos
TALON	-; talons
TALONED	-; -
TALOOKA	-; talookas
TALUK	-; taluka, taluks
TALUKA	-; talukas
TALUS	-; -
TALUSES	-; -
TAM	-; tame, tams
TAMABLE	-; -
TAMAL	-; tamale, tamals
TAMALE	-; tamales
TAMANDU	-; tamandua, tamandus
TAMARAO	-; tamaraos
TAMARAU	-; tamaraus
TAMARI	-; tamarin, tamaris
TAMARIN	-; tamarind, tamarins
TAMASHA	-; tamashas
TAMBAC	-; tambacs
TAMBALA	-; tambalas
TAMBOLA	-; tambolas
TAMBOUR	-; tamboura, tambours
TAMBUR	-; tambura, tamburs
TAMBURA	-; tamburas
TAME	-; tamed, tamer, tames
TAMEIN	-; tameins
TAMELY	-; -
TAMER	-; tamers
TAMES	-; tamest
TAMING	-; -
TAMIS	-; -
TAMISES	-; -
TAMMIE	-; tammies
TAMMY	-; -
TAMP	stamp; tamps
TAMPALA	-; tampalas
TAMPAN	-; tampans
TAMPED	stamped; -
TAMPER	stamper; tampers
TAMPERS	stampers; -
TAMPING	stamping; -
TAMPION	-; tampions
TAMPON	-; tampons
TAMPS	stamps; -
TAN	-; tang, tank, tans
TANAGER	-; tanagers
TANBARK	-; tanbarks
TANDEM	-; tandems
TANDOOR	-; tandoori, tandoors
TANG	stang; tanga, tangs, tangy
TANGA	-; -
TANGED	stanged; -
TANGELO	-; tangelos
TANGENT	-; tangents
TANGIER	-; -
TANGING	stanging; -
TANGLE	-; tangled, tangler, tangles
TANGLER	-; tanglers
TANGLY	-; -
TANGO	-; tangos
TANGOED	-; -
TANGRAM	-; tangrams
TANGS	stangs; -

TANIST	-; tanists
TANK	stank; tanka, tanks
TANKA	-; tankas
TANKAGE	-; tankages
TANKARD	-; tankards
TANKER	-; tankers
TANKFUL	-; tankfuls
TANKINI	-; tankinis
TANKS	stanks; -
TANNAGE	-; tannages
TANNATE	-; tannates
TANNED	-; -
TANNER	-; tanners, tannery
TANNEST	-; -
TANNIC	stannic; -
TANNIN	-; tanning, tannins
TANNING	-; tannings
TANNISH	-; -
TANREC	-; tanrecs
TANSIES	-; -
TANSY	-; -
TANTARA	-; tantaras
TANTIVY	-; -
TANTO	-; -
TANTRA	-; tantras
TANTRIC	-; -
TANTRUM	-; tantrums
TANUKI	-; tanukis
TANYARD	-; tanyards
TAO	-; taos
TAP	atap; tapa, tape, taps
TAPALO	-; tapalos
TAPE	etape; taped, taper, tapes
TAPER	-; tapers
TAPERED	-; -
TAPERER	-; taperers
TAPES	etapes, stapes; -
TAPETA	-; tapetal
TAPETUM	-; -
TAPHOLE	-; tapholes
TAPING	-; -
TAPIOCA	-; tapiocas
TAPIR	-; tapirs
TAPIS	-; -
TAPISES	-; -
TAPLESS	-; -
TAPPED	-; -
TAPPER	-; tappers
TAPPET	-; tappets
TAPPING	-; tappings
TAPROOM	-; taprooms
TAPROOT	-; taproots
TAPSTER	-; tapsters
TAR	star; tare, tarn, taro, tarp, tart
TARAMA	-; taramas
TARBUSH	-; -
TARDIER	-; -
TARDIES	-; tardiest
TARDILY	-; -
TARDIVE	-; -
TARDO	-; -
TARDY	-; -
TARDYON	-; tardyons
TARE	stare; tared, tares
TARED	stared; -
TARES	stares; -
TARGA	-; targas
TARGE	-; targes, target
TARGET	-; targets
TARIFF	-; tariffs

TARING	staring; -
TARMAC	-; tarmacs
TARN	-; tarns
TARNAL	-; -
TARNISH	-; -
TARO	-; taroc, tarok, taros, tarot
TAROC	-; tarocs
TAROK	-; taroks
TAROT	-; tarots
TARP	-; tarps
TARPAN	-; tarpans
TARPON	-; tarpons
TARRE	-; tarred, tarres
TARRED	starred; -
TARRIED	-; -
TARRIER	starrier; tarriers
TARRIES	-; tarriest
TARRING	starring; -
TARRY	starry; -
TARS	stars; -
TARSAL	-; tarsals
TARSI	-; tarsia
TARSIA	-; tarsias
TARSIER	-; tarsiers
TARSUS	-; -
TART	start; tarts, tarty
TARTAN	-; tartana, tartans
TARTANA	-; tartanas
TARTAR	-; tartare, tartars
TARTARE	-; -
TARTED	started; -
TARTER	starter; -
TARTEST	-; -
TARTIER	-; -
TARTING	starting; -
TARTISH	-; -
TARTLET	-; tartlets
TARTLY	-; -
TARTS	starts; -
TARTUFE	-; tartufes
TARTY	-; -
TARWEED	-; tarweeds
TARZAN	-; tarzans
TAS	etas, utas; tass
TASK	-; tasks
TASKBAR	-; taskbars
TASKED	-; -
TASKING	-; -
TASS	-; tasse
TASSE	-; tassel, tasses, tasset
TASSEL	-; tassels
TASSET	-; tassets
TASSIE	-; tassies
TASTE	-; tasted, taster, tastes
TASTER	-; tasters
TASTIER	-; -
TASTILY	-; -
TASTING	-; -
TASTY	-; -
TAT	stat; tate, tats
TATAMI	-; tatamis
TATAR	-; -
TATE	state; tater, tates
TATER	stater; taters
TATERS	staters; -
TATES	states; -
TATOUAY	-; tatouays
TATSOI	-; tatsois
TATTED	-; -
TATTER	-; tatters

TATTIER -; -
TATTILY -; -
TATTING -; tattings
TATTLE -; tattled, tattler, tattles
TATTLER -; tattlers
TATTOO -; tattoos
TATTY -; -
TAU -; taus, taut
TAUGHT -; -
TAUNT -; taunts
TAUNTED -; -
TAUNTER -; taunters
TAUPE -; taupes
TAURINE -; taurines
TAUT -; tauts
TAUTAUG -; tautaugs
TAUTED -; -
TAUTEN -; tautens
TAUTER -; -
TAUTEST -; -
TAUTING -; -
TAUTLY -; -
TAUTOG -; tautogs
TAV -; tavs
TAVERN -; taverna, taverns
TAVERNA -; tavernas
TAW staw; taws
TAWDRY -; -
TAWED -; -
TAWER -; tawers
TAWIE -; -
TAWING -; -
TAWNEY -; tawneys
TAWNIER -; -
TAWNIES -; tawniest
TAWNILY -; -
TAWNY -; -
TAWPIE -; tawpies
TAWSE -; tawsed, tawses
TAWSING -; -
TAX -; taxa, taxi
TAXABLE -; taxables
TAXABLY -; -
TAXED -; -
TAXEME -; taxemes
TAXEMIC -; -
TAXER -; taxers
TAXES -; -
TAXI -; taxis
TAXICAB -; taxicabs
TAXIED -; -
TAXIES ataxies; -
TAXIING -; -
TAXIMAN -; -
TAXIMEN -; -
TAXING -; -
TAXITE -; taxites
TAXIWAY -; taxiways
TAXLESS -; -
TAXMAN -; -
TAXMEN -; -
TAXOL -; taxols
TAXON -; taxons
TAXPAID -; -
TAXUS -; -
TAXWISE -; -
TAXYING -; -
TAYRA -; tayras
TAZZA -; tazzas
TAZZE -; -
TEA -; teak, teal, team, tear, teas, teat
TEABOWL -; teabowls
TEABOX -; -

TEACAKE	-; teacakes
TEACART	-; teacarts
TEACH	-; -
TEACHER	-; teachers
TEACHES	-; -
TEACUP	-; teacups
TEAK	steak; teaks
TEAKS	steaks; -
TEAL	steal; teals
TEALS	steals; -
TEAM	steam; teams
TEAMED	steamed; -
TEAMING	steaming; -
TEAMS	steams; -
TEAPOT	-; teapots
TEAPOY	-; teapoys
TEAR	-; tears, teary
TEARED	-; -
TEARER	-; tearers
TEARFUL	-; -
TEARGAS	-; -
TEARIER	-; -
TEARILY	-; -
TEARING	-; -
TEAROOM	-; tearooms
TEASE	-; teased, teasel, teaser, teases
TEASEL	-; teasels
TEASER	-; teasers
TEASHOP	-; teashops
TEASING	-; -
TEAT	-; teats
TEATED	-; -
TEATIME	-; teatimes
TEAWARE	-; teawares
TEAZEL	-; teazels
TEAZLE	-; teazled, teazles
TECH	-; techs, techy
TECHED	-; -
TECHIE	-; techier, techies
TECHIER	-; -
TECHILY	-; -
TECHNIC	atechnic; technics
TECHNO	-; technos
TECHY	-; -
TECTA	-; tectal
TECTITE	-; tectites
TECTRIX	-; -
TECTUM	-; -
TED	-; teds
TEDDED	-; -
TEDDER	-; tedders
TEDDIES	-; -
TEDDING	-; -
TEDDY	-; -
TEDIOUS	-; -
TEDIUM	-; tediums
TEE	-; teed, teel, teem, teen, tees
TEED	steed; -
TEEING	-; -
TEEL	steel; teels
TEEM	-; teems
TEEMED	-; -
TEEMER	-; teemers
TEEMING	-; -
TEEN	-; teens, teeny
TEENAGE	-; teenaged, teenager
TEENER	-; teeners
TEENFUL	-; -
TEENIER	-; -
TEENS	-; teensy

TEENTSY	-; -
TEEPEE	-; teepees
TEETER	-; teeters
TEETH	-; teethe
TEETHE	-; teethed, teether, teethes
TEETHER	-; teethers
TEEVEE	-; teevees
TEFF	-; teffs
TEG	-; tegg, tegs
TEGG	-; teggs
TEGMEN	-; -
TEGMINA	-; -
TEGUA	-; teguas
TEGULAR	-; -
TEGUMEN	-; tegument
TEIID	-; teiids
TEIND	-; teinds
TEKKIE	-; tekkies
TEKTITE	-; tektites
TEL	-; tela, tele, tell, tels
TELA	stela; telae
TELAE	stelae; -
TELAMON	-; -
TELCO	-; telcom, telcos
TELE	stele; teles, telex
TELECOM	-; telecoms
TELEDU	-; teledus
TELEFAX	-; -
TELEGA	-; telegas
TELEMAN	-; -
TELEMEN	-; -
TELEOST	-; teleosts
TELERAN	-; telerans
TELES	steles; -
TELESES	-; -
TELESIS	-; -
TELEXED	-; -
TELEXES	-; -
TELFER	-; telfers
TELFORD	-; telfords
TELIA	-; telial
TELIC	atelic, stelic; -
TELIUM	-; -
TELL	-; tells, telly
TELLER	-; tellers
TELLIES	-; -
TELLING	-; -
TELNET	-; telnets
TELOI	-; -
TELOME	-; telomes
TELOMIC	-; -
TELOS	-; -
TELPHER	-; telphers
TELS	-; -
TELSON	-; telsons
TEMBLOR	-; temblors
TEMP	-; tempi, tempo, temps, tempt
TEMPEH	-; tempehs
TEMPER	-; tempera, tempers
TEMPERA	-; temperas
TEMPEST	-; tempests
TEMPI	-; -
TEMPLAR	-; templars
TEMPLE	-; templed, temples, templet
TEMPLET	-; templets
TEMPO	-; tempos
TEMPT	-; tempts
TEMPTED	-; -

TEMPTER	-; tempters
TEMPURA	-; tempuras
TEN	-; tend, tens, tent
TENABLE	-; -
TENABLY	-; -
TENACE	-; tenaces
TENAIL	-; tenails
TENANCY	-; -
TENANT	-; tenants
TENCH	stench; -
TENCHES	stenches; -
TEND	-; tends
TENDED	-; -
TENDER	-; tenders
TENDING	-; -
TENDON	-; tendons
TENDRIL	-; tendrils
TENDU	-; tendus
TENESI	-; -
TENET	-; tenets
TENFOLD	-; tenfolds
TENGE	-; -
TENIA	-; teniae, tenias
TENNER	-; tenners
TENNIES	-; -
TENNIS	-; tennist
TENNIST	-; tennists
TENON	-; tenons
TENONED	-; -
TENONER	-; tenoners
TENOR	-; tenors
TENOUR	-; tenours
TENPIN	-; tenpins
TENREC	-; tenrecs
TENSE	-; tensed, tenser, tenses
TENSELY	-; -
TENSES	-; tensest
TENSILE	-; -
TENSING	-; -
TENSION	-; tensions
TENSITY	-; -
TENSIVE	-; -
TENSOR	-; tensors
TENT	-; tenth, tents, tenty
TENTAGE	-; tentages
TENTED	-; -
TENTER	-; tenters
TENTH	-; tenths
TENTHLY	-; -
TENTIE	-; tentier
TENTING	-; -
TENUIS	-; -
TENUITY	-; -
TENURE	-; tenured, tenures
TENUTI	-; -
TENUTO	-; tenutos
TEOPAN	-; teopans
TEPA	-; tepal, tepas
TEPACHE	-; tepaches
TEPAL	-; tepals
TEPEE	-; tepees
TEPEFY	-; -
TEPHRA	-; tephras
TEPID	-; -
TEPIDLY	-; -
TEPOY	-; tepoys
TEQUILA	-; tequilas
TERAI	-; terais
TERAOHM	-; teraohms
TERAPH	-; -
TERBIA	-; terbias
TERBIC	-; -
TERBIUM	-; terbiums

TERCE	-; tercel, terces, tercet
TERCEL	-; tercels
TERCET	-; tercets
TEREBIC	-; -
TEREDO	-; teredos
TEREFAH	-; -
TERETE	-; -
TERGA	-; tergal
TERGITE	-; tergites
TERGUM	-; -
TERM	-; terms
TERMED	-; -
TERMER	-; termers
TERMING	-; -
TERMITE	-; termites
TERMLY	-; -
TERMOR	-; termors
TERN	stern; terne, terns
TERNARY	-; -
TERNATE	-; -
TERNE	eterne; ternes
TERNION	-; ternions
TERNS	sterns; -
TERPENE	-; terpenes
TERRA	-; terrae, terras
TERRACE	-; terraced, terraces
TERRAIN	-; terrains
TERRANE	-; terranes
TERRAS	-; -
TERREEN	-; terreens
TERRENE	-; terrenes
TERRET	-; terrets
TERRIER	-; terriers
TERRIES	-; -
TERRIFY	-; -
TERRINE	-; terrines
TERRIT	-; territs
TERROR	-; terrors
TERRY	-; -
TERSE	-; terser
TERSELY	-; -
TERSEST	-; -
TERTIAL	-; tertials
TERTIAN	-; tertians
TESLA	-; teslas
TESSERA	-; tesserae
TEST	-; testa, tests, testy
TESTA	-; testae
TESTACY	-; -
TESTATE	-; -
TESTED	-; -
TESTEE	-; testees
TESTER	-; testers
TESTES	-; -
TESTIER	-; -
TESTIFY	-; -
TESTILY	-; -
TESTING	-; -
TESTIS	-; -
TESTON	-; testons
TESTOON	-; testoons
TESTUDO	-; testudos
TET	stet; teth, tets
TETANAL	-; -
TETANIC	-; tetanics
TETANUS	-; -
TETANY	-; -
TETCHED	-; -
TETCHY	-; -
TETH	-; teths
TETHER	-; tethers
TETOTUM	-; tetotums
TETRA	-; tetrad, tetras
TETRAD	-; tetrads

TETRI	-; teris
TETRODE	-; tetrodes
TETRYL	-; tetryls
TETS	-; stets
TETTER	-; tetters
TEUCH	-; -
TEUGH	-; -
TEUGHLY	-; -
TEW	stew; tews
TEWED	stewed; -
TEWING	stewing; -
TEWS	stews; -
TEXAS	-; -
TEXASES	-; -
TEXT	-; texts
TEXTILE	-; textiles
TEXTUAL	-; -
TEXTURE	-; textured, textures
THACK	-; thacks
THACKED	-; -
THAE	-; -
THAIRM	-; thairms
THALER	-; thalers
THALLI	-; thallic
THALLUS	-; -
THALWEG	-; thalwegs
THAN	-; thane, thank
THANAGE	-; thanages
THANE	ethane; thanes
THANES	ethanes; -
THANK	-; thanks
THANKED	-; -
THANKER	-; thankers
THARM	-; tharms
THAT	-; -
THATCH	-; thatchy
THAW	-; thaws
THAWED	-; -
THAWER	-; thawers
THAWING	-; -
THE	-; thee, them, then, thew, they
THEATER	-; theaters
THEATRE	-; theatres
THEBE	-; -
THECA	-; thecae, thecal
THECATE	-; -
THEE	-; -
THEELIN	-; theelins
THEELOL	-; theelols
THEFT	-; thefts
THEGN	-; thegns
THEGNLY	-; -
THEIN	-; theine, theins
THEINE	-; theines
THEIR	-; theirs
THEISM	atheism; theisms
THEISMS	atheisms; -
THEIST	atheist; theists
THEISTS	atheists; -
THEM	-; theme
THEME	-; themed, themes
THEN	-; thens
THENAGE	-; thenages
THENAL	-; -
THENAR	-; thenars
THENCE	-; -
THEOLOG	-; theologs, theology
THEORBO	-; theorbos
THEOREM	-; theorems

THEORY -; -
THERAPY -; -
THERE -; theres
THEREAT -; -
THEREBY -; -
THEREIN -; -
THEREOF -; -
THEREON -; -
THERETO -; -
THERIAC -; theriaca, theriacs
THERIAN -; therians
THERM -; therme, therms
THERMAE -; -
THERMAL -; -
THERME -; thermel, thermes
THERMEL -; thermels
THERMIC -; -
THERMOS -; -
THEROID -; -
THESE -;
THESES -; -
THESIS -; -
THESP -; thesps
THETA -; thetas
THETIC -; -
THEURGY -; -
THEW -; thews, thewy
THEY -; -
THIAMIN -; thiamine, thiamins
THIAZIN -; thiazine, thiazins
THIAZOL -; thiazole, thiazols
THICK -; thicks
THICKEN -; thickens
THICKET -; thickets, thickety
THICKLY -; -
THIEF -; -
THIEVE -; thieved, thieves
THIGH -; thighs
THIGHED -; -
THILL -; thills
THIMBLE -; thimbles
THIN -; thine, thing, think, thins
THING -; things
THINGY -; -
THINK -; thinks
THINKER -; thinkers
THINLY -; -
THINNED -; -
THINNER -; thinners
THIO -; thiol
THIOL -; thiols
THIOLIC -; -
THIONIC -; -
THIONIN -; thionine, thionins
THIONYL -; thionyls
THIR -; third, thire
THIRAM -; thirams
THIRD -; thirds
THIRDLY -; -
THIRL -; thirls
THIRLED -; -
THIRST athirst; thirsts, thirsty
THIRTY -; -
THIS -; -
THISTLE -; thistles

THISTLY -; -
THITHER -; -
THO -; thou
THOLE -; tholed, tholes
THOLING -; -
THOLOI -; -
THOLOS -; -
THONG -; thongs
THONGED -; -
THONGY -; -
THORAX -; -
THORIA -; thorias
THORIC -; -
THORITE -; thorites
THORIUM -; thoriums
THORN -; thorns, thorny
THORNED -; -
THORO -; thoron
THORON -; thorons
THORP -; thorpe, thorps
THORPE -; thorpes
THOSE -; -
THOU -; thous
THOUED -; -
THOUGH -; thought
THOUGHT -; thoughts
THOUING -; -
THRALL -; thralls
THRASH -; -
THRAVE -; thraves
THRAW -; thrawn, thraws
THRAWED -; -
THREAD -; threads, thready
THREAP -; threaps
THREAT -; threats
THREE -; threep, threes
THREEP -; threeps
THRESH -; -
THREW -; -
THRICE -; -
THRIFT -; thrifts, thrifty
THRILL -; thrills
THRIP -; thrips
THRIVE -; thrived, thriven, thriver, thrives
THRIVER -; thrivers
THRO -; throb, throe, throw
THROAT -; throats, throaty
THROB -; throbs
THROE -; throes
THRONE -; throned, thrones
THRONG -; throngs
THROUGH -; -
THROVE -; -
THROW -; thrown, throws
THROWER -; throwers
THRU -; thrum
THRUM -; thrums
THRUMMY -; -
THRUPUT -; thruputs
THRUSH -; -
THRUST -; thrusts
THRUWAY -; thruways
THUD -; thuds
THUDDED -; -
THUG -; thugs

THUGGEE	-; thuggees
THUJA	-; thujas
THULIA	-; thulias
THULIUM	-; thuliums
THUMB	-; thumbs
THUMBED	-; -
THUMP	-; thumps
THUMPED	-; -
THUMPER	-; thumpers
THUNDER	-; thunders, thundery
THUNK	-; thunks
THUNKED	-; -
THURL	-; thurls
THUS	-; -
THUSLY	-; -
THUYA	-; thuyas
THWACK	-; thwacks
THWART	athwart; thwarts
THY	-; -
THYME	-; thymes, thymey
THYMI	-; thymic
THYMIER	-; -
THYMINE	-; thymines
THYMOL	-; thymols
THYMOMA	-; thymomas
THYMUS	-; -
THYMY	-; -
THYROID	-; thyroids
THYRSE	-; thyrses
THYRSI	-; -
THYRSUS	-; -
THYSELF	-; -
TI	-; tic, tie, til, tin, tip, tis, tit
TIARA	-; tiaras
TIARAED	-; -
TIBIA	-; tibiae, tibial, tibias
TIBIAL	stibial; -
TIC	etic, otic; tick, tics
TICAL	-; ticals
TICK	stick; ticks
TICKED	sticked; -
TICKER	sticker; tickers
TICKERS	stickers; -
TICKET	-; tickets
TICKING	sticking; -
TICKLE	stickle; tickled, tickler, tickles
TICKLED	stickled; -
TICKLER	stickler; ticklers
TICKS	sticks; -
TICTAC	-; tictacs
TICTOC	-; tictocs
TIDAL	-; -
TIDALLY	-; -
TIDBIT	-; tidbits
TIDDLY	-; -
TIDE	-; tided, tides
TIDERIP	-; tiderips
TIDEWAY	-; tideways
TIDIED	-; -
TIDIER	-; -
TIDIES	-; tidiest
TIDILY	-; -
TIDING	-; tidings
TIDY	-; -
TIDYING	-; -
TIE	-; tied, tier, ties
TIEBACK	-; tiebacks
TIED	stied; -
TIEING	-; -
TIELESS	-; -
TIEPIN	-; tiepins

TIER	-; tiers
TIERCE	-; tierced, tiercel, tierces
TIERCEL	-; tiercels
TIERED	-; -
TIERING	-; -
TIES	sties; -
TIFF	stiff; tiffs
TIFFANY	-; -
TIFFED	-; -
TIFFIN	-; tiffing, tiffins
TIFFS	stiffs; -
TIGER	-; tigers
TIGHT	-; tights
TIGHTEN	-; tightens
TIGHTER	-; -
TIGHTLY	-; -
TIGLON	-; tiglons
TIGON	-; tigons
TIGRESS	-; -
TIGRISH	-; -
TIKE	-; tikes
TIKI	-; tikis
TIL	-; tile, till, tils, tilt
TILAK	-; tilaks
TILAPIA	-; tilapias
TILBURY	-; -
TILDE	-; tildes
TILE	stile, utile; tiled, tiler, tiles
TILER	-; tilers
TILES	stiles; -
TILING	-; tilings
TILL	still; tills
TILLAGE	-; tillages
TILLED	stilled; -
TILLER	stiller; tillers
TILLING	stilling; -

TILLITE	-; tillites
TILLS	stills; -
TILT	atilt, stilt; tilth, tilts
TILTED	stilted; -
TILTER	-; tilters
TILTH	-; tilths
TILTING	stilting; -
TILTS	stilts; -
TIMARAU	-; timaraus
TIMBAL	-; timbale, timbals
TIMBALE	-; timbales
TIMBER	-; timbers
TIMBRE	-; timbrel, timbres
TIMBREL	-; timbrels
TIME	stime; timed, timer, times
TIMELY	-; -
TIMEOUS	-; -
TIMEOUT	-; timeouts
TIMER	-; timers
TIMES	stimes; -
TIMID	-; -
TIMIDER	-; -
TIMIDLY	-; -
TIMING	-; timings
TIMOLOL	-; timolols
TIMOTHY	-; -
TIMPANA	-; -
TIMPANI	-; -
TIMPANO	-; -
TIN	-; tine, ting, tins, tint, tiny
TINAMOU	-; tinamous
TINCAL	-; tincals
TINCT	-; tincts
TINCTED	-; -

TINDER	-; tinders, tindery
TINE	-; tinea, tined, tines
TINEA	-; tineal, tineas
TINEID	-; tineids
TINFOIL	-; tinfoils
TINFUL	-; tinfuls
TING	sting; tinge, tings
TINGE	-; tinged, tinges
TINGING	stinging; -
TINGLE	atingle; tingled, tingler, tingles
TINGLER	-; tinglers
TINGLY	-; -
TINGS	stings; -
TINHORN	-; tinhorns
TINIER	-; -
TINIEST	-; -
TINILY	-; -
TINING	-; -
TINKER	stinker; tinkers
TINKERS	stinkers; -
TINKLE	-; tinkled, tinkles
TINKLY	-; -
TINLIKE	-; -
TINMAN	-; -
TINMEN	-; -
TINNED	-; -
TINNER	-; tinners
TINNIER	-; -
TINNILY	-; -
TINNING	-; -
TINNY	-; -
TINPOT	-; -
TINSEL	-; tinsels
TINT	stint; tints
TINTED	stinted; -
TINTER	stinter; tinters
TINTERS	stinters; -
TINTING	stinting; tintings
TINTS	stints; -
TINTYPE	-; tintypes
TINWARE	-; tinwares
TINWORK	-; tinworks
TIP	-; tipi, tips
TIPCART	-; tipcarts
TIPCAT	-; tipcats
TIPI	-; tipis
TIPLESS	-; -
TIPOFF	-; tipoffs
TIPPED	-; -
TIPPER	-; tippers
TIPPET	-; tippets
TIPPIER	-; -
TIPPING	-; -
TIPPLE	stipple; tippled, tippler, tipples
TIPPLED	stippled; -
TIPPLER	stippler; tipplers
TIPPLES	stipples; -
TIPPY	-; -
TIPS	-; tipsy
TIPSIER	-; -
TIPSILY	-; -
TIPSTER	-; tipsters
TIPTOE	-; tiptoed, tiptoes
TIPTOP	-; tiptops
TIRADE	-; tirades
TIRE	-; tired, tires

TIREDER -; -
TIREDLY -; -
TIRING -; -
TIRL -; tirls
TIRLED -; -
TIRLING -; -
TIRO -; tiros
TISANE -; tisanes
TISSUAL -; -
TISSUE -; tissued, tissues, tissuey
TIT -; titi, tits
TITAN -; titans
TITANIA -; titanias
TITANIC -; -
TITBIT -; titbits
TITER -; titers
TITFER -; titfers
TITHE -; tithed, tither, tithes
TITHER -; tithers
TITHING -; tithings
TITI -; titis
TITIS otitis; -
TITIAN -; titians
TITLARK -; titlarks
TITLE -; titled, titles
TITLING -; -
TITLIST -; titlists
TITMAN -; -
TITMEN -; -
TITRANT -; titrants
TITRATE -; titrated, titrates
TITRE -; titres
TITTER -; titters
TITTIE -; titties
TITTLE -; tittles
TITTUP -; tittups
TITTY -; -
TITULAR -; titulars, titulary
TITUPED -; -
TITUPPY -; -
TIVY -; -
TIYIN -; tiyins
TIYN -; tiyns
TIZ -; tizz
TIZES -; -
TIZZ -; tizzy
TIZZIES -; -
TIZZY -; -
TMESES -; -
TMESIS -; -
TO -; tod, toe, tog, tom, ton, too, top, tor, tot, tow, toy
TOAD -; toads, toady
TOADIED -; -
TOADIES -; -
TOADISH -; -
TOAST -; toasts, toasty
TOASTED -; -
TOASTER -; toasters
TOBACCO -; tobaccos
TOBIES -; -
TOBY -; -
TOCCATA -; toccatas
TOCCATE -; -
TOCHER -; tochers
TOCSIN -; tocsins
TOD -; tods, tody
TODAY -; todays
TODDIES -; -
TODDLE -; toddled, toddler, toddles

TODDLER	-; toddlers
TODDY	-; -
TODIES	-; -
TODY	-; -
TOE	-; toea, toed, toes
TOEA	-; toeas
TOECAP	-; toecaps
TOECLIP	-; toeclips
TOEHOLD	-; toeholds
TOEING	-; -
TOELESS	-; -
TOELIKE	-; -
TOENAIL	-; toenails
TOESHOE	-; toeshoes
TOFF	-; toffs, toffy
TOFFEE	-; toffees
TOFFIES	-; -
TOFT	-; tofts
TOFU	-; tofus
TOG	-; toga, togs
TOGA	-; togae, togas
TOGAE	-; togaed
TOGATE	-; togated
TOGGED	-; -
TOGGERY	-; -
TOGGING	-; -
TOGGLE	-; toggled, toggler, toggles
TOGGLER	-; togglers
TOGUE	-; togues, toguet
TOIL	-; toile, toils
TOILE	etoile; toiled, toiler, toiles, toilet
TOILER	-; toilers
TOILES	etoiles; -
TOILET	-; toilets
TOILFUL	-; -
TOILING	-; -
TOIT	-; toits
TOITED	-; -
TOITING	-; -
TOKAMAK	-; tokamaks
TOKAY	-; tokays
TOKE	stoke; toked, token, toker, tokes
TOKED	-; stoked
TOKEN	-; tokens
TOKENED	-; -
TOKER	stoker; tokers
TOKES	stokes; -
TOKING	stoking; -
TOKOMAK	-; tokomaks
TOLA	-; tolan, tolar, tolas
TOLAN	-; tolane, tolans
TOLANE	-; tolanes
TOLAR	-; tolars
TOLD	-; -
TOLE	stole; toled, toles
TOLED	stoled; toledo
TOLEDO	-; toledos
TOLES	stoles; -
TOLIDIN	-; tolidine, tolidins
TOLING	-; -
TOLL	atoll; tolls
TOLLAGE	-; tollages
TOLLBAR	-; tollbars
TOLLED	-; -
TOLLER	-; tollers

TOLLING	-; -
TOLLMAN	-; -
TOLLMEN	-; -
TOLLS	atolls; -
TOLLWAY	-; tollways
TOLU	-; tolus
TOLUATE	-; toluates
TOLUENE	-; toluenes
TOLUIC	-; -
TOLUID	-; toluide, toluids
TOLUIDE	-; toluides
TOLUOL	-; toluole, toluols
TOLUOLE	-; toluoles
TOLUYL	-; toluyls
TOLYL	-; tolyls
TOM	atom; tomb, tome, toms
TOMAN	-; tomans
TOMATO	-; -
TOMB	-; tombs
TOMBAC	-; tomback, tombacs
TOMBACK	-; tombacks
TOMBAK	-; tombaks
TOMBAL	-; -
TOMBED	-; -
TOMBING	-; -
TOMBOLO	-; tombolos
TOMBOY	-; tomboys
TOMCAT	-; tomcats
TOMCOD	-; tomcods
TOME	-; tomes
TOMFOOL	-; tomfools
TOMMIES	-; -
TOMMY	-; -
TOMPION	-; tompions
TOMS	atoms; -
TOMTIT	-; tomtits
TON	-; tone, tong, tons, tony
TONAL	atonal; -
TONALLY	atonally; -
TONDI	-; -
TONDO	-; -
TONE	atone, stone; toned, toner, tones, toney
TONED	atoned, stoned; -
TONEME	-; tonemes
TONEMIC	-; -
TONER	atoner, stoner; toners
TONERS	atoners, stoners; -
TONES	atones, stones; -
TONETIC	-; tonetics
TONETTE	-; tonettes
TONEY	stoney; -
TONG	-; tonga, tongs
TONGA	-; tongas
TONGED	-; -
TONGER	-; tongers
TONGING	-; -
TONGMAN	-; -
TONGMEN	-; -
TONGUE	-; tongued, tongues
TONIC	atonic; tonics
TONICS	atonics; -
TONIER	stonier; -
TONIEST	stoniest; -
TONIGHT	-; tonights
TONING	atoning, stoning; -

TONISH	stonish; -
TONLET	-; tonlets
TONNAGE	-; tonnages
TONNE	-; tonner, tonnes
TONNEAU	-; tonneaus, tonneaux
TONNER	-; tonners
TONNISH	-; -
TONSIL	-; tonsils
TONSURE	-; tonsured, tonsures
TONTINE	-; tontines
TONUS	-; -
TONUSES	-; -
TONY	atony, stony; -
TOO	-; took, tool, toom, toon, toot
TOOK	stook; -
TOOL	stool; tools
TOOLBOX	-; -
TOOLED	stooled; -
TOOLER	-; toolers
TOOLING	stooling; toolings
TOOLS	stools; -
TOON	-; toons
TOONIE	-; toonies
TOOT	-; tooth, toots
TOOTED	-; -
TOOTER	-; tooters
TOOTH	-; tooths, toothy
TOOTHED	-; -
TOOTING	-; -
TOOTLE	-; tootled, tootler, tootles
TOOTLER	-; tootlers
TOOTS	-; tootsy
TOOTSES	-; -
TOOTSIE	-; tootsies
TOP	atop, stop; tope, toph, topi, tops
TOPAZ	-; -
TOPAZES	-; -
TOPCOAT	-; topcoats
TOPE	stope; toped, topee, toper, topes
TOPED	stoped; -
TOPEE	-; topees
TOPER	stoper; topers
TOPERS	stopers; -
TOPES	stopes; -
TOPFUL	-; topfull
TOPH	-; tophe, tophi, tophs
TOPHE	-; tophes
TOPHUS	-; -
TOPI	-; topic, topis
TOPIARY	-; -
TOPIC	atopic; topics
TOPICAL	-; -
TOPING	stoping; -
TOPKICK	-; topkicks
TOPKNOT	-; topknots
TOPLESS	-; -
TOPLINE	-; toplines
TOPMAST	-; topmasts
TOPMOST	-; -
TOPO	-; topoi, topos
TOPOI	-; -
TOPONYM	-; toponyms, toponymy
TOPOS	-; -
TOPPED	stopped; -

TOPPER stopper; toppers
TOPPERS stoppers; -
TOPPING stopping; toppings
TOPPLE stopple; toppled, topples
TOPPLED stoppled; -
TOPPLES stopples; -
TOPS stops; -
TOPSAIL -; topsails
TOPSIDE -; topsider, topsides
TOPSOIL -; topsoils
TOPSPIN -; topspins
TOPWORK -; topworks
TOQUE -; toques, toquet
TOQUET -; toquets
TOR -; tora, torc, tore, tori, torn, toro, torr, tors, tort, tory
TORA -; torah, toras
TORAH -; torahs
TORC -; torch, torcs
TORCH -; torchy
TORCHED -; -
TORCHES -; -
TORCHON -; torchons
TORE store; tores
TORERO -; toreros
TORES stores; -
TORI -; toric, torii
TORIES stories; -
TORII -; -
TORMENT -; torments
TORN -; -
TORNADO -; tornados
TORO -; toros, torot
TOROID -; toroids
TOROSE -; -
TOROT -; toroth
TOROUS -; -
TORPEDO -; torpedos
TORPEFY -; -
TORPID -; torpids
TORPOR -; torpors
TORQUE -; torqued, torquer, torques
TORQUER -; torquers
TORR -; -
TORREFY -; -
TORRENT -; torrents
TORRID -; -
TORRIFY -; -
TORSADE -; torsades
TORSE -; torses
TORSI -; -
TORSION -; torsions
TORSK -; torsks
TORSO -; torsos
TORT -; torte, torts
TORTE -; torten, tortes
TORTILE -; -
TORTONI -; tortonis
TORTRIX -; -
TORTURE -; tortured, torturer, tortures
TORULA -; torulae, torulas
TORUS -; -
TORY story; -
TOSA -; tosas

TOSH -; -
TOSHES -; -
TOSS stoss; -
TOSSED -; -
TOSSER -; tossers
TOSSES -; -
TOSSING -; -
TOSSPOT -; tosspots
TOSSUP -; tossups
TOST -; -
TOSTADA -; tostadas
TOSTADOS -; tostados
TOT -; tots
TOTABLE -; -
TOTAL -; totals
TOTALED -; -
TOTALLY -; -
TOTE -; toted, totem, toter, totes
TOTEM -; totems
TOTEMIC -; -
TOTER -; toters
TOTHER -; -
TOTING -; -
TOTTED -; -
TOTTER -; totters, tottery
TOTTING -; -
TOUCAN -; toucans
TOUCH -; touche, touchy
TOUCHE -; touched, toucher, touches
TOUCHER -; touchers
TOUCHUP -; touchups
TOUGH -; toughs, toughy
TOUGHEN -; toughens
TOUGHER -; -
TOUGHIE -; toughies
TOUGHLY -; -
TOUPEE -; toupees
TOUPON -; toupons
TOUR stour; tours
TOURACO -; touracos
TOURED -; -
TOURER -; tourers
TOURING -; tourings
TOURISM -; tourisms
TOURIST -; tourists, touristy
TOURNEY -; tourneys
TOURS stours; -
TOUSE -; toused, touses
TOUSING -; -
TOUSLE -; tousled, tousles
TOUT stout; touts
TOUTED -; -
TOUTER stouter; -
TOUTING -; -
TOUTS stouts; -
TOUZLE -; touzled, touzles
TOW stow; town, tows, towy
TOWAGE stowage; towages
TOWAGES stowages; -
TOWARD -; towards
TOWAWAY stowaway; towaways
TOWBOAT -; towboats
TOWED stowed; -
TOWEL -; towels
TOWELED -; -

TOWER	-; towers, towery
TOWERED	-; -
TOWHEAD	-; towheads
TOWHEE	-; towhees
TOWIE	-; towies
TOWING	stowing; -
TOWLINE	-; towlines
TOWMOND	-; towmonds
TOWMONT	-; towmonts
TOWN	-; towns, towny
TOWNEE	-; townees
TOWNIE	-; townies
TOWNISH	-; -
TOWNLET	-; townlets
TOWPATH	-; towpaths
TOWROPE	-; towropes
TOWS	stows; -
TOWSACK	-; towsacks
TOXEMIA	-; toxemias
TOXEMIC	-; -
TOXIC	-; -
TOXICAL	-; -
TOXIN	-; toxine, toxins
TOXINE	-; toxines
TOXOID	-; toxoids
TOY	-; toyo, toys
TOYED	-; -
TOYER	-; toyers
TOYING	-; -
TOYISH	-; -
TOYLESS	-; -
TOYLIKE	-; -
TOYO	-; toyon, toyos
TOYON	-; toyons
TOYSHOP	-; toyshops
TOYTOWN	-; toytowns
TRACE	-; traced, tracer, traces

TRACER	-; tracers, tracery
TRACHEA	-; tracheae, tracheal, tracheas
TRACHLE	-; trachled, trachles
TRACING	-; tracings
TRACK	-; tracks
TRACKED	-; -
TRACKER	-; trackers
TRACT	-; tracts
TRACTOR	-; tractors
TRAD	-; trade
TRADE	-; traded, trader, trades
TRADER	-; traders
TRADING	-; -
TRADUCE	-; traduced, traducer, traduces
TRAFFIC	-; traffics
TRAGEDY	-; -
TRAGI	-; tragic
TRAGUS	-; -
TRAIK	-; traiks
TRAIKED	-; -
TRAIL	-; trails
TRAILED	-; -
TRAILER	-; trailers
TRAIN	strain; trains
TRAINED	strained; -
TRAINEE	-; trainees
TRAINER	strainer; trainers
TRAINS	strains; -
TRAIPSE	-; traipsed, traipses
TRAIT	strait; traits

TRAITOR	-; traitors
TRAITS	straits; -
TRAJECT	-; trajects
TRAM	-; tramp, trams
TRAMCAR	-; tramcars
TRAMEL	-; tramell, tramels
TRAMMED	-; -
TRAMMEL	-; trammels
TRAMP	-; tramps, trampy
TRAMPED	-; -
TRAMPER	-; trampers
TRAMPLE	-; trampled, trampler, tramples
TRAMPY	-; -
TRAMWAY	-; tramways
TRANCE	-; tranced, trances
TRANCHE	-; tranches
TRANGAM	-; trangams
TRANK	-; tranks
TRANNIE	-; trannies
TRANNY	-; -
TRANQ	-; tranqs
TRANS	-; -
TRANSIT	-; transits
TRANSOM	-; transoms
TRAP	strap; traps, trapt
TRAPAN	-; trapans
TRAPES	-; -
TRAPEZE	-; trapezes
TRAPPED	strapped; -
TRAPPER	strapper; trappers
TRAPS	straps; -
TRAPT	-; -
TRASH	-; trashy
TRASHED	-; -
TRASHES	-; -
TRASS	strass; -
TRASSES	strasses; -
TRAUMA	-; traumas
TRAVAIL	-; travails
TRAVE	-; travel, traves
TRAVEL	-; travels
TRAVOIS	-; travoise
TRAWL	-; trawls
TRAWLED	-; -
TRAWLER	-; trawlers
TRAWLEY	-; trawleys
TRAY	stray; trays
TRAYF	-; -
TRAYFUL	-; trayfuls
TRAYS	strays; -
TREACLE	-; treacles
TREACLY	-; -
TREAD	-; treads
TREADED	-; -
TREADER	-; treaders
TREADLE	-; treadled, treadler, treadles
TREASON	-; treasons
TREAT	-; treats, treaty
TREATED	-; -
TREATER	-; treaters
TREBLE	-; trebled, trebles
TREBLY	-; -
TREDDLE	-; treddled, treddles
TREE	-; treed, treen, trees
TREEING	-; -
TREEN	-; treens

TREETOP	-; treetops
TREF	-; -
TREFAH	-; -
TREFOIL	-; trefoils
TREHALA	-; trehalas
TREK	-; treks
TREKKED	-; -
TREKKER	-; trekkers
TRELLIS	-; -
TREM	-; trems
TREMBLE	atremble; trembled, trembler, trembles
TREMBLY	-; -
TREMOLO	-; tremolos
TREMOR	-; tremors
TRENAIL	-; trenails
TRENCH	-; -
TREND	-; trends, trendy
TRENDED	-; -
TREPAN	-; trepang, trepans
TREPANG	-; trepangs
TREPID	-; -
TRESS	stress; tressy
TRESSED	stressed; -
TRESSEL	-; tressels
TRESSES	stresses; -
TRESTLE	-; trestles
TRET	-; trets
TREVET	-; trevets
TREWS	strews; -
TREY	-; treys
TRIABLE	-; -
TRIAC	-; triacs
TRIACID	-; triacids
TRIAD	-; triads
TRIADIC	-; triadics
TRIAGE	-; triages
TRIAL	atrial; trials
TRIAZIN	-; triazine, triazins
TRIBADE	-; tribades
TRIBAL	-; -
TRIBE	-; tribes
TRIBUNE	-; tribunes
TRIBUTE	-; tributes
TRICE	-; triced, trices
TRICEPS	-; -
TRICING	-; -
TRICITY	-; -
TRICK	strick; tricks, tricky
TRICKED	-; -
TRICKER	-; trickers, trickery
TRICKIE	-; trickier
TRICKLE	strickle; trickled, trickles
TRICKLY	-; -
TRICKS	stricks; tricksy
TRICLAD	-; triclads
TRICORN	-; tricorne, tricorns
TRICOT	-; tricots
TRIDENT	-; tridents
TRIDUUM	-; triduums
TRIED	-; -
TRIENE	-; trienes
TRIENS	-; -
TRIER	-; triers
TRIES	-; -
TRIFID	-; -
TRIFLE	-; trifled, trifler, trifles

TRIFLER	-; triflers
TRIFOLD	-; -
TRIFORM	-; -
TRIG	-; trigo, trigs
TRIGAMY	-; -
TRIGGED	-; -
TRIGGER	-; triggers
TRIGLY	-; -
TRIGO	-; trigon, trigos
TRIGON	-; trigons
TRIJET	-; trijets
TRIKE	strike; trikes
TRIKES	strikes; -
TRILBY	-; -
TRILITH	-; triliths
TRILL	-; trills
TRILLED	-; -
TRILLER	-; trillers
TRILOGY	-; -
TRIM	-; trims
TRIMER	-; trimers
TRIMLY	-; -
TRIMMED	-; -
TRIMMER	-; trimmers
TRIMPOT	-; trimpots
TRINAL	-; -
TRINARY	-; -
TRINDLE	-; trindled, trindles
TRINE	-; trined, trines
TRINING	-; -
TRINITY	-; -
TRINKET	-; trinkets
TRIO	-; triol, trios
TRIODE	-; triodes
TRIOL	-; triols
TRIOLET	-; triolets
TRIOSE	-; trioses
TRIOXID	-; trioxide, trioxids
TRIP	atrip, strip; tripe, trips
TRIPACK	-; tripacks
TRIPART	-; -
TRIPE	stripe; tripes
TRIPES	stripes; -
TRIPLE	-; tripled, triples, triplet, triplex
TRIPLET	-; triplets
TRIPLY	-; -
TRIPOD	-; tripods, tripody
TRIPOLI	-; tripolis
TRIPOS	-; -
TRIPPED	stripped; -
TRIPPER	stripper; trippers
TRIPPET	-; trippets
TRIPPY	-; -
TRIPS	strips; -
TRIPTAN	-; triptans
TRIREME	-; triremes
TRISECT	-; trisects
TRISEME	-; trisemes
TRISMIC	-; -
TRISMUS	-; -
TRISOME	-; trisomes
TRISOMY	-; -
TRISTE	-; -
TRITE	-; triter
TRITELY	-; -
TRITEST	-; -
TRITIUM	-; tritiums
TRITOMA	-; tritomas
TRITON	-; tritone, tritons

TRITONE -; tritones
TRIUMPH -; triumphs
TRIUNE -; triunes
TRIVET -; trivets
TRIVIA -; trivial
TRIVIUM -; -
TROAK -; troaks
TROAKED -; -
TROCAR -; trocars
TROCHAL -; -
TROCHAR -; trochars
TROCHE -; trochee, troches
TROCHEE -; trochees
TROCHIL -; trochili, trochils
TROCK -; trocks
TROCKED -; -
TROD -; trode
TRODDEN -; -
TRODE strode; -
TROFFER -; troffers
TROG -; trogs
TROGON -; trogons
TROIKA -; troikas
TROILUS -; -
TROIS -; -
TROKE stroke; troked, trokes
TROKED stroked; -
TROKES strokes; -
TROKING stroking; -
TROLAND -; trolands
TROLL stroll; trolls, trolly
TROLLED strolled; -
TROLLER stroller; trollers
TROLLEY -; trolleys
TROLLOP -; trollops, trollopy
TROLLS strolls; -
TROMMEL -; trommels
TROMP -; trompe, tromps
TROMPE -; tromped, trompes
TRONA -; tronas
TRONE -; trones
TROOP -; troops
TROOPED -; -
TROOPER -; troopers
TROOZ -; -
TROP strop; trope
TROPE -; tropes
TROPHIC atrophic; -
TROPHY atrophy; -
TROPIC -; tropics
TROPIN atropin; tropine, tropins
TROPINE atropine; tropines
TROPISM atropism; tropisms
TROPPO -; -
TROT -; troth, trots
TROTH -; troths
TROTHED -; -
TROTTED -; -
TROTTER -; trotters
TROTYL -; trotyls
TROU -; trout
TROUBLE -; troubled, troubler, troubles
TROUGH -; troughs
TROUNCE -; trounced, trounces

TROUPE	-; trouped, trouper, troupes
TROUPER	-; troupers
TROUSER	-; trousers
TROUT	-; trouts, trouty
TROVE	strove; trover, troves
TROVER	-; trovers
TROW	strow; trows
TROWED	strowed; -
TROWEL	-; trowels
TROWING	strowing; -
TROWS	strows; -
TROWTH	-; trowths
TROY	stroy; troys
TROYS	stroys; -
TRUANCY	-; -
TRUANT	-; truants
TRUCE	-; truced, truces
TRUCK	struck; trucks
TRUCKED	-; -
TRUCKER	-; truckers
TRUCKLE	-; truckled, truckler, truckles
TRUDGE	-; trudged, trudgen, trudger, trudges
TRUDGEN	-; trudgens
TRUDGER	-; trudgers
TRUE	-; trued, truer, trues
TRUEING	-; -
TRUER	-; -
TRUES	-; truest
TRUFFE	-; truffes
TRUFFLE	-; truffled, truffles
TRUG	-; trugs
TRUING	-; -
TRUISM	-; truisms
TRULL	-; trulls
TRULY	-; -
TRUMEAU	-; trumeaux
TRUMP	-; trumps
TRUMPED	-; -
TRUMPET	strumpet; trumpets
TRUNDLE	-; trundled, trundler, trundles
TRUNK	-; trunks
TRUNKED	-; -
TRUNNEL	-; trunnels
TRUSS	-; -
TRUSSED	-; -
TRUSSER	-; trussers
TRUSSES	-; -
TRUST	-; trusts, trusty
TRUSTED	-; -
TRUSTEE	-; trusteed, trustees
TRUSTER	-; trusters
TRUSTOR	-; trustors
TRUTH	-; truths
TRY	-; -
TRYING	-; -
TRYMA	-; -
TRYMATA	-; -
TRYOUT	-; tryouts
TRYPSIN	-; trypsins
TRYPTIC	-; -
TRYSAIL	-; trysails
TRYST	-; tryste, trysts

TRYSTE	-; trysted, tryster, trystes
TRYSTER	-; trysters
TSADDIK	-; -
TSADE	-; tsades
TSADI	-; tsadis
TSAR	-; tsars
TSARDOM	-; tsardoms
TSARINA	-; tsarinas
TSARISM	-; tsarisms
TSARIST	-; tsarists
TSATSKE	-; tsatskes
TSETSE	-; tsetses
TSIMMES	-; -
TSK	-; tsks
TSKED	-; -
TSKING	-; -
TSKTSK	-; tsktsks
TSOORIS	-; -
TSORES	-; -
TSORIS	-; -
TSOTSI	-; tsotsis
TSOURIS	-; -
TSUBA	-; -
TSUBO	-; tsubos
TSUNAMI	-; tsunamic, tsunamis
TSURIS	-; -
TUATARA	-; tuataras
TUATERA	-; tuateras
TUB	stub; tuba, tube, tubs
TUBA	-; tubae, tubal, tubas
TUBAIST	-; tabaists
TUBAL	-; tubals
TUBATE	-; -
TUBBED	stubbed; -
TUBBER	-; tubbers
TUBBIER	-; -
TUBBING	stubbing; -
TUBBY	stubby; -
TUBE	-; tubed, tuber, tubes
TUBER	-; tubers
TUBFUL	-; tubfuls
TUBIFEX	-; -
TUBING	-; tubings
TUBIST	-; tubists
TUBLIKE	-; -
TUBS	stubs; -
TUBULAR	-; -
TUBULE	-; tubules
TUBULIN	-; tubulins
TUCHIS	-;
TUCHUN	-; tuchuns
TUCK	stuck; tucks
TUCKED	-; -
TUCKER	-; tuckers
TUCKET	-; tuckets
TUCKING	-; -
TUFA	-; tufas
TUFF	stuff; tuffs
TUFFET	-; tuffets
TUFFS	stuffs; -
TUFOLI	-; -
TUFT	-; tufts, tufty
TUFTED	-; -
TUFTER	-; tufters
TUFTIER	-; -
TUFTILY	-; -
TUFTING	-; -
TUG	-; tugs
TUGBOAT	-; tugboats
TUGGED	-; -
TUGGER	-; tuggers
TUGGING	-; -
TUGHRIK	-; tughriks

TUGLESS -; -
TUGRIK -; tugriks
TUI etui; tuis
TUILLE -; tuilles
TUIS etuis; -
TUITION -; tuitions
TULADI -; tuladis
TULE -; tules
TULIP -; tulips
TULLE -; tulles
TUMBLE stumble; tumbled, tumbler, tumbles
TUMBLED stumbled; -
TUMBLER stumbler; tumblers
TUMBLES stumbles; -
TUMBREL -; tumbrels
TUMBRIL -; tumbrils
TUMEFY -; -
TUMESCE ; -tumesced, tumesces
TUMID -; -
TUMIDLY -; -
TUMMIES -; -
TUMMLER -; tummlers
TUMMY -; -
TUMOR -; tumors
TUMORAL -; -
TUMOUR -; tumours
TUMP stump; tumps
TUMPS stumps; -
TUMULAR -; -
TUMULI -; -
TUMULT -; tumults
TUMULUS -; -
TUN stun; tuna, tune, tung, tuns
TUNA -; tunas
TUNABLE -; -
TUNABLY -; -
TUNDISH -; -
TUNDRA -; tundras
TUNE -; tuned, tuner, tunes
TUNEFUL -; -
TUNER -; tuners
TUNEUP -; tuneups
TUNG stung; tungs
TUNIC -; tunica, tunics
TUNICA -; tunicae
TUNICLE -; tunicles
TUNING -; -
TUNKET -; tunkets
TUNNAGE -; tunnages
TUNNED stunned; -
TUNNEL -; tunnels
TUNNIES -; -
TUNNING stunning; -
TUNNY -; -
TUNS stuns; -
TUP -; tups
TUPELO -; tupelos
TUPIK -; tupiks
TUPPED -; -
TUPPING -; -
TUQUE -; tuques
TURACO -; turacos, turacou
TURACOU -; turacous
TURBAN -; turbans
TURBARY -; -
TURBETH -; turbeths
TURBID -; -
TURBINE -; turbines
TURBIT -; turbith, turbits

TURBITH -; turbiths
TURBO -; turbos, turbot
TURBOT -; turbots
TURD -; turds
TURDINE -; -
TUREEN -; tureens
TURF -; turfs, turfy
TURFED -; -
TURFIER -; -
TURFING -; -
TURFMAN -; -
TURFMEN -; -
TURFSKI -; turfskis
TURGENT -; -
TURGID -; -
TURGITE -; turgites
TURGOR -; turgors
TURION -; turions
TURISTA -; turistas
TURK -; turks
TURKEY -; turkeys
TURKOIS -; -
TURMOIL -; turmoils
TURN -; turns
TURNED -; -
TURNER -; turners, turnery
TURNING -; turnings
TURNIP -; turnips
TURNKEY -; turnkeys
TURNOFF -; turnoffs
TURNON -; turnons
TURNOUT -; turnouts
TURNUP -; turnups
TURPETH -; turpeths
TURPS -; -
TURR -; turrs
TURRET -; turrets
TURTLE -; turtled, turtler, turtles
TURTLER -; turtlers
TURVES -; -
TUSCHE -; tusches
TUSH -; tushy
TUSHED -; -
TUSHES -; -
TUSHIE -; tushies
TUSHING -; -
TUSHY -; -
TUSK -; tusks
TUSKED -; -
TUSKER -; tuskers
TUSKING -; -
TUSSAH -; tussahs
TUSSAL -; -
TUSSAR -; tussars
TUSSEH -; tussehs
TUSSER -; tussers
TUSSIS -; -
TUSSIVE -; -
TUSSLE -; tussled, tussles
TUSSOCK -; tussocks, tussocky
TUSSOR -; tussore, tussors
TUSSORE -; tussores
TUSSUCK -; tussucks
TUSSUR -; tussurs
TUT -; tuts, tutu
TUTEE -; tutees
TUTELAR -; tutelars, tutelary
TUTOR -; tutors
TUTORED -; -
TUTOYER -; tutoyers

TUTTED -; -
TUTTI -; tuttis
TUTTIES -; -
TUTTING -; -
TUTTY -; -
TUTU -; tutus
TUX -; -
TUXEDO -; tuxedos
TUXES -; -
TUYER -; tuyere, tuyers
TUYERE -; tuyeres
TWA -; twae, twas, twat
TWADDLE -; twaddled, twaddler, twaddles
TWAE -; twaes
TWAIN atwain; twains
TWANG -; twangs, twangy
TWANGED -; -
TWANGLE -; twangled, twangler, twangles
TWANKY -; -
TWASOME -; twasomes
TWAT -; twats
TWATTLE -; twattled, twattles
TWEAK -; tweaks, tweaky
TWEAKED -; -
TWEE etwee; tweed, tween, tweet
TWEED -; tweeds, tweedy
TWEEDLE -; tweedled, tweedles
TWEEN atween; tweeny
TWEET -; tweets
TWEETED -; -
TWEETER -; tweeters
TWEEZE -; tweezed, tweezer, tweezes
TWEEZER -; tweezers
TWELFTH -; twelfths
TWELVE -; twelves
TWENTY -; -
TWERK -; twerks
TWERP -; twerps
TWIBIL -; twibill, twibils
TWIBILL -; twibills
TWICE -; -
TWIDDLE -; twiddled, twiddler, twiddles
TWIDDLY -; -
TWIER -; twiers
TWIG -; twigs
TWIGGED -; -
TWIGGEN -; -
TWIGGY -; -
TWILIT -; -
TWILL -; twills
TWILLED -; -
TWIN -; twine, twins, twiny
TWINE -; twined, twiner, twines
TWINER -; twiners
TWINGE -; twinged, twinges
TWINIER -; -
TWINING -; -

TWINJET -; twinjets
TWINKIE -; twinkies
TWINKLE -; twinkled, twinkler, twinkles
TWINKLY -; -
TWINNED -; -
TWINSET -; twinsets
TWIRL -; twirls, twirly
TWIRLED -; -
TWIRLER -; twirlers
TWIRP -; twirps
TWIST -; twists
TWISTED -; -
TWISTER -; twisters
TWIT -; twits
TWITCH -; twitchy
TWITTED -; -
TWITTER atwitter; twitters, twittery
TWIXT -; -
TWIZZLE -; twizzles
TWO -; twos
TWOFER -; twofers
TWOFOLD -; twofolds
TWONESS -; -
TWOONIE -; twoonies
TWOSOME -; twosomes
TWYER -; twyers
TYCHISM -; tychisms
TYCOON -; tycoons
TYE stye; tyee, tyes
TYEE -; tyees
TYER -; tyers
TYES styes; -
TYIN -; tyins
TYING stying; -
TYIYN -; tyiyn
TYKE -; tykes
TYLOSIN -; tylosins
TYMBAL -; tymbals
TYMPAN -; tympana, tympani, tympans, tympany
TYMPANA -; tympanal
TYMPANI -; tympanic
TYMPANO -; -
TYMPANY -; -
TYNE -; tyned, tynes
TYNING -; -
TYPAL -; -
TYPE -; typed, types, typey
TYPEBAR -; typebars
TYPESET -; typesets
TYPHOID -; typhoids
TYPHON -; typhons
TYPHOON -; typhoons
TYPHOSE -; -
TYPHOUS -; -
TYPHUS -; -
TYPIC atypic; -
TYPICAL atypical; -
TYPIER -; -
TYPIEST -; -
TYPIFY -; -
TYPING -; -
TYPIST -; typists
TYPO -; typos
TYPP -; typps
TYPY -; -
TYRANNY -; -
TYRANT -; tyrants
TYRE -; tyred, tyres
TYRING -; -

TYRO -; tyros
TYRONIC -; -
TYTHE -; tythed, tythes
TYTHING -; -
TZADDIK -; -
TZAR -; tzars
TZARDOM -; tzardoms
TZARINA -; tzarinas
TZARISM -; tzarisms
TZARIST -; tzarists
TZETZE -; tzetzes
TZIGANE -; tziganes
TZIMMES -; -
TZITZIS -; -
TZITZIT -; tzitzith
TZURIS -; -

U

U mu, nu, xu; uh, um, un, up, us, ut
UAKARI -; uakaris
UBIETY dubiety; -
UBIQUE -; -
UDDER budder, judder, mudder, rudder; udders
UDDERS budders, judders, mudders, rudders; -
UDO judo, kudo; udon, udos
UDON -; udons
UDOS judos, kudos; -
UFOLOGY -; -
UGH pugh, sugh, vugh; ughs
UGHS sughs, vughs; -
UGLIER -; -
UGLIES -; ugliest
UGLIFY -; -
UGLILY -; -
UGLY -; -
UGSOME -; -
UH huh; -
UHLAN -; uhlans
UIT duit, quit, suit; -
UKASE -; ukases
UKE cuke, duke, juke, nuke, puke; ukes
UKELELE -; ukeleles
UKES cukes, dukes, jukes, nukes, pukes; -
UKULELE -; ukuleles
ULAMA -; ulamas
ULAN yulan; ulans
ULANS yulans; -
ULCER -; ulcers
ULCERED -; -
ULEMA -; ulemas
ULEXITE -; ulexites
ULLAGE sullage; ullaged, ullages
ULLAGES sullages; -
ULNA -; ulnad, ulnae, ulnar, ulnas
ULNAD -; -
ULPAN -; -

ULPANIM -; -
ULSTER -; ulsters
ULTIMA -; ultimas
ULTIMO -; -
ULTISOL -; utltisols
ULTRA -; ultras
ULU lulu, sulu; ulus
ULULANT -; -
ULULATE -; ululated, ululates
ULUS lulus, sulus; -
ULVA vulva; ulvas
ULVAS vulvas; -
UM bum, cum, gum, hum, lum, mum, rum, sum; umm, ump
UMAMI -; umamis
UNBALE
UMBEL -; umbels
UMBELED -; -
UMBER cumber, dumber, lumber; umbers
UMBERED cumbered, lumbered; -
UMBERS cumbers, lumbers; -
UMBLES bumbles, fumbles, humbles, jumbles, mumbles, rumbles, tumbles
UMBO gumbo, jumbo; umbos
UMBONAL -; -
UMBONES -; -
UMBONIC -; -
UMBOS gumbos, jumbos; -
UMBRA -; umbrae, umbral, umbras
UMBRAGE -; umbrages
UMIAC -; umiack, umiacs
UMIACK -; umiacks
UMIAK -; umiaks
UMIAQ -; umiaqs
UMLAUT -; umlauts
UMM mumm; -
UMP bump, dump, hump, jump, lump, mump, pump, rump, sump, tump; umps
UMPED bumped, dumped, humped, jumped, lumped, mumped, pumped; -
UMPING bumping, dumping, humping, jumping, lumping, mumping, pumping; -
UMPIRE -; umpired, umpires
UMPS bumps, dumps,

	humps, jumps, lumps, mumps, pumps, rumps, sumps, tumps; -
UMPTEEN	-; umpteenth
UN	bun, dun, fun, gun, hun, jun, mun, nun, pun, run, sun, tun; uns
UNABLE	tunable; -
UNACTED	-; -
UNADDED	-; -
UNADEPT	-; -
UNADULT	-; -
UNAGED	-; -
UNAGILE	-; -
UNAGING	-; -
UNAI	-; unais
UNAIDED	-; -
UNAIMED	-; -
UNAIRED	-; -
UNAKINA	-; -
UNALIKE	-; -
UNAPT	-; -
UNAPTLY	-; -
UNARM	-; unarms
UNARMED	-; -
UNARY	-; -
UNASKED	-; -
UNAU	-; unaus
UNAWARE	-; -
UNAWED	-; -
UNBAKED	-; -
UNBALE	-; unbaled, unbales
UNBAR	-; unbars
UNBASED	-; -
UNBATED	-; -
UNBE	-; -
UNBEAR	-; unbears
UNBELT	-; unbelts
UNBEND	-; unbends
UNBENT	-; -
UNBID	-; -
UNBIND	-; unbinds
UNBLEST	-; -
UNBLOCK	-; unblocks
UNBOLT	-; unbolts
UNBONED	-; -
UNBORN	-; -
UNBOSOM	-; unbosoms
UNBOUND	-; -
UNBOWED	-; -
UNBOX	-; -
UNBOXED	-; -
UNBOXES	-; -
UNBRACE	-; unbraced, unbraces
UNBRAID	-; unbraids
UNBRAKE	-; unbraked, unbrakes
UNBRED	-; -
UNBROKE	-; unbroken
UNBUILD	-; unbuilds
UNBUILT	-; -
UNBULKY	-; -
UNBURNT	sunburnt; -
UNBUSY	-; -
UNCAGE	-; uncaged, uncages
UNCAKE	-; uncaked, uncakes
UNCANNY	-; -
UNCAP	-; uncaps
UNCASE	-; uncased, uncases
UNCAST	-; uncasts

UNCEDED	-; -
UNCHAIN	-; unchains
UNCHAIR	-; unchairs
UNCHARY	-; -
UNCHIC	-; -
UNCHOKE	-; unchoked, unchokes
UNCI	-; uncia
UNCIA	-; unciae, uncial
UNCIAL	-; uncials
UNCINAL	-; -
UNCINI	-; -
UNCINUS	-; -
UNCIVIL	-; -
UNCLAD	-; -
UNCLAMP	-; unclamps
UNCLASP	-; unclasps
UNCLE	nuncle; uncles
UNCLEAN	-; -
UNCLEAR	-; -
UNCLEFT	-; -
UNCLES	nuncles; -
UNCLIP	-; unclips
UNCLOAK	-; uncloaks
UNCLOG	-; unclogs
UNCLOSE	-; unclosed, uncloses
UNCLOUD	-; unclouds
UNCO	bunco, junco; uncos, uncoy
UNCOCK	-; uncocks
UNCODED	-; -
UNCOIL	-; uncoils
UNCOMIC	-; -
UNCOOL	-; -
UNCORK	-; uncorks
UNCOS	buncos, juncos; -
UNCOUTH	-; -
UNCOVER	-; uncovers
UNCOY	-; -
UNCRATE	-; uncrated, uncrates
UNCRAZY	-; -
UNCROSS	-; -
UNCROWN	-; uncrowns
UNCTION	junction; unctions
UNCURB	-; uncurbs
UNCURED	-; -
UNCURL	-; uncurls
UNCUS	-; -
UNCUT	-; uncute
UNDATED	-; -
UNDE	-; undee, under
UNDER	sunder; -
UNDERDO	-; underdog
UNDERGO	-; undergod
UNDID	-; -
UNDIES	-; -
UNDINE	-; undines
UNDO	-; -
UNDOCK	-; undocks
UNDOER	-; undoers
UNDOES	-; -
UNDOING	-; undoings
UNDONE	-; -
UNDRAPE	-; undraped, undrapes
UNDRAW	-; undrawn, undraws
UNDRESS	sundress; -
UNDREST	-; -

UNDREW -; -
UNDRIED -; -
UNDRUNK -; -
UNDUE -; -
UNDULY -; -
UNDY -; -
UNDYED -; -
UNDYING -; -
UNEAGER -; -
UNEARTH -; unearths
UNEASE -; uneases
UNEASY -; -
UNEATEN -; -
UNENDED -; -
UNEQUAL -; unequals
UNEVEN -; -
UNFADED -; -
UNFAIR funfair; -
UNFAITH -; unfaiths
UNFAKED -; -
UNFANCY -; -
UNFAZED -; -
UNFED -; -
UNFELT -; -
UNFENCE -; unfenced, unfences
UNFIRED -; -
UNFIT -; unfits
UNFITLY -; -
UNFIX -; unfixt
UNFIXED -; -
UNFIXES -; -
UNFOLD -; unfolds
UNFOND -; -
UNFOUND -; -
UNFREE -; unfreed, unfrees
UNFROCK -; unfrocks
UNFUNNY -; -
UNFURL -; unfurls
UNFUSED -; -
UNFUSSY -; -
UNGATED -; -
UNGIRD -; ungirds
UNGIRT -; -
UNGLOVE -; ungloved, ungloves
UNGLUE -; unglued, unglues
UNGODLY -; -
UNGOT -; -
UNGUAL -; -
UNGUARD -; unguards
UNGUENT -; unguents
UNGUES -; -
UNGUIS -; -
UNGULA -; ungulae, ungular
UNGULED -; -
UNHAIR -; unhairs
UNHAND -; unhands, unhandy
UNHANG -; unhangs
UNHAPPY -; -
UNHASP -; unhasps
UNHASTY -; -
UNHAT -; unhats
UNHEARD -; -
UNHELM -; unhelms
UNHEWN -; -
UNHINGE -; unhinged, unhinges
UNHIP -; -
UNHIRED -; -
UNHITCH -; -
UNHOLY -; -

UNHOOD	-; unhoods
UNHOOK	-; unhooks
UNHOPED	-; -
UNHORSE	-; unhorsed, unhorses
UNHOUSE	-; unhoused, unhouses
UNHUMAN	-; -
UNHUNG	-; -
UNHURT	-; -
UNHUSK	-; unhusks
UNI	-; unis, unit
UNICOM	-; unicoms
UNICORN	-; unicorns
UNIDEAL	-; -
UNIFACE	-; unifaces
UNIFIC	-; -
UNIFIED	-; -
UNIFIER	-; unifiers
UNIFIES	-; -
UNIFORM	cuniform; uniforms
UNIFY	-; -
UNION	bunion; unions
UNIONS	bunions; -
UNIPOD	-; unipods
UNIQUE	-; uniquer, uniques
UNIQUES	-; uniquest
UNISEX	-; -
UNISIZE	-; -
UNISON	-; unisons
UNIT	-; unite, units, unity
UNITAGE	-; unitages
UNITARD	-; unitards
UNITARY	-; -
UNITE	dunite; united, uniter, unites
UNITER	-; uniters
UNITES	dunites; -
UNITIES	-; -
UNITING	-; -
UNITIVE	-; -
UNITIZE	-; unitized, unitizer, unitizes
UNJADED	-; -
UNJOINT	-; unjoints
UNJUST	-; -
UNKEMPT	-; -
UNKEND	-; -
UNKENT	-; -
UNKEPT	-; -
UNKIND	-; -
UNKINK	-; unkinks
UNKNIT	-; unknits
UNKNOT	-; unknots
UNKNOWN	-; unknowns
UNLACE	-; unlaced, unlaces
UNLADE	-; unladed, unladen, unlades
UNLAID	-; -
UNLASH	-; -
UNLATCH	-; -
UNLAY	-; unlays
UNLEAD	-; unleads
UNLEARN	-; unlearns, unlearnt
UNLEASH	-; -
UNLED	-; -
UNLESS	gunless, runless, sunless; -
UNLET	runlet; -
UNLEVEL	-; unlevels

UNLIKE nunlike, sunlike; -
UNLINED -; -
UNLINK -; unlinks
UNLIT sunlit; -
UNLIVE -; unlived, unlives
UNLOAD -; unloads
UNLOBED -; -
UNLOCK gunlock; unlocks
UNLOCKS gunlocks; -
UNLOOSE -; unloosed, unloosen, unlooses
UNLOVED -; -
UNLUCKY -; -
UNMADE -; -
UNMAKE -; unmaker, unmakes
UNMAKER -; unmakers
UNMAN gunman; unmans
UNMANLY -; -
UNMASK -; unmasks
UNMATED -; -
UNMEANT -; -
UNMEET -; -
UNMERRY -; -
UNMESH -; -
UNMET -; -
UNMEW -; unmews
UNMEWED -; -
UNMIND -; -
UNMITER -; unmiters
UNMITRE -; unmitred, unmitres
UNMIXED -; -
UNMIXT -; -
UNMOLD -; unmolds
UNMOOR -; unmoors
UNMORAL -; -
UNMOVED -; -
UNMOWN -; -
UNNAIL -; unnails
UNNAMED -; -
UNNERVE -; unnerved, unnerves
UNNOISY -; -
UNNOTED -; -
UNOILED -; -
UNOPEN -; -
UNOWNED -; -
UNPACK -; unpacks
UNPAGED -; -
UNPAID -; -
UNPAVED -; -
UNPEG -; unpegs
UNPEN -; unpens, unpent
UNPICK -; unpicks
UNPILE -; unpiled, unpiles
UNPIN -; unpins
UNPLAIT -; unplaits
UNPLUG -; unplugs
UNPOSED -; -
UNPURE -; -
UNQUIET -; unquiets
UNQUOTE -; unquoted, unquotes
UNRAKED -; -
UNRATED -; -
UNRAVEL -; unravels
UNRAZED -; -
UNREAD -; unready
UNREAL -; -
UNREEL -; unreels

UNREEVE -; unreeved, unreeves
UNRENT -; -
UNREST -; unrests
UNRIG -; unrigs
UNRIMED -; -
UNRIP -; unripe, unrips
UNRIPE -; unriper
UNRISEN -; -
UNROBE -; unrobed, unrobes
UNROLL -; unrolls
UNROOF sunroof; unroofs
UNROOFS sunroofs; -
UNROOT -; unroots
UNROPED -; -
UNROUGH -; -
UNROUND -; unrounds
UNROVE -; unroven
UNROVEN -; -
UNRULED -; -
UNRULY -; -
UNS buns, duns, funs, guns, huns, muns, nuns, puns, runs, suns, tuns; -
UNSAFE -; -
UNSAID -; -
UNSATED -; -
UNSAVED -; -
UNSAWED -; -
UNSAWN -; -
UNSAY -; unsays
UNSCREW -; unscrews
UNSEAL -; unseals
UNSEAM -; unseams
UNSEAT -; unseats
UNSEE -; unseen, unsees
UNSEEN -; -
UNSENT -; -
UNSET sunset; unsets
UNSETS sunsets; -
UNSEW -; unsewn, unsews
UNSEWED -; -
UNSEX -; unsexy
UNSEXED -; -
UNSEXES -; -
UNSHARP -; -
UNSHED -; -
UNSHELL -; unshells
UNSHIFT -; unshifts
UNSHIP gunship; unships
UNSHIPS gunships; -
UNSHOD -; -
UNSHORN -; -
UNSHOWY -; -
UNSHUT -; -
UNSIGHT -; unsights
UNSIZED -; -
UNSLICK -; -
UNSLING -; unslings
UNSLUNG -; -
UNSMART -; -
UNSNAP -; unsnaps
UNSNARL -; unsnarls
UNSOBER -; -
UNSOLD -; -
UNSOLID -; -
UNSONCY -; -
UNSONSY -; -
UNSOUND -; -

UNSOWED	-; -
UNSOWN	-; -
UNSPEAK	-; unspeaks
UNSPENT	-; -
UNSPILT	-; -
UNSPLIT	-; -
UNSPOKE	-; unspoken
UNSPUN	-; -
UNSTACK	-; unstacks
UNSTATE	-; unstated, unstates
UNSTEEL	-; unsteels
UNSTEP	-; unsteps
UNSTICK	-; unsticks
UNSTOP	-; unstops
UNSTRAP	-; unstraps
UNSTUCK	-; -
UNSTUNG	-; -
UNSUNG	-; -
UNSUNK	-; -
UNSURE	-; -
UNSWEAR	-; unswears
UNSWEPT	-; -
UNSWORE	-; -
UNSWORN	-; -
UNTACK	-; untacks
UNTAKEN	-; -
UNTAME	-; untamed
UNTAXED	-; -
UNTEACH	-; -
UNTHINK	-; unthinks
UNTIDY	-; -
UNTIE	auntie; untied, unties
UNTIES	aunties, punties; -
UNTIL	-; -
UNTIMED	-; -
UNTIRED	-; -
UNTO	junto, punto; -
UNTOLD	-; -
UNTORN	-; -
UNTREAD	-; untreads
UNTRIED	-; -
UNTRIM	-; untrims
UNTROD	-; -
UNTRUE	-; untruer
UNTRULY	-; -
UNTRUSS	-; -
UNTRUTH	-; untruths
UNTUCK	-; untucks
UNTUNE	-; untuned, untunes
UNTWINE	-; untwined, untwines
UNTWIST	-; untwists
UNTYING	-; -
UNURGED	-; -
UNUSED	-; -
UNUSUAL	-; -
UNVEIL	-; unveils
UNVEXED	-; -
UNVEXT	-; -
UNVOCAL	-; -
UNVOICE	-; unvoiced, unvoices
UNWARY	-; -
UNWAXED	-; -
UNWEARY	-; -
UNWEAVE	-; unweaves
UNWED	-; -
UNWELL	-; -
UNWEPT	-; -
UNWET	-; -
UNWHITE	-; -
UNWIND	-; unwinds
UNWISE	sunwise; unwiser

UNWISH -; -
UNWIT -; unwits
UNWON -; -
UNWOOED -; -
UNWORN -; -
UNWOUND -; -
UNWOVE -; unwoven
UNWRAP -; unwraps
UNWRUNG -; -
UNYOKE -; unyoked, unyokes
UNYOUNG -; -
UNZIP -; unzips
UNZONED -; -
UP cup, dup, hup, pup, sup, tup, yup; upo, ups
UPAS pupas; -
UPASES -; -
UPBEAR -; upbears
UPBEAT -; upbeats
UPBIND -; upbinds
UPBOIL -; upboils
UPBORE -; -
UPBORNE -; -
UPBOUND -; -
UPBOW -; upbows
UPBRAID -; upbraids
UPBROW -; -
UPBUILD -; upbuilds
UPBUILT -; -
UPBY -; upbye
UPCAST -; upcasts
UPCHUCK -; upchucks
UPCLIMB -; upclimbs
UPCOAST -; -
UPCOIL -; upcoils
UPCURL -; upcurls
UPCURVE -; upcurved, upcurves
UPDART -; updarts
UPDATE -; updated, updater, updates
UPDATER -; updaters
UPDIVE -; updived, updives
UPDO -; updos
UPDOVE -; -
UPDRAFT -; updrafts
UPDRIED -; -
UPDRIES -; -
UPDRY -; -
UPEND -; upends
UPENDED -; -
UPFIELD -; -
UPFLING -; upflings
UPFLOW -; upflows
UPFLUNG -; -
UPFOLD -; upfolds
UPGAZE -; upgazed, upgazes
UPGIRD -; upgirds
UPGIRT -; -
UPGOING -; -
UPGRADE -; upgraded, upgrades
UPGREW -; -
UPGROW -; upgrown, upgrows
UPHEAP -; upheaps
UPHEAVE -; upheaved, upheaver, upheaves
UPHELD -; -
UPHILL -; uphills

UPHOARD	-; uphoards
UPHOLD	-; upholds
UPHOVE	-; -
UPHROE	euphroe; uphroes
UPHROES	euphroes; -
UPKEEP	-; upkeeps
UPLAND	-; uplands
UPLEAP	-; upleaps, upleapt
UPLIFT	-; uplifts
UPLIGHT	-; uplights
UPLINK	-; uplinks
UPLIT	-; -
UPLOAD	-; uploads
UPMOST	-; -
UPO	-; upon
UPON	jupon, yupon; -
UPPED	cupped, dupped, pupped, supped, tupped; -
UPPER	cupper, supper; uppers
UPPERS	cuppers, suppers; -
UPPILE	-; uppiled, uppiles
UPPING	cupping, dupping, pupping, supping, tupping; uppings
UPPINGS	cuppings; -
UPPISH	-; -
UPPITY	-; -
UPPROP	-; upprops
UPRAISE	-; upraised, upraiser, upraises
UPRATE	-; uprated, uprates
UPREACH	-; -
UPREAR	-; uprears
UPRIGHT	-; uprights
UPRISE	-; uprisen, upriser, uprises
UPRISER	-; uprisers
UPRIVER	-; uprivers
UPROAR	-; uproars
UPROOT	-; uproots
UPROSE	-; -
UPROUSE	-; uproused, uprouses
UPRUSH	-; -
UPS	cups, dups, pups, sups, tups; -
UPSCALE	-; -
UPSELL	-; upsells
UPSEND	-; upsends
UPSENT	-; -
UPSET	-; upsets
UPSHIFT	-; upshifts
UPSHOOT	-; upshoots
UPSHOT	-; upshots
UPSIDE	-; upsides
UPSILON	-; upsilons
UPSIZE	-; upsized, upsizes
UPSLOPE	-; -
UPSOAR	-; upsoars

UPSTAGE -; upstaged, upstages
UPSTAIR -; upstairs
UPSTAND -; upstands
UPSTARE -; upstared, upstares
UPSTART -; upstarts
UPSTATE -; upstater, upstates
UPSTEP -; upsteps
UPSTIR -; upstirs
UPSTOOD -; -
UPSURGE -; upsurged, upsurges
UPSWEEP -; upsweeps
UPSWELL -; upswells
UPSWEPT -; -
UPSWING -; upswings
UPSWUNG -; -
UPTAKE -; uptakes
UPTALK -; uptalks
UPTEAR -; uptears
UPTEMPO -; uptempos
UPTHREW -; -
UPTHROW -; upthrown, upthrows
UPTICK -; upticks
UPTIGHT -; -
UPTILT -; uptilts
UPTIME -; uptimes
UPTORE -; -
UPTORN -; -
UPTOSS -; -
UPTOWN -; uptowns
UPTREND -; uptrends
UPTURN -; upturns
UPWAFT -; upwafts
UPWARD -; upwards
UPWELL -; upwells
UPWIND -; upwinds
URACIL -; uracils
URAEI -; -
URAEMIA -; uraemias
URAEMIC -; -
URAEUS -; -
URALITE -; uralites
URANIA -; uranias
URANIC puranic; -
URANIDE -; uranides
URANISM -; uranisms
URANITE -; uranites
URANIUM -; uraniums
URANOUS -; -
URANYL -; uranyls
URARE curare; urares
URARES curares; -
URARI curari, ourari; uraris
URARIS curaris, ouraris; -
URASE -; urases
URATE aurate, curate; urates
URATES curates; -
URATIC -; -
URB curb; urbs
URBAN rurban, turban; urbane
URBANE -; urbaner
URBIA -; urbias
URBS burbs, curbs; -
URCHIN -; urchins
URD burd, curd, nurd, surd, turd; urds

URDS burds, curds, hurds, nurds, surds, turds; -
UREA -; ureal, ureas
UREAS -; urease
UREASE -; ureases
UREDIA -; uredial
UREDIUM -; -
UREDO -; uredos
UREIC -; -
UREIDE -; ureides
UREMIA -; uremias
UREMIC -; -
URETER -; ureters
URETHAN -; urethane, urethans
URETHRA -; urethrae, urethral, urethras
URETIC -; -
URGE gurge, purge, surge; urged, urger, urges
URGED gurged, purged, surged; -
URGENCY -; -
URGENT turgent; -
URGER burger, purger, surger; urgers
URGERS burgers, purgers, surgers; -
URGES burges, gurges, purges, surges; -
URGING gurging, purging, surging; -
URIAL burial, curial; urials
URIALS burials; -
URIC auric; -
URIDINE -; uridines
URINAL -; urinals
URINARY -; -
URINATE -; urinated, urinates
URINE murine, purine; urines
URINES murines, purines; -
URINOSE -; -
URINOUS -; -
URN burn, curn, durn, turn; urns
URNLIKE -; -
URNS burns, curns, durns, turns; -
URODELE -; urodeles
UROLITH -; uroliths
UROLOGY -; -
UROPOD -; uropods
URP burp; urps
URSA bursa; ursae
URSAE bursae; -
URSID -; ursids
URSINE -; -
URTEXT -; urtexts
URUS gurus, kurus; -
URUSES -; -
US bus, jus, mus, nus, pus; use
USABLE -; -

USABLY	-; -
USAGE	-; usages
USANCE	-; usances
USAUNCE	-; usaunces
USE	fuse, muse, ruse; used, user, uses
USEABLE	-; -
USEABLY	-; -
USED	bused, fused, mused; -
USEFUL	museful; -
USELESS	fuseless; -
USER	muser; users
USERS	musers; -
USES	buses, fuses, muses, puses, ruses; -
USHER	busher, gusher, lusher, musher, pusher, rusher; ushers
USHERED	-; -
USHERS	bushers, gushers, mushers, pushers, rushers; -
USING	busing, fusing, musing; -
USNEA	-; usneas
USQUE	-; usques
USUAL	-; usuals
USUALLY	-; -
USURER	-; usurers
USURIES	-; -
USURP	-; usurps
USURPED	-; -
USURPER	-; usurpers
USURY	-; -
UT	but, cut, gut, hut, jut, mut, nut, out, put, rut, tut; uta, uts
UTA	-; utas
UTE	bute, cute, lute, mute; utes
UTENSIL	-; utensils
UTERI	-; -
UTERINE	-; -
UTERUS	-; -
UTILE	futile, rutile; -
UTILISE	-; utilised, utiliser, utilises
UTILITY	-; -
UTILIZE	-; utilized, utilizer, utilizes
UTMOST	outmost; utmosts
UTOPIA	-; utopian, utopias
UTOPIAN	-; utopians
UTOPISM	-; utopisms
UTOPIST	-; utopists
UTRICLE	-; utricles
UTS	buts, cuts, guts, huts, juts, muts, nuts, outs, puts, ruts, tuts; -
UTTER	butter, cutter, gutter, mutter, nutter, putter; utters
UTTERED	buttered, muttered, puttered; -

UTTERER	mutterer, putterer; utterers	**UVEA**	-; uveal, uveas
UTTERLY	-; -	**UVEITIC**	-; -
UTTERS	butters, cutters, gutters, mutters, nutters, putters; -	**UVEITIS**	-; -
		UVEOUS	-; -
		UVULA	-; uvulae, uvular, uvulas
		UVULAR	-; uvulars
		UXORIAL	-; -

V

V	-; -	**VAGUE**	-; vaguer
VAC	-; vacs	**VAGUELY**	-; -
VACANCY	-; -	**VAGUEST**	-; -
VACANT	-; -	**VAGUS**	-; -
VACATE	-; vacated, vacates	**VAHINE**	-; vahines
VACCINA	-; vaccinal, vaccinas	**VAIL**	avail; vails
VACCINE	-; vaccinee, vaccines	**VAILED**	availed; -
VACUA	-; -	**VAILING**	availing; -
VACUITY	-; -	**VAILS**	avails; -
VACUOLE	-; vacuoles	**VAIN**	-; -
VACUOUS	-; -	**VAINER**	-; -
VACUUM	-; vacuums	**VAINEST**	-; -
VADOSE	-; -	**VAINLY**	-; -
VAGAL	-; -	**VAIR**	-; vairs
VAGALLY	-; -	**VAKEEL**	-; vakeels
VAGARY	-; -	**VAKIL**	-; vakils
VAGI	-; -	**VALANCE**	-; valanced, valances
VAGILE	-; -	**VALE**	-; vales, valet
VAGINA	vaginae, vaginal, vaginas	**VALENCE**	-; valences
VAGRANT	-; vagrants	**VALENCY**	-; -
VAGROM	-; -	**VALERIC**	-; -
		VALET	-; valets
		VALETED	-; -
		VALGOID	-; -
		VALGUS	-; -

VALIANT -; valiants
VALID -; -
VALIDLY -; -
VALINE -; valines
VALISE -; valises
VALKYR -; valkyrs
VALLATE -; -
VALLEY -; valleys
VALONIA -; valonias
VALOR -; valors
VALOUR -; valours
VALSE -; valses
VALUATE evaluate; valuated, valuates
VALUE -; valued, valuer, values
VALUER -; valuers
VALUING -; -
VALUTA -; valutas
VALVAL -; -
VALVAR -; -
VALVATE -; -
VALVE -; valved, valves
VALVING -; -
VALVULA -; valvulae, valvular
VALVULE -; valvules
VAMOOSE -; vamoosed, vamooses
VAMOSE -; vamosed, vamoses
VAMP -; vamps, vampy
VAMPED -; -
VAMPER -; vampers
VAMPING -; -
VAMPIRE -; vampires
VAMPISH -; -
VAN -; vane, vang, vans
VANADIC -; -
VANDA -; vandal, vandas
VANDAL -; vandals
VANDYKE -; vandyked, vandykes
VANE -; vaned, vanes
VANG -; vangs
VANILLA -; vanillas
VANIR -; -
VANISH evanish; -
VANITAS -; -
VANITY -; -
VANLOAD -; vanloads
VANMAN -; -
VANMEN -; -
VANNED -; -
VANNER -; vanners
VANNING -; -
VANPOOL -; vanpools
VANTAGE -; vantages
VANWARD -; -
VAPID -; -
VAPIDLY -; -
VAPOR -; vapors, vapory
VAPORED -; -
VAPORER -; vaporers
VAPOUR -; vapours, vapoury
VAQUERO -; vaqueros
VAR -; vara, vars, vary
VARA -; varas
VARIA -; -

VARIANT	-; variants
VARIATE	-; variated, variates
VARICES	avarices; -
VARIED	-; -
VARIER	-; variers
VARIES	ovaries; -
VARIETY	-; -
VARIOLA	-; variolar, variolas
VARIOLE	ovariole; varioles
VARIOUS	-; -
VARIX	-; -
VARLET	-; varlets
VARMENT	-; varments
VARMINT	-; varmints
VARNA	-; varnas
VARNISH	-; varnishy
VAROOM	-; varooms
VARSITY	-; -
VARUS	-; -
VARUSES	-; -
VARVE	-; varved, varves
VARY	ovary; -
VARYING	-; -
VAS	kvas; vasa, vase, vast
VASA	-; vasal
VASCULA	-; vascular
VASE	-; vases
VASES	kvases; -
VASSAL	-; vassals
VAST	avast; vasts, vasty
VASTER	-; -
VASTEST	-; -
VASTIER	-; -
VASTILY	-; -
VASTITY	-; -
VASTLY	-; -
VAT	-; vats, vatu
VATFUL	-; vatfuls
VATIC	-; -
VATICAL	-; -
VATTED	-; -
VATTING	-; -
VATU	-; vatus
VAU	-; vaus
VAULT	-; vaults, vaulty
VAULTED	-; -
VAULTER	-; vaulters
VAUNT	avaunt; vaunts, vaunty
VAUNTED	-; -
VAUNTER	-; vaunters
VAUNTIE	-; -
VAV	-; vavs
VAVASOR	-; vavasors
VAW	-; vaws
VAWARD	-; vawards
VAWNTIE	-; -
VEAL	uveal; veals, vealy
VEALED	-; -
VEALER	-; vealers
VEALIER	-; -
VEALING	-; -
VECTOR	-; vectors
VEDALIA	-; vedalias
VEDETTE	-; vedettes
VEE	-; veep, veer, vees
VEEJAY	-; veejays
VEENA	-; veenas
VEEP	-; veeps

VEEPEE -; veepees
VEER -; veers, veery
VEERED -; -
VEERIES -; -
VEG -; -
VEGAN -; vegans
VEGETAL -; -
VEGETE -; -
VEGGIE -; veggies
VEGIE -; vegies
VEHICLE -; vehicles
VEIL -; veils
VEILED -; -
VEILER -; veilers
VEILING -; veilings
VEIN -; veins, veiny
VEINAL -; -
VEINED -; -
VEINER -; veiners
VEINIER -; -
VEINING -; veinings
VEINLET -; veinlets
VEINULE -; veinules, veinulet
VELA -; velar
VELAMEN -; -
VELAR -; velars
VELATE -; -
VELD -; velds, veldt
VELDT -; veldts
VELIGER -; veligers
VELITES -; -
VELLUM -; vellums
VELOCE -; -
VELOUR -; velours
VELOUTE -; veloutes
VELUM -; -
VELURE -; velured, velures
VELVET -; velvets, velvety
VENA -; venae, venal
VENALLY -; -
VENATIC -; -
VEND -; vends
VENDACE -; vendaces
VENDED -; -
VENDEE -; vendees
VENDER -; venders
VENDING -; -
VENDOR -; vendors
VENDUE -; vendues
VENEER -; veneers
VENENE -; venenes
VENERY -; -
VENGE avenge; venged, venges
VENGED avenged; -
VENGES avenges; -
VENGING avenging; -
VENIAL -; -
VENIN -; venine, venins
VENINE -; venines
VENIRE -; venires
VENISON -; venisons
VENOM -; venoms
VENOMED -; -
VENOMER -; venomers
VENOSE -; -
VENOUS -; -
VENT event; vents
VENTAGE -; ventages
VENTAIL aventail; ventails
VENTED -; -
VENTER -; venters

VENTING -; -
VENTRAL -; ventrals
VENTS events; -
VENTURE -; ventured, venturer, ventures
VENTURI -; venturis
VENUE avenue; venues
VENUES avenues; -
VENULAR -; -
VENULE -; venules
VERA -; -
VERANDA -; verandah, verandas
VERB -; verbs
VERBAL -; verbals
VERBENA -; verbenas
VERBID overbid; verbids
VERBIDS overbids; -
VERBIFY -; -
VERBILE -; verbiles
VERBOSE -; -
VERDANT -; -
VERDICT -; verdicts
VERDIN -; verdins
VERDURE -; verdured, verdures
VERGE -; verged, verger, verges
VERGER -; vergers
VERGING -; -
VERGLAS -; -
VERIDIC -; -
VERIER -; -
VERIEST -; -
VERIFY -; -
VERILY -; -
VERISM -; verismo, verisms
VERISMO -; verismos
VERIST -; verists
VERITAS -; -
VERITE -; verites
VERITY -; -
VERJUS -; -
VERMEIL -; vermeils
VERMES -; -
VERMIAN -; -
VERMIN -; -
VERMIS -; -
VERMUTH -; vermuths
VERNAL -; -
VERNIER -; verniers
VERNIX -; -
VERONAL -; veronals
VERRUCA -; verrucae
VERSAL -; -
VERSANT -; versants
VERSE averse; versed, verser, verses, verset
VERSER -; versers
VERSET overset; versets
VERSETS oversets; -
VERSIFY -; -
VERSINE -; versines
VERSING -; -
VERSION aversion, eversion; versions
VERSO -; versos
VERST -; verste, versts
VERSUS -; -
VERT avert, evert, overt; verts, vertu

VERTEX	-; -	**VEX**	-; vext
VERTIGO	-; vertigos	**VEXED**	-; -
VERTS	averts, everts; -	**VEXEDLY**	-; -
VERTU	-; vertus	**VEXER**	-; vexers
VERVAIN	-; vervains	**VEXES**	-; -
VERVE	-; verves, vervet	**VEXIL**	-; vexils
VERVET	-; vervets	**VEXILLA**	-; vexillar
VERY	every; -	**VEXING**	-; -
VESICA	-; vesicae, vesical	**VEXT**	-; -
VESICLE	-; vesicles	**VIA**	-; vial
VESPER	-; vespers	**VIABLE**	-; -
VESPID	-; vespids	**VIABLY**	-; -
VESPINE	-; -	**VIADUCT**	-; viaducts
VESSEL	-; vessels	**VIAL**	-; vials
VEST	-; vesta, vests	**VIALED**	-; -
VESTA	-; vestal, vestas	**VIALING**	-; -
VESTAL	-; vestals	**VIALLED**	-; -
VESTED	-; -	**VIAND**	-; viands
VESTEE	-; vestees	**VIATIC**	-; viatica
VESTIGE	-; vestiges	**VIATICA**	-; viatical
VESTING	-; vestings	**VIATOR**	aviator; viators
VESTRAL	-; -	**VIATORS**	aviators; -
VESTRY	-; -	**VIBE**	-; vibes
VESTURE	-; vestured, vestures	**VIBIST**	-; vibists
VET	-; veto, vets	**VIBRANT**	-; vibrants
VETCH	kvetch; -	**VIBRATE**	-; vibrated, vibrates
VETCHES	kvetches; -	**VIBRATO**	-; vibrator, vibratos
VETERAN	-; veterans	**VIBRIO**	-; vibrion, vibrios
VETIVER	-; vetivers	**VIBRION**	-; vibrions
VETO	-; -	**VICAR**	-; vicars
VETOED	-; -	**VICARLY**	-; -
VETOER	-; vetoers	**VICE**	-; viced, vices
VETOES	-; -	**VICEROY**	-; viceroys
VETOING	-; -	**VICHIES**	-; -
VETTED	-; -	**VICHY**	-; -
VETTING	-; -		

VICINAL	-; -
VICING	-; -
VICIOUS	-; -
VICOMTE	-; vicomtes
VICTIM	-; victims
VICTOR	evictor; victors, victory
VICTORS	evictors; -
VICTUAL	-; victuals
VICUGNA	-; vicugnas
VICUNA	-; vicunas
VID	avid; vide, vids
VIDE	-; video
VIDEO	-; videos
VIDETTE	-; videttes
VIDICON	-; vidicons
VIDUITY	-; -
VIE	-; vied, vier, vies, view
VIED	ivied; -
VIELLE	-; vielles
VIER	-; viers
VIES	ivies; -
VIEW	-; views, viewy
VIEWED	-; -
VIEWER	-; viewers
VIEWIER	-; -
VIEWING	-; viewings
VIFF	-; viffs
VIFFED	-; -
VIFFING	-; -
VIG	-; viga, vigs
VIGA	-; vigas
VIGIA	-; vigias
VIGIL	-; vigils
VIGOR	-; vigors
VIGOUR	-; vigours
VIGS	-; -
VIKING	-; vikings
VILAYET	-; vilayets
VILE	-; viler
VILELY	-; -
VILER	eviler; -
VILEST	evilest; -
VILIFY	-; -
VILL	-; villa, villi, vills
VILLA	-; villae, villas
VILLAGE	-; villager, villages
VILLAIN	-; villains, villainy
VILLEIN	-; villeins
VILLOSE	-; -
VILLOUS	-; -
VILLUS	-; -
VIM	-; vims
VIMEN	-; -
VIMINA	-; viminal
VIN	-; vina, vine, vino, vins, viny
VINA	-; vinal, vinas
VINAL	-; vinals
VINASSE	-; vinasses
VINCA	-; vincas
VINE	ovine; vined, vines
VINEAL	-; -
VINEGAR	-; vinegars, vinegary
VINERY	-; -
VINES	ovines; -
VINIC	-; -
VINIER	-; -
VINIEST	-; -
VINIFY	-; -
VINING	-; -
VINO	-; vinos

VINOUS	-; -
VINTAGE	-; vintager, vintages
VINTNER	-; vintners
VINY	-; vinyl
VINYL	-; vinyls
VINYLIC	-; -
VIOL	-; viola, viols
VIOLA	-; violas
VIOLATE	-; violated, violater, violates
VIOLENT	-; -
VIOLET	-; violets
VIOLIN	-; violins
VIOLIST	-; violists
VIOLONE	-; violones
VIPER	-; vipers
VIRAGO	-; viragos
VIRAL	-; -
VIRALLY	-; -
VIRELAI	-; virelais
VIRELAY	-; virelays
VIREMIA	-; viremias
VIREMIC	-; -
VIREO	-; vireos
VIRES	-; -
VIRGA	-; virgas
VIRGATE	-; virgates
VIRGIN	-; virgins
VIRGULE	-; virgules
VIRID	-; -
VIRILE	-; -
VIRION	-; virions
VIRL	-; virls
VIROID	-; viroids
VIROSES	-; -
VIROSIS	-; -
VIRTU	-; virtue, virtus
VIRTUAL	-; -
VIRTUE	-; virtues
VIRUS	-; -
VIRUSES	-; -
VIS	-; visa, vise
VISA	-; visas
VISAED	-; -
VISAGE	-; visaged, visages
VISAING	-; -
VISARD	-; visards
VISCERA	-; visceral
VISCID	-; -
VISCOID	-; -
VISCOSE	-; viscoses
VISCOUS	-; -
VISCUS	-; -
VISE	-; vised, vises
VISEED	-; -
VISEING	-; -
VISIBLE	-; -
VISIBLY	-; -
VISING	-; -
VISION	-; visions
VISIT	-; visits
VISITED	-; -
VISITER	-; visiters
VISITOR	-; visitors
VISIVE	-; -
VISOR	-; visors
VISORED	-; -
VISTA	-; vistas
VISTAED	-; -
VISUAL	-; visuals
VITA	-; vitae, vital
VITAL	-; vitals
VITALLY	-; -

VITAMER	-; vitamers
VITAMIN	-; vitamine, vitamins
VITESSE	-; vitesses
VITIATE	-; vitiated, vitiates
VITRAIN	-; vitrains
VITRIC	-; vitrics
VITRIFY	-; -
VITRINE	-; vitrines
VITRIOL	-; vitriols
VITTA	-; vittae
VITTATE	-; -
VITTLE	-; vittled, vittles
VIVA	-; vivas
VIVACE	-; -
VIVARY	-; -
VIVE	-; -
VIVERS	-; -
VIVID	-; -
VIVIDER	-; -
VIVIDLY	-; -
VIVIFIC	-; -
VIVIFY	-; -
VIXEN	-; vixens
VIXENLY	-; -
VIZARD	-; vizards
VIZIER	-; viziers
VIZIR	-; vizirs
VIZOR	-; vizors
VIZORED	-; -
VIZSLA	-; vizslas
VLEI	-; vleis
VLOG	-; vlogs
VOCAB	-; vocabs
VOCABLE	evocable; vocables
VOCABLY	-; -
VOCAL	-; vocals
VOCALIC	-; vocalics
VOCALLY	-; -
VOCES	-; -
VOCODER	-; vocoders
VODKA	-; vodkas
VODOU	-; vodoun, vodous
VODOUN	-; vodouns
VODUN	-; voduns
VOE	-; voes
VOGIE	-; -
VOGUE	-; vogues
VOGUISH	-; -
VOICE	-; voiced, voicer, voices
VOICER	-; voicers
VOICING	-; -
VOID	avoid, ovoid; voids
VOIDED	avoided; -
VOIDER	avoider; voiders
VOIDERS	avoiders; -
VOIDING	avoiding; -
VOIDS	avoids, ovoids; -
VOILA	-; -
VOILE	-; voiles
VOLANT	-; volante
VOLAR	-; -
VOLCANO	-; volcanos
VOLE	-; voled, voles
VOLERY	-; -
VOLING	-; -
VOLLEY	-; volleys
VOLOST	-; volosts

VOLT	-; volta, volte, volti, volts
VOLTAGE	-; voltages
VOLTAIC	-; -
VOLTE	-; voltes
VOLUBLE	-; -
VOLUBLY	-; -
VOLUME	-; volumed, volumes
VOLUTE	evolute; voluted, volutes
VOLUTED	evoluted; -
VOLUTES	evolutes; -
VOLUTIN	-; volutins
VOLVA	-; volvas
VOLVATE	-; -
VOLVOX	-; -
VOMER	-; vomers
VOMICA	-; vomicae
VOMIT	-; vomito, vomits
VOMITED	-; -
VOMITER	-; vomiters
VOMITO	-; vomitos
VOMITUS	-; -
VON	-; -
VOODOO	-; voodoos
VORLAGE	-; vorlages
VORTEX	-; -
VOTABLE	-; -
VOTARY	-; -
VOTE	-; voted, voter, votes
VOTER	-; voters
VOTING	-; -
VOTIVE	-; -
VOTRESS	-; -
VOUCH	avouch; -
VOUCHED	avouched; -
VOUCHEE	-; vouchees
VOUCHER	avoucher; vouchers
VOUCHES	avouches; -
VOUDON	-; voudons
VOUDOUN	-; voudouns
VOUVRAY	-; vouvrays
VOW	avow; vows
VOWED	avowed; -
VOWEL	-; vowels
VOWER	avower; vowers
VOWERS	avowers; -
VOWING	avowing; -
VOWLESS	-; -
VOWS	avows; -
VOX	-; -
VOXEL	-; voxels
VOYAGE	-; voyaged, voyager, voyages
VOYAGER	-; voyagers
VOYEUR	-; voyeurs
VROOM	-; vrooms
VROOMED	-; -
VROUW	-; vrouws
VROW	-; vrows
VUG	-; vugg, vugh, vugs
VUGG	-; vuggs, vuggy
VUGH	-; vughs
VULGAR	-; vulgars
VULGATE	-; vulgates
VULGO	-; -
VULGUS	-; -
VULPINE	-; -
VULTURE	-; vultures

VULVA -; vulvae, vulval, vulvar, vulvas
VULVATE -; -
VUM ovum; -
VYING -; -
VYINGLY -; -

W

W aw, ow; we, wo
WAB swab; wabs
WABBLE -; wabbled, wabbler, wabbles
WABBLER -; wabblers
WABBLY -; -
WABS swabs; -
WACK -; wacke, wacko, wacks, wacky
WACKE -; wackes
WACKIER -; -
WACKILY -; -
WACKO -; wackos
WAD -; wade, wadi, wads, wady
WADABLE -; -
WADDED -; -
WADDER -; wadders
WADDIE -; waddied, waadies
WADDING -; waddings
WADDLE swaddle, twaddle; waddled, waddler, waddles
WADDLED swaddled, twaddled; -
WADDLER twaddler; waddlers
WADDLES swaddles, twaddles; -
WADDLY -; -
WADDY -; -
WADE -; waded, wader, wades
WADER -; waders
WADI -; wadis
WADIES -; -
WADING -; -
WADMAAL -; wadmaals
WADMAL -; wadmals
WADMEL -; wadmels
WADMOL -; wadmoll, wadmols
WADMOLL -; wadmolls
WADSET -; wadsets
WAE twae; waes
WAEFUL -; -
WAENESS -; -
WAES twaes; -
WAESUCK -; waesucks
WAFER -; wafers, wafery
WAFERED -; -
WAFF -; waffs
WAFFED -; -
WAFFIE -; waffies
WAFFING -; -

WAFFLE	-; waffled, waffles
WAFFLY	-; -
WAFT	-; wafts
WAFTAGE	-; waftages
WAFTED	-; -
WAFTER	-; wafters
WAFTING	-; -
WAFTURE	-; waftures
WAG	swag; wage, wags
WAGE	swage; waged, wager, wages
WAGED	swaged; -
WAGER	swager; wagers
WAGERED	-; -
WAGERER	-; wagerers
WAGERS	swagers; -
WAGES	swages; -
WAGGED	swagged; -
WAGGER	swagger; waggers, waggery
WAGGERS	swaggers; -
WAGGING	swagging; -
WAGGISH	-; -
WAGGLE	-; waggled, waggles
WAGGLY	-; -
WAGGON	-; waggons
WAGING	swaging; -
WAGON	-; wagons
WAGONED	-; -
WAGONER	-; wagoners
WAGS	swags; -
WAGSOME	-; -
WAGTAIL	-; wagtails
WAHINE	-; wahines
WAHOO	-; wahoos
WAIF	-; waifs
WAIFED	-; -
WAIFING	-; -
WAIL	swail; wails
WAILED	-; -
WAILER	-; wailers
WAILFUL	-; -
WAILING	-; -
WAILS	swails; -
WAIN	swain, twain; wains
WAINS	swains, twains; -
WAIR	-; wairs
WAIRED	-; -
WAIRING	-; -
WAIST	-; waists
WAISTED	-; -
WAISTER	-; waisters
WAIT	await; waits
WAITED	awaited; -
WAITER	awaiter; waiters
WAITERS	awaiters; -
WAITING	-; waitings
WAITRON	-; waitrons
WAITS	awaits; -
WAIVE	-; waived, waiver, waives
WAIVER	-; waivers
WAIVING	-; -
WAKAME	-; wakames
WAKANDA	-; wakandas
WAKE	awake; waked, waken, waker, wakes
WAKED	awaked; -

WAKEFUL	-; -
WAKEN	awaken; wakens
WAKENED	awakened; -
WAKENER	awakener; wakeners
WAKENS	awakens; -
WAKER	-; wakers
WAKES	awakes; -
WAKIKI	-; wakikis
WAKING	awaking; -
WALE	swale; waled, waler, wales
WALER	-; walers
WALES	swales; -
WALIES	-; -
WALING	-; -
WALK	-; walks
WALKED	-; -
WALKER	-; walkers
WALKING	-; walkings
WALKOUT	-; walkouts
WALKUP	-; walkups
WALKWAY	-; walkways
WALL	-; walla, walls, wally
WALLA	-; wallah, wallas
WALLABY	-; -
WALLAH	-; wallahs
WALLED	-; -
WALLET	-; wallets
WALLEYE	-; walleyed, walleyes
WALLIE	-; wallies
WALLING	-; -
WALLOP	-; wallops
WALLOW	swallow; wallows
WALLOWS	swallows; -
WALNUT	-; walnuts
WALRUS	-; -
WALTZ	-; -
WALTZED	-; -
WALTZER	-; waltzers
WALTZES	-; -
WALY	-; -
WAMBLE	-; wambled, wambles
WAMBLY	-; -
WAME	-; wames
WAMEFOU	-; wamefous
WAMEFUL	-; wamefuls
WAMMUS	-; -
WAMPISH	-; -
WAMPUM	-; wampums
WAMPUS	-; -
WAMUS	-; -
WAMUSES	-; -
WAN	hwan, swan; wand, wane, wans, want, wany
WAND	-; wands
WANDER	-; wanders
WANDLE	-; -
WANE	-; waned, wanes, waney
WANGAN	-; wangans
WANGLE	twangle; wangled, wangler, wangles
WANGLED	twangled; -
WANGLER	twangler; wanglers
WANGLES	twangles; -
WANGUN	-; wanguns

WANIER -; -
WANIEST -; -
WANIGAN -; wanigans
WANING -; -
WANION -; wanions
WANLY -; -
WANNED swanned; -
WANNER -; -
WANNESS -; -
WANNEST -; -
WANNING swanning; -
WANS swans; -
WANT -; wants
WANTAGE -; wantages
WANTED -; -
WANTER -; wanters
WANTING -; -
WANTON -; wantons
WAP swap; waps
WAPITI -; wapitis
WAPPED swapped; -
WAPPING swapping; -
WAPS swaps; -
WAR -; ward, ware, wark, warm, warn, warp, wars, wart, wary
WARBLE -; warbled, warbler, warbles
WARBLER -; warblers
WARD award, sward; wards
WARDED awarded, swarded; -
WARDEN -; wardens
WARDER awarder; warders
WARDERS awarders; -
WARDING awarding, swarding; -
WARDS awards, swards; -
WARE aware, sware; wared, wares
WAREZ -; -
WARFARE -; warfares
WARHEAD -; warheads
WARIER -; -
WARIEST -; -
WARILY -; -
WARING -; -
WARISON -; warisons
WARK -; warks
WARKED -; -
WARKING -; -
WARLESS -; -
WARLIKE -; -
WARLOCK -; warlocks
WARLORD -; warlords
WARM swarm; warms
WARMED swarmed; -
WARMER swarmer; warmers
WARMERS swarmers; -
WARMEST -; -
WARMING swarming; -
WARMISH -; -
WARMLY -; -
WARMS swarms; -
WARMTH -; warmths
WARMUP -; warmups
WARN -; warns
WARNED -; -
WARNER -; warners
WARNING -; warnings
WARP -; warps

WARPAGE	-; warpages
WARPATH	-; warpaths
WARPED	-; -
WARPER	-; warpers
WARPING	-; -
WARRANT	-; warrants, warranty
WARRED	-; -
WARREN	-; warrens
WARRING	-; -
WARRIOR	-; warriors
WARSAW	-; warsaws
WARSHIP	-; warships
WARSLE	-; warsled, warsler, warsles
WARSLER	-; warslers
WARSTLE	-; warstled, warstler, warstles
WART	swart; warts, warty
WARTED	-; -
WARTHOG	-; warthogs
WARTIER	-; -
WARTIME	-; wartimes
WARTY	swarty; -
WARWORK	-; warworks
WARWORN	-; -
WAS	-; wash, wast
WASABI	-; wasabis
WASH	awash, swash; washy
WASHDAY	-; washdays
WASHED	swashed; -
WASHER	swasher; washers
WASHERS	swashers; -
WASHES	swashes; -
WASHIER	-; -
WASHING	swashing; washings
WASHOUT	-; washouts
WASHRAG	-; washrags
WASHTUB	-; washtubs
WASHUP	-; washups
WASP	-; wasps, waspy
WASPIER	-; -
WASPILY	-; -
WASPISH	-; -
WASSAIL	-; wassails
WAST	-; waste, wasts
WASTAGE	-; wastages
WASTE	-; wasted, waster, wastes
WASTER	-; wasters, wastery
WASTING	-; -
WASTREL	-; wastrels
WASTRIE	-; wastries
WASTRY	-; -
WAT	swat, twat; wats, watt
WATAP	-; watape, wataps
WATAPE	-; watapes
WATCH	swatch; -
WATCHED	-; -
WATCHER	-; watchers
WATCHES	swatches; -
WATER	-; waters, watery
WATERED	-; -
WATERER	-; waterers
WATS	swats, twats; -
WATT	-; watts
WATTAGE	-; wattages

WATTAPE -; wattapes
WATTER swatter; -
WATTEST -; -
WATTLE twattle; wattled, wattles
WATTLED twattled; -
WATTLES twattles; wattless
WAUCHT -; wauchts
WAUGH -; waught
WAUGHT -; waughts
WAUK -; wauks
WAUKED -; -
WAUKING -; -
WAUL -; wauls
WAULED -; -
WAULING -; -
WAUR -; -
WAVE -; waved, waver, waves, wavey
WAVELET -; wavelets
WAVEOFF -; waveoffs
WAVER -; wavers, wavery
WAVERED -; -
WAVERER -; waverers
WAVEY -; waveys
WAVICLE -; wavicles
WAVIER -; -
WAVIES -; waviest
WAVILY -; -
WAVING -; -
WAVY -; -
WAW -; wawl, waws
WAWL -; wawls
WAWLED -; -
WAWLING -; -
WAX -; waxy
WAXBILL -; waxbills
WAXED -; -
WAXEN -; -
WAXER -; waxers
WAXIER -; -
WAXIEST -; -
WAXILY -; -
WAXING -; waxings
WAXLIKE -; -
WAXWEED -; waxweeds
WAXWING -; waxwings
WAXWORK -; waxworks
WAXWORM -; waxworms
WAY away, sway; ways
WAYBILL -; waybills
WAYLAID -; -
WAYLAY -; waylays
WAYLESS -; -
WAYSIDE -; waysides
WAYWARD -; -
WAYWORN -; -
WAYS sways; -
WE awe, ewe, owe; web, wed, wee, wen, wet
WEAK tweak; -
WEAKEN -; weakens
WEAKER -; -
WEAKEST -; -
WEAKISH -; -
WEAKLY -; -
WEAKON -; weakons
WEAL -; weald, weals
WEALD -; wealds
WEALTH -; wealths, wealthy

WEAN -; weans
WEANED -; -
WEANER -; weaners
WEANING -; -
WEAPON -; weapons
WEAR swear; wears, weary
WEARER swearer; wearers
WEARERS swearers; -
WEARIED -; -
WEARIER -; -
WEARIES -; weariest
WEARILY -; -
WEARING swearing; -
WEARISH -; -
WEARS swears; -
WEARY aweary; -
WEASAND -; weasands
WEASEL -; weasels
WEASON -; weasons
WEATHER aweather; weathers
WEAVE -; weaved, weaver, weaves
WEAVER -; weavers
WEAVING -; -
WEAZAND -; weazands
WEB -; webs
WEBBED -; -
WEBBIER -; -
WEBBING -; webbings
WEBBY -; -
WEBCAM -; webcams
WEBCAST -; webcasts
WEBER -; webers
WEBFED -; -
WEBFEET -; -
WEBFOOT -; -
WEBINAR -; webinars
WEBLESS -; -
WEBLIKE -; -
WEBLOG -; weblogs
WEBPAGE -; webpages
WEBSITE -; websites
WEBSTER -; websters
WEBWORK -; webworks
WEBWORM -; webworms
WEBZINE -; webzines
WECHT -; wechts
WED awed, owed; weds
WEDDED -; -
WEDDER -; wedders
WEDDING -; weddings
WEDEL -; wedeln, wedels
WEDELED -; -
WEDELN -; wedelns
WEDGE -; wedged, wedges
WEDGIE -; wedgier, wedgies
WEDGIES -; wedgiest
WEDGING -; -
WEDGY -; -
WEDLOCK -; wedlocks
WEE awee, twee; weed, week, weel, ween, weep, weer, wees, weet
WEED tweed; weeds, weedy
WEEDED -; -
WEEDER -; weeders
WEEDIER tweedier; -

WEEDILY	-; -
WEEDING	-; -
WEEDS	tweeds; -
WEEDY	tweedy; -
WEEK	-; weeks
WEEKDAY	-; weekdays
WEEKEND	-; weekends
WEEKLY	-; -
WEEL	-; -
WEEN	tween; weens, weeny
WEENED	-; -
WEENIE	-; weenies
WEENING	-; -
WEENS	-; weensy
WEENY	sweeny; -
WEEP	sweep; weeps, weepy
WEEPER	sweeper; weepers
WEEPERS	sweepers; -
WEEPIE	-; weepier, weepies
WEEPIER	sweepier; -
WEEPING	sweeping; -
WEEPS	sweeps; -
WEEPY	sweepy; -
WEER	sweer; -
WEES	-; weest
WEET	sweet, tweet; weets
WEETED	tweeted; -
WEETING	tweeting; -
WEETS	sweets, tweets; -
WEEVER	-; weevers
WEEVIL	-; weevils, weevily
WEEWEE	-; weeweed, weewees
WEFT	-; wefts
WEIGELA	-; weigelas
WEIGH	aweigh; weighs, weight
WEIGHED	-; -
WEIGHER	-; weighers
WEIGHT	-; weights, weighty
WEINER	-; weiners
WEIR	-; weird, weirs
WEIRD	-; weirdo, weirds, weirdy
WEIRDIE	-; weirdies
WEIRDLY	-; -
WEIRDO	-; weirdos
WEKA	-; wekas
WELCH	-; -
WELCHED	-; -
WELCHER	-; welchers
WELCHES	-; -
WELCOME	-; welcomed, welcomer, welcomes
WELD	-; welds
WELDED	-; -
WELDER	-; welders
WELDING	-; -
WELDOR	-; weldors
WELFARE	-; welfares
WELKIN	-; welkins
WELL	dwell, swell; wells, welly
WELLED	dwelled, swelled; -
WELLIE	-; wellies
WELLING	dwelling, swelling; -

WELLS	dwells, swells; -
WELSH	-; -
WELSHED	-; -
WELSHER	-; welshers
WELSHES	-; -
WELT	dwelt; welts
WELTED	-; -
WELTER	swelter; welters
WELTERS	swelters; -
WELTING	-; weltings
WEN	-; wend, wens, went
WENCH	-; -
WENCHED	-; -
WENCHER	-; wenchers
WENCHES	-; -
WEND	-; wends
WENDED	-; -
WENDIGO	-; wendigos
WENDING	-; -
WENNIER	-; -
WENNISH	-; -
WENNY	-; -
WEPT	swept; -
WERE	-; -
WERGELD	-; wergelds
WERGELT	-; wergelts
WERGILD	-; wergilds
WERT	-; -
WERWOLF	-; -
WESKIT	-; weskits
WESSAND	-; wessands
WEST	-; wests
WESTER	-; western, westers
WESTERN	-; westerns
WESTING	-; westings
WET	-; wets
WETA	-; wetas
WETHER	-; wethers
WETLAND	-; wetlands
WETLY	-; -
WETNESS	-; -
WETSUIT	-; wetsuits
WETTED	-; -
WETTER	-; wetters
WETTEST	-; -
WETTING	-; wettings
WETTISH	-; -
WHA	-; wham, whap, what
WHACK	-; whacko, whacks, whacky
WHACKED	-; -
WHACKER	-; whackers
WHACKO	-; whackos
WHALE	-; whaled, whaler, whales
WHALER	-; whalers
WHALING	-; whalings
WHAM	-; whamo, whams
WHAMMED	-; -
WHAMMO	-; -
WHAMMY	-; -
WHANG	-; whangs
WHANGED	-; -
WHANGEE	-; whangees
WHAP	-; whaps
WHAPPED	-; -
WHAPPER	-; whappers
WHARF	-; wharfs
WHARFED	-; -
WHARVE	-; wharves
WHAT	-; whats
WHATNOT	-; whatnots

WHATSIS -; -
WHATSIT -; -
WHAUP -; whaups
WHEAL -; wheals
WHEAT -; wheats
WHEATEN -; -
WHEE -; wheel, wheen, wheep
WHEEDLE -; wheedled, wheedler, wheedles
WHEEL -; wheels
WHEELED -; -
WHEELER -; wheelers
WHEELIE -; wheelies
WHEEN -; wheens
WHEEP -; wheeps
WHEEPED -; -
WHEEPLE -; wheepled, wheeples
WHEEZE -; wheezed, wheezer, wheezes
WHEEZER -; wheezers
WHEEZY -; -
WHELK -; whelks, whelky
WHELM -; whelms
WHELMED -; -
WHELP -; whelps
WHELPED -; -
WHEN -; whens
WHENAS -; -
WHENCE -; -
WHERE -; wheres
WHEREAS -; -
WHEREAT -; -
WHEREBY -; -
WHEREIN -; -
WHEREOF -; -
WHEREON -; -
WHERETO -; -
WHERRY -; -
WHERVE -; wherves
WHET -; whets
WHETHER -; whethers
WHETTED -; -
WHETTER -; whetters
WHEW -; whews
WHEY -; wheys
WHEYEY -; -
WHEYISH -; -
WHICH -; -
WHICKER -; whickers
WHID -; whids
WHIDAH -; whidahs
WHIDDED -; -
WHIFF -; whiffs
WHIFFED -; -
WHIFFER -; whiffers
WHIFFET -; whiffets
WHIFFLE -; whiffled, whiffler, whiffles
WHIG -; whigs
WHILE awhile; whiled, whiles
WHILING -; -
WHILOM -; -
WHILST -; -
WHIM -; whims
WHIMPER -; whimpers
WHIMS -; whimsy
WHIMSEY -; whimseys
WHIMSY -; -
WHIN -; whine, whins
WHINE -; whined, whiner,

	whines, whiney
WHINER	-; whiners
WHINGE	-; whinged, whinges
WHINGY	-; -
WHINIER	-; -
WHINING	-; -
WHINNY	-; -
WHINY	-; -
WHIP	-; whips, whipt
WHIPPED	-; -
WHIPPER	-; whippers
WHIPPET	-; whippets
WHIPPY	-; -
WHIPRAY	-; whiprays
WHIPSAW	-; whipsawn, whipsaws
WHIR	-; whirl, whirr, whirs
WHIRL	awhirl; whirls, whirly
WHIRLED	-; -
WHIRLER	-; whirlers
WHIRLY	-; -
WHIRR	-; whirrs, whirry
WHIRRED	-; -
WHIRRY	-; -
WHISH	-; whisht
WHISHED	-; -
WHISHES	-; -
WHISHT	-; whishts
WHISK	-; whisks, whisky
WHISKED	-; -
WHISKER	-; whiskers, whiskery
WHISKEY	-; whiskeys
WHISPER	-; whispers, whispery
WHIST	-; whists
WHISTED	-; -
WHISTLE	-; whistled, whistler, whistles
WHIT	-; white, whits, whity
WHITE	-; whited, whiten, whiter, whites, whitey
WHITELY	-; -
WHITEN	-; whitens
WHITES	-; whitest
WHITEY	-;
WHITHER	-; -
WHITING	-; whitings
WHITISH	-; -
WHITLOW	-; whitlows
WHITTER	-; whitters
WHITTLE	-; whittled, whittler, whittles
WHITY	-; -
WHIZ	-; whizz
WHIZZED	-; -
WHIZZER	-; whizzers
WHIZZES	-; -
WHO	-; whoa, whom, whop
WHOEVER	-; -
WHOLE	-; wholes
WHOLISM	-; wholisms
WHOLLY	-; -
WHOM	-; whomp
WHOMP	-; whomps
WHOMPED	-; -

WHOMSO -; -
WHOOF -; whoofs
WHOOFED -; -
WHOOP -; whoops
WHOOPED -; -
WHOOPEE -; whoopees
WHOOPER -; whoopers
WHOOPLA -; whooplas
WHOOSH -; -
WHOOSIS -; -
WHOP -; whops
WHOPPED -; -
WHOPPER -; whoppers
WHORE -; whored, whores
WHORING -; -
WHORISH -; -
WHORL -; whorls
WHORLED -; -
WHORT -; whorts
WHORTLE -; whortles
WHOSE -; -
WHOSIS -; -
WHOSO -; -
WHUMP -; whumps
WHUMPED -; -
WHUP -; -
WHUPPED -; -
WHY -; whys
WHYDAH -; whydahs
WICCA -; wiccas
WICCAN -; wiccans
WICH -; -
WICHES -; -
WICK -; wicks
WICKAPE -; wickapes
WICKED -; -
WICKER -; wickers
WICKET -; wickets
WICKING -; wickings
WICKIUP -; wickiups
WICKYUP -; wickyups
WICOPY -; -
WIDDER -; widders
WIDDIE -; widdies
WIDDLE twiddle; widdled, widdles
WIDDLED twiddled; -
WIDDLES twiddles; -
WIDDY -; -
WIDE -; widen, wider, wides
WIDELY -; -
WIDEN -; widens
WIDENED -; -
WIDENER -; wideners
WIDEOUT -; -
WIDES -; widest
WIDGEON -; widgeons
WIDGET -; widgets
WIDISH -; -
WIDOW -; widows
WIDOWED -; -
WIDOWER -; widowers
WIDTH -; widths
WIELD -; wields, wieldy
WIELDED -; -
WIELDER -; wielders
WIENER -; wieners
WIENIE -; wienies
WIFE -; wifed, wifes
WIFEDOM -; wifedoms
WIFELY -; -
WIFING -; -
WIFTIER -; -
WIFTY -; -

WIG	swig, twig; wigs
WIGAN	-; wigans
WIGEON	-; wigeons
WIGGED	swigged, twigged; -
WIGGERY	-; -
WIGGIER	-; -
WIGGING	swigging, twigging; wiggings
WIGGLE	-; wiggled, wiggler, wiggles
WIGGLER	-; wigglers
WIGGLY	-; -
WIGGY	twiggy; -
WIGHT	-; wights
WIGLESS	-; -
WIGLET	-; wiglets
WIGLIKE	twiglike; -
WIGS	swigs, twigs; -
WIGWAG	-; wigwags
WIGWAM	-; wigwams
WIKIUP	-; wikiups
WILCO	-; -
WILD	-; wilds
WILDCAT	-; wildcats
WILDED	-; -
WILDER	-; wilders
WILDEST	-; -
WILDING	-; wildings
WILDISH	-; -
WILDLY	-; -
WILE	-; wiled, wiles
WILFUL	-; -
WILIER	-; -
WILIEST	-; -
WILILY	-; -
WILING	-; -
WILL	swill, twill; wills, willy
WILLED	swilled, twilled; -
WILLER	swiller; willers
WILLERS	swillers; -
WILLET	-; willets
WILLFUL	-; -
WILLIED	-; -
WILLIES	-; -
WILLING	swilling, twilling; -
WILLOW	-; willows, willowy
WILLS	swills, twills; -
WILT	-; wilts
WILTED	-; -
WILTING	-; -
WILY	-; -
WIMBLE	-; wimbled, wimbles
WIMP	-; wimps, wimpy
WIMPISH	-; -
WIMPLE	-; wimpled, wimples
WIN	twin; wind, wine, wing, wink, wino, wins, winy
WINCE	-; winced, wincer, winces, wincey
WINCER	-; wincers
WINCEY	-; winceys
WINCH	-; -
WINCHED	-; -
WINCHER	-; winchers

WINCHES	-; -
WINCING	-; -
WIND	-; winds, windy
WINDAGE	-; windages
WINDBAG	-; windbags
WINDED	-; -
WINDER	-; winders
WINDIER	-; -
WINDIGO	-; windigos
WINDILY	-; -
WINDING	-; windings
WINDLE	dwindle, swindle; windled, windles
WINDLED	dwindled, swindled; -
WINDLES	dwindles, swindles; windless
WINDOW	-; windows, windowy
WINDOWY	-; -
WINDROW	-; windrows
WINDUP	-; windups
WINDWAY	-; windways
WINE	dwine, swine, twine; wined, wines, winey
WINED	dwined, twined; -
WINERY	-; -
WINES	dwines, swines, twines; -
WINESAP	-; winesaps
WINESOP	-; winesops
WING	awing, owing, swing; wings, wingy
WINGBOW	-; wingbows
WINGED	swinged, twinged; -
WINGER	swinger; wingers
WINGERS	swingers; -
WINGIER	swingier; -
WINGING	swinging, twinging; -
WINGLET	-; winglets
WINGMAN	-; -
WINGMEN	-; -
WINGNUT	-; wingnuts
WINGS	owings, swings; -
WINGTIP	-; wingtips
WINGY	swingy; -
WINIER	twinier; -
WINIEST	twiniest; -
WINING	dwining, twining; -
WINISH	swinish; -
WINK	swink; winks
WINKED	swinked; -
WINKER	-; winkers
WINKING	swinking; -
WINKLE	twinkle; winkled, winkles
WINKLED	twinkled
WINKLES	twinkles; -
WINKS	swinks; -
WINNED	twinned; -
WINNER	-; winners
WINNING	twinning; winnings
WINNOCK	-; winnocks

WINNOW	-; winnows
WINO	-; winos
WINOES	-; -
WINS	twins; -
WINSOME	-; winsomer
WINTER	-; winters, wintery
WINTLE	-; wintled, wintles
WINTRY	-; -
WINY	twiny; -
WINZE	-; winzes
WIPE	swipe; wiped, wiper, wipes
WIPED	swiped; -
WIPEOUT	-; wipeouts
WIPER	-; wipers
WIPES	swipes; -
WIPING	swiping; -
WIRABLE	-; -
WIRE	-; wired, wirer, wires
WIREMAN	-; -
WIREMEN	-; -
WIRER	-; wirers
WIRETAP	-; wiretaps
WIREWAY	-; wireways
WIRIER	-; -
WIRIEST	-; -
WIRILY	-; -
WIRING	-; wirings
WIRRA	-; -
WIRY	-; -
WIS	iwis, ywis; wise, wish, wisp, wiss, wist
WISDOM	-; wisdoms
WISE	-; wised, wiser, wises
WISEASS	-; -
WISELY	-; -
WISENT	-; wisents
WISER	-; -
WISES	-; wisest
WISH	swish; wisha
WISHED	swished; -
WISHER	swisher; wishers
WISHERS	swishers; -
WISHES	swishes; -
WISHFUL	-; -
WISHING	swishing; -
WISING	-; -
WISP	-; wisps, wispy
WISPED	-; -
WISPIER	-; -
WISPILY	-; -
WISPING	-; -
WISPISH	-; -
WISS	swiss; -
WISSED	-; -
WISSES	swisses; -
WISSING	-; -
WIST	twist; wists
WISTED	twisted; -
WISTFUL	-; -
WISTING	twisting; -
WISTS	twists; -
WIT	twit; wite, with, wits
WITAN	-; -
WITCH	switch, twitch; witchy
WITCHED	switched, twitched; -
WITCHES	switches, twitches; -
WITCHY	twitchy; -

WITE	-; wited, witen, wites
WITH	swith; withe, withy
WITHAL	-; -
WITHE	swithe; withed, wither, withes
WITHER	swither; withers
WITHERS	swithers; -
WITHIER	-; -
WITHIES	-; withiest
WITHIN	-; withing, withins
WITHOUT	-; withouts
WITING	-; -
WITLESS	-; -
WITLING	-; witlings
WITLOOF	-; witloofs
WITNESS	-; -
WITNEY	-; witneys
WITS	twits; -
WITTED	twitted; -
WITTIER	-; -
WITTILY	-; -
WITTING	twitting; wittings
WITTOL	-; wittols
WITTY	-; -
WIVE	swive; wived, wiver, wives
WIVED	swived; -
WIVER	-; wivern, wivers
WIVERN	-; wiverns
WIVES	swives; -
WIVING	swiving; -
WIZ	-; -
WIZARD	-; wizards
WIZEN	-; wizens
WIZENED	-; -
WIZES	-; -
WIZZEN	-; wizzens
WO	two; woe, wog, wok, won, woo, wos, wot, wow
WOAD	-; woads
WOADED	-; -
WOADWAX	-; -
WOALD	-; woalds
WOBBLE	-; wobbled, wobbler, wobbles
WOBBLER	-; wobblers
WOBBLY	-; -
WODGE	-; wodges
WOE	-; woes
WOEFUL	-; -
WOENESS	-; -
WOESOME	-; -
WOFUL	-; -
WOFULLY	-; -
WOK	-; woke, woks
WOKE	awoke; woken
WOKEN	awoken; -
WOLD	-; wolds
WOLF	-; wolfs
WOLFED	-; -
WOLFER	-; wolfers
WOLFING	-; -
WOLFISH	-; -
WOLFRAM	-; wolframs
WOLVER	-; wolvers
WOLVES	-; -
WOMAN	-; womans

WOMANED	-; -
WOMANLY	-; -
WOMB	-; wombs, womby
WOMBAT	-; wombats
WOMBED	-; -
WOMBIER	-; -
WOMEN	-; -
WOMERA	-; womeras
WOMMERA	-; wommeras
WOMYN	-; -
WON	-; wonk, wons, wont
WONDER	-; wonders
WONK	-; wonks, wonky
WONKIER	-; -
WONNED	-; -
WONNER	-; wonners
WONNING	-; -
WONT	-; wonts
WONTED	-; -
WONTING	-; -
WONTON	-; wontons
WOO	-; wood, woof, wool, woos
WOOD	-; woods, woody
WOODBIN	-; woodbind, woodbine, woodbins
WOODBOX	-; -
WOODCUT	-; woodcuts
WOODED	-; -
WOODEN	-; -
WOODHEN	-; woodhens
WOODIE	-; woodier, woodies
WOODIES	-; woodiest
WOODING	-; -
WOODLOT	-; woodlots
WOODMAN	-; -
WOODMEN	-; -
WOODRAT	-; woodrats
WOODS	-; woodsy
WOODSIA	-; woodsias
WOODWAX	-; -
WOOED	-; -
WOOER	-; wooers
WOOF	-; woofs
WOOFED	-; -
WOOFER	-; woofers
WOOFING	-; -
WOOING	-; -
WOOL	-; wools, wooly
WOOLED	-; -
WOOLEN	-; woolens
WOOLER	-; woolers
WOOLHAT	-; woolhats
WOOLIE	-; woolier, woolies
WOOLIES	-; wooliest
WOOLLEN	-; woollens
WOOLLY	-; -
WOOLMAN	-; -
WOOLMEN	-; -
WOOMERA	-; woomeras
WOONERF	-; woonerfs
WOOPS	swoops; -
WOORALI	-; wooralis
WOORARI	-; wooraris
WOOSH	swoosh; -
WOOSHED	swooshed; -
WOOSHES	swooshes; -
WOOZIER	-; -
WOOZILY	-; -
WOOZY	-; -

WORD	sword; words, wordy
WORDAGE	-; wordages
WORDED	-; -
WORDIER	-; -
WORDILY	-; -
WORDING	-; wordings
WORDS	swords; -
WORE	swore; -
WORK	-; works
WORKBAG	-; workbags
WORKBOX	-; -
WORKDAY	-; workdays
WORKED	-; -
WORKER	-; workers
WORKING	-; workings
WORKMAN	-; -
WORKMEN	-; -
WORKOUT	-; workouts
WORKTOP	-; worktops
WORKUP	-; workups
WORLD	-; worlds
WORLDLY	-; -
WORM	-; worms, wormy
WORMED	-; -
WORMER	-; wormers
WORMIER	-; -
WORMIL	-; wormils
WORMING	-; -
WORMISH	-; -
WORN	sworn; -
WORRIED	-; -
WORRIER	-; worriers
WORRIES	-; -
WORRIT	-; worrits
WORRY	-; -
WORSE	-; worsen, worser, worses, worset
WORSEN	-; worsens
WORSET	-; worsets
WORSHIP	-; worships
WORST	-; worsts
WORSTED	-; worsteds
WORT	-; worth, worts
WORTH	-; worths, worthy
WORTHED	-; -
WOS	twos; wost
WOT	swot; wots
WOTS	swots; -
WOTTED	swotted; -
WOTTING	swotting; -
WOULD	-; -
WOULDST	-; -
WOUND	swound; wounds
WOUNDED	swounded; -
WOUNDS	swounds; -
WOVE	-; woven
WOW	-; wows
WOWED	-; -
WOWING	-; -
WOWSER	-; wowsers
WRACK	-; wracks
WRACKED	-; -
WRAITH	-; wraiths
WRANG	-; wrangs
WRANGLE	-; wrangled, wrangler, wrangles
WRAP	-; wraps, wrapt
WRAPPED	-; -
WRAPPER	-; wrappers

WRASSE	-; wrasses
WRASSLE	-; wrassled, wrassles
WRASTLE	-; wrastled, wrastles
WRATH	-; wraths, wrathy
WRATHED	-; -
WREAK	-; wreaks
WREAKED	-; -
WREAKER	-; wreakers
WREATH	-; wreathe, wreaths, wreathy
WREATHE	-; wreathed, wreathen, wreathes
WRECK	-; wrecks
WRECKED	-; -
WRECKER	-; wreckers
WREN	-; wrens
WRENCH	-; -
WREST	-; wrests
WRESTED	-; -
WRESTER	-; wresters
WRESTLE	-; wrestled, wrestler, wrestles
WRETCH	-; -
WRICK	-; wricks
WRICKED	-; -
WRIED	-; -
WRIER	-; -
WRIES	-; wriest
WRIGGLE	-; wriggled, wriggler, wriggles
WRIGGLY	-; -
WRIGHT	-; wrights
WRING	-; wrings
WRINGED	-; -
WRINGER	-; wringers
WRINKLE	-; wrinkled, wrinkles
WRINKLY	-; -
WRIST	-; wrists, wristy
WRIT	-; write, writs
WRITE	-; writer, writes
WRITER	-; writers
WRITHE	-; writhed, writhen, writher, writhes
WRITHER	-; writhers
WRITING	-; writings
WRITTEN	-; -
WRONG	-; wrongs
WRONGED	-; -
WRONGER	-; wrongers
WRONGLY	-; -
WROTE	-; -
WROTH	-; -
WROUGHT	-; -
WRUNG	-; -
WRY	-; -
WRYER	-; -
WRYEST	-; -
WRYING	-; -
WRYLY	-; -
WRYNECK	-; wrynecks
WRYNESS	-; -
WUD	-; -
WUDDIES	-; -
WUDDY	-; -
WURST	-; wursts
WURZEL	-; wurzels

WUSHU -; -
WUSS -; wussy
WUSSES -; -
WUSSY -; -
WUTHER -; wuthers
WYCH -; -
WYCHES -; -
WYE -; wyes
WYLE -; wyled, wyles
WYLING -; -
WYN -; wynd, wynn, wyns
WYND -; wynds
WYNN -; wynns
WYSIWYG -; -
WYTE -; wyted, wytes
WYTING -; -
WYVERN -; wyverns

X

X ax, ex, ox; xi, xu
XANTHAN -; xanthans
XANTHIC -; -
XANTHIN -; xanthine, xanthins
XEBEC -; xebecs
XENIA -; xenial, xenias
XENIC axenic; -
XENON -; xenons
XENOPUS -; -
XERARCH -; -
XERIC -; -
XEROSES -; -
XEROSIS -; -
XEROTIC -; -
XEROX -; -
XERUS -; -
XERUSES -; -
XI -; xis
XIPHOID -; xiphoids
XU -; -
XYLAN -; xylans
XYLEM -; xylems
XYLENE -; xylenes
XYLIDIN -; xylidine, xylidins
XYLITOL -; xylitols
XYLOID -; -
XYLOL -; xylols
XYLOSE -; xyloses
XYLYL -; xylyls
XYST -; xysti, xysts
XYSTER -; xysters
XYSTI -; -
XYSTOI -; -
XYSTOS -; -
XYSTUS -; -

Y

Y ay, by, my, oy; ya, ye
YA pya, rya; yah, yak, yam, yap, yar, yaw, yay
YABBER -; yabbers

YABBIES	-; -
YABBY	-; -
YACHT	-; yachts
YACHTED	-; -
YACHTER	-; yachters
YACK	kyack; yacks
YACKED	-; -
YACKING	-; -
YACKS	kyacks; -
YAFF	-; yaffs
YAFFED	-; -
YAFFING	-; -
YAGE	-; yages
YAGER	-; yagers
YAGI	-; yagis
YAH	ayah; -
YAHOO	-; yahoos
YAIRD	-; yairds
YAK	-; yaks
YAKKED	-; -
YAKKER	-; yakkers
YAKKING	-; -
YAKUZA	-; -
YALD	-; -
YAM	-; yams
YAMALKA	-; yamalkas
YAMEN	-; yamens
YAMMER	-; yammers
YAMULKA	-; yamulkas
YAMUN	-; yamuns
YANG	-; yangs
YANK	-; yanks
YANKED	-; -
YANKING	-; -
YANQUI	-; yanquis
YANTRA	-; yantras
YAP	-; yaps
YAPOCK	-; yapocks
YAPOK	-; yapoks
YAPON	-; yapons
YAPPED	-; -
YAPPER	-; yappers
YAPPING	-; -
YAR	kyar; yard, yare, yarn
YARAK	-; yaraks
YARD	lyard; yards
YARDAGE	-; yardages
YARDARM	-; yardarms
YARDED	-; -
YARDER	-; yarders
YARDING	-; -
YARDMAN	-; -
YARDMEN	-; -
YARE	-; yarer
YARELY	-; -
YAREST	-; -
YARN	-; yarns
YARNED	-; -
YARNER	-; yarners
YARNING	-; -
YARROW	-; yarrows
YASHMAC	-; yashmacs
YASHMAK	-; yashmaks
YASMAK	-; yasmaks
YATAGAN	-; yatagans
YATTER	-; yatters
YAUD	-; yauds
YAULD	-; -
YAUP	-; yaups
YAUPED	-; -
YAUPER	-; yaupers
YAUPING	-; -
YAUPON	-; yaupons
YAUTIA	-; yautias
YAW	-; yawl, yawn, yawp, yaws
YAWEY	-; -

YAWL	-; yawls
YAWLED	-; -
YAWLING	-; -
YAWN	-; yawns
YAWNED	-; -
YAWNER	-; yawners
YAWNING	-; -
YAWP	-; yawps
YAWPED	-; -
YAWPER	-; yawpers
YAWPING	-; yawpings
YAY	-; yays
YCLAD	-; -
YCLEPED	-; -
YCLEPT	-; -
YE	aye, bye, dye, eye, lye, pye, rye, tye, wye; yea, yeh, yen, yep, yes, yet, yew
YEA	-; yeah, yean, year, yeas
YEALING	-; yealings
YEAN	-; yeans
YEANED	-; -
YEANING	-; -
YEAR	-; yearn, years
YEAREND	-; yearends
YEARLY	-; -
YEARN	-; yearns
YEARNED	-; -
YEARNER	-; yearners
YEAST	-; yeasts, yeasty
YEASTED	-; -
YECCH	-; yecchs
YECH	-; yechs, yechy
YEELIN	-; yeelins
YEGG	-; yeggs
YEGGMAN	-; -
YEGGMEN	-; -
YEH	-; -
YELD	-; -
YELK	-; yelks
YELL	-; yells
YELLED	-; -
YELLER	-; yellers
YELLING	-; -
YELLOW	-; yellows, yellowy
YELP	-; yelps
YELPED	-; -
YELPER	-; yelpers
YELPING	-; -
YEN	eyen; yens
YENNED	-; -
YENNING	-; -
YENTA	-; yentas
YENTE	-; yentes
YEOMAN	-; -
YEOMEN	-; -
YEOW	-; -
YEP	-; -
YERBA	-; yerbas
YERK	-; yerks
YERKED	-; -
YERKING	-; -
YES	ayes, byes, dyes, eyes, lyes, oyes, pyes, ryes, tyes, wyes; -
YESHIVA	-; yeshivah, yeshivas
YESSED	-; -
YESSES	oyesses; yessess

YESSING	-; -
YESTER	-; yestern
YET	-; yeti, yett
YETI	-; yetis
YETT	-; yetts
YEUK	-; yeuks, yeuky
YEUKED	-; -
YEUKING	-; -
YEW	-; yews
YIELD	-; yields
YIELDED	-; -
YIELDER	-; yielders
YIKES	-; -
YILL	-; yills
YIN	ayin, pyin; yins
YINCE	-; -
YINS	ayins, pyins; -
YIP	-; yipe, yips
YIPE	-; yipes
YIPPED	-; -
YIPPEE	-; -
YIPPIE	-; yippies
YIPPING	-; -
YIRD	-; yirds
YIRR	-; yirrs
YIRRED	-; -
YIRRING	-; -
YIRTH	-; yirths
YLEM	xylem; ylems
YLEMS	xylems; -
YO	-; yob, yod, yok, yom, yon, you, yow
YOB	-; yobs
YOBBERY	-; -
YOBBISH	-; -
YOBBO	-; yobbos
YOCK	-; yocks
YOCKED	-; -
YOD	-; yodh, yods
YODEL	-; yodels
YODELED	-; -
YODELER	-; yodelers
YODH	-; yodhs
YODLE	-; yodled, yodler, yodles
YODLER	-; yodlers
YOGA	-; yogas
YOGEE	-; yogees
YOGH	-; yoghs
YOGHURT	-; yoghurts
YOGI	-; yogic, yogin, yogis
YOGIN	-; yogini, yogins
YOGINI	-; yoginis
YOGURT	-; yogurts
YOHIMBE	-; yohimbes
YOICKS	-; -
YOK	-; yoke, yoks
YOKE	-; yoked, yokel, yokes
YOKEL	-; yokels
YOKING	-; -
YOLK	-; yolks, yolky
YOLKED	-; -
YOLKIER	-; -
YOM	-; -
YOMIM	-; -
YON	-; yond, yoni
YONDER	-; -
YONI	-; yonic, yonis
YONKER	-; yonkers
YONKS	-; -
YOOF	-; yoofs
YORE	-; yores
YOU	-; your
YOUNG	-; youngs

YOUNGER -; youngers
YOUNKER -; younkers
YOUPON -; youpons
YOUR -; yourn, yours
YOUSE -; -
YOUTH -; youths
YOUTHEN -; youthens
YOW -; yowe, yowl, yows
YOWE -; yowed, yowes
YOWIE -; yowies
YOWING -; -
YOWL -; yowls
YOWLED -; -
YOWLER -; yowlers
YOWLING -; -
YOWZA -; -
YPERITE -; yperites
YTTRIA -; yttrias
YTTRIC -; -
YTTRIUM -; yttriums
YUAN -; yuans
YUCCA -; yuccas
YUCCH -; -
YUCH -; -
YUCK -; yucks, yucky
YUCKED -; -
YUCKES -; -
YUCKIER -; -
YUCKING -; -
YUGA -; yugas
YUK -; yuks
YUKATA -; yukatas
YUKE -; yuked, yukes
YUKING -; -
YUKKED -; -
YUKKING -; -
YUKKY -; -
YULAN -; yulans
YULE -; yules
YUM -; -
YUMMIER -; -
YUMMIES -; yummiest
YUMMY -; -
YUP -; -
YUPON -; yupons
YUPPIE -; yuppies
YUPPY -; -
YURT -; yurta, yurts
YUTZ -; -
YUZU -; yuzus
YWIS -; -

Z

Z -; za
ZA -; zas
ZACATON -; zacatons
ZADDICK -; -
ZADDIK tzaddik; -
ZAFFAR -; zaffars
ZAFFER -; zaffers
ZAFFIR -; zaffirs
ZAFFRE -; zaffres
ZAFTIG -; -
ZAG -; zags
ZAGGED -; -
ZAGGING -; -
ZAIDA -; zaidas

ZAIDEH	-; zaidehs
ZAIDIES	-; -
ZAIDY	-; -
ZAIKAI	-; zaikais
ZAIRE	-; zaires
ZAKAT	-; zakats
ZAMARRA	-; zamarras
ZAMARRO	-; zamarros
ZAMIA	-; zamias
ZANANA	-; zananas
ZANDER	-; zanders
ZANIER	-; -
ZANIES	-; zaniest
ZANILY	-; -
ZANY	-; -
ZANYISH	-; -
ZANZA	-; zanzas
ZAP	-; zaps
ZAPATEO	-; zapateos
ZAPPED	-; -
ZAPPER	-; zappers
ZAPPING	-; -
ZAPPY	-; -
ZAPTIAH	-; zaptiahs
ZAPTIEH	-; zaptiehs
ZAREBA	-; zarebas
ZAREEBA	-; zareebas
ZARF	-; zarfs
ZARIBA	-; zaribas
ZAX	-; -
ZAXES	-; -
ZAYIN	-; zayins
ZAZEN	-; zazens
ZEAL	-; zeals
ZEALOT	-; zealots
ZEATIN	-; zeatins
ZEBEC	-; zebeck, zebecs
ZEBECK	-; zebecks
ZEBRA	-; zebras,
ZEBRAIC	-; -
ZEBRAS	-; zebrass
ZEBRINE	-; -
ZEBROID	-; -
ZEBU	-; zebus
ZECCHIN	-; zecchini, zecchino, zecchins
ZECHIN	-; zechins
ZED	-; zeds
ZEDOARY	-; -
ZEE	-; zees
ZEIN	-; zeins
ZEK	-; zeks
ZELKOVA	-; zelkovas
ZEMSTVO	-; zemstvos
ZEN	-; -
ZENAIDA	-; zenaidas
ZENANA	-; zenanas
ZENDO	-; zendos
ZENITH	-; zeniths
ZEOLITE	-; zeolites
ZEP	-; zeps
ZEPHYR	-; zephyrs
ZERK	-; zerks
ZERO	-; zeros
ZEROED	-; -
ZEROES	-; -
ZEROING	-; -
ZEROTH	-; -
ZEST	-; zests, zesty
ZESTED	-; -
ZESTFUL	-; -
ZESTIER	-; -
ZESTING	-; -
ZETA	-; zetas
ZEUGMA	-; zeugmas
ZIBET	-; zibeth, zibets

ZIBETH	-; zibeths
ZIG	-; zigs
ZIGGED	-; -
ZIGGING	-; -
ZIGZAG	-; zigzags
ZIKURAT	-; zikurats
ZILCH	-; -
ZILCHES	-; -
ZILL	-; zills
ZILLAH	-; zillahs
ZILLION	-; zillions
ZIN	-; zinc, zing, zins
ZINC	-; zincs, zincy
ZINCATE	-; zincates
ZINCED	-; -
ZINCIC	-; -
ZINCIFY	-; -
ZINCING	-; -
ZINCITE	-; zincites
ZINCKED	-; -
ZINCKY	-; -
ZINCOID	-; -
ZINCOUS	-; -
ZING	-; zings, zingy
ZINGANI	-; -
ZINGANO	-; -
ZINGARA	-; -
ZINGARE	-; -
ZINGARI	-; -
ZINGARO	-; -
ZINGED	-; -
ZINGER	-; zingers
ZINGIER	-; -
ZINGING	-; -
ZINKIFY	-; -
ZINKY	-; -
ZINNIA	-; zinnias
ZIP	-; zips
ZIPOLA	-; zipolas
ZIPPED	-; -
ZIPPER	-; zippers
ZIPPIER	-; -
ZIPPING	-; -
ZIPPO	-; zippos
ZIPPY	-; -
ZIRAM	-; zirams
ZIRCON	-; zircons
ZIT	-; ziti, zits
ZITHER	-; zithern, zithers
ZITHERN	-; zitherns
ZITI	-; zitis
ZIZIT	-; zizits
ZIZITH	-; -
ZIZZ	-; -
ZIZZED	-; -
ZIZZES	-; -
ZIZZLE	-; zizzled, zizzles
ZLOTE	-; -
ZLOTIES	-; -
ZLOTY	-; zlotys
ZLOTYCH	-; -
ZOA	-; -
ZOARIA	-; zoarial
ZOARIUM	-; -
ZOCALO	-; zocalos
ZODIAC	-; zodiacs
ZOEA	-; zoeae, zoeal, zoeas
ZOECIA	-; -
ZOECIUM	-; -
ZOFTIG	-; -
ZOIC	azoic; -
ZOISTE	-; zoistes
ZOMBI	-; zombie, zombis

ZOMBIE	-; zombies
ZOMBIFY	-; -
ZOMBOID	-; -
ZONA	-; zonae, zonas
ZONAE	-; -
ZONAL	azonal; -
ZONALLY	-; -
ZONARY	-; -
ZONATE	-; zonated
ZONE	ozone; zoned, zoner, zones
ZONER	-; zoners
ZONES	ozones; -
ZONING	-; -
ZONK	-; zonks
ZONKED	-; -
ZOKING	-; -
ZONULA	-; zonulae, zonular, zonulas
ZONULE	-; zonules
ZOO	-; zoom, zoon, zoos
ZOOEY	-; -
ZOOGENY	-; -
ZOOGLEA	-; zoogleae, zoogleal, zoogleas
ZOOID	-; zooids
ZOOIDAL	-; -
ZOOKS	-; -
ZOOLOGY	-; -
ZOOM	-; zooms
ZOOMED	-; -
ZOOMING	-; -
ZOON	-; zoons
ZOONAL	-; -
ZOONED	-; -
ZOOTIER	-; -
ZOOTOMY	-; -
ZOOTY	-; -
ZORI	-; zoril, zoris
ZORIL	-; zorils
ZORILLA	-; zorillas
ZORILLE	-; zorilles
ZORILLO	-; zorillos
ZOSTER	-; zosters
ZOUAVE	-; zouaves
ZOUK	-; zouks
ZOUNDS	-; -
ZOWEE	-; -
ZOWIE	-; -
ZOYSIA	-; zoysias
ZUPPA	-; zuppas
ZUZ	-; -
ZYDECO	-; zydecos
ZYGOID	-; -
ZYGOMA	-; zygomas
ZYGOSE	-; zygoses
ZYGOSIS	-; -
ZYGOTE	-; zygotes
ZYGOTIC	-; -
ZYMASE	-; zymases
ZYME	-; zymes
ZYMOGEN	-; zymogene, zymogens
ZYMOSAN	-; zymosans
ZYMOSES	-; -
ZYMOSIS	-; -
ZYMOTIC	-; -
ZYMURGY	-; -
ZYZZYVA	-; zyzzyvas
ZZZ	-; -

ABOUT THE AUTHORS

Saleem has three homes: he was born in India, spent his adolescence and initial career in Pakistan, and now lives in Hawaii. The four books he has written reflect his varied interests. The *Handbook of Plants with Pest-Control Properties*, written with Michael Grainge (Wiley, 1988), came from an ambition to seek alternatives to dangerous pesticides. *The Scrabble Word-Building Book* (Pocket Books, 1991), now in its third edition, was the result of his desire to top his wife in the game. *Beyond Veil and Holy War: Islamic Teachings and Muslim Practices with Biblical Comparisons* (Moving Pen, 2002) and *Islam: A Religion of Peace?* (Moving Pen, 2008) were inspired by his belief in the importance of distancing Islam from questionable Muslim acts. He is now completing his fifth book, *The Four Phases of Muhammad's Life*.

A budding poet, Saleem has had one of his works in Urdu included in a CD produced in Hawaii by Blue Rains, a musical group pooling talents from Bangladesh, Pakistan, and Hawaii. In 2018, he and wife, Carol (aka "Yasmin"), were recognized as the Most Outstanding Family in the Western USA by the Universal Peace Federation, largely due to their compiling *The Scrabble Word-Building Book* with the help of both their daughters, Aisha and Seema.

Saleem obtained his master's degree in geology from the University of Karachi in 1961, and his Ph.D. in soil science from the University of Hawaii in 1965. He then taught at the University of Karachi and worked in Pakistan's fertilizer sector, contributing to Pakistan's "green revolution." He spent the next twenty-two years working with the East-West Center in Honolulu, where he directed the Botanical Pest-Control Project and introduced the neem tree, which is originally from South Asia and is renowned for its pharmaceutical and pest-control properties, to Hawaii. After retirement, Saleem had a "reincarnated" career as a financial planner, from which he also retired recently. He continues to teach Islam as part of the University of Hawaii's Outreach College.

Saleem's broad outlook inspired him to found Milun, an association that originally promoted the confluence of South Asian cultures and has now expanded to embrace the entire world. His desire to promote interfaith harmony inspired him to establish the All Believers Network in 2002 (AllBelieversNetwork.net), which explores the converging paths of religions.

Carol is a third-generation Hawaiian of Japanese ancestry who is equally at home in the Hawaiian culture of hula as well as in the South Asian culture of *saree* (clothes), *sabzee* (vegetables), and *sangeet* (music). During the nine years she spent in Pakistan with Saleem, she became conversational in Urdu. Her South Asian name, "Yasmin" (jasmine flower), is based on her Japanese middle name, Yasuko. In addition to helping Saleem with Milun and the All Believers Network, she is an active member of the Halau Kawaihoa, a school for learning ancient and modern hula.

Aisha, Saleem and Carol's first daughter, was born in Pakistan and now lives with her husband and son in the upper midwest of the United States. She is a former newspaper reporter who stepped away from full-time reporting to become an at-home mom. In addition to occasionally filling in at a local newspaper, she sings in two choirs and directs a small women's choir.

Seema, Saleem and Carol's second daughter, was also born in Pakistan and is now the deputy artistic director of the Arena Stage in Washington, DC. As an actress, she has performed in Chicago, Seattle, San Diego, and elsewhere. She has written and directed several plays.